KB069225

21세기
한국 고대사

구석기시대 ~ 남북국시대

김기섭 지음

21세기 한국 고대사

구석기시대~남북국시대

지은이	김기섭
펴낸이	최병식
펴낸날	2020년 1월 8일
펴낸곳	주류성출판사

서울특별시 서초구 강남대로 435 (서초동 1305-5)

TEL | 02-3481-1024 (대표전화) • FAX | 02-3482-0656

www.juluesung.co.kr | juluesung@daum.net

값 25,000

잘못된 책은 교환해 드립니다.

ISBN 978-89-6246-414-6 93910

21세기
한국 고대사

구석기시대 ~ 남북국시대

김기섭 지음

주류성

책을 펴내며

　나는 1980년대 말엽부터 한국고대사 관련 논문을 썼다. 처음에는 이런저런 자료를 주워섬기며 다른 이들의 견해를 비판한 뒤 나름의 논리를 제시하는 데에서 뭔가 뿌듯함을 느꼈다. 예리한 설명 논리로 토론을 압도하는 모습이 큰 연구자의 풍모라고 생각했다. 흉내 내기에 바빴으므로 이것저것 열심히 읽었으나 정말 좋은 논문, 좋은 책은 잘 가려내지 못했다. 그저 이리저리 남의 생각과 유행을 바삐 좇을 뿐이었다. 그러면서 비수처럼, 표창처럼 예리한 글을 추구하였다. 글에 공명심이 가득찼다.

　그 시절 나는 이기백·이기동의 『한국사강좌─고대편─』(일조각, 1982)을 많이 읽었다. 한국고대사에서 고고학의 역할과 비중이 아직 크지 않던 시절, 언어학·인류학과 연계한 역사연구방식이 더 유행하던 시절에 간행된 책이었다. 그런데 이내 유적발굴조사와 고고학이 활기를 띠게 되었고, 과거와 다른 지식, 연구방법론이 각광을 받기 시작했다. 그리고 한국고대사관련 학회들이 우후죽순처럼 생겨났다. 한국고대사학회, 한국상고사학회, 한국고대학회, 고구려발해학회, 백제학회, 신라사학회, 한국목간학회, 한국고대사탐구학회, 중부고고학회 등 새로 생긴 학회를 통해 새로운 견해가 쏟아졌다. 정설이 하나 둘 바뀌었다. 그러나 새로운 한국고대사 개설서는 좀체 나오지 않았다. 30여 년 만에 노태돈의 『한국고대사』(경세원, 2014)가 정년기념으로 간행되었을 뿐이다.

　오늘날 역사·고고학계가 양적으로 팽창한 데에는 한국학술진흥재단(한국연구재단)의 지원이 주효했다. 그런데 학자들이 어느덧 재단의 평가기준인 등재학술지 게재논문수, 논문인용지수 등에 매달리면서 부작용도 생겼다. 그저 그렇고 비슷비슷한 논문이 너무 많아진 것이다. 학설은 오직 과학적 논리와 근거에 따를 뿐 다수결

투표로 결정하지 말아야 한다는 통념이 무색해지기도 한다.

나는 지난 30여 년간 논문 50여 편과 책 몇 권을 발표하였다. 작업을 끝내고 뭔가 해냈다는 생각에 가슴 뿌듯한 적도 가끔 있었지만, 돌아보면 나의 오만이 빚어낸 착각이라고 자조하며 탄식하게 되는 상황이 적지 않다. 무엇보다 그동안 좋은 글을 많이 쓰지 못했다는 아쉬움이 크다. 그래도 옹졸한 글을 쓰지 않으려 노력했다는 점은 스스로 가상히 여긴다.

굽은 나무가 선산을 지킨다는 마음으로 책을 낸다. 대학에서 차분히 연구할 기회가 많지 않았고, 번잡한 박물관에서 바삐 일해야 했기에 그동안 한국고대사 개설은 내 몫이 아니라고 생각해왔지만, 근래 유사역사학의 움직임과 영향력을 보며 생각이 달라졌다. 그래서 사료를 최대한 그대로 번역해 소개하고, 학계의 연구현황을 최대한 건조하게 많이 소개하는 방식으로 글을 쓰려 노력했다. 다만, 논문은 이름을 알리거나 점수를 얻기 위한 것이 아니라 진실을 탐구해 밝혀내고 공유하기 위한 것이므로 누가 썼는지를 밝히는 일은 생략하고 주요 논지만 소개하였다.

이 작은 책이 향후 거시적 관점과 미시적 분석을 겸비한 한국고대사 개설서가 많이 간행되는 마중물이길 바란다. 한동안 현미경에 눈을 고정하고 몰두하느라 망원경을 잊고 지낸 것은 아닌지 자문했는데, 글을 쓰면서 많은 연구자가 불리한 환경 속에서도 끊임없이 크고 작은 성과를 이룩해왔다는 사실을 종종 실감하였다. 이 책의 학문적 기반을 만들어주신 수많은 연구자께 한없는 존경심으로 깊이 감사드린다. 그리고 뜻을 받아주시고 수고해주신 주류성출판사 임직원께 감사드린다.

2019. 10. 김기섭

목차

제3장 고대국가의 형성 ··· 79

제6장 발해의 성립과 변천 … 427

1 한국고대사 연구법

1) 기록과 역사

기록의 속성

무언가를 글로 설명한다는 것은 매우 까다로운 일이다. 일기도 그렇다. 일기는 대개 비밀을 전제로 자신의 경험과 생각을 진솔하게 기록하는 것이지만, 그 내용이 나중에 공개되어야 한다면, 마냥 진솔해지기 어렵다. 자신과 주변 사람을 보호하려는 생각이 들기 때문이다. 나중에 많은 사람이 반드시 읽게 될 기록이라면 더 말할 필요도 없다. 그 기록이 자신에 관한 것이 아니라 남에 대한 이야기라면 거짓말 부담이 줄어들겠지만, 이제는 그 글을 쓰는 사람의 사고방식과 표현능력이 중요해진다. 그래서 같은 일을 겪고도 달리 표현하는 경우가 적지 않다.

인간의 사고와 표현에는 한계가 있다. 말과 글을 통해서라면 더욱 그렇다. 각종 기록을 다루는 역사가들이 기록을 의심하고, 분석하고, 검증하고, 평가하는 이유이기도 하다. 사람은 모두 자기 식으로 생각하기 마련이기에 최대한 객관적, 종합적으로 분석·평가하려면 어떤 기록이든 무턱대고 믿어서는 곤란하다는 것이다.

지금 우리가 흔히 쓰는 역사歷史라는 말의 원형은 사史이다. 그것은 본래 '기록하는 사람'을 뜻하는 상형문자였다고 한다. 그러다 시간이 지나면서 뜻이 조금씩 변해 사람보다는 '기록'을 가리키는 말로 더 자주 쓰였고, 결국 사회적으로 의미 있는 기록이라는 뜻으로 자리잡았다.

동양에서 가장 오래된 역사서로 꼽히는 『춘추春秋』는 기원전 722년부터 기원전 481년까지 242년간 주周나라의 제후국인 노魯나라에서 일어난 사건을 날짜순으로 기록한 책이다. 종이가 없던 시절이므로 나무를 깎아 글을 쓰고 묶어 책으로 만들었는데, 보고 들은 사건을 짤막하게 적어 놓은 것이 특징이다. 가령 『춘추』 환공桓公편에는 "7년 봄 2월 기해己亥, 함구에 불을 질렀다焚咸丘."라고 적혀 있다. 이는 환공이 함구라는 곳에서 사냥할 때 불을 질러 그 지역을 초토화시킨 잔혹한 행동을 에둘러 비판한 글이다. 이처럼 '사실을 그대로 적는다'는 『춘추』의 편찬 방침은 '질서를 무너뜨리는 부도덕한 권력의 행위를 세상에 널리 알려 지탄을 받게 만들겠다'는 도덕적인 뜻을 담고 있으며, 반대로 칭찬하는 내용도 있다. 그래서 사실을 기록함으로써 칭찬하거나 비방하려 한 도덕적, 유교적 서술방식을 흔히 춘추필법春秋筆法이라고 부른다.

그런데 『춘추』를 비롯한 동양의 역사서들은 대개 왕조의 지배층을 대상으로 서술했거나 그들을 위해 만든 책이다. 동양 기전체紀傳體 역사서의 효시로 꼽히는 사마천司馬遷의 『사기史記』와 편년체編年體 역사서의 전범이라고 할 수 있는 사마광司馬光의 『자치통감資治通鑑』은 기본적으로 군주를 위한 정치 교훈서 성격을 띠고 있다. 교훈서이기에 도덕 지향적이며, 정치중심, 국가중심의 객관적 결과론을 중시하였다.

이에 비해 서양의 역사 기록은 일찍부터 다분히 분석적이며 실용적이었다. 서양 역사서의 효시로 알려진 헤로도토스Herodotos의 『히스토리아Historia』는 기원전 492년부터 기원전 480년까지 사이에 벌어진 페르시아Persia의 그리스Greece 침공 전쟁을 주로 다룬 기행문에 가깝다. 그리스 도시연맹이 페르시아 대제국을 이길 수 있었던 이유를 알아내기 위해 할리카르나소스 출신 헤로도토스가 수십 년 전 전쟁이 벌어진 곳의 지형과 풍물, 기후 등을 직접 조사하며 여행하였고, 그 경험과 견문을 책으로 정리한 것이다. 이후 아테네 출신 투키디데스Tukidides가 쓴 『펠레폰네소스Peloponnesus 전쟁사』도 자신이 직접 겪은 스파르타와의 전쟁(기원전 431~404년)을 원인부터 결과까지 객관적으로 검토한 역사책이다. 투키디데스는 신화·전설 등 초자연적인 내용을 최대한 배격하고 합리적으로 각종 자료를 검토하려 하였다. 이러한 분석적 기록 태도는 근대 이후 문헌비판적 역사학이 발달하는 배경이 되었다.

추론과 물증

근대 역사학은 자연과학적 사고의 토대 위에 선 인문학이다. 그 흐름을 주도한 것은 19세기 독일의 역사학자 랑케Leopold von Ranke(1795~1886)와 그의 제자들이다. 랑케는 사료를 경시한 18세기 계몽주의 역사가들을 비판하고, 사료 수집·정리에 관심을 기울였던 17세기의 연구방법론을 이어받았다. '일어난 그대로'의 서술을 표방한 랑케의 역사관과 연구방법론은 관찰과 경험에 입각한 과학적 객관성을 중시한다는 점에서 꽁트Auguste Comte(1798~1857)의 실증주의實證主義와 통하는 바가 많다. 그래서 일본 역사학계에서는 랑케사관을 실증사학實證史學이라고 불렀으며, 그것이 한국 역사학계에도 그대로 전해졌다. 그러나 꽁트의 실증주의가 모든 지식을 자연과학화하려는 과학 지상주의를 추구한 것과 달리 한국의 실증사학에는 그러한 철학적 배경이 없었다. 실증사학은 역사를 자연과학화하려는 것이라기보다 단지 과학자와 같은 객관성을 유지하여 역사를 탐구하려는 자세로 받아들여졌다.

일본과 한국에서 역사학의 전통적 주류로 자리잡은 실증사학에는 자료 및 문헌에 지나치게 집중하고, 개별 사실을 묘사하고 서술하는 데 지나치게 치중한다는 문제점이 있다. 그리하여 문헌자료 및 유적·유물 중심의 미시적 역사 서술에 집착하는 경향이 나타난다. 이는 결과적으로 역사를 종합적으로 고찰하고 거시적으로 해석하는 데 소홀하도록 만든다.

개별 사실에 대한 집착은 역사가가 결코 빠지지 말아야 할 함정이다. 그러나 고대사 연구자는 종종 집착의 함정에 빠진다. 인간 또는 인간사회의 다양하고 복잡한 구조 및 변화를 간명하게 설명해주는 고대사의 특성상 추론 및 검증의 근거자료가 크게 부족하고 연구방법도 상당히 제한적이기에 연구자가 몇 가지 분명해 보이는 작은 증거에 집착하기 쉽다. 고대사 연구자에게 집착은 가장 큰 재앙이다. 고대로 시간을 거슬러 올라갈수록 언제 어디서 누가 무엇을 어떻게 왜 했는지 분명하고 자세하게 전하는 문헌자료가 크게 줄어들 뿐 아니라 신화, 설화 등 매우 주관적이고 감정적이며 정치적인 기록이 상대적으로 많아지므로, 연구자가 어느 한 부분에 집착할수록 해석의 오류 가능성이 더 높아지기 때문이다. 특수한 목적, 일정한 형식과 제약 속에서 남겨진 기록은 사실을 잘못 알리거나 속일 수도 있다. 기록을 통해 접근하고 복원한 역사적 사건들이 대개 정치사가 되는 것도 그 때문이다.

그래서 고대사 연구자는 사람이 남긴 물질적 흔적에 더 주목하기도 한다. 옛사람이 남긴 물질 흔적은 대개 무덤·집자리·성곽·절터·공방·논밭·제사터·도로·쓰레기장 등의 유적과 그곳에서 출토된 유물들인데, 어느 시기에 어떤 사람들이 어디에서 무엇을 먹고 입고 사용했는지를 잘 보여준다. 다만, 물질 흔적은 어느 한 시점의 외형적 산물이므로 그것이 '왜' 생겼으며 '어떻게' 이런 모습으로 남게 되었는지에 대해서는 전혀 알려주지 않는다. '언제' '누가' 이런 흔적을 남겼는지 분명치 않은 경우도 많다. 그저 연구자의 합리적 추측으로 옛 모습을 재구성할 뿐이다. 그러다 보니 연구자의 추측이 저마다 다른 경우도 흔하다.

앞뒤의 전개과정이 생략된 결과로서의 물질을 연구대상으로 삼는 유물론의 고고학, 그리고 다분히 주관적이며 추상적인 기호로 구성된 옛 기록을 다루는 문헌사학은 서로의 강점과 약점이 상호보완적이다. 가령 한국고대사의 경우, 정치사는 주로 문헌자료를 통해 재구성하고, 생활·문화사는 고고학 자료를 많이 이용해 복원하는 방법이 좋다. 물론 몇몇 고고학 자료는 정치사를 복원하는 데에도 매우 유용하다. 이유와 배경 설명이 생략된 단순 증거물이므로 자칫 어느 특정 역사관 내지 역사해석의 부수적 물증에 머물 수 있지만, 문헌사료의 공백이 큰 경우에는 그 자체로 매우 강력한 추론 근거가 될 수 있다. 확증을 얻기 위해 문헌사학자와 고고학자는 각자 관련 자료를 세심히 분석한 뒤 안정적인 근거를 기준으로 활발히 토론해야 한다.

사관史觀과 시대구분

동양이든 서양이든 전통시대의 역사란 주로 정치에 관한 것이었고, 지배층을 위한 학문이었다. 그래서 지배자의 역할을 강조하고 지배자를 통해 사회 변화와 역사 흐름을 설명하는 일에 익숙하다. 이러한 역사인식 태도를 흔히 영웅사관英雄史觀이라고 부른다. 영웅을 그 시대를 대표하는 일종의 상표처럼 인식하기에 프랑스의 '나폴레옹시대', 고구려의 '광개토왕시대'와 같은 표현을 즐겨 쓴다. 을지문덕의 살수대첩, 강감찬의 귀주대첩, 이순신의 한산대첩 등도 마찬가지이다.

역사 속에서 어떤 사람이 아주 특별한 공적을 세우거나 특출한 지도력을 발휘했을 때, 그를 부각시키는 것은 자연스럽다. 그러나 특출해 보이는 그 사람도 인간이기에 그가 속한 사회의 한 구성원이며, 그를 둘러싼 사회적 조건과 변화, 역사적 맥락에서 벗어날 수 없다는 점을 분명히 전제해야 한다. 그 사람이 특별한 능력을 발휘할 수 있었던 것은 우선 그가 속한 사회의 제도, 기술, 문화 등 배경이 한몫했다는 점을 홀시해서는 안된다. 그런데 이를 무시하고 사회 변화를 일으킨 중요 사건을 한 사람의 능력으로만 설명하게 되면 필연적으로 사회적 환경과 역사 흐름을 제대로 파악하기 어려워진다. 인간사회는 끊임없이 변화해왔다. 변화의 큰 흐름은 대체로 발전이었으며, 그것은 거대한 강물을 연상시키기도 한다. 개인의 능력으로는 어찌할 수 없는 요소가 있는 것이다.

영웅사관을 비판하면서 제기된 것이 민중사관民衆史觀이다. 역사의 주체를 다수의 백성으로 보는 것이다. 역사인식의 폭을 넓혔다는 점에서 상대적으로 한 단계 발전한 사관이지만, 민중의 범위가 모호하다는 것이 단점이다. 흔히 민중을 피지배층과 같은 뜻으로 쓰기도 하는데, 상류층에 속한다고 해서 모두 지배하는 위치에만 서는 것은 아니므로, 어느 사회든 지배층조차 자신을 민중과 무관하다고 생각하는 사람은 많지 않다. 민중사관은 시대 변화의 원인을 충분히 설명하지 못하는 단점도 지닌다. 시대를 거슬러 올라갈수록 일반 백성의 힘과 사회적 역할은 점점 작아져 보인다. 개인의 권리를 보장받지 못하고 정치에 참여하지 못했기 때문이다. 무력을 앞세운 소수의 권력에 무참히 희생되었기 때문이다. 흔히 백성으로 표현되는 민중은 대개 기록을 남기지 못했으며, 자료 부족 때문에 오늘날 고대 민중의 생활상조차 자세히 밝혀내기가 쉽지 않다.

그런데 사회 변화, 역사 흐름은 과연 방향성이 있을까? 중국의 맹자孟子를 비롯한 유학자들은 대개 일정한 시기마다 왕조가 흥망성쇠를 반복하며 비슷한 역사를 되풀이 한다고 믿었다. 이를 순환사관循環史觀이라고 부른다. 단순 반복인지 나선형 발전인지 순환 방식을 다시 나누기도 하지만, 역사 행로를 생명체처럼 국가의 탄생과 소멸에 맞춰 이해한다는 점에서는 크게 다르지 않다.

서양에서는 기독교 교리에 맞춰 인류 마지막 날에 이른바 그리스도의 최후심판이 이루어지고 이로써 하느님의 나라神國가 펼쳐진다는 역사관이 오랫동안 자리잡았다. 이를 기독교사관基督敎史觀이라고 부른다. 4세기 중엽 로마제국의 식민지에서 태어나 로마제국의 분할과 쇠퇴를 직접 경험한 아우구스티누스 Augustinus(354~430)는 인류 역사를 6개의 시대로 구분하였는데, 첫 번째는 아담부터 노아의 홍수까지이며, 마지막 여섯 번째는 그리스도 탄생부터 최후심판까지라고 하였다.

역사를 단선 진행으로 이해하는 기독교적 시각은 근대 진보주의사관을 거쳐 발전사관發展史觀으로 이어졌다. 역사는 끊임없이 발전한다는 생각을 도식화한 것인데, 헤겔Hegel과 마르크스Marx의 이론이 대표적이다. 헤겔에 따르면, 역사는 사람들의 자유가 확대되는 방향으로 진행되었다. 고대에는 군주 한 사람만 자유로웠고, 중세에는 귀족들의 자유가 보장되었으며, 근대에는 마침내 모든 사람이 자유를 만끽하게 되었다는 것이다. 그러나 자유는 명확한 실체를 제시하기 어려운 추상적인 개념이어서 증명하기도 어렵고 구분하기도 쉽지 않다.

마르크스는 경제를 역사 발전의 원동력으로 파악하였다. 특히 생산수단을 기준으로 ①원시공산체사회 ②노예제사회 ③봉건 농노제사회 ④자본주의사회 ⑤공산주의사회 등을 설정하고, 고대를 노예제사회, 중세를 봉건 농노제사회, 근대를 자본주의사회로 도식화하였다. 이러한 마르크스의 역사관을 유물사관唯物史觀이라고 부른다.

유물사관은 서양 역사의 핵심을 정확히 짚어냈다는 생각이 들 정도로 일목요연하다. 그러나 그것을 동양 역사에 적용하기는 쉽지 않다. 한국을 비롯한 동양의 고대사회는 그리스·로마의 지배체제와 달리 노예가 생산을 전담하지 않았으며, 중세사회도 봉건영주 및 노예화한 농민들을 상정하기 어렵다. 이에 마르크스 이론을 따르는 사람들이 동양의 고대를 '아시아적 생산양식', 동양의 중세를 '중앙집권적 봉건사회'라고 부르며 그 거리감을 좁히려 하였지만, 서양 중심의 편의적 역사 해석이라는 비판을 피할 수는 없다.

2) 고대사 연구방법

한국고대사의 특징

한국사를 흔히 고대, 중세, 근세, 근대, 현대로 구분한다. 역사기록이 생긴 뒤의 정치체제(왕조)를 기준으로 나눈 것이며, 고대 앞에는 기록이 없었던 선사시대를 설정한다. 선사시대는 구석기문화, 신석기문화, 청동기문화 순으로 구성하며, 인류학·고고학을 기반으로 서술한다. 그러므로 한국사의 고대란 은연중 철기시대에 해당한다.

그런데 세계사의 흐름 속에서 보면 일반적으로 국가는 청동기시대에 출현한다. 문자, 기록도 마찬가지이다. 중국사의 경우, 청동 그릇이 하夏나라의 도읍으로 추정되는 하남성 낙양洛陽지역 이리두二里頭유적에서부터 나온다. 대략 기원전

1750~1500년대에 해당하는 유적이다. 이리두문화는 인근 정주鄭州지역 이리강二里崗유적의 청동문화가 확산되자 쇠퇴하였는데, 흔히 이리강문화를 상商나라 전기 문화로 해석한다. 상나라는 여러 차례 도읍을 옮기며 황하유역 지배권을 유지하였다. 후기에는 안양安陽 은허殷墟유적에서 발견된 것과 같은 화려한 청동문화를 꽃 피우고 많은 문자 기록을 남겼다. 기원전 1046년경 상나라가 서쪽의 제후국인 주周나라의 공격을 받고 멸망하였다. 섬서성 서안西安지역에서 성장한 주나라는 이후 8백년 가까이 왕조를 유지하였는데, 위수渭水유역의 호경鎬京에 왕도를 두었다가 기원전 771년 북방세력 견융犬戎의 침입을 받고 호경이 함락되자 동쪽 낙양洛陽으로 도읍을 옮겼다. 호경에 도읍했던 276년간을 서주西周, 낙양으로 천도한 뒤 기원전 256년에 멸망할 때까지 5백여 년을 동주東周라고 부른다. 서주시대는 청동기시대이고, 동주시대는 철기시대라고 할 수 있다. 동주의 춘추시대(771~453) 중기에 철제 농기구가 보급되기 시작한 것으로 알려진다. 당시에도 의례와 관련한 기물은 여전히 청동기가 많았다.

이에 비한다면 한국사는 문자 사용 및 기록이 늦을뿐더러 철제 농기구가 널리 보급된 시기도 기원 이후로서 꽤 늦은 편이다. 상나라가 망할 때 왕족 기자箕子가 동쪽으로 이주했다는 이야기라든지 중국학자 푸쓰녠傅斯年의 이하동서설夷夏東西說을 잘못 이해하여 한민족의 역사를 중국기록의 동이東夷 역사와 동일시하는 경우도 있는데, 이때의 동이는 한민족과 같은 개념이라고 말할 수 없다.

한국사에서 가장 이른 시기의 나라는 고조선古朝鮮이다. 고조선은 중국 전국시대의 연燕나라와 전쟁하고 통일제국 한漢나라의 침공군 5만 명을 맞아 1년 가까이 싸우며 버틸 정도로 상당한 국력을 갖춘 나라였지만, 자체적으로 기록을 남긴 흔적은 아직 발견되지 않았다. 다만, 한나라와 접촉하던 중 비왕裨王, 상相, 장군將軍, 대신大臣 등으로 번역될만한 벼슬 이름이 한나라에 알려졌으며, 우거왕의 태자가 한나라에 협상하러 갈 때 말 5천 마리와 군량, 그리고 1만여 명을 이끌고 갔다는

동북아시아의 주요도시

기록이 중국사서 『사기史記』, 『한서漢書』 등에 남아 있다.

  자체적으로 기록을 남긴 것은 삼국시대였다. 고구려와 백제는 4세기, 신라는 6세기에 각각 자기 나라의 역사를 정리한 것으로 알려진다. 그러나 고구려의 유기留記와 신집新集, 백제의 서기書記, 신라의 국사國史 등은 『삼국사기三國史記』에 이름만 전할 뿐 내용을 전혀 알 수 없다. 720년에 일본에서 편찬된 『일본서기日本書紀』에는 『백제기百濟記』, 『백제신찬百濟新撰』, 『백제본기百濟本記』 등의 백제 역사서가 인용되어 있다. 이를 흔히 백제3서書라고 부르는데, 누가 언제 왜 만든 것인지는 정확히 알 수 없으나, 3서 모두 백제사람 또는 백제계 이주민이 편찬한 백제 역사서라는 것이 학계의 정설이다.

  통일신라시대에는 8세기 초엽에 김대문金大問이 『고승전高僧傳』, 『화랑세기花郞世

記』, 『한산기漢山記』 등을 편찬하였고, 9세기 말엽에 최치원崔致遠이 『제왕연대력帝王年代曆』을 작성하였다. 이 책들은 모두 고려시대까지 전해졌다고 하는데, 지금은 전하지 않는다. 현재 가장 오래된 한국의 역사서는 12세기 중엽에 편찬된 『삼국사기』이다.

20세기에 들어와서 『규원사화揆園史話』, 『단기고사檀奇古史』, 『환단고기桓檀古記』, 『화랑세기花郎世紀』 등의 책이 갑자기 발견되었다. 『규원사화』는 단군조선에 관한 내용으로 1675년에 조선 북애노인北崖老人이 찬술했다고 하며, 『단기고사』는 단군조선과 기자조선에 관한 내용으로 8세기경 발해의 대야발大野勃이 찬술했다고 한다. 『환단고기』는 고대에 찬술한 『삼성기三聖記』, 고려말에 찬술한 『단군세기檀君世記』와 『북부여기北夫餘記』, 조선시대에 찬술한 『태백일사太白逸史』 등을 1911년에 계연수桂延壽가 한데 묶은 것이라고 한다. 『화랑세기』는 신라 김대문의 책을 후대에 베껴 적은 것이라고 한다. 학계에서는 모두 믿지 않는다. 『화랑세기』만큼은 진서眞書 곧 진짜라는 의견도 있지만, 여러 가지 의문점이 있으므로, 대개 위서僞書 곧 가짜라고 본다.

그런데 흔히 재야사학 또는 유사역사학이라고 불리는 비전문가 모임에서는 20세기에 발견된 위의 책들을 진짜라고 믿고, 이를 위서라고 검증한 역사학자 및 역사학계를 반민족사학, 식민사학, 매국사학 등으로 규정하고 비난하기도 하였다. 일제강점기에 일본 식민사학자들로부터 근대역사학을 배운 한국의 주류 역사학자들이 실증사학이라는 허울에 빠져 식민사학 틀을 벗어나지 못했다는 것이다. 그리하여 중국의 역대 왕조를 능가했던 한국 고대의 찬란하고 위대한 역사를 가려버리고 초라한 모습으로 만들었다고 비난한다. 실로 엄청난 오해이며 억측이다. 한국 고대사 연구자는 이 모함에 가까운 비난과 의심을 뚫고 나갈 담대함과 냉정한 자기 성찰 의지를 지녀야 한다. 다른 나라에서는 굳이 필요치 않을 법한 연구자의 덕목이다.

기본사료 _ 『삼국사기』

 1145년 2월 4일(음력 12월 22일), 고려왕조에서 문하시중을 지내고 퇴직한 김부식 金富軾이 고려국왕 인종仁宗에게 『삼국사기』를 바쳤다. 이때 그는 「삼국사기를 바치 는 글進三國史記表」을 썼는데, 『동문선東文選』에 인용된 글을 소개하면 다음과 같다.

 신하 아무개가 말씀드립니다. 옛날 여러 나라들은 또한 각자 사관을 두어 일을 기록 했습니다. 그래서 맹자는 말하길 "진의 『승』, 초의 『도올』, 노의 『춘추』는 한가지이다"라 고 하였습니다. 생각건대 이곳 바다 동쪽의 세 나라는 지난 세월이 매우 길어서 마땅히 그 사실이 목판과 죽간에 기록되어야 하니 늙은 신하에게 명령하시어 편집하게 하셨는 데, 스스로 돌아보면 부족할 뿐이어서 어찌 할 바를 모르겠습니다. 중간 생략(中謝)

 엎드려 생각건대 성상폐하께서는 중국 요임금의 사상을 성품으로 받으시고 하나라 우임금의 근검을 체득하셔서 바쁘신 중에도 틈을 내서 널리 앞선 옛날(책)을 읽으시고 "지금의 학자와 관료는 오경, 제자백가의 책, 진·한의 지난 세월 역사에 두루 통하여 자 세히 설명하는 사람이 있으나 우리나라 일에 대해서는 도리어 아득하여 그 처음과 끝을 알지 못하니 매우 한탄스러운 일이다. 하물며 신라·고구려·백제가 기틀을 열고 솥발처 럼 대치하며 예의로써 중국과 통할 수 있었으므로 범엽의 『한서』, 송기의 『당서』에 모두 열전이 있지만 내부(중국)는 자세하고 외부는 소략하여 갖추어 싣지 않았다. 또, 옛 기록 은 글이 거칠고 서툴며 사실과 자취는 빠지고 없어서 임금과 왕후의 착함과 악함, 신하 와 자식의 충성스러움과 간사함, 나라의 안전함과 위태로움, 백성의 다스려짐과 어지러 움을 모두 드러내어 권하거나 경계할 수 없으니, 마땅히 (재능·학식·견문) 세가지 장점을 지닌 인재를 얻어서 한 집안의 역사서를 만들어야 만세에 전해주며 해와 별처럼 밝힐 수 있다"고 말씀하셨습니다. 신하 같은 자는 본래 장점을 지닌 인재가 아니고 또 깊은 지식도 없는 데다 나이가 들어서는 나날이 어둡고 흐릿해져서 비록 책을 부지런히 읽지 만 책을 덮으면 곧 잊어버리며 붓을 잡으면 힘이 없어서 종이에 써내려가기도 어렵습니다. 신하의 학술 깊이가 이처럼 얕고 지난 말과 지난 일에 저처럼 어두우므로 정신을 지치게 하고 힘을 다하고서야 겨우 책을 만들었으나 마침내 볼만한 게 없어 다만 스스로 부끄러울 뿐입니다. 엎드려 바라건대 성상폐하께서는 애썼지만 성글게 편찬한 것을 헤아려주시고 함부로 만든 죄를 용서해주시면, 비록 이름난 산에 간직하기에는 부족하지만 간장 항아리를 덮는 데 쓰이지 않기를 바랍니다. 저의 망령된 생각을 하늘의 해께서는 굽어 비추어주소서. 1

이처럼 『삼국사기』는 김부식이 왕의 명령을 받고 편찬한 책이다. 정부가 주관해서 만든 역사서를 관찬사서官撰史書라고 하는데, 방금 퇴직한 김부식이 이름난 학자 10명과 함께 편찬하였으니 『삼국사기』는 관찬사서인 셈이다. 김부식을 도운 학자 10명 중 1명은 현직 사관史官이었으며, 나머지도 정부 관료이거나 관료였던 사람들이다.

어떤 이들은 유학자인 김부식이 불교세력이 주도한 묘청妙淸의 난을 진압한 뒤 전통적 문화유산을 부정하고 유교사관을 정립하기 위해 『삼국사기』를 편찬했다고 주장하기도 한다. 그러나 김부식이 살았던 12세기 중엽의 고려에서는 유교와 불교의 이념 대립이 거의 없었다. 김부식은 유교이념을 널리 유행시키려고 노력하였지만 불교를 배척하려고 하지는 않았다. 그의 형 가운데 1명은 불교 승려로 출가하였고, 김부식 자신도 말년에는 관란사觀瀾寺라는 원당을 지었다. 또, 그는 전통문화를 새로운 유교적 관점에서 비판했을지언정 전통문화 자체를 부정하지는 않았다. 이는 그가 남긴 글을 통해 비교적 분명히 확인할 수 있다.

어떤 이들은 신라 왕족 출신이자 경주지방의 유력한 토착세력에 속했던 김부식이 처음부터 신라 중심의 역사를 쓰려 했다고 지적한다. 고려를 고구려의 계승 국가로 인식하던 지금까지의 인식을 바꿔 신라 계승 국가로 만들려는 의도가 있었다는 것이다. 일리 있는 지적이다. 고려 왕조가 문화적, 영토적, 현실적으로 신라를

삼국사기(정덕본)

계승했다는 사실을 강조하는 대목이 『삼국사기』에는 적지 않다. 그러므로 처음부터 신라를 강조하려는 의도가 있었다고 볼 만하다.

『삼국사기』는 본기本紀 28권, 연표年表 3권, 잡지雜志 9권, 열전列傳 10권 등 도합 50권으로 구성되어 있다. 본기는 역대 왕들의 활동상을 시대·날짜순으로 정리하였는데, 주로 왕이 즉위하던 무렵의 상황과 계보관련 사항, 각종 정치 및 전쟁에 관한 사항, 특이한 사회 현상과 기상 이변 등을 적었다. 신라본기新羅本紀 12권, 고구려본기高句麗本紀 10권, 백제본기百濟本紀 6권으로 구성되어 있다. 실질적으로는 신라 중심이지만, 형식상으로는 삼국에 차이가 없다. 「신라본기」에서는 신라를 '우리나라'로 부르고, 「고구려본기」에서는 고구려를, 「백제본기」에서는 백제를 '우리나라'로 부른다. 나름대로는 삼국을 공정하게 다루려는 의지가 엿보인다. 그럼에도 불구하고 기사 분량 등에서 신라 중심일 수밖에 없었던 것은 무엇보다 통일신라기를 거치는 사이에 이미 고구려와 백제의 역사 자료가 크게 손실된 탓이 큰 듯하다.

연표 3권은 도표화된 일종의 달력이다. 한 줄을 5칸으로 나눈 뒤, 맨 위칸에는 간지干支를 적고, 뒤이어 중국·신라·고구려·백제에서 일어난 중요 사건을 차례로 적어 넣었다. 대체로 왕의 즉위, 왕의 성씨와 이름, 왕의 죽음, 사용한 연호年號, 재위한 햇수年數 등을 간단히 다뤘다.

잡지雜志 9권은 제도와 사회상을 소개한 부분으로서, 제사祭祀·음악樂·색복色服·거기車騎·기용器用·옥사屋舍·지리地理·직관職官 등의 항목으로 나뉜다. 중국 사서처럼 지志라고 하지 않고 굳이 '잡지'라고 한 것은 자료가 적어 항목과 분량을 제대로 갖추지 못했기 때문인 듯하다.

열전은 10권 중 맨 앞 3권까지 김유신金庾信의 행적을 자세히 다루었으며, 4권에는 자기 나라의 강역을 넓히거나 외적의 침입에 맞서 싸운 인물을 소개하였는데, 전체 9명 중 7명이 신라 사람이고 고구려·백제 사람은 각각 1명씩이다. 5권은 어질거나 충성스런 관료, 국가를 위해 생명을 바친 신하 10명을 다루었는데, 신라와 고구려 사람이 각각 5명씩이고 백제 사람은 없다. 6권은 유명한 문장가 3명을 소개하고 기타 8명은 이름 정도만 실었으며, 모두 신라 사람이다. 7권은 전쟁터에서 장렬히 죽은 장병 13명을 소개하였다. 1명이 백제사람 계백階伯이고 나머지는 모두 신라 사람이다. 8권에는 착한 일을 한 평민이나 음악가·화가·서예가 등 예술가 11명을 소개하였는데, 1명이 백제 사람이고, 나머지는 모두 신라 사람이다. 9권은 고구려 사람 6명을 다루었다. 왕을 갈아치우거나 죽인 사람과 나라를 망하게 한 사람들이다. 10권은 궁예와 견훤을 다루었다. 반역열전에 해당한다.

『삼국사기』는 신라 중심의 역사서이다. 그렇기에 신라와 서로 앙숙이었던 백제 역사는 자연스럽게 홀대하였다. 편찬자가 의도한 것 같지는 않다. 신라와 백제 왕실이 서로를 미워했기 때문이라고 할 수 있다. 554년 백제 성왕聖王이 신라군에게 잡혀 목을 베이고 3만 명 가까운 군사가 목숨을 잃은 사건, 642년 백제군이 신라의 대야성大耶城을 함락시키고 김춘추金春秋의 딸 고타소랑古陀炤娘과 사위 품석品釋을 사로잡은 뒤 죽인 사건이 큰 원인이었다. 그리하여 660년 가을 7월 13일(음력) 백제 의자왕의 아들 융隆이 사비성에서 나와 항복하자 신라의 왕자 법민(法敏=문무왕)이 융을 말 앞에 꿇어앉히고 얼굴에 침을 뱉으며 "예전에 너의 아비가 나의 누이를 억울하게 죽여 옥중에 묻은 적이 있다. 그 때문에 나는 20년 동안 마음이 아프고 골치를 앓았는데, 오늘 너의 목숨이 내 손안에 있구나!"라고 말했을 정도이다. 나중에 의자왕이 항복하자 김법민은 일부러 모두가 보는 앞에서 술시중을 들게 하여 의자왕을 모욕하였다.

백제에 대한 신라 왕실의 원한과 미움이 백제가 멸망함으로써 모두 깨끗이 사라졌다고 보기는 어렵다. 그렇기에 백제의 역사와 문화를 소중하게 여기는 마음도 없었을 것이다. 더욱이 663년까지 백제 사람들은 끊임없이 부흥운동을 벌였고, 그것마저 여의치 않자 많은 사람이 일본열도로 피신하였다. 이처럼 여러모로 백제 역사에 관한 자료가 통일신라에서 제대로 보전되기 어려운 상황이었다. 신라가 백제관련 자료를 체계적으로 수집하고 정리하기는 어려웠을 것이며, 그 결과가 고려왕조로 전해졌을 것이다. 다행히 고려왕조는 고구려와 신라를 모두 계승한다는 의식 때문에 삼국시대에 대한 편견이 적었지만, 자료 제약을 벗어날 수는 없었다. 『삼국사기』에서 백제 귀수왕貴須王·貴首王을 구수왕仇首王으로 적고, 아화왕阿花王·阿華王을 아신왕阿莘王으로 적어놓은 데에는 이런 사정이 작용했을 것이다.

『삼국사기』가 편찬된 1145년은 백제와 고구려가 망한 지 500년 가까이 지난 시점이다. 두 나라가 건국한 해로부터 따지면 무려 1천여 년이 지난 때이다. 그런데 『삼국사기』는 실록과 같은 기재방식을 따르고 있다. 마치 역사가가 타임머신을 타고 가서 방금 벌어진 사건을 묘사하는 방식이다. 그렇기에 읽는 사람은 짧은 글에서도 생동감을 느낀다. 그러나 그것은 읽는 사람이 머릿속으로 그려낸 자기 나름의 생동감이다. 고려시대의 역사가가 각종 자료를 이리저리 꿰맞추어 재구성한 기록에 의지한 생동감인 것이다. 결국 『삼국사기』에 실린 기록은 삼국에서 일어난 사건의 일부에 불과하다. 그나마도 몇 군데는 나중에 의도적으로 심하게 뒤틀어놓은 흔적이 있다. 또, 사건이 일어나고 너무 많은 시간이 흐른 뒤의 기록이므로 연대가 불확실한 부분도 있다. 이런 점들에 유의해야 한다.

기본사료 _『삼국유사』

『삼국유사三國遺事』라는 책이름은 조금 특이하다. 정통 역사책에서 흔히 쓰이지 않는 '유사' 때문이다. 유遺는 '끼치다', '남기다', '후세에 전하다', '잃다', '버리다' 등을 뜻한다. 사事는 역사책에 흔히 쓰이는 사史=기록과 달라서 '일', '사실', '사건'을 뜻한다. 그러므로 유사遺事란 남겨진 사실, 잃어버린 사실, 사실을 후세에 전한다 등으로 해석된다.

『개원천보유사開元天寶遺事』·『함순유사咸淳遺事』·『전당유사錢塘遺事』·『여남유사汝南遺事』등 중국에서 유사라고 이름붙인 책들은 모두 정통 역사서에서 빠뜨렸거나 미처 다루지 못한 잡다한 사실들을 다루고 있다. 예를 들어『개원천보유사』는 후당後唐의 왕인유王仁裕가 지은 책으로서, 개원開元(713~741)과 천보天寶(742~756)라는 연호를 사용한 당

삼국유사(규장각본)

나라 현종玄宗 때의 각종 풍속을 적어놓았다. 주로 당시의 도성인 장안長安에서 일어난 상류층의 에피소드를 다루었는데, 사실의 정확성은 다소 떨어지지만 궁궐 내부 사정을 비롯해 사회 분위기를 이해하는 데에는 큰 도움을 준다. 『함순유사』의 함순咸淳은 남송南宋 때의 연호(1261~1274)이며, 『여남유사』의 여남汝南은 중국 하남성河南省에 있던 지명이다. 이처럼 중국에서는 어느 한 시기 또는 어느 한 사건의 자질구레한 이야기들을 적은 책에 유사遺事라는 이름을 붙였다. 그래서인지 이들은 간혹 역사서가 아닌 소설이나 심심풀이 이야기책으로 분류되기도 한다.

이름이 암시하듯『삼국유사』는 체재가 정연하지 못하다.『삼국사기』·『고려사高麗史』처럼 본기와 열전을 중심으로 구성한 기전체도 아니고,『삼국사절요三國史節要』·『고려사절요高麗史節要』처럼 각종 사건을 연대순으로 서술한 편년체도 아니다. 주요 줄거리와 세부 내용을 연대순으로 기술한 강목체綱目體, 사건별로 내용을 정리한 기사본말체紀事本末體와도 다르다.

『삼국유사』는 전체 5권 9편으로 구성되어 있다. 제1권에는 「왕력王曆」편과 「기

이紀異편이 함께 실렸다. 제2권은 「기이」편의 연속이다. 제3권에는 「흥법興法」편과 「탑상塔像」편, 제4권에는 「의해義解」편, 제5권에는 「신주神呪」편, 「감통感通」편, 「피은避隱」편, 「효선孝善」편이 실려 있다.

첫번째 왕력편은 단순한 연대표가 아니다. 여기에는 신라·고구려·백제 삼국뿐 아니라 가락국駕洛國·후고려後高麗·후백제後百濟의 각종 중대 사건도 들어 있다. 일종의 간편한 '역사요약집'이라고 할 만하다. 두번째 기이紀異편에는 단군왕검檀君王儉의 고조선古朝鮮부터 위만조선衛滿朝鮮·삼한三韓·낙랑樂浪·삼국三國을 거쳐 발해渤海에 이르기까지 다양한 사건을 수록하였다. 대개『삼국사기』에 실리지 않은 내용들이다. 중국의 이야기책 유사遺事에서는 좀처럼 찾을 수 없는 역사서로서의 관점이 뚜렷하다.

『삼국사기』가 편찬되고서 1백여 년이 지난 뒤에 쓰인 탓인지『삼국유사』에는『삼국사기』를 의식한 면이 많다. 우선, '삼국유사'라고 이름지은 것 자체가 그러하며, 서술 대상도 삼국에 한정하지 않고 시간·공간적으로 무한히 확대한 점이 또한 그러하다. 그리고 같은 사건이라도 내용과 서술방법이 크게 달라서,『삼국사기』가 유교적 도덕 기준에 입각해 합리적으로 점잖게 기술한 반면,『삼국유사』는 조금 지나치다 싶을 정도로 비속하거나 과장된 설화적 표현이 많다. 예를 들면,『삼국사기』「신라본기」는 지증왕智證王의 신체적 특징을 "몸이 매우 크고 담력이 다른 사람보다 뛰어났다"고 표현하였다. 그런데『삼국유사』는 "왕의 성기性器가 1척尺 5촌寸으로 너무 커서 짝을 구하기 어려웠다"면서 왕비도 이에 맞는 사람을 찾느라 힘들었다는 에피소드를 곁들였다. 성기가 유달리 컸으니 몸집도 컸으리라는 상식에 기초한 우스갯소리인 셈이다. 또,『삼국사기』에는 불교에 관한 부분이 거의 없으나,『삼국유사』는 불교를 중심으로 기술했다는 점도 크게 다른 점이다. 고려의 불교승려 일연一然과 그의 제자들이 지었기 때문이다.

일연은 기이편 서문에서 "중국의 역대 제왕이 모두 보통 사람과 달랐다고 말하는 마당에 우리 삼국의 시조가 신비롭게 태어나서 기이한 일을 많이 했다는 말을 못 믿을 이유가 어디 있는가?"라며 국가적 자존심을 유독 강조하였다. 일연의 자주 의식은 고조선부터 후삼국까지 단편적인 역사를 57개 항목으로 나눠 서술한 기이 편에서 크게 드러나는데, 그 첫머리는 고조선 단군신화 소개이다. 고려 사람들의 역사 전통도 중국 사람들 못지않으며, 불교와 깊은 인연을 맺은 나라이므로 곧 몽고의 압제로부터 벗어나리라는 기대감이 글에 짙게 배여 있다. 여러 국가와 종족들에 대한 설명에는 설화가 많이 실렸는데, 이는『삼국사기』가 주로 문헌기록만 존중하였던 것을 비판한 것이라고 볼 수 있다. 삼국시대와 관련해서는 신라 왕실에 대한 이야기가 거의 대부분을 차지한다.

제3편「흥법」은 삼국시대에 불교가 공인되기까지의 전래 과정을 다룬 이야기편이다. 제4편「탑상」은 석탑·불상·범종·사찰 등에 관한 기록을 모았다. 제5편「의해」는 불교 교리에 능통한 승려와 도통한 고승들 이야기이다. 제6편「신주」는 신통한 주술呪術에 대한 이야기로서 기적과 신비한 일을 다루었다. 제7편「감통」은 지극한 믿음으로 인간의 능력을 뛰어넘은 이야기를 담았다. 제8편「피은」은 세속적인 부귀를 탐내지 않고 초연했던 사람들에 대한 기록이다. 제9편「효선」은 가정의 기본윤리인 효도를 불교에서도 존중한다는 점에 초점을 맞추었다.

『삼국유사』는 국가 문제로부터 시작해서 사회의 기초 단위인 가정 문제에 이르기까지 다양한 사회상을 불교를 통해 바라보고 있다. 여기에는 나라가 잘되려면 무엇보다 가정이 건실해야 하며, 그러기 위해서는 불교의 가치를 소중히 여겨야 한다는 승려 일연의 생각이 담겨있다. 그리고 인간적 한계는 불교 신앙을 통해 얼마든지 초월할 수 있다는 믿음이 배여 있다.

그런데『삼국유사』는『삼국사기』보다 1백여 년이나 늦게 편찬된 역사서이다. 더욱이『삼국유사』는 일연이 개인적으로 지었기 때문에『삼국사기』처럼 다양한 자료를 이용할 수도 없었다. 따라서 삼국시대 국가적 상황에 관해『삼국유사』는『삼국사기』보다 자세할 수 없으며 가치가 높을 수도 없다. 다만, 『삼국사기』는 고려 정부에서 편찬한 공식 역사서인 만큼 자료를 지나치게 엄선한 반면, 『삼국유사』는 자유롭게 각종 설화를 그대로 소개하려 애썼다는 점이 돋보인다.

『삼국유사』는 고려시대에 개인이 편찬한 책이므로 『삼국유사』에 실린 설화는 어디까지나 고려시대에 일연이라는 승려가 듣거나 읽은 이야기라는 점을 항상 잊지 말아야 한다. 가령 『삼국유사』의 「왕력」편과 「기이」편에는 백제의 온조설화를 소개하던 중 위례성慰禮城·한산漢山·북한산北漢山이란 지명 밑에 각각 '지금의 직산稷山', '지금의 광주廣州', '지금의 양주楊州' 등의 주를 붙여 놓았는데, 근거는 밝히지 않았다. 백제의 위례성이 고려시대의 직산이며, 백제 때의 한산이 고려시대의 광주라는 것이다. 『삼국유사』의 지명 비정은 이후 『고려사』 지리지, 『세종실록』 지리지, 『동국여지승람』 등에 고스란히 전해졌으며, 지금도 그렇게 믿는 사람들이 적지 않다. 그런데 『삼국유사』보다 먼저 편찬된 『삼국사기』에는 오히려 '위례성의 위치를 모른다'고 적혀 있다. 이처럼 개인의 주관 내지 당시의 통념을 어느 정도 반영한 『삼국유사』보다 당시의 지명에 대해 전혀 언급하지 않은 『삼국사기』 기록이 고대사를 전하는 자료로서는 오히려 가치가 더 높다고 할 수 있다.

기본사료 _ 중국과 일본의 역사서

한국의 고대국가들은 자체 기록을 많이 남기지 못했다. 그래서 한국고대사 연구자들은 이웃나라 중국·일본의 기록을 많이 이용한다. 특히 중국 역사서는 비록 중화사상中華思想이라는 중국 중심의 관념 때문에 공정하지 못한 부분도 있지만, 당시의 외교·여행 기록이라는 큰 장점도 지녀 한국고대사 연구에 많은 도움을 준다.

『사기史記』는 기원전 91년경 한漢의 태사공太史公 사마천司馬遷이 편찬한 기전체 역사서로서 총 130권에 달할 정도로 분량이 방대하다. 제115권의 조선열전朝鮮列傳에서 기원전 109~108년에 벌어진 한과 조선 사이의 전쟁을 비교적 자세히 다루었는데, 사마천 자신이 한나라 관료로서 직접 듣고 본 일들을 정리한 기록이다. 이와 거의 같은 내용이 기원후 1세기 말엽에 반고班固가 찬술한 『한서漢書』에도 실려 있으며, 같은 책 지리지地理志에는 한사군漢四郡 중 낙랑군樂浪郡과 현도군玄菟郡에 관한 내용이 실려 있다.

5세기 중엽 남조南朝 송宋의 범엽范曄이 찬술한 『후한서後漢書』는 후한後漢(25~219)의 역사를 총 120권으로 정리한 사서이다. 후한이 멸망한 뒤 2백여 년이 지나서 편찬한 것이기에 내용 중 『삼국지』를 참조한 부분이 적지 않다. 제115권 동이열전東夷列傳에 부여국夫餘國 · 읍루挹婁 · 고구려高句驪 · 동옥저東沃沮 · 예濊 · 한韓 · 왜倭에 대한 기록이 있다.

3세기 말엽에 진晉나라의 진수陳壽가 찬술한 『삼국지三國志』는 중국 위魏 · 촉蜀 · 오吳의 삼국시대(220~265) 역사를 다룬 사서로서 총 65권으로 구성되어 있다. 그중 제30권 위서魏書 동이전에 부여夫餘 · 고구려高句麗 · 동옥저東沃沮 · 읍루挹婁 · 예濊 · 한韓 · 진한辰韓 · 변진弁辰 · 왜인倭人 항목이 있다.

『진서晉書』는 위魏를 이은 진晉의 역사를 정리한 사서로서, 수도가 업鄴 · 낙양洛陽 · 장안長安 등 황하유역에 있었던 통일왕조 서진西晉시기 52년, 황실이 분열하며 황하유역을 북방종족들에게 빼앗긴 뒤 양자강유역 건업建業(南京)에서 재기한 동진東晉시기 102년, 모두 합쳐 154년 역사를 다루었다. 나라가 망한 뒤 다음 왕조에서 곧바로 편찬한 것이 아니라 2백여 년이 지난 뒤 당唐 태종 때인 644~646년에 관료 20여 명이 함께 찬술하였는데, 제97권 동이열전에 부여국 · 마한 · 진한 · 숙신씨肅愼氏 · 왜인倭人 항목만 간단한 내용으로 들어있다.

『송서宋書』는 동진의 군인이던 유유劉裕가 쿠데타를 통해 420년에 세운 왕조 송宋의 60년 역사를 다룬 사서이다. 남제南齊 무제의 명령을 받고 심약沈約이 487~488년에 찬술하였다. 짧은 기간에 기록을 급히 정리한 탓에 완성도가 높지 않으며, 중화와 오랑캐를 구별하는 화이관華夷觀이 뚜렷하다. 제57권 이만夷蠻열전에 고구려국高句驪國, 백제국百濟國·왜국倭國 항목이 있다. 중국사서 중 백제 항목을 따로 만든 첫 사례이다.

『남제서南齊書』는 송의 권신인 소도성蕭道成이 479년에 선양을 받아 세운 남조 제齊의 24년 역사를 다룬 책이다. 양梁의 소자현蕭子顯이 6세기 초엽에 찬술한 것으로서, 원래 이름은 『제서齊書』였으나 나중에 사람들이 『북제서』와 구별하기 위해 '남'자를 덧붙였다. 제58권 동남이東南夷열전에 고려국高麗國·백제국·가라국加羅國 항목이 있다.

『양서梁書』는 남제의 왕족인 소연蕭衍이 502년 쿠데타를 일으켜 새로 세운 왕조 양梁의 56년 역사를 당 태종 때인 629~636년에 요사렴姚思廉이 정리한 사서이다. 본기와 열전으로만 구성하여 56권이며, 제54권 제이諸夷열전에 고구려高句驪·백제·신라新羅·왜倭 항목이 있다. 중국사서 중 신라 항목을 따로 만든 첫 사례이다.

『위서魏書』는 386년경 선비족鮮卑族의 탁발규拓跋珪가 중국 북부지방에 세운 나라 위魏(북위)의 역사를 정리한 책이다. 534년 동위東魏와 서위西魏로 분열되기까지 149년 역사를 북제北齊 때(551~554) 위수魏收 등이 명령을 받고 편찬하였다. 총 130권 중 제100권 열전에 고구려高句麗·백제국百濟國·물길국勿吉國·거란국契丹國 항목이 있다.

『주서周書』는 서위의 승상인 우문각宇文覺이 557년 선양을 받아 세운 북조 주周의 25년 역사를 정리한 책이다. 당 태종의 명령을 받고 영호덕분令狐德棻 등이 636년에 완성하였다. 본기와 열전으로만 구성하여 50권이며, 제49권 이역異域열전에 고려高麗·백제百濟 항목이 만蠻·요료獠·탕창宕昌·등지鄧至·백란白蘭·저氐·계호稽胡·고막해庫莫奚 등의 나라·종족과 함께 실려 있다.

『수서隋書』는 북주北周 제5대 정제靜帝의 외할아버지인 양견楊堅이 581년 선양을 받아 세운 왕조 수隋의 38년 역사를 정리한 책이다. 당 태종의 명령을 받아 위징魏徵 등이 629~636년경에 편찬하였다. 처음에는 본기와 열전으로만 구성되어 있었으나, 나중에 장손무기長孫無忌가 찬술한 지志 30권을 합쳐 총 85권이 되었다. 제81권 동이열전에 고려·백제·신라국·말갈靺鞨·왜국倭國 항목이 있다.

『남사南史』와 『북사北史』는 당 태종 때인 627~649년경 이연수李延壽가 아버지의 작업을 이어받아 남북조시대 남조와 북조 국가들의 역사를 간략히 정리한 사서이다. 『남사』는 송宋·제齊·양梁·진陳 4대 170년(420~589) 역사를 본기와 열전 총 80권으로 정리하였으며, 제79권 이맥夷貊열전에 고구려·백제·신라·왜국 항목이 있다. 『북사』는 북위北魏·제齊·주周·수隋 4대 233년(386~618) 역사를 본기와 열전 총 100권으로 정리하였으며, 제94권 열전에 고구려·백제·신라·물길국勿吉國·거란국契丹國·왜국 항목이 있다.

『구당서舊唐書』는 618년부터 907년까지 당唐의 290년 역사를 오대五代 후진後晉의 조영趙瑩 등이 명령을 받아 940~945년경에 편찬한 사서이다. 원래 이름은 『당서』이지만, 나중에 새로 또 하나의 『당서』가 편찬되었으므로 『구당서』라고 불리게 되었다. 본기·지·열전 총 200권으로 구성되었으며, 제199권 상上 동이열전에 고려·백제·신라·왜국·일본국日本國 항목이 있고, 하下 북적北狄열전에 거란·말갈·발해말갈渤海靺鞨 항목이 있다.

『신당서新唐書』는 송宋 인종의 명령을 받아 구양수歐陽修·송기宋祁 등이 1044년부터 1060년까지 17년간 당의 290년 역사를 다시 정리한 사서이다. 『구당서』에 비해 체재, 자료, 문장 등은 다듬어졌지만 유교적 국가의식이 강해져 사료 가치는 오히려 떨어진다는 평가를 받는다. 본기·지·표·열전 총 225권으로 구성되었으며, 제219권 북적열전에 거란·흑수말갈黑水靺鞨·발해, 제220권 동이열전에 고려·백제·신라·일본 항목이 있다.

이상은 흔히 25사史라고 불리는 중국 정사正史 중 한국고대사 관련 서술이 있는 책을 간략히 소개한 것이다. 이밖에 당唐의 장초금張楚金이 660년경 저술하고 옹공예雍公叡가 주석을 붙인 『한원翰苑』 「번이부蕃夷部」, 당 두우杜佑가 801년에 편찬 완료한 일종의 백과사전『통전通典』의「변방문邊防門」, 송 사마광司馬光 등이 1084년에 완성한 편년체 역사서『자치통감資治通鑑』, 송 왕흠약王欽若 등이 명령을 받고 1013년에 완성한 1000권 분량의 사료 모음집『책부원구冊府元龜』등이 주요 참고자료이다.

일본에서는 712년에 편찬된『고사기古事記』와 720년에 편찬된『일본서기日本書紀』가 가장 오래된 역사서이다.『고사기』는 오오노 야스마로太安麻侶가 겐메이元明 천황의 명령을 받고 암송되어 오던 신화·전설·전승·계보 등을 글로 받아 적어서 상·중·하 3권의 책으로 편찬했다고 전해진다. 상권은 신대神代라고 불리는 신화시대 이야기이며, 중권은 제1대 진무神武천황부터 제15대 오우진應神천황까지의 왕실 계보와 전설, 하권은 제16대 닌토쿠仁德천황부터 제33대 스이코推古천황의 죽음(628년)까지 왕실 계보와 전설을 주로 다루었다. 한문과 고대 일본어가 섞여있는 노래 형식의 글이 많으며, 백제·신라와 교류한 내용도 짧게 들어있다.

『일본서기』는 덴무天武천황의 명령을 받아 아들 도네리舍人친왕 등이 680년부터 찬술하기 시작해 720년에 완성한 편년체 역사서이다. 신대神代부터 제41대 지토우持統천황이 697년 황태자에게 왕위를 물려줄 때까지 왕실계보 및 주요사건을 30권으로 정리하였다. 660년 나당연합군의 공격을 받아 백제가 멸망하고 663년 백제부흥군을 돕기 위해 나선 왜倭의 구원군 2만7천 명이 궤멸된 뒤 혹여 나당연합군이 왜까지 침략해올까 염려하여 규슈九州 북부에 성城을 쌓는 등 전쟁 대비에 몰두한 뒤에 편찬한 사서이므로,『일본서기』에는 천황중심의 국가주의인 이른바 황국사관皇國史觀이 짙게 배여 있으며 의도적으로 역사를 왜곡한 부분이 많다. 그런데 아이러니컬하게도 그 작업

일본서기(복제본)

을 돕거나 주도한 것은 백제 출신 학자 및 그 후예들이었다. 『일본서기』에 『백제기百濟記』, 『백제신찬百濟新撰』, 『백제본기百濟本記』 등 백제계 역사서가 많이 인용된 것도 그 때문이다. 이미 멸망해버린 백제를 대신해서 원수국인 당唐과 신라에 대적할 새로운 조국 왜倭의 자주적 발전과 애국심 고취를 도모한 것이다. 왜倭라는 나라 이름을 일본日本으로 바꾸고 왜왕 칭호를 천황天皇으로 바꾼 것도 이 무렵이다.

『속일본기續日本記』는 『일본서기』의 후속편으로서 스가노 마미치菅野真道 등이 797년에 완성한 편년체 사서이다. 제42대 몬무文武천황 즉위부터 제50대 간무桓武천황 즉위 10년(791)까지 95년 역사를 40권으로 정리하였다. 통일신라 및 발해 관련 내용이 들어 있다.

『신찬성씨록新撰姓氏錄』은 일본 제52대 사가嵯峨천황의 명령을 받아 815년경 편찬한 고대 씨족지氏族志이다. 천황가에서 분리된 가문인 황별皇別 335개 씨족, 하늘에서 내려온 신들과 토착신들의 자손 신별神別 404개 씨족, 바다를 건너 들어온 도래인渡來人의 자손 제번諸蕃 326개 씨족 등 모두 합쳐 1,182개 씨족을 소개하였다. 제번 씨족은 한漢출신 163개, 백제출신 104개, 고려출신 41개, 신라출신 9개, 가야출신 9개, 그리고 기타 117개 씨족으로 분류되어 있다.

물질자료

고대 역사를 가장 생생하게 알려주는 자료는 고대인이 직접 남긴 문자자료이다. 금속이나 돌에 글을 새긴 금석문金石文, 동물 뼈에 글을 새긴 갑골문甲骨文, 나무에 글을 새긴 목간木簡, 토기·자기·기와·벽돌 등 흙 제품에 새긴 글, 각종 옷감이나 천·종이 조각에 쓴 글 등을 일컫는다. 동양에서 전근대 시절에는 주로 글씨의 예술적 가치를 중시하여 금속제 그릇·종·불상, 비석·묘지석 등에 새겨진 금석문을 탁본하였으나, 근래에는 주로 글 내용에 집중하고 고증자료로 활용한다.

414년 9월 29일 압록강 북쪽 국내성國內城 인근에 세워진 광개토왕비廣開土王碑

는 4세기 말~5세기 초 고구려의 정치·군사·문화·사상을 직접 전해주며, 5세기 후반 고구려가 한강유역을 장악한 뒤 남한강변에 세운 충주 고구려비는 고구려와 신라의 관계를 알려준다. 고구려 사람들은 4세기부터 돌방무덤石室墳을 많이 만들었는데, 그중 무덤 안에 그림을 그리고 글씨를 써둔 벽화무덤도 적지 않다. 모두 당시의 사정을 알려주는 귀중한 물질자료이다.

백제사 연구는 1971년 무령왕릉武寧王陵 발굴조사를 통해 큰 진전이 이루어졌다. 공주 송산리고분군에 위치한 벽돌무덤 안에서 묘지석墓誌石이 발견되었는데, "영동대장군寧東大將軍 백제 사마왕斯麻王이 62세인 계묘년癸卯年 5월 7일에 돌아가셔서 을사년乙巳年 8월 12일에 대묘大墓로 모셨다"는 내용이 새겨져 있었다. 계묘년은 523년, 을사년은 525년에 해당한다. 526년에 죽어 529년에 함께 묻은 왕비의 지석도 함께 발견되었으며, 화려한 껴묻거리副葬品 중에는 경자년庚子年(520)에 다리多利라는 장인이 대부인大夫人을 위해 만들었다는 글이 새겨진 은팔찌가 있었다. 2009년에는 익산 미륵사지 석탑 1층 사리공에서 금판에 글자를 새긴 사리봉안기술利奉安記가 출토되었는데, '좌평 사택적덕沙乇積德의 딸인 백제 왕후가 재물을 희사해 가람을 창건하고 기해년己亥年(639)에 왕실의 안녕을 기원하며 사리를 봉안한다'는 내용이 들어있었다. 백제 무왕武王의 부인인 신라 선화공주가 미륵사를 세웠다는 『삼국유사』 기록과 전혀 다른 내용이어서 논란이 일었다.

최근에는 신라 사람들이 남긴 금석문 자료가 많이 발견되었다. 지증마립간智證麻立干 때(500~514)의 포항 중성리비와 냉수리비, 법흥왕法興王 때(514~540)의 울진 봉평비, 영천 청제비, 울주 천전리 서석, 그리고 진흥왕眞興王 때(540~576)의 단양 적성비, 창녕 척경비, 북한산·마운령·황초령 순수비, 경주 명활성비, 대구 무술오작비 등 6세기 초·중반의 비문을 통해 신라사 연구가 활기를 띠었다. 신라 사람들이 6세기 초에 조영한 경주 호우총壺衧塚에서는 고구려 광개토왕의 이름이 새겨진 415년 제작 청동그릇이 출토되었으며, 경주 금관총金冠塚에서는 '이사지왕尒斯智王'

글자가 새겨진 큰칼大刀이 발견되었다.

20세기에 들어와서 한국·중국·일본의 고대 목간자료가 크게 늘었다. 대부분 유적발굴조사를 통해 발견하였는데, 지금까지 중국에서 출토된 목간은 수십만 점이며, 일본에서는 970개 이상의 유적에서 약 31만 점이 출토되었다고 한다. 한국에서는 아직 발견 사례가 많지 않아서 수백여 점에 불과하지만 최근 출토사례가 크게 늘고 있다. 북한 평양시 락랑구역의 정백동 364호 나무덧널무덤木槨墓에서 출토된 작은 판자형 목간은 기원전 45년에 작성한 낙랑군樂浪郡 호구戶口조사 문서인데, 조선현朝鮮縣을 비롯한 25개 현의 인구와 지난번 조사에 비해 인구가 얼마나 늘거나 줄었는지를 각각 숫자로 적어 놓은 것이었다. 전체 숫자를 합친 낙랑군의 총 인구는 43,835호戶, 28△,261구口였다.

지금까지 발견된 목간 중에는 제첨축題籤軸이라고 불리는 가늘고 긴 비녀모양 목간이 다수 포함되어 있다. 이것은 두루마리 종이문서의 제목이나 내용 특징을 표시해 꽂아두는 일종의 권축卷軸이며, 6세기 중엽에 해당하는 신라의 지방 산성유적에서 출토되었으므로, 6세기경에는 종이 또는 천으로 만든 두루마리 문서도 많았음을 알 수 있다.

한국고대사 관련 금석문 자료가 외국에서 발견된 사례도 적지 않다. 가장 대표적인 예로서 중국에서 발견된 고구려·백제 유민의 묘지명墓誌銘 자료를 꼽을 수 있는데, 당唐의 수도였던 서안西安·낙양洛陽 지역의 무덤에서 많이 출토된 것으로 알려진다. 현재 널리 알려진 묘지명으로는 고구려계 유민 천남생泉男生·천남산泉男産·천비泉毖·천헌성泉獻誠·고자高慈·고진高震·고덕高德·고질高質·이타인李他仁, 백제계 유민 부여융扶餘隆·흑치상지黑齒常之·흑치준黑齒俊·예군禰軍·예식진禰寔進·예소사禰素士·예인수禰仁秀·난원경難元慶·물부순勿部珣·진법자陳法子·태비太妃부여씨扶餘氏 등 30여 점에 이른다.

묘지석과 목간 발견 사례에서도 알 수 있듯이, 오늘날 한국고대사는 고고학 없

고자묘지명

는 역사학을 생각하기 어렵게 되었다. 거의 모든 주제에서 고고학의 도움과 영향을 크게 받는다. 인간의 추상과 이념은 시간과 상황에 따라 끊임없이 변화하기에 후대의 특정한 목적 아래에서 정리된 기록에 의존해 고대사를 이해하기보다 고고학처럼 고대 사람이 남긴 물질사료를 통해 접근하는 연구방법이 더 객관적일 수 있다. 더욱이 자연과학적, 귀납적 추론에 입각한 매

력적인 해석이 덧붙여질 경우 고고학적 분석 결과는 종종 기록을 압도하는 무게감을 지니기도 한다. 그래서 자연과학이 발달한 현대기술사회에서 고고학에 의지해 역사를 연구하는 것은 어찌 보면 지극히 당연한 현상이다. 한 지역의 역사를 다루는 박물관은 대개 그 지역에서 출토된 각종 고고자료를 전시하는데, 시각적 연출을 무엇보다 중시하는 박물관으로선 당연한 접근방식이라고 할 수 있다.

그러나 역사학과 고고학의 학문기반과 출발점이 다르다는 점을 잊어서는 안된다. 두 학문은 연구방법 차이만큼이나 도달할 수 있는 영역 또는 지점의 차이도 있기 때문이다. 문헌사학은 연구영역의 특성상 처음부터 인간사회의 정신문화에 대한 접근이 두드러지기 때문에 몇가지 사료에 근거한 연역적 추론방식이 매우 강력한 해석 틀로 쓰이는 경우가 많다. 이에 비해 고고학은 자연과학의 연구방법론 토대 위에서 물질문화의 일부를 통해 역사를 재구성하는 학문이므로 귀납적 추론방식이 절대적으로 필요하며, 그런 점에서 각고의 인내심과 세심한 관찰 태도가 무엇보다 중요하다.

그런데 최근 역사학과 고고학의 경계가 모호해지면서 연역적 사고에 기초한 고

고자료 해석이 늘고 있다. 현재 고고학에서 가장 어렵지만 가장 강력한 학문적 가치는 편년안編年案이라고 할 수 있는데, 편년이 불안정한 상태에서 고고학의 최대 강점인 선사 및 생활문화의 구체적 복원보다 정치·사상사 중심

발굴조사현장(백제도로 및 우물유적, 충남 부여)

의 역사학계 연구풍토에 너무 많이 부응하는 경우도 있다. 반대로 역사학계는 기록에 대한 검증도 미진한 상태에서 수립한 주관적인 해석에 몇몇 물질자료를 편의적, 관성적으로 덧붙이는 잘못을 되풀이 하고 있다.

고고물질자료는 어느 한 시기의 광범위한 문화상, 또는 어느 한 지역의 장구한 문화상을 비교연구할 때 그 가치가 더욱 빛난다. 그런 점에서 거시적 역사연구를 위해 고고학 연구성과를 활용하는 것은 지극히 당연한 일이지만, 고고학의 특성상 삼한~삼국시대처럼 문화현상이 복잡하던 시기의 안정적 편년안을 설정하고 그 변화상의 사회적 의미까지 추론해내는 것은 실로 어려운 일이다. 더욱이 국가 및 종족의 개념이 상대적으로 뚜렷하지 않았던 고대사회에 분·초를 다투는 현대인의 감각으로 만든 사회평가지표를 과감하게 적용, 구획·구분하기에는 아직 과학적 검증체계가 미흡하다. 그러므로 앞으로 고고학적 문화지표와 편년체계를 문헌자료에 안정적으로 접목하고 효율적으로 활용하려는 세심하고 정밀한 노력이 필요하다. 그리고 문헌·문자자료를 다루는 연구자는 상황논리에 따른 긍정적, 낭만적 사료 해석보다 비판적 사료 해석에 더 익숙해져야 한다.

연구방법과 자세

한국사회가 발전하면서 점점 복잡해졌듯이 한국고대사학계도 규모가 점점 커지면서 연구방법이 다양화하고 복잡해지고 있다. 그래도 가만히 따져보면 연구자들의 성향은 대개 2가지 유형으로 나타난다. 새로운 정보·자료에 민감하게 반응하며 재빠르게 자료를 모아 분석·발표하면서 연구지평을 넓혀가는 정보중심유형과 이미 널리 알려진 자료 조각들을 천천히, 꼼꼼히 들여다보고 맞춰보며 검토하는 것을 즐기는 검토중심유형이다. 편의상 앞의 유형을 정보형, 뒤의 유형을 검토형이라고 하자.

정보형은 대개 부지런하고 순발력이 뛰어나다. 재치와 호기심을 잘 드러내며 실행력과 추진력이 좋다. 뚝심과 배짱을 가진 사람이 많은 듯하다. 검토형은 꼼꼼함과 꾸준함이 장점이다. 논리적인 분석과 공정성 및 객관성을 중시하는 사람이 많은 듯하다. 이는 모두 나의 느낌과 경험에 의지한 주관적 판단이므로 과학적이라고 할 수 없는 유형 분류이지만, 역사 연구에 반드시 좋은 성격, 유리한 성격이 정해져 있지 않으며, 누구든 저마다 가능한 연구방식이 따로 있다는 뜻을 나타낸 것이기도 하다.

당신의 유형이 어떻든 한국고대사 연구자라면 반드시 지녀야 할 덕목이 있다. 먼저, 사회 현상에 관심을 가져야 한다. 지금 내가 사는 사회의 현상에 책임감을 가져야 한다. 그래야 현대사회의 원인遠因으로서 고대사회를 조금 더 치열하게, 조금 더 진지하게 고민할 수 있다. 다만, 현대사회가 고대사회의 연장이 아니라는 사실은 분명히 인식해야 한다. 현대사회는 시간의 분·초를 다투는 현미경(미시적) 시대이며, 고대는 해年·달月의 변화에 맞춘 망원경(거시적) 시대이기 때문이다. 따라서 현대적 시간 개념과 관념으로 고대·중세 사회를 관찰하고 분석해서는 안된다.

이기적 관점은 금물이다. 고대사회를 연구하는 데 지금의 내 성격과 관점이 무슨 상관이냐고 반문할 수 있겠지만, 역사적 사건을 분석·평가하는 사람은 늘 사회의 공동 이익을 고민하고 객관적 시각을 지니려 노력해야 하기 때문이다. 객관적 인식은 하루아침에 거저 만들어지지 않는다. 만약 어떤 역사적 사건에 대한 자신의 해석이 다른 사람들과 많이 다른 경우, 그것이 단지 몇 번에 그친다면 상관없으나, 만약 논문마다 자신의 견해가 특이하다면 한번 반문해볼 필요가 있다. '나는 나를 알리기 위해 연구하는 것이 아닌가?' '나의 공명심을 위해 역사를 이용하는 것은 아닌가?' 그래서 역사 연구자는 옹졸하지 않아야 한다. "사람들이 알아주지 않더라도 화내지 않아야 한다"는 공자의 가르침은 아마도 역사 연구자를 위한 경구일 것이다.

고대사는 인간사회의 다양하고 복잡한 구조와 변화요인을 간명하게 설명해준다. 특히 권력이 어떤 상황, 어떤 조건에서 발생하고 어떻게 실행되며 변화하는지를 단순화시켜 보여준다. 나로부터 시간적으로 먼 거리에 위치한 사회이기 때문에 객관적으로 무심하게 관찰함으로써 인간의 욕망이 직설적으로 드러난 참고자료를 얻을 수 있다. 또, 거시적 안목으로 사회 변화의 큰 흐름을 좇음으로써 거시적 미래비전을 갖추는 데에도 도움을 줄 수 있다.

그러나 이러한 거시적 안목은 거저 생기는 것이 아니다. 각종 자료를 분석·검토하고 다른 연구자들과 토의하고 수정하는 등 오랜 훈련을 통해 어렵사리 얻게 되는 것이다. '안다'는 말과 '알 것 같다'는 말이 전혀 다른 말임을 이해하고, 자신의 인지능력 한계를 깊이 성찰하는 훈련을 거쳐야 한다. 운동선수는 자신의 절정기와 체력 한계를 스스로 안다. 자연과학자, 공학자도 인지능력의 한계를 절감하는 지점이 있다. 그런데 역사학자, 인문학자에게는 그 지점이 분명치 않다.

오늘날 한국고대사 연구자에게 고고학의 발전은 큰 축복이다. 글의 위력에 압도되어 언어·예술·정치·철학 위주의 인문학에 몰두하면서 지나치게 사변적으로 흐르지 않도록 수학·자연과학의 원리와 논리로 무장한 고고학이 역사학을 견인하게 되었기 때문이다. 고고학자가 오히려 역사학에 경도되어 과학적 방법론을 버리고 문학적 경험론에 취하지만 않는다면, 보편성과 귀납적 방법론을 뒤로 하고 특수성과 연역적 방법론에 빠지지만 않는다면, 고고학을 통해 한국고대사 연구는 더욱 발전할 것이다.

참고문헌

정구복, 『한국인의 역사의식』, 한국정신문화연구원, 1989.

정구복, 『한국고대사학사』, 경인문화사, 2008.

김기섭, 『주제별로 풀어쓴 한국사강의록』, 가람기획, 1998.

김기섭, 『사료를 보니 백제가 보인다(국내편)』, 주류성, 2006.

권덕영, 『한국의 역사 만들기, 그 허상과 실상』, 새문사, 2015.

이강래, 『『삼국사기』읽기』, 세창미디어, 2017.

한국고대사학회, 『우리시대의 한국고대사 Ⅰ』, 주류성, 2017.

2 원시공동체 사회에서 계급사회로

1) 지구와 인류

탄생과 진화

인간은 지구상의 한 생명체에 불과하다. 그리고 지구는 우주의 수많은 행성 중 하나이다. 미국 항공우주국NASA의 천체 관측 및 분석 결과에 따르면, 우주는 약 138억 년 전에 생겨났을 것이라고 한다. 그리고 지구의 암석을 분석해보면, 지구는 약 46억 년 전에 생겨난 것으로 추정된다.

지구에 단세포 생명체가 출현한 것은 약 38억 년 전이다. 약 6억 년 전에는 다세포 생물이 나타났다. 약 5억4천2백만 년 전부터 약 2억5천1백만 년 전까지를 고생대古生代라고 한다. 지각의 요곡운동 때문에 산맥이 형성되고 각종 동·식물이 번성한 시기이다. 북부 대륙의 늪지대에서는 주기적으로 바닷물이 침범해 퇴적층을 형성하였는데, 이때 퇴적된 식물들이 변하여 지금의 석유와 석탄이 되었다. 고생대에는 얕은 바다에서 원시적인 물고기들이 나타났으며, 조류藻類식물을 비롯해 이끼류와 고사리류가 번성한 것으로 알려진다.

약 2억5천1백만 년 전부터 약 6천5백만 년 전까지를 중생대中生代라고 하며, 이를 다시 트라이아스기, 쥐라기, 백악기로 구분한다. 중생대에는 동물과 식물이 매우 다양해졌으며, 특히 활엽수계의 식물과 파충류·양서류·경골어硬骨魚 등이 번성하였다. 백악기 후기인 약 7천5백만 년 전에는 원시적인 형태의 영장류靈長類가 출현한 것으로 알려진다. 영장류의 특징은 대뇌가 발달하는 대신 얼굴이 짧고 손·발이 구분되는 것이다.

약 6천5백만 년 전부터를 신생대新生代라고 한다. 신생대는 다시 제3기와 제4기로 나뉘는데, 대부분을 차지하는 제3기는 온난한 기후 속에서 지각변동이 활발하고 포유동물과 쌍떡잎 식물이 번성하였으며, 약 200만 년 전부터 시작된 제4기는 빙하기氷河期가 특징이다. 빙하기란 지구의 기온이 오랫동안 낮아져 남극·북극과 높은 산맥에 생긴 얼음층이 확장된 시기로서, 추운 시기를 빙기氷期, 상대적으로 따뜻해진 시기를 간빙기間氷期라고 부르는데, 적어도 4회 이상의 큰 빙기가 있었다고 한다. 가장 최근의 빙기는 약 1만 년 전에 끝났으며, 그 전의 여름 기온은 8~9℃에 불과해 매머드의 주식인 풀과 버드나무가 줄어들고 자작나무를 비롯한 침엽수림이 늘어나 매머드를 멸종케 한 것으로 알려진다.

제3기가 끝나가던 무렵 인류가 출현하였다. 남아프리카공화국에서 처음 발견된 '남쪽 원숭이 사람'Australopithecus이다. 이들이 처음 나타난 시기에 대해서는 학자마다 견해가 조금씩 다르지만 대개 600~400만 년 전으로 추정한다. 지금까지 발견된 오스트랄로피테쿠스 화석 중 시기가 가장 늦은 것은 약 130~120만 년 전에 해당한다. 아프리카에서 서식한 오스트랄로피테쿠스는 여러 종種으로 나뉘는데, 아파렌시스afarensis, 아프리카누스africanus, 로부스투스robustus 등이 대표적이다. 오스트랄로피테쿠스 아파렌시스는 500만 년 전 이전에 나타났다가 일찌감치 사라지고, 그 대신 대략 250만 년 전에 오스트랄로피테쿠스 아프리카누스가 출현했으며, 오스트랄로피테쿠스 로부스투스는 그보다 50만 년쯤 늦게 출현한 것으로 알려진다. 케냐에서 발견된 80여 개체의 로부스투스 화석은 평균 키 162cm, 몸무게 40~45kg으로 추정되며 어금니가 현대인의 4배에 달할 정도로 크고 턱뼈가 발달하여 고릴라와 통하는 면이 있다. 두 발로 서서 걷고 15~20명 정도가 무리를 이루었던 그들의 평균 수명은 11~12살에 불과하였다. 오스트랄로피테쿠스 화석은 지금까지 아프리카대륙에서만 발견되었다.

탄자니아의 올두바이olduvai협곡에서 180~160만 년 전 오스트랄로피테쿠스가 만든 석기들이 다량 발견되었다. 돌로 도구를 만든 이들을 특별히 '솜씨좋은 사람' Homo habilis이라고 부르며 오스트랄로피테쿠스와 구별하기도 한다. 호모 하빌리스를 새로운 호모 속屬으로의 진화로 볼 수도 있다. 같은 협곡의 같은 지층에서 호모 에렉투스Homo erectus의 뼈 화석도 발견되었으므로 둘 사이의 관계가 관심을 끌었다. 그러나 오스트랄로피테쿠스와 호모 에렉투스는 두뇌 용량이 서로 다르며, 턱과 치아의 구조도 달랐다. 호모 에렉투스의 뇌 용량이 900~1,000cc로 2배 가까이 커지고 턱과 치아는 크기가 현저히 작아졌다. 안면 형태가 바뀌어 다양한 목소리의 음성언어도 사용하였다. 호모 에렉투스의 성인 남자는 평균 키 162cm, 몸무게 76kg 정도로 추산된다. 호모 에렉투스 화석은 유라시아대륙 곳곳에서 발견되었다.

호모 에렉투스가 출현하던 무렵, 지구는 기온이 크게 낮아지면서 남극·북극과 고산지대를 중심으로 빙하가 형성되기 시작하였다. 그리하여 제4기 홍적세에 수십만 년을 간격으로 4~5회의 빙하기와 3~4회의 간빙기가 찾아왔다. 빙하기에는 지구 표면의 약 35%가 빙하로 덮여 있었다고 한다. 지금은 지구 표면의 14%가 빙하이다. 2만여 년 전 빙하가 가장 발달했을 때 해수면은 지금보다 120~135m 정도 낮았다고 한다.

추워진 환경에 적응하기 위해 호모 에렉투스는 불을 이용하였다. 호모 에렉투스가 정확히 언제부터 불을 사용했는지는 알 수 없지만, 약 100만 년 전 호모 에렉투스가 사용한 남아프리카의 동굴에서 불에 그을린 바위와 불에 탄 뼛조각, 식물 숯 등이 발견되었다. 불은 석기와 함께 호모 에렉투스를 생태계의 강자 중 하나로 만들었다. 불을 사용할 줄 알게 됨으로써 강적을 물리치기가 더 쉬워졌으며, 더 많은 것을 더 안전하게 먹을 수 있게 되었고, 더 따뜻하게 지낼 수 있게 되었다. 불을 통해 호모 에렉투스의 생활환경과 영양섭취조건이 훨씬 더 좋아진 것이다. 불을 통제하는 데에는 상당한 지혜와 예견력, 기술이 필요하였고, 이는 집단 내의 노동 분화 및 석기 제작에도 영향을 미쳤다. 호모 에렉투스의 대표적인 사례로서 자바원인, 북경원인, 남전인藍田人, 진가와인陳家窩人 등이 있다. 한반도에서는 화석이 발견되지 않았으나, 단양 금굴, 제천 점말용굴, 공주 석장리 등지에서 그들이 남긴 유적이 발견되었다.

새로운 종 호모 사피엔스Homo sapiens는 약 35만 년 전에 출현했다. 이들은 오랫동안 호모 에렉투스와 공존하였는데, 뇌용량이 1,300∼1,400cc로 크게 늘었으며, 치아의 어금니 기능이 줄어들고 앞니 역할이 커졌다. 이들이 남긴 유적에서는 창이 발견되어 사냥기술이 매우 발달했음을 알 수 있고, 돌도끼나 방망이처럼 직접적인 완력만 행사하는 생활방식에서 벗어남으로써, 결과적으로는 골격과 근육의 구조에도 영향이 나타났을 것이다. 프랑스 니스의 테라 아마타Terra Amata유적에서는 길이 8∼15m, 폭 4∼6m 규모의 타원형 집터가 여럿 발견되었는데, 중심부에 화덕자리가 있고, 한켠에서는 주먹도끼·가로날도끼·긁개와 창의 일부로 보이는 첨두기, 코끼리 다리뼈로 만든 도구 등이 출토되었다. 약 30만 년 전에 형성된 스페인의 토랄바Toralba유적에서는 불을 이용해 매머드와 같은 덩치 큰 동물을 늪지로 몰아넣은 다음 석기로 공격하고 동물의 사체를 부분별로 잘라 낸 흔적이 발견되었으며, 이라크의 샤니다Shanidar동굴에서는 시체 위에 꽃을 뿌리고 흙을 덮은 흔적, 중앙 아시아의 테쉬크 타쉬Teshik Tash에서는 주검 둘레에 염소 두개골 6개를 땅에 거꾸로 꽂아 배치한 유적이 발견되었다. 호모 사피엔스는 실과 바늘로 가죽옷을 만들어 입은 것으로 알려진다. 이들은 상당히 발달한 음성언어를 사용하였지만, 언어 사용 속도는 현대 인류의 약 1/10 정도에 불과했다는 연구 결과도 있다. 호모 사피엔스 화석의 대표적인 사례로서 독일의 네안데르탈인, 중국의 정촌인丁村人·장양인長陽人·오르도스인 등이 있다. 북한의 덕천 승리산에서도 어금니 2개와 어깨뼈가 발견되어 '덕천인'이라고 부르고 있으며, 평양에서 발견된 화석은 '역포인'이라고 부른다.

현생인류는 호모 사피엔스가 다시 진화한 것이다. 그래서 호모 사피엔스 사피엔스Homo sapiens sapiens라고 부르는데, 출현 시기는 약 4만 년 전으로 추정한다. 현생인류는 호모 사피엔스보다 앞니 크기가 현저히 작아지고 턱을 비롯한 안면 하부가 뒤로 더 후퇴하며 앞으로 튀어나왔던 미궁골이 거의 사라졌다. 두개골 윗부분의 크기가 감소하고 폭이 좁아진 대신 앞뒤 길이가 더 길어져 두뇌용량은 조금 더 늘었으며, 근육운동이 감소한 탓에 팔·다리뼈의 두께는 줄었다. 신체 변화는 지역마다 달라서 서유럽에서는 신장이 커지고 남아프리카지역에서는 작아지는 경향이 나타났다. 프랑스의 크로마뇽Cromagnon에서 발견된 화석은 골격이 현재의 유럽인과 비슷하고, 두뇌용량 역시 1,500~1,600cc로서 지금의 우리와 큰 차이가 없다. 중국에서는 산정동인山頂洞人·기린산인麒麟山人·유강인柳江人 등이 알려져 있으며, 북한의 덕천 승리산에서 발견된 '승리산인' 화석도 여기에 속한다. 한반도에서 발견된 이 시기 유적으로는 제천 창내, 단양 수양개·상시 등이 있다. 이들 단계의 인류는 각종 기술이 더욱 발전하여 이른바 후기구석기라는 새로운 시대를 열었는데, 그것은 유적에서 발견되는 음식물찌꺼기의 종류가 이전 단계에 비해 엄청나게 증가한 데에서도 충분히 짐작할 수 있다. 학계에서는 후기 구석기시대를 자원 이용 방식의 전문화·집중화·다양화가 이루어진 시기라고 규정하기도 한다.

인류학과 고고학

인류학人類學(Anthropology)은 인간과 인간사회를 종합적으로 연구하는 학문이다. 크게 인간의 체질을 자연과학적 방법으로 연구하는 형질인류학形質人類學과 인간사회의 문화현상을 인문사회학적 방법으로 연구하는 문화인류학文化人類學으로 나뉜다. 문화인류학에는 인간들이 남긴 물질적 흔적을 연구하는 고고학考古學, 인간사회의 풍속·습관·의례 등을 연구하는 민속학民俗學, 언어를 통해 사회현상을 분석하는 언어인류학言語人類學 등이 포함된다. 민속학을 중심으로 한 문화인류학을 독일에서는 민족지학民族誌學, 영국에서는 사회인류학으로 부른다.

고고학Archaeology은 본래 '고대' 또는 '고물古物'을 뜻하는 그리스어에서 파생되었다. 기록이 없거나 부실했던 시기 또는 지역의 인간생활상을 인간이 남긴 물질자료(유적·유물)로 해설하는 학문인데, 고대사의 비중이 크지 않은 미국에서는 인류학의 한 분야로 이해하지만, 한국을 비롯한 동양과 유럽의 여러 나라에서는 역사학의 한 분야로 분류한다. 중세유럽에서 르네상스와 함께 싹튼 호고주의好古主意 (antiquarianism)가 19세기에 미술사학과 고고학으로 자리 잡았다고 할 수 있다.

고고학은 형질인류학과 함께 자연과학의 기반 위에 서 있다. 그래서 자연과학이 크게 발달한 20세기에 고고학의 자연과학적 연구법도 큰 진전을 이뤘으며, 오늘날 한국에서는 고대사 연구를 주도하는 단계에까지 이르렀다. 고고학의 연구 재료는 옛날 사람이 남긴 자취, 곧 유적遺蹟이다. 유적은 땅에 남아있는 흔적이라는 뜻의 유구遺構와 그 속에 포함되어 있는 유물遺物로 나뉘는데, 유구·유물의 내용과 의미를 자세히 밝혀내기 위해 발굴조사라는 과학적 방법을 거친다.

고고학의 발굴조사는 마치 인체 해부와 같아서 유적을 파괴하는 측면도 있다. 그러므로 발굴조사는 정확한 정보를 많이 확보하고 발굴 과정과 사실을 정확히 기록해두는 일이 매우 중요하다. 조사방식은 무덤, 주거지, 마을, 도로, 건물, 성벽 등 유적의 종류 및 시대·지역에 따라서 크게 달라진다. 다만, 유적·유구·유물의 연대年代를 알아내는 연대결정법은 일정한 원칙이 있는데, 형식학적 방법과 층위학적 방법이다.

형식학型式學은 생물학의 진화론 원리를 고고학 연구에 응용한 방법론이다. 생물 진화론처럼, 사람이 만들어 사용한 유구·유물도 처음에는 초보적인 형태에서 발전을 거듭하다가 나중에 쇠퇴하면서 변화한다는 변천순서를 상정한 것이다. 층위학層位學은 지질학의 연구방법을 응용한 방법론이다. 지층地層이 교란되지 않은 지점에서는 아래쪽의 지층이 위쪽의 지층보다 먼저 퇴적된 것이라는 원리에 따라 각 지층에 포함된 유구와 유물의 선후관계를 밝히는 데 유용하다. 형식학과 층위학은 서로 보완적인 관계이지만, 만약 형식과 층위가 충돌한다면 층위를 우선시한다.

이처럼 2개 이상의 형식과 층위를 서로 비교해 선후관계를 밝히며 추정한 연대를 상대연대相對年代(relative date)라고 하고, 자연과학의 물리·화학적 분석방법으로 측정한 연대를 절대연대絕對年代(absolute date)라고 한다. 20세기에는 방사성탄소(C14)연대측정법처럼 유기물질 위주로 연대를 측정하고 오차 폭도 컸지만, 최근에는 각종 무기물질도 방사성 원소의 일정한 반감기半減期를 이용해 비교적 안정적으로 연대를 측정하고 있다.

2) 구석기시대의 사회문화: 불의 발견, 석기石器 제작

구석기시대의 특징

인류가 도구를 사용한 것은 오스트랄로피테쿠스 단계부터이지만, 대개 가공하지 않은 맨 돌이나 나무막대기를 썼기에 특별히 의미를 두지는 않는다. 처음으로 여러 번 손질한 도구를 만든 인류는 호모 에렉투스이다. 그들은 돌을 깨뜨려 주먹도끼handaxe, 가로날도끼cleaver, 찍개chopper, 긁개scraper 등 다양한 석기를 만들었다. 그들이 석기를 만드는 방법은 크게 두 가지였는데, 돌로 돌을 깨뜨리는 방법 Hard-hammer과 뿔·나무로 돌을 깨뜨리는 방법Soft-hammer이다. 뿔이나 나무로 돌을 깨뜨리면 석기가 더 정교해지는 이점이 있다. 돌을 깨뜨렸을 때 떼어낸 돌조각을 격지 또는 박편剝片이라고 하고, 남은 돌뭉치를 몸돌 또는 석핵石核이라고 한다.

이처럼 인간이 돌을 깨뜨려서 만든 도구를 뗀석기 또는 타제석기打製石器라고 한다. 구석기舊石器라고도 한다. 대체로 호모 에렉투스가 활동한 시기는 전기 구석기시대, 호모 사피엔스는 중기 구석기시대, 현생인류가 출현하던 무렵부터는 후기 구석기시대라고 할 수 있다. 물론, 전기·중기·후기의 구분은 석기 제작방식에 따른 것이므로 인류의 진화과정에 단순 대입할 수 없다. 그러나 비록 시간 차이는 있을지라도 기본적으로 도구 제작이란 추상적 사고를 눈과 손을 통해 실현하는 것이므로 전혀 무관하다고 말할 수도 없다. 유럽 및 아프리카 일부지역의 석기 제작기술을 기준으로 할 경우, 대개 25~20만 년 전과 4만 년 전을 각각 중기 및 후기의 기준으로 삼는다.

호모 사피엔스가 출현한 이후에 개발된 석기 제작기술 중 가장 주목받는 것은 르발루아levallois기법이다. 이 기법은 파리 인근의 르발루아 페레유적에서 나온 몸돌과 격지를 통해 처음 확인되었는데, 원석의 양면을 쳐서 일정한 모양으로 만든 뒤 상단을 강하게 내리쳐 격지를 한 겹씩 떼어내는 기술이다. 격지를 떼어내고 남은 몸돌은 한쪽 면이 부풀고 반대편은 우묵해진다. 르발루아기법은 제작자가 예상한 크기와 형태대로 격지를 얻을 수 있는 계획적이고 규칙적인 석기 제작법이므로 인류의 두뇌와 신경조직이 발달하고 기술문화가 진화했음을 시사한다.

현생인류가 주도한 후기 구석기시대에는 눌러떼기加壓剝離(pressure flaking)기술이 발달하였다. 눌러떼기란 뼈·뿔 또는 막대기에 끼운 작은 돌의 뾰족한 끝을 석기의 표면 또는 가장자리에 대고 힘을 주어 격지를 얇게 떼어내는 수법으로서, 몸돌 석기를 잔손질할 때 사용하거나 세석기細石器처럼 작고 얇은 석기를 얻는 데 썼다. 특히 격지석기의 경우, 아무리 작은 석기라도 원하는 모양으로 쉽게 얻을 수 있다는 점에서 석기 제작기술이 현저히 발달했음을 의미한다. 석기가 작아질수록 석기제작의 경제성과 정제성, 전문성이 두드러지는데, 후기구석기는 바로 그런 시대였다.

이처럼 석기 제작기술은 석기의 크기가 점점 작아지는 방향으로 발전하였다. 이는 구석기인의 생활 환경과 방식이 조금씩 달라졌음을 의미한다. 주먹보다도 훨씬 더 큰 몸돌 석기를 사용한 전기 구석기인들은 아마도 몸집이 큰 짐승을 주로 사냥했을 것이고, 작은 석기로 창을 만들어 쓴 후기 구석기인들은 작고 날쌘 짐승을 주로 잡았을 것이다. 기후와 자연환경이 변하고 인류의 지능과 신경조직이 진화하면서 창처럼 작지만 날쌔고 날카로운 무기가 개발되었다는 것이다.

나중에 출현할 신석기시대에 비한다면 구석기시대는 일회용 시대라고 할 수 있다. 한번 만들어 사용한 석기가 무디어지면 버리고 다른 석기를 같은 모양으로 또 만들어 썼기 때문이다. 그래서 구석기인들이 머물렀던 곳에서는 꽤 많은 양의 몸돌과 격지를 발견할 수 있다. 잊지 말아야 할 것은 인류 역사의 99.9%가 구석기시대였다는 사실이다.

한반도의 구석기유적

1933년 함경북도 종성군 동관진의 두만강 연안 철도공사현장에서 구석기유적이 발견되었다. 이듬해부터 2차례에 걸쳐 조사하여 여러 점의 후기 구석기 유물과 동물 뼈 화석을 수습하였으나, 일제강점기에는 구석기문화 연구가 이루어지지 않았다. 해방된 뒤 북한 고고학자들이 두만강 하구에 위치한 함경북도 웅기군 굴포리 서포항의 해안가 구릉 기슭에서 구석기~청동기 유적을 찾아내 1960년부터 다섯 차례 발굴조사하였다. 구석기 문화층의 막집자리에서는 찍개·밀개·긁개 등 중기 구석기 유물들이 출토되었다.

1964년 충청남도 공주시 석장리 금강 연안의 구석기유적을 연세대학교박물관이 발굴조사하였다. 이후 1974년까지 10차에 걸쳐 여러 개의 문화층위를 확인하고 찍개, 긁개, 찌르개, 자르개, 주먹도끼, 밀개, 새기개, 톱날 등 중기~후기 구석기시대의 다양한 석기를 수습하였다. 이로써 대한민국 구석기고고학이 시작되었다. 1978년부터 7차에 걸쳐 경기도 연천군 전곡리 임진강 연안의 구석기유적을 조사하여 전기 구석기시대의 주먹도끼, 가로날도끼, 찍개, 긁개, 홈날 등 3천여 점을 수습하였다. 1983~1985년에는 충북 단양군 애곡리 수양개의 남한강 연안을 조사하였는데, 중기~후기 구석기시대의 주먹도끼, 주먹칼, 찍개, 긁개, 밀개, 새기개, 찌르개 및 흑요석이 많이 출토되었다. 수양개유적 가까이에 단양 도담리 금굴, 단양 상시 바위그늘, 제천 점말 용굴, 제천 창내 유적 등이 분포한다. 지금까지 남한에서 발견된 구석기유적은 약 1,000개 정도이다.

공주 석장리유적

한반도에서 발견된 구석기 문화층의 연대는 아직 분명하지 않은 경우가 많다. 유적이 발견된 토층의 층위학적 분석에 여러 가지 이견이 있기 때문인데, TL연대측정발열광연대측정(Thermoluminescence dating) 등의 절대연대가 상대연대와 서로 일치하지 않는 곳도 있다. 북한에서는 한반도에서 발견된 인류화석을 민족의 공통조상으로 보고 그들이 남긴 생활유적을 민족문화 형성의 기원으로 여기지만, 이는 비학문적인 정치적 해석에 불과하다. 구석기시대 사람들은 한곳에 정착하지 않고 떠돌며 생활했으므로 종족을 특정하기 어렵다는 것이 학계 정설이다.

구석기시대의 생활상

구석기인들은 수렵·채집 생활을 하였다. 처음에는 동물 사냥보다 식물 채집에 치중하였으나 점차 사냥의 비중이 늘어났을 것이다. 산양·순록처럼 계절 변화에 따라 이동하는 동물들을 쫓아 사람들도 옮겨 다녔는데, 대개 30명 안팎의 인원이 함께 생활한 것으로 보인다. 그들은 동굴, 바위그늘, 나무·돌·가죽으로 만든 막집 등에서 머물렀다. 한반도에서는 공주 석장리, 대전 용호동, 제천 창내, 화순 대전, 장흥 신북 등 여러 곳에서 집터 및 화덕 흔적이 발견되었다.

한반도의 구석기인 집터는 크게 동굴집터와 한데집터로 나뉜다. 동굴집터는 오래 머문 곳으로서 대개 평지보다 높은 곳 계곡 가까이에 위치한 동굴, 입구가 동쪽 또는 남쪽 방향으로 난 동굴이다. 한데집터는 잠시 머문 곳으로서 강가 또는 호수·바다 주변에 지은 막집의 흔적이다. 한데 집터의 대표적인 사례로서 웅기 굴포리 서포항, 공주 석장리, 제천 창내, 화순 대전 유적 등이 있다. 공주 석장리의 제1호 막집을 복원한 결과, 내부 면적은 약 50㎡이고 8~10명 정도가 생활한 것으로 추정된다. 집안에는 화덕자리가 있었다.

생활유적에서는 소나무, 전나무, 가문비나무, 삼나무, 은행나무, 목련, 상수리나무, 단풍나무, 가래나무, 밤나무, 너도밤나무, 참나무, 자작나무, 오리나무, 서나무, 느릅나무, 느티나무, 감탕나무, 버드나무, 사시나무, 쥐똥나무, 녹나무 등 온난성 나무와 한랭성 나무가 모두 발견되었으며, 명아주, 쑥, 백합, 끈끈이주걱, 부들, 여뀌, 붓꽃, 국화 등 다양한 초본식물 꽃가루가 출토되었다. 동물은 원숭이, 코끼리, 쌍코뿔이, 말, 사슴, 노루, 산양, 물소, 염소, 소, 멧돼지, 오소리, 수달, 족제비, 곰, 털코끼리, 여우, 너구리, 이리, 늑대, 호랑이, 표범, 사자, 하이에나, 토끼, 다람쥐, 쥐, 두더지, 박쥐 등 다양한 뼈화석이 출토되었다. 이로써 구석기시대 한반도의 기후 변화 폭이 상당했음을 알 수 있다. 구석기시대에 빙하기와 간빙기가 여러 차례 되풀이되었다는 사실을 상기하면 당연한 일이다.

구석기인들이 어떤 옷을 입었는지, 동식물을 어떻게 섭취했는지, 가족 구성과 경제생활 방식은 어떠하였는지, 신앙·예술이 있었는지 등을 두고 학계의 관심이 깊지만, 아직 분명히 밝혀진 것은 없다. 침팬지·고릴라 등 유인원의 집단생활 모습을 관찰하거나 밀림 속 소규모 원주민 집단의 원시적 생활방식을 관찰함으로써 유

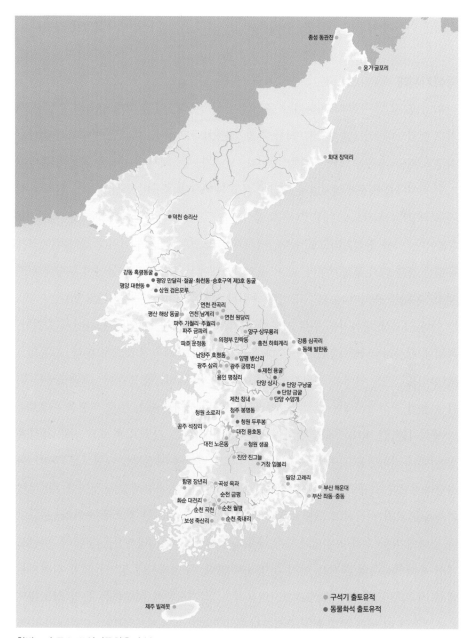

종성 동관진

웅기 굴포리

화대 장덕리

덕천 승리산

강동 흑령동굴
평양 만달리·절골·화천동·승호구역 제3호 동굴
평양 대현동
상원 검은모루
연천 전곡리
평산 해상 동굴   연천 남계리   연천 원당리
파주 가월리·주월리
파주 금파리   양구 상무룡리
파주 운정동   의정부 만박동   홍천 하화계리   강릉 심곡리
남양주 호평동   동해 발한동
광주 삼리   양평 병산리
광주 궁평리
용인 평창리   제천 용굴
단양 상시   단양 구낭굴
제천 창내   단양 금굴
청원 소로리   청주 봉명동   단양 수양개
공주 석장리   청원 두루봉
대전 용호동
대전 노은동   청원 샘골
진안 진그늘
거창 임불리
함평 장년리   곡성 옥과   밀양 고래리
화순 대전리   순천 금평   부산 해운대
순천 곡천   순천 월평   부산 좌동·중동
보성 죽산리   순천 죽내리

제주 빌레못

● 구석기 출토유적
● 동물화석 출토유적

한반도의 주요 구석기문화유적 분포도

추해낸 인류학 이론에 따르면, 구석기시대는 가족중심의 공동체사회였을 것이다.

중석기시대

약 1만2천 년 전부터 빙하기가 물러나기 시작했다. 이후 다시 급격히 추워진 시기도 있었으나, 약 1만 년 전부터를 후빙기後氷期라고 한다. 마지막 빙하기가 끝나고 지구의 평균 기온이 크게 상승한 것이다. 날씨가 따뜻해지자 미생물 활동이 활발해지고 먹이사슬이 풍부해지면서 몸집이 작고 재빠른 동물들이 번성하였다. 인류는 석기도 작고 날쌘 것으로 바꾸었다. 그 중 하나가 손가락 굵기만큼 작고 가는 세석기細石器이다. 이를 잔석기라고도 한다. 세석기는 약 2만 년 전에 이미 등장하지만 크게 유행한 것은 역시 후빙기이다. 후기 구석기시대에서도 후빙기에 들어설 무렵에 퍼진 세석기문화를 중석기中石器라고 하여 독립된 시기로서 따로 구분하기도 한다.

인류 역사상 세석기를 주로 사용한 시기는 매우 짧다. 지역마다 차이가 있지만, 유럽에서는 대략 1만 년 전을 전후해 1~2천 년 정도 지속된 것으로 본다. 그동안 1백 수십 만 년을 이어온 구석기시대에 비하면 찰나라고 할 만하다. 그래도 세석기를 사용한 중석기시대는 신석기문화라는 새로운 시대를 여는 통로 역할을 하였다.

세석기를 긴 막대기에 연결하여 만든 창과 작살은 가볍고 빠르고 작은 동물을 잡는 데 유리하였을 것이다. 이에 사냥 방식도 달라져 예전처럼 대규모로 무리지어 사냥하기보다 소규모 또는 개별적으로 사냥하는 일이 가능해졌을 것이다. 이 무렵 가축을 기르기 시작하고 그물로 물고기를 잡는 일도 시작한 것으로 보인다. 사람마다 능력에 따라 수확량이 달라지자 사유재산 개념도 더 분명해졌을 것이다. 한반도에서 중석기시대의 흔적은 아직 분명하지 않다. 구석기시대 말기유적과 신석기시대 초기유적이 발견된 제주도 고산리유적, 신석기시대에 해당하는 통영 상노대도 패총유적의 맨 아래 문화층을 중석기시대의 흔적으로 보기도 한다.

3) 신석기시대의 사회문화: 농경農耕

신석기시대의 특징

신석기新石器란 돌을 갈아서 만든 마제磨製석기, 간석기를 가리킨다. 간석기 사용은 돌 도구의 날이 부러지거나 무디어져도 그냥 버리지 않고 다시 갈아서 쓰는 재활용시대가 열렸다는 뜻이지만, 신석기시대, 신석기문화의 지표는 간석기가 아니다. 농경農耕과 정착생활, 토기土器 제작이다.

인간이 왜 농사를 짓기 시작했는지는 분명하지 않다. 빙하기가 끝나고 자연환경이 변하자 서아시아지역에서 우연히 야생종 곡물을 재배하게 되었다는 견해가 한때 유행하였으나, 근래에는 빙하기가 끝나고 인구가 급격히 증가해 수렵·채집만으로는 식량공급이 어려워지자 농경이라는 차선책을 찾게 되었다는 견해가 유력하다. 농경은 토지생산성과 안정성이 높은 식량 확보방식이지만, 땅을 일구고 물을 공급하는 데 노동력이 많이 필요하므로 수렵·채집보다 효율적이라고 말할 수 없기 때문이다. 신석기시대에도 인류의 경제생활은 기본적으로 수렵·채집에 의존하였다.

농사를 지을 수 있는 땅은 제한적이다. 그리고 농경을 하려면 한 곳에 오래 머물러야 한다. 사람들은 오래 머물기 위해 각종 편의시설을 공들여 지었다. 정착생활을 시작한 것이다. 정착생활은 기술문화 발달을 재촉하였다. 자연환경을 바꾸려는 인류의 태도와 노력이 각종 발견과 발명을 불러왔다. 농경을 통해 그동안 자연환경에 철저히 순응하며 살아온 인류의 생활방식과 문화가 도전적으로 바뀐 것이다. 그리하여 농경을 신석기혁명新石器革命이라고 부르기도 한다. 목축도 식량을 안정적으로 확보하기 위해 동물을 인위적으로 배양한다는 점에서 농경과 같은 개념이라고 할 수 있다.

신석기시대의 빛나는 발명품 중 하나는 움집이다. 땅을 깊이 판 다음 기둥을 세

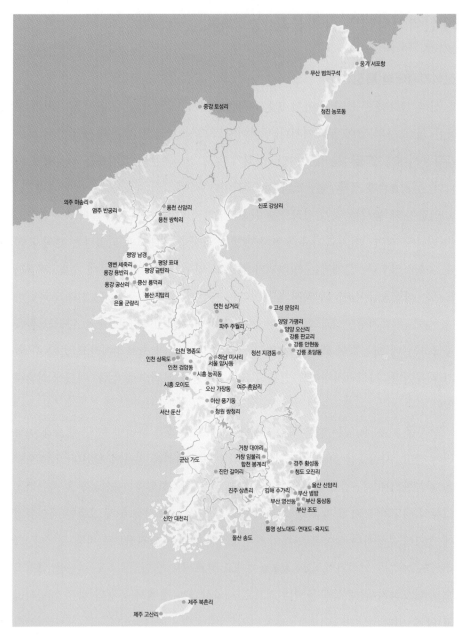

옹기 서포항

무산 범의구석

중강 토성리

청진 농포동

의주 미송리
염주 반궁리
용천 신암리
용천 쌍학리
신포 강상리

평양 남경
영변 세죽리
평양 표대
용강 용반리
평양 금탄리
용강 궁산리
룡산 룡덕리
봉산 지탑리
은율 군량리

연천 삼거리
고성 문암리
파주 주월리
양양 가평리
양양 오산리
강릉 판교리
강릉 안현동
정선 지경동
강릉 초당동
인천 영종도
인천 삼목도
하남 미사리
인천 검암동
서울 암사동
시흥 능곡동
시흥 오이도
오산 가장동
여주 흔암리
아산 풍기동
서산 둔산
청원 쌍청리

거창 대아리
거창 임불리
군산 가도
합천 봉계리
경주 황성동
진안 갈머리
청도 오진리
진주 상촌리
울산 신암리
김해 수가리
부산 범방
신안 대천리
부산 영선동
부산 동삼동
부산 조도
통영 상노대도·연대도·욕지도
돌산 송도

제주 북촌리
제주 고산리

한반도의 주요 신석기문화유적 분포도

우고 풀을 얹어 만든 집인데, 저장구덩이貯藏孔, 출입구 계단시설 등 구석기시대의 막집과는 수준이 크게 다르다. 구석기시대와 가장 다른 점은 일정한 크기의 집들이 마을을 이루고, 마을을 둘러싼 초보적 경계시설 또는 방어시설을 설치하기도 했다는 점이다. 마을은 대개 강가 또는 바닷가에 만들었는데, 바닷가 마을의 쓰레기장이었던 조개무지貝塚유적을 통해 신석기인들의 생활상을 엿볼 수 있다. 부산 동삼동에서는 상어·참돔·다랑어·방어·대구·숭어, 통영 상노대도에서는 참돔·졸복·농어·양놀래기 등 다양한 바닷물고기 뼈가 출토되었다.

한반도의 신석기시대는 토기와 움집 등을 기준으로 전기前期, 중기中期, 후기後期 3시기로 나눌 수 있다. 절대연대로 나타내면, 전기는 기원전 6,000~3,500년, 중기는 기원전 3,500~2,500년, 후기는 기원전 2,500~1,500년이다. 그러나 이러한 시기구분이 명확한 것은 아니어서, 신석기시대를 4시기로 나누고, 조기早期는 기원전 6천년기, 전기는 기원전 5천년기, 중기는 기원전 4천년기, 후기는 기원전 3천년기로 보기도 한다. 기원전 2,000년경부터는 청동기시대라는 것이다.

농경과 토기

중국의 화북華北지역에서는 8천 년 전에 조·수수 등의 곡물과 배추를 비롯한 채소류를 재배하고 개·돼지와 같은 가축을 사육하였으며, 양자강揚子江유역에서는 늦어도 7천 년 전에 벼를 재배하기 시작한 것으로 알려진다. 한반도에서는 언제부터 농사를 지었는지 정확히 알 수 없으나, 황해도 봉산 지탑리 움집에서 피 또는 조의 흔적이 발견되었으며, 봉산 마산리와 평양 남경의 움집에서도 조 흔적이 발견되었다. 남한에서는 진주 상촌리와 창녕 비봉리에서 조, 부산 동삼동에서 조·기장, 옥천 대천리에서 벼·보리·밀·조, 김포 가현리와 고양 일산에서 조·벼 등이 출토되었다. 이로써 늦어도 6천 년 전 신석기시대 중기에는 한반도에서도 농경이 시작되었음을 알 수 있다.

동물 사육의 흔적으로는 개·돼지의 뼈가 일찍부터 많이 출토된다. 특히 개 뼈는 웅기 서포항, 무산 호곡동, 청진 농포동 등 한반도 동북지역의 유적에서 많이 출토되었는데, 개를 식용보다는 사냥용으로 키웠을 개연성이 높다. 돼지 뼈는 집돼지 뼈보다 멧돼지 뼈 출토 비중이 높아 모두 가축으로 보기는 어렵다.

농경이 신석기시대를 가늠하는 지표이긴 하지만, 당시의 밭 유적을 직접 확인하기는 매우 어렵다. 곡물은 쉽게 썩기 때문에 그 흔적을 찾는 일도 쉽지 않다. 그런 점에서 보면 토기는 가장 확실한 신석기문화의 지표라고 할 수 있다. 사실 토기를 만드는 기술에 비하면 간석기를 만드는 기술은 한낱 잔기술에 불과하다. 그만큼 토기는 고도화된 지식과 기술의 집적체라고 할 수 있다. 흙에 대한 지식과 불을 사용하는 기술이 일정 수준에서 합치되었을 때 비로소 토기를 만들 수 있기 때문이다. 흙의 성질에 대한 깊은 이해는 농경의 원리와도 통한다.

신석기시대의 토기는 대개 섭씨 600도 이하의 불로 구운 연질토기軟質土器이다. 흙도 가리지 않아 곱지 않은 경우가 많다. 그래서 물기에 약한 편이다. 더러는 표면을 반질반질 문지르거나 채색하여 방수 효과를 높였지만, 물을 오래 담아두거나 조리하기에는 그리 적당치 않아서 때 이른 파손을 감수해야 한다. 그래서 초기의 토기를 조리용보다 곡물 저장용으로 보는 것이다.

토기를 언제 어디서 처음 만들었는지 정확히 알 수 없지만, 대략 1만 년 전에는 동아시아지역에 토기 제작기술이 널리 퍼져있었다. 한반도의 신석기시대 토기는 대개 덧무늬토기隆起文土器와 눌러찍기무늬토기押捺文土器에서 빗살무늬토기櫛文土器로 변화하였다. 한반도를 중심으로 한 동북아시아의 신석기시대를 전·중·후 3기로 나눌 경우, 전기는 압록강유역의 지之자무늬토기, 두만강유역과 동해안의 눌러찍기무늬토기 및 덧무늬토기가 유행하고, 중기는 한반도 중부·남부지역을 중심으로 빗살무늬토기가 널리 퍼지는 경향이 나타난다. 후기는 북부지역에서 번개무늬雷文, 중서부지역에서 빗살무늬, 남부지역에서 겹아가리二重口緣 특징이 나타나

며 민무늬토기無文土器가 점차 증가한다. 토기 바닥
은 이른 시기부터 납작밑平底 토기가 널리 쓰이는데,
중부 이남지역에서만 중기부터 뾰족밑尖底의 포탄형
토기가 유행한다.

빗살무늬토기(서울 암사동유적)

　신석기유적 발굴조사가 많지 않았던 20세기에는 한반
도의 빗살무늬토기문화가 시베리아-스칸디나비아 북방
문화의 영향을 받은 것이라고 여겼다. 그러나 양양 오
산리에서 얻은 기원전 6,000년의 방사성탄소연대는 시
베리아지역보다 빠른 것이어서 시베리아 기원설을 이
어가기 어렵게 되었다. 부산 동삼동을 비롯한 한반도 남부 해안지역의 덧무늬토기
기원에 대해 시베리아 동남부의 아무르강유역이라는 설과 일본열도의 규슈지방이
라는 설이 있으며, 중국 동북지방 요하遼河유역에 주목하기도 한다.

덧무늬토기(고성 문암리)

덧무늬토기(부산 동삼동유적)

움집과 마을

한반도의 신석기인들도 구석기인들처럼 동굴이나 바위그늘에서 거주하였다. 의주 미송리, 춘천 교동, 단양 상시리, 단양 도담리 금굴, 단양 수양개, 청도 오진리, 부산 금곡동 율리 등 여러 곳에서 그 흔적이 발견되었다. 그러나 가장 많은 사례는 강가 또는 바닷가 모래퇴적지에 땅을 파고 만든 움집이다. 움집은 신석기시대 중기부터 본격적으로 나타나는데, 평면은 대개 둥근모양이거나 네 모서리를 줄인 네모모양이다가 점차 네모꼴로 바뀌고, 후기에는 긴네모꼴이 유행한다.

움집 크기는 지름 또는 한 변의 길이가 6m 안팎인 것이 많다. 깊이는 0.6m 안팎이 가장 많고, 얕은 것은 0.3m, 깊은 것은 1.5m 정도이다. 그래서 움집 내부 면적은 대개 20~30㎡로서, 성인 부부와 미성년 자녀 2~3명이 함께 살만한 크기이다. 바닥과 벽면에는 진흙을 깔고 불로 다진 유적도 있으며, 벽면에 나무를 잇대어 돌린 곳도 있다.

움집 내부에서는 기둥구멍 외에도 삿돌이나 진흙으로 둑 쌓듯이 만든 화덕, 각종 도구와 식량을 보관하는 저장구덩이 등이 발견된다. 화덕은 처음에 집안 중앙에 위치하다가 점차 한켠으로 옮겨가는 경향이 있고, 그 옆에 저장구덩이가 위치한다. 화덕과 저장구덩이가 움집 바깥에서 발견되는 경우도 있다. 출입구는 흔히 동쪽 또는 남쪽에 만들었는데, 흙 계단 또는 경사로를 만든 경우와 나무사다리·돌계단을 사용한 경우로 나뉜다.

봉산 지탑리 1호 집터에서는 출입구 곁에서 돌살촉, 돌창, 돌도끼 등 사냥도구들이 출토되고 그 반대편 안쪽 화덕 곁에서 갈돌 등이 출토되었다. 이에 출입구 부근은 남자들이 석기 손질 등 작업하는 공간, 안쪽 화덕 곁은 여자들이 음식 만들기 등 작업하는 공간으로 구분하기도 한다. 움집 내부를 분업 내용에 맞춰 기능별로 공간 분할하였다는 것이다.

신석기시대의 움집은 대개 마을을 이루었다. 마을은 처음에 강변 충적지에 만들

었으나 점차 시간이 지나며 구
릉지대로 옮겨가는 경향이 나타
난다. 신석기시대 중기의 마을
은 보통 움집 10~20기 정도로
이루어졌으나, 후기에는 규모
가 작아져 움집 3~5기 정도로
바뀌는데, 그 이유는 아직 밝혀
지지 않았다. 신석기시대 전기
의 움집 및 마을유적으로는 웅
기 굴포리 서포항, 양양 오산
리, 고성 문암리, 여수 군내리

신석기시대 움집유적(서울 암사동)

송도, 부산 동삼동 등 사례가
많지 않다. 중기에는 한반도 전역에서 마을유적이 급증하여 서울 암사동, 인천 영
종도, 시흥 능곡, 안산 신길, 용인 농서리, 강릉 초당동·지경동, 김천 송죽리, 진주
상촌리 등 사례가 많아진다. 후기에는 용강 궁산리, 봉산 지탑리, 서울 암사동, 옥
천 대천리, 고성 철통리, 합천 봉계리 등이 대표적인 유적이며 내부 기둥이 4개인
4주식柱式 움집과 긴네모꼴 움집이 유행한다.

신석기시대의 생활상

신석기시대에 마을을 형성한 사람들은 혈연집단일 개연성이 높다. 그래서 이를
씨족氏族 기준으로 삼기도 한다. 당시 씨족은 생산수단을 공동으로 소유하고 함께
일하며 함께 나누고 소비하는 원시공동체로서 인간관계가 평등했던 것으로 보인
다. 공동체의 우두머리는 지배자가 아니라 지도자였으며, 구성원 사이에는 계급이
없었다.

신석기시대 씨족의 생산활동은 채집, 고기잡이, 사냥, 농경 등 다양했다. 인류학적 관찰 결과, 씨족사회는 산과 강을 경계로 삼아 영역 내에서만 자급자족하며 다른 씨족의 영역을 경제적으로 침범하지 않는 것이 엄중한 규칙이라고 한다. 씨족간의 접촉은 교역 또는 결혼을 통해 이루어졌다. 씨족사회는 대개 결혼 상대자를 반드시 씨족 바깥에서 구해야 했으며, 이러한 족외혼族外婚을 기반으로 여러 씨족들이 결합해 부족部族이라는 더 큰 집단을 이루었다. 부족사회도 씨족사회와 마찬가지로 계급이 없고 자식들이 아버지의 씨족이 아니라 어머니의 씨족에 속하는 모계母系사회였다.

　　집단 사이에는 다양한 교류가 일어났다. 춘천 교동유적에서 출토된 대롱옥管玉은 두만강유역에서 채석한 옥이며, 단양 상시 바위그늘유적에서 출토된 조개들과 덧무늬토기는 동해안에서 가져온 것이다. 서울 암사동유석에서 출토된 조개류와 점토질 토기는 서해안과 대동강유역에서 생산된 것이고, 하남 미사리유적에서 출토된 번개무늬토기는 두만강유역 생산품이다. 양양 오산리, 부산 동삼동 등지에서 출토된 흑요석들은 백두산·시베리아 또는 일본열도에서 가져왔을 것이다. 남해안의 여러 곳에서 출토된 일본 죠몬繩文토기 조각들은 일본열도와의 교류를 암시한다. 창녕 비봉리의 저습지유적에서는 통나무배가 출토되었다.

　　한반도의 신석기시대 유적에서는 실을 잣는 데 쓰는 가락바퀴紡錘車가 많이 출토되었다. 또, 용강 궁산리, 웅기 서포항 등지에서 출토된 뼈바늘

신석기시대 **통나무배**(창녕 비봉리유적 출토; 국립중앙박물관)

중에는 삼베실이 꿰인 채 발견된 것
이 있었으며, 바늘을 보관하는 바늘
통도 출토되었다. 옷감은 짐승가죽,
짐승의 털이나 삼베로 짠 천 등 다
양하였을 것이며, 옷에는 짐승 뼈·
뿔·이빨 및 조개·돌·흙 등으로 만든
꾸미개裝身具를 달았던 것으로 보인다.

신석기시대의 무덤은 발굴사례가
많지 않으나, 부산 동삼동패총과 진주
상촌리유적에서 토기를 활용한 독무

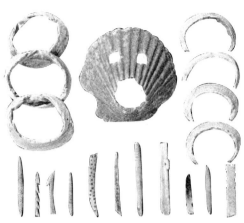

조개와 뼈로 만든 제품(부산 동삼동)

덤甕棺墓이 발견되었고, 부산 범방패총, 통영 연대도·욕지도·산등 패총, 여수 안
도패총 등에서는 움무덤土壙墓이 발견되었다. 안도패총의 움무덤은 두 사람을 함
께 묻은 합장묘合葬墓였다. 춘천 교동유적은 집으로 사용하던 바위그늘을 무덤으로
만든 것인데, 인골 3구가 똑바로 누운 자세로 출토되었다. 울진 후포리유적은 바닷
가 언덕 꼭대기에 위치한 지름 약 4m 크기의 구덩이에 약 40여 명의 뼈를 석기와
함께 여러 차례 묻은 세골장洗骨葬 무덤이다. 통영 연대도유적도 여러 명을 나란히
묻은 공동묘지로서, 시신의 자세와 땅에 묻는 방식이 다양하였다. 신석기시대 무
덤에서는 돌도끼·화살촉을 비롯한 각종 석기와 조개팔찌, 뼈목걸이, 결상이식玦
狀耳飾 등 다양한 꾸미개가 출토되었는데, 묻힌 사람들 사이에 신분 차이가 있었던
것 같지는 않다. 결상이식이란 중국의 고리모양 옥玦을 닮은 돌 귀걸이로서, 한쪽
이 터져 있으며, 귓불에 구멍을 뚫고 걸었을 것으로 추정한다.

이처럼 신석기시대에는 죽은 사람을 위해 만든 무덤이 거의 모든 지역에서 나타
나며, 시신의 머리를 해 뜨는 방향으로 둔다든지 각종 꾸미개를 껴묻는다든지 하
는 공통점을 보인다. 부산 동삼동에서는 조가비에 사람 얼굴모양으로 구멍을 뚫

결상이식(고성 문암리)

어놓은 가면이 출토되었고, 옹기 서 포항에서는 뼈·뿔로 만든 칼·망아지·뱀·인물상과 점치는 뼈, 청진 농포리에서는 흙으로 만든 인형·개 머리조각과 납석으로 만든 새, 고성 문호리에서는 물고기를 새긴 돌 등 여러 곳에서 다양한 물건들이 출토되었다. 이로써 인류학의 원시사회 관찰 결과와 마찬가지로 애니미즘Animism, 토테미즘Totemism, 샤머니즘Shamanism 등의 신앙을 유추할 수 있다.

4) 청동기시대의 사회문화: 권력과 약탈

청동기시대의 특징

청동기시대란 인류가 청동기를 만들어 사용하며 문명을 꽃피운 시대이다. 청동은 구리에 주석·아연·비소 등을 섞어 만든 금속으로서, 주석의 비중이 10% 이상인 것이다. 주석의 비중이 25% 이상 높아지면 백동이라 부르고, 주석대신 아연이 30% 이상 많이 섞이면 황동이라고 한다. 금속의 녹는점鎔融點은 구리 1083℃, 주석 232℃, 아연 419℃, 비소 614℃이다. 청동기시대를 처음 설정한 것은 19세기 덴마크의 역사학자 시몬센Vedel Simonsen이며, 이에 따라 덴마크 왕립박물관의 톰센Christian Jurgensen Thomsen이 전시실을 석기·청동기·철기 등으로 나누고 설명하면서 3시기 구분법이 널리 쓰이게 되었다.

인류가 구리를 사용하기 시작한 것은 이란·이라크지역에서 기원전 5천 년경까지 거슬러 올라가지만, 주석 등을 섞어 단단한 제품을 만든 것은 이집트에서 기원전 3,700년경, 인도에서 기원전 2,500년경, 중국에서 기원전 2,000년경이라고 한다. 한반도와 만주지역에서는 기원전 1,500년경부터 청동기를 사용한 것으로 추정된다.

1970년대까지만 해도 한국의 청동기시대는 기원전 7세기경부터 시작한다는 것이 통설이었다. 그런데 이후 의주 신암리에서 출토된 손칼·단추 등 청동유물이 내몽고의 영성寧城 남산근南山根출토 청동유물에 앞서고 남산근유적에서는 비파형동검이 중국 춘추시대 초기의 예기禮器와 함께 출토되었으므로 한국의 청동기시대는 기원전 10세기 이전에 시작되었다는 논리가 널리 받아들여졌다. 1990년대에는 청동기시대의 문화지표로서 민무늬토기無文土器에 주목하고 민무늬토기가 출토된 집자리住居址의 방사성탄소연대인 기원전 13세기를 기준으로 삼았으며, 최근에는 그것을 다시 기원전 15세기, 곧 기원전 1,500년기로 조정하고 있다.

청동기시대에 한반도와 만주지역은 거의 같은 문화권을 형성하였다. 이 문화권의 물질적 지표는 비파형동검琵琶形銅劍, 거친무늬거울粗文鏡, 고인돌무덤支石墓, 민무늬토기 등이다. 청동유물인 비파형동검은 나중에 세형동검細形銅劍으로 모양이 바뀌고 거친무늬거울도 잔무늬거울細文鏡로 바뀌게 되는데, 대개 무덤에서 출토되며 그 수가 많지 않다. 고인돌무덤은 만주와 한반도 서해안일대를 중심으로 분포한다. 집자리, 무덤 등 유적 종류와 지역을 가리지 않고 가장 많이 출토되는 유물은 민무늬토기이다.

지금까지 한반도 중남부지역에서 출토된 민무늬토기를 기준으로 청동기시대를 시기구분하면, 가장 이른 시기에 덧띠새김무늬토기突帶刻目文土器가 나타나고, 이어서 겹아가리토기二重口緣土器와 구멍무늬토기孔列文土器가 유행한 시기를 전기, 아가리가 바깥쪽으로 벌어진 외반구연外反口緣토기와 구멍무늬토기가 유행한 시기를 중기, 덧띠토기粘土帶土器·검은간토기黑色磨硏土器·두형토기豆形土器가 유행한 시기를 후기로 나눌 수 있다.

청동기시대 겹아가리토기(서울 가락동)

청동기시대 항아리(서울 가락동)

전기에는 긴네모꼴長方形 큰 집자리, 비파형동검, 거친무늬거울, 간돌검磨製石
劍 등이 함께 사용된다. 마을 옆에는 고인돌무덤, 돌널무덤石棺墓 등을 조성하였다.
대표적인 유적으로서 서울 가락동 집자리유적을 들 수 있다. 길이 10m, 너비 7m,
깊이 10~50cm의 긴네모꼴 반지하식 움집에서 납작밑의 화분형토기와 단지형토
기를 비롯해 많은 유물이 출토되었는데, 겹아가리에 짧은 빗금무늬를 새긴 토기모
양이 큰 특징이어서 가락동식 토기라고 부른다. 가락동식 토기는 금강유역에서 많
이 출토되었으며, 방사성탄소연대는 대체로 기원전 13

~9세기에 해당한다. 서울 역삼동에서는 길이 16m,
너비 3m 크기의 긴네모꼴 반지하식 움집에서 골아가
리구멍무늬토기口脣刻目孔列文土器 및 구멍무늬토기에
속하는 깊은바리모양토기深鉢形土器 등이 출토되어 역
삼동식 토기라는 명칭을 얻었다. 대개 기원전 7~6세기
로 편년하지만, 기원전 10~8세기로 보기도 한다. 이밖에
청동기시대 전기의 대표적인 마을유적으로서 하남 미사리,
서울 천왕동·암사동, 여주 흔암리, 평택 소사동, 아산 명
암리, 천안 불당동·백석동, 대전 둔산동, 연기 송원리·송

청동기시대 구멍무늬토기
(서울 역삼동)

담리, 청주 용암, 익산 영등동, 진주 대평리·상촌리 유적 등을 들 수 있다. 문화유형은 조금 다르지만 압록강 중상류지역과 만주의 혼강渾江·송화강松花江유역에 분포한 이른바 공귀리유형도 이에 견줄 수 있다.

중기에는 네모꼴方形 및 동그라미모양圓形 작은 집자리, 세모꼴돌칼三角形石刀, 비파형동검, 청동창銅鉾, 청동도끼銅斧 등이 특징이다. 청동기 제작이 활발하고 환호環濠·목책木柵과 같은 방어시설을 갖춘 큰 마을이 많아진 시기로서, 무덤 종류도 고인돌무덤·돌널무덤·움무덤·독무덤 등 다양해지고 선돌, 암각화 등 종교·의례 관련 시설도 많아진다. 대표적인 유적으로서 부여 송국리 마을유적을 들 수 있다. 송국리유적은 100여 기 이상의 집이 지어진 구릉을 환호와 목책으로 둘러싼 마을유적으로서, 가까이에 벼농사를 짓는 논과 돌널무덤 등이 있었다. 유적의 연대는 대개 기원전 6~5세기로 추정한다. 아가리가 바깥쪽으로 벌어지고 몸통이 둥글게 부풀다가 바닥이 급격히 좁아지는 민무늬토기를 송국리식 토기라고 부르며, 이를 동그라미모양 집자리 한가운데에 타원형 구덩이를 배치한 구조인 송국리 집자리와 한데 묶어 송국리유형이라고 부르는데, 충청도·전라도 및 경상도 서부지역까지 널리 퍼져 있다. 경기지역에서는 고양 도내동, 문산 당동리, 화성 반송리, 인천 중산동 등지의 유적이 이에 해당하며, 부천 고강동, 광명 가학동 등은 전기부터 중기에 걸친 유적이다. 청주 궁평리, 보령 관창리 등의 큰 마을유적에서는 토기가마도 발견되었다. 한반도 서북지역 및 중국 길림吉林지방에 분포한 이른바 미송리유형을 이에 견줄 수 있다.

후기에는 청동기 제작기술이 더욱 발달하여 세형동검과 잔무늬거울을 비롯해 창·도끼·끌·나팔모양청동기喇叭形銅器·방패모양청동기防牌形銅器·검손잡이모양청동기劍把形銅器 등 다양한 청동기가 만들어진다. 평야주변 높은 산지에 환호를 두른 마을을 만들었으며, 무덤은 돌무지널무덤積石木棺墓과 널무덤木棺墓을 많이 만들었다. 의례儀禮관련 청동기와 제사시설이 많아지는 시기이다. 대표적인 마을유

청동기시대의 움집유적(부여 송국리)　　　청동기시대의 움집유적(부여 송국리)

적으로서 파주 운정, 서울 대모산, 남양주 수석동, 부천 고강동, 화성 동학산, 수원 율전동, 오신 기장동, 안성 반제리, 안성 망이산, 보령 교성리 등이 있다.

기원전 4백년기 말 또는 기원전 300년경부터 기원 전후시기까지를 초기철기시대라고 부르며 청동기시대와 구별하기도 한다. 이 시기에는 청동기 후기문화와 마찬가지로 세형동검, 잔무늬거울, 덧띠토기 등이 유행하였지만, 중국 전국시기 연燕나라와 한군현漢郡縣으로부터 철기문화가 들어왔으며, 한반도 전역에 급속히 퍼져 나갔다. 특히, 호미·괭이·가래·도끼·낫·창·화살촉 등 다양한 농공구와 무기류 보급은 농업생산력 제고, 국가형성 및 무력 강화에 영향을 미쳤다. 이 무렵 한반도에서는 고조선 내부의 정변 발생과 위만조선 성립, 삼한三韓 형성, 부여의 국가형성 및 외교활동, 한漢의 고조선 침입과 군현郡縣설치 등 정치적으로 큰 변화가 일어났다.

고인돌무덤支石墓과 청동검靑銅劍

인류의 무덤은 구석기시대부터 나타난다. 신석기시대에도 여러 형태의 무덤을 만들었다. 그러나 신석기시대까지는 매장방식이 매우 간단하고 껴묻거리副葬品도 단출했다. 그래서 무덤을 찾아내기도 쉽지 않다. 그런데 청동기시대의 무덤은 다르다. 고인돌무덤, 돌널무덤, 널무덤, 돌무지무덤積石塚, 돌덧널무덤石槨墓, 움무덤, 독무덤 등 무덤 종류와 매장방식이 다양해졌다. 껴묻거리도 풍부해졌다. 당시 아무나 가지기 어려웠던 고급 청동기들이 여러 점씩 무덤에서 출토되어 묻힌 사람의 사회적 위상을 짐작케 한다.

한국 청동기문화의 특징을 가장 잘 나타내는 것은 고인돌무덤이다. 한반도를 중심으로 북쪽 요하遼河유역부터 남쪽 제주도 및 일본 규슈지역까지 수만기가 분포하며, 특히 평안남도·황해도·전라북도·전라남도 등 서해안지역에 밀집 분포한다. 겉모양을 기준으로 탁자식, 바둑판식, 개석식 등으로 구분하는데, 탁자식은 편평한 굄돌을 가로세워 네모난 무덤방을 만들고 그 위에 덮개돌上石을 얹은 모습으로서 지상식·북방식北方式이라고도 하며, 바둑판식은 땅을 파서 무덤방을 만들고 땅위에 뭉툭한 굄돌과 덮개돌을 차례로 얹은 모습으로서 지하식·남방식南方式이라고도 한다. 개석식은 바둑판식에서 굄돌이 없는 모습이며 무지석식無支石式·전국식이라고도 한다. 북방식과 남방식이라는 이름은 한강유역을 기준으로 북쪽에는 탁자식이 많고, 남쪽에는 바둑판식이 많아 붙여진 별명이다.

돌널무덤의 분포지역도 고인돌무덤과 비슷하다. 땅을 파고 편평한 판돌板石을 가로세워 4벽의 무덤방을 만들었으며 판돌과 흙을 차례로 덮어 마무리하였다. 고인돌무덤과 달리 땅 위에는 아무런 시설이 없고 야트막한 구릉지대에 홀로 또는 4~6기 정도만 분포한다. 일부는 덮개돌만 빼면 바둑판식 또는 개석식 고인돌무덤과 구조가 똑같아 특별한 연관성을 지적하기도 한다. 돌널무덤에서 편평한 판돌대신 뭉툭한 덩이돌塊石 또는 냇돌川石을 쓴 것이 돌덧널무덤이다.

이처럼 고인돌무덤과 돌널무덤으로 대표되는 청동기시대 무덤들은 죽은 사람 1인을 땅에 묻기 위해 수많은 사람이 동원된 일종의 기념물이기도 하다. 요동반도, 대동강유역, 강화도, 영산강유역 등지에는 덮개돌 무게가 수십 톤에 달하는 고인돌무덤이 많다. 프랑스와 영국에서 각각 30여 톤 짜리 덮개돌을 통나무와 밧줄로 끌고 가는 실험에서 최소 200여 명 이상이 동원되었다고 한다.

고인돌무덤이 상징적으로 나타내는 권력자의 출현을 실증적으로 암시하는 유물이 바로 비파형동검과 그 뒤를 이은 세형동검이다. 청동창을 가리키는 동모銅鉾와 동과銅戈, 의례용기인 청동 거울과 방울도 마찬가지이다. 비파형동검은 중국 악기 비파를 닮았다 해서 붙여진 이름이며, 한때 요령식동검遼寧式銅劍, 만주식동검滿洲式銅劍, 곡인청동단검曲刃靑銅短劍으로 불리었다. 중국 요령성지역과 한반도 전역에서 출토되며 중국식 및 오르도스식 동검과는 모양과 기능이 달라서 청동창·부채도끼扇形銅斧와 함께 고조선사회 무기기술문화의 지표 역할을 한다. 함경도 및 연해주 지역에서는 비파형동검 등이 거의 출토되지 않았으며, 이를 본딴 돌검石劍·돌창石槍이 많이 출토되었다.

청동기시대에 비파형동검을 비롯한 무기류가 많이 만들어진 것은 마을 집단 사이의 전투·전쟁이 자주 발생하였고 이로 인해 승리와 패배, 우위와 열등, 지배와

비파형동검과 각종 석기(부여 송국리 석관묘)

세형동검(예산 동서리)

피지배 관계가 생겨났음을 짐작케 한다. 그리고 무덤에서 비파형동검을 비롯한 무기류와 거울·방울을 비롯한 의기류가 함께 발견된다는 것은 정치 권력자가 종교 지도자 역할도 병행하는 제정일치祭政一致사회임을 시사한다.

한편, 북한에서는 조선시대부터 단군릉檀君陵으로 불리어온 평양의 한 무덤을 1993년 발굴조사한 뒤 기원전 3천 년경에 묻힌 단군과 부인의 무덤이라고 확정하였다. 무덤 안에서 발견된 남성과 여성의 뼈를 전자상자성공명법Electron Paramagnetic Resonance으로 연대측정해보니 기원전 3,000년으로 측정되었다는 것이다. 그리하여 고조선 건국 시기를 기원전 3,000년 이전으로 수정하고, 청동기시대도 그에 맞춰 조정하였다. 그러나 그 무덤은 고구려시대의 굴식橫穴式 돌방무덤石室墓이어서 결코 청동기시대의 무덤일 수 없다. 이에 북한에서는 단군 무덤을 고구려 때 다시 쌓았기 때문이라고 하였지만, 그랬을 경우 인골 상태가 훼손되어 연대측정 값이 무의미해진다.

청동기시대의 생활상

청동기시대에 한반도 및 만주지역은 기본적으로 농경사회였다. 화성 동학산, 천안 백석동, 여주 흔암리, 부여 송국리 등의 마을유적에서 많은 양의 탄화곡물이 출토되었으며, 논산 마전리, 밀양 금천리, 울산 야음동과 무거동 옥현에서 논유적, 진주 대평리에서 밭유적, 대구 서변동·매천동과 안동 저전리에서 목제 농기구 등이 발견되었다. 논산 마전리와 대구 동천동에서는 논에 물을 공급해주는 우물이 발견되었는데, 마전리 나무우물 안에는 붉은간토기紅陶와 새모양 목제품이 들어 있어 제사를 지낸 것으로 추정한다.

청동기시대 유적에서 발견된 곡물은 벼를 비롯해 조·피·콩·수수·보리·밀·기장 등 다양하다. 가축은 신석기시대에 이어서 개·돼지·소·말·양·닭 등 다양한 동물을 사육한 것으로 알려지지만 실증할 수 있는 유적은 많지 않다. 농업 발달이 남성의 역할을 증대시켜 모계母系중심 사회에서 부계父系중심 사회로의 변화를 재촉했다는 견해도 있다. 그리하여 신석기시대를 모계사회, 청동기시대를 부계사회로 보기도 하지만, 혈통 및 상속 관념에 대해서는 아직 연구가 부족해 단언할 수 없다.

마을유적에서는 주거구역 외에도 저장구역, 수공업생산구역, 의례구역, 무덤구역, 농경구역 등 기능별 공간구획 흔적이 발견된다. 주거구역의 경우, 전기에 긴네모꼴의 규모가 큰 집들이 많았다가 중기 이후 네모꼴 또는 동그라미모양의 규모가 작은 집들이 2~3채씩 모여 있는 형태로 바뀌게 되는데, 이를 공동거주 세대공동체에서 독립거주 세대공동체로의 주거방식 변화로 해석할 수 있다. 고인돌무덤 등의 무덤구역이 마을유적에서 멀리 떨어진 경우도 있는데, 화전火田농경처럼 이동하며 농사짓는 경우, 그 지역의 점유권을 나타내기 위한 일종의 표지물 역할을 했다고 보기도 한다.

후기의 마을유적에서는 인근 산이나 구릉의 정상 또는 경사진 곳에 환호를 파고 내부공간을 의례시설로 만든 사례가 많다. 의례시설의 환호를 환구環溝라고 해서 마을의 환호시설과 구별해 부르기도 하는데, 부천 고강동, 안성 반제리 유적처럼 크기가 직경 30m 정도로서 작은 경우도 있고, 화성 동학산, 수원 율전동, 오산 가장동 유적처럼 직경 100m를 넘는 경우도 있다.

한반도부터 시베리아지역까지 널리 분포한 바위그림岩刻畵도 의례시설 유적이다. 대표적인 유적으로서 고령 장기리 양전동, 영주 가흥리, 울산 천전리 등지의 바위그림을 들 수 있는데, 겹둥근무늬, 십자무늬, 탈(가면)모양 등 기호식 그림이 그려져 있다. 겹둥근무늬(동심원)는 흔히 해와 달을 상징하는 것으로 해석한다.

내용이 가장 풍부하고 사실적인 바위그림은 울산 대곡리 반구대 바위그림이다. 인물, 동물, 작업도구 등 모두 307점의 형상이 음각 선으로 표현되었는데, 새끼를 업고 있는 어미고래, 무리지어 헤엄치는 고래와 그 주변에 몰려든 새떼, 사람이 뗏

목을 타고 작살을 겨눈 장면, 사람이 활로 동물을 사냥하는 장면, 남자들의 벌거벗은 모습 등 종류가 매우 다양하다. 반구대 바위그림에 표현된 동물 가운데 생태적 특징이 잘 나타난 것으로는 북방긴수염고래, 혹등고래, 참고래, 귀신고래, 향유고래, 바다거북, 물개, 백두산사슴, 우수리사슴, 사향노루, 고라니, 호랑이, 표범, 늑대, 여우 너구리, 멧돼지 등이 있다. 반구대 바위그림을 만든 시기는 정확하지 않다. 청동기시대부터 초기철기시대에 걸친 유적으로 보는 견해, 신석기시대 말기부터 청동기시대 초기로 보는 견해, 그림에 청동검과 기호식 표현이 없는 점을 들어 신석기시대로 보는 견해 등이 있다.

청동기시대에 모든 도구가 청동으로 만들어진 것은 아니다. 오히려 청동기는 권력의 기반인 무기류와 권위를 상징하는 의기류에 한정되고, 각종 농기구와 공구를 비롯한 생활도구는 여전히 석기와 목기를 사용하였다. 돌괭이, 돌삽, 반달돌칼半月形石刀, 돌도끼 등이 이 시기의 대표적인 석기이다. 청동 재료를 구하기가 어려웠던 탓이 크지만, 청동이 그리 단단하지도 않아서 나무를 베거나 흙을 파내는 일에는 적당하지 않은 탓도 있다. 그러므로 이 시기의 청동 도끼銅斧, 낫銅鎌, 칼銅劍 등은 작업공구가 아닌 살상용 무기로 보아야 한다.

반구대 암각화 전경

반구대 암각화 도상

국가 형성

　청동기시대의 특징은 권력과 계급이 발생한다는 것이다. 그것은 곧 국가조직의 탄생으로 이어진다. 국가 형성과정에 대해서는 시대마다, 연구자마다 생각이 조금씩 다르다. 고대와 중세에는 신神의 뜻에 따라 국가가 만들어졌다거나 신을 대신한 영웅이 건설하는 것이라고 믿었다. 그러나 근대이후 국가도 인간 역사의 흐름에 따른 부산물에 불과하다는 인식이 팽배해졌으며, 몇 가지 이론이 제시되었다.

　먼저, 계급국가론階級國家論이다. 원시공산체사회에서 사유재산을 인정하게 된 뒤 평등한 인간관계가 깨지면서 계층 내지 계급이 발생하였고, 이러한 불평등 관계에 일정한 질서를 부여하고 조직화함으로써 국가가 생겨났다는 이론이다. 국가란 사회·경제적 우위 계급이 자신들의 이익을 지키기 위해 만든 조직이며, 사회가 모순에 빠지고 분열되었을 때 출현하는 일종의 권력 결집체라는 것이다.

　집단간의 전쟁과 정복이 국가조직을 형성시켰다는 시각도 있다. 이른바 정복국가론征服國家論이다. 이웃집단과의 약탈전쟁이 지배, 피지배 관계를 성립시키고, 그것이 계층화를 초래하여 국가형성의 기반이 되었다는 이론이다. 그러나 정복국가론은 정복집단 내부의 사회구조라든지 정복활동의 원인과 동력에 대해서는 자세하지 않은 측면이 있으므로 계급국가론과 연계하며 이해해야 한다.

　그런데 국가조직이란 도대체 어떤 조건, 어떤 특징을 가진 조직일까? 권력과 계급이 있는 사회조직을 모두 국가라고 할 수는 없으므로 그 기준을 설정해야 하는데, 서비스Elman R. Service를 비롯한 인류학의 신진화론자들이 매우 강력한 이론을 제시하였다. 군群사회-부족部族사회-군장君長사회-국가國家로 이어지는 단계를 설정한 것이다.

　군사회band는 지역적 자치 집단으로서 협동경제를 기반으로 한 평등사회를 가리킨다. 다수에 의해 임시로 임명된 지도자는 아무런 특권과 강제력이 없는 조언자일 뿐이다. 부족사회tribe 역시 기본적으로 평등사회이지만, 여러 개의 군사회가 합친 것이므로 구성원이 보통 5,000~6,000명에 이를 정도로 규모가 크다. 군장사회 chiefdom는 부족 여러 개가 연맹을 이룬 사회로서, 추장酋長사회로도 번역하며, 구성원이 대개 10,000명을 넘는 이른바 등급사회renk society라고 한다. 개인의 지위는 출계집단descent group의 혈통에 의해 결정되며, 군장 또는 추장이 사회구성원의 노동력을 통제하고 분업화가 이루어진 단계이다. 고고인류학적으로는 청동기시대 초기단계의 사회이다. 국가state는 군장사회가 더욱 조직화하고 제도화한 형태로서, 사회계급이 다양하고, 부富의 불평등이 현저하다는 특징이 있다. 일정한 영역을 지배하는 영역화, 관료·군대 조직을 운영하는 조직화, 율령(법령) 등의 기준을 갖춘 제도화, 조세·공납이 이루어지는 수취체계 등을 기반으로 계급적 권위를 유지하는 단계라고 할 수 있다. 권위체계를 강력하고 정확하게 운영하기 위해서 문자文字를 개발했다고 보기도 한다.

참고문헌

김기섭, 『주제별로 풀어쓴 한국사강의록』, 가람기획, 1998.

이선복, 『고고학개론』, 이론과실천, 1988.

몽고메리(김홍옥 역), 『유인원과의 산책』, 다빈치, 2001.

최성락, 『한국고고학의 새로운 방향』, 주류성, 2013.

국사편찬위원회, 『한국사2─구석기문화와 신석기문화─』, 1997.

한국고고학회, 『한국 고고학 강의』(개정판), 사회평론, 2010.

白石太一郎, 『考古學と歷史』, 放送大學教育振興會, 2004.

3 고대국가의 형성

1) 동아시아의 정세

3세기까지의 중국대륙

사마천의 『사기』에는 중국 역사에 관한 전설이 실려 있다. 수인씨隧人氏·복희씨伏犧氏·신농씨神農氏 등의 3황皇과 황제黃帝·전욱顓頊·제곡帝嚳·요堯·순舜 등의 5제帝가 사람들을 가르치고 다스리던 시절을 지나 우禹가 하夏 왕조를 세웠다고 한다. 기록에 따르면, 그 뒤 5백년 가까이 지나 기원전 17세기 무렵 동쪽의 제후국인 상商나라가 세력을 키워 하나라를 멸망시키고 황하유역을 지배했다고 하지만, 역사적 실체는 대략 상나라 후기부터 분명해진다. 중국 하남성 안양현安陽縣 소둔촌小屯村 일대에서 발견된 갑골甲骨을 비롯한 이른바 은허殷墟 자료가 대표적인 물증이다. 기원전 11세기 중엽, 서쪽의 제후국 주周나라가 상나라를 멸망시키고 중원지역의 패권을 차지하였다. 주나라는 처음 3백년 가까운 기간동안 지금의 섬서성 서안시西安市 부근에 위치한 호경鎬京을 왕도로 삼았다가 기원전 771년에 북방족 견융犬戎의 침입을 받아 왕이 살해되는 위기를 겪자 이듬해에 왕도를 하남성 낙양洛陽으로 옮겼다. 이에 호경이 왕도였던 시기를 서주西周시대라 부르고, 낙양으로 천도한 뒤 기원전 249년 진秦나라에게 멸망하기까지를 동주東周시대라 부른다. 왕실의 권위가 실추된 동주시대는 다시 춘추시대(770~403BCE)와 전국시대(403~221BCE)로 구분한다.

춘추시대 초기에는 제후국이 170여 개였지만, 말기에는 10여 개국 정도로 정리되었는데, 그중 진晉·제齊·진秦·초楚 4개국이 특별히 강하였다. 가장 강성하던 진晉이 3개국으로 쪼개진 것을 계기로 전국시대가 시작되었으며, 조趙·한韓·위魏·제齊·진秦·초楚·연燕 등 7개국이 강력하였다. 여러 나라가 치열하게 경쟁하는 사이에 부국강병과 실리를 추구하는 제도 개혁이 이루어지고 영토와 정치 범위가 크게 확장되었다. 가장 동북쪽에 위치한 연燕은 제후인 역공易公이 기원전 323년경

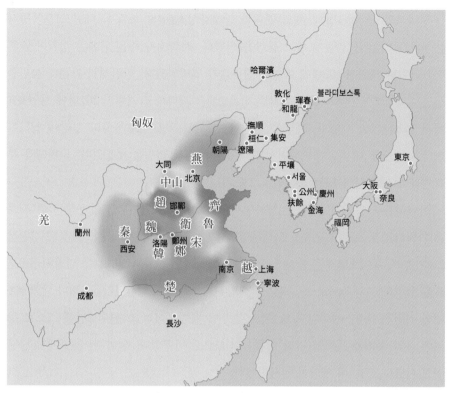

중국 전국시대의 주요국가(기원전4세기)

부터 스스로를 역왕易王이라고 부르고, 소왕昭王 때인 기원전 284년에는 조·위·
한·초와 함께 5개국 연합군을 만들어 제나라 왕도를 함락시킬 정도였으나, 기원전
222년 진의 공격을 받고 멸망하였다. 그리고 이듬해인 기원전 221년에 지금의 산
동성에 위치한 제齊가 마지막으로 진秦에게 멸망됨으로써 거대한 통일 제국이 만
들어졌다. 진왕은 통일한 뒤 곧바로 왕 대신 황제皇帝라는 칭호를 사용하여 자신을
시황제始皇帝로 부르게 하였다. 진나라는 기존의 봉건제를 폐지하고 전국을 36개
군군郡으로 나누어 통치하는 중앙집권적 관료정치를 시행하였으며, 도량형度量衡과
화폐·문자를 통일하고 사상을 통제하였다.

진나라의 급격한 정치·제도 개혁과 만리장성萬里長城 축조 등 대규모 토목공사는 백성들의 삶을 힘들게 하고 불만을 키웠다. 시황제가 죽은 뒤에는 정치마저 혼란스러워져 기원전 206년에 마침내 진나라가 멸망하였다. 반란세력 가운데 농민출신인 유방劉邦이 귀족계급을 이끌던 항우項羽를 격파하고 기원전 202년에 장안長安에서 한漢나라를 세웠다. 제국을 형성한 한나라는 법가法家사상의 실리에 입각한 진나라 제도를 대부분 계승하면서도 예전의 봉건적 전통을 덧붙였다. 군현제와 봉건제를 뒤섞은 군국제도郡國制度는 그중 하나이다.

한나라는 중앙집권체제를 지향하면서 유교儒敎의 통치이념을 채용하는 등 새로운 가치관과 관료제도 구축을 모색하였다. 그리고 정권이 어느 정도 안정된 기원전 2세기 말에 무제武帝가 주변지역 정벌을 추진해 남쪽으로 남월南越을 멸망시켜 9군郡을 설치하고 동쪽으로 조선朝鮮을 멸망시켜 4군을 설치하였다. 그러나 애제哀帝 때인 기원전 1년경 신하인 왕망王莽이 실권을 차지하더니, 기원후 8년에 스스로 왕위에 올라 황제를 칭하고 나라 이름을 신新으로 바꾸었다. 얼마 뒤 곳곳에서 반란이 일어났고, 23년에 왕망이 전사하였다.

혼란 속에서 한나라 왕족임을 내세운 유수劉秀가 기원후 25년에 낙양에서 한나라를 재건하였다. 이때부터를 후한後漢이라고 한다. 후한은 전한前漢시대의 정치기구와 제도를 거의 그대로 따랐으며, 유교를 더욱 중시해 통치 원리로 삼았다. 그러나 후한은 1백년도 지나지 않아 외척外戚과 환관宦官이 득세하며 부정부패가 만연한 나라가 되었다. 그로 인해 크고 작은 반란이 반복되던 중 184년에 폭발한 농민봉기 황건적黃巾賊의 난을 겪으며 큰 타격을 입었다. 이후 실권 없이 명맥만 유지하던 후한 황실은 결국 220년에 헌제獻帝가 재상 조조의 아들 조비曹조에게 자리를 물려줌으로써 멸망하였다. 조비는 국호를 위魏로 고치고 낙양에서 즉위하였다.

184년에 일어난 황건적의 난은 곧 조조가 이끄는 정부군에게 진압되었지만, 그 과정에 반란을 진압한다는 명목으로 지방에서 병사를 모아 강대한 세력을 형성한 사람들도 있었다. 후한의 황족 출신인 유비는 221년에 성도成都에서 한나라를 재건하여 촉한蜀漢을 세웠고, 양자강 중·하류지역에서 호족세력을 통합한 손권은 건업建業에서 오吳를 세웠다. 이로써 위魏·촉蜀·오吳의 삼국시대가 열렸다.

삼국 중 가장 강성한 국가는 중원지역 대부분을 차지한 위나라였다. 그러나 위 왕실은 얼마 안 가서 군대를 장악하고 쿠데타를 일으킨 사마司馬씨의 영향력 아래에 들어갔고, 265년에는 마침내 협박을 받은 원제元帝가 진왕 사마염司馬炎에게 자리를 물려주었다. 사마염은 낙양에서 즉위하며 나라 이름을 진晉으로 바꾸었다. 그사이 263년에 촉나라는 위나라의 공격을 받아 이미 멸망하였고, 280년에는 진나라가 오나라마저 멸망시켜 중국대륙에 다시 통일왕조가 들어섰다.(서진西晉)

진나라의 통일제국은 오래가지 않았다. 300년경에 일어난 사마윤司馬倫의 쿠데타를 계기로 왕실 내부의 골육상쟁이 벌어지자, 혼란을 틈타 흉노匈奴·선비鮮卑·저氐·강羌·갈羯 등 5호胡라고 불리는 북방의 이민족들이 반란을 일으켜 화북지방을 경쟁적으로 장악하였다. 그러던 중 316년에 진의 민제愍帝가 낙양에서 흉노족의 공격을 받고 잡힌 뒤 살해되었다. 진나라가 멸망한 것이다. 그러자 317년에 사마씨의 일족인 사마예司馬睿가 양자강 남쪽의 건업으로 내려가 진나라를 다시 세웠다. 이를 동진東晉이라고 부른다. 동진은 1백여 년 뒤인 420년에 멸망하였다.

인구와 환경

역사는 사람이 모여 만든 것이고, 사람은 지리·기후 등 자연환경의 영향을 크게 받는다. 따라서 지리·기후와 인구를 통해 역사를 이해하는 연구법은 늘 유용하다. 다만, 한국의 고대는 기후와 인구에 관한 자료가 너무 적어서 정확한 통계를 얻기 어렵다. 그래서 중국의 각종 자료를 많이 활용한다.

중국의 역사상 기후는 온난기와 한랭기가 4차례씩 번갈아 찾아왔던 것으로 이해한다. 그중 선사시대 및 고대는 기원전 3천 년경부터 기원전 1천 년경까지를 제

1온난기, 기원전 1천 년경부터 기원전 850년경까지를 제1한랭기, 기원전 770년부터 기원초까지를 제2온난기, 기원초부터 600년경까지를 제2한랭기로 구분한다. 제2온난기였던 진秦나라와 한漢나라 때의 연평균 기온은 지금보다 1.5℃ 정도 높았으며, 제2한랭기였던 위진남북조 시기의 기온은 지금보다 1.7℃ 정도 낮았다고 한다. 이러한 기후변화는 자연환경에 영향을 미치고, 결과적으로 인구 및 기술 변화를 초래하였다.

3세기 무렵 중국에서 편찬된 『제왕세기帝王世紀』에는 하夏나라 우禹임금 때 인구가 1,355만여 명으로 적혀 있다. 근거가 분명치 않으므로 기원전 21세기경 인구로는 너무 많다고 보고 기원전 8세기경(서주 말기)까지는 인구가 1,000만 명을 넘지 않았을 것이라는 견해가 있다. 춘추·전국시대의 인구에 대해서는 진秦의 군사 80만 명, 초楚의 군사 80만 명, 제齊의 군사 50만 명, 연燕의 군사 30만 명 등 총 군사 400만 명, 인구 3,000만 명으로 추산한 견해가 있으며, 진과 초의 군사는 각각 100만 명, 위魏의 군사 70만 명, 월越·제 80만 명, 한韓·연 50만 명 등 총군사 530만 명, 인구 2,000만 명 안팎으로 추산한 견해도 있다.

1840년 청淸나라가 조사한 인구 4억1281만여 명을 기준으로 기원전 221년 진秦나라가 중국대륙을 통일한 무렵의 인구 2천만 명과 비교하면 중국의 봉건사회 2천년간 연평균 인구증가율은 1.5%이다. 사회적 노동력과 생산력이 더 적었던 청동기 사회까지의 인구 자연증가율을 그 절반인 0.75%로 잠정하고 이전 시기의 인구를 추산하면, 기원전 11세기 서주 초기는 303만여 명, 기원전 16세기의 상나라 초기는 208만여 명, 기원전 21세기 하나라 초기는 143만여 명 정도에 머문다. 다만, 이러한 추산은 영역변천, 주민이동 등 주요 변인을 자세히 따지지 못한 것이므로 그 경향성만 참고해야 한다.

인구가 반드시 늘기만 한 것은 아니다. 『한서』 지리지에는 전한 말기의 인구가 59,594,978명으로 적혀 있다. 『후한서』 군국지에는 140년경의 인구가 49,150,223

명으로 적혀 있다. 140여 년 만에 약 1천만 명이 줄어든 것인데, 국내외의 여러 전란을 겪으며 인구가 크게 줄었거나 인구 관리 및 보고 체계가 부실해진 탓일 수도 있다. 실제 사례로서 건안建安 연간(196~220)에는 전염병이 크게 번져서 당시 저명한 의학가인 장중경張仲景의 종족宗族 200인 가운데 2/3가 10년 사이에 죽었을 정도로 피해가 컸다고 한다. 전쟁은 생식활동이 왕성한 시기의 청장년 남성이 오랫동안 집을 떠나있게 하여 인구 증가요인을 억제할 뿐더러 대량살상이 일어나므로 인구감소의 가장 큰 요인이라고 할 수 있다. 그래서 중국 삼국시대의 전란을 거쳐 280년 진晉나라가 중국을 다시 통일한 무렵의 인구를 최소 2,300만 명, 최대 3,500만 명으로 추산하기도 한다. 100여 년 사이에 중국대륙의 인구가 2천만 명 가까이 줄어들었다는 것이다.

그런데 『삼국지』에는 "진나라는 370만 호가 있고, 오·촉은 그 절반도 안된다"는 기록이 있고, 『진서』 지리지에는 "오나라를 평정했는데, 2,459,840호, 16,163,863명이다"라는 기록이 있다. 『진서』에 따르면 3세기 말 오나라는 1호당 6.5명 이상인 셈이어서, 이를 『삼국지』의 진나라 370만 호에 적용하면 약 2,400만 명이 된다. 여기에 오나라 인구 약 1,616만 명을 더하면 약 3,878만 명이 되고, 가장 인구가 적고 세력이 약했던 촉나라 인구까지 감안하면 4천만 명을 넘기게 된다. 물론, 이러한 인구수는 3세기 말엽 중국대륙 인구의 최대치라고 할 수 있다.

고대의 인구를 추정할 때 반드시 참고해야 할 사항은 인간의 평균수명이 지금과 많이 달랐다는 점이다. 유라시아대륙에서 고대 로마 사람들의 평균수명은 22세였고, 19세기 말에는 30세, 2013년도에는 70세였으며, 1650년경의 세계 인구는 약 5억 명, 1900년경의 인구는 약 15억 명, 2013년도의 인구는 약 71억 명이라고 조사 보고된 바 있다. 일본에서 죠몬繩文시대 전기~말기의 인골 235구(남 133, 여 102)를 조사한 결과, 남자의 사망연령은 30~34세가 가장 많았고, 여자는 20~24세가 가장 많았던 것으로 추정되었다. 이는 에도江戶시대의 평균연령 40세 안팎, 1998년도의 평균수명 남자 63세, 여자 69세와 비교하면 매우 낮은 연령인데, 잦은 전쟁과 경쟁적 살상(상대적 생명경시)이라는 사회 환경·문화 요인보다도 영양상태 및 질병 관리 등의 건강관련 요인이 고대의 인구환경을 위축시키는 가장 큰 문제였을 것이다.

『당회요唐會要』에는 "무덕武德(618~626) 연간에 관중關中지역에서 골증병骨蒸病이 많았는데, 걸리면 반드시 죽고, 번갈아가며 서로 옮겼다"는 기록이 있다. 골증은 『제병원후론諸病源候論』에 "그 근원이 콩팥으로서 아침에 일어나면 몸이 차고 저녁에는 열이 높게 나서 잠을 잘 자지 못하고 음식 맛을 못 느낀다"는 기록이 있으며, 오늘날 결핵성 질병으로 이해한다. 이를 통해 7세기 초에 당나라 도읍이 있는 지역에서 결핵과 같은 전염병이 창궐해 사람이 많이 죽었음을 알 수 있다.

『일본서기日本書紀』에는 코우교쿠皇極천황 때인 642년 5월 "을해(21일)에 교기翹岐의 종자從者 1인이 죽었고, 병자(22일)에 교기의 아이가 죽었다. 이때 교기와 아내가 아이의 죽음을 두려워하고 꺼려서 결국 장례식에 나오지 않았다. 무릇 백제와 신라의 풍속은 죽은 자가 있으면 비록 부모·형제·부부·자매일지라도 오래도록 스스로 돌보지 않으니, 이런 것을 보면 사랑이 참 없는 것이니 어찌 새·짐승과 다르다고 하겠는가. 정축(23일)에 익은 벼가 처음 보였다. 무인(24일)에 교기가 그 아내와 자식을 거느리고 백제대정가百濟大井家로 옮기고 사람을 보내 아이를 석천石川에 장사지냈다"는 기록이 있다. 교기는 백제왕자로서 의자왕의 아들이며 부여풍扶餘豊과 같은 인물이라는 설, 부여풍과 다른 인물이라는 설, 의자왕의 조카라는 설 등이 있는데, 왜국으로 건너온 지 3개월 뒤에 종자와 아이가 차례로 죽자 시신을 가까이하지 않았다는 것은 전염병을 의심한 행동으로 추정된다. 이 기록을 남긴 사람은 백제와 신라의 풍속이 각박하다고 비난하였으나, 이는 그 만큼 백제와 신라에서 위험한 전염병이 많이 발생했다는 뜻으로도 볼 수 있다. 8~9세기경 신라에서 유행한 전염병으로서 천연두, 홍역, 두창, 발진티푸스, 페스트 등이 있으며, 785년에 선덕왕宣德王, 833년에 문성왕文聖王 등이 죽은 이유도 전염병 때문이라는 견해가 있다.

2) 고조선古朝鮮

고조선이란 '옛 조선'이라는 뜻이다. 이름 속에 이미 조선朝鮮이 여러 개라는 뜻이 담겨 있다. 『삼국유사』「기이」편의 첫머리 제목이 고조선인데, 부제가 왕검조선王儉朝鮮이다. 고조선이란 단군왕검의 조선이라는 것이다. 다음 제목은 위만조선魏滿朝鮮이다. 위만衛滿이 왕위에 오른 뒤의 조선을 가리키는데, 한자가 다르게 적혀있다. 이로써 『삼국유사』는 위만조선을 '새 조선'으로 보고, 그 이전의 단군(왕검)조선, 기자조선 등을 '옛 조선'(고조선)으로 불렀음을 알 수 있다.

고조선이라는 이름이 처음 쓰이게 된 연유는 위와 같지만, 요즘은 위만조선까지 고조선에 포함시킨다. 위만이 쿠데타를 통해 조선의 왕이 된 뒤에도 나라 이름을 바꾸지 않은 점, 고위직의 세력변화라든지 문화기반 변화도 크지 않았던 점, 위만을 조선출신 연나라 유민으로 볼 수도 있다는 점 등이 주요 이유이다. 이로써 오늘날 고조선은 '고대의 조선'으로서 고려왕조에 이어 1392년에 새로 선 근세의 조선과 구별하는 편의적 명칭이 되었다.

단군신화

『삼국유사』「기이紀異」〈고조선(왕검조선)〉의 내용은 다음과 같다.

위서에 이르길 "지금부터 2천 년 전에 단군왕검이 있어서 아사달에 도읍을 세우고 나라를 열어 조선이라고 부르니 고와 같은 때이다"라고 하였다.

고기에 이르길 "옛날에 환인의 서자인 환웅이 있었는데 자주 하늘 아래에 뜻을 두고 사람 세상을 구하고 싶어 하였다. 아버지가 아들의 뜻을 알고 아래로 삼위태백을 내려다보니 널리 인간을 이롭게 할 수 있는지라 이에 하늘 관부의 도장 3개를 주며 가서 다스리라고 보냈다. 웅이 무리 3천을 이끌고 태백산 꼭대기의 신령스러운 나무 아래로 내려오니 그곳을 신의 도시라고 하며, 이를 환웅천왕이라고 한다. 바람신·비신·구름신을 거느리며 곡식을 주관하고 생명을 주관하고 질병을 주관하고 형벌을 주관하고 선악을 주관하여 무릇 인간의 360여 가지 일을 주관하면서 세상에서 다스리고 교화시켰다. 이때 곰 한 마리와 범 한 마리가 있어서 동굴에서 함께 살았는데, 항상 신웅에게 변하여 사람이 되고 싶다고 빌었다. 이때 신이 영험한 쑥 한 줌과 마늘 20매를 주며 말하길 '너희들이 그것을 먹고 백일동안 햇빛을 보지 않으면 사람 모양을 할 수 있다'고 하였다. 곰과 범이 받아서 먹고 삼칠일을 참아 곰은 여자의 몸이 되었으나 범은 참지 못해 사람 몸이 되지 못했다. 웅녀는 더불어 혼인할 이가 없으므로 매번 단의 나무 아래에서 잉태하고 싶다고 빌었다. 웅이 이에 잠시 변하여서 혼인하니 잉태하고 아들을 낳아 단군왕검이라고 불렀다. 당고가 즉위한지 50년째인 경인년에 평양성에 도읍하고 처음으로 조선이라고 하였다. 또, 도읍을 백악산 아사달로 옮겼는데, 궁홀산이라고 하고 금미달이라고도 한다. 나라를 1,500년 다스렸는데, 주 호왕이 즉위한 기묘년에 기자를 조선에 봉하니 단군은 이에 장당경으로 옮겼으며 나중에 돌아와 아사달에 숨어 산신이 되었다. 나이가 1,908세였다"고 하였다. 2

위의 기록에서 고高와 당고唐高는 중국의 전설상의 인물 요堯임금을 가리킨다. 고려의 제3대 정종定宗의 이름 요堯와 글자가 같으므로 '높다'는 뜻은 같으나 소리흡가 다른 글자 고高로 바꿔 쓴 것이다. 주周 호왕虎王은 무왕武王을 가리키는데, 마찬가지로 고려의 제2대 혜종惠宗의 이름 무武를 피해 뜻이 같은 다른 글자로 바꾼 것이다.

『삼국유사』에 처음 나오는 이 기록을 흔히 단군신화라고 하며, 태양숭배사상, 샤머니즘, 수목숭배사상(애니미즘), 곰숭배사상, 농경문화 등이 반영된 것이라고 본다. 신화 내용을 분석해 역사적 사실을 추출하는 작업은 매우 위험하다. 분석결과를 입증하기도 어렵지만, 문학적 접근법으로 잘못된 역사 해석을 양산할 수 있기 때문이다. 가령, 『제왕운기帝王韻紀』에는 단웅의 손녀가 단수신과 결혼해 낳은 단군이 요임금 때의 무진년戊辰年에 나라를 세워 1,038년간 다스리다가 산신이 되었다고 적혀 있는데, 이를 근거로 중국 요임금이 즉위한 해를 기원전 2,357년으로 보고 그에 맞춰 단군왕검이 건국한 해를 기원전 2,333년(무진년)으로 계산해내는 것은 설화와 역사를 혼동한 단순 해석이다.

단군왕검의 단군을 제사장, 왕검을 임금으로 해석하여 제정일치祭政一致 사회의 우두머리를 가리키는 칭호로 본다든지 아사달과 조선은 같은 말을 달리 표현한 것이라는 해석이 널리 받아들여지고 있다. 그런데 그런 내용이 적혀 있다는 『위서』와 『고기』가 어떤 책인지 도무지 알 수 없다. 『고기』는 책 이름이 아니라 '옛 기록'이라는 뜻일 수도 있다. 근거가 불확실하므로 『삼국유사』가 편찬된 고려 후기 몽고에 항쟁하던 무렵의 사회사상이 일부 포함된 것으로 볼 수 있으며, 그것이 고조선 역사를 연구할 때 위의 기록을 사료로 쓰기 어려운 가장 큰 이유이다.

사회와 국가형성

고조선에 관한 가장 오래된 기록 중 하나는 『관자管子』이다. 기원전 7세기 중엽 춘추시대 제나라의 재상이었던 관중의 사상과 언행을 정리한 책인데, 다음과 같은 구절이 있다.

환공이 관자에게 묻기를 "내가 들으니 세상에 보물이 7가지라고 하던데 (무엇인지) 들어볼 수 있겠습니까?"라고 하였다. 관자가 대답하기를 "음산의 옥돌이 하나이고, 연의 자산 백금이 하나이고, 발과 조선의 문피(반점가죽)가 하나이고, 여수와 한수의 우구 황금이 하나이고, 강양의 구슬이 하나이고, 진의 명산 증청이 하나이고, 우씨의 변산 옥이 하나입니다. 이들을 가리켜 적지만 많다고 여기고 좁지만 넓다고 여긴다고 하는 것이니, 천하의 셈법은 가벼움과 무거움을 잘 가리는 것입니다"라고 하였다. [3]

환공이 말하길 "사방의 오랑캐가 복종하지 않으니 그들이 천하에 거스르며 과인을 상하게 할까 걱정입니다. 과인이 어떻게 하면 좋겠습니까?"라고 하니, 관자가 대답하기를 "오·월이 조공하지 않으면 구슬과 상아를 재물로 여기겠습니까? 발과 조선이 조공하지 않으면 문피와 털옷을 구해서 재물로 만들 수 있겠습니까? 우씨가 조공하지 않으면 흰 옥을 구해서 재물로 만들 수 있겠습니까? 곤륜지역이 조공하지 않으면 구림옥과 낭간옥을 재물로 만들 수 있겠습니까? 그러므로 손에 쥐고 있어서 보이지 않고 입에 머금고 있어서 보이지 않는 것이니, 금 1천 개를 물리치는 것이 구슬인 뒤에야 8천 리(바깥)의 오월이 조공할 것입니다. 표범가죽 하나에 금으로 후하게 갚아준 뒤에야 8천 리의 발과 조선이 조공할 것입니다. 품고 있어서 보이지 않고 겨드랑이에 끼고 있어서 보이지 않지만 금 1천 개를 물리치는 것이 백옥인 뒤에야 8천 리의 우씨가 조공할 것입니다. 비녀와 귀걸이로는 금 1천 개를 물리치는 것이 구림옥과 낭간옥인 뒤에야 8천 리의 곤륜지역이 조공할 것입니다. 그러므로 물건에 주인이 없고 일에 접촉이 없고 멀고 가까운 곳이 서로 말미암지 않으면 사방의 오랑캐들이 조공하지 않을 것입니다"라고 하였다. [4]

고조선은 기원전 7세기에 중국 산동지역에 위치한 제나라에도 특산물이 널리 알려졌으며 복종시킬 대상으로 여겨졌음을 알 수 있다. 당시 고조선의 위치는 분명하지 않다. 다만, 『산해경』에 "조선은 열양의 동쪽, 바다의 북쪽, 산의 남쪽에 있다. 열양은 연에 속한다[1]"는 기록이 있고, 『사기』에 "연은 동쪽에 조선과 요동이 있고, 북쪽에 임호와 누번이 있다[2]"는 기록이 있어, 고조선이 연나라에서 가까운 곳 발해만 부근에 있었을 것으로 짐작할 수 있다. 전국시대에 요서지역에는 동호東胡, 요동지역에는 고조선이 위치했다는 기록도 있다.[3]

---

1   朝鮮在列陽東海北山南 列陽屬燕.(『山海經』 제12 「海內北經」)
2   燕東有朝鮮遼東 北有林胡樓煩….(『史記』 권69 蘇秦열전)
3   燕襲走東胡 闢地千里 度遼東而攻朝鮮.(『鹽鐵論』 제45 伐功)

조양 십이대영자유적

  그런데 고조선은 종종 예맥穢貊이라는 이름과 함께 적혀 있거나 대신 적힌 경우
도 있다.[4] 그래서 예맥濊貊은 종족 이름, 조선朝鮮은 집단·국가 이름으로 보는 학자
가 많다. 고조선의 종족 기반이 예맥이라면, 문화 기반은 비파형동검琵琶形銅劍, 돌
널무덤石棺墓·고인돌무덤支石墓·돌무지무덤積石塚, 미송리형토기·팽이형토기·점
토대토기 등이다. 이러한 문화요소가 곧 고조선의 문화라고 정의할 수는 없지만,
고조선의 문화가 대체로 이러한 문화요소를 공유했다고는 말할 수 있다. 다만, 이
들 문화의 시간적 변화상과 상관관계, 그리고 문화중심지 등 아직 분명하지 않은
부분이 많다. 가령, 중국 요령성 조양시의 십이대영자十二臺營子유적은 청동기시대

---

4   桓公曰 余乘車之會三 兵車之會六 九合諸侯 一匡天下 北至于孤竹山戎穢貊拘秦夏….(『관자』 권8
     「小匡」 内言3)
     是時 漢東拔穢貊朝鮮以爲郡.(『사기』 권110 匈奴열전)
     夫燕… 北鄰烏桓夫餘 東綰穢貊朝鮮真番之利.(『사기』 권129 貨殖열전)

의 돌덧널무덤石槨墓이 분포한 곳으로서 무덤 안에서 기원전 9~8세기에 해당하는 비파형동검과 잔무늬거울多鈕細文鏡 등이 출토되었는데, 기원전 6~5세기경 요서지역에서 활동한 동호의 유적이라고 보기도 하지만, 요서·요동지역의 이와 비슷한 문화유적들과 함께 묶어 기원전 8세기경 고조선 사람들이 남긴 흔적으로 보는 학설이 더 유력하다.

『사기』 등에는 주나라 무왕이 은나라 왕족이었던 기자를 조선제후로 임명했다는 기록이 있는데,[5] 이를 '기후箕侯', '고죽孤竹' 등의 명문이 새겨진 청동기들이 많이 출토된 요서지역의 청동기유적과 연관지어 기자조선箕子朝鮮의 흔적으로 해석하기도 한다. 이러한 명문청동기는 중국 산동지역에서도 많이 출토되며 기록 속의 조선과 지리, 시기 등이 들어맞지 않아 인정하기 어렵지만, 『위략』의 다음과 같은 기록은 참고할 만하다.

> 옛날 기자의 후손인 조선후가 주나라가 쇠퇴하고 연이 스스로 높여 왕이 되어 동쪽으로 땅을 빼앗으려 하는 것을 보고 조선후도 또한 자기를 왕이라고 부르며 군대를 일으켜 거꾸로 연을 쳐서 주 왕실을 높이려 했다가 그곳 대부 예가 간하자 그만두었으며, 예를 서쪽으로 보내 연을 설득하니 연이 그만두고 공격하지 않았다. 나중에 자손이 점차 교만하고 사나워지자 연이 장군 진개를 보내 그 서쪽을 공격해 땅 2천여 리를 빼앗고 만번한에 이르러 경계를 삼으니 조선이 마침내 약해졌다. 진나라가 천하를 아우르고 몽염을 보내 장성을 쌓아 요동에 이르렀는데, 이때 조선왕 부가 왕이 되어 진이 습격할지 두려워서 진나라에 복속하였으나 조회에는 가지 않았다. 부가 죽고 그 아들 준이 즉위하여 20여 년에 진승과 항우가 일어나 천하가 어지러우니 연·제·조의 백성이 괴로워서 점점 도망해 준에게 갔다. 준이 이에 서쪽에 살게 했는데, 한나라에 이르러 노관

---

5   於是 武王乃封箕子於朝鮮 而不臣也.(『사기』 권38 宋微子世家)

을 연왕으로 삼으니 조선과 연은 패수를 경계로 하였다. 노관이 배반해 흉노로 들어가자 연 사람 위만이 망명하였는데, 오랑캐 복장을 하고 동쪽으로 패수를 건너 준에게 가서 항복하고 서쪽 경계에서 살며 중국 망명자를 거두어 조선의 변방 울타리가 되겠노라 설득하였다. 준이 믿고 사랑하여 박사로 임명하며 홀을 내려주고 1백 리 땅을 주어 서쪽 변경을 지키라고 하였다. 만이 도망해온 무리를 꾀어 무리가 점차 많아지자 사람을 준에게 보내 거짓으로 한나라 군대가 열 군데로 오니 들어가 지키고자 한다고 말하고 마침내 돌아서서 준을 공격하였다. 준이 만과 싸웠으나 감당하지 못하였다. **5**

기원전 334년 중국 서주에서 제齊와 위魏의 제후公가 만났을 때 서로를 왕王으로 높여 부르자 곧이어 다른 제후들도 자신을 왕으로 부르기 시작했고, 기원전 323년에는 연燕·한韓·중산中山의 제후도 자신을 왕이라고 하였다. 그러니까 기원전 4세기 말엽에는 고조선에도 스스로 왕이라 부르는 사람과 국가조직이 있었다는 것인데, 기원전 3세기 초엽 연나라 장군 진개가 활동하던 무렵 연나라는 50만 대군을 동원할 수 있었다고 하니 그와 상대한 고조선의 군사력도 상당했을 것이다.

위만이 준왕을 쫓아내고 왕위를 차지한 것은 기원전 2세기 초엽으로 추정된다. 당시 연나라 영역 안에는 다양한 종족이 거주했던 것으로 알려지는데, 위만이 고조선으로 망명할 때 북상투와 오랑캐 복장이었던 점, 준왕이 처음부터 그를 신임한 점, 위만이 왕위를 빼앗은 뒤에도 나라 이름을 바꾸지 않은 점, 준왕이 바다를 건너 도망간 뒤에도 아들과 친척들이 그대로 남은 점, 토착인들이 고위직을 계속 유지한 점 등을 근거로 위만도 고조선 사람들과 종족이 같았거나 연합하던 사람이었을 것으로 보기도 한다.

상(은)나라가 망한 뒤 왕족인 기자가 동쪽으로 이주해 조선후가 되었다는 전설, 고조선이 연나라에게 2천여 리를 빼앗겼다는 기록, 중국대륙의 전란 때문에 많은 사람들이 동쪽으로 이주했다는 기록, 고조선의 왕실이 바뀌었다는 기록 등을 종합하면 고인돌무덤·비파형동검·미송리형토기 등으로 상징되는 문화유형이 요동지역과 한반도 서북부를 중심으로 주변지역에 매우 폭넓게 분포하는 이유를 더 잘 이해할 수 있다.

한편, 『한서』 지리지에는 고조선에서 범죄를 처벌하는 규칙 8조 가운데 3개 조항이 소개되어 있다. 첫째는 사람을 죽이면 죽음으로써 갚게 한다는 것, 둘째는 사람을 다치게 하면 곡식으로 갚게 한다는 것, 셋째는 도둑질하면 그 집의 종(노비)으로 삼는데, 벗어나려면 1인당 50만(전)을 내야한다는 것 등이다. 이 기록을 통해 고조선이 농경사회로서 노비제도가 있었으며, 아직 감옥과 같은 공공시설이 미비한 사회임을 알 수 있다.

한漢과의 전쟁

기원전 141년 한나라 황제로 즉위한 무제武帝는 얼마 뒤부터 북쪽 흉노를 꾸준히 공격하더니 기원전 119년 마침내 흉노를 외몽골지역으로 내쫓고 오르도스지방을 장악하였으며 곧이어 중앙아시아와의 교통로를 확보하였다. 그 사이 기원전 128년에 동북지역에서 28만 명을 거느리고 있던 예군濊君 남려南閭가 스스로 한나라에 소속되겠다고 해서 요동군 너머로 창해군滄海郡을 더 설치했다가 2년 뒤 폐지하였으며, 기원전 111년에 남월국을 멸망시키고 9군을 설치하는 등 영토확장을 적극 추진하였다. 이때 고조선의 왕은 위만의 손자 우거右渠였는데, 『사기』에는 우거왕이 망명자들을 매우 많이 받아들이고 주변 나라들이 중국과 교통하지 못하게 가로막았기 때문에 기원전 109년 한 무제가 사신 섭하涉河를 보내 꾸짖었으나 우거왕이 따르지 않았다고 적혀 있지만, 그밖에도 고조선을 이용해 흉노를 견제하려는 계책을 섭하가 제안하였으나 고조선이 거부했다고 보기도 한다. 이에 섭하는 돌아가는 길에 패수에 닿자 마부를 시켜 호송하던 조선 비왕裨王 장長을 찔러 죽이고 달아났다. 그 뒤 한 무제는 섭하를 요동군 동부도위에 임명하였는데, 고조선이 군사를 보내 섭하를 죽이자, 한 무제가 전쟁을 일으켰다.

기원전 109년 가을, 한나라는 누선장군樓船將軍 양복楊僕에게 제齊의 수군水軍 7천 명을 거느리고 바다를 건너게 하였다. 그리고 좌장군左將軍 순체荀彘가 군사 5만 명을 거느리고 요동에서 출격하게 하였다. 요동에서 출발한 선발대가 싸움에서 지고 후퇴하는 사이에 수군 7천 명이 고조선의 우거왕이 있던 왕험성王險城에 도착하였는데, 군사가 적다는 것을 알고 고조선 군대가 나와서 공격해 깨뜨리니 한나라 장군 양복과 군사들이 흩어져 10여 일을 산중에 숨어살다가 점차 모였으며, 요동의 좌장군 군대도 패수를 건넜으나 고조선 군대에 가로막혀 앞으로 나아갈 수 없었다고 한다. 이에 한 무제가 사신 위산衛山을 보내 우거왕에게 화해를 제안하였으며, 우거왕이 태자를 한나라로 보내 조공하고 말 5천 필과 군량미를 내주기로 약속하였다.

고조선의 태자가 1만여 명을 이끌고 패수를 건너려 할 때 한나라 사신과 좌장군이 태자에게 무기를 버리고 입국하게 하자, 태자는 그들을 의심하여 패수를 건너지 않고 되돌아가 버렸으며, 이를 보고받은 한 무제는 사신 위산을 처벌하고 좌장군에게 다시 전쟁하라고 명령하였다. 이에 한나라 좌장군의 군대가 패수가의 고조선 군대를 격파하고 왕험성 서북쪽을 포위하였고 누선장군의 수군도 왕험성의 남쪽에 주둔하며 여러 달 동안 성을 지키는 고조선 군대와 대치하였다. 고조선은 누선장군과는 항복하겠다고 협의하고 좌장군과는 전투를 계속 하였는데, 이 때문에 두 장군 사이에 불화가 발생하였다. 이에 한 무제가 사신 공손수公孫遂를 보내 불화를 조정하게 하였고, 공손수가 좌장군과 협의해 누선장군을 체포한 뒤 보고하자 한 무제는 공손수를 죽였다.

전쟁이 계속되는 사이에 고조선의 상相 노인路人과 한음韓陰, 장군 왕겹王唊 등이 한나라에 항복하였다. 기원전 108년 여름에는 니계상尼谿相 참參이 사람을 시켜 우거왕을 죽이고 한나라에 항복하였으나, 왕험성은 함락되지 않고 오히려 고조선의 대신 성기成己가 한나라 군대를 공격하였다. 이에 한나라 좌장군이 우거왕의 아들 장長과 참·노인·한음·왕겹의 아들들을 꾀어 성기를 죽이고 항복하게 하였다. 한나라는 고조선 땅에 4군을 설치하고 니계상 참을 비롯해 항복한 이들에게 제후 벼슬을 주었다고 한다.

『사기』에 실린 한과 고조선 사이의 전쟁 기록은 다양한 정보를 담고 있다. 먼저, 두 나라 사이의 경계는 패수浿水라는 강이며, 고조선의 왕성 이름은 왕험성이라는 것이다. 패수의 위치에 대해 요하, 압록강, 청천강 등 다양한 견해가 제시되었는데, 전쟁이 일어난 기원전 2세기 말엽의 패수는 압록강이라는 설이 유력하다. 왕험성은 단군왕검의 '왕검'과 글자·발음이 비슷해 주목되며, 지금의 대동강변에 위치했다는 설이 유력하다.

고조선의 벼슬 이름으로서 비왕裨王, 조선상朝鮮相, 니계상尼谿相, 상相, 장군將軍, 대신大臣 등이 있었다는 점, 적어도 5만7천 명의 한나라 군대를 상대로 1년간 전쟁을 빌인 점, 한의 선발부대 7천 명을 적다고 판단해 격파한 점과 태자가 한나라로 향할 때 1만여 명을 거느렸던 점, 한나라에 말 5천 필을 주려고 했던 점 등을 감안하면 기원전 2세기 말 고조선의 국력이 상당했음을 알 수 있다.

한의 군현 설치: 낙랑군

기원전 108년 고조선이 항복하자 한나라는 곧바로 낙랑樂浪·진번眞番·임둔臨屯 3개의 군郡을 설치하였고, 이듬해에 현도군玄菟郡을 더 설치하였다. 이를 흔히 한사군漢四郡이라고 한다. 그 위치는 분명하지 않지만, 낙랑군은 대동강유역과 평안도지역, 진번군은 그 남쪽의 황해도지역, 임둔군은 동쪽의 함경남도지역, 현도군은 압록강유역으로 추정한다.

그런데 기원전 82년 한나라는 진번군과 임둔군을 폐지하였다. 당시 진번군과 임둔군에는 각각 15현縣씩 소속되어 있었는데, 현을 합쳐 수를 줄인 뒤 낙랑군에 통

합시켰다. 이에 낙랑군은 기존의 11현 외에
동부도위東部都尉와 남부도위南部都尉를
더 설치하여 옛 임둔군에 속했던 동해
안지역의 7현을 동부도위가 관할하고
옛 진번군에 속했던 남쪽의 7현을 남
부도위가 관할하게 하였다. 이후 동부
도위는 후한後漢 때인 기원후 30년에 폐
지되고 옥저沃沮 등의 자치지역으로 바뀌었
으며, 남부도위도 나중에 폐지되고 204년경
대방군帶方郡을 따로 설치하게 된다. 기원전

낙랑예관명 수막새(평양 낙랑토성)

75년에는 현도군이 서북쪽으로 이전하였는데, 나중에 고구려 국가를 세우는 세력
집단이 반발했기 때문인 듯하다.

고조선의 중심지였던 곳에 설치된 낙랑군은 이후 세력을 더욱 키우며 4백여 년
간 유지하였다. 지금의 평양시 락랑구역에 위치한 낙랑토성은 벽돌이 깔린 건물지
와 함께 「낙랑예관樂浪禮官」기와, 「낙랑태수장樂浪太守章」·「낙랑대윤장樂浪大尹章」 봉

낙랑의 봉니(평양 석암리)

니封泥 등이 출토되어 낙랑군의 치소治所였을 것으로 추정되며, 대동강 남안의 낙랑토성 주변에 분포한 약 3천여 기의 고분은 대개 나무귀틀무덤木槨墓 및 벽돌무덤塼室墓으로서 「부조예군夫租濊君」 은도장을 비롯해 전한 및 후한의 문화영향을 많이 받은 유물들이 출토되어 낙랑군 시기의 무덤으로 추정된다. 특히, 정백동 364호 나무귀틀무덤에서는 기원전 45년에 작성한 낙랑군 25현의 호구부戶口簿 목독木牘 3매가 발견되었는데, 당시 낙랑군은 43,845호戶로서 예전보다 584호 늘었으며, 사람 수는 28△,261명이라고 적혀 있었다. 여기서 예전이 언제인지 정확히 알 수 없으나, 당나라 때 3년마다 인구를 조사했다는 기록이 있으므로, 3년 전일 개연성이 있다. 낙랑군 호구부 목독에 적힌 25현의 이름과 호구수는 〈표 1〉·〈표 2〉·〈표 3〉과 같다.

〈표 1〉 낙랑군 호구부 목독 1

현縣이름	호戶		사람口		1호의 사람 비율	
	수	증가분	수	증가분	수	증가분
조선朝鮮	9678	93	56890	1862	5.88	20.02
염한誹邯	2284	34	14337	467	6.28	13.74
증지增地	548	20	3353	71	6.12	3.55
점제黏蟬	1039	13	6332	206	6.09	15.85
사망駟望	1283	11	7391	278	5.76	25.27
둔유屯有	4826	59	21906	273	4.54	4.63
대방帶方	4346	53	28941	574	6.66	10.83
열구列口	817	15	5241	170	6.41	11.33
장잠長岑	683	9	4932	161	7.22	17.89

〈표 2〉 낙랑군 호구부 목독 2

현縣이름	호戶		사람口		1호의 사람 비율	
	수	증가분	수	증가분	수	증가분
해명海冥	348	7	2492	91	7.16	13.00
소명昭明	643	10	4435	137	6.90	13.70
제해提奚	173	4	1303	37	7.53	9.25
함자含資	343	10	2813	109	8.20	10.90
수성遂成	3005	53	19092	630	6.35	11.89
누방鏤方	2335	39	16621	343	7.12	8.79
혼미渾彌	1758	38	13258	355	7.54	9.34
패수浿水	1152	28	8837	297	7.67	10.61
탄열呑列	1988	46	16330	537	8.21	11.67

〈표 3〉 낙랑군 호구부 목독 3

현縣이름	호戶		사람口		1호의 사람 비율	
	수	증가분	수	증가분	수	증가분
동이東暆	279	8	2013	61	7.22	7.63
잠태蠶台	544	17	4154	139	7.64	8.18
불이不而	1564	5	12348	401	7.90	80.20
화려華麗	1291	8	9114	308	7.06	38.50
야두매邪頭昧	1244	0	10285	343	8.27	–
전막前莫	534	2	3002	36	5.62	18.00
부조夫租	1150	2	5176	△8	4.50	△

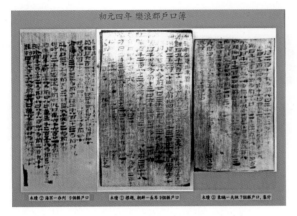

낙랑군 초원4년(45BCE) **호구부 목독**(평양 정백동 364호분)

호구부 목독에서 조선현의 호구가 다른 현에 비해 최소 2배 이상 많은 것을 보면 낙랑군의 중심지는 조선현이었음을 알 수 있다. 그리고 고조선의 나라 이름을 그대로 현 이름으로 바꿔 쓴 데에서 조선현이 고조선의 왕험성이 있었던 곳임을 짐작할 수 있다. 그러므로 기원전 1세기 중엽 낙랑군의 인구 28만여 명은 대체로 고조선의 주민이었다고 할 수 있다. 그런데 『한서』 지리지에는 낙랑군(25현)의 인구가 62,812호, 406,748명으로 적혀 있다. 기원 전후한 무렵에 조사한 인구수라고 하니, 40년 만에 인구 40%가 늘어난 것이므로 사연증가라고 보기 어렵고 조사범위를 넓혔을 개연성이 있다. 『후한서』 「군국지」에는 기원후 140년경에 조사된 낙랑군 인구가 적혀 있는데, 18성城, 61,492호, 257,050명이다. 전한 때에 비해 7현, 15만 명 정도 줄어든 수치이다. 그만큼 이탈한 세력·주민이 많아졌기 때문일 것이다. 이러한 인구동향에 비춰볼 때 멸망하던 무렵 고조선의 인구는 최대 40~50만 명으로 추정된다.

낙랑군의 영향

낙랑군은 기원전 108년 전한前漢이 설치하고 후한後漢·위魏를 거쳐 진晉나라 때인 기원후 313년경 고구려에 의해 사라지기까지 약 4백여 년을 유지한 중국의 특수한 행정기구였다. 중국에서는 외군外郡이라고 부르며 본국의 정치·행정체계와 구분해 운영하였고, 이를 통해 동쪽의 여러 종족과 세력집단을 정치·경제적으로 통제하려 하였다. 이러한 계획은 큰 성공을 거두었다. 고조선 멸망 이후 수백 년이 지나도록 그만한 규모의 정치세력이 만들어지지 못한 것이다.

낙랑군은 처음에 고압적인 정벌론을 앞세웠으나 토착사회의 저항이 만만치 않자 전한 말기부터 유화적인 기미羈縻정책을 펼쳐 저항을 최소화시켰다. 그리고 조공 형태의 무역을 주관함으로써 주변 토착사회에 미치는 영향력을 확대하였다. 그리하여 진나라 때인 3세기 말엽에는 소속 현이 6개로 크게 줄고 남쪽에 따로 설치된 대방군帶方郡 속현까지 합쳐도 13현에 불과할 정도로 관할 영역이 줄어들었지만, 영향력은 오히려 커져서『삼국지』동이전에 삼한 사람들이 "의책衣幘(중국의 예복과 모자) 입기를 좋아해서 일반 백성들도 군에 갈 때에는 의책을 빌려 입으며, 스스로 군에서 준 도장과 끈을 차고 의책을 입은 사람이 1천여 명이나 된다"고 기록할 정도였다.

낙랑군의 영향력이 커질수록 한반도 서북부 및 주변지역은 정치·경제적 독립성이 약해지고 대신 중국문화에 익숙해졌다. 당시 중국대륙에서 낙랑으로 들여온 물품으로서 붓·먹·벼루 등의 문방구를 비롯해 비단絹·베布·칠기漆器·청동거울銅鏡·말머리꾸미개馬面·옥玉·유리琉璃·널재료棺材 등이 널리 알려져 있다. 한자漢字 및 유교儒教·도교道教 사상체계도 유포되었으며, 기술문화 측면에서는 낙랑토기의 제작수법이 주변에 전해져 백제토기 및 와질토기·도질토기 형성에 영향을 주었다.

『한서』지리지에는 "(낙랑)군이 처음에 관리를 요동에서 데려왔는데, 관리들이 보기에 백성들은 문을 잠그고 감추는 일이 없었으나 오가는 상인들이 밤에 도둑이 되니 풍속이 점차 더욱 각박해져서 지금은 범죄를 처벌하는 규칙이 60여 조로 크게 늘어났다"는 기록이 있다. 고조선이 멸망한 뒤 낙랑군을 통해 중국의 상업경제방식과 사유재산제도가 급격히 유입되었고, 이에 따라 범죄와 처벌규정도 급격히 늘어난 것이다.

3) 부여夫餘

국가 형성과 성장·쇠퇴

부여가 언제 건국했는지는 정확히 알 수 없다. 다만, 기원전 1세기에 이미 전한과 접촉한 기록이 있고, 기원후 90년경 왕충이 지은 책『논형論衡』에 '북방 탁리국囊離國의 시녀가 정령의 기운을 받아 낳은 아들 동명東明이 자라나서 활을 잘 쏘는 능력 때문에 왕에게 쫓기게 되자 남쪽으로 강을 건너 내려와 부여를 세웠다'는 내용의 건국설화가 소개되어 있다. 『삼국지』동이전에는 부여왕이 「예왕지인濊王之印」이라고 새겨진 인장을 지니고 예성濊城에서 살았다는 기록이 있는데, 그 인장이 바로 기원전 128년 예군 남려가 28만 명을 이끌고 전한에 복속했을 때 받은 것으로 보인다.

전한이 설치한 창해군滄海郡은 기원전 126년에 폐지되었다. 폐지 이유에 대해서는 기록이 없지만, 흔히 고조선의 입력과 막대한 유지비용 때문이었을 것으로 해석한다. 만약 창해군이 폐지된 뒤 곧바로 부여가 건국된 것이라면 전한이 고조선을 견제하는 가운데 예군 남려 등이 고조선의 세력범위에서 이탈해 국가를 형성하고 전한과 우호적인 관계를 유지했다고 볼 수 있다.

부여의 중심지에 대해서는 지금의 중국 길림성 장춘·농안 부근으로 보는 설, 길림성 길림지역으로 보는 설, 초기에는 길림지역에 있다가 나중에 농안 부근으로 이동했다는 설 등 학설이 다양하다. 최근에는 구체적으로 길림시의 송화강 동쪽 강변에 위치한 동단산東團山과 그 주변의 용담산성龍潭山城, 남성자고성南城子古城, 모아산帽兒山고분군 등에 주목하는데, 특히 평지토성인 남성자고성의 서쪽에 동단산성이 연접하고, 그 북쪽 가까이에 용담산성이 위치하며, 고성 남쪽 모아산에는 약 7천여 기의 무덤이 분포하는 것으로 알려진다. 일부 발굴조사된 무덤의 편년은 기원전 1세기부터 기원후 3~4세기까지 다양하였다. 나라 이름 '부여'에 대해서는 평야를 뜻하는 '벌'伐·弗·火·夫里에서 나왔다는 해석이 유력하며, 사슴을 가리키는 만주어 푸후puhu와 관련짓는 견해도 있다.

『한서』왕망전에는 기원후 12년경 왕망王莽의 신新나라에 부여가 두통거리가 될 수 있다고 걱정하는 기록이 있고, 『후한서』에는 기원후 49년에 부여왕이 사신을 보내왔다는 기록이 있다. 111년에는 부여왕이 보병과 기병 7~8천 명을 거느리고 낙랑을 공격해 관리와 백성을 살상했다가 나중에 다시 후한에 복종했다는 기록이 있는데, 현도군을 낙랑군으로 잘못 쓴 것으로 해석한다. 120년에는 부여왕이 태자 위구태尉仇台를 후한에 보내 조공하고 인수印綬를 받았으며, 이듬해에 고구려가 현도군을 공격하자 태자 위구태가 군사 2만여 명을 이끌고 가서 현도군과 함께 고구려군을 격파하였고, 122년에도 고구려가 요동을 공격하자 부여왕이 군사를 보내 물리쳤다는 기록이 있다. 그렇다고 해서 부여가 현도군의 지휘를 받는 것은 아니었다. 167년경 부여왕이 직접 2만여 명의 군사를 거느리고 현도군을 공격하는 일도 있었다. 2세기경 부여는 활발한 군사활동을 통해 국력을 과시하고 외교적 위상을 높였으며, 그 결과 『위략』에 부여가 "매우 부강해서 예전부터 외부의 침략을 받아 파괴된 적이 없다"는 기록을 남길 수 있었다.

그러나 3세기 초부터 부여의 국력과 지배력에 변화가 일어났다. 그동안 부여에 신속해온 읍루挹婁가 반란을 일으켜 이탈하였고, 238년 위魏가 고구려와 함께 부여의 연대세력인 공손씨公孫氏를 공격하는데도 공손씨를 제대로 돕지 못하였다. 285년에는 요서지역에서 성장한 선비족의 모용씨慕容氏가 부여를 침략하였는데, 싸움에서 대패한 부여왕 의려依慮는 자살하고 아들들은 옥저沃沮로 달아나서 목숨만 보전하였다. 이에 서진西晉이 다음 해에 구원군을 보내 모용씨 군대를 격파해 쫓아버리고 부여의 다음 왕인 의라依羅가 남은 사람들을 이끌고 나라를 되찾도록 도와주었으나, 이후에도 모용씨가 부여를 침략해 사람들을 잡아다 중국에 팔아넘기는 일이 자주 일어났다고 한다.

346년, 부여는 다시 큰 위기를 맞았다. 고구려의 압박에 밀려 근거지인 길림지역을 떠나 그 서북쪽으로 중심지를 옮겼다가 기병 1만7천 명으로 이루어진 전연前燕(모용씨) 군대의 공격을 받고 부여왕을 비롯한 5만여 명이 사로잡힌 것이다. 전연왕 모용황慕容皝은 부여왕 현玄을 진동장군鎭東將軍에 임명하고 자기 딸에게 장가들였는데, 이로써 부여가 멸망했다고 보기도 한다. 그러나『진서』에 370년 전진前秦군대가 전연의 수도 업鄴을 공격할 때 서울徐蔚이 부여·고구려의 인질들과 함께 성문을 열어주었다는 기록이 있고,『위서』에 475년 부여국이 사신을 보내 북위北魏에조공했다는 기록이 있으므로, 부여국의 세력이 크게 와해되기는 했으나 형식적으로는 주민과 영토가 유지되었다고 보는 것이 일반적인 해석이다.『진서』의 서울은『자치통감』에 여울餘蔚로 적혀 있으며 부여 왕자라는 주석이 달려있다. 이밖에『자치통감』에는 384년 여울이 후연後燕의 모용수慕容垂로부터 부여왕에 봉해졌다는 기록이 있다.

「광개토왕비문廣開土王碑文」에는 "20년 경술庚戌, 동부여東夫餘는 옛날 추모왕의 속민이었는데 중간에 배반하고 조공하지 않으므로 왕이 몸소 군대를 이끌고 가 토벌하였다. 군대가 여성餘城에 이르자 … 왕의 은혜가 널리 덮였으므로 이에 되돌아왔다. 또, 귀화하기를 원하여 관군을 뒤따라온 자가 미구루압로味仇婁鴨盧, 비사마압로卑斯麻鴨盧, 타사루압로楯社婁鴨盧, 숙사사압로肅斯舍鴨盧, △△△압로△△△鴨盧이다. 무릇 공격해서 깨뜨린 성城이 64개, 촌村이 1,400개이다"라는 대목이 있다. 410년에 광개토왕이 공격한 동부여를 부여와 같은 곳으로 보기도 하지만, 부여가 혼란스러웠을 때 무리 일부가 동쪽으로 이주해 세운 또 하나의 부여로 보아야 한다. 동부여의 위치에 대해서는 흔히 두만강 하류의 혼춘琿春방면으로 추정한다. 그렇다면 동부여는 346년 부여왕 현이 전연으로 잡혀가자 그 전에 갈라져 나와 동쪽으로 이주해 있던 일족이 세운 나라이거나, 그 이전 285년 옥저로 피신했던 사람들중 일부가 그대로 남아 세운 나라일 것이다.

이처럼 5세기 초엽에는 북쪽의 부여든 동쪽의 부여든 더 이상 세력을 유지하기 어려운 상황에 빠졌다. 그래도 한동안 더 유지하였으며, 494년 2월 부여왕이 처자 식과 함께 고구려에 항복했다는 『삼국사기』 기록이 마지막이다. 당시 북방에서는 물길勿吉이 한창 세력을 키우고 있었고, 서쪽에서는 이미 북위北魏가 중국 화북지 역을 통일한 상황이었다. 그리고 만주와 한반도 북부에서 고구려가 지역의 패권을 장악하였으니, 부여로서는 더 이상 버티기 어려웠을 것이다.

사회와 문화

『후한서』와 『삼국지』에는 부여가 "현도군에서 1천 리 떨어져 있으며, 남쪽은 고 구려, 동쪽은 읍루, 서쪽은 선비와 접하고, 북쪽에 약수弱水가 있다. 사방 2천 리 정도이고 호戶는 8만이다"라고 기록되어 있다. 대략 2~3세기경의 상황을 적은 것 이며, 약수는 지금의 아무르강(흑룡강)으로 추정된다. 일반적인 호구 계산법에 따라 1호당 5명口으로 계산하면, 부여 인구는 약 40만 명으로 적힌 셈이다. 부여의 지리 적 특징과 사회 분위기에 대해서는 다음과 같은 기록이 있다.

> 그 나라 사람들은 토착생활을 하며 궁실·창고·감옥이 있다. 산과 얕은 구릉, 넓은 못 이 많으며, 동이지역에서 가장 넓고 평탄한 곳이다. 땅은 오곡이 자라기 좋지만 오과는 나지 않는다. 사람들은 체격이 크고 성품이 굳세고 용감하며 공손하고 넉넉하여 도둑질 과 노략질을 하지 않는다.
>
> 나라에는 군왕이 있으며 모두 여섯 가축으로 벼슬 이름을 지었다. 마가, 우가, 저가, 구가, 대사, 대사자, 사자가 있다. 읍락에는 호민이 있으며, 하호라고 불리는 사람은 모 두 종이 된다. 여러 가加들은 따로 사출도를 주관하는데 큰 곳은 수천 가家이고 작은 곳 은 수백 가이다.
>
> 음식을 먹고 마실 때 모두 쟁반과 굽다리접시를 쓰며 함께 모일 때에는 술잔을 주고

술잔을 닦고 절하고 양보하며 오르내린다. 은나라 달력 정월에는 하늘에 제사지내는데 나라의 큰 모임으로서 날마다 마시고 먹고 노래하고 춤추며, 영고라고 부른다. 이 때 형벌을 중단하고 죄수들을 풀어준다.

국내에 있을 때 옷은 흰색을 숭상하여 흰 베로 만든 큰 소매 도포와 바지를 입고 가죽신을 신으며, 외국에 나갈 때에는 비단과 수놓은 비단, 무늬비단 옷을 숭상하고 대인은 여우·살쾡이·원숭이, 희거나 검은 담비 가죽옷을 더 입으며, 금·은으로 모자를 꾸민다.

통역하는 사람은 말을 전할 때 모두 무릎 꿇고 손으로 땅을 짚고 가만히 말한다. 형벌은 엄하고 급해서 사람을 죽인 자는 사형하고 그 집안사람을 노비로 삼으며, 도둑질은 12배를 갚게 한다. 남자와 여자가 간음하였거나 부인이 투기하면 모두 죽이는데, 특히 투기를 미워하여 죽이고 나서도 시체를 나라 남쪽 산위에 두어 썩게 한다. 여자 집에서 가져가려면 소·말을 보내야 내어준다. 형이 죽으면 형수를 아내로 삼는데, 흉노와 같은 풍속이다.

그 나라는 가축을 잘 기르며 이름난 말, 붉은 옥, 담비와 원숭이 가족, 아름다운 구슬이 나는데, 구슬 큰 것은 대추만하다. 활·화살·칼·창을 무기로 쓰며, 집집마다 갑옷과 무기를 가지고 있다. 나라의 노인들은 자기들이 옛날 망명한 사람들이라고 말한다. 성책은 모두 동그랗게 만들어서 마치 감옥 같다. 길에 다닐 때에는 낮이나 밤이나 늙은이 어린이 할 것 없이 모두 노래를 불러서 온종일 노랫소리가 끊이지 않는다.

전쟁이 일어나면 또 하늘에 제사지내며 소를 잡아서 발굽을 보고 좋은지 나쁜지를 점치는데, 발굽이 갈라지면 나쁜 것이고 붙으면 좋은 것이라고 생각한다. 적이 있으면 여러 가加들이 스스로 싸우고 하호는 식량을 가져다 그들을 먹인다. 사람이 죽으면 여름에는 모두 얼음을 쓰고, 사람을 죽여 순장시키는데, 많을 때에는 백 단위이다. 후하게 장사지내며, 덧널을 쓰고 널은 쓰지 않는다. **6**

위의 기록은 중국 사람이 남긴 것이다. 외국인의 눈으로 관찰해서 쓴 것이기에 오해도 있을 수 있으며, 중화사상에 입각한 과장과 편견도 작용했을 것이다. 가령, 부여 사람들이 "공손하고 넉넉하여 도둑질과 노략질을 하지 않는다"는 대목은 고구려 사람들을 "흉악하고 급하며 노략질을 좋아한다"고 쓴 것과 사뭇 다른 평가인데, 후한·위·진이 전통적으로 부여와는 우호적이었고 고구려와는 적대적이었기 때문에 그렇게 썼을 것이다.

마가馬加는 말, 우가牛加는 소, 저가豬加는 돼지, 구가狗加는 개를 벼슬 이름으로 삼은 것이다. 십이지十二支사상에 따르면 말은 남쪽, 소는 동북쪽, 개는 서북쪽, 돼지는 북쪽을 가리키므로 사방을 방위하는 지휘자에게 방위에 맞춰 왕이 내려준 이름으로 보인다. 그런 점에서 사출도四出道는 군사 위주의 행정체계라고 할 수 있다. 가加는 몽골계통어의 한汗·가한可汗, 그리고 고조선 등의 한韓·간干·한邯·금今·검儉 등과 통하는 말로서 귀인貴人·대인大人을 뜻한다. 이들이 다스리는 지역의 인구는 큰 곳이 만여 명, 작은 곳이 천여 명이었다고 한다.

쟁반과 굽다리접시를 쓴다는 말은 부여 사람들이 자못 예의를 아는 문명인이라는 뜻을 담고 있으며, 은나라 달력 정월은 축월丑月로서 음력 12월에 해당하는데, 하필 은나라를 언급한 것은 기자箕子전설을 염두에 둔 표현일 수 있다. 부여의 영고迎鼓는 제사 시기가 한겨울이므로 고구려의 동맹東盟, 동예의 무천舞天과 같은 추수감사제가 아니라 다른 의미를 띠었을 수 있다. 부여 노인들이 말하는 "옛날 망명한 사람들"이란 중국으로부터 망명한 사람들이라는 뜻인데, 외교적으로 꾸민 말修辭로 보인다.

형이 죽으면 형수를 아내로 삼는 관습을 흔히 형사취수혼兄死娶嫂婚(Levirate)이라고 부르는데, 이에 대해서는 다양한 문화인류학적 해석이 가능하다. 먼저, 진화론에서는 이를 상속 문화의 한가지 유형으로서 해석하여 당시 부여사회가 부자상속 단계로 발전하기 전의 형제상속단계에 있었음을 나타낸다고 본다. 즉, 형이 자기 아내를 재산과 함께 아우에게 물려주는 형제상속의 한 유형이라는 것이다. 전파주의적 입장에서는 북방사회의 문화권을 설정하는 방식으로 해석한다. 중국의 고대 기록에 따르면 형사취수혼처럼 아내를 물려주는 관습은 부여·고구려·흉노·선비 등 중국의 동북방에 거주하던 북방민족 사이에서 흔히 발견된다. 예를 들어 흉노족은 아버지가 죽으면 아들이 아버지의 재산뿐 아니라 친어머니를 제외한 나머지 부인들을 모두 자기 아내로 삼았다고 한다. 형태와 모양만 다를 뿐, 여성을 재산으로 인식하고 상속의 범주에 포함시킨다는 점에서 같은 문화라는 해석이다. 기능주의적 입장에서는 자기 집단의 인적·물적 손실을 방지하기 위한 목축사회의 독특한 보호문화로 해석한다. 목축사회에서 남편이 죽은 뒤 부인이 자녀들과 재산을 이끌고 친정집단으로 돌아가면 남편의 집단은 큰 재산 손실을 입게 되므로, 이를 방지하기 위해 부인에게 새 남편을 제공함으로써 집단의 재산을 보호하고 안정을 모색한다는 것이다.

그런데 부여는 이미 2세기경부터 왕위를 부자상속으로 계승하고 있었다. 기록에 따르면 부여의 왕위는 위구태尉仇台→간위거簡位居→마여麻余→의려依慮→의라依羅로 이어졌는데, 마여는 서얼이었기 때문에 제가諸加가 함께 옹립하였으며, 의려는 불과 6세의 어린 나이로 왕위에 올랐다고 한다. 세상 물정도 모르는 어린 아이를 왕위에 앉힐 수 있었던 것은 아이의 아버지, 곧 선왕의 권위를 인정하였기 때문이다. 그러므로 의려가 재위한 3세기 중엽에는 부여의 왕위계승 및 왕권이 안정되었다고 볼 수 있다. "옛 부여 풍속은 가뭄이나 장마가 계속되어 오곡이 영글지 않으면 그 허물을 왕에게 돌려 '왕을 바꾸어야 한다'고 하거나 '죽여야 한다'고 말했다"는 기록도『삼국지』에는 있다.

4) 고구려高句麗

국가 형성

고구려를 소개한 가장 오래된 기록 가운데 하나가 『삼국지』 동이전이다. 그곳에 다음과 같은 기록이 있다.

동이의 옛말에 부여의 별종이라 하였는데, 언어와 여러 가지가 부여와 많이 같지만 그 기질과 의복은 다른 점이 있다.

본래 5부족이었으니 연노부·절노부·순노부·관노부·계루부이다. 본래 연노부가 왕이 되었으나 점차 작고 약해져서 지금은 계루부가 대신한다. 한나라 때 북·피리·광대를 내려주었으며, 항상 현도군에 와서 조복과 예복·모자를 받아가고 고구려령이 그 명부를 관리하였는데, 나중에 점차 교만 방자해져서 다시는 군에 오지 않아, 동쪽 경계에 작은 성을 쌓고 조복과 예복·모자를 그 안에 놓아두면 해마다 와서 가져갔다. 지금도 오랑캐는 이 성을 책구루라고 부르는데, 구루는 구려에서 성을 가리킨다.

그들은 관직을 둘 때, 대로가 있으면 패자를 두지 않고, 패자가 있으면 대로를 두지 않는다. 왕의 종족에서 대가는 모두 고추가라고 부른다. 연노부는 본래 나라의 주인이었기에 지금은 비록 왕이 아니지만 혈통을 이은 대인은 고추가라고 불리며 또한 종묘를 세우고 영성(별; 농업신)·사직(토지신)에 제사지낼 수 있다. 절노부는 대대로 왕과 혼인하며 고추가라는 칭호를 가진다. 여러 대가는 또한 스스로 사자·조의·선인을 두며 이름을 모두 왕에게 보고하는데, 경·대부의 가신과 같아서 모임에서 앉거나 일어설 때 왕가의 사자·조의·선인과 같은 무리에 들지 못한다. 그 나라에서 대가는 농사일을 하지 않아 앉아서 먹는 자가 1만여 명이며, 하호들이 멀리서 곡식·생선·소금을 짊어지고 와서 대준다.

그 백성들은 노래와 춤을 좋아하여 나라 안 마을은 저녁에 남녀가 모여서 서로 노래 부르며 논다. 큰 창고는 없고 집집마다 작은 창고가 있어서 부경이라고 부른다. 그 사람들은 깨끗한 것을 좋아하고 술을 잘 빚는다. 절할 때 한쪽 다리를 펴는 것이 부여와 다르고 걸음걸이는 모두 빠르다. 10월에 하늘에 제사지내는데 나라의 큰 모임으로서 동맹이라고 부른다. 그 큰 모임에서 의복은 모두 수놓은 비단이며 금·은으로 꾸민다. 대가와 주부는 머리에 모자를 쓰는데, 책과 같지만 늘어뜨린 부분이 없다. 소가는 절풍을 쓰는데 모양이 고깔 같다. 그 나라 동쪽에 큰 굴이 있어 수혈이라고 부른다. 10월 나라의 큰 모임에서는 수신을 맞아 나라 동쪽 가에서 제사지내며, 나무 수신을 신이 앉는 자리에 둔다.

감옥이 없고 죄지은 사람이 있으면 가加들이 의논하여 곧 죽이고 아내와 자식은 몰수해 노비로 삼는다. 그 풍속은 혼인할 때 말이 이미 정해지면 여자 집에서 큰 건물 뒤에 작은 건물을 짓고 서옥(사위집)이라고 부른다. 사위가 저녁에 여자 집 문밖에 와서 자기 이름을 밝히고 무릎 꿇어 절하며 여자와 자게 해달라고 비는데, 이렇게 두 세 번하면 여자 부모가 작은 건물에서 묵으라고 들어준다. 곁에 돈과 비단을 두며, 아이를 낳아서 자란 뒤에 아내를 데리고 집으로 돌아간다.

그 풍속은 음란하여 남녀가 혼인하고 나면 곧 차츰 죽어서 입을 옷을 만들고, 후하게 장사지내며 금·은과 재물을 모두 장례에 쓴다. 돌을 쌓아 봉분을 만들고 소나무와 잣나무를 늘어 심는다. 그곳의 말은 모두 작아서 산을 오르기에 편하다. 나라 사람들은 기운이 세며 싸움을 익혀, 옥저·동예가 모두 복속한다. 또, 소수맥이 있다. 구려가 나라를 만들고 큰 강에 의지해 거주하는데, 서안평현 북쪽에 작은 강이 있어 남쪽으로 흘러 바다에 들어가며, 구려의 별종이 작은 강에 의지해 나라를 만들었으므로 소수맥이라고 부른다. 좋은 활을 만드니, 이른바 맥궁이 그것이다. **7**

『후한서』에는 5부족 가운데 연노부涓奴部가 소노부消奴部로 적혀 있고 나머지는 같다. 그런데 고구려에 관한 가장 자세한 역사서라고 할 수 있는 『삼국사기』에는 연나부椽那部, 환나부桓那部, 관나부貫那部, 비류부沸流部 등 이름이 전혀 다르게 적혀 있다. 또, "고국천왕의 왕후는 제나부提那部 우소의 딸"이라는 대목도 있다. 연椽과 제提는 한자가 비슷하게 생겼으므로 어느 한쪽 이름은 착각일 것이다. 대개 연나부는 절노부, 환나부는 순노부, 관나부는 관노부, 비류부는 소노부(연노부)와 같은 것으로 추정한다. 계루부에 해당하는 이름은 『삼국사기』에 따로 나오지 않고 그저 왕 또는 왕실로 적혀 있을 뿐이다.

5부족 이름에 공통으로 쓰인 노奴와 나那는 '강가' 또는 '계곡'을 가리키는 고구려 말을 중국의 한자로 표현하다보니 달라진 것이라고 한다. 중국에서는 주변 종족을 오랑캐라고 부르며 업신여겼으므로 고구려의 주요 집단에 대해서도 일부러 종(노예)을 뜻하는 글자 '노奴'를 쓴 것이고, 그와 다른 계통의 기록인 『삼국사기』에는 아무런 가치판단도 들어있지 않은 '나那'가 쓰인 것으로 보인다. 그러니까 중국기록에 따르면 고구려는 강가나 계곡에 따로 모여 살던 5개 집단의 대표(가加)들이 함께 모여 전체 대표(왕)를 추대하는 구조였던 것이다. 5개 집단에 대해서는 마치 혈연조직인 것처럼 적혀있지만, 지연에 따른 지역별 단위정치체로 이해하는 것이 보통이다. 즉, 각지에서 세력을 형성한 나那집단이 모여 하나의 연맹체를 형성한 것이 바로 고구려라는 해석이다.

그런데 『삼국사기』에는 이와 조금 다른 내용의 고구려 건국설화가 실려 있다.

시조 동명성왕의 성은 고씨이고 이름은 주몽이다. 이에 앞서 부여왕 해부루가 늙도록 아들이 없어 산천에 제사지내며 후손을 빌었는데, 그가 몰던 말이 곤연에 이르러 큰 돌을 보더니 마주서서 눈물을 흘렸다. 왕이 괴이하게 여겨 그 돌을 치우게 하자 금색 개구리 모양의 아이가 있었다. 왕이 기뻐하며 "이는 하늘이 나에게 준 아이이다"라고 하고 거두어 기르고, 이름을 금와라고 하였다. 그가 자라자 태자로 삼았다. 나중에 재상 아란불이 말하길 "어제 하늘이 저에게 내려와서 '앞으로 내 자손이 이곳에 나라를 세우게 할 것이니 너희는 피하라. 동쪽 바닷가에 가섭원이라는 곳이 있는데, 땅이 비옥하여 오곡이 잘 자라니 도읍할 만하다'고 했습니다"라고 하였다. 아란불이 마침내 왕에게 권해 그곳으로 도읍을 옮기고 나라 이름을 동부여라고 하였다. 옛 도읍지에는 어떤 사람이 어디에서 왔는지 모르나 스스로 천제의 아들 해모수라고 하며 와서 도읍하였다.

해부루가 죽자 금와가 왕위를 이었다. 이때 태백산 남쪽 우발수에서 여자를 데려와서 물으니, 말하길 "저는 하백의 딸로서 이름은 유화입니다. 동생들과 나와 노는데, 어떤 남자가 자기를 천제의 아들 해모수라고 하면서 나를 꾀어 웅심산 아래 압록 강변의 집 안으로 데려가 사사로이하고는 가서 돌아오지 않았습니다. 부모는 내가 중매도 없이 남을 따라갔다고 꾸짖고는 우발수로 쫓아냈습니다"라고 하였다. 금와가 이상히 여겨 방 안에 가두어 두었는데, 햇빛이 비추어 몸을 피했으나 햇빛이 따라다니며 비추더니 임신을 하여 알을 하나 낳았는데, 크기가 5되 정도였다.

왕이 알을 버려 개·돼지에게 주었으나 모두 먹지 않았고, 길에 버렸으나 소와 말이 피하였다. 나중에 들판에 버렸더니 새가 날개로 덮어주었다. 왕이 쪼개려 하였지만 깨뜨리지 못하여 마침내 어미에게 돌려주었다. 어미가 물건으로 싸서 따뜻한 곳에 두니 사내 아이 하나가 껍질을 깨고 나왔는데, 골격과 외모가 빼어나고 기이하였다. 나이가 겨우 7살이었을 때 남달리 뛰어나 스스로 활과 화살을 만들어 쏘는데 백발백중이었다. 부여의 속된 말에 활을 잘 쏘는 것을 주몽이라고 하였으므로 이름을 그렇게 불렀다.

금와에게 일곱 아들이 있어서 항상 주몽과 함께 놀았는데, 그 기예와 능력이 모두 주몽에게 미치지 못하였다. 맏아들 대소가 왕에게 말하길 "주몽은 사람이 낳은 자가 아니어서 그 사람됨이 용감하니 만약 일찌감치 도모하지 않으면 후환이 있을까 두렵습니다. 청컨대 없애버리십시오"라고 하였다. 왕이 듣지 않고 말 기르는 일을 시켰는데, 주몽이 날랜 말을 알아보고 먹이를 적게 주어 수척하게 만들고 둔한 말은 잘 먹여 살찌웠다. 왕은 살찐 말을 자기가 타고, 마른 말을 주몽에게 주었다. 나중에 들판에서 사냥할 때 주몽은 활을 잘 쏜다 하여 화살을 적게 주었으나 주몽이 짐승을 매우 많이 잡았다. 왕자와 신하들이 또 주몽을 죽이려고 모의하니, 주몽의 어머니가 눈치채고 말하길 "나라 사람들이 너를 해치려 한다. 너의 재주와 지략으로 어디로 간들 안되겠느냐? 머뭇거리다가 욕을 당하느니 멀리 가서 사는 것이 낫다"고 하였다. 주몽은 이에 오이·마리·협보 등 3명과 벗을 삼아 가다가 엄사수에 이르러 건너려 했으나 다리가 없었다. 추격병에게 따라잡힐까 염려하여 물에 고하기를 "나는 천제의 아들이요 하백의 외손자인데, 오늘 도망가매 추격병이 쫓아오니 어찌 하오리까"라고 하였다. 이에 물고기와 자라가 떠서 다리를 만들어 주몽이 건너고 물고기와 자라가 흩어져서 추격병이 건너지 못하였다.

주몽 일행이 모둔곡에 이르러 3명을 만났는데, 한 사람은 삼베옷을 입었고, 한 사람은 승려복을 입었으며, 한 사람은 마름옷을 입고 있었다. 주몽이 묻기를 "그대들은 어디 사람인가? 성은 무엇이고 이름은 무엇인가?"하니, 삼베옷을 입은 사람이 말하길 "이름이 재사입니다"라고 하고, 승려복을 입은 사람은 "이름이 무골입니다"라고 하고, 마름옷을 입은 사람은 "이름이 묵거입니다"라고 하며, 성을 말하지 않았다. 주몽은 재사에게 극씨, 무골에게 중실씨, 묵거에게 소실씨라는 성을 주고, 무리에게 말하길 "내가 하늘의 명령을 받아 나라의 기틀을 열려고 하는데 마침 이 3명의 어진 사람들을 만났으니 어찌 하늘이 주신 것이 아니겠는가?"라고 하였다. 마침내 그들의 능력을 살펴 각각 일을 맡기고 함께 졸본천에 이르러서 그 땅이 기름지고 아름다우며 산과 내가 험하고 견고한 것을 보고는 마침내 도읍하고자 하였으나, 궁실을 지을 겨를이 없어 다만 비류수가에 초막을 짓고 살았다. 나라 이름을 고구려라고 하고 그래서 고를 성으로 삼았다. 당시 주몽의 나이는 22세였으며, 한나라 효원제 건소 2년이요, 신라 시조 혁거세 21년 갑신년이었다. 사방에서 듣고 와서 따르는 자가 많았는데, 그 땅이 말갈부락과 붙어 있어 침략과 도둑질로 해를 입을까 걱정하여 마침내 물리치니 말갈이 두려워하며 복종하고 감히 침범하지 않았다. 8

부여에서 태어나고 자란 주몽이 강을 건너 도망 와서 기원전 37년에 고구려를 세웠다는 내용인데, 『삼국사기』 외에도 광개토왕비廣開土王碑, 모두루묘지명牟頭婁 墓誌銘, 『위서魏書』, 『삼국유사』, 이규보의 『동명왕편東明王篇』 등에 비슷한 글이 실려 있다. 그런데 시조의 이력과 이름이 부여의 건국설화와 거의 같으므로 두 나라의 역사문화기반도 같았다고 할 수 있다.

설화 속의 엄사수는 엄리대수奄利大水, 엄표수淹㴲水, 시엄수施掩水, 엄체수淹滯 水 등으로도 적혀 있으며, 지금의 송화강松花江으로 추정한다. 「광개토왕비」에는 시 조 추모왕鄒牟王이 엄리대수를 건너 "비류沸流계곡 홀본서성忽本西城 산 위에 도읍 을 세웠다"고 적혀 있으며, 『위서』에는 주몽과 따르는 사람들이 "흘승골성紇升骨城

오녀산성

에 이르러 마침내 정착했다"고 적혀 있다. 홀본서성과 흘승골성紇升骨城은 지금의 중국 요녕성 환인桓仁의 오녀산성五女山城으로 추정한다.

고구려의 국가형성에 관해 『삼국지』는 동질감을 기반으로 작은 집단들이 모여 나라를 만들었다는 식으로 설명하였고, 『삼국사기』는 부여에서 갈라져나온 한 세력이 이동하며 여러 세력을 합쳐 나라를 만들었다는 식으로 설명하였는데, 이것이 오늘날 부체제론部體制論과 집권체제론集權體制論이라는 학계 이론을 이끌어냈다. 부체제론은 지역의 단위정치체인 나那들이 통합을 거쳐 5개의 유력한 세력(나)을 형성하였으며 이들이 함께 나라를 만들면서 가장 유력한 세력(나)을 왕실로 추대하고 나머지는 그 아래 단위의 부部로 체계를 구성했다는 논리이다. 이에 비해 집권체제론은 어느 유력한 세력집단이 다른 집단을 복속시켜 지방조직 또는 군사조직으로 편제한 것이 부部라는 논리이다. 그래서 부체제론은 제가諸加회의를 나라의 중요한 사항을 결정하는 정치기구로 보고 왕과 여러 가加들의 정치적 관계가 완전히 수직적이지는 않았던 것으로 이해하지만, 집권체제론은 제가회의에 실질적인 권한이 없었으며 오로지 왕권 아래 수직적 관등·관직체계가 형성되었을 뿐이라고 이해한다.

부체제론처럼 고구려 국가형성과정을 이해하면 건국연대를 특정하기 어렵다. 대나무가 자랄 때 어디까지가 죽순이고 어디부터가 대나무인지 가리기 어렵듯이 나那와 국國도 단계를 구분하기 어렵기 때문이다. 그러나 집권체제론의 관점에서는 고구려 건국연대가 명확해진다. 『삼국사기』에는 기원전 37년에 나라를 세웠다는 대목이 있고, 중국 낙양의 무덤에서 발견된 고구려 유민 고자高慈(665~697)의 묘지명에는 고구려가 708년 만에 멸망했다는 구절이 있다. 668년 멸망을 기준으로 계산하면 기원전 40년에 해당한다. 이에 고구려가 연맹왕국으로 성장한 시기를 기원전 1세기로 특정하고, 기원전 128년 한나라에 자진 복속하였던 예군 남려를 그 선조로 보기도 한다. 그리하여 혼강渾江유역의 환인지역 일대에서 비류국=소노부가 철기문화를 기반으로 한 연맹체를 주도하고 있었는데, 기원전 1세기 무렵 부여계 이주민인 주몽집단=계루부가 합류한 뒤 우월한 군사력과 농경기술을 바탕으로 맹주권을 장악하였고, 기원후 1세기 중후반 태조왕 때 압록강 중상류일대까지 통괄하는 국가권력으로 성장했다고 추정하는 견해가 있다.

한편, 『삼국유사』에는 고구려 시조 주몽이 "단군의 아들壇君之子"이라는 기록이 있다. 근거를 밝히지 않았으나, 고조선이 멸망한 뒤 그 유민을 기반으로 고구려를 건국했기에 이와 같은 기록이 생겼다고 할 수 있다.

나라 이름國號과 중심지

고구려는 역사서에 고구려高句麗, 고구려高句驪, 구려句麗, 구려句驪, 하구려下句驪, 고려高麗 등 여러 가지 이름으로 적혀 있다. 그중 고구려高句驪는 중국에서 고구려를 일부러 낮추어 부르기 위해 '곱다'는 뜻을 가진 '려麗' 대신 미개하다는 뜻을 담아 짐승[馬]이 덧붙여진 '려驪'를 쓴 것이므로 정식 나라 이름이라고 할 수 없다. 하구려는 한나라의 왕위를 찬탈하고 신新으로 나라 이름을 바꾼 왕망이 기원후 10년에 흉노를 정벌하기 위해 고구려군을 동원했다가 고구려군이 도망가면서 오히려 현도군의 변경을 공격하자 신하들에게 고구려 정벌을 명령한 뒤 고구려후 추騶를 죽였다는 거짓보고를 받고나서 기뻐하며 고구려의 이름을 하구려로 바꾸라고 명령한 데서 나온 것이므로 정식 이름이 아니다. 그리고 고려는 5세기 후반에 편찬된 『송서』와 6세기 중엽에 편찬된 『위서』에서부터 나오는 이름으로서, 고구려가 5세기 무렵 한자 뜻이 거의 없는 '구句'자를 빼버리고 새로이 쓰기 시작한 정식 나라 이름이다. 고구려가 나라 이름을 고려로 바꾼 것은 427년 평양으로 천도한 무렵으로 추정된다. 이를 통해 5세기 무렵 고구려사회의 한문에 대한 이해가 한층 더 깊고 넓어졌다는 사실과 '고구려'라는 이름이 원래 한자가 아니었음을 알 수 있다. 따라서 5세기 중엽부터는 고구려를 고려라는 이름으로 불러야 하지만, 『삼국사기』 이후 많은 역사서들이 고구려를 10~14세기의 고려왕조와 구별하기 위해 일부러 고구려라

오녀산성 성벽

는 이름을 계속 사용하였다.

고구려의 본래 이름은 '구려'이고, 구려는 성城을 뜻하는 구루溝漊(Khuru)에서 나왔다는 것이 통설이다. 또, 성·벌·골솜을 가리키는 홀忽(Khoru)과 같은 말이며, 5나부의 하나인 계루桂婁(Kheru)와 통하는 것으로 보기도 한다. 주몽이 정착했다는 흘승골의 골骨과 같은 말이라는 해석도 있다. 그렇다면 고구려의 나라 이름은 '구려→고구려→고려'순으로 바뀌었다고 할 수 있다. 구려가 압록강 중상류지역에서 정치세력을 형성한 것은 기원전 2세기 무렵으로 추정한다.

『삼국사기』 지리지에는 "주몽이 흘승골성에 도읍을 세우고 나서 40년이 지나 유류왕 22년(3)에 국내성으로 도읍을 옮겼다. … 국내에 도읍하고 425년이 지나 장수왕 15년(427)에 평양으로 도읍을 옮겨 156년을 지냈다. 평원왕 28년(586)에 장안성으로 도읍을 옮겨 83년을 지내고, 보장왕 27년(668)에 멸망하였다"[6]라는 기록이 있다. 흔히 흘승골성은 지금의 중국 요령성 환인현 오녀산성, 국내성은 중국 길림성 집안시 국내성, 평양은 북한 평양시의 안학궁·대성산성 또는 청암리토성, 장안성은 북한 평양시내의 평양성에 비정한다.

기록 속의 졸본천은 대개 압록강의 지류인 혼강에 비정한다. 혼강은 환인현의 오녀산성 아래를 지나며 인근에 하고성자고성下古城子古城, 나합성喇哈城 등이 위치하여 「광개토왕비」의 "비류계곡 홀본(졸본) 서쪽 성 산 위에 도읍을 세웠다"는 표현을 이들 산성과 평지성에 적용하는 의견이 많다. 실제로 최근 실시한 오녀산성 발굴조사를 통해 고구려 초기의 유구가 많이 발견되었다. 그리고 오녀산성 주변의 혼강유역에는 고구려 초기 돌무지무덤積石塚이 조밀하게 분포하고 있다.

고구려의 두 번째 왕도로 꼽히는 국내성國內城은 압록강 북쪽의 강변 평지성이다. 『삼국사기』에 유리명왕 22년(3CE) "겨울 10월에 도읍을 국내로 옮기고 위나암성尉那巖城을 쌓았다"는 기록이 있는데, 위나암성을 흔히 국내성의 서북쪽 2.5km지점에 위치한 산성자산성山城子山城으로 추정한다. 산성자산성은 성벽 둘레 6.9km이며 성 안에 하천 2개가 흐르는 큰 성으로서, 환도성丸都城으로도 불리었다. 그런데 『삼국사기』에는 산상왕 2년(198) "봄 2월에 환도성을 쌓았다"는 기록이 있어, 앞의 위나암성 기록과 차이를 보인다. 이에 『삼국지』 동이전에 실린 발기拔奇·이이모伊夷模 형제의 왕위 다툼 이야기 및 국내성의 유적 발굴조사 편년을 근거로 고구려가 국내성으로 천도한 것은 태조왕(53~146) 때 또는 산상왕(197~227) 때라고 추정하기도 한다. 지금까지 국내성 주변지역에서는 대략 13,700여 기의 고구려무덤이 발견되었다.

---

6   自朱蒙立都紇升骨城 歷四十年 孺留王二十二年 移都國內城 … 都國內 歷四百二十五年 長壽王
      十五年 移都平壤 歷一百五十六年 平原王二十八年 移都長安城 歷八十三年 寶臧王二十七年而
      滅(『삼국사기』 권37 「지리지」4 고구려)

집안위성사진. 국내성과 산성자산성 일대(『위성사진으로 보는 고구려도성』, 동북아역사재단, 2005)

427년에 고구려는 평양으로 도읍을 옮겼다. 처음에는 지금의 평양시 동북방에 왕도를 건설했는데, 국내성 때와 마찬가지로 평지에 왕성을 쌓고 근처에 산성을 따로 쌓아 비상시에 대비하는 도성체제였다. 당시의 군사방어성이 대성산성이라는 데에는 학계의 의견이 일치하지만, 평지의 왕성이 어디인지에 대해서는 안학궁설과 청암리토성설로 나뉜다. 고구려는 백제와 신라의 공격으로 한강유역을 빼앗긴 다음 해인 552년부터 장안성長安城을 건설하였다. 그리고 586년 장안성을 새 도성으로 삼았다. 장안성은 전체 길이 23km이며, 도시 전체를 감싼 외성과 중성, 왕궁

고구려 국내성의 성벽

을 둘러싼 내성, 산에 쌓은 북성 등으로 이루어진 복합식 평산성 平山城이다. 평양지역에도 고구려 무덤이 곳곳에 분포하고 있다. 특히 안학동고분군, 고산동고분군, 노산동고분군 등 대성산성 주변에 집중 분포한다.

산성자산성 동남쪽 성벽과 산성자고분군(『위성사진으로 보는 고구려도성』, 동북아역사재단, 2005)

평양지역의 고구려 도성(『위성사진으로 보는 고구려도성』, 동북아역사재단, 2005)

고구려의 왕실계보

고대 중국에서는 처음에 어떤 사람의 혈통을 나타낼 때 여자 계통을 성姓, 남자
계통을 씨氏로 나타내었으나 나중에 사회가 남자 위주로 바뀌게 되면서 성씨를 모
두 합쳐 부르게 된 것으로 알려진다. 고구려는 중국으로부터 이미 성과 씨의 구분
이 완전히 사라진 시기의 문화를 받아들였는데, 『삼국유사』 「왕력」편에는 고구려 제
2대 유리왕, 제3대 대무신왕, 제4대 민중왕 등 3명의 성씨가 해씨解氏로 적혀 있다.
이는 시조 동명성왕(주몽)이 고씨高氏라는 점에 비추어 매우 이상한 것이다. 『삼국사
기』에 실린 설화에 따르면, 유리는 주몽이 부여에 있을 때 혼인한 부인 예씨禮氏가

혼자 남은 뒤 낳은 아들로서 아버지 주몽이 떠나며 남긴 수수께끼를 풀어서 주춧돌 아래 숨겨진 칼 조각을 찾아내었고, 자신을 따르는 옥지屋智·구추句鄒·도조都祖 3명과 함께 남쪽으로 내려와서 주몽을 만나 태자에 책봉되고 왕위를 이었다고 한다. 그런데 이규보李奎報의『동명왕편』에 실린 고구려의 건국설화에는 칼 조각을 맞춰본 주몽이 "너는 진짜 내 아들이다. 무슨 신성한 것이 있느냐?"하고 물었더니, 유리가 몸을 날려 공중에 솟아서 창문을 통해 들어오는 햇빛을 타는 재주를 보였다는 대목이 있다. 『삼국사기』보다『동명왕편』의 설화가 원형에 더 가깝다는 것은 널리 알려진 사실이므로, 실제 고구려의 건국설화는 주몽의 건국에서 끝나는 것이 아니라 제2대 유리명왕의 출현과 즉위로써 종결되는 구조라고 할 수 있다. 즉, 고구려 건국은 유리명왕의 즉위를 통해 완성되었다는 것이다.

고구려 초기 3명의 왕이 해씨였다면, 부여 왕실 성씨가 해씨이고 설화 속의 해모수도 해씨라는 사실에 비추어, 오히려 해모수의 아들 주몽이 고씨라는 점이 부자연스럽다. 이에 "본래 연노부(소노부)가 왕이 되었으나 점차 작고 약해져서 지금은 계루부가 대신한다"는『삼국지』의 기록을 근거로 계루부 왕실이 자신들의 정통성을 더 웅장하게 꾸미기 위해 시조를 고씨로 만든 것이 아닌가 의심하기도 한다. 중국에서 왕망이 집권할 때 고구려의 왕이었던 추騶를 추모 또는 주몽과 같은 인물로 보고, 4세기 후반에 추(추모·주몽)를 시조로 여기는 왕실계보가 작성되었다고 추정하는 견해도 있다.

『위서』고구려전에는 "처음에 주몽이 부여에 있을 때 아내가 아이를 배었다가 주몽이 달아난 뒤 아들 하나를 낳았다. 이름을 처음에는 여해라고 하였는데, 자라나서 주몽이 나라의 주인이 되었음을 알고는 어미와 함께 도망하여 오니, 이름을 여달이라고 하고 나랏일을 맡겼다. 주몽이 죽자 여달이 즉위하였고, 여달이 죽자 아들 여율이 즉위하였다. 여율이 죽자 아들 막래가 즉위해 부여를 치니 부여가 크게 져서 마침내 복속되었다. 막래의 아들과 손자가 왕위를 서로 전해주어 후손 궁에게 이르렀다"[7]는 기록이 있다. 기록 속의 궁宮은 제6대 태조왕太祖王의 이름이다. 『삼국사기』·『삼국유사』에 실린 계보와 달리 주몽-여달-여율-막래…궁으로 이어지는 계보를 계루부의 계보로 보기도 한다.

이처럼 고구려 왕실 및 왕위계승에 대한 기록이 조금씩 다르지만, 가장 일반적인 이해는 『삼국사기』에 따라 고구려를 시조 동명성왕부터 제28대 보장왕까지 약 705년간 존속한 왕조국가로 보는 것이다. 고구려는 제6대 태조왕(53~146) 때 중앙 집권력을 강화해 고대국가 체제를 확립하였으며, 이를 바탕으로 동해안의 옥저와 동예를 복속시키고 한 군현을 공략하는 등 대외적인 성과를 거둔 것으로 알려진다. 태조왕은 『삼국사기』에 특별히 태조대왕太祖大王으로 적혀 있고, 『삼국유사』에는 국조왕國祖王으로 적혀 있어 고구려의 실질적인 건국자처럼 숭앙되는 존재였음을 알 수 있다. 그런데 태조왕은 94년간 재위하다가 아우에게 왕위를 물려주고 별궁에서 119세에 죽었다고 적혀 있어 논란이 인다. 『위서』에 나오는 막래와 궁(태조왕) 사이에 왕이 여러 명 있었으나 생략되었다고 보기도 한다. 제9대 고국천왕故國川王(179~197) 때에는 5나那를 행정구역 5부로 개편하였고, 제15대 미천왕美川王(300~331) 때에는 중국 정세가 혼란한 틈을 타 서안평을 점령하고 낙랑군을 멸망시킨 것으로 해석한다.

제17대 소수림왕小獸林王(371~384) 때에는 고구려 사회가 크게 발전하여 체제를 정비한 것으로 알려진다. 이때 고구려는 불교를 공인하고 태학太學을 설립하였으며 율령을 반포하였다. 제19대 광개토왕廣開土王(391~413), 제20대 장수왕長壽王(413~491) 때에는 영토를 크게 넓히는 등 국가의 최대 전성기를 맞이하였다. 특히, 광개토왕은 '영락永樂'이라는 독자적인 연호를 사용하였다. 장수왕은 427년에 평양

---

7   初朱蒙在夫餘時 妻懷孕 朱蒙逃後生一子 字始閭諧 及長知朱蒙爲國主 即與母亡而歸之 名之曰
     閭達 委之國事 朱蒙死 閭達代立 閭達死 子如栗代立 如栗死 子莫來代立 乃征夫餘 夫餘大敗 遂
     統屬焉 莫來子孫相傳 至裔孫宮.(『魏書』권100 「열전」 고구려)

으로 천도하고 475년에 백제 왕도 한성을 함락시켜 고구려를 동북아시아 패권국가 반열에 올려놓았다. 두 왕의 행적과 업적은 「광개토왕비」와 「충주고구려비忠州高句麗碑」에 잘 나타나 있다.

7백여 년의 고구려사를 흔히 (1)동명성왕부터 (14)봉상왕까지 기원전 1세기 후엽~3세기를 초기(전기), (15)미천왕부터 (21)문자명왕까지 4세기~6세기 중엽을 중기, (22)안장왕부터 (28)보장왕까지 6세기 중엽~7세기 중엽을 후기로 구분한다. 고구려의 왕실계보는 다음과 같다.

고구려의 왕위계승도

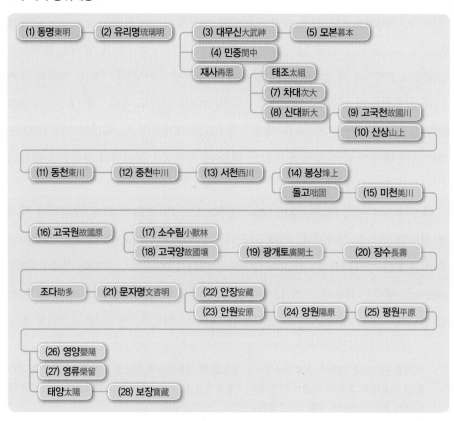

고구려의 왕

	왕 이름	재위 연대	이름[諱]	전왕과의 관계	비고
1	동명성왕東明聖王	37~19BCE	주몽朱蒙, 추모鄒牟, 중모中牟, 도모都慕	건국시조	
2	유리명왕琉璃明王	19BCE~18CE	유리琉璃, 유류孺留	맏아들	누리왕累利王
3	대무신왕大武神王	18~44	무휼無恤	셋째 아들	대해주류왕 大解朱留王
4	민중왕閔中王	44~48	해색주解色朱	아우(△), 아들(▽)	
5	모본왕慕本王	48~53	해우解憂, 애류愛留	조카(△), 형(▽)	
6	태조대왕太祖大王	53~146	궁宮, 어수於漱		국조왕國祖王
7	차대왕次大王	146~165	수성遂成	아우	
8	신대왕新大王	165~179	백고伯固, 백구伯句	아우	쿠데타로 즉위
9	고국천왕故國川王	179~197	남무男武	맏아들?	국양왕國襄王
10	산상왕山上王	197~227	연우延優, 이이모伊夷模	둘째 아우	고국천왕의 왕비와 혼인
11	동천왕東川王	227~248	우위거憂位居, 위궁位宮, 교체郊彘	아들	동양왕東襄王
12	중천왕中川王	248~270	연불然弗	아들	중양왕中壤王
13	서천왕西川王	270~292	약로藥盧, 약우若友	둘째 아들	서양왕西壤王
14	봉상왕烽上王	292~300	상부相夫, 삽시루歃矢婁	태자	치갈왕雉葛王
15	미천왕美川王	300~331	을불乙弗, 우불憂弗	조카	호양왕好壤王
16	고국원왕故國原王	331~371	사유斯由, 쇠釗	태자	국강상왕 國罡上王
17	소수림왕小獸林王	371~384	구부丘夫	아들	소해주류왕 小解朱留王

	왕 이름	재위 연대	이름[諱]	전왕과의 관계	비고
18	고국양왕故國壤王	384~391	이련伊連, 이속伊速, 어지지於只支	아우	
19	광개토왕廣開土王	391~413	담덕談德	아들. 태자	국강상광개토경호태왕 國岡上廣開土境好太王
20	장수왕長壽王	413~491	거련巨連, 연璉	맏아들	평양으로 천도
21	문자명왕文咨明王	491~519	나운羅運, 운雲, 명리호明理好	손자	명치호왕 明治好王
22	안장왕安藏王	519~531	흥안興安, 안安	맏아들	
23	안원왕安原王	531~545	보연寶延, 보영寶迎	아우	
24	양원왕陽原王	545~559	평성平成, 성成	맏아들	양강상호왕 陽崗上好王
25	평원왕平原王	559~590	양성陽成, 탕湯	맏아들	평강상호왕平崗上好王, 평국왕平國王
26	영양왕嬰陽王	590~618	원元, 대원大元	맏아들	평양왕平陽王
27	영류왕榮留王	618~642	건무建武, 성成	배다른 아우	
28	보장왕寶藏王	642~668	장臧		

5) 삼한三韓사회와 백제·신라·가야

삼한과 삼국의 관계

『삼국지』한전韓傳에는 고조선의 준왕이 위만에게 왕위를 빼앗긴 뒤 "가까운 궁인들을 거느리고 달아나 바다를 건너 한의 땅에 살면서 스스로 한왕이라고 하였는데, 그의 후손은 끊어졌으나 지금도 한인 중에는 그를 제사지내는 사람이 있다. 한나라 때에는 낙랑군에 소속되어 계절마다 찾아와 조공하였다"[8]라는 기록이 있다. 그리고『위략』을 인용하여 "처음에 우거가 아직 격파되지 않았을 때 조선상 역계경이 우거에게 간언했다가 듣지 않자 동쪽 진국으로 갔다. 이때 백성으로서 따라나선 자가 2천여 호였으며, 또한 조선에 물건을 바치는 나라들과는 서로 오가지 않았다"[9]라고 적어두었다. 준왕이 남쪽으로 달아난 시기는 분명치 않지만 기원전 194~180년 무렵으로 추정하며, 역계경이 주민 약 1만 명을 이끌고 진국으로 망명한 시기는 기원전 109년보다 조금 이른 시기로 본다. 기원전 2세기 무렵 고조선 남쪽에는 한韓, 진국辰國 등의 국가 또는 정치세력이 자리 잡고 있었던 것이다.

이에 신채호는 원래 만주지역과 한반도 서북부지역에 신(眞=辰)조선, 불(番=弁)조선, 말(莫=馬)조선 등 3조선이 있었는데, 기원전 3세기 초 연나라의 공격을 받아 2천여 리를 빼앗기자 말조선의 준왕이 무리를 이끌고 남쪽으로 내려와 전북 익산방면에 정착하고, 신조선과 불조선도 경상도방면으로 각각 이주해 나라를 재건하였으며, 이렇게 남쪽으로 내려온 3조선이 결국 백제·신라·가야로 발전했다고 하였다. 그는 삼한三韓이란 신·불·말 등 3조선의 왕을 가리키는 이두라면서 북방에 있

---

8   將其左右宮人走入海 居韓地 自號韓王 其後絶滅 今韓人猶有奉其祭祀者 漢時屬樂浪郡 四時朝
謁.(『삼국지』권30 「동이전」 韓)

9   初右渠未破時 朝鮮相歷谿卿以諫右渠不用 東之辰國 時民隨出居者二千餘戶 亦與朝鮮貢蕃不相
往來.(『삼국지』권30 「동이전」 韓)

던 3조선을 前전삼한, 남쪽으로 내려와 정착·발전한 단계를 後후삼한이라고 하였다. 신채호의 해석은 오늘날 학자들이 잘 따르지 않지만, 고조선을 삼한사회 형성과 연결하려는 해석방식에는 주목하고 있다.

『삼국지』한전은 다음과 같은 내용으로 시작한다.

> 한은 대방의 남쪽에 있다. 동쪽과 서쪽이 바다로 막혀있고 남쪽은 왜와 접하며 사방 4천 리 정도이다. 3종족이 있으니 첫째는 마한, 둘째는 진한, 셋째는 변한이라고 한다. 진한은 옛날의 진국이다.
>
> 마한은 서쪽에 있는데, 백성들이 토착생활을 하고 곡식을 심으며 누에치기와 뽕나무를 가꿀 줄 알고 솜과 베를 만든다. 각각 우두머리가 있어서 세력이 큰 자는 스스로를 신지라고 부르고, 그 다음은 읍차라고 한다. 흩어져서 산과 바다 사이에 살며, 성곽은 없다. 원양국, 모수국, 상외국, 소석색국, 대석색국, 우휴모탁국, 신분고국, 백세국, 속로불사국, 일화국, 고탄자국, 고리국, 노람국, 월지국, 자리모로국, 소위건국, 고원국, 막로국, 비리국, 고비리국, 신흔국, 지침국, 구로국, 비미국, 감해비리국, 고포국, 치리국국, 염로국, 아림국, 사로국, 내비리국, 감해국, 만로국, 벽비리국, 구사오단국, 일리국, 불미국, 지반국, 구소국, 첩로국, 모로비리국, 신소도국, 막로국, 고랍국, 임소반국, 신운신국, 여래비리국, 초산도비리국, 일난국, 구해국, 불운국, 불사분야국, 원지국, 건마국, 초리국 등 모두 50여 국이 있다. 큰 나라는 만여 가이고 작은 나라는 수천 가이며, 모두 합쳐 십여 만 호이다. 진왕은 월지국을 다스린다. **9**

기록에는 마한에 속한 나라 이름이 모두 55개이지만, 그중 막로국莫盧國은 두 번 적혔으므로 54개국인 셈이다. 14번째에 적힌 월지국은 진왕이 다스리는 곳이므로 가장 큰 나라였다고 할 수 있는데, 『후한서』에는 목지국目支國으로 적혀 있다. 『후한서』에는 "삼한은 모두 옛날의 진국이다"라는 글이 덧붙여져 있다. 큰 나라는 인구 5만여 명, 작은 나라는 인구 1만여 명 정도이고, 모두 합친 인구는 50여만 명 정도이니까, 기록대로라면 50여 개국 중 큰 나라는 사실상 1~2개에 불과했던 셈이다. 진왕이 다스린다는 목지국의 위치에 대해서는 전북 익산, 전남 나주, 충남 예산, 충남 천안·아산, 인천 등 학설이 분분하며 천안설이 유력하다.

진한과 변한의 나라 이름은 따로 적혀 있다. 그 내용을 소개하면 다음과 같다.

> 변한도 12국이다. 또 여러 작은 고을이 따로 있고 각각 우두머리가 있는데, 큰 것은 신지라고 부르고, 그 다음은 험측, 다음은 번예, 다음은 살해, 다음은 읍차가 있다. 이저국, 불사국, 변진미리미동국, 변진접도국, 근기국, 난미리미동국, 변진고자미동국, 변진고순시국, 염해국, 변진반로국, 변진낙노국, 군미국, 변진미오야마국, 여담국, 변진감로국, 호로국, 주선국, 마연국, 변진구야국, 변진주조마국, 변진안야국, 변진독로국, 사로국, 우유국이 있어 변·진한을 합쳐 24국이다. 큰 나라는 4~5천 가, 작은 나라는 6~7백 가이며, 모두 합쳐 4~5만 호이다. 그중 12국은 진왕에게 소속되어 있다. 진왕은 항상 마한 사람이 되고 대대로 물려준다. 진왕은 스스로 왕이 되지는 못한다. [10]

기록 속의 24개국 가운데 12개국에는 변진弁辰이라는 글자가 붙어있는데, 이들이 변한지역의 나라들이고, 나머지 12개국이 진한이다. 나라 이름 중 10번째의 변진반로국은 나중에 대가야, 19번째의 변진구야국은 금관가야, 21번째의 변진안야국은 아라가야, 23번째의 사로국은 신라로 발전하였다. 진한은 낙동강 동쪽에 위치하는 나라, 변한은 낙동강 서쪽에 위치하는 나라라는 것이 통설이다. 큰 나라는 인구 2만여 명, 작은 나라는 3천여 명 규모이고, 진한과 변한을 모두 합쳐 20~25만 명 정도였다고 할 수 있다.

그런데 이처럼 『삼국지』에 이름이 적힌 마한 54국, 진한 12국, 변한 12국이 당시 만주지역에 있던 부여·고구려처럼 관료·군사체계를 갖춘 나라였는지는 분명치 않

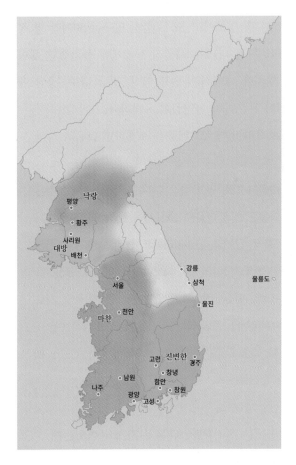

다. "진왕이 월지국(목지국)을 다스리며" "벼슬로서 위솔선魏率善·읍군邑君·귀의후歸義侯·중랑장中郞將·도위都尉·백장伯長이 있다"고 하였으나, 그것은 삼한사회 전체에 영향력을 행사하는 진왕에 한정된 것이며, 벼슬조차 중국 관직·관품 이름을 그대로 빌린 것이다. 따라서 삼한사회 대다수의 나라는 중국식 왕조국가와 다른 권력체계였고, 이를 중국 사람들은 편의상 중국식 국國으로 표현했던 것으로 보인다.

한편, 삼한의 위치에 대해서는, 9세기 후반 신라의 학자 최치원崔致遠이 마한은 고구려, 변한은 백제, 진한은 신라로 발전했다고 설명하였으며, 이러한 삼한—삼국설이 오랫동안 정설처럼 자리 잡았다. 그러나 조선 후기의 실학자 한백겸韓百謙이 1615년경 『동국지리지東國地理志』를 편찬하면서 마한→백제, 변한→가야, 진한→신라로 이해하고 마한을 경기·충청·전라지역, 변한·진한을 경상지역에 비정하였으며, 이것이 오늘날의 통설이다.

삼한의 정치적 성장

기원전 108년 한군현漢郡縣이 설치된 뒤 대동강유역을 거점으로 한반도 북부지역을 직접 관리해온 낙랑군은 1~2세기에도 여전히 주변 지역에 강력한 정치력을 행사하였다. 『삼국지』 한전에 따르면, 후한 말기인 2세기 후반에 낙랑군 남쪽에 거주하는 한韓과 북쪽·동쪽에 거주하는 예濊가 강성해져 한군현이 통제할 수 없게 되자 낙랑군에 속한 주민 상당수가 한의 나라들로 흘러들어갔다고 한다. 190년에 후한에서 동탁董卓이 소제少帝를 폐위하고 9세에 불과한 헌제獻帝를 옹립해 정권을 독점하는 등 혼란에 빠지자 요동군 태수인 공손탁公孫度도 독립정권을 세우고 요서지역과 산동반도의 일부지역, 그리고 낙랑군까지 장악하였다. 204년에 맏아들 공손강公孫康이 공손탁을 이어 평주목平州牧(刺史)이 된 뒤 낙랑군의 남부지역을 따로 떼어내 대방군帶方郡으로 만들었으며, 이를 통해 한·예를 제압하자 예전에 이탈했던 주민들이 돌아오고 왜倭·한韓도 대방에 복속되었다고 한다. 그래서 삼한 사람 중 낙랑·대방군에 조공하며 군이 나눠준 도장과 끈을 차고 의책을 입은 사람이 1천여 명이나 되었다는 것이다.

그런데 246년경 "부종사 오림이 낙랑이 본래 한의 나라들을 통치했다고 해서 진한 8국을 나누어 낙랑을 따르게 하였는데, 통역하는 관리가 말을 전할 때 다르게 한 부분이 있어 신지와 한이 격분하여 대방군 기리영을 공격하였다. 이에 대방태수 궁준과 낙랑태수 유무가 군사를 일으켜 정벌하였으며, 궁준이 전사하였으나 2군이 마침내 한을 멸망시켰다"[10]고 한다. 기록을 통해 3세기 중엽에는 대방군의 위상이 낙랑군보다 오히려 높았음을 알 수 있으며, 삼한의 나라들이 대방군의 군영을 공격할 정도로 삼한사회의 무력이 성장했음을 알 수 있다. 한군현과 삼한의 나라들 사

---

10   部從事吳林以樂浪本統韓國 分割辰韓八國以與樂浪 吏譯轉有異同 臣智激韓忿 攻帶方郡崎離營
        時太守弓遵樂浪太守劉茂興兵伐之 遵戰死 二郡遂滅韓.(『삼국지』 권30 「동이전」 韓)

이에서 갈등이 생긴 것은 아마도 대방군이 일방적으로 교역방식과 교통로를 바꾸는 데 대한 불만이 원인인 듯하며, 대방군과 낙랑군이 합동으로 반격해서 보복하는 것으로 마무리되었다. 기록에서는 한을 멸망시켰다고 했지만, 이는 과장된 표현이며, 기리영崎離營을 공격한 나라들 중 일부에 큰 타격을 주는 정도였을 것이다. 기리영은 지금의 황해도 평산지역에 주둔하던 대방군의 군영으로 추정한다. 학계에서는 대방군의 기리영을 공격한 세력을 마한의 백제국伯濟國으로 간주하고 이를 통해 백제가 마한의 맹주국으로 거듭났다고 보거나 백제국 인근의 신분고국臣濆沽國 등이 기리영을 공격했다가 한군현의 반격으로 세력을 잃자 백제국이 대신 급성장했다고 보기도 한다.

삼한의 사회와 문화

『삼국지』한전에는 다음과 같은 기록이 있다.

그 풍속은 법도와 질서가 적어서 국읍에 비록 우두머리가 있으나 고을과 마을이 뒤섞여 살아 서로 제대로 억눌러 다스리지 못한다. 무릎 꿇고 절하는 예절이 없다. 사는 곳은 초가지붕의 흙집을 만드는데 마치 무덤 같아서 문이 위에 있으며, 온 가족이 함께 그 안에서 살고 어른·아이·남자·여자 구별이 없다. 장사지낼 때 널은 있으나 덧널이 없으며, 소·말을 탈줄 몰라서 소·말을 모두 장례에 쓴다. 구슬을 귀하게 여겨 옷에 꿰어 꾸미거나 목에 걸고 귀에 달거나 하는데, 금·은과 비단은 귀하게 여기지 않는다. 그 사람들의 성품은 굳세고 용감하며, 머리카락을 틀어 묶고 상투를 드러내는데 마치 날랜 군사 같다. 베로 만든 도포를 입고 발에는 목 짧은 가죽신을 신는다.

그 나라 안에 무슨 일이 생기거나 관청이 성곽을 쌓으면 나이 어린 날쌔고 튼튼한 자들은 모두 등가죽을 뚫어 큰 새끼줄을 묶고 한 길쯤 되는 나무를 매달고 하루 종일 소리 지르며 힘을 쓰는데, 아프다고 여기지 않으며 그렇게 하길 권하고 또 그렇게 해야 튼튼하다고 여긴다. 항상 5월에 씨뿌리기를 마치고 귀신에게 제사지내는데, 한데모여 노래 부르고 춤추고 술 마시며 밤낮을 가리지 않는다. 그 춤은 수십 명이 모두 일어나 서로 뒤따르며 땅을 밟고 구부렸다 폈다 하면서 손발로 장단 맞추는데, 가락이 탁무와 비슷하다. 10월에 농사를 다 마치면 또 그렇게 한다.

귀신을 믿어서 국읍에 각각 1명씩 세워 하늘신에게 제사지내는데, 이름을 천군이라고 한다. 또, 여러 나라에 각각 별읍이 있어서 이름을 소도라고 하며, 큰 나무를 세우고 방울과 북을 매달고 귀신에게 제사지낸다. 도망치는 사람이 그 안으로 들어가면 모두 돌려보내지 않으므로 도적질을 좋아한다. 그들이 소도를 세운 뜻은 부도(불탑)와 비슷하지만 하는 짓이 착한지 나쁜지는 다르다. 그들의 북쪽(낙랑·대방)군에서 가까운 나라들은 예절풍속을 조금 깨우쳤지만 먼 곳은 죄수와 노비들이 서로 모여 있는 곳과 똑같다. 달리 진귀한 보물은 없고 짐승과 나무가 대체로 중국과 같다. 큰 밤이 나는데 크기가 배 같으며, 또 가는꼬리닭이 나는데 꼬리 길이가 모두 5자 남짓이다. 그곳 남자는 때때로 문신을 한다.

또, 주호가 있어서 마한의 서쪽 바다의 큰 섬에 산다. 그 사람들은 키가 조금 작고 말씨가 한과 다르다. 모두 선비족처럼 머리를 깎고 가죽옷을 입으며 소와 돼지를 잘 기르는데, 윗옷은 입고 아래옷이 없어서 거의 벌거벗은 것 같다. 배를 타고 오가며 한에서 물건을 사고판다. 🔟

『삼국지』 한전은 3세기 후반 중국인이 관찰하고 기록한 것이므로 애매한 표현과 오해·편견도 섞여있다. 국읍國邑이란 나라의 중심도시라는 뜻이고, 고을과 마을이 뒤섞여 산다는 것은 행정구역이 따로 없다는 뜻이다. 흙집이 무덤 같아서 문이 위에 있다는 것은 지하 또는 반지하 움집을 설명한 것으로 보인다. 젊은이들이 등가죽에 새끼줄과 나무를 매달고 하루 종일 힘쓴다는 대목에 대해서는 지게지고 일하는 모습을 묘사한 것이라는 의견과 일종의 통과의례 풍습이라는 의견이 있다. 별

근대의 움집(서울인근 1913년경)

읍別邑은 국읍에 속하지만 따로 운영하는 고을이라는 뜻이고, 소도蘇塗 때문에 사람들이 도적질을 좋아하게 됐다든지 낙랑·대방군에서 멀어질수록 죄수·노비처럼 무질서하게 산다고 한 대목은 중국 중심의 사상과 관점을 짙게 드러낸 편견이다. 주호州胡는 고을 오랑캐라는 뜻으로 업신여겨 만든 이름인데, 지금의 제주도에 살던 사람들을 가리킨다는 것이 통설이다.

위의 기록은 삼한 가운데 주로 마한사회를 묘사한 것으로서 고고학적 발굴조사 결과와 비교적 잘 들어맞는다. 예를 들어, 마한사람들은 금·은보다 구슬을 귀하게 여긴다고 했는데, 실제로 마한문화유적에서 금·은이 출토된 사례는 천안 청당동유적, 아산 명암리 밝지므레유적 등의 금박유리구슬뿐이며, 이 또한 낙랑을 통해 유입된 것일 개연성이 있다. 대신 마한 무덤유적에서는 유리, 마노, 수정 등 각종 구슬이 많이 출토된다. 이른 시기의 마한 움무덤과 흙무지무덤에서 출토되는 유리구슬은 대체로 붉은색 계통이며, 백제에 흡수되던 시기의 무덤에서 출토되는 유리구슬은 대체로 감청색 및 녹색 계통이 많다. 마한지역에서 금·은으로 만든 꾸미개가 출토되는 것은 백제에 흡수되는 4세기 이후이며, 갑자기 금·은 사용이 폭발적으로 증가하는 모습을 보인다.

다만, 기록에는 지역별 차이를 무시한 측면이 있는데, 똑같이 땅을 파고 지은 움집이라도 한강유역에는 대개 철凸자형, 여呂자형 움집이 많고, 충청·전라지역에는 집 안쪽 네 모서리에 각각 1개씩 커다란 기둥을 배치한 4주식 방형 움집四柱

여자형 움집터 1. 가평 대성리 원16호 · 2. 화천 원천리 33호

式住居址이 많은 것이다. 무덤은 경기·충청 내륙지역에서 주위에 도랑을 두른 주구움무덤周溝土壙墓, 서해안지역에서 흙무지무덤墳丘墓, 전남·영산강유역에서 흙무지무덤과 흙무지독무덤甕棺墳丘墓이 주류를 이루어 일종의 문화권을 형성한다.

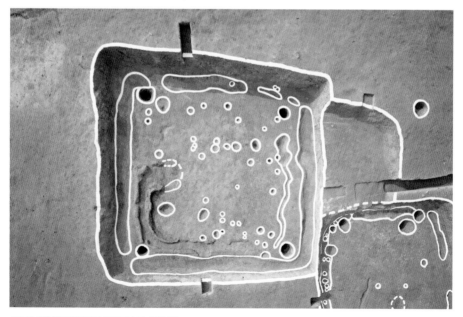

4주식 방형움집터(연기 응암리 KC-008호)

재갈(아산 명암리 밖지므레)

기록에는 잘못된 부분, 유적 발굴조사 결과와 맞지 않는 부분도 있다. 가령, 마한에 "성곽은 없다"고 해놓고 뒤에서 "관청이 성곽을 쌓으면"이라고 하여 앞뒤가 맞지 않는다든지, "소·말을 탈 줄 몰라서 소·말을 모두 장례에 쓴다"고 하였으나, 충주 금릉동의 움무덤土壙墓, 아산 명암리 밖지므레유적 등에서 마한 시기의 말재갈銜이 출토된 점 등이 그렇다. 말재갈은 말의 입 안에 물리고 여기에 고삐를 묶어 말을 조정하는 데 쓰는 물건이므로, 이를 통해 마한에서도 사람들이 말을 직접 타거나 수레를 끌게 했다는 사실을 알 수 있다.

마한문화를 대표하는 토기는 두드림무늬토기打捺文土器이다. 잘 골라낸 흙으로 만든 점토띠를 그릇 모양대로 쌓아올리고 기벽을 두드려 단단하게 한 뒤 물레에 올려놓고 돌리며 형태를 가다듬는 방식으로 만든 그릇인데, 중국의 전국시대 기술계통과 낙랑군을 통해 들여온 새 기술이 적용된 것이라고 흔히 해석한다. 이때의 새 기술이란 흙이 굳기 전에 그릇모양을 빚어야 하므로 숙련된 동작이 필수적이고, 전문성과 함께 그릇 크기 및 형태의 표준화가 이루어졌으며, 밀폐된 가마窯에서 높은 온도로 그릇을 구워내 단단해졌다는 점 등이다. 이에 따라 무덤과 집자리에서 둥근밑항아리圓底短頸壺, 깊은바리深鉢形土器, 계란모양토기長卵形土器, 시루, 겹아가리항아리二重口緣壺, 두귀단지兩耳壺, 큰독大甕 등 다양한 종류의 그릇이 출토된다.

한편, 변한에서는 "철을 생산하여 한韓·예濊·왜倭가 모두 와서 가져가며, 물건을 사고 팔 때에는 모두 철을 쓰는데 마치 중국에서 돈을 쓰는 것과 같다. (낙랑·대방)2군에도 공급한다"는 기록이 있어 철 생산업과 무역이 성행했음을 알 수 있다. 이를 입증하는 유적으로서 경남 창원의 다호리유적, 김해 봉황동 조개더미貝塚유

마한의 토기들

1. **겹아가리단지와 뚜껑**(서산 예천동) · 2. **단지**(서산 예천동) · 3. **굽다리잔**(서산 예천동) · 4. **두귀달린 단지**(서산 예천동) · 5. **굽다리단지와 뚜껑**(아산 용두리) · 6. **굽다리단지**(아산 용두리) · 7. **동이모양토기**(아산 용두리) · 8. **항아리**(아산 용두리) · 9. **경질무문토기 바리**(아산 용두리) · 10. **새 모양 토기**(아산 명암리 밖지므레) · 11. **원통모양토기**(아산 명암리 밖지므레) · 12. **손잡이잔**(천안 두정동)

적 등이 있다. 다호리유적은 기원전 1세기경의 널무덤土壙木棺墓을 비롯해 무덤 70여 기가 발굴조사되었는데, 특히 1호묘의 통나무 관 아래에 껴묻거리 구덩이腰坑가 있고, 그곳에서 청동검銅劍, 고리자루큰칼環頭大刀, 납작쇠도끼板狀鐵斧 등의 다양한 무기와 농공구류, 칠기 붓과 칠기그릇들이 많이 출토되어 상당한 권력자였음을 알 수 있다. 다호리유적에서는 이밖에 민무늬토기와 고식 와질토기瓦質土器, 전한시대 청동거울星雲鏡과 엽전五銖錢, 일본 야요이彌生토기 등이 출토되어 대외교류가 활발하였음을 알려준다. 봉황동유적의 회현리 조개더미는 이곳이 변한 시기에 바닷가였음을 알려주는데, 도끼·손칼 등의 철기와 뼈화살촉骨鏃·뼈바늘骨針·뼈송곳 등의 골기骨器가 많이 출토되고, 나중에 신라토기로 발전하는 두드림무늬토기, 1세기경 중국 왕망정권이 발행한 엽전貨泉, 유리로 만든 대추모양 장식구슬棗玉 등 교역을 나타내는 유물도 출토되었다. 불에 탄 쌀炭化米도 출토되었다.

마한馬韓과 백제국伯濟國

『삼국지』한전에 열거된 마한 50여개 국 중 8번째 백제국伯濟國이 고대국가 백제百濟로 성장했다는 것이 학계의 통설이다. 백제는 늦어도 4세기 중엽에 군사 3만 명을 동원할 수 있는 인구 70~80만 명의 영역국가로 성장하였는데, 이는 백제가 3세기 말~4세기 초에 주변 여러 나라를 굉장히 빠른 속도로 차례차례 병합하였음을 의미한다.

그런데 『삼국사기』에는 온조왕 26년⑧ "겨울 10월에 왕이 군사를 내어 겉으로는 사냥한다고 하면서 몰래 마한을 습격해 마침내 그 국읍을 병합하였다. 그러나 원산성과 금현성만은 굳게 지키며 항복하지 않았다"는 기록과 온조왕 27년⑨ "여름 4월에 두 성이 항복하였다. 그 백성을 한산 북쪽으로 옮기니 마한이 마침내 멸망하였다"는 기록이 있다. 이는 백제가 기원전 18년에 건국하고 기원전 6년경에는 이미 지금의 경기지역을 모두 영토로 삼은 것처럼 기록된 뒤에 실린 내용인데, 마한을 마치 하나의 나라인 것처럼 기록한 점이라든지 마한이 1세기 초에 이미 멸망한 것처럼 기록한 점은 중국 역사서『후한서』·『삼국지』·『진서』와 크게 다른 내용이다. 『삼국사기』를 따르면 마한이 1세기 초에 멸망하고 그 땅을 백제가 차지한 것이 되고, 『삼국지』를 따르면 3세기 중엽에도 마한은 작은 나라 50여 국으로 나뉘어 있었고 작은 나라 중 하나가 백제국이었던 것이 되므로 서로 큰 차이가 있다.

고고학적 물질자료 조사 결과는 대체로『삼국지』쪽에 가깝다. 백제의 초기 중심지로 추정되는 서울시 송파구의 풍납동토성·몽촌토성·석촌동고분군 등에서 1~2세기의 흔적은 뚜렷하지 않으며 3~4세기경부터 특유의 물질문화가 나타나기 때문이다. 그리고 그 물질문화의 영향력은 3세기 후반까지도 주변지역에 크게 미치지 못하다가 4세기에는 한강유역 전체와 경기·강원·충청지역으로 빠르게 퍼져나간 흔적을 찾을 수 있다. 즉, 백제 초기의 중심유적에서 많이 출토되는 이른 시기의 계란모양토기·깊은바리·둥근밑항아리, 그리고 바리·세발토기 등이 다른 지역의 집자리와 무덤에서도 출토되고, 그 지역에서 만든 토기·물건들도 백제의 중심유적에서 출토되는 것이다.

기원전 2~1세기 또는 기원 전후한 무렵의 물질자료는 한강유역보다 오히려 그 남쪽지역에서 더 뚜렷하게 나타난다. 이미 청동기시대에 아산·예산·대전·부여·익산 등지에서 상당한 권위·권력을 나타내는 집단사회가 형성되었던 것으로 추정되지만, 기원전 1세기 무렵에 이르면 당진·부여·논산·익산·전주·장수 등지에서 세형동검細形銅劍·잔무늬거울細文鏡·옥 등 기존에 널리 쓰인 물품뿐 아니라 도끼를 비롯한 각종 철제 무기·공구류까지 출토되는 무덤들이 만들어지는 것이다. 이러한 현상은 한군현의 견제와 통제로 한강유역에서 정치세력이 형성·성장하지 못하는 사이에 남쪽에서 새로이 도입된 철기문화를 바탕으로 지역마다 정치세력이 성장하고 있었음을 나타낸다.

마한 문화 속에서 백제 영역을 나타내는 대표적인 물질자료로서 흔히 곧은입항아리直口短頸壺·세발토기三足器와 같은 토기류, 금동관모金銅冠帽·금동신발金銅飾履·고리자루큰칼 등의 위세품威勢品, 철제 무기와 말갖춤馬具, 그리고 백제와 관련된 무덤이나 집자리의 구조 등을 꼽는다. 이러한 자료는 한 곳에서 세트로 나타나는 것이 보통이지만 일부만 나타나는 경우도 있다. 백제의 토기문화는 4세기 중후반에 지금의 충청지역과 금강유역, 그리고 서해안 일대로 파급되었는데, 이로써 항아리壺·독甕·주발盌 등 일상 생활용기 중심의 토기문화에 검은간토기黑色磨研土器 등 사치품 요소가 가미된 토기문화가 침투해 변화를 일으켰다.

백제국이 주변의 여러 나라들을 차례로 병합한 과정과 방식에 대해서는 자세히 알 수 없지만, 단순히 무력으로만 병합하지 않았음을 나타내는 사례도 있다. 한때 백제의 영역 바깥이었던 화성 왕림리와 당하리의 마한 생활유적은 백제 영역에 포함되는 과정에서 마을이 불타거나 짓밟힌 흔적이 전혀 발견되지 않았는데, 이는 백제가 이웃 집단을 통합할 때 전쟁이 아닌 상호 우호적인 방식으로도 흡수했을 가능성을 보여준다. 마침 『진서』에는 마한이 "활·방패·창·노를 잘 쓰며, 비록 싸우고 전쟁할지라도 굴복한 상대는 귀하게 대한다"[11]는 대목이 있어 마한문화의 포용성과 마한의 일원이었던 백제의 짧은 기간내 세력확장 방식을 엿볼 수 있다.

3세기 후반부터 마한 50여 국 가운데 유독 백제국이 급성장한 이유는 아마도 만주지역과 한반도 북부지역에서 지속적으로 발생한 난민들이 남쪽으로 내려와 한강유역에 정착하면서 인구가 급증했기 때문일 것이다. 『삼국지』에 따르면, 3세기 초에 공손씨公孫氏가 고구려를 공격해 격파하고 읍락을 불태우자 아우 이이모伊夷模(산상왕)에게 왕위를 빼앗긴 발기拔奇가 연노부 대가와 함께 하호下戶 3만 명을 이끌고 공손강에게 투항했다가 돌아와서 비류수 유역에 살았다고 하며, 그 뒤에도 현도군과 요동군이 함께 고구려를 크게 격파했다고 한다. 244년에는 위魏나라의 유주

---

11   善用弓楯矛櫓 雖有鬪爭攻戰 而貴相屈服.(『晉書』 권97 「四夷列傳」 東夷 馬韓)

자사幽州刺史 관구검毌丘儉이 2년 전 고구려가 서안평西安平을 공격한 데 대한 보복으로 오환烏桓·선비鮮卑족까지 거느리고 고구려를 공격해 고구려군 2만 명 가운데 1만8천 명을 죽이고 왕도 환도성을 함락시키는 대승을 거두었는데, 이때 고구려 동천왕은 옥저로 도망갈 정도로 큰 피해를 입었다. 그리고 동천왕을 추격해온 관구검의 군대에게 옥저의 읍락도 모두 파괴되고 3천여 명이 죽거나 사로잡혔다고 한다. 285년에는 부여가 선비족 모용씨의 공격을 받아 왕이 자살하고 왕자가 옥저로 달아나는 일이 발생하였으며, 이후 모용씨가 부여 사람들을 잡아다 중국에 파는 일이 잦았다고 한다. 이처럼 잦은 전쟁과 패배는 많은 피난민을 발생시켰고, 이들 피난민이 상대적으로 평온한 남쪽으로 내려와 백제국에 합류하면서 백제국의 인구가 급증하고 그에 따라 군사력을 비롯한 국력도 급성장할 수 있었던 것이다.

백제가 고대국가로 비약하는 데 가장 크게 영향을 미친 것은 고구려의 313년 낙랑군 공격, 그 이듬해의 대방군 공격이라고 할 수 있다. 이때 낙랑군이 멸망하고 대방군도 거의 멸망한 것으로 보이는데, 전란을 피해 남쪽으로 내려온 낙랑·대방군의 유민들이 백제 영역에 정착하고 흡수됨으로써 백제는 인구증가뿐 아니라 고급인력과 선진기술을 대거 채용하는 효과를 거둘 수 있었고, 이를 통해 백제의 국가경쟁력이 더욱 강력해진 것으로 보인다. 그리고 이러한 역사적 경험이 백제인은 "출신이 복잡해서 신라·고려·왜 등이 있고 중국인도 있다"[12]는 『수서』기록에 반영되었다고 할 수 있다.

백제의 국가형성

백제의 건국과정에 대해 『삼국사기』에는 다음과 같은 기록이 있다.

---

12   其人雜有新羅高麗倭等 亦有中國人.(『隋書』 권81 「동이전」 백제)

백제의 시조는 온조왕이다. 그의 아버지는 추모로서 주몽이라고도 하는데, 북부여로부터 난을 피해 졸본부여에 이르렀다. 졸본부여의 왕에게는 아들이 없고 단지 딸만 셋이 있었다. 주몽을 보더니 보통 사람이 아님을 알고 둘째 딸을 아내로 삼게 하였다. 얼마 지나지 않아 부여의 왕이 죽자 주몽이 왕위를 이었다. 두 아들을 낳았는데, 맏아들을 비류라고 하고 둘째 아들을 온조라고 하였다.

주몽이 북부여에 있을 때 낳은 아들이 와서 태자가 되자, 비류와 온조는 태자에게 용납되지 못할까 두려워하다가 마침내 오간·마려 등 10명의 신하와 함께 남쪽으로 가니 백성 가운데 따르는 자가 많았다. 드디어 한산에 이르러 부아악에 올라 살만한 땅을 바라보았다. 비류가 바닷가에서 살고 싶다고 하니 10명의 신하가 간언하였다. "생각건대 이 강 남쪽의 땅은 북쪽으로 한수를 끼고, 동쪽으로 높은 산악에 의지하며, 남쪽으로 기름진 들을 바라보고, 서쪽으로 큰 바다에 막혀있으니, 그 하늘이 준 험준함과 땅의 이로움은 좀체 얻기 어려운 형세입니다. 이곳에 도읍을 만드는 것이 또한 좋지 않겠습니까?"

비류는 말을 듣지 않고 그 백성을 나누어 미추홀로 가서 살았다. 온조는 강 남쪽의 위례성河南慰禮城에 도읍하고 10명의 신하를 보좌로 삼았으며, 나라 이름을 십제라고 하였다. 이때가 전한 성제의 홍가 3년이다.

비류는 미추의 땅이 습하고 물이 짜서 편히 살 수 없었는데, 위례에 돌아와 보니 도읍이 안정되고 백성들이 편안하였다. 마침내 부끄러워하고 후회하다 죽으니, 그 신하와 백성이 모두 위례로 돌아왔다. 나중에 백성들이 올 때 즐거이 따라왔다 하여 국호를 백제로 바꾸었다. 그 혈통이 고구려와 마찬가지로 부여에서 나왔으므로 부여를 성씨로 삼았다. 12

흔히 온조설화라고 불리는 건국설화인데, 졸본부여卒本扶餘의 왕자이던 온조溫祚가 남쪽으로 내려와 기원전 18년에 나라를 세웠다는 것이며, 이후 온조왕을 비롯해 다루왕-기루왕-개루왕으로 이어지는 백제왕들의 활동내용이 연대별로 적혀 있다. 그러나 기원전 18년에 백제가 건국되었다는 것은『한서』·『삼국지』등 중국에서 1~3세

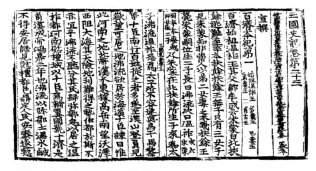

『삼국사기』「백제본기」온조왕 즉위년

기에 편찬된 역사서들의 내용과 달라서 역사학계의 큰 논쟁거리가 되었으며, 신빙론, 부정론, 수정론 등 3가지 해석태도를 낳았다. 신빙론은『삼국사기』에 기록된 내용은 대체로 근거를 갖춘 것이므로 신뢰할 수 있다는 태도이고, 부정론은『삼국사기』기록 중에서 1~3세기에 해당하는 사건들은 나중에 조작된 것이므로 믿을 수 없다는 태도이며, 수정론은 사건이 일어난 시기에 의심스러운 부분이 있지만 내용이 조작된 것은 아니므로 다른 증거를 참고해서 합리적으로 조정하면 된다는 태도이다. 가령, 온조왕이 마한을 정벌해 멸망시켰다는 내용은 4세기 또는 5세기경에 일어난 일을 마치 1세기 초에 일어난 일인 양 잘못 적어놓았다고 보는 것이다.

『삼국사기』수정론의 관점에서 보면, 온조설화는『삼국지』의 마한관련 기록과 들어맞지 않으므로 3세기 이후에 일어난 일이 된다. 3세기경까지 한강유역은 낙랑군과 대방군의 견제를 직접 받아 큰 정치세력이 성장하기 어려운 환경이었고, 다만 그보다 남쪽에 위치한 마한의 맹주 목지국 등의 방패 역할에 머물렀다고 할 수 있다. 그러다가 3세기경부터 북쪽에서 내려온 이주민들이 삼한사회와 낙랑·대방군의 경계지점이랄 수 있는 임진강·한강유역에 정착하면서 우휴모탁국優休牟涿國, 신분고국臣濆沽國, 백제국伯濟國 등이 큰 나라로 성장한 것이다.『삼국사기』기록 중 백제 고이왕(234~286)이 낙랑군과 고구려가 싸우는 사이에 낙랑군의 변경지역에 사는 주민들을 잡아왔다가 돌려주었다는 기록, 책계왕(286~298)이 한漢·맥인

貊人의 침략에 맞서 싸우다 죽었다는 기록, 분서왕(298~304)이 낙랑의 서쪽지역을 습격해 빼앗은 일 때문에 낙랑태수가 보낸 자객에게 살해되었다는 기록 등은 백제가 낙랑·대방군의 견제에도 불구하고 세력을 키운 과정을 상징적으로 나타낸 것이다.

사건이 일어난 연대에는 의심스러운 부분이 있지만, 사건 내용은 그렇지 않다. 가령, 건국설화의 경우에도 백제 왕실이 졸본부여 출신이라는 설화 내용을 입증하는 자료가 꽤 많은 편이다. ① 472년 백제 개로왕이 북위北魏로 보낸 편지에 백제는 "고구려와 함께 근원이 부여에서 나왔다"는 대목이 있다. ②『삼국유사』에는 백제 왕실의 "혈통이 고구려와 함께 부여에서 나왔으므로 해解를 성씨로 삼았다"는 기록이 있다. ③ 백제 왕실 성씨는 부여扶餘씨이다. ④ 538년에 사비泗沘로 도읍을 옮기면서 나라 이름을 남부여南扶餘로 바꾸었다. ⑤『일본서기』에는 백제 위덕왕이 왕자이던 시절에 고구려군과 싸우기 전 스스로를 "성은 (고구려와) 같은 성씨이다"라고 말했다는 기록이 있다. ⑥『양서』를 비롯한 여러 중국사서에 백제의 "말과 복장이 대체로 고구려와 같다"고 적혀 있다. ⑦ 백제 지배층의 묘역인 석촌동고분군에서 중심 묘제는 고구려처럼 돌무지무덤積石塚이다. 그러므로『삼국사기』초기 기록에도 백제 지배층의 역사적 경험이 많이 반영되었다고 보아야 한다.

한편, 건국설화에서 나라 이름이 원래 십제十濟였다가 미추홀로 갔던 백성들이 하남위례성으로 돌아올 때 즐거워했으므로 백제百濟로 바꾸었다는 설명은 너무 작위적이다. 규모가 작았으니까 십(10), 규모가 커졌으니까 백(100)이라는 것인데, 마치 백을 기준으로 그보다 작은 숫자 십을 연상해 이름을 만들어낸 듯한 인상을 준다. 이에 비해『삼국지』에 실린 이름 백제국伯濟國은 아마도 현지 발음으로 이름을 들은 중국 사람이 비슷한 발음의 한자로 표기한 것일텐데, 나중에 백제국의 세력이 커지자 한자 뜻이 더 좋고 세련된 글자인 백제百濟로 바꾼 것으로 해석할 수 있다. 백제라는 나라 이름이 시조 이름 '온조'와 같은 것이라는 견해도 있다.

백제의 왕실계보

백제 왕실계보를 모두 소개한 역사서는 『삼국사기』와 『삼국유사』이며, 가장 자세한 기록은 『삼국사기』이다. 그에 따르면, 백제는 시조 온조왕부터 제31대 의자왕까지 31명이 즉위하였고 678년간 존속하였다. 왕의 성씨는 모두 부여扶餘씨라고 적혀 있다. 제8대 고이왕이 형의 손자(사반왕)를 폐위시키고 즉위한 것, 제11대 비류왕이 6촌 형제(분서왕)를 이어 즉위한 것, 그리고 그 뒤를 7촌 조카(계왕)가 이어받은 뒤 다시 비류왕의 둘째 아들(근초고왕)이 즉위한 것 등이 특별한 사례일 뿐, 처음부터 끝까지 대체로 부자상속으로 왕위가 계승되었다는 것이 백제 왕실계보의 특징이다.

그러나 기록 속의 왕실계보를 그대로 믿는 학자는 그리 많지 않다. 일제강점기에는 주로 일본인 학자들이 『일본서기』를 근거로 근초고왕 이전 3세기경까지의 백제 왕실계보는 믿을 수 없으며 허구라고 주장하였으나 오늘날 이를 따르는 연구자는 없다. 대신, 문화인류학의 진화론적 관점에서 백제 초기에는 고구려처럼 형제상속이었다가 점차 부자상속으로 바뀌었을 것이라는 견해, 제8대 고이왕부터 제12대 계왕까지는 우씨優氏이며 이들이 잠시 왕실을 차지했다가 다시 부여씨에게 왕위를 넘겨주었다는 견해, 다루왕-기루왕-개루왕처럼 이름이 '루'자로 끝나는 인물은 부여 해부루왕처럼 해씨였을 것이니 초기에는 해씨 왕실이었다가 나중에 왕실이 교체되어 제5대 초고왕부터 부여씨로 바뀌었다는 견해, 북방의 기마민족이 남쪽으로 활발히 이동하던 4세기에 백제왕실도 교체되었다는 견해(왕실교대론) 등 다양한 견해가 제기되었다.

그런데 『삼국사기』에 적힌 백제왕 31명 가운데 전왕의 원자元子, 장자長子 등 '맏아들'이었던 인물이 16명이고, 단순히 '아들子'로 적혀있으나 정황상 맏아들로 보이는 인물이 7명이어서 장자상속이 모두 23명에게 적용되었던 셈이 된다. 전체의 74%가 적장자상속이었다는 것인데, 고구려·신라의 사례를 감안하면 매우 부자연스럽다. 이에 비해 '둘째아들'로 적힌 인물은 (1)온조왕, (8)고이왕, (11)비류왕, (13)근초고왕, (15)진사왕, (25)무녕왕 등 모두 자신의 무력 또는 여러 사람의 추대로 즉위한 인물들이다. 그러므로 『삼국사기』의 백제 왕실계보는 사실 그대로의 계보라기보다 맏아들 계승원칙에 따라 나중에 새로 정리된 계보라고 할 수 있다.

이에 항렬이 같은 (5)-(6)-(7)·(11)-(13)과 (8)-(9)-(10)-(12)의 계보 중 한쪽(고이왕계열)을 백제에 평화적으로 흡수된 주변 나라−예를 들면 우휴모탁국·신분고국 − 의 왕실계보가 나중에 백제왕실계보에 편입되면서 형제관계로 설정된 것으로 보기도 한다.

한편, 백제의 왕 이름 중에는 '근近'자가 붙은 독특한 이름들이 있다. (13)근초고왕은 (5)초고왕의 이름에 '근'자를 붙인 것이며, (14)근구수왕은 (6)구수왕의 이름에 '근'자를 붙인 것이다. 이에 『일본서기』에는 근초고왕이 초고왕 또는 조고왕照古王으로 적혀 있고 근구수왕이 구수왕 또는 귀수왕貴須王으로 적혀 있는 점을 근거로 (5)초고왕·(6)구수왕을 나중에 만들어낸 가공의 인물이라고 주장한 견해도 있으나, 단순 추정에 불과하므로 널리 받아들여지지는 않는다. 고구려에서 제11대 동천왕이 태어날 때 증조할아버지 태조왕처럼 눈을 뜨고 있었기에 태조왕의 이름 궁宮을 본떠 위궁位宮이라고 이름 지었다는 『삼국지』의 기록을 참고하면, 백제에서는 닮았다는 뜻으로 '근'을 붙였다고 볼 수 있다. 한자 근近은 가깝다, 닮았다는 뜻이며, 한글 '큰(크다)'과 발음이 비슷하다. 『삼국사기』에는 (21)개로왕을 "근개루라고도 했다"는 기록이 있는데, 근개루는 (4)개루왕을 본뜬 이름이다.

『삼국사기』 기준으로 678년의 백제역사를 흔히 한성漢城도읍기, 웅진熊津도읍기, 사비泗沘도읍기로 구분한다. 한성시기는 (1)온조왕부터 (21)개로왕까지 기원전 1세기 말~5세기 후반, 웅진시기는 (22)문주왕부터 (25)무령왕까지 5세기 후반~6세기 초엽, 사비시기는 (26)성왕부터 (31)의자왕까지 6세기 초엽~7세기 중엽에 해당한다.

〈도 2〉 백제의 왕위계승도

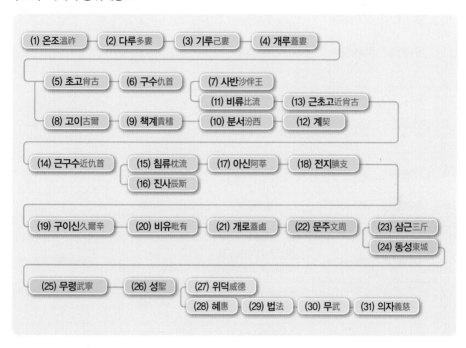

백제의 왕

	왕 이름	재위 연대	이름諱	전왕과의 관계	비고
1	온조왕	18BCE~28CE	온조溫祚, 은조殷祚	건국자	
2	다루왕	28~77CE	다루多婁	맏아들	
3	기루왕	77~128	기루己婁	맏아들	
4	개루왕	128~166	개루蓋婁	아들	
5	초고왕	166~214	초고肖古, 소고素古	아들	소고왕素古王
6	구수왕	214~234	구수仇首, 귀수貴須	맏아들	귀수왕貴須王
7	사반왕	234	사반沙伴, 사비沙沸	맏아들	사이왕沙伊王
8	고이왕	234~286	고이古爾, 구이久爾	개루왕 둘째아들(?)	구이군久爾君
9	책계왕	286~298	책계責稽, 청계青稽	아들	청계왕青稽王

	왕 이름	재위 연대	이름諱	전왕과의 관계	비고
10	분서왕	298~304	분서汾西	맏아들	
11	비류왕	304~344	비류比流	구수왕의 둘째아들, 사반의 아우	
12	계왕	344~346	계契	분서왕의 맏아들	
13	근초고왕	346~375	근초고近肖古, 초고肖古, 속고速古, 조고照古, 구句	비류왕의 둘째아들	일본측 사료에는 초고왕, 속고왕, 조고왕으로 전함
14	근구수왕	375~384	근구수近仇首, 구수仇首, 귀수貴須, 수須	아들. 태자	귀수왕貴首王
15	침류왕	384~385	침류枕流	맏아들	
16	진사왕	385~392	진사辰斯	아우	부여휘扶餘暉
17	아신왕	392~405	아신阿莘, 아화阿華, 아방阿芳, 아화阿花	조카. 침류왕의 맏아들	아화왕阿華王
18	전지왕	405~420	전지腆支, 직지直支, 영映, 전腆	맏아들	직지왕直支王 진지왕眞支王
19	구이신왕	420~427	구이신久爾辛	맏아들	
20	비유왕	427~455	비유毗有, 비毗	맏아들? 전지왕의 서자?	여비餘毗
21	개로왕	455~475	경사慶司, 경慶	맏아들	여경餘慶
22	문주왕	475~477	모도牟都? 도都?	아들(△), 아우(□)	문주 文周·文洲·汶洲
23	삼근왕	477~479	삼근三斤, 임걸壬乞, 삼걸三乞	맏아들	문근왕文斤王
24	동성왕	479~501	모대牟大, 마모摩牟	사촌 아우	
25	무령왕	501~523	사마斯麻, 사마斯摩, 융隆	둘째아들(△) 배다른 형(□)	사마왕斯麻王 도왕嶋王 호령왕虎寧王
26	성왕	523~554	명농明襛, 명明	아들	명왕明王 성명왕聖明王

	왕 이름	재위 연대	이름諱	전왕과의 관계	비고
27	위덕왕	554~598	창昌	맏아들	창왕昌王
28	혜왕	598~599	계季	아우	헌왕獻王
29	법왕	599~600	선宣, 효순孝順	맏아들	
30	무왕	600~641	장璋, 서동薯童?	아들	무강왕武康王 무광왕武廣王
31	의자왕	641~660	의자義慈	맏아들	

* 재위연대는 『삼국사기』 기준이며, 괄호안 △는 『삼국사기』, ▢는 『일본서기』를 가리킴.

진한辰韓사회와 사로국斯盧國

『후한서』 동이전에는 다음과 같은 기록이 있다.

> 진한은 늙은이들이 스스로 말하길 진나라에서 망명한 사람이며 고되고 힘든 일을 피해 한의 나라로 오니 마한이 동쪽 경계의 땅을 떼어내 주었다고 한다. 그들은 국(나라)을 방이라 부르고, 궁(활)을 호라 하고, 적(도둑)을 구라고 부르며, 행주(잔에 술 따르기)를 행상이라 부르고 서로를 부를 때 도라고 하여 진나라 말과 비슷한 점이 있다. 그래서 진한秦韓이라고도 한다. 성과 목책, 건물이 있으며, 여러 작은 별읍에 각각 우두머리가 있어서 큰 것은 신지라고 부르고, 다음으로 험측이 있고, 다음으로 번지가 있고, 다음으로 살해가 있고, 다음으로 읍차가 있다. 땅이 거름지고 좋아서 오곡에 알맞으며, 누에치기와 뽕나무를 가꿀 줄 알고 솜과 베를 만든다. 소와 말을 타고 다니고 시집·장가가는 예절을 지키며 길을 걷는 사람들은 길을 양보한다. 나라에서 철을 생산하여 예·왜·마한이 모두 와서 사가며, 대개 모든 무역에서 모두 철을 돈으로 쓴다. 풍속은 노래 부르고 춤추고 술 마시고 북치고 거문고 타기를 좋아하며, 아이를 낳으면 그 머리가 납작해지게 하려고 모두 돌로 눌러 놓는다. [13]

진한 사람들이 중국의 진秦나라에서 도망해온 사람들이기에 진나라 말과 비슷한 부분이 있고 그래서 진한秦韓이라고도 한다는 말은 그야말로 중국 사람들과 교역·교류하는 과정에서 호감을 주기 위해 지어낸 말일 개연성이 있다. 그렇지만 진한 말이 중국 진나라 말과 비슷하다면서 비교한 것은 진한에서도 한자가 사용되었기 때문으로 볼 수 있으며, 그것은 혼인 예절을 지킨다든지 길을 서로 양보한다고 우호적으로 적어놓은 대목과도 무관하지 않은 듯하다. 진한에서 철이 생산되며 돈처럼 쓰인다는 대목은『삼국지』의 변한에 대한 설명과 똑같고 단지 '예·왜·마한이 와서 사간다'는 표현과 '한·예·왜가 모두 와서 가져간다'는 표현만 다를 뿐인데, 이는 5세기 전반기에 편찬된『후한서』가 3세기 후반기에 편찬된『삼국지』를 잘못 베꼈다기보다 "변진과 진한이 섞여 산다"는 기록처럼 산업·문화 차이가 거의 없었기 때문일 것이다.

　　『후한서』 동이전에는 기원후 44년에 한韓의 염사 사람 소마시蘇馬諟를 염사읍군廉斯邑君으로 삼아 낙랑군에 소속시키고 계절마다 조공하게 했다는 기록이 있으며, 『삼국지』 한전에는『위략』을 인용하여 왕망 집권 말기(20∼22)에 진한의 우거수右渠帥인 염사치廉斯鑡가 낙랑군에 망명한 뒤 통역이 되어 한에 포로로 잡혀간 낙랑군 사람 1,500명 중 1천 명을 구해주고 이미 죽은 사람 5백 명에 대한 보상으로 진한 사람 15,000명과 변한에서 만든 베 5천 필을 받아왔다는 기록이 있다.『삼국지』에서 염사치는 사람 이름으로 나오지만,『후한서』의 염사읍군을 참조하면 '염사 지역의 우두머리首長'라는 뜻으로 볼 수 있다. 그 염사치가 진한의 우거수였다는 것은 진한의 나라들이 일종의 연맹체를 형성했다는 뜻이기도 하다. 앞에서 소개한 진한 12국은 아마도 정치적으로 결속되어 있었을 것이며, 그중 하나가 바로 신라의 전신인 사로국이었을 것이다.

　　그런데『삼국사기』에는 신라의 건국설화가 다음과 같이 실려 있다.

시조는 성이 박씨이고 이름은 혁거세이다. 전한 효선제의 오봉 원년 갑자년 4월 병진에 즉위하고 거서간이라 일컬었으며, 그때 나이 13세였다. 나라 이름은 서나벌이다.

이에 앞서 조선 유민이 산과 계곡 사이에 나뉘어 살며 여섯 마을을 이루었는데, 첫째는 알천의 양산촌, 둘째는 돌산의 고허촌, 셋째는 자산의 진지촌, 넷째는 무산의 대수촌, 다섯째는 금산의 가리촌, 여섯째는 명활산의 고야촌으로, 이들이 진한의 6부가 되었다. 고허촌장 소벌공이 망산 기슭을 바라보니 나정 옆 숲에 말이 무릎 꿇고 울고 있으므로 가서 보니 갑자기 말은 보이지 않고 큰 알만 있었다. 그것을 쪼개니 어린아이가 나왔으므로 거두어 길렀는데, 나이 10여 세에 이르도록 영리하고 조신하게 자랐다. 6부의 사람들이 그 출생이 신비롭고 기이하다고 해서 받들어 높이고 이때에 이르러 왕으로 세웠다. 진한 사람들은 박을 박朴이라고 하였는데, 처음에 큰 알이 마치 박 같았으므로 박을 성으로 삼았다. 거서간은 진한 말로 왕이다. **14**

『삼국유사』에는 이보다 더 길고 구체적인 건국설화가 실려 있으나 내용의 골자는 거의 같다. 혁거세가 왕위에 오른 오봉 원년은 갑자년甲子年으로서 기원전 57년인데, 하필 10간干, 12지支가 시작되는 해에 나라를 세웠다고 한 것이 흥미롭다. 고조선의 유민이 내려와서 여섯 마을[6촌]을 이루었고, 그것이 진한의 6부部가 되었다고 하였는데, 『삼국유사』에는 양산촌이 급량부及梁部, 고허촌이 사량부沙梁部, 대수촌이 점량부漸梁部, 진지촌이 본피부本彼部, 가리촌이 한기부漢歧部, 고야촌이 습비부習比部로 바뀌었으며, 촌장은 각각 이李·정鄭·손孫·최崔·배裵·설薛씨의 조상이 되었다는 기록이 있다. 6촌의 성격에 대해서는 연구자마다 의견이 다르지만, 씨족 집단일 개연성이 있다. 위의 건국설화에서 시종일관 '진한=신라'로 인식한 점도 주목된다.

혁거세 신화와 같은 난생설화卵生說話를 남방계 설화로 분류하면서 부여·고구려의 설화처럼 사람이 햇빛 등에 감응되어 알을 낳는 식의 감정형感精型 난생설화와 구별하기도 하지만, 『삼국유사』에 실린 설화에서 알이 붉은 색이었다든지 혁거세를 목욕시키니 그의 몸에서 광채가 나고 해와 달이 청명해졌다는 내용은 태양신 숭배 사상을 반영한 것이라고 해석한다. 박혁거세의 '박'과 '혁'은 모두 '밝다'라는 뜻이고 '거세'는 거서간居西干의 '거서', 거슬한居瑟邯의 '거슬' 등 정치적 지위가 높은 사람들을 가리키는 말이다. 따라서 박혁거세란 '밝은 임금'明王·聖王이라는 보통명사를 이름처럼 사용한 것이라고 할 수 있다.

그런데 『삼국사기』에는 혁거세설화와 내용이 비슷한 설화가 하나 더 실려 있다. 탈해 이사금 9년(65)조에 실린 알지閼智설화이다. 그 내용은 다음과 같다.

봄 3월, 왕이 밤에 금성 서쪽의 시림 나무 사이에서 닭이 우는 소리를 듣고 날이 새기를 기다려 호공을 보내 살펴보게 하였더니 금빛 작은 궤짝이 나뭇가지에 걸려 있고 흰 닭이 그 아래에서 울고 있었다. 호공이 돌아와 아뢰니 왕이 사람을 시켜 궤짝을 가져와서 열자 작은 사내아이가 그 속에 있었는데 모습이 뛰어나고 아름다웠다. 왕이 기뻐하며 주위사람들에게 말하길 "이 어찌 하늘이 나에게 준 아들이 아니겠는가?"하고 거두어 길렀다. 자라서 총명하고 슬기와 계략이 많으므로 알지라고 이름 짓고 금빛 궤짝에서 나왔다 하여 성을 김이라 하였다. 시림을 계림으로 이름 바꾸고, 그것을 나라 이름으로 삼았다. 15

알지 탄생설화는 혁거세 탄생설화와 매우 비슷하다. 흰 말이 흰 닭으로 바뀌고, 붉은 알이 금빛 궤짝으로 바뀌었을 뿐인데, 『삼국유사』에는 "붉은 구름이 드리웠으며" "궤짝을 열어보니 사내아이가 누워있다가 일어나 혁거세가 예전에 한 것처럼 하였다"는 대목이 있어 더욱 비슷하다. 그리고 『삼국유사』에는 "알지가 열한熱漢을 낳고, 한이 아도阿都를 낳고, 도가 수유首留를 낳고, 유가 욱부郁部를 낳고, 부가 구도俱道를 낳고, 도가 미추味鄒를 낳았는데, 추가 왕위에 올랐으니, 신라의 김씨는 알지에게서 시작되었다"는 기록이 덧붙여져 있다. 『삼국사기』에는 열한이 세한勢漢으로 적혀 있으며, 문무왕릉비문文武王陵碑文에는 '15대조 성한왕星漢王'이라는 구절이 있고, 흥덕왕릉비문興德王陵碑文에는 '태조太祖 성한星漢'이라는 표현이 있다.

혁거세설화에서는 서나벌, 알지설화에서는 계림이라는 나라 이름이 쓰였는데, 『삼국지』에 실린 사로국斯盧國을 비롯해 신라를 가리키는 이름은 매우 다양하다. 한국 사료에서는 서벌徐伐·서나벌徐那伐·서야벌徐耶伐·서라벌徐羅伐·사로斯盧·사라斯羅·시라尸羅·계림鷄林·계귀鷄貴·추림錐林·신로新盧·신라新羅·구구타예설라矩矩吒瞖說羅, 중국 사료에서는 사로·사라·계귀·신로·신라·구구타예설라 및 설라薛羅, 일본 사료에서는 신라·신량新良·사라·계림·지라기志羅紀 등을 찾을 수 있다. 『삼국사기』에는 지증왕智證王 4년(503)에 "시조께서 나라를 세운 이래 나라 이름이 정해지지 않아 사라斯羅라고 부르기도 하고 사로斯盧라고 부르기도 하고 신라新羅라고 부르기도 하는데, 신하들이 생각하기에 신新은 덕업이 날마다 새로워진다는 것이고 라羅는 사방을 망라한다는 뜻이므로 그것을 나라 이름으로 삼는 것이 좋겠습니다"라는 신하들의 건의에 따라 나라 이름을 신라로 정하고 왕을 가리키는 명칭도 마립간에서 국왕으로 바꾸었다는 기록이 있다. 그런데 414년에 세워진 고구려 광개토왕비에 이미 신라新羅라는 이름이 나오고, 『자치통감』에는 377년 "봄에 고구려, 신라, 서남쪽의 오랑캐西南夷가 모두 진秦으로 사신을 보내 조공하였다"는 기록이 있다. 『자치통감』은 11세기 말에 편찬된 사서이지만, 위의 대목이 전진前秦 때의 기록을 그대로 옮겨 적은 것이라면 4세기 후반기에는 이미 외교분야에서 한자식 이름 신라新羅를 흔히 사용한 것으로 볼 수 있다.

신라의 국가형성

신라 건국설화에서는 기원전 57년 갑자년에 나라를 세웠다고 하였지만, 많은 학자들은 신라가 국가 위상을 높이기 위해 중국 한나라 때 유행한 참위설讖緯說의 갑자혁명설에 따라 건국연대를 조작했다고 믿는다. 이에 중국 사서에서는 『양서梁書』에 처음 신라전新羅傳이 들어있으므로 고구려, 백제, 신라 삼국 중 신라가 가장 늦게 건국했다고 보는 것이 정설이다. 즉, 3세기 후반에 편찬된 『삼국지』「동이전」에는 '부여전'과 '고구려전'이 있으나 '백제전'과 '신라전'은 없고 단지 마한 54국 중 하나로서 백제국, 진한 12국 중 하나로서 사로국이 나올 뿐이므로 부여와 고구려는 성숙한 국가단계, 백제와 신라는 초보적 국가단계로 이해한다. 그리고 488년경에 편찬된 『송서宋書』「이만열전」에는 '고구려전'과 '백제전'이 있으나 '신라전'은 없다. 554년경에 편찬된 『위서魏書』「열전」에도 '고구려전'과 '백제전'만 들어있다. 그러니까 신라는 국가 수준을 가늠하는 척도 중 하나인 외교 면에서 백제보다 많이 뒤쳐져있었으므로 국가발전단계도 그만큼 늦었으리라는 것이다.

불교 전래, 율령 반포, 역사 편찬, 군사력 및 영토 등 다양한 분야에서 같은 시기 백제와 신라 두 나라의 수준·규모를 비교해보면 백제보다 신라가 늦는다는 사실을 알 수 있다. 가령, 4세기 중엽에 백제는 황해도지역을 두고 고구려와 치열하게 다툴 정도로 군사력이 강하였고 바다 건너 동진東晉에 사신을 보내 중국식 벼슬을 받아올 정도로 국력이 상당하였는데, 신라는 377년과 382년에 고구려가 전진前秦으로 사신을 보낼 때 사신을 딸려 보낼 정도였으며 "나라가 작아서 혼자서는 사신을 보내지 못한다"는 기록이 『통전通典』·『태평어람太平御覽』·『태평환우기太平寰宇記』·『통지通志』 등에 실릴 정도로 고구려의 영향을 받고 있었던 것이다. 이는 단순히 신라가 국제외교 무대에 늦게 등장했다거나 국력이 약했다는 정도로 이해할 것이 아니라 고대국가로서의 발전단계가 늦었다는 뜻이고, 그러므로 건국도 늦었을 것이라는 추정을 뒷받침한다.

그러나 다른 시각으로 바라보면, 신라가 기원전 1세기에 건국했다는 기록이 틀린 것은 아니다. 경상도지역에서 기원전 3세기경부터 만들어지기 시작하는 널무덤木棺墓은 경주지역에서 기원전 2~1세기에 떼를 이루기 시작하고 무덤 안에 도끼·

낫·창·칼 등 철기 무기들을 껴묻는데, 이는 정치집단이 성장하고 있었음을 뜻한다고 볼 수 있다. 특히, 기원전 1세기에 해당하는 경주 조양동 고분군의 38호묘에서는 전한前漢의 청동거울 및 유리구슬과 함께 도끼, 낫, 칼, 그리고 납작 쇠도끼板狀鐵斧 8매가 출토되었는데, 납작 쇠도끼는 일종의 덩이쇠鐵鋌로서 『후한서』와 『삼국지』의 "철을 돈으로 쓴다"는 대목에 부합하는 유물이므로, 무덤에 묻힌 이와 그의 일족은 상당한 무력과 재력을 뽐낸 것이 된다. 조양동 고분군과 비슷한 시기, 비슷한 규모의 무덤들이 구정동·죽동리·입실리·황성동 등지에서도 만들어졌다는 점이 주목된다.

경주분지의 서쪽지역에 분포한 사라리 고분군은 그보다 조금 늦은 시기에 조영된 것으로 추정되는데, 기원후 1~2세기에 해당하는 널무덤인 사라리 130호묘에서 전한의 청동거울을 본떠 만든 거울과 세형동검을 비롯한 많은 청동유물이 유리·수정 목걸이와 함께 출토되었으며, 칼·창·도끼·화살촉, 납작 쇠도끼 등 철기류가 많이 출토되었다. 특히, 납작 쇠도끼가 70점이나 무덤 바닥에 깔려 있어 무덤 주인이 대단한 위세를 떨친 인물이었음을 알 수 있다. 그런데 이와 비슷한 무덤이 경주 탑동에서도 발견되었다. 탑동은 건국설화에서 박혁거세가 태어난 곳이라고 전하는 나정蘿井이 위치한 곳인데, 최근 동그라미 형태의 우물시설과 1~2세기에 해당하는 토기들이 출토되었다. 이곳에는 4~6세기에 만든 돌무지덧널무덤積石木槨墳도 분포한다.

이처럼 물질자료에 기준을 두면, 기원전 2~1세기에 경주분지와 그 인근지역에는 이미 정치체가 출현했다고 말해도 좋을 정도이며, 이는 "고조선

경주 사라리 130호묘

유민이 산과 계곡에 나뉘어 살았다"는 기록을 뒷받침하는 측면이 있다. 따라서 연맹왕국聯盟王國 수준 이상의 나라가 기원전 57년경에 세워졌다고 말하기는 어렵겠지만, 성읍국가城邑國家 단계에 해당하는 나라가 출현했다고 말하는 것은 전혀 이상하지 않다. 그렇기에 신라의 건국 연대에 대한『삼국사기』·『삼국유사』기록을 단순히 후대의 조작이라고 보아서는 안된다.

그리고 보면 중국사서에서 '신라전'이 처음 들어간『양서』는 당나라의 요사렴姚思廉이 636년경에 편찬한 것이므로 신라 건국 및 성장과정의 상황을 전하는 책으로서는 적당하지 않다. 중국과의 외교가 당시 동아시아 세계에 속한 나라들의 발전 수준을 나타내는 기준이었던 점은 부인할 수 없지만, 그것은 지리적 특징, 교통상황, 국가 내외부의 역학관계 등 수많은 요인에 따라 얼마든지 달라질 수 있는 것이므로, 건국 연대 및 순서를 가늠하는 기준은 될 수 없다.

신라의 세력 확장과 왕실계보

건국설화 속 여섯 마을을 경주분지에 분포한 씨족집단으로 보고 이들이 나중에 6부로 바뀐다는 것이 한때 학계의 통설이었으나, 1988년 울진 봉평비, 1989년 포항 냉수리비 등이 차례로 발견되면서 의문이 생겼다. 즉, 신라가 6세기 초엽에 세운 비석에는 탁부喙部·사탁부沙喙部라는 이름과 함께 양쪽 모두 왕족인 김씨가 주요 지배층으로 적혀 있었던 것이다. 중국에서 마을을 뜻하는 글자 '촌村'이 후한後漢 이후에 사용되기 시작했고 고구려에서도 4세기 또는 5세기 이후에야 사용되었다는 사실에 비추어보면, 신라사회가 점차 발전함에 따라 혈연기준의 자연부락이었던 촌村이 중앙중심의 행정단위 부部로 자연스레 바뀌었다는 해석은 근거가 충분하지 않게 된다. 그럼에도 불구하고 고고학분야에서는 알천 양산촌을 경주분지의 월성이 있는 인왕동과 대릉원이 있는 탑동 부근에 비정하고, 돌산 고허촌을 경주분지의 남쪽 덕천리유적 방면, 자산 진지촌을 동남쪽 구정동·조양동·죽동리유적 방면, 무산 대수촌을 서쪽 사라리유적 방면, 금산 가리촌을 북쪽 황성동유적 또는 인동리·안계리유적 방면으로 추정하는 등 사료 속 6촌을 혈연에 기초한 정치세력으로 이해하려는 경향이 강하다.

『삼국사기』에는 유리이사금 9년(32)에 6부의 이름을 바꾸고 17관등을 설치했다는 기록이 있으나, 이를 믿는 학자는 거의 없다. 6부 이름이 자료상으로 분명해지는 것은 6세기 초인데, 이때는 이미 일종의 중국식 행정단위 성격도 띠고 있어서 그에 앞선 단계의 단위정치체로서는 5세기 후반 이전에 성립되었을 개연성이 높다. 3세기 후반 무렵 사로국이 진한지역의 세표세력으로 부

포항 중성리 신라비

상했으므로 이 무렵 6부도 성립했을 것이라는 견해가 있으며, 처음에는 3부였으나 나중에 유력한 부部가 2~3개로 나뉘어 마침내 6부로 정리되었다고 보기도 한다.

그런데 6세기 초의 신라비문에는 신라 국왕(마립간)도 탁부 소속으로 적혀 있다. 왕이 6부를 초월하는 존재가 아니라는 것인데, 이는 신라의 6부가 중국식 행정 구역·단위가 아니라 자치권을 지닌 정치단위로서 신라의 최상위 지배자집단이라는 뜻이 되기도 한다. 물론 왕은 자신이 속한 탁부뿐 아니라 6부 전체를 대표하고 통제하는 존재로서 6부 소속의 군대를 동원하며 6부를 통해 지배력을 행사하였다. 그러나 탁부에 버금가는 사탁부의 대표가 갈문왕葛文王을 칭하며 특별한 정치적 위상을 발휘하였던 만큼 왕권은 제한적일 수밖에 없었다. 다만, 갈문왕은 왕비의 아버지, 왕의 아우 등도 형식적이나마 칭할 수 있었으므로 유일한 존재인 국왕(마립간)

에 비길 수는 없었을 것이다.

6부 이름은 사료마다 다르게 적혀 있다. 가령, 『삼국사기』·『삼국유사』에는 양부梁部(급량부)·사량부沙梁部·모량부牟梁部(점량부) 등으로 적혀 있고, 『삼국유사』에는 이밖에 사탁부沙涿部·점탁부漸涿部로도 적혀있으며, 『일본서기』에는 녹부淥部·사록부沙淥部로 적혀 있다. 6세기 초 신라비문에는 탁부喙部, 사탁부沙喙部, 잠탁부岑喙部 등으로 적혀 있다. 비석에 새겨진 글자 탁喙은 들판을 뜻하는 발음 '돌(독)'·'달(닫)'을 한자인 부리 훼喙자로 나타낸 것으로 보인다. 그래서 최근 이를 훼부, 사훼부 등으로 부르기도 한다.

경주지역에서는 대략 2세기 무렵부터 덧널무덤木槨墓이 많이 만들어지기 시작한다. 덧널槨은 널棺을 넣기 위해 짜맞춘 매장시설로서 한번 설치하면 옮기지 못한다는 특징이 있으며, 널에 비해 내부공간이 넓으므로 껴묻거리副葬品를 많이 넣을 수 있다는 것이 장점이다. 이러한 덧널무덤이 경주지역에서 철을 더욱 활발하게 생산하기 시작한 2세기경부터 많이 만들어지며, 한 무덤에서 긴 쇠창鐵鉾이 10여 점씩 출토될 정도로 많은 무기를 껴묻었다는 점이 주목된다.

『삼국사기』에는 파사이사금(80~112) 때 음즙벌국音汁伐國, 실직국悉直國, 압독국押督國 등이 항복하고, 비지국比只國, 다벌국多伐國, 초팔국草八國 등을 병합했으며, 벌휴이사금(184~196) 때 소문국召文國을 정벌하고, 나해이사금(196~230) 때 항구 주변浦上 8개국이 가라加羅를 침략하자 구원하고 포로 6천 명을 빼앗아 돌려주었다는 기록이 있다. 조분이사금(230~247) 때 감문국甘文國과 골벌국骨伐國을 병합하고, 첨해이사금(247~261) 때 사벌국沙伐國을 병합했다는 기록도 있다. 음즙벌국은 지금의 경주 안강읍, 실직국은 강원도 삼척, 압독국은 경북 경산, 비지국은 포항방면, 다벌국은 대구 또는 포항, 초팔국은 경주부근 또는 합천방면, 소문국은 경북 의성, 감문국은 경북 김천, 골벌국은 경북 영천, 사벌국은 경북 상주 등으로 흔히 비정한다. 『삼국사기』에서 신라가 음즙벌국·실직국·압독국을 병합했다는 파사이사금 23

년은 기원후 102년에 해당하지만, 기년이 잘못 작성되었으므로 3주갑 180년을 늦춰 282년경으로 조정해야 한다는 견해가 유력하며, 3세기 말에 발생한 사건을 신라 사람들이 각색해 기록했다고 이해하는 것이 보통이다. 대체로 3~4세기에 신라가 동해안방면, 북쪽 죽령방면, 북서쪽 계립령방면 등으로 영토를 넓히고 세력을 펼쳤다는 데에는 학계 의견이 일치한다.

한편, 『삼국사기』·『삼국유사』에 따르면, 시조 박혁거세 거서간은 아들 남해南解 차차웅에게 왕위를 물려주었다고 한다. 차차웅次次雄은 자충慈充이라고도 하며 무당을 뜻한다는 설명이 덧붙여져 있는데, 아마도 왕이 제사장을 겸했기 때문이라고 흔히 이해한다. 남해차차웅은 탈해脫解가 어질다는 소문을 듣고 사위로 삼은 뒤 군대와 국정을 맡겼다고 한다. 남해차차웅이 죽자 이齒가 많은 아들 유리儒理가 먼저 즉위해 이사금尼師今이라는 칭호를 썼으며, 그로부터 34년 뒤 유리가 죽자 탈해가 왕위에 올랐다고 한다. 이가 많다는 것은 나이가 많다는 뜻이었다. 제4대 탈해이사금도 독특한 탄생설화를 가진 인물로서 석씨昔氏 왕실의 시조로 추앙되었는데, 『삼국사기』에 실린 설화 내용은 다음과 같다.

탈해는 본래 다파나국에서 태어났는데, 그 나라는 왜국의 동북쪽 1천 리에 있다. 처음에 그 나라 왕이 여국 왕의 딸에게 장가들어 아내로 삼았더니 임신하고 7년 만에 큰 알을 낳았다. 왕이 말하길 "사람이면서 알을 낳았으니 좋은 일이 아니다. 버려야 한다"라고 하였다. 그 여인은 차마 그러지 못해 비단으로 알을 싸서 보물과 함께 궤짝 속에 두고 바다에 띄워서 갈 데로 가게 두었다. 처음에 금관국 바닷가에 닿았는데 금관 사람들이 이상히 여겨 거두지 않았으며, 다시 진한 아진포에 닿으니 이때가 시조 혁거세 재위 39년이다. 그때 바닷가의 할멈이 새끼줄로 끌어당겨 해안에 매어놓고 궤짝을 열어보니 작은 아이가 하나 있었다. 그 어미가 거두어 길렀는데, 장성하자 키가 9척이고 풍채가 빼어나고 밝았으며, 지식이 남보다 뛰어났다. 어떤 이가 말하길 "이 아이는 성씨를 모르지만, 처음 궤짝이 왔을 때 까치 한 마리가 날아와 울면서 따라왔으니 작鵲자를 생략하여 석昔을 씨로 삼아야 하고, 또 궤짝에 싸서 넣어 둔 것을 열고 나왔으니 이름을 탈해라고 해야 한다"고 하였다. 탈해가 처음에 고기잡이를 직업으로 삼아 그 어미를 봉양하였는데, 한번도 게으른 기색이 없었다. 어미가 말하길 "너는 보통 사람이 아니다. 골상이 특이하니 학문을 해서 공을 세우고 이름을 떨쳐야 한다"고 하였다. 이에 학문에만 힘쓰며 아울러 땅의 이치를 알았는데, 양산 아래 호공의 집을 바라보고 길지라고 여겨 속임수를 써서 빼앗아 살았으니, 그곳이 나중에 월성이 되었다. 남해왕 5년에 이르러 그가 어질다는 소문을 듣고 딸을 시집보냈으며, 7년에 이르러 등용해 대보로 삼고 정치에 관한 일을 맡겼다. 유리가 죽을 때 말하길 "선왕이 돌아가시면서 말씀하시길 '내가 죽은 뒤 아들·사위를 따지지 말고 나이 많고 어진 사람이 왕위를 잇게 하라'고 하였기에 과인이 먼저 올랐는데, 이제는 마땅히 왕위를 물려주어야 한다"고 하였다. 16

탈해설화는 고구려의 주몽설화를 닮은 점이 있다. 『삼국유사』에는 탈해가 궤짝에서 나오자마자 토함산 꼭대기로 올라가 돌무덤石塚을 만들고 그 안에서 7일 동안 머물다 나왔다는 내용과 호공의 집을 뺏을 때 자신의 조상이 대장장이冶匠라고 하면서 속임수를 썼다는 내용이 덧붙여져 있다. 그래서 이런 내용을 근거로 탈해가 선진적인 철기문화를 지닌 북방계 이주민집단을 상징한다고 해석하기도 한다.

설화에서 탈해가 호공의 집을 속임수로 빼앗았고 그곳이 나중에 월성이 되었다고 했는데, 『삼국사기』에는 파사이사금 22년(101) "봄 2월에 성을 쌓아 이름을 월성月城이라 하였다. 가을 7월에 왕이 월성으로 옮겨가 살았다"는 기록이 있다. 그러나 지금 경북 경주시 인왕동에 위치한 성벽 둘레 2,340m의 월성은 성벽·성문·내부건물·연못·해자 시설 등을 발굴조사한 결과 4세기에 만든 것으로 밝혀졌다. 월성 주변으로는 1km 거리 안쪽에 인왕동고분군, 노동동고분군, 노서동고분군, 황남동고분군, 황오동고분군 등 신라 초기의 돌무지덧널무덤들이 분포하는데, 대체

경주 월성

로 성벽 축조시기와 비슷하므로 『삼국사기』 기록이 잘못된 것일 개연성이 높다.

　『삼국사기』에 따르면 신라왕 56명 가운데 탈해를 비롯한 석씨는 8명이었으며 모두 이사금尼師今이라는 칭호를 썼다. (12)첨해이사금에게 아들이 없으므로 나라 사람들이 (11)조분이사금의 사위인 미추味鄒(김씨)를 왕으로 세웠으며, (16)흘해이사금에게 아들이 없으므로 (13)미추이사금의 사위인 나물奈勿(김씨)이 즉위했다고 한다. 그리고 (17)나물 이후는 계속 김씨가 왕위에 올랐는데, 『삼국사기』에는 나물이 사금으로 적혀 있지만, 『삼국유사』에는 나물마립간麻立干으로 적혀 있다. 학계에서는 흔히 김씨 왕계를 확립한 점에 주목하여 나물마립간으로 부른다.

　'마립麻立'의 뜻에 대해 8세기 초 신라사람 김대문金大問은 '앉는 자리를 표시하는 말뚝으로서 왕의 말뚝이 중심이고 신하들의 말뚝이 그 아래에 배열되었기 때문'이라고 설명하였다. '간干'은 부여·고구려에서의 가加처럼 어느 집단·족단의 수장을 가리키는 말이다. 그렇다면 마립간은 여러 집단의 수장干支들이 참석한 제간회의諸干會議를 주재하는 사람이라는 뜻으로 볼 수 있다. 광개토왕비, 충주 고구려비, 울진 봉평리신라비 등에는 신라 매금寐錦 또는 매금왕寐錦王이라는 명칭이 나온다. 마립간과 이사금을 합친 말 같기도 하지만, 기록으로는 마립간 칭호를 사용하던 때이므로 흔히 마립간을 가리키는 것으로 이해한다.

『삼국사기』를 기준으로 거의 1천 년에 가까운 신라 역사를 간명하게 시대구분하기는 쉽지 않다. 『삼국사기』는 왕실계보의 혈통에 따라 상대上代·중대中代·하대下代로 구분하였는데, 상대는 (1)혁거세거서간부터 (28)진덕여왕까지 28왕 711년, 중대는 (29)태종무열왕부터 (36)혜공왕까지 무열왕 직계 8왕 126년, 하대는 (37)선덕왕부터 (56)경순왕까지 20왕 155년이다. 이에 비해 『삼국유사』는 불교를 기준으로 상고上古·중고中古·하고下古로 구분하였다. 상고는 (1)혁거세부터 (22)지증마립간까지 22왕 571년, 중고는 불교를 공인하고 받든 (23)법흥왕부터 (28)진덕여왕까지 6왕 140년, 하고는 (29)태종무열왕부터 (56)경순왕까지 28왕 281년이다. 『삼국사기』의 중대中代는 7세기 중엽부터 8세기 후반까지 태종무열왕(김춘추)의 직계자손들이 왕위를 독점했다는 특징이 있고, 하대下代는 8세기 후반부터 멸망기인 10세기 초까지 귀족들이 무력으로 왕위를 탈취하는 일이 잦았던 시기라는 점이 특징이다. 『삼국유사』의 중고中古는 6세기 초부터 7세기 중엽까지 불교를 공인하고 율령을 반포하는 등 국가 체제 및 제도 정비가 본격적으로 이루어진 시기라는 특징이 있다.

신라의 왕위계승도

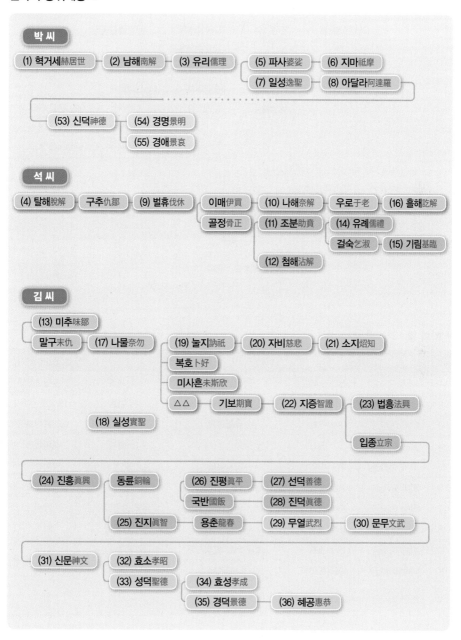

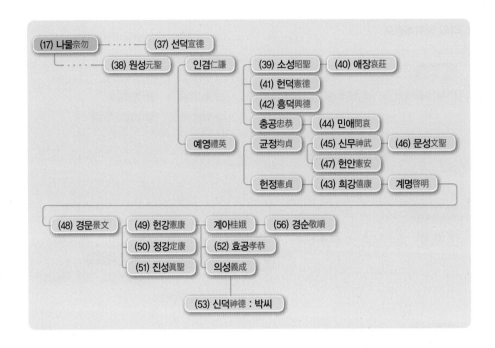

신라의 왕

	왕 이름	재위 연대	이름諱	전왕과의 관계	비고
1	혁거세 거서간	57BCE~4CE	혁거세赫居世	시조	거슬한居瑟邯
2	남해 차차웅	4~24	남해南解	아들	자충慈充, 박씨
3	유리 이사금	24~57	유리儒理	태자	노례왕弩禮王
4	탈해 이사금	57~80	탈해脫解, 토해吐解	매제	석씨昔氏
5	파사 이사금	80~112	파사婆娑	유리왕 둘째아들	박씨朴氏
6	지마 이사금	112~134	지마祇摩, 지미祗味	아들	박씨
7	일성 이사금	134~154	일성逸聖	유리왕 맏아들?	박씨
8	아달라 이사금	154~184	아달라阿達羅	맏아들	박씨
9	벌휴 이사금	184~196	벌휴伐休, 발휘發暉	탈해왕의 손자	석씨
10	나해 이사금	196~230	나해奈解.	손자	석씨
11	조분 이사금	230~247	조분助賁, 제귀諸貴, 제분諸賁	사촌	석씨

	왕 이름	재위 연대	이름諱	전왕과의 관계	비고
12	첨해 이사금	247~261	첨해沾解, 이해理解, 점해詀解	아우	석씨
13	미추 이사금	262~284	미추味鄒·未鄒, 미소味炤·未召, 미조未祖·味照, 미고未古	조분왕의 사위	김씨金氏
14	유례 이사금	284~298	유례儒禮, 세리지世理智	조분왕의 맏아들	석씨
15	기림 이사금	298~310	기림基臨, 기립基立	조분왕의 손자? 조카?	석씨
16	흘해 이사금	310~356	흘해訖解, 걸해乞解	나해왕의 손자, 조분왕의 외손	석씨
17	나물 이사금	356~402	나물奈勿, 나밀那密, 나밀奈密	미추왕의 조카· 사위	마립간(▽), 김씨
18	실성 이사금	402~417	실성實聖, 보금寶金, 사부지斯夫智	미추왕의 사위	마립간(▽), 김씨
19	눌지 마립간	417~458	눌지訥祇, 내지內只, 내지乃智	나물왕의 아들, 실성왕의 사위	
20	자비 마립간	458~479	자비慈悲	맏아들	
21	소지 마립간	479~500	소지炤知, 조지照智, 비처毗處	맏아들? 셋째 아들?	
22	지증 마립간	500~514	지대로智大路, 지도로智度路, 지도로至都盧, 지철로智哲老	재종 아우, 나물 왕의 증손	왕호·시호 사용
23	법흥왕	514~540	원종原宗, 모진募秦, 모진慕秦, 모즉牟卽	맏아들	불교 공인
24	진흥왕	540~576	삼맥종彡麥宗, 심맥부深麥夫, 심맥부지深麥夫知	조카, 외손	7세에 즉위
25	진지왕	576~579	사륜舍輪, 금륜金輪	둘째 아들	
26	진평왕	579~632	백정白淨	조카? 진흥왕 손자	
27	선덕왕	632~647	덕만德曼	맏딸	여왕
28	진덕왕	647~654	승만勝曼	사촌 아우	여왕
29	태종무열왕	654~661	춘추春秋	진지왕 손자	태종은 묘호廟號
30	문무왕	661~681	법민法敏	맏아들	
31	신문왕	681~692	정명政明, 일초日怊	맏아들	일초는 자字
32	효소왕	692~702	이홍理洪, 이공理恭	맏아들	피휘법 사용

	왕 이름	재위 연대	이름諱	전왕과의 관계	비고
33	성덕왕	702~737	흥광興光, 융기隆基	아우	
34	효성왕	737~742	승경承慶	둘째아들	
35	경덕왕	742~765	헌영憲英	아우	
36	혜공왕	765~780	건운乾運	맏아들	8세에 즉위
37	선덕왕	780~785	양상良相	나물왕 10대손, 성덕왕 외손	상대등 역임
38	원성왕	785~798	경신敬信	나물왕 12대손	상대등에서 즉위
39	소성왕	799~800	준옹俊邕	손자	소성왕昭成王
40	애장왕	800~809	청명淸明	태자	13세 즉위 (金彦昇 섭정)
41	헌덕왕	809~826	언승彦昇	삼촌, 소성왕의 아우	
42	흥덕왕	826~836	수종秀宗, 경휘景徽, 경휘景暉	아우	청해진 설치
43	희강왕	836~838	제륭悌隆, 제옹悌顒	당질? 원성왕 증손	
44	민애왕	838~839	명明	원성왕 증손	민애왕敏哀王
45	신무왕	839	우징祐徵	원성왕 증손, 희강왕 사촌	
46	문성왕	839~857	경응慶膺	태자	
47	헌안왕	857~861	의정誼靖, 우정祐靖	삼촌(신무왕 아우)	
48	경문왕	861~875	응렴膺廉, 의렴疑廉	사위	
49	헌강왕	875~886	정晸	태자	
50	정강왕	886~887	황晃	아우(경문왕 아들)	
51	진성왕	887~897	만曼, 만헌曼憲, 탄坦	헌강왕 여동생	여왕
52	효공왕	897~912	요嶢	헌강왕 서자	견훤·궁예가 왕을 칭함
53	신덕왕	912~917	경휘景暉	헌강왕 사위	박씨
54	경명왕	917~924	승영昇英	태자	박씨
55	경애왕	924~927	위응魏膺	아우	박씨
56	경순왕	927~935	부傅	헌강왕 외손	김씨

* 재위연대는 『삼국사기』 기준이며, 괄호안 △는 『삼국사기』, ▽는 『삼국유사』를 가리킴.

변한卞韓사회와 가야加耶

『삼국지』한전에 따르면, 3세기 중엽 한반도 동남부지역에는 진한 12국과 함께 변한 12국이 있었다. 변한은 변진弁辰이라고도 하며, 미리미동국彌離彌凍國, 접도국接塗國, 고자미동국古資彌凍國, 고순시국古淳是國, 반로국半路國, 낙노국樂奴國, 미오야마국彌烏邪馬國, 감로국甘路國, 구야국狗邪國, 주조마국走漕馬國, 안야국安邪國, 독로국瀆盧國 등의 나라 이름이 적혀 있다. 미리미동국은 지금의 밀양, 접도국은 함안 칠원, 고자미동국은 고성, 반로국은 고령, 구야국은 김해, 안야국은 함안, 독로국은 부산 동래에 흔히 비정한다. 큰 나라는 4~5천 가家, 작은 나라는 6~7백 가家라고 하였으니, 큰 나라는 대략 인구 2만여 명, 작은 나라는 인구 3천여 명 규모였음을 알 수 있다. 『삼국지』에는 다음과 같은 기록도 있다.

> 변진은 진한과 섞여 살며 성곽도 있다. 옷과 집이 진한과 같고, 말과 예의풍속이 서로 비슷하지만 귀신에게 제사지내는 것은 달라서 부엌신은 모두 문 서쪽에 있다. 그중에서 독로국이 왜와 경계를 접하고 있으며, 12국에 또한 왕이 있다. 그 사람들은 몸이 모두 크고 옷이 깨끗하며 머리카락이 길다. 또한 폭이 넓은 고운 베를 짜고, 예의풍속이 특히 엄격하다. [17]

변한과 진한을 구분하는 기준은 아직 분명하지 않다. 종족 차이라는 의견도 있었으나 인정되지 않았고, 낙동강을 기준으로 한 지역 차이라는 시각이 우세하지만 낙동강 동쪽에서도 변한–가야유적이 발견되어 확정하기 어렵다. 9세기 후반의 신라사람 최치원은 중국으로 보내는 편지에서 변한이 백제로 바뀌었다고 하였고 한동안 그렇게 전해져 고려 후기에 편찬된 『삼국유사』에도 〈변한 백제〉라는 편목이 있다. 그러나 역사지리학이 발달한 조선 후기에 한백겸·유형원·신경준·정약용 등이 차례로 기존의 통설을 비판하고 변한과 가야의 계승관계를 고증한 뒤 지금의 통설이 자리 잡았다.

변한 12국에 모두 왕이 있다는 기록에 주목하면 굳이 변한과 가야를 구분하기가 더 어려워진다. 더욱이 변한 12국 중 반로국이 대가야, 구야국이 금관가야, 안야국이 아라가야를 가리킨 것이라면, 가야 내지 가야연맹체는 이미 변한사회에서 성립했다고 할 수 있다. 대표적인 사례로서 낙동강 어귀 김해지역에 자리한 구야국을 들 수 있다. 구야국의 핵심유적인 김해 대성동고분군에서는 2세기 중·후반기에 무덤 양식이 널무덤에서 덧널무덤으로 바뀌고 납작 쇠도끼板狀鐵斧의 폭이 좁아지는 등 껴묻거리 양상도 바뀌게 되며, 이후 주검을 묻는 으뜸덧널主槨과 껴묻거리만 넣는 딸린덧널副槨을 구분한 대형 무덤들이 출현한다. 이러한 양상은 인근 김해 양동리고분군에서도 마찬가지이며, 특히 3세기경의 납작 쇠도끼, 후한 청동거울 및 금박 유리구슬 목걸이, 폭 넓은 청동투겁창 등은 구야국의 대외활동이 활발했음을 나타낸다. 이에 늦어도 3세기경에는 구야국이 변한사회의 맹주로서 세력권을 형성했다고 추정하며, 변한 소국 연맹체 또는 전기 가야연맹체라고 부르기도 한다.

『삼국유사』에 실린 「가락국기駕洛國記」에는 기원후 42년에 하늘이 내려준 6개의 황금알에서 수로首露를 비롯한 여섯 아이가 태어나 열흘 만에 어른이 되었으며, 수로는 대가락大駕洛 또는 가야국伽倻國의 왕이 되고 나머지 다섯 사람은 제각기 떠나 5가야의 주인이 되었다는 설화가 있다. "동쪽은 황산강黃山江, 서남쪽은 바다, 서북쪽은 지리산地理山, 동북쪽은 가야산伽耶山을 경계로 삼고 남쪽은 나라의 끝"이라고 하였다. 그

김해 대성동고분군

리고 같은 책 「기이」편 〈5가야〉조
에는 수로왕의 금관가야金官加耶
이외에 아라가야阿羅伽耶, 고령가
야古寧伽耶, 대가야大伽耶, 성산가
야星山伽耶, 소가야小伽耶라는 이
름이 적혀 있으며, 이밖에 비화
가야非火伽耶라는 이름도 나온다.
설화 내용과 나라 이름은 신라
말기 또는 고려 초기에 정리한
것으로 보이며, 금관가야는 구야
국이 발전한 나라이고, 아라가야
는 함안의 안야국 또는 안라국安
羅國, 대가야는 고령의 반로국 또
는 반파국伴跛國, 소가야는 고성
의 고사포국古史浦國을 가리키는

김해 대성동고분군 91호분

것으로 추정된다. 이밖에 성산가야는 경북 성주, 고령가야는 경북 상주, 비화가야
는 경남 창녕에 흔히 비정한다.

가야를 가리키는 글자는 매우 다양하다. 고려시대 이전의 기록과 금석문에는 가
야加耶·伽耶·伽倻, 가라加羅·伽羅·迦羅·柯羅·呵囉, 가락駕洛·伽落, 임나任那 등으로 적
혀 있다. 가야加耶는 사료에 가장 많이 나오는 이름으로서 『삼국지』에 실린 이름 구
야狗邪와 같은 것으로 추정한다. 처음에는 김해의 구야국을 가리키는 이름이었으
나 구야국이 가야연맹을 대표하면서부터 가야 전체를 가리키는 이름으로 확대되
었다고 할 수 있다. 가라加羅는 광개토왕비, 『송서』·『남제서』·『일본서기』 등 5세기
이후의 고대 사료에서 가장 널리 쓰인 이름으로서, 가야연맹체를 가리키는 경우도

있지만 대가야를 가리키는 경우가 많다. 대가야가 가야연맹체의 맹주였던 5~6세기에 대가야는 가라加羅, 금관가야는 남가라南加羅로 불렸다. 가락은 『삼국유사』의 「가락국기」와 『신증동국여지승람新增東國輿地勝覽(1530년 편찬)』에 쓰인 금관가야 이름이다. 임나는 주로 『일본서기』에 많이 나오며, 『삼국사기』와 금석문에서도 발견된다. 특정한 나라를 가리키는 경우도 있으나 대개는 가야 전체를 포괄하는 이름으로 쓰였으며, 신라보다는 백제 쪽에서 많이 사용한 것으로 보인다. 그래서 임나의 뜻을 '맡긴 땅'으로 해석하고 백제가 가야지역에 대한 영향력을 행사하기 위해 만들어낸 이름으로 보기도 한다.

가야라는 이름의 뜻에 대해서도 학설이 다양하다. 겨레를 뜻하는 알타이 말Xala에서 유래했다는 설, 들판을 뜻하는 남방어Kara에서 유래했다는 설, 큰 나라 또는 신의 나라라는 뜻이었다는 설, 땅 끝 바닷가에 위치한 갓나라邊國를 가리킨다는 설, 낙동강을 비롯한 강 주변에 분포한 나라이므로 가람江 또는 갈래分岐라는 말에서 나왔다는 설, 성城을 뜻하는 구루溝婁와 같은 말이라는 설, 가야사람들이 머리에 쓰고 다닌 끝이 뾰족한 고깔모자 가나駕那에서 유래했다는 설 등이 있다.

가야 관련 유적은 경남지역을 중심으로 10여 곳에서 발견되었는데, 세력 규모를 나타내는 고분군의 크기와 출토유물의 질을 비교하면 4세기 이전에는 김해 대성동고분군이 가장 우월하고 5세기 이후에는 고령 지산동고분군이 가장 우월하다는 것이 학계의 중론이다. 이에 가야와 경쟁하던 신라가 4세기 말부터 군사력이 강한 고구려를 끌어들여 가야연맹체를 공격하였고 전쟁에서 진 금관가야의 위세와 연맹내 지도력이 급격히 추락하자 5세기 초엽 가야세력의 주도권이 고령의 대가야로 넘어갔다는 설이 유력하다.

여러 가야의 성장

① 금관가야金官加耶

『삼국유사』에 실린 「가락국기」의 금관가야 건국설화를 그대로 믿을 수 없음은 수로왕의 재위기간이 42년부터 199년까지 무려 158년이었다는 데에서 단적으로 드러난다. 그러나 그와 함께 적힌 금관가야의 왕실계보는 비교적 상세하다. 그에 따르면 시조 수로왕의 자손이 대를 이었으며, 제2대 거등왕居登王(199~253), 제3대 마품왕麻品王(253~291), 제4대 거질미왕居叱彌王(291~346), 제5대 이시품왕伊尸品王(346~407), 제6대 좌지왕坐知王(407~421), 제7대 취희왕吹希王(421~451), 제8대 질지왕銍知王(451~492), 제9대 겸지왕鉗知王(492~521), 제10대 구형왕仇衡王(521~532)으로 이어진다.

금관가야를 가리키는 가장 이른 시기의 나라 이름은 구야국狗邪國이다. 『삼국지』 「동이전」 한전 변진조에 구야국이라는 이름이 있으며, 같은 책 왜인전倭人傳에는 구야한국狗邪韓國으로 쓰여 있다. 『삼국지』 왜인전에는 "대방군에서 왜倭로 가려면 해안을 따라 물길로 가며 한국을 지나는데, 남쪽으로 가다가 동쪽으로 가다가 하며 북쪽 해안의 구야한국 7천여 리 거리에 이르고, 비로소 큰 바다를 건너 1천여 리 가면 대마국對馬國에 이른다"는 구절이 있으며, 『후한서』 왜전에도 "낙랑군 변경에서 그 나라까지 1만2천 리이고, 그 서북쪽 경계인 구야한국狗邪韓國까지는 7천여 리이다"라는 구절이 있다. 이를 통해 2~3세기경 김해의 구야국이 해상교통의 요지였음을 알 수 있는데, 변한이 "철을 생산하여 한·예·왜가 모두 와서 가져가며, 물건을 사고 팔 때에는 모두 철을 쓰는데 마치 중국에서 돈을 쓰는 것과 같다. (낙랑·대방)2군에도 공급한다"고 한 『삼국지』 기록은 구야국을 근거로 한 것일 개연성이 있다. 김해 대성동고분군과 양동리고분군의 2~3세기대 덧널무덤에서 묻힌 이의 권력과 재력을 상징하는 철제 무기류 및 덩이쇠가 많이 출토되어 그 추정을 뒷받침한다.

김해 예안리 77호 덧널무덤

김해 대성동고분군에서는 다른 지역에서 만든 유물도 많이 출토되었다. 대표적인 사례인 29호분에서 청동솥銅鍑, 마구馬具, 투구鬪帽, 판갑옷板甲, 굽은칼曲刀 등 북방문화 계통의 유물이 다수 출토되었고, 2호분에서 바람개비형 청동기巴形銅器, 원통모양 청동기, 벽옥제 돌화살촉, 가락바퀴모양 돌 제품 등 일본열도의 왜倭계통 유물이 다수 출토되었다. 모두 3~4세기에 만들어진 덧널무덤이므로 금관가야의 교역활동이 꽤 오랫동안 활발했음을 알 수 있다.

그런데 4세기에 이르러 낙랑군과 대방군이 멸망하자 철을 매개로 한 금관가야의 중국방면 대외교역·교류가 타격을 입었고 400년에는 고구려가 신라를 도와 가야지역까지 침공하게 되어 금관가야의 세력이 크게 위축되었다. 이를 상징하는 것이 이른바 바닷가 8개국浦上八國의 가라 침공사건이다. 『삼국사기』에는 신라 나해이사금 14년 "가을 7월에 바닷가의 8국이 가라를 침공하려 하자 가라 왕자가 와서 도와달라고 요청하였다. 왕이 태자 우로와 이벌찬 이음에게 명령하여 6부의 군사를 이끌고 가서 돕게 하니, 8국의 장군을 공격해 죽이고 잡혀있던 6천 명을 빼앗아 돌려주었다"는 기록이 있는데, 골포骨浦(마산), 칠포柒浦(칠원), 고사포古史浦(고성), 사물史勿(사천) 등 남해안의 8개국이 해상교역 주도권 때문에 금관가야를 공격한 사건이라는 것이 통설이다. 나해이사금 17년에는 "봄 3월에 가야가 왕자를 보내 볼모로 삼았다"는 기록도 있다. 주변국의 공격을 받아 금관가야의 위상이 크게 추락하였고, 마침내 신라의 통제를 받는 약소국으로 전락했음을 알려주는 기록이다. 마침 대성동고분군에서 5세기 전반 이후 대형 덧널무덤과 돌덧널무덤石槨墓 등 최고지배층의 무덤이 사라지고, 김해 봉황대, 양동리고분군에서도 위세품이 없고 규모가 작은 무덤들이 만들어지는 현상이 나타난다. 5세기 전반기에 해당하는 김해 예안리 36호분은 금관가야 토기와 신라계 토기가 함께 부장되어 바야흐로 신라의 영향이 거세졌음을 보여준다. 『삼국사기』에 따르면, 금관가야는 532년에 제10대 구형왕이 신라에 나라를 바침으로써 멸망하였다.

② 대가야大加耶

한때 변진 12국 가운데 미오야마국彌烏邪馬國을 대가야의 전신으로 보고 임나任那와 임나의 일본식 발음인 미마나彌摩那까지 고령에 비정하는 설이 우세했으나, 최근에는 「양직공도梁職貢圖」의 반파叛波, 『일본서기』의 반파伴跛를 대가야의 다른 이름으로 보고 변진 12국 가운데 반로국半路國이 발전해 대가야가 되었다는 해석이 유력하다. 『삼국사기』에는 상가라도上加羅都, 대가야국大加耶國, 가라국加羅國, 가야加耶 등으로 적혀 있다.

16세기 초에 편찬된 『신증동국여지승람』(고령현 건치연혁)에는 최치원의 석리정전釋利貞傳을 인용하여 '가야산신 정견모주正見母主가 천신에게 감응하여 대가야 왕 뇌질주일惱窒朱日과 금관국 왕 뇌질청예惱窒靑裔를 낳았는데, 뇌질주일은 이진아시왕伊珍阿豉王의 별칭이고 청예는 수로왕의 별칭'이라고 적혀 있다. 『삼국유사』 「가락국기」의 설화는 금관가야 중심의 건국설화인데, 고령지역의 설화는 대가야 중심의 건국설화임을 알 수 있다. 가야산신이 하늘신과 결합해 대가야왕을 낳았다는 내용

은 천신 환웅과 지신 웅녀가 결합해 단군을 낳았다는 단군신화, 선도산성모仙桃山
聖母가 혁거세를 낳았다는 신라지역설화와 내용 구성이 비슷하다.

3~4세기 무렵 낙동강 중류지역에 위치한 대가야는 낙동강어귀 바닷가에 위치
한 금관가야의 영향을 받으면서 철광을 개발하고 제철기술을 발전시켜 5세기에 상
당한 세력을 확보하였다. 마침 4세기 말부터 고구려가 백제를 압도하고 백제와 연
계되어 있던 금관가야를 비롯한 해안지역 나라들에게까지 큰 타격을 입히자 그동
안 내륙에서 착실히 성장해온 대가야의 세력이 더욱 급속히 확대되었다. 그리하여
백제가 안팎으로 혼란스러웠던 479년에는 가라국왕 하지荷知가 중국 남제에 조공
하고 보국장군본국왕輔國將軍本國王 벼슬을 받았다. 가라왕 하지를 금관가야 왕으
로 보는 견해도 있으나 대가야 왕이라는 것이 학계의 통설이다.

고령 지산동고분군

고령 대가야읍의 북서쪽에 위치한 주산主山에는 산성이 있고, 그 아래 산중턱 능선에는 주로 4~6세기에 만들어진 대형 무덤 700여 기가 분포하는데, 대개 돌덧널무덤石槨墓이며 일부는 돌방무덤石室墓이다. 돌덧널무덤 중에는 으뜸덧널과 딸린덧널로 구성된 것도 많으며, 금동관金銅冠을 비롯한 화려한 꾸미개와 각종 무기·갑옷, 말갖춤馬具 등이 출토되었다. 특히 지산동 44호분은 봉분 지름이 25m 이상인 대형 돌덧널무덤으로서 중앙의 으뜸덧널을 빙둘러가며 순장덧널殉葬槨을 설치했는데, 적어도 37명의 사람 뼈가 출토되어 순장 규모가 매우 컸음을 알 수 있다.

고령에서 출토된 것으로 알려진 6세기 중엽 대가야의 뚜껑있는 긴목항아리有蓋長頸壺에는 '대왕大王'이라는 글자가 새겨져 있다. 이는 6세기에 대가야 왕이 지녔던 권력과 군사적 자신감이 상당했음을 나타낸다. 대가야의 군사 활동은 주로 남쪽과

고령 지산동 75호분(으뜸덧널과 순장덧널)

서남쪽으로 향했다. 서쪽은 험준한 백두대간과 그 너머의 백제 때문에 멀리 진출하기 어려웠으며, 동쪽과 북쪽은 한창 영역을 넓히던 신라와의 충돌을 피할 수 없었기 때문이다. 『일본서기』에는 6세기 초에 반파국(대가야)이 기문己汶, 대사帶沙, 자탄子呑 등지를 두고 백제와 군사적으로 다투었다는 기록이 실려 있어 대가야의 군사력이 섬진강유역에까지 이를 정도로 활동영역이 넓었음을 알 수 있다. 고령 지산동 고분군에서 출토되는 대표적인 대가야 양식 토기들이 합천 삼가고분군, 산청 중촌리고분군, 함양 상백리고분군, 남원 월산리고분군 등지에서도 출토되어 기록을 뒷받침한다.

6세기 초 대가야는 섬진강유역의 주도권을 두고 백제와 다투었다. 이 때문에 그 동안의 우호관계가 깨지자 대가야는 522년에 신라 왕실의 여인을 왕비로 맞아들이는 등 친신라 정책을 추진했으나 곧 영토분쟁이 발생해 다시 신라와 대립하게 되었다. 551년 백제가 신라와 함께 고구려를 공격해 한강유역을 빼앗을 때 백제를 도와 전쟁에 참여하였고, 554년 백제가 신라 관산성管山城을 공격할 때에도 백제를 도와 참여하였다가 3만 명에 가까운 백제의 연합군이 몰살되자 대가야도 큰 타격을 입었다. 그리고 562년, 마침내 신라에게 멸망되었다.

③ 아라가야阿羅加耶

아라가야는 변진 12국의 하나인 안야국安邪國이다. 안야국은 목지국 진왕의 특별한 호칭에 포함될 정도로 삼한 소국 가운데 위상이 높은 나라였으며, 중심지는 지금의 경남 함안이었다. 각종 사료에 안라安羅, 아라阿羅, 아나阿那, 아시량阿尸良, 전라前羅 등의 이름으로도 기록되었다. 『삼국사기』 물계자勿稽子 열전에는 나해이사금 때 "바닷가 8국이 아라국을 함께 치려고 하자 아라 사신이 와서 구해달라고 요청하니 이사금이 왕손 날음을 시켜 가까운 군과 6부의 군사를 이끌고 가서 구해주게 해 마침내 8국의 군대를 깨뜨렸다"는 기록이 있는데, 바닷가 8개국이 금관가야를 공격하려 했다는 기록과 내용이 같아서 논란이 있지만, 아라가야가 4세기에 바닷가 8개국 연합을 형성했던 칠포국(칠원) 등을 누르고 진동만으로 진출해 강력한 세력을 형성했다는 증거로 보기도 한다.

광개토왕비에는 안라인수병安羅人戍兵이라는 글이 세 군데나 적혀있는데, 이를 "신라인 보초병을 두었다[安]"고 해석하는 견해가 있고, 전쟁에 참가한 "안라 사람 보초병"으로 해석하는 견해도 있다. 그런데 주변 글자가 많이 뭉개져서 만약 안라국이 전쟁에 참가했다면 고구려를 도왔다는 것인지 고구려에 대항해 싸웠다는 것인지 뜻이 분명하지 않다.

남쪽이 높고 북쪽이 낮은 함안분지의 말이산에는 1~3세기에 만든 널무덤과 4~5세기에 만든 덧널무덤이 떼를 이루고 있다. 널무덤에서는 소뿔모양손잡이항아리牛角形把手附壺, 주머니단지 등의 와질토기瓦質土器가 다수 출토되어 국가형성기의 기반문화를 알려준다. 그리고 4~5세기 대형 덧널무덤에서는 굽다리접시高杯를 비롯한 각종 토기 외에 고리자루큰칼, 갑옷과 투구, 말갑옷馬甲 등 권력과 전쟁을 상징하는 유물이 많이 출토되었다. 5세기 중엽부터는 대형 돌덧널무덤을 만들고 사람을 많이 순장殉葬하였으며, 6세기 전반기에 백제의 영향을 받아 돌

함안 말이산 고분군

방무덤을 만들었다. 특히 말이산고분군의 대형봉토분은 모두 5~6세기에 만들어진 것이어서 이때가 아라가야의 전성기였음을 알 수 있다.

6세기 중엽, 백제와 신라가 경쟁적으로 가야지역에 영향력을 행사하던 시기에 아라가야는 대가야와 경쟁 또는 협력을 반복하면서 가야연맹의 제2주도세력으로 성장한 것으로 알려진다. 『일본서기』에는 520~540년경에 안라국왕이 국제회의를 소집하고 주재하는 등 남부 가야연합을 실질적으로 이끄는 모습이 많이 실려 있으며, 특히 529년에 안라가 새로 높은 건물을 짓고 백제·신라·왜의 사신·장군들과 회의했다는 기록도 있다. 또, 백제가 531년에 안라로 군대를 보내 걸탁성乞乇城에 군영을 개설하고 534년에는 그 동쪽 칠원지역에 군대를 주둔시켰다는 기록도 있다. 이는 6세기 전반기에 아라가야가 신라의 세력확장에 대응하기 위해 백제의 영향권 아래로 들어갔음을 의미한다. 이후 541년과 544년 백제 왕도에서 열린 국제회의에도 안라의 차한기次旱岐 등이 대가야·다라多羅 등 가야지역 7~8개국 대표들과 함께 참석해 가야연맹의 독립과 신라에 대한 방비책을 상의했다고 한다.

『삼국사기』 지리지(함안군)에는 "법흥왕이 많은 군사로 아시량국阿尸良國을 멸망시키고 그 땅을 군으로 삼았다"는 기록이 있어 신라 법흥왕(514~540) 때 안라국이 멸망했다는 견해가 있으나, 『일본서기』에는 550년대까지 안라라는 나라이름이 계속 나오므로 554년 관산성전투에서 백제가 이끄는 백제-가야-왜 연합군이 크게 패배한 뒤에 신라에 병합된 것으로 볼 수 있다. 561년 "신라가 아라의 파사산에 성을 쌓았다"는 『일본서기』 기록을 근거로 이 무렵 신라에게 멸망한 것으로 보기도 한다.

6) 그밖의 사회들

옥저沃沮

『후한서』와 『삼국지』의 동이전에는 지금의 함경도와 두만강유역에 거주하던 사람들을 옥저라는 이름으로 소개한 기록이 있다. 원본으로 보이는 『삼국지』의 기록은 다음과 같다.

동옥저는 고구려 개마대산의 동쪽에 있으며 큰 바닷가에서 산다. 그 땅은 동쪽과 북쪽이 좁고 서쪽과 남쪽으로 길며 1천 리 정도이다. 북쪽은 읍루·부여, 남쪽은 예맥과 접하고 집은 5천 호이다. 큰 군왕은 없고 대대로 읍락에 각각 우두머리가 있다. 그곳의 말은 구려와 거의 같으며 때때로 조금 다르다.

한나라 초기에 연에서 망명한 사람 위만이 조선의 왕이 되었을 때 옥저가 모두 복속하였다. 한 무제 원봉 2년(109BCE)에 조선을 쳐서 위만의 손자 우거를 죽이고 그 땅을 나누어 4군으로 만들었는데, 옥저성을 현도군으로 삼았다가 나중에 오랑캐 맥의 침략을 받아 군을 구려의 서북쪽으로 옮겼으니 지금의 이른바 현도의 옛 부라는 곳이 바로 그곳이다. 옥저가 다시 낙랑에 속하자, 한은 땅이 넓고 멀며 단단대령의 동쪽에 있다고 하여 동부도위를 나누어 두고 불내성을 다스리며 따로 영동 7현을 주관하게 했는데, 이때 옥저도 모두 현이 되었다.

한나라 건무 6년(30)에 변경의 군을 줄였는데, 도위도 이 때문에 없어졌다. 그 후 모두 그 현의 우두머리를 현후로 삼으니, 불내·화려·옥저의 여러 현이 모두 후국이 되었다. 오랑캐들이 다시 서로 공격하며 싸웠으나, 오직 불내예후만 지금까지도 공조·주부와 여러 관리를 두고 있으며, 모두 예의 백성이 차지한다. 옥저의 여러 읍락 우두머리는 모두 스스로를 삼로라고 부르는데, 옛날 현국의 제도이다.

나라가 작아서 큰 나라 사이에서 괴롭힘을 당하다가 마침내 구려에 신하로 복속하였는데, 구려가 다시 그 안에 대인을 두고 사자로 삼아 서로 주관하고 거느리게 하였다. 또, 대가가 조세와 베·생선·소금·해산물을 모두 맡아서 1천 리를 짊어지고 가서 바치게 하며, 또 미인을 보내 종·첩으로 삼게 하였으니 대우하는 것이 종과 같다.

그 땅이 거름지고 좋으며 산을 등지고 바다를 향해 있어 오곡에 알맞고 농사짓기 좋다. 사람들의 성품은 순진하고 정직하며 굳세고 용감하다. 소·말이 적고 걸으며 창으로 싸우는 것을 잘 한다. 음식·집·옷·예절은 구려와 비슷하다.

그들은 장사지낼 때 큰 나무덧널을 만드는데, 길이가 10여 장이며 한쪽을 열어 문을 만들어둔다. 새로 죽은 자는 모두 잠시 땅에 묻는데 겨우 모습만 가리게 하고 가죽과 살이 다 썩으면 뼈를 가져다 덧널 안에 둔다. 온 가족이 모두 한 덧널을 함께 쓰며 나무에 살았을 때의 모습을 새기는데, 죽은 사람 수에 맞춘다. 또, 단지 안에 쌀을 담아서 덧널 문 옆에 걸어둔다. [18]

옥저沃沮의 어원에 대해서는 '숲'을 가리키는 만주어weji에서 유래했다는 설과 고조선 때부터 동해안지역에 있던 예濊의 부조夫租가 성장한 것이라는 설이 있으나 분명하지 않다. 옥저라는 이름에 동녘 동東자를 붙여 동옥저라고 한 것은 고구려의 동쪽에 위치하였기 때문인 듯하다. 구려라는 이름이 다섯 군데에서 쓰였는데 모두 고구려를 가리키며, 오랑캐 맥貊도 고구려를 포함한 종족 명칭일 것이다. 현국縣國은 한나라가 고조선을 멸망시키고 4군郡을 설치했을 때 소속 현縣의 토착민을 달래기 위해 기존 지배층의 권한을 인정한다는 뜻으로 만든 특수한 행정조직이며, 현후縣侯는 그렇게 자치권을 가진 현의 지배자를 가리킨다. 비록 중국에서 제후를 가리키는 국國·후侯를 썼지만, 실제 그만한 실력을 갖추었다는 뜻은 아닐 것이다. 개마대산은 지금의 개마고원이라는 설, 백두산이라는 설, 낭림산맥에 속한 병풍산이라는 설 등이 있고, 단단대령에 대해서도 낭림산맥의 일부라는 설, 철령이라는 설, 황초령이라는 설, 대관령이라는 설 등 다양하지만, 모두 분명치 않다.

러시아 연해주 크로우노브카유적 출토유물

　『삼국지』 기록을 통해 3세기에 이미 고구려가 관리를 보내 세금을 거둘 정도로 옥저를 확실히 복속시켰음을 알 수 있다. 당시 옥저 인구는 약 25,000명으로서 땅 넓이에 비해 인구가 적고 서로 멀리 떨어져 있으므로 고구려 입장에서 직접통치보다는 간접통치를 택한 것으로 보인다. 또, "북옥저는 치구루置溝婁라고도 하는데, 남옥저에서 8백여 리 떨어져 있다. 풍속은 남북이 모두 같으며 읍루와 접한다. 읍루가 배타고 노략질하는 것을 좋아해서 북옥저는 두려워하여 여름철에는 항상 산골짜기 동굴에서 살며 지키다가 겨울철 얼음이 얼어 뱃길이 통하지 않고서야 내려와 마을에서 산다"는 기록도 있다.

　옥저의 독특한 풍속으로서 세골장洗骨葬과 가족장家族葬을 들 수 있다. 사람이 죽으면 임시로 땅에 살짝 묻어 시신을 빨리 썩힌 다음 뼈를 추려내 이미 지어져 있는 나무덧널에 다른 뼈와 함께 안치했다는 것인데, 덧널의 길이가 무려 10여 장, 곧 20m를 넘었다고 하니 일종의 건물이었던 셈이다. 따라서 여기의 가족이란 여러 대에 걸쳐 계승·확대된 대가족으로 보아야 한다. 그렇다면 옥저의 세골장은 집단 내부의 강한 공동체의식을 반영하고 있으며, 이는 기본적으로 조상숭배사상을 전

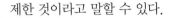

제한 것이라고 말할 수 있다.

이밖에 『삼국지』는 『위략』을 인용하여 옥저의 시집·장가 풍속을 소개하였다. "여자 나이 열 살이면 이미 서로 약속을 하고 신랑 집에서 맞아들여 키운 다음 부인으로 삼는데, 어른이 되면 다시 여자 집으로 돌아가고 여자 집이 돈을 요구해서 돈을 다 내면 다시 신랑 집으로 돌아간다"고 하였다. 이러한 풍습은 일부지역에서 조선시대까지도 행해졌다. 신랑 집에 미리 가 있는 어린 여자를 흔히 민며느리라고 불렀다.

강릉 교항리 및 동해 송정동 출토유물

동예東濊

동예는 옥저 남쪽의 동해안에 위치하였던 사회집단으로서 『후한서』와 『삼국지』 동이전에는 예濊라는 이름으로 열전에 소개되었다. 인구는 2만 호戶, 곧 10만 명 정도였다고 하니, 옥저보다 매우 큰 세력이었음을 알 수 있다. 『삼국지』 기록 중 주요 내용을 소개하면 다음과 같다.

> 큰 군장이 없고 한나라 이래로 후·읍군·삼로 벼슬만 있으며 하호를 통치한다. 그 노인들은 예전에 스스로 구려와 같은 종족이라고 말하였다. 그 사람들의 성품은 공손하고 성실하며 욕심이 적고 염치가 있어 빌거나 구걸하지 않는다. 언어·예절·풍속은 대체로 구려와 같지만 옷은 달라서 남녀 모두 옷에 곡령을 다는데, 남자는 너비가 여러 치[寸]되는 은꽃을 꿰매 꾸민다.
>
> 단단대산령 서쪽은 낙랑에 속하고 령의 동쪽 7현은 도위가 주관하였는데, 모두 예족 백성이었다. 나중에 도위를 없애고 그 우두머리를 후로 삼았으니, 지금의 불내예가 모

두 그 종족이다. 한나라 말기에 다시 구려에 복속되었다.

그 풍속은 산과 내를 중시하여 산과 내에 각각 구분이 있고 함부로 서로 들어갈 수 없다. 같은 성끼리는 혼인하지 않으며 꺼리는 것이 많아서 병에 걸리거나 죽으면 곧 옛 집을 버리고 다시 새집을 짓는다. 삼베가 있으며 누에를 쳐서 무명을 만든다. 새벽에 별 자리를 보고 그 해에 풍년이 들지를 미리 알며, 구슬옥은 보물로 여기지 않는다.

늘 10월에 하늘에 제사지내는데, 밤낮 술 마시고 노래 부르고 춤추며, 무천이라고 부른다. 또, 범을 신으로 여겨 제사지낸다. 그 마을을 침범하면 곧 서로 노예·소·말을 벌 칙으로 물리는데, 책화라고 부른다. 사람을 죽인 자는 죽음으로 갚으며, 도둑이 적다.

창을 만드는데 길이가 3장이어서 간혹 여러 사람이 함께 든다. 걸으면서 싸우는 것을 잘 하며, 낙랑의 박달나무활이 그곳에서 난다. 그 바다에서 바다표범 가죽이 나고, 땅에 는 무늬표범이 많다. 또 과하마가 나는데, 한나라 환제 때 바친 적이 있다. 19

기본적으로 생활문화가 옥저와 크게 다르지 않으며, 제천행사 무천舞天, 경제배 상방식 책화責禍, 특산물인 박달나무활檀弓과 표범가죽, 키 작은 말 과하마果下馬 등이 특징적이다. 불내예不耐濊의 불내는 지역 이름이다.

읍루挹婁

읍루는 옥저 북쪽에 거주하던 사회집단으로서, 중국 기록에 따르면 숙신肅愼의 후예이며 물길勿吉–말갈靺鞨 순으로 이어진 북방종족의 선조이다. 진秦나라 이전 에는 숙신, 한나라 때에는 읍루, 북위北魏 때에는 물길, 수·당 때에는 말갈로 불렸 다고 한다.

숙신은 식신息愼으로도 불렸으며 『일주서逸周書』·『죽서기년竹書紀年』·『국어國 語』·『춘추좌씨전春秋左氏傳』·『산해경山海經』·『서경書經』 등 중국 선진시대의 수많은 문헌에 등장하는 이름이다. 『죽서기년』에는 "순임금 25년에 식신씨가 와서 조공하며 활과 화살을 바쳤다"는 기록이 있고, 『국어』에는 "숙신씨가 싸리나무 화살과 돌로 만든 쇠뇌를 바쳤다"는 기록이 있다. 『춘추좌씨전』에는 "숙신·연燕·박毫은 우리 북쪽 땅이다"라는 기록이 있어 춘추시대에 숙신이 주나라 북쪽 연나라 근처에 있었음을 알 수 있다. 정약용을 비롯해 많은 학자들이 숙신과 조선朝鮮을 같은 종족으로 보았다. 신채호는 조선과 주신珠申·州慎이라는 만주어를 같은 단어로 보고, 주신을 숙신과 관련지었다. 북한의 리지린은 『사기』 조선전에 실린 장안의 주석에 따라 습수濕水·열수洌水·산수汕水라는 조선의 지명에서 숙신肅慎·식신息慎·직신稷慎이라는 종족 명칭이 유래했다고 주장하였다.

숙신을 이은 읍루에 대해서는 『삼국지』 동이전에 다음과 같은 기록이 있다.

읍루는 부여에서 동북쪽으로 1천여 리 떨어져 큰 바닷가에 있으며, 남쪽은 북옥저와 접하고 북쪽은 그 끝을 알 수 없다. 땅은 산이 많고 험하며, 사람들 생김새는 부여와 같지만 말은 부여·구려와 같지 않다. 오곡·소·말·삼베가 있다. 사람들은 용감하고 힘이 세며, 대군장이 없고 마을마다 대인이 있다. 산림 속에서 살며 늘 굴에서 사는데, 큰 집은 깊이가 9계단이나 되고, 많을수록 좋다고 여긴다. 그 지역의 추위는 부여보다 심하다.

그 풍속은 돼지를 기르며 그 고기를 먹고 그 가죽으로 옷 만들어 입는 것을 좋아한다. 겨울에는 돼지기름을 몸에 바르는데, 두께를 몇 푼이나 되게 하여 바람과 추위를 막는다. 여름에는 알몸이며, 1자 정도의 베로 앞뒤를 가려 몸을 숨긴다. 그 사람들은 깨끗하지 않아서 한가운데에 변소를 만들고 사람들이 그 바깥에 빙 둘러 산다. 그곳 활의 길이는 4자인데 힘이 쇠뇌와 같다. 화살은 싸리나무를 쓰는데 길이가 1자 8치이고 푸른 돌로 화살촉을 만드니, 옛날 숙신씨의 나라이다. 활을 잘 쏘아 사람을 쏘면 어김없이 맞추는데, 화살에 독을 발라서 사람이 맞으면 모두 죽는다. 붉은 옥과 좋은 담비가 나는데, 오늘날 읍루 담비가 바로 그것이다.

한나라 때부터 부여에 신하로 속했으나 부여가 세금과 부역을 무겁게 물리자 황초 (220~226) 연간에 반란을 일으켰다. 부여가 여러 차례 정벌하였지만, 그 사람 수가 비록 적어도 사는 곳이 험한 산이고 이웃나라 사람들이 그 활과 화살을 두려워하여 끝내 굴복시키지 못했다. 그 나라는 배타고 노략질하는 것을 잘 해서 이웃나라가 두려워한다. 동이의 먹고 마시는 것이 비슷하며 모두 쟁반·접시를 쓰는데, 오직 읍루만 그렇지 않고 예절과 풍속에 가장 기강이 없다. [20]

읍루의 문화유적으로서 가장 대표적인 것은 러시아 아무르강 중하류지역에서 형성된 폴체문화이다. 폴체문화는 일종의 초기철기문화로서 2~3세기경 연해주 남부지역에까지 영향을 미쳐 그 지역의 크로우노브카문화와 융합하면서 특유의 연해주 폴체문화를 형성하였다. 연해주 폴체문화에 속한 마을은 강가나 호숫가에 위치하며, 깊고 네모난 움집과 온돌·부뚜막이 설치된 움집이 있는데, 연해주에는 부뚜막움집이 많다. 유물은 철기에서 무기류 비중이 높고 특히 날 단면이 쐐기형이고 구멍 단면이 육각형 또는 사각형인 쇠도끼가 많다는 점이 특징이다. 철기 구성과 금속가공기술이 중국문화와 달라서 우릴문화가 기원이며, 일본의 야요이문화에도 영향을 미친 것으로 알려진다. 토기는 아무르강 유역의 폴체토기와 닮은꼴로서 격

폴체문화의 각종 토기

폴체문화의 쇠화살촉

자·사격자의 두드린무늬, 눌러찍은 빗금무늬 등 그릇 겉면에 다양한 무늬를 새긴 토기와 민무늬토기가 출토되었으며, 굽다리그릇은 거의 발견되지 않았다.

말갈靺鞨

말갈이라는 이름은 『북제서』에 처음 나오는데, 같은 책 안에서도 말갈靺羯에서 말갈靺鞨로 한자가 바뀌어 간다. 첫 기록은 563년에 말갈이 북제(550~577)로 사신을 보내 조공했다는 기사이다. 이듬해인 564년에는 고구려·말갈·신라, 565년에는 고구려·거란·말갈, 567년에는 돌궐突厥·대막루大莫婁·실위室韋·백제·말갈 등이 북제로 사신을 보내 조공했다고 한다.

말갈이 여러 차례 고구려와 따로 사신을 보낸 점, 고구려·신라·백제와 나란히 기재된 점 등은 6세기 중반에 이미 말갈이 독립적으로 정치외교활동을 벌였음을 나타낸다. 그 결과 『수서』와 『당서』 등 중국 정사의 외국열전에도 말갈전이 등재되었다. 그러나 당시 말갈은 하나의 정치체가 아니라 속말粟末·백돌伯咄(汨咄)·안거골安車骨·불열拂涅·호실號室·흑수黑水·백산白山 등 적어도 7개의 부部로 나뉘어져 있었다. 말갈의 거주지는 대체로 중국의 송화강유역부터 러시아 연해주, 북한의 함경도에 이르는 넓은 지역이다.

중국에서 말갈이라고 불리기 전에는 물길勿吉이라는 이름이 널리 쓰였다.『위서』에 실린 물길국전勿吉國傳에는 다음과 같은 기록이 있다.

물길국은 고구려 북쪽에 있으며, 옛날 숙신국이다. 마을마다 우두머리가 있으나 서로 하나로 묶이지는 않았다. 그 사람들은 굳세고 사나워서 동이에서 가장 강하며, 말은 혼자만 다르다. 늘 두막루 등의 나라를 깔보며, 여러 나라는 또 그들을 두려워한다. 낙양에서 5천 리 떨어져 있는데, 화룡에서 북쪽으로 2백여 리에 선옥산이 있고, 산에서 북쪽으로 13일을 가면 기려산에 닿는다. 다시 북쪽으로 7일을 가면 여락괴수에 닿는데 강폭이 1리 남짓이다. 다시 북쪽으로 15일을 가면 태로수에 닿고, 다시 동북쪽으로 18일을 가면 그 나라에 닿는다. 나라에 큰 강이 있어 폭이 3리 남짓인데 속말수라고 한다.

땅이 낮고 습하며 성을 쌓고 굴에서 사는데, 집 모습이 무덤 같아서 출입구가 위에 있고 사다리로 드나든다. 그 나라에는 소가 없고 수레와 말은 있다. 밭갈이는 두 사람이 갈고 수레는 사람이 밀고 다닌다. 조와 보리·기장이 있고 채소는 아욱이 있다. 물이 짜며 소금을 나무로 만들고 또 소금 연못도 있다. 돼지가 많고 양은 없다. 쌀을 삭혀서 술을 빚는데, 마시면 금방 취한다. 부인은 베옷 치마를 입고 남자는 돼지·개 가죽옷을 입는다.

처음 혼인한 날 밤에 남자가 여자집에 가서 여자의 가슴을 잡았다가 놓으면 곧 정한 것으로 생각해서 이내 부부가 된다. 풍속은 사람 오줌으로 세수하고 머리에 범·표범의 꼬리를 꽂는다. 활쏘기로 사냥을 잘하고 활 길이는 3자, 화살 길이는 1자 2치이며, 돌로 화살촉을 만든다. 부모가 봄·여름에 죽으면 땅에 묻고 무덤 위에 집을 지어 비가 스며들지 않게 한다. 가을·겨울에 죽으면 그 시신을 이용해 담비를 잡는데, 담비가 그 살을 먹다가 많이 잡힌다. 7~8월이면 독약을 만들어 화살촉에 바르고 새와 짐승을 쏘는데, 맞으면 바로 죽는다. 독약을 달이면 사람도 죽일 수 있다. 21

물길의 풍속에 대한 설명과 거의 같은 내용이『수서』말갈전에 실려 있다. 그러므로 중국에서는 종족계통이 숙신–읍루–물길–말갈로 계승되었다고 여겼음을 알 수 있다. 그러나 그들의 거주지역이 부여·고구려·옥저와도 겹치고 고구려에 부용하였으므로 고구려와 같은 예맥계에 속했던 것으로 보기도 한다. 고구려는 영양왕 (590~618) 때 말갈을 군사적으로 정복하여 중국에 조공하지 못하게 하고 수·당나라와의 전쟁에 동원하기도 했다. 이후 흑수부를 제외한 말갈부족 대다수가 고구려의 지배를 받았고 고구려가 멸망한 뒤에는 발해에 흡수된 것으로 알려진다.

그런데『삼국사기』에는 삼국시대 초기부터 말갈이라는 이름이 나온다.『삼국사기』의 말갈은 고구려 건국 무렵부터 고구려에 부용하며 백제·신라를 자주 침략하고 전쟁하는 세력이다. 이는 6세기 이후에야 비로소 말갈이라는 이름이 나타나는 중국 기록과 크게 다른 것이어서『삼국사기』초기 기록의 신빙성을 의심하는 이유가 되기도 한다. 이에 말갈이라는 이름은 후대에 사용했을지라도 숙신–읍루로 이어지는 종족의 일파 또는 동예 등의 세력집단이 한반도 중부지역에서 독자적으로 활동한 역사 경험을 반영한 것이라고 해석하거나 고고학적으로 한강·임진강 유역에 분포한 이른바 중도식 문화유형과 관련짓기도 하였다. 그러나『삼국사기』초기 기록의 불합리한 내용은 그대로 두고 말갈이라는 이름만 바꿔 이해하는 방식은 마

러시아 연해주 로시노 4고분군 출토 토기들

땅한 사료분석이라 할 수 없으며, 경질무문토기와 돌무지무덤을 기반으로 한 이른바 중도식 문화유형은 백제 초기 기반문화와도 무관하지 않아서 설득력이 약하다. 이에 『삼국사기』의 말갈은 나중에 만주지역에서 활동한 말갈과 전혀 다른 종족이며, 중국에서 북쪽의 변방주민을 낮추어 부른 이름을 삼국 또는 『삼국사기』에서 차용한 것으로 보기도 한다.

참고문헌

이기백·이기동, 『한국사강좌-고대편-』, 일조각, 1982.

김기섭, 『주제별로 풀어쓴 한국사강의록』, 가람기획, 1998.

김기섭, 『백제와 근초고왕』, 학연문화사, 2000.

노태돈, 『한국고대사』, 경세원, 2014.

송호정, 『한국고대사 속의 고조선사』, 푸른역사, 2003.

박대재, 『고대한국 초기국가의 왕과 전쟁』, 경인문화사, 2006.

여호규, 『고구려 초기 정치사 연구』, 신서원, 2014.

권오중 외, 『낙랑군 호구부 연구』, 동북아역사재단, 2010.

전덕재, 『신라육부체제연구』, 일조각, 1996.

천관우, 『가야사연구』, 일조각, 1992.

김태식, 『사국시대의 사국관계사 연구』, 서경문화사, 2014.

주보돈, 『가야사 새로 읽기』, 주류성, 2017.

한국고대사학회, 『우리시대의 한국고대사』1·2, 주류성, 2017.

신채호, 『단재신채호전집』1·2, 독립기념관 한국독립운동사연구소, 2007.

유소민(박기수·차경애 옮김), 『기후의 반역: 기후를 통해 본 중국의 흥망사』, 성균관대학교출판부, 2005.

葛劍雄, 『中國人口史』제1권, 復旦大學出版社, 2002.

고대국가의 성장과 변천

1) 동아시아의 국제정세
- 4~6세기의 중국대륙 • 일본의 고분시대古墳時代
- 인구와 환경

2) 고구려의 성장과 변천
- 전쟁과 시련 • 집권체제 정비 • 영토확장과 전쟁
- 천도와 등거리외교 • 한강유역 장악과 상실
- 수隋와의 전쟁 • 당唐과의 전쟁 • 사회와 문화

3) 백제의 성장과 변천
- 영토확장과 인력 확보 • 외교적 노력과 지배체제 정비
- 왕도 함락 • 다시 강한 나라가 되다更爲强國
- 천도와 제도 정비 • 대외관계와 연합전선 • 사회와 문화

4) 신라의 성장과 변천
- 고구려에의 예속과 독립 • 집권체제 정비
- 영토확장과 군사조직 • 골품제와 통치조직 • 사회와 문화

5) 가야의 성장과 변천
- 기술과 교역 • 전쟁과 대외관계

1) 동아시아의 국제정세

4~6세기의 중국대륙

중국의 4세기는 통일왕조인 진晉나라 왕실의 내부 분열로부터 시작되었다. 조왕趙王 사마윤의 쿠데타를 계기로 일어난 「8왕의 난」을 겪으며 진나라의 지방 통제력이 급속히 약해졌다. 조왕, 제왕齊王, 성도왕成都王 등 시시각각으로 실력자가 바뀌며 숨가쁘게 전개되던 내란은 306년에 동해왕東海王 사마월司馬越이 황제懷帝로 등극하면서 드디어 끝났다. 그러나 그 사이 황실의 권위가 급격히 추락하고, 사회는 이미 제어할 수 없을 정도로 동요하고 있었다. 특히 화북지방에 거주하던 농민들은 30만 호(150만 명)에 가까운 인구가 내란을 통해 유민으로 전락한 것으로 알려진다. 화북지방이 혼란에 빠지자 흉노, 선비 등의 북방종족이 세력을 확장하기 시작했다. 마침 8왕의 난이 계속되는 동안 일부 왕족이 흉노 등의 병력을 끌어들였으므로, 이를 통해 흉노·선비·저·강·갈 등 다섯 종족5胡이 독립을 도모하기에 이르렀다. 진의 입장에서는 반란이었다.

304년, 흉노족의 유연劉淵이 산서성山西省에서 스스로 한왕漢王이라 부르며 독립하였다. 그리고 308년에 스스로를 황제라고 불렀다. 그 뒤를 이은 아들 유총劉聰은 311년에 진나라 수도 낙양을 함락시키고 회제懷帝를 죽였다. 회제를 대신해 민제愍帝가 장안에서 즉위하였으나, 5년 뒤인 316년에 유총의 일족인 유요劉曜에게 체포·살해되었다. 이로써 진西晉이 멸망하고 이른바 16국시대가 열렸다. 318년 유총이 병들어 죽자 장안에서 독립한 유요는 나라 이름을 조趙(前趙)로 바꾸고 국력 신장을 도모하다가 329년에 갈족 출신 석륵石勒이 이끄는 군대의 공격을 받고 멸망하였다.

석륵은 흉노를 따라 화북지방에 진출한 서역 출신의 갈족 군인으로서 원래 유연의 부장部將이었는데, 유요가 독립하자 자신도 하북성에 따로 근거를 마련하고 스스로를 조왕趙王이라고 불렀다. 이것이 319년에 세워진 후조後趙이다. 석륵은 이후 흉노족의 전조前趙를 병합하고 화북지역을 모두 차지하는 강자가 되었다. 그러나 후조는 333년에 석륵이 죽은 뒤 왕실 내부가 분열하며 한없이 높아지던 기세가 꺾이더니, 352년에 동쪽에서 쳐들어온 전연前燕의 공격을 받고 멸망하였다.

한편, 몽골고원에서 활동하던 선비족의 모용부慕容部는 3세기 후반부터 남하하기 시작했다. 그리하여 294년경 요서지역의 극성棘城에 도읍을 정하였고, 319년에는 우문씨宇文氏를 격파하며 요동지방의 강자로 떠올랐다. 이를 선도한 모용외慕容廆는 스스로를 선비대선우鮮卑大單于라고 부르며 동진東晉에 조공하여 요동공遼東公 작호를 받았다. 그의 아들 모용황慕容皝은 337년경 스스로를 연왕燕王이라고 불렀으며 동진의 승인까지 얻었다. 이른바 전연前燕이다. 이에 후조가 고구려와 연합해 전연을 공격하려 하였다. 그러자 모용황은 339년에 고구려의 신성新城을 공격해 고구려의 기세를 꺾었다. 그리고 342년에는 4만 대군으로 고구려의 왕도 환도성丸都城을 공략해 미천왕의 시신과 왕모·왕비 등을 인질로 삼고 남녀 5만여 명을 사로잡아갔다. 큰 타격을 입은 고구려는 이듬해인 343년에 신하를 칭하며 전연에 조공하였다. 그리고 왕모가 귀환하는 355년까지 전연과 조공·책봉관계를 맺게 된다. 그 사이 전연은 화북 진출을 추진하여 352년에 후조를 멸망시키고 저족이 세운 전진前秦(351~394)과 함께 그 영역을 나눠가졌다. 이로써 전연은 요동·요서는 물론 하북·하남·산동·산서지역까지 포함하는 대제국이 되었다. 그러나 승승장구하던 전연도 모용위慕容暐가 재위하던 때인 370년에 서쪽의 전진에게 병합되고 말았다.

이처럼 4세기에 화북지방은 정치적으로 어수선하였다. 그러나 그런 중에도 항상 강대한 무력이 존재했으며, 그 세력범위가 동쪽으로 요동지역까지 포함하였다. 그러므로 낭야왕琅邪王 사마예司馬睿(元帝)가 317년에 건업建業에서 망명 귀족과 강남 호족의 지지를 모아 동진을 세웠지만, 그 힘은 화북지역에서 이민족들이 세운 왕조를 넘어설 수 없었다. 이에 그동안 진나라의 지휘를 받으며 요서·요동지역과 주변 이민족을 통제해온 동이교위부東夷校尉府는 힘을 잃고 마침내 319년부터 모용부 소속이 되었다. 그리고 그 사이 동이교위의 지원을 받을 수 없게 된 동쪽의 낙랑군과 대방군은 고립되었다가 고구려의 공격을 받고 마침내 멸망하였다.

5세기에 들어서던 무렵 중국 화북지역은 이른바 16국시대였는데, 16국 가운데 성成(302~347), 전조前趙(304~329), 후조後趙(319~352), 전연前燕(337~370), 서연西燕(385~394), 전진前秦(334~394), 전량前涼(313~376) 등은 이미 멸망하고, 후연後燕(384~408), 남연南燕(398~410), 후진後秦(384~417), 서진西秦(385~431), 후량後涼(396~403), 남량南涼(397~414), 북량北涼(397~439), 서량西涼(400~421) 등이 서로 다투었다. 당시 화북 8개국 가운데 후연, 남연, 서진, 남량 등은 선비족이 세운 나라였다.

선비족의 탁발부拓跋部는 4세기에 들어설 때까지 대흥안령大興安嶺산맥의 동쪽 기슭을 중심으로 활동하다가 이웃한 모용부 등의 세력에 밀려 서쪽으로 이동해 내몽골의 성락盛樂지역을 근거지로 삼았다. 이후 후조, 전진 등의 통제를 받았으며, 383년 전진이 동진에게 비수淝水지역에서 크게 진 뒤 386년경 탁발규拓跋珪가 여러 부족의 추대를 받아 대왕代王이라고 칭했다가 곧 위왕魏王으로 칭호를 바꾸었다. 그리고 세력을 더 키운 398년에는 위魏나라 황제라고 하였다. 이를 삼국시대 조조가 세운 위나라와 구별하기 위해 북위北魏라고 부른다.

북위는 397년에 내분에 휩싸인 후연을 대대적으로 공격해 화북 평원지역 대부분을 장악하였으며, 이듬해인 398년에 수도를 평성平城으로 옮기고 행정구역을 개편하였다. 그리고 424년경 북쪽의 유연柔然을 공격해 이듬해에는 고비사막 이북으로 쫓아내었고, 426년부터 하夏(407~432)를 공격해 장안, 수도 통만성統萬城 등을 차례로 점령하였다. 436년에는 북쪽으로 쫓겨가있던 북연을 멸망시키고 요하유역을 장악했으며, 439년에는 북량마저 무너뜨려 화북지역을 통일하였다. 이때부터를 흔히 남북조시대라고 부른다.

한편, 중국의 정통왕조임을 내세우며 317년에 건업(건강)에서 개창한 동진왕조는 4세기 후반부터 장군 환온桓溫의 전횡, 사마도자司馬道子의 국정농단, 지방군부 세력의 반발, 손은孫恩의 난 등을 차례로 겪으면서 왕실의 권위가 더욱 약해졌다. 403년 12월에는 마침내 안제安帝가 서부군단을 이끌던 환현桓玄에게 선양하고, 환현이 나라 이름을 초楚로 바꾸는 일까지 벌어졌다. 그러나 이듬해인 404년 2월에 북부군단의 중견 군인이던 유유劉裕 등이 쿠데타를 일으켜 환현을 내쫓고 안제를 복위시켰다. 유유는 409년에 남연을 공격하기 시작해서 이듬해에 멸망시켰으며, 경쟁자들을 물리친 다음 420년에 공제恭帝로부터 황제 자리를 물려받아 즉위하고 나라 이름을 송宋으로 바꾸었다. 이를 유송劉宋이라고도 한다.

송은 군사정권이라고 할 수 있을 정도로 황족이 직접 유력한 군부를 장악하고 경구京口, 형주荊州 등의 요충지를 직접 관리하는 등 군권을 잃지 않았다. 그러나 5세기 후반 황실 내부의 잔혹한 골육상쟁을 겪으면서 급격히 무너져 479년에 제8대 순제順帝가 군인출신 권신 소도성蕭道成에게 황제 자리를 빼앗겼다. 건국한지 59년 만의 일이다. 소도성은 즉위한 뒤 나라 이름을 제齊로 바꾸었다. 사람들은 혼란을 피하기 위해 이 나라를 흔히 남제南齊 또는 소제蕭齊라고 부른다.

남제南齊의 종실로서 옹주雍州의 군단장으로 있던 소연蕭衍이 500년에 쿠데타를 일으켰다. 그리고 502년에 수도 건강을 장악한 뒤 황제武帝로 즉위하였다. 당시 소연의 나이는 39세였는데, 나라 이름을 양梁으로 바꾸고 무력보다는 학문과 예술을 우대하는 정책을 펴며 남조의 황금시대를 열었다. 그러나 동위東魏로부터 군사를 이끌고 망명해온 후경侯景이 548년에 쿠데타를 일으켜 549년 건강성을 함락시키고 정권을 잡았다. 86세의 고령이던 무제는 유폐된 뒤 굶어죽었다고 하며, 뒤를 이어 즉위한 황태자는 2년 뒤 후경에게 살해되었다. 후경은 551년에 직접 황제로 즉위하였으나 552년 형주자사 소역蕭繹이 보낸 군대에게 살해되었다. 소역은 황제로 즉위한 뒤 강릉으로 수도를 옮겼다가 554년 서위西魏의 공격을 받아 죽고, 우여곡절 끝에 소역의 아들 소방지가 장군 진패선陳霸先의 도움을 받아 건강에서 즉위하였다가 557년 진패선에게 양위하였다. 진패선의 진陳나라는 영토가 양자강 중·하류와 그 이남지역으로 크게 줄어든 상태에서 5대에 걸쳐 제위를 이었으나, 589년 마침내 수나라의 공격을 받고 멸망하였다.

황하유역에서는 북위가 493년에 수도를 평성平城에서 낙양洛陽으로 옮긴 뒤 한족漢族문화 동화정책을 본격 추진하였고, 영명사永明寺를 비롯해 불교사찰을 많이 건립하였다. 그리하여 6세기 초엽 낙양에는 불교사찰이 도시의 ⅓을 차지할 정도였으며, 황실사찰인 영명사에는 서역 출신 승려가 3천 명이 넘을 정도였다고 한다. 이 때문에 재정이 어려워지자 523년에 선비족 내부의 불만세력이 평성에서 쿠데타를 일으켰다. 이때부터 혼란이 거듭되더니 군벌들이 황제를 폐위시키고 새로 옹립하는 일이 잦아졌다. 534년, 효무제가 자신을 옹립한 실권자 고환高歡을 죽이려다 실패한 뒤 장안으로 도망가 우문태宇文泰에게 의지하자, 고환은 효정제를 옹립하고 수도를 업鄴으로 옮겼다. 장안의 서위西魏와 업의 동위東魏로 나뉜 것이다.

550년, 고환의 둘째 아들 고양高洋이 동위의 효정제로부터 선양받아 황제로 즉위한 뒤 나라 이름을 제齊로 바꾸었다. 흔히 북제北齊라고 부른다. 장안의 우문태

중국 낙양의 영령사永寧寺 9층 목탑지

는 효무제를 독살하고 문제를 옹립해 서위를 세웠는데, 557년 우문태의 셋째아들 우문각宇文覺이 실권자 우문호의 비호 아래 공제로부터 선양받아 황제로 즉위하고 나라 이름을 주周라고 하였다. 흔히 북주北周라고 부른다. 북주는 577년에 북제를 멸망시키고 양자강 이북지역을 제패하였으나, 581년 9세에 불과한 제5대 정제가 외할아버지인 양견楊堅에게 선양하였다. 양견은 나라 이름을 수隋로 바꾸었다.

589년, 북쪽의 수나라가 남쪽의 진나라를 멸망시키고 중국을 통일하였다. 제2대 양제煬帝 때에는 대규모 토목사업과 고구려 원정 실패로 민심을 크게 잃었다. 618년 곳곳에서 반란이 일어난 와중에 양제가 살해된 뒤 양제의 외척이던 선비족 출신의 이연李淵이 제3대 공제를 옹립했다가 선양받아 황제로 즉위하고 나라 이름을 당唐으로 바꾸었다. 당나라는 7세기에 영토를 크게 넓혔으며, 8세기에도 번영하였다.

일본의 고분시대古墳時代

일본 역사는 대개 원시시대-고대-중세-근세-근대로 나누어 이해한다. 원시시대는 다시 구석기-죠몬繩文-야요이彌生 문화 단계로 구분하는데, 한국의 청동기문화에 해당하는 야요이문화는 기원전 3세기부터 기원후 3세기 중엽까지 성행한 문화이다. 이 시기에 한반도로부터 많은 사람들이 일본열도로 건너갔고, 벼농사를 기반으로 사회 분화와 정치세력화가 빠르게 진행되었다. 야요이시대 초기부터 나라시대 초기까지 1천 년간 약 150만 명이 일본열도로 이주한 것으로 보기도 한다. 그리하여 기원전 1세기경에는 일본열도 각지에 작은 나라들이 형성되었는데, 『한서』 지리지에 "낙랑 바다에는 왜인倭人들이 있어서 나뉘어 백여 국을 만들었으며 해마다 와서 물건을 바친다고 한다"는 기록이 있다.

야요이시대 말기, 곧 3세기 중엽에 이르러 1백여 개의 나라가 약 30개로 줄어들었다. 아마도 상당수가 이웃나라에 합병되었기 때문일 것이다. 『삼국지』 동이전倭人에는 다음과 같은 기록이 있다.

왜인은 대방의 동남쪽 큰 바다 안에 있으며, 산으로 된 섬에 의지해 국읍을 만들었다. 옛날에는 백여 국이었고 한나라 때 조정에 알현하는 곳도 있었는데, 지금은 사신과 통역이 오가는 곳이 30국이다. 군에서 왜로 가려면 해안을 따라 물길로 가며 한의 나라들을 지나는데, 남쪽으로 가다가 동쪽으로 가다가 하며 북쪽 해안의 구야한국 7천여 리 거리에 이르고, 비로소 큰 바다를 건너 1천여 리 가면 대마국에 이른다. 그곳의 큰 관리를 비구라고 부르고, 그 다음은 비노모리라고 부른다. 사는 곳은 외딴 섬으로서 사방 4백여 리 정도이며, 땅은 산이 험하고 깊은 숲이 많아서 길이 마치 새와 사슴이 다니는 길 같다. 1천여 호가 있는데, 좋은 밭이 없어서 해산물을 먹으며 생계를 유지하고 배로 남쪽 북쪽을 오가며 곡식을 사들인다. 또, 남쪽으로 큰 바다를 건너 1천여 리를 가는데, 이름을 한해라고 부르며 일대국에 닿는다. 관리를 또한 비구라고 부르고, 다음은 비노모리라고 부른다. 사방 3백 리 정도이며, 대나무와 울창한 숲이 많고 3천 정도의 집이 있다. 논밭이 조금 있지만 밭갈이로는 먹을 것이 충분치 않아서 또한 남쪽 북쪽에서 곡식을 사온다. 또 큰 바다를 1천여 리 건너서 말로국에 닿는데, 4천여 호가 있다. 산기슭과 바닷가에서 살며 초목이 무성해서 다닐 때 앞사람이 보이지 않는다. 물고기·전복 잡기를 좋아하여 물이면 깊든 얕든 모두 들어가 잡는다. 동남쪽 땅으로 5백 리를 가면 이도국에 이르는데, 관리를 이지라고 부르고 부관을 설모고, 병거고라고 부른다. 1천여 호가 있으며 대대로 왕이 있으나 모두 여왕국에 통괄 예속한다. 군의 사신이 오가며 늘 머무는 곳이다. 동남쪽 노국까지 1백 리인데, 관리를 시마고라고 부르고 다음을 비노모리라고 부른다. 2만여 호가 있다. 동쪽으로 가면 불미국에 닿는데 1백 리이다. 관리를 다모라고 부르고 다음을 비노모리라고 부른다. 1천여 집이 있다. 남쪽으로 투마국까지는 물길 20일이며, 관리를 미미라고 부르고 다음을 미미나리라고 부른다. 5만여 호 정도 된다. 남쪽으로 가면 야마대국에 닿는데, 여왕이 도읍하는 곳으로서, 물길 10일, 땅길 1개월을 간다. 관리는 이지마가 있고, 다음은 미마승이라고 부르고, 다음은 미마획지라고 부르고, 다음은 노가제라고 부른다. 7만여 호 정도 된다. (중략)

남자는 크든 작든 모두 얼굴과 몸에 문신을 한다. 예부터 그 사신이 중국에 왔으며, 모두 스스로를 대부라고 불렀다. 하후 소강의 아들이 회계에 봉해지자 머리를 깎고 문신을 해서 교룡의 해코지를 피하였는데, 지금 왜의 물에 익숙한 사람들이 물에 들어가 물고기·조개 잡기를 좋아하니, 문신도 큰 물고기와 바다새를 피하려고 했다가 나중에 점차 장식으로 된 것이다. 여러 나라의 문신이 저마다 달라서 왼쪽에 있기도 하고 오른 쪽에 있기도 하고 크기도 하고 작기도 하며, 신분이 높고 낮음에 차이가 있다. 길과 거리를 따지면 회계와 동야의 동쪽에 있는 것이 된다.

그 풍속은 음란하지 않다. 남자는 모두 맨머리에 상투를 틀었고 무명으로 머리를 묶는다. 옷은 가로로 넓은데, 단지 서로 이어 묶었을 뿐 대개 바느질을 하지 않는다. 부인은 머리카락을 풀어헤치고 구부려 묶으며, 옷을 홑이불처럼 만들고 그 중앙을 뚫고 머리를 넣어 입는다. 벼와 모시를 재배하고 누에치고 실을 잣고 세모시와 면직물을 만든다. 그곳에는 소·말·범·표범·양·까치가 없고, 무기는 창·방패·나무활을 쓰는데, 나무활은 아래가 짧고 위가 길며, 대나무화살 또는 쇠화살 또는 뼈화살이다. (중략)

대인을 만날 때의 예의는 단지 손을 잡는 것이며, 중국의 무릎 꿇고 절하는 것에 해당한다. 그 사람들은 오래 살아서 어떤 이는 백년이고 어떤 이는 8·90년이다. 그 풍속에 나라의 대인은 모두 부인이 4~5명이고, 하호도 어떤 이는 부인이 2~3명이다. 부인은 음란하지 않고 투기하지 않는다. 도둑질하지 않고 소송으로 다투는 일이 적다. 법을 어기면 가벼운 것은 그 처와 자식을 몰수하고, 무거운 것은 그 집안과 종족을 없앤다. 높고 낮음에 각각 차이와 순서가 있고 다들 신하의 예절을 잘 지킨다. 세금을 거두며 저택과 누각도 있다. 나라마다 시장이 있어서 있고 없는 것을 서로 바꾸는데, 대왜가 그것을 감독하게 한다. 여왕국 북쪽으로는 특별히 일대솔을 두어 여러 나라를 단속하고 살피며, 여러 나라가 두려워하고 꺼린다. 늘 이도국을 다스리므로 나라 안에서의 자사와 같은 점이 있다. 왕이 (중국)수도와 대방군, 한의 여러 나라에 사신을 보내거나 군이 왜국에 사신을 보내면 모두 나루터에서 검사하고 문서와 내려준 물건을 여왕에게 보내는데,

실수와 착오가 없다. 하호는 대인과 도로에서 마주치면 뒷걸음쳐 숲으로 들어가며, 말을 전하거나 일을 설명할 때에는 몸을 조아리거나 무릎 꿇거나 하며 두 손으로 땅을 짚는 것이 공경하는 것이다. 대답하는 말은 '희'라고 하는데 그렇다는 말이다.

그 나라도 본래 남자가 왕이었으나 7·80년이 지나 왜국이 어지러워져 여러 해 동안 서로 공격하였다. 이에 한 여자를 함께 세워 왕으로 삼았는데, 이름이 비미호이다. 귀신을 섬기며 무리를 잘 현혹한다. 나이가 이미 많으나 남편이 없고 남동생이 있어 나라를 다스리는 것을 돕는다. 왕이 된 뒤로 만나는 자가 적고 여종 1천 명이 시중들게 하며, 오직 남자 한 사람이 음식을 공급하고 말을 전하며 드나들 뿐이다. 사는 곳은 궁실과 누각이며, 성책을 엄하게 설치하고 늘 사람들이 무기를 들고 지킨다. [22]

기록을 통해 3세기 중엽 여왕이 다스리는 야마대국邪馬臺國이 주변의 작은 나라에 관리를 파견하고 통행자의 물품을 검수할 정도로 상당한 정치력과 행정체계를 갖추었음을 알 수 있다. 야마대국의 위치에 대해서는 나라奈良지역에 있었다는 설과 규슈九州지역에 있었다는 설이 오랫동안 논쟁해왔다. 나라지역설은 『삼국지』에 실린 여정에 딱 맞는 거리일 뿐 아니라 나라지역에서 3세기 무렵의 중국제 청동거울이 많이 출토되었고 지역 이름 야마토大和가 야마타이邪馬臺와 같다는 점을 강조한다. 규슈지역설은 『삼국지』에서 대방군부터 이도국까지의 거리는 직선이지만 이후는 방사선 방식으로 설명했기에 거리를 정확히 알 수 없으며 57년경 후한 광무제가 준 것으로 알려진 금도장金印이 규슈에서 발견되었고 요시노가리吉野ヶ里유적과 같은 야요이시대 대형 마을유적이 위치한다는 점을 강조한다. 나라지역설은 3세기에 이미 긴키近畿지역부터 규슈지역까지 세력권을 형성한 연합정권이 있었다는 시각이며, 규슈지역설은 3세기 중엽 이후에야 야마대국이 키나이지역으로 중심지를 옮기고 강력한 통일왕조를 성립시키게 된다는 시각을 기반으로 한다.

그런데 3세기 중엽 또는 말엽부터 긴키지역을 중심으로 세토우치瀬戸内지역에

일본 사가현의 요시노가리유적 역사공원

이르기까지 봉분이 크고 주위에 도랑을 두른 무덤들이 나타나더니 4세기에 이르러서는 규모가 더욱 커지면서 전국 곳곳으로 확산되는 양상을 보인다. 그 무덤이 바로 전방후원분前方後圓墳이라는 특이한 형태의 거대한 무덤이다. 지역은 다르지만 무덤의 모습과 구성요소, 그리고 껴묻거리까지 비슷하다는 것은 어떤 문화기준을 공유한다는 뜻이다. 그러므로 전방후원분은 그것을 만든 지역을 통괄하는 정치세력을 상정하게 한다. 즉, 야마토大和라고 불리는 왜 왕권이 출현해 일본열도 각지의 작은 나라들을 차례로 흡수 통합하였고, 흡수된 지역의 수장들은 왜왕倭王의 허락을 받아 전방후원분이라는 거대한 무덤을 세움으로써 일종의 연대감을 나타냈다는 것이다. 4세기 중엽까지는 무덤의 껴묻거리가 청동거울·옥·농공구 등 제사관련 의례용기 위주였으나, 4세기 중엽~5세기에는 무기·말갖춤馬具 등 군사력과 권력을 나타내는 물품으로 바뀌었으며, 6~7세기에는 무덤의 크기와 형태가 달

일본 초기의 전방후원분(하시하카고분)

라지고 일정지역에 군집하는 특징과 함께 일상용품을 많이 껴묻었다. 그리고 7세기 중엽에는 불교 영향으로 화장火葬문화가 널리 퍼지면서 고분이 사라지게 되었다고 한다.

고분시대의 중심지가 어디였는지는 아직 분명하지 않지만 6세기 중엽부터 7세기 전반까지 왜倭의 도읍이었던 아스카飛鳥에서 멀지 않았을 것으로 추정한다. 그것은 4~5세기의 대형 전방후원분이 지금의 오사카大阪·나라奈良지역에 분포하고 있기 때문이다. 그런데 『일본서기』에는 왜왕倭王이 369년경 한반도 남부로 군대를 보내 영토를 확보하고 562년까지 지배했다는 기록이 있고, 『송서』·『남제서』·『양서』에는 5세기에 송·남제·양나라가 왜왕에게 신라·임나·가라 등의 이름이 들어간 작호를 준 기록이 있다. 이에 일본 역사학계에서는 왜왕이 한반도 남부지역에 임나일본부任那日本府라는 일종의 식민지기구를 설치했거나 외교관청·관리를 파견해 2백년간 운영했다는 논리가 한때 유행했으며, 아직도 그런 시각이 남아있다.

그러나 『일본서기』 기사는 황국사관에 따라 왜왕倭王을 천황天皇으로, 왜倭를 일본日本으로 고쳐서 기록했을 뿐 아니라 백제 근초고왕 때의 일을 마치 2주갑 120년 전의 일인 양 꾸며 기록했을 정도로 의도적 왜곡이 심한 책이어서 특별한 사료 분석이 필요하다. 그리고 왜 5왕이 중국으로부터 받은 작호의 의미를 정확히 이해하려면 먼저 당시의 국제정세와 한반도 상황을 충분히 인식하여야 한다. 따라서 이에 대해서는 나중에 따로 자세히 다루겠다.

왜의 5왕이 중국 남조로부터 받은 작호爵號

	연대	수여국	왜왕	작호	비고
1	438	송宋	진珍	사지절 도독 왜·백제·신라·임나·진한·모한 6국 제군사 안동대장군 왜국왕 使持節都督倭百濟新羅任那秦韓慕韓六國諸軍事安東大將軍倭國王	자칭
				안동장군 왜국왕安東將軍倭國王	수여
2		송	제濟	안동장군 왜국왕安東將軍倭國王	수여
3	451	송	제	사지절 도독 왜·신라·임나·가라·진한·모한 6국 제군사 안동장군 使持節都督倭新羅任那加羅秦韓慕韓六國諸軍事安東將軍	자칭
				안동장군安東將軍 → 안동대장군安東大將軍	승진
4	462	송	흥興	안동장군 왜국왕安東將軍倭國王	수여
5	?	송	무武	사지절 도독 왜·백제·신라·임나·가라·진한·모한 7국 제군사 안동대장군 왜국왕使持節都督倭百濟新羅任那加羅秦韓慕韓七國諸軍事安東大將軍倭國王	자칭
6	478	송	무	사지절 도독 왜·신라·임나·가라·진한·모한 6국 제군사 안동대장군 왜왕 使持節都督倭新羅任那加羅秦韓慕韓六國諸軍事安東大將軍倭王	수여
7	479	제齊	무	사지절 도독 왜·신라·임나·가라·진한·모한 6국 제군사 진동대장군 왜왕 使持節都督倭新羅任那加羅秦韓慕韓六國諸軍事鎭東大將軍倭王	승진
8	502	양梁	무	사지절 도독 왜·신라·임나·가라·진한·모한 6국 제군사 정동장군 使持節都督倭新羅任那伽羅秦韓慕韓六國諸軍事征東將軍	승진

인구와 환경

앞 장에서 3세기 말 중국 진晉나라 인구를 대략 3~4천만 명으로 추산하였는데, 4세기 초 수십만 명의 이주민을 이끌고 남쪽 양자강유역으로 내려가 황실을 재건한 동진의 인구는 대략 1천만 명 정도로 추산한다. 그리고 5세기 초 멸망하던 무렵의 인구는 대략 1,500만 명이 넘었을 것으로 추산한다. 뒤를 이은 송나라는 5세기 중엽에 가장 인구가 많았을 것으로 추정하는데,『송서』지리지에 나오는 호구를 모두 합하면 901,697호, 5,173,980명이지만, 호구를 기록하지 않은 군현이 많으므로 지역 조건을 감안해 공백을 메우면 대략 1,500~2,100만 명 정도로 추산된다. 이 인구는 대체로 남제·양나라 때에도 유지되었을 것으로 보인다. 특히 양 무제가 재위한 6세기 전반기의 44년 동안은 전쟁 영향이 매우 적고 농업생산이 비교적 발달한 시기로서 인구가 증가했다고 흔히 평가한다. 그래서 548년 후경의 난이 발생하기 전 양나라의 인구는 대략 1,800~2,100만 명 정도로 추산한다. 그리고 6세기 후반 진陳나라의 인구는 내분과 전쟁 영향으로 조금 줄어들어서 대략 1,500만 명으로 추산한다.

한편, 4세기 초 화북지역에서는 약 2,000만 명이 거주했을 것으로 추정한다. 후한 시기 북방 종족의 인구를 대개 흉노匈奴 50만여 명, 선비鮮卑 50만 명 이상, 오환烏桓 15~20만 명, 강羌·저氐는 수십만 명 등으로 추정하며, 동북쪽의 부여는 약 40만 명, 고구려 20만 명 이상, 동예 10만여 명, 옥저·읍루는 수만 명 정도로 추정하는데, 4세기 초에는 전쟁이 잦았으므로 이동은 있었지만 전체적으로는 비슷하거나 조금 늘어난 정도였을 것이다. 그렇다면 370년 전연이 멸망할 때의 인구 998만여 명 중 대다수는 선비족이 아니라 대대로 화북지역에 거주하던 사람들이었다고 말할 수 있다.

439년에 북위北魏가 화북지역을 통일하고 남북조시대를 연 뒤 중국대륙에 비교적 안정적인 생활환경이 조성되었고 인구가 급증하였다. 그리하여 6세기 초 북위 인구는 대략 3,000~3,500만 명에 이르렀을 것으로 추산한다. 6세기 무렵 남북조 인구를 모두 합하면 적어도 5천만 명을 초과했으리라는 것이 중국학계의 통설이다.

589년에 수隋나라가 남쪽의 진나라를 평정하고 중국대륙을 통일하기 직전의 인구는 약 700여만 호, 통일한 이후에는 870여만 호였다고 한다. 7세기 말에 대략 4,350만 명 정도였다고 할 수 있다. 618년에 당나라로 바뀐 뒤의 초기인구는 알 수 없으나, 8세기 전반기에 전국 인구가 8,412,871호, 48,143,609명으로 조사되었다는 기록이 있다. 당나라는 대개 3년마다 호적을 정리했는데, 소띠丑, 용띠辰, 양띠未, 개띠戌 해가 기준이었다. 호적 정리는 현縣이 정월과 3월에 완성했으며, 보통 1

식 3부를 만들어서 1부는 상서성의 호부戶部로 보내고, 1부는 주州로 보내고, 1부는 현에 남겨두었다고 한다. 『당회요唐會要』에는 754년경 당나라 인구가 9,069,154호로 적혀있고, 『구당서』에는 9,619,254호, 52,880,488명이라는 기록이 있다. 『책부원구』에는 8,348,395호, 45,311,272명이라는 기록이 있으며, 『통전』에는 755년경 인구가 8,914,790호, 52,919,309명으로 적혀 있다.

인구 변동에는 사회 환경뿐 아니라 자연 환경 변화도 큰 영향을 미치는데, 춘추시대부터 전한(기원전 1세기)까지를 온난기溫暖期, 전한 말기부터 수나라(6세기 말)까지를 한랭기寒冷期, 수나라 말기부터 북송(10세기 말)까지를 온난기로 구분하여 인구변동 추이와 연계하기도 한다.

한편, 일본에서는 죠몬시대의 주요유적 분포양상을 기준으로 인구를 추정하여 지금부터 3,300년 전(기원전 1,300년경)에는 약 16만 명 정도였다가 지금부터 2,900년 전(기원전 900년경)에는 환경변화 여파로 7만5천여 명 정도로 줄어들었다고 보기도 한다. 출토된 인골을 통해 당시 사람들의 사망 연령을 추정하면 남자는 30~34세, 여자는 20~24세에 해당하는 사람이 많았다고 한다. 기원후 2세기 무렵의 야요이시대에는 일본열도의 인구가 60만 명에 육박하였고, 8세기 초 나라시대의 인구는 450만여 명으로 크게 늘었다고 본다. 일본에서는 대화개신大化改新(646) 이후 전국적으로 호적을 작성하기 시작했으므로 이 무렵부터 인구추산도 비교적 안정적이라고 할 수 있다. 800년경 헤이안平安 초기의 인구는 550만 명, 900년경 헤이안 전기의 인구는 644만 명 정도라고 한다. 10세기 이후에는 경지확대·토지생산성이 한계점에 이르고 기후가 악화되고 역병이 도는 등 재해가 일어나 인구성장률이 둔화되었다. 그럼에도 불구하고 임진왜란이 일어난 뒤인 1,600년경의 일본 인구는 약 1,227만 명 정도로 늘었다. 그러나 이는 1920년의 5,596만 명, 1950년의 8,389만여 명에 비하면 매우 적은 숫자이다.

한국에는 인구관련 자료가 남아있지 않다. 삼국시대와 남북국시대에 세금과 노

부여 정림사지 5층석탑의 1층 탑신부에 새겨진 대당평백제국비명

역·군역을 징수하고 호적도 작성했으므로 인구 파악은 기본적으로 이루어졌을 것이다. 『구당서』 동이전에는 7세기 중엽 고구려와 백제가 멸망했을 때 고구려는 176성城, 69만 호戶, 백제는 37군郡, 200성城, 76만 호戶였다는 기록이 있다. 1호당 5명으로 단순계산

하면 고구려는 약 346만 명, 백제는 380만 명이었다는 것이다. 그런데 660년에 당나라가 백제를 멸망시킨 뒤 대장군 소정방蘇定方이 정림사지 5층 석탑의 1층 탑신석에 자신의 공적을 새긴 「대당평백제국大唐平百濟國」비석에는 백제 인구가 24만 호 620만 명으로 적혀 있다. 이 숫자는 1호당 25명이므로 호구戶口가 산술적으로 맞지 않아 '육六'자를 '일一'자의 잘못으로 보고 24만 호 120만 명으로 수정해서 계산하는 것이 보통이다. 『삼국유사』에는 백제 전성기의 인구가 152,300호였다는 기록이 있는데, 이에 따르면 약 76만 명이 된다. 고구려 전성기의 인구는 210,508호로 적혀 있다. 약 105만여 명으로 추산되는 인구이며, 대략 5세기 중후반기의 인구로 이해한다. 최근에는 고구려에서 7세기 초 수당隋唐전쟁 때문에 가족제도가 변하기 전에는 대가족형태를 유지했으므로 1호당 7명으로 계산해야 한다는 주장이 제기되었다. 그렇게 따지면 고구려의 전성기 인구는 147만여 명 정도가 된다. 『구당서』에는 고구려가 멸망했을 때의 행정구역과 인구를 5부部−176성城 697,000호戶라고 적어놓았는데, 1성에 3,920호, 약 19,600명이 해당하는 수치이므로 지나치게 많아서 믿기 어렵다. 신라 인구에 대한 기록은 따로 없지만, 『삼국유사』에 신라의 왕도王都 인구가 178,936호였다는 기록이 있다. 이는 약 90만 명에 가까운 숫자이므로 고대

경주지역의 지형조건과 주거환경을 감안할 때 불합리한 수치이다. 그래서 178,936명을 잘못 적어놓은 것으로 보기도 한다.

중세 고려왕조의 호구조사 기록도 남아있지 않다. 다만, 『송사宋史』 외국열전(고려)의 "3경京, 4부府, 8목牧, 118군郡, 390현진縣鎭 남녀 210만 명"이라는 기록을 참고할 수 있다. 조선왕조에서는 1461년에 "전국 8도, 70만 호, 400만 명"이라는 양성지의 보고내용이 전한다. 일제강점기인 1925년 실시된 전국 인구조사에서는 19,522,945명(남자 10,020,943명, 여자 9,502,002명)으로 집계되었는데, 이는 당시 한반도에서 거주하던 일본인을 포함한 것이며 만주 등지로 이주해나간 인구는 제외한 숫자이다. 1944년의 전국 인구는 25,917,881명이었고, 1949년 북한지역을 제외한 전국 인구는 20,188,641명이었다. 그러므로 이러한 인구 추세를 감안하면 신라말·고려 초의 인구는 대략 200~300만 명으로 추산할 수 있다.

한편, 한국 고대사회의 자연환경은 한반도와 만주지역에 폭넓게 분포한 소나무·참나무류, 그리고 가래나무과의 나무들이 흔하였다. 각종 고대유적에서 발견된 숯[木炭]을 조사하면 소나무, 참나무, 잣나무 등의 침엽수와 오리나무, 졸참나무, 상수리나무, 굴피나무, 가래나무, 밤나무, 벚나무, 배나무, 뽕나무, 단풍나무, 팽나무 등 다양한 활엽수가 확인된다. 회나무·개암나무·느릅나무·느티나무·물푸레나무·가문비나무·자작나무·감나무·살구나무 등도 일찍부터 한반도에서 자란 것으로 추정한다. 일본열도의 선사유적에서는 이밖에 은행나무·노송나무도 발견되어 참고할 수 있다.

사람들이 재배한 곡물은 주로 쌀·콩·보리·삼麻·기장·조·피·밀·팥·귀리 등이었는데, 고대사회에는 특히 맛이 좋고 부드러우며 영양이 풍부한 쌀을 선호하였다. 쌀은 상대적으로 영양이 높고 저장기간이 길기 때문에 먼 거리 전쟁에서 군량미로 쓰기에 적당하였다. 다만, 고대사회에서 쌀은 귀한 곡물이었으므로 일반적으로 밥을 지어 먹기는 어려웠으며 잡곡밥 위주의 죽을 끓여 먹는 경우가 많았다. 죽

에는 나물과 채소를 넣어 음식 양을 늘렸는데, 일본의 고대 기록에는 아욱 이야기
가 많아서 참고할 수 있다. 음식을 조리할 때 쇠솥을 사용한 것은 한국사의 경우
대략 3세기 또는 4세기 이후라고 할 수 있다.

고대 한반도일대의 동물과 식물(음식재료 중심)

종류		이 름
식물	곡물	쌀, 보리, 밀, 기장, 조, 피, 메밀, 콩, 팥, 깨, 녹두, 삼麻.
	나물·채소	아욱, 고사리, 미나리, 참나물, 기름나물, 근대, 백합, 쑥, 달래, 냉이, 무, 박, 가지, 토란, 칡, 오이, 마늘, 부추, 파, 상추, 연근.
	과일	감, 개암, 밤, 도토리, 호도, 대추, 복숭아, 살구, 가래, 참외, 배, 사과, 머루, 포도, 수박, 잣.
동물	길짐승	개, 소, 말, 돼지, 멧돼지, 사슴, 노루, 토끼, 여우, 염소, 족제비, 담비, 살쾡이.
	날짐승	닭, 오리, 꿩, 참새, 기러기, 비둘기, 까치, 까마귀, 매, 독수리, 황새, 크낙새, 딱새, 부엉이, 올빼미, 두루미, 왜가리.
	물고기	조기, 돔, 농어, 복어, 준치, 민어, 숭어, 정어리, 방어, 청어, 대구, 넙치, 가오리, 갈치, 멸치, 양태, 상어, 고래, 바다표범, 물개, 게, 잉어·미꾸라지를 비롯한 민물고기.
	조개류	굴, 반지락, 고둥, 우럭, 백합, 조개, 소라, 꼬막, 홍합, 전복, 대복.

2) 고구려의 성장과 변천

전쟁과 시련

고구려는 북쪽의 부여, 동쪽의 옥저·읍루, 남쪽의 낙랑군, 서쪽의 현도군·요동
군 등에 둘러싸인 지역에서 성장하였으므로 일찍부터 전쟁을 피할 수 없었다. 그중
고구려를 가장 집요하게 견제한 것은 중국의 역대 왕조가 설치·운영한 군郡들이었
다. 『삼국지』에는 다음과 같은 기록이 있다.

상제와 안제 사이(105~125)에 이르러 구려왕 궁이 자주 요동을 약탈하므로 다시 현도에 소속시켰다. 요동태수 채풍과 현도태수 요광은 궁이 2군에 해롭다고 여겨서 군사를 일으켜 정벌하였다. 궁이 거짓으로 항복하며 평화를 요청하자 2군은 진격하지 않았는데, 궁이 몰래 군사를 보내 현도를 공격하며 후성을 불사르고 요수에 들어가 관리와 백성들을 죽였다. 나중에 궁이 다시 요동을 침범하자 채풍이 깔보며 소속 군사를 거느리고 토벌하였다가 군대가 싸움에 져서 죽었다.

궁이 죽고 아들 백고가 즉위하였는데, 순제와 환제 사이(125~167)에 다시 요동을 침범하여 신안·거향을 약탈하였다. 또, 서안평을 공격하며 도중에 대방령을 죽이고 낙랑태수의 아내와 자식을 잡아갔다. 영제 건령 2년(169)에 현도태수 경림이 토벌하여 수백 명을 죽이고 사로잡으니 백고가 항복하며 요동에 복속하였다. 희평 연간(172~177)에 백고가 현도에 소속하게 해달라고 요청하였으며, 공손탁이 바다 동쪽에서 세력을 펴자, 백고가 대가 우거와 주부 연인 등을 보내 탁이 부산의 도적들을 깨뜨리는 것을 도왔다.

백고가 죽고 두 아들이 있었는데 맏아들은 발기, 작은 아들은 이이모였다. 발기가 못났기에 나라 사람들이 곧 함께 이이모를 왕으로 세웠다. 백고 때부터 자주 요동을 약탈하고 또 망명한 오랑캐 5백여 가를 받아들였는데, 건안 연간(196~219)에 공손강이 군대를 내어 쳐서 그 나라를 깨뜨리고 마을을 불살랐다. 발기가 형인데도 왕위에 오르지 못한 것을 원망해 연노부 대가와 함께 하호 3만여 명을 이끌고 강에게 가서 항복했다가 비류수로 돌아와 살았다. 항복했던 오랑캐도 또한 이이모를 배반하자, 이이모가 다시 새로운 나라를 만들었으니, 오늘날 있는 곳이 바로 그곳이다. 발기는 마침내 요동으로 가고 아들이 구려국에 남았는데, 지금의 고추가 박위거가 바로 그 사람이다. 그후 다시 현도를 공격하니, 현도와 요동이 함께 쳐서 크게 깨뜨렸다.

이이모는 아들이 없자 관노부와 음란한 일을 벌여 아들을 낳고 이름을 위궁이라 했는데, 이이모가 죽자 즉위해 왕이 되니 지금의 구려왕 궁이 바로 그 사람이다. 그의 증조할아버지 이름은 궁인데, 태어나면서 눈을 뜨고 보았으므로 그 나라 사람들이 미워하였다. 성장하여 과연 사납고 모질어서 자주 노략질하니 나라가 무너지고 파괴되는 일을 당하였다. 지금 왕도 태어나자마자 또한 눈을 뜨고 사람을 보았다. 구려는 서로 닮은 것을 위라고 부르므로 그 할아버지를 닮았다고 해서 이름을 위궁이라고 하였다. 위궁은 힘이 세고 날쌔며 말을 잘 타고 활로 사냥을 잘한다. 경초 2년(238)에 태위 사마선왕이 군대를 이끌고 공손연을 정벌하니 궁이 주부·대가를 보내 수천 명을 거느리고 군대를 돕게 하였다. 정시 3년(242)에는 궁이 서안평을 약탈하였다. 그 5년(244)에는 유주자사 관구검에게 격파되었는데, 이야기가 관구검 열전에 실려 있다. [23]

위의 기록에서 궁宮은 제6대 태조왕을 가리킨다. 그의 아들이라고 한 백고伯固는 제8대 신대왕新大王(165~179)이며, 『삼국사기』에는 태조왕의 막내아우로 적혀 있다. 『삼국사기』에 따르면, 신대왕이 죽자 둘째아들인 남무南武, 일명 이이모伊夷模가 나라 사람들의 추대를 받아 형인 발기 대신 즉위해 제9대 고국천왕故國川王(179~197)이 되었고, 고국천왕이 재위 19년에 죽으니 셋째 아우 연우延優, 일명 위궁位宮이 왕비인 형수와 혼인하면서 둘째 형 발기發岐를 제치고 즉위해 제10대 산상왕山上王(197~227)이 되었다고 한다. 그런데 고국천왕이 재위한 시기는 이이모가 활동한 시기와 서로 맞지 않고, 산상왕이 재위한 시기는 위궁이 활동한 시기와 서로 맞지 않으므로 『삼국사기』 쪽에 이름 착오가 있었음을 알 수 있다. 따라서 이이모는 제10대 산상왕의 이름, 위궁은 제11대 동천왕東川王(227~248)의 이름으로 『삼국사기』 기록을 수정해야 한다.

『삼국사기』에는 동천왕 20년(246) 가을에 위나라의 유주자사 관구검이 군사 1만 명을 거느리고 고구려를 쳐들어오자 왕이 보병·기병 2만 명을 이끌고 가서 비류수가에서 맞붙어 3천 명을 죽이고 양백 골짜기에서 다시 맞붙어 또 3천 명을 죽이거나 사로잡는 등 승승장구하였으나, 궁지에 몰린 적을 깔보고 중무장 기병 5천 명으로 공격하다가 실패해 도리어 고구려군 18,000명을 잃었으며, 겨울에 관구검이 왕

도인 환도성을 공격해 함락시
키니 왕이 남옥저까지 달아났
다가 나중에야 겨우 돌아왔다
는 상세한 기록이 있다. 그런데
1906년 만주 집안현輯安縣에서
도로공사 중 발견된 「관구검기
공비冊丘儉紀功碑」와 『삼국지』에
는 관구검이 244년에 고구려를
침공했다가 245년에 돌아간 것
으로 되어 있다. 그러니까 이때
고구려는 왕도가 크게 훼손되

관구검기공비(중국 요령성 박물관)

어 이듬해에 도읍을 옮겨야 할 정도로 큰 타격을 입었음을 알 수 있다. 『삼국사기』
에는 동천왕 21년(247)에 평양성平壤城을 쌓고 백성과 종묘·사직을 옮겼다는 기록
이 있는데, 이때의 평양성은 지금의 평양시가 아니라 국내성이 위치한 중국 길림성
집안시에서 가까운 압록강 남쪽의 북한 자강도 강계시 일대에 비정하는 것이 통설
이다. 강계지역에는 고구려의 돌무지무덤이 널리 분포한다.

　왕도를 옮긴 뒤 고구려는 국력을 빠르게 회복하였다. 『삼국사기』에 따르면, 259
년 위나라 장군 위지해尉遲楷가 군대를 이끌고 고구려를 쳐들어오자 중천왕中川王
이 정예기병 5천을 이끌고 가서 8천 명을 죽이며 무찔렀다고 한다. 302년에는 미천
왕美川王이 군사 3만 명을 이끌고 현도군을 공격해 8천 명을 사로잡아 왔으며, 311
년에 요동 서안평을 공격해 차지함으로써 대동강유역의 낙랑군과 상위행정조직인
요동의 평주平州가 연락하는 교통로를 장악하였다. 그리고 313년 겨울에 낙랑군을
공격해 남녀 2천여 명을 사로잡았고, 314년 가을에 남쪽으로 대방군을 침략했다고
한다. 이에 중심지가 압록강유역에 있었던 고구려가 지금의 황해도지역에 위치한

대방군을 침공하려면 대동강유역의 낙랑군 치소를 지나야 하므로 313년 공격으로 낙랑군이 멸망했다고 보는 것이 학계의 정설이다. 미천왕은 315년에 현도성을 공격해 깨뜨렸다.

319년, 모용외가 요서·요동지역을 장악하자 진나라의 평주자사 최비崔毖가 고구려로 망명하였는데, 이로써 요동지역의 주도권을 두고 선비족 모용부와 고구려가 대립하는 양상이 빚어졌다. 이때 모용부의 장군 장통張統이 고구려의 하성河城을 공격해 장군과 휘하의 무리 1천여 가를 사로잡아 갔으며, 이듬해인 320년 겨울에는 고구려 군대가 요동을 침략했다가 모용부에게 참패하는 일이 일어났다. 330년 2월에 후조後趙의 석륵石勒이 천왕天王을 칭했다가 9월에는 황제를 칭하자, 고구려는 사신을 보내 싸리나무화살楛矢을 선물하였는데, 이는 모용부를 견제하기 위해 배후의 세력과 연대하려는 의도로 보인다. 이에 338년 후조가 곡식 30만곡斛을 배 30척에 실어 고구려로 보냈다는 기록이 『자치통감』에 전한다.

333년에 아버지의 뒤를 이어 선비대선우로 즉위한 모용황은 337년부터 스스로를 연왕燕王이라고 불렀는데, 339년에 고구려를 침략해 고국원왕이 4년 전 새로 쌓은 신성新城에까지 육박하였다. 이에 고국원왕이 맹세하며 퇴각해달라고 요청하자 물러났다고 하는데, 무엇을 맹세했는지는 기록이 없으나, 이듬해인 340년에 고국원왕이 세자를 모용황에게 보내 조회에 참석했다고 하니, 아마도 전연에 신하의 예절을 다하겠다는 약속이었을 것이다.

342년, 고구려는 봄에 환도성을 수리하고 국내성을 쌓았으며, 가을에 왕이 환도성으로 거처를 옮겼다. 전쟁 준비에 착수한 것이다. 그러자 전연의 모용황은 겨울에 고구려를 침략하였다. 당시 고구려 왕도로 가는 길은 평탄하고 넓은 북도北道와 험하고 좁은 남도南道가 있었는데, 모용황은 정예군사 4만 명을 직접 거느리고 남도로 진격하고, 북도로는 따로 군사 15,000명을 보냈다고 한다. 전연의 군사작전을 눈치 채지 못한 고구려는 정예군사 5만 명을 북도로 보내고 남도로는 고국원왕이 이끄는 약한 군사들이 출전했다가 크게 져서 고국원왕만 혼자서 겨우 도망쳤다. 그 사이 전연의 군대는 환도성을 함락시킨 뒤 왕의 어머니 주씨周氏와 왕비를 사로 잡았으며, 미천왕의 무덤을 파내 시신을 수레에 싣고 왕실창고의 각종 보물 및 사로잡은 남녀 5만여 명과 함께 돌아가면서 궁실을 불태우고 환도성을 허물었다. 이에 이듬해 봄에 고국원왕이 아우를 전연으로 보내 신하를 칭하면서 조회에 참석하고 진기한 물건 1천여 점을 바치니, 전연의 모용황이 미천왕의 시신은 돌려주었으나 왕의 어머니는 남겨두어 인질로 삼았다. 고국원왕은 가을에 평양 동황성東黃城으로 거처를 옮겼으며, 동진으로 사신을 보내 조공했다고 한다. 전연과의 관계를 끊고 전쟁에 대비한 것으로 보인다. 평양 동황성의 위치에 대해서는 집안지역 내 '동쪽의 황성'으로 해석하고 구체적으로 동대자東臺子유적에 비정하는 설, 압록강 남쪽의 자강도 강계지역이라는 설, 지금의 평양이라는 설 등이 있다.

348년에 모용황이 죽자 아들 모용준慕容儁이 즉위하였다. 이에 고국원왕은 전연의 동이호군東夷護軍이었다가 죄를 짓고 고구려에 망명해있던 송황宋晃을 349년에 전연으로 보냈다. 그리고 355년 겨울 전연에 인질과 조공을 바치면서 왕의 어머니를 돌려달라고 요청하였다. 전연왕 모용준은 고국원왕의 어머니를 돌려보내면서 고국원왕을 정동대장군征東大將軍 영주자사營州刺史 낙랑공樂浪公 고구려왕高句麗王에 임명하였다. 이후 고구려가 전연에 사신을 보냈다거나 조공했다는 기록은 보이지 않는다.

고국원왕은 전연과의 현안문제가 어느 정도 해결되자 남쪽 영토를 넓히는 일에 집중하였다. 그리하여 369년 가을에 왕이 직접 군사 2만 명을 거느리고 남쪽 백제를 공격했으나 치양雉壤(황해도 배천)전투에서 크게 지고 5천 명이 죽거나 사로잡혔다. 370년에는 전진의 공격을 받고 전연이 멸망했는데, 전연의 태부太傅 모용평이 고구려로 도망쳐오자 그를 붙잡아 전진에 보내주었다. 그리고 371년 겨울, 백제 근초고왕이 군사 3만 명을 이끌고 평양성까지 쳐들어오자 고구려 고국원왕은 평양성을 지키다가 날아오는 화살에 맞아 죽었다. 4세기 후반 고구려의 서쪽에서는 바야흐로 중국을 호령하게 된 전진前秦이 한창 영토를 넓히고 있고, 남쪽에서는 만만찮은 상대인 백제가 옛 낙랑군·대방군의 영역을 차지하려 애쓰고 있었던 것이다.

집권체제 정비

371년 말, 고국원왕이 갑작스럽게 죽자 아들 구부丘夫가 즉위하였다. 384년에 죽은 뒤 소수림에 묻혀서 소수림왕小獸林王으로 불리게 되는 인물이다. 372년 여름에 전진前秦이 고구려에 사신과 함께 불교 승려 순도順道를 파견하고 불상과 불경을 보내주었다. 이에 소수림왕도 사신을 보내 답례하고 토산품을 바쳐 우호를 다졌다. 그리고 교육기관인 태학太學을 세웠는데, 전진의 영향을 받은 것이라는 견해가 있다. 태학은 역사서에 따라 대학大學으로도 적혀 있으며, 중앙의 최고 교육기관으로서 사서四書 오경五經과 『사기』 등의 역사서를 기본 교과목으로 삼았다. 『구당서』와 『신당서』에는 "책을 좋아하여 가난하고 비천한 사람들까지 길가에 큰 집을 짓고 경당扃堂이라고 부르며 자제가 혼인하기 전에 밤낮 이곳에서 책을 읽고 활쏘기를 익히게 한다"는 기록이 있어, 고구려 후기에는 사립 교육시설도 유행할 정도로 태학 설립 영향이 컸음을 알 수 있다.

373년에는 율령律令을 반포하였다. 율律은 범죄의 종류와 그에 대한 처벌을 규정한 형법刑法이고 령令은 각종 제도와 의무를 규정한 명령법으로서 중국에서 발달한 것이다. 율령은 기본적으로 문서로 작성하므로 '율령 반포'라는 표현은 흔히 법전을 만들어 공표했다는 뜻으로 받아들여진다. 고구려가 중국처럼 법전까지 만들었는지는 알 수 없지만, 적어도 중국의 한문을 널리 사용하고 중국식 사회문화체계에 익숙해졌다는 뜻으로는 볼 수 있다. 특히 유학儒學을 주요 이념으로 삼는 태학 설립과 관료체계를 기반으로 한 율령 반포는 고구려사회가 중국식 관료행정체계를 모델로 삼았음을 나타내는 것이다. 고구려 율령의 구체적인 모델로서는 진晉나라에서 무제의 태시泰始 3년(267)에 집대성한「태시율령泰始律令」을 꼽는 사람이 많다.

374년에 불교 승려 아도阿道가 고구려에 왔는데, 그가 동진 출신이라는 설과 전진 출신이라는 설이 있다. 이에 375년 봄 처음으로 불교사찰 초문사肖門寺를 세우고 순도를 두었으며, 이불란사伊佛蘭寺를 세우고 아도를 두었다고 한다. 이는 고구려 왕실이 불교를 숭상하고 국가적으로 지원하겠다는 뜻이었으며, 이후 고구려 불교는 호국護國을 매우 중요한 덕목으로 삼게 된다. 물론, 시간이 지나면서 고구려에서 심오한 불교사상 연구가 활발해져 5세기 말 삼론종三論宗의 기반 하에 공사상空思想이 유행하고 6세기 이후 천태종天台宗과 열반종涅槃宗이 활발하게 연구되는 등 교리 탐구가 넓고 깊게 이루어졌다. 특히, 5세기 말에 승려 승랑僧朗이 양梁나라에 유학하여 삼론종의 대가로 활동하였으며, 7세기 초 혜관慧灌은 일본열도로 건너가 성덕태자聖德太子의 스승이 되고 일본 삼론종의 시조가 되었다. 그 전에 일본으로 건너가 활동한 고구려 승려로서 혜자慧慈·담징曇徵 등이 있다.

이처럼 4세기 후반에 고구려의 국가체제가 정비되었지만, 그 기초는 3세기 중·후엽에 이미 형성되어 있었다.『삼국지』에 소개된 10개의 벼슬 이름이 그것을 알려준다. "여러 대가大加는 또한 스스로 사자·조의·선인을 두며 이름을 모두 왕에게 보고하는데, 경卿·대부大夫의 가신家臣과 같아서 모임에서 앉거나 일어설 때 왕가의 사자·조의·선인과 같은 무리에 들지 못한다"는 기록도 있다.

벼슬은 크게 보아 관등官等과 관직官職으로 구분한다. 관등은 벼슬의 등급으로서 그 사람이 국가조직에서 차지하는 계급·순위를 나타내는 것이고, 관직은 벼슬의 직무로서 그 사람이 국가조직에서 맡은 일과 행정적 위치를 나타내는 것이다. 그런데『삼국지』에 실린 상가相加·고추가古鄒加·주부主簿·사자使者 등은 관등인지 관직인지가 분명치 않다. 뿐만 아니라 고구려의 관등과 관직에 대해서는 자료가 매우 적고 부정확해서 역사서마다 다른 이름 다른 순서로 적혀 있다. 그중 이름이 가장 많이 나오는 것은『한원翰苑』이며 14위(품)까지 적혀 있다. 충주 고구려비에 적힌 벼

천남생묘지명

슬이름 대사자大使者·발위사자拔位使者·대형大兄·주부主簿 등이 모두 포함되어 있으므로 신뢰할 수 있는 부분도 많다.

그런데 5~6세기에는 고구려의 관등 중 '형兄'과 '사자使者'가 각각 분화 발달한 것으로 알려진다. 『삼국사기』와 천남생泉男生묘지명에 따르면, 연개소문淵蓋蘇文의 맏아들로서 7세기 중엽 고구려의 최고위직에 올랐던 남생男生은 9세에 선인先人, 15세에 중리소형中裏小兄, 18세에 중리대형中裏大兄, 23세에 중리위두대형中裏位頭大兄, 24세에 장군將軍호를 덧붙이고, 28세에 막리지莫離支겸 삼군대장군三軍大將軍, 32세에 태막리지太莫離支가 되었다고 한다. 그의 아우 남산男産도 어려서 소형小兄이었다가 18세에 대형大兄, 21세에 중리대활中裏大活, 23세에 위두대형位頭大兄에 올랐으며, 중군주활中軍主活을 여러 번 거치고 666년에 형인 연남생을 몰아낸 뒤 30세에 태대막리지太大莫離支에 올랐다고 천남산묘지명에 적혀 있다.

연남생의 태막리지와 연남산의 태대막리지는 최고 직위인 막리지를 더 높게 꾸미려고 특별히 만든 것이므로 제도와 별개이며, 그 원형인 막리지는 6세기 후엽에 국사를 총괄하는 관직으로 설치되었고 7세기 초 연개소문 집권기에 군사권까지 직접 장악함으로써 왕권을 능가하는 최고 관직이 되었다. 제1위 관등인 대대로大對盧와 같은 것이라는 견해와 제2위 관등인 태대형太大兄의 권한을 확대시켜 만든 것이라는 견해가 있다. 대대로는 국왕이 임명하는 것이 아니라 5부의 대표들이 협의하여 선출한 임기 3년의 수상首相이었는데, 연개소문의 쿠데타 이후 국사 총괄뿐 아니라 군사권까지 장악하면서 임기제 원칙을 무시하고 종신의 막리지로 불리게 되었다. 다만, 대대로는 1명만 선출하였으나 막리지는 여러 명이었던 적도 있으므로 반드시 같은 것이었다고 단정할 수는 없다.

고구려는 5세기 무렵부터 지방행정조직에 중국식 행정단위인 군郡·현縣을 설치하였다. 기존의 성城·촌村으로 구성된 행정조직은 중심 성을 기준으로 그 아래에 작은 성과 촌을 예속시켜 관리하는 방식이었는데, 이를 중국식으로 바꿔 성을 현에 대응시키고 그 위에 군을 둔 것이다. 편제방식은 시기마다 지역마다 달랐겠지만, 7세기에 고구려의 12성 지역이 신라에 편입된 뒤 3군으로 편제된 것을 보면, 고구려의 군은 신라보다 지역범위가 더 넓었을 개연성이 있다. 성주城主는 성의 크기와 비중에 따라서 욕살褥薩, 처려근지處閭近支, 누초婁肖 등으로 불렸다.

관등은 관료의 서열을 매긴 것이므로 자연스럽게 옷 색깔·재질과 꾸미개裝身具로 신분을 나타내는 데까지 이어진다. 『삼국지』에 고구려 사람들이 "항상 현도군에 와서 조복과 예복·모자를 받아갔다"는 기록은 3세기 중엽에 이미 고구려가 중국식 공복公服제도에 익숙해졌다는 뜻으로 볼 수 있다. 그리고 보면 조의皂衣라는 벼슬 이름은 '검은 옷'을 뜻하므로 검은 색 제복을 입은 하급 관료를 상징한 이름일 수 있다. 중국과 신라의 사례를 참조하면, 고대에는 대체로 검붉은색紫色과 붉은색丹色·緋色은 높은 계급, 푸른색靑色·綠色은 중간 계급, 누른색黃色과 검은색黑色은 낮은 계급의 옷 색깔이었다.

고구려의 벼슬 이름

	『삼국지』	『주서』	『수서』	『한원』	『신당서』	『삼국사기』
1	상가相加	대대로大對盧	태대형	대대로大對盧, 토졸吐捽	대대로大對盧	주부主簿
2	대로對盧	태대형太大兄	대형	태대형太大兄, 막하라지莫何羅支	울절鬱折	대상大相
3	패자沛者	대형大兄	소형	울절鬱折, 주부主簿	태대사자太大使者	위두대형位頭大兄
4	고추가古鄒加	소형小兄	대로	대부사자大夫使者, 알사謁奢	조의두대형皁衣頭大兄	종태상從太相
5	주부主簿	의후사意侯奢	의후사	조의두태형皁衣頭太兄, 중리조의두대형中裏皁衣頭大兄	대사자大使者	소상小相
6	우태優台	오졸烏拙	오졸	대사자大使者, 대사大奢	대형大兄	적상狄相
7	승丞	태대사자太大使者	태대사자	대형가大兄加, 힐지纈支	상위사자上位使者	소형小兄
8	사자使者	대사자	대사자	발위사자拔位使者, 유사儒奢	제형諸兄	제형諸兄
9	조의皁衣	소사자小使者	소사자	상위사자上位使者, 을사乙奢	소사자小使者	선인先人
10	선인先人	욕사褥奢	욕사	소형小兄, 실지失之	과절過節	조위皁位
11		예속翳屬	예속	제형諸兄, 예속翳屬	선인先人	
12		선인先人	선인	과절過節		
13		욕살褥薩		불과절不過節		
14				선인先人		

고구려 사람들이 나름의 문자를 가졌다는 증거는 없다. 주로 중국의 한자를 배워 사용하였는데, 자신들의 고유한 언어습관에 맞춰 매우 독특하게 표현하는 방법을 고안해냈다. 사람 이름과 땅 이름 같은 고유명사, 그리고 음성언어를 잘 나타내기 위해 한자의 외양만 빌리는 차자표기법借字表記法을 개발한 것이다. 고구려의 차

자표기법은 신라에 전해져 이두吏讀를 성립시켰으며, 또 그것이 일본의 음절문자音節文字인 가나假名 성립에도 영향을 준 것으로 알려진다.

『삼국사기』에는 나라 초창기에 어떤 사람이 사실을 100권으로 기록해『유기留記』라고 하였는데, 이를 영양왕嬰陽王 11년(600)에 태학박사 이문진李文眞이 줄이고 다듬어서『신집新集』5권을 편찬했다는 기록이 있다.『유기』를 편찬한 나라 초창기를 기원 전후의 고구려 초기로 보는 견해도 있지만, 대개 태학 설립 등과 관련지어 소수림왕 무렵을 가리키는 것으로 추정한다. '유기'를 책이름이 아니라 이문진의『신집』이 편찬되기 전의 '남겨진 기록들'로 보기도 한다.

영토확장과 전쟁

384년, 제17대 소수림왕이 재위 14년 만에 죽었다. 아들이 없었으므로 아우 이련伊連이 즉위했다고 하는데, 고국양왕故國壤王(384~391)이다. 고국양왕은 즉위한 이듬해인 385년 여름 6월에 군사 4만 명으로 요동지역을 습격해 요동군과 현도군을 빼앗고 남녀 1만 명을 사로잡아 돌아왔다. 전년 겨울에 전진이 동진을 공격했다가 크게 진 뒤 부견의 부하였던 모용수慕容垂가 업鄴 부근에서 독립해 후연後燕을 세우면서 요동지역이 어수선해지자 그 틈을 노린 것이다. 그러나 고구려는 같은 해 겨울에 요동군과 현도군을 다시 후연에게 빼앗겼다. 386년부터 390년까지는 남쪽으로 백제와 치열한 전투를 거듭하며 황해도지역 대부분을 확보하였다. 그리고 391년 봄 신라와 우호관계를 맺고 신라 나물왕의 조카 실성實聖을 인질로 삼았다.

391년, 여름 5월에 고국양왕이 죽고 아들 담덕談德이 즉위하였다. 제19대 광개토왕廣開土王인데, 광개토왕비문에 따르면 즉위할 때의 나이는 18세였다.『삼국사기』「고구려본기」에는 광개토왕이 즉위하자마자 가을 7월에 남쪽으로 백제를 공격해 10성城을 빼앗고 북쪽으로 거란을 공격해 남녀 500명을 사로잡았으며 거란에 잡혀갔던 고구려 백성 1만 명을 데려왔다고 기록되어 있다. 그런데 광개토왕비문에는 그런 내용이 없고 영락永樂 5년(395)에 비려稗麗를 토벌해 3개 부락 600~700 영營을 격파하니 소·말·양이 이루 헤아릴 수 없이 많았다는 기록만 있다. 영락은 광개토왕의 연호이고, 비려는 거란을 가리킨다. 또, 『삼국사기』 「백제본기」에는 392년 가을 7월에 광개토왕이 군사 4만 명을 거느리고 백제의 북쪽 변경을 침공해 10여 성을 빼앗고, 겨울 10월에 바닷가에 위치한 백제의 요충 관미성關彌城을 쳐서 함락시켰다는 기록과 이때 백제 진사왕은 고구려왕 담덕이 군사를 부리는 데 능하다는 말을 듣고 나가서 싸우지 못했다는 기록이 있다. 『삼국사기』 안에서도 「고구려본기」와 「백제본기」 사이에 1년의 시간 차이가 있는 것이다. 393년 가을 7월에는 백제가 쳐들어오자 왕이 정예기병 5천 명을 이끌고 가서 이겼으며, 394년 가을 8월에는 패수浿水 가에서 백제와 싸워 8천 명을 사로잡았다고 한다. 그러나 광개토왕비문에는 영락 6년(396)에 왕이 직접 군대를 이끌고 백잔百殘을 토벌해 58성을 함락시키고 아리수阿利水를 건너 수도에 육박하니 잔주殘主가 남녀 1천 명과 고운 베細布 1천 필을 바치며 항복·맹세하였으며, 이로써 58성 700촌을 빼앗고 잔주의 아우와 대신 10명을 데리고 돌아왔다는 기록이 있다. 그리고 백제로부터 빼앗은 58성의 이름을 거명하였는데, 6번째에 관미성關彌城 또는 각미성閣彌城으로 읽히는 이름이 나온다. 관미성의 위치에 대해서는 여러 학설이 있으나, 한강 들머리에 해당하는 파주 오두산성에 비정하는 설이 유력하다.

광개토왕비에는 백제에서 잡혀온 사람들이 '새로 온 한예新來韓穢'라고 적혀있다. 사수성沙水城, 모루성牟婁城, 두비압잠한豆比鴨岑韓, 구모객두勾牟客頭, 구저한求底韓, 사조성한예舍蔦城韓穢, 고모야라성古模耶羅城, 경고성炅古城, 객현한客賢韓, 아단성阿旦城, 잡진성雜珍城, 파노성한巴奴城韓, 구모로성臼模盧城, 각모로성各模盧城, 모수성牟水城, 간저리성幹氐利城, 미추성彌鄒城, 야리성也利城, 두노성豆奴城, 오리성奧利城, 수추성須鄒城, 백잔 남쪽의 거한百殘南居韓, 태산한성太山韓城, 농매성農賣城, 윤노성閏奴城, 고모루성古牟婁城, 전성瑑城, 미성味城, 취자성就咨城, 삼양성彡穰城,

산나성散那城, 나단성那旦城, 구모성勾牟城, 어리성於利城, 비리성比利城, 세성細城 등이 그에 해당한다. 6곳의 이름 끝에는 한韓이라는 종족 특징을 특별히 밝혀놓았고, 그중 1곳에는 예족도 함께 밝혀놓았다. '백잔 남쪽의 거한'은 '백제 남쪽에 거주하는 한'으로 해석하는 것이 보통이지만, '거居'한이 '진辰'한 또는 '마馬'한의 글자 모양과 비슷해서 글자를 잘못 새겨 넣었을 가능성도 있다. 이들은 아마도 마한사람으로서 백제에 흡수되었다가 396년 백제 아신왕이 고구려 광개토왕에게 항복하며 남녀 1천 명을 바칠 때 고구려에 전리품으로 보내진 사람들일 것이다.

백제에서 잡혀온 사람 중 상당수는 왕실 무덤을 지키고 청소하는 일을 했다. 맡은 일에 따라 국연國烟과 간연看烟으로 나뉘었으며, 국연 30호, 간연 300호로서 국연 1호당 간연 10호를 연계하는 방식으로 구성되었다. 국연은 무덤을 직접 지키며 관리하는 사람이고 간연은 국연의 생계부담을 나누어지는 사람이라는 견해, 국연은 본래 각 지역에서 지배층이었던 사람이고 간연은 그에 속했던 사람이라는 견해, 국연은 도시에 거주하며 수공업에 종사한 무덤 관리인이고 간연은 농업·어업에 종사하며 국연의 수묘활동을 지원했다는 견해 등 해석이 다양하다.

광개토왕비문에는 "백잔과 신라는 예로부터 속민이므로 조공해왔다. 그런데 왜가 신묘년(391)에 건너와 백잔을 격파하고 신라를 □□하여 신민으로 삼았다. 그래서 6년 병신(396)에 왕이 몸소 □군을 이끌고 잔국을 토벌하였다"는 대목이 있다. 이를 두고 4세기 말에 일본이 한반도 남부를 지배했다는 증거라면서 임나일본부설任那日本府說을 주장하거나 몇몇 글자를 바꿔 읽는다든지 주어를 바꿔 해석해 "왜가 오니 고구려가 바다를 건너 격파했다"고 풀이하는 견해도 있다. 그러나 광개토왕비의 이와 같은 기록은 사실 역사왜곡에 가까운 매우 과장된 것이다. 그것은 백제를 백잔百殘이라 하여 흉악한 도둑무리처럼 표현한 적개심 가득한 대목에서 이미 드러나지만, '왜倭가 바다를 건너와 백제와 신라를 신민臣民으로 삼았기에 (왜가 아닌) 백제를 공격해 58성을 빼앗았다'는 식의 비논리적 상황인식에 불과하므로 전쟁

고구려 광개토왕비(1913년경)

광개토왕비 1면 일부

을 일으킨 쪽의 무책임한 일방적 주장일 뿐이다. 대개 금석문은 그것을 만든 사람들의 사회인식과 역사인식이 일방적으로 반영될 수밖에 없다. 그러므로 연구자가 금석문의 몇몇 대목에 지나치게 주목하고 의미부여하는 것은 자칫 논리적 이해와 객관적 역사인식을 해치기 쉽다.

광개토왕비문은 비록 과장된 내용 투성이이지만 396년까지 고구려의 백제 공격이 매우 성공적이었음은 분명하다. 백제가 받은 충격은 매우 컸던 듯하다. 397년 여름에 백제 아신왕은 태자 전지腆支를 왜국倭國으로 보냈는데, 『삼국사기』에는 "왜국과 우호를 맺고 태자 전지를 볼모로 보냈다"고 적혀 있을 정도이다. 이를 고구려의 공격에 대비해 태자를 안전하게 보호하려는 조처로 이해하거나 왜의 군사적 지원을 얻기 위한 외교 노력으로 보려는 설이 있고, 10세 안팎의 태자를 왜倭로 보내 왜 왕실의 여인 팔수八須와 혼인시킴으로써 화친和親외교를 펼친 것이라는 설이 있다. 어느 쪽이든 고구려의 강력한 남방영토 확장 정책이 백제와 왜의 연대감을 부채질한 셈이다.

광개토왕비문

II면

10

□□盡□□安羅人戍兵新□□□□其□□□言」

9

□背急追至任那加羅從拔城城卽歸服安羅人戍兵□新羅城□城倭寇大潰城□

8

□遣使還告以□□□計十年庚子敎遣步騎五萬往救新羅從男居城至新羅城倭滿其中官軍方至倭賊退」

7

通王巡下平穰而新羅遣使白王云倭人滿其國境潰破城池以奴客爲民歸王請命太王恩慈矜其忠誠□

6

帛愼土谷因便抄得莫□羅城加太羅谷男女三百餘人自此以來朝貢論事九年己亥百殘違誓與倭和

5

迷之愆錄其後順之誠於是得五十八城村七百將殘主弟并大臣十人旋師還都八年戊戌敎遣偏師觀」

4

□穴□便圍城而殘主困逼獻出男女生口一千人細布千匹□王自誓從今以後永爲奴客太王恩赦□」

3

城會□城□□盧城仇天城□其國城殘不服義敢出百戰王威赫怒渡阿利水遣刺迫城□

2

城燕婁城析支利城巖門□城林城□□□□□□利城就鄒城□拔城古牟婁城閏奴城貫奴城□穰」

1

利城彌鄒城也利城太山韓城掃加城敦拔城□□□城婁賣城散那城□旦城細城牟婁城于婁城蘇灰

I면

11

利城雜珍城奧利城勾牟城古模耶羅城頁□□城□而耶羅城□城於利城□□城豆奴城沸□」

10

□攻取壹八城曰模盧城各模盧城幹□利城□□城閣彌城牟盧城彌沙城□舍□城阿旦城古利城□

9

由來朝貢而倭以辛卯年來渡□破百殘□□□新羅以爲臣民以六年丙申王躬率□軍討伐殘國軍□」

8

羊不可稱數於是旋駕因過襄平道東來□城力城北豊五備□遊觀土境田獵而還百殘新羅舊是屬民

7

永樂五年歲在乙未王以稗麗不□□人躬率往討過富山負山至鹽水上破其三部洛六七百營牛馬群

6

弔□有九晏駕棄國以甲寅年九月廿九日乙酉遷就山陵於是立碑銘記勳績以示後世焉其詞曰」

5

二九登祚號爲永樂大王恩澤洽于皇天武威振被四海掃除□庶寧其業國富民殷五穀豊熟昊天不

4

龍頁昇天顧命世子儒留王以道興治大朱留王紹承基業遝至十七世孫國□上廣開土境平安好太王

3

連□浮龜然後造渡於沸流谷忽本西城山上而建都焉不樂世位天遣黃龍來下迎王王於忽本東□履

2

巡幸南下路由夫餘奄利大水王臨津言曰我是皇天之子母河伯女郎鄒牟王爲我連□浮龜應卽爲

1

惟昔始祖鄒牟王之創基也出自北夫餘天帝之子母河伯女郎剖卵降世生而有聖□□□□□命駕

	IV면											III면										
	9	8	7	6	5	4	3	2	1		14	13	12	11	10	9	8	7	6	5	4	3	2	1

IV면

- 9: 又制守墓人自今以後不得更相轉賣雖有富足之者亦不得擅買其有違令賣者刑之買人制令守墓之
- 8: 不安石碑致使守墓人烟戶差錯唯國□上廣開土境好太王盡爲祖先王墓上立碑銘其烟戶不令差錯
- 7: 其不知法則復取舊民一百十家合新舊守墓戶國烟看烟三百都合三百□家自上祖先王以來墓上
- 6: 若吾萬年之後安守墓者但取吾躬巡所略來韓穢令備□掃言教如此是以如教令取韓穢二百廿家慮
- 5: 家爲看烟國□上廣開土境好太王存時教言祖王先王但教取遠近舊民守墓□掃慮舊民轉當羸劣
- 4: 城一家爲國烟那旦城一家爲看烟勾牟城一家爲看烟於利城八家爲看烟比利城三家爲看烟細城三
- 3: 城國烟二看烟八□城國烟一看烟八味城六家爲看烟就咨城五家爲看烟□穰城廿四家爲看烟散那
- 2: 殘南居韓國烟一看烟五太山韓城六家爲看烟農賣城國烟一看烟七閏奴城國烟二看烟廿二古牟婁
- 1: 七也利城三家爲看烟豆奴城國烟一看烟二奧利城國烟一看烟八須鄒城國烟二看烟五百

III면

- 14: 城四家爲看烟各模盧城二家爲看烟牟水城三家爲看烟幹□利城國烟一看烟三彌鄒城國烟一看烟
- 13: 昃古城國烟一看烟三客賢韓一家爲看烟阿旦城雜珍城合十家爲看烟巴奴城韓九家爲看烟臼模盧城
- 12: 烟勾牟客頭二家爲看烟求底韓一家爲看烟舍□城韓穢國烟三看烟廿一古模耶羅城一家爲看烟
- 11: 家爲看烟南蘇城一家爲國烟新來韓穢沙水城國烟一牟婁城二家爲看烟豆比鴨岑韓五家爲
- 10: 人國烟一看烟□三梁谷二家爲看烟梁城二家爲看烟安夫連廿二家爲看烟改谷三家爲看烟新城三
- 9: 民四家盡爲看烟于城一家爲看烟碑利城二家爲國烟平穰城民國烟一看烟十□連二家爲看烟俳婁
- 8: 鴨盧凡所攻破城六十四村一千四百守墓人烟戶賣句余民國烟二看烟三東海賈國烟三看烟五敦城
- 7: □王恩普覆於是旋還又其慕化隨官來者味仇婁鴨盧卑斯麻鴨盧□社婁鴨盧肅斯舍□
- 6: 城廿年庚戌東夫餘舊是鄒牟王屬民中叛不貢王躬率往討軍到餘城而餘□國駭
- 5: □合戰斬煞蕩盡所獲鎧鉀一萬餘領軍資器械不可稱數還破沙溝城婁城□住城□城
- 4: □鋒相遇王幢要截□刺倭寇潰敗斬煞無數十七年丁未教遣步騎五萬□
- 3: □朝貢十四年甲辰而倭不軌侵入帶方界□石城□連船□□□□從平穰□師
- 2: □□□□□□□□□□□□□□□□□□寐錦□僕勾□潰
- 1: 安羅人戍兵昔新羅寐錦未有身來論事□國□上廣開土境好太王□□□□□□辭

위치 : 중국 길림성吉林省 집안시集安市 태왕향太王鄉 구화리九華里 대비가大碑街

시대 : 414년 9월 29일 건립 · 크기 : 높이 6.39m, 폭 1.3~2m

재질 : 안산암질 용결 래필리응회암welded lapilli tuff

서체 : 예서隸書 · 글자 : 4면 44행 1775자

광개토왕비문에는 영락 8년(398)에 군사를 보내 백신白愼지역을 순시하고 가태라곡加太羅谷의 남녀 3백 명을 잡아왔으며, 이후 조공을 받게 되었다는 내용이 적혀 있다. 백신은 숙신肅愼을 가리킨다. 영락 9년(399)에는 "백잔이 맹세를 어기고 왜와 화통하므로 왕이 평양으로 행차했는데, 그때 신라가 사신을 보내 왜인이 국경에 가득 차서 성을 부수니… 구원을 요청"하였고, 영락 10년(400)에 보병과 기병 5만 명을 신라로 보내 남거성男居城부터 신라성新羅城까지 가득 찬 왜적을 물리치고 추격해 임나가라任那加羅 종발성從拔城까지 함락시켰다고 한다. 영락 14년(404)에는 왜가 대방지역에 침입하였으나 왕이 직접 평양을 거쳐 가서 왜구를 궤멸시켰다는 내용이 적혀 있다. 영락 17년(407)에는 보병·기병 5만 명을 보내 적을 분쇄하고 갑옷 1만여 벌과 군대에서 쓰는 기계를 무수히 얻었으며 사구성沙溝城·누성婁城 등을 깨뜨렸다고 하였는데, 비문의 글자가 훼손되어 대상이 누구인지는 분명치 않다. 사구성을 『삼국사기』에 나오는 백제 사구성沙口城과 같은 곳으로 보고 백제를 공격한 것이라는 설이 있지만, 갑옷 1만 벌과 군용 기계를 언급한 것을 보면 후연과의 전쟁일 개연성이 있다. 영락 20년(410)에는 동부여를 토벌하자 모두 항복하였으며 왕의 교화를 사모해 미구루압로味仇婁鴨盧를 비롯한 여러 압로가 따라왔다고 적혀 있다. 압로는 집단의 수장首長을 가리킨다.

광개토왕비문과 달리 『삼국사기』에는 후연과의 갈등·전쟁에 관한 기사가 많다. 399년 봄에 후연왕이 고구려왕의 예절이 오만하다면서 군사 3만 명을 이끌고 습격해 신성新城과 남소성南蘇城을 함락시키고 7백여 리를 넓힌 뒤 5천여 호를 옮겨놓고 돌아갔다는 기록, 401년 고구려가 숙군성宿軍城을 공격하니 후연의 평주자사 모용귀慕容歸가 달아났다는 기록, 403년 겨울에 고구려가 후연을 침공했다는 기록, 404년 봄에 후연왕이 직접 요동성을 공격했다가 실패하고 돌아갔다는 기록, 405년 후연왕이 거란을 습격하러 가다가 형세가 여의치 않아 되돌아가던 중 무거운 짐을 버리고 고구려를 침략해 목저성木底城을 공격했으나 실패했다는 기록, 407년 봄에 북연과 우호를 맺었다는 기록 등이 있다. 그러나 광개토왕비문에는 이런 내용이 보이지 않는다.

광개토왕은 391년부터 412년까지 22년을 재위하는 동안 고구려 영토를 많이 확장하였다. 그래서 그가 죽은 뒤의 시호가 국강상광개토경평안호태왕國岡上廣開土境平安好太王으로 광개토왕비에 새겨져 있다. 국강상國岡上은 광개토왕이 묻힌 곳을 가리키고, 광개토경廣開土境은 영토를 많이 넓혔다는 뜻이며, 평안平安은 세상을 편안하게 만들었다는 뜻이고, 호태왕好太王은 호왕好王과 태왕太王을 합친 말로서 위대한 왕이라는 뜻이다. 그러니까 그를 기리는 이름은 '영토를 많이 넓히고 세상을 편안하게 만들고 나라언덕國岡에 묻히신 위대한 임금'인 것이다.

천도와 등거리외교

407년, 후연後燕에서 쿠데타가 일어났다. 제4대 황제 모용희慕容熙가 포학하므로 신하 풍발馮跋 등이 폐위하고 제2대 황제 모용보慕容寶의 양자인 모용운慕容雲을 옹립하였다. 이에 모용운은 즉위해 천왕天王이라는 칭호를 사용하였다. 그는 할아버지가 원래 고구려 사람으로서 전연에 끌려와 정착한 인물이므로 원래 성씨를 되찾아 이름을 고운高雲으로 바꾸고 고구려와 사신을 교환하며 우호관계를 맺었다. 나라 이름은 바꾸지 않았으나, 역사가들은 이때부터를 흔히 북연北燕이라고 부른다. 409년에 고운이 측근에게 암살되는 내분이 일어났으나, 풍발이 곧 수습하고 북연의 제2대 천왕으로 즉위하였다. 풍발은 고구려와의 우호관계를 이어갔다.

412년 겨울, 광개토왕이 죽고 그의 맏아들 거련巨連이 19세에 즉위하였다. 제20대 장수왕長壽王이다. 79년을 재위하고 98세이던 491년에 죽었으므로 장수왕이라는 시호를 얻었다. 『삼국사기』에서는 고구려왕 가운데 처음으로 즉위한 이듬해를 원년元年으로 삼았는데, 기록은 남지 않았지만 장수왕도 광개토왕처럼 연호年號를 사용했기 때문인 듯하다. 중국에서는 고대부터 효孝사상의 영향으로 앞의 왕이 죽은 해에 다음 왕이 즉위하면 다음 왕의 원년을 이듬해부터 적용하는 유년칭원법踰年稱元法을 주로 사용하였는데,『삼국사기』에는 삼국 모두 즉위한 해를 원년으로 삼는 즉위년칭원법卽位年稱元法이 적용되었다. 이 때문에 조선왕조 초기의 문신인 권근權近은『삼국사략三國史略』을 편찬할 때 삼국시대의 즉위년칭원법은 예절에 어긋난 일이라면서 유년칭원법으로 고쳐 서술한 바 있다.

장수왕은 원년(413)에 사신을 동진으로 보내 흰 말을 바치고 고구려왕高句麗王 낙랑군공樂浪郡公이라는 작호를 받았다. 이는 355년에 고국원왕이 전연에게서 받은 '정동대장군 영주자사 낙랑공 고구려왕'을 연상시키는 것으로서 옛 낙랑군 영토에 대한 영유권을 주장하고 국제적으로 인정받는다는 형식적 의미가 있다. 4세기 중엽부터 백제가 낙랑·대방군 유민들과 연계하며 옛 낙랑군지역을 장악하려고 끊임없이 노력하는 데 대한 대응책 가운데 하나였던 것이다. 이후 동진이 멸망하고 420년에 송宋이 건국되자 사신을 보내 조공하고 '사지절使持節 도독영주제군사都督營州諸軍事 정동대장군征東大將軍 고구려왕高句麗王 낙랑공樂浪公' 작호를 받았다. 고구려의 남조 송에 대한 조공외교는 422~424년에 해마다 이어졌는데, 외교적으로 백제를 견제하는 것이었다. 이 무렵 화북지역에서는 선비족의 탁발부가 세운 북위北魏가 패권을 차지하였다. 이에 장수왕은 425년에 북위北魏로 사신을 보내 조공하였다. 중국에서 대립하고 있는 남조南朝와 북조北朝 모두에게 조공외교를 펼친 것이다.

427년에는 도읍을 국내성에서 평양으로 옮겼다. 압록강유역에서 대동강유역으로 중심지를 옮긴 것인데, 바야흐로 중국에서 북위가 강성해지고 있어 서방진출이 쉽지 않고 오히려 국내성이 위험할 수 있다는 점, 평양은 고조선부터 낙랑군까지 중심지였기에 기반시설과 유능한 인력이 풍부하다는 점, 압록강유역보다 대동강유역의 자연환경이 농업·교통 등 여러 면에서 유리하다는 점, 국내성지역의 인구 및 시설 밀도가 너무 높아져 도시발전에 한계가 나타나기 시작했다는 점, 도읍을 옮김으로써 기존 5부 중심의 사회질서를 약화시키고 국왕 중심의 새로운 국가질서를 세울 수 있다는 점, 새로운 도시를 만드는 과정에서 왕실의 정치·경제적 이익을 최대화하고 왕의 권위를 확립할 수 있다는 점, 남쪽으로 백제를 누르고 신라에 대한 영향력을 높이기에 유리하다는 점 등이 작용한 것으로 보인다.

도읍을 옮기는 것은 나라의 기반질서를 바꾸는 것이므로 매우 긴 준비 작업이 필요하다. 특히 사람들의 지역적 토착성과 집단성이 강하고 교통·건설장비·기술력이 부족했던 고대사회에서 근거지를 바꾸는 데에는 더 많은 시간이 필요하다. 그런 점에서 고구려의 평양 천도는 392년 광개토왕이 평양에 9개의 절을 창건했을 때 이미 예견된 일이었다.

귀족을 비롯해 옛 도읍에서 상대적으로 좋은 조건을 누리던 기득권자들 중에는 천도에 반발하는 사람도 적지 않았다. 472년에 백제 개로왕이 북위로 보낸 편지에 "지금 연璉(장수왕)은 죄가 있어 나라가 스스로 으깨어지고 대신과 힘센 귀족들을 끊임없이 죽여 죄가 차고 악이 쌓이니 백성들이 무너지고 흩어졌다"고 한 것은 아마도 장수왕이 도읍을 옮기고 왕권을 강화하는 과정에 반발세력을 무력으로 진압하였기 때문일 것이다.

왕권을 강화하고 국내 세력판도를 재편한 고구려 장수왕은 433년과 435년에 북위로 사신을 보내 조공하였다. 그리고 435년 '도독요해제군사都督遼海諸軍事 정동장군征東將軍 영호동이중랑장領護東夷中郎將 요동군개국공遼東郡開國公 고구려왕高句麗王'이라는 작호를 받았다. 북위는 436년 여름에 북연을 멸망시켰는데, 『자치통감』에 따르면 북위 군대가 북연의 수도 화룡성和龍城에 도착했을 때 북연의 구원요청을 받고 와있던 고구려군이 대치하며 북연왕 풍홍馮弘과 백성들을 고구려로 데려갔다고 한다. 고구려는 북연왕 풍홍을 건네 달라는 북위의 요구를 거부하였고, 이에 북위에서는 고구려 침공을 논의하다가 현실적 문제로 중지하였다. 그런 중에도 고구려는 북위로 사신을 보내 조공했으며 439년까지 해마다 사신을 북위로 보냈다.

북위는 439년에 북량北凉을 멸망시킴으로써 이른바 16국시대를 끝내고 본격적인 남북조시대南北朝時代를 열었으나, 고구려는 오히려 이때부터 당분간 북위와의 외교관계를 단절하였다가 22년이 지난 뒤 외교를 재개하였다.

대신 고구려는 남조 송宋과의 외교관계를 긴밀히 하였다. 장수왕은 436년에 송으로부터 '거기대장군車騎大將軍 개부의동삼사開府儀同三司'에 책봉되었다. 그런데 고구려 변경지역에서 머물던 풍홍이 고구려의 대우에 불만을 나타내며 남조 송에 망명 요청하여 438년 송의 호송군 7천여 명이 고구려로 들어오자 장수왕은 군사를 보내 풍홍과 그의 자손을 모두 죽였다. 이에 송나라 군대와 고구려군 사이에 분쟁이 일어났지만, 장수왕이 대군을 보내 송나라 군대를 사로잡은 뒤 송으로 압송하며 자체 처벌해달라고 요구하였고, 송은 책임자 왕백구王白駒를 감옥에 가뒀다가 나중에 풀어주었다고 한다.

『송서』에는 439년에 남조의 송 태조가 북위를 정벌하려니 말이 필요하다고 하자 고구려가 배로 군마軍馬 8백 필을 보내주었다는 기록이 있다. 『삼국사기』에는 같은 해에 북위로 두 차례나 사신을 보냈다는 기록만 전한다. 이때 북연왕 풍홍이 죽었다는 소식을 북위에 전했다고 보기도 한다. 『삼국사기』에 따르면 고구려는 466년에 북위로부터 장수왕의 딸을 헌문제獻文帝의 후궁으로 보내라는 요구를 받았다. 이에 고구려는 공주가 이미 시집갔으므로 불가능하며 왕실의 다른 여인이라면 가능하다고 답변하였고, 이를 북위가 받아들여 폐백 사신을 고구려로 파견하였다. 그러나 북위의 사신단이 고구려에 도착하자 고구려는 갑자기 시집보낼 여인이 죽었다면서 혼인에 응하지 않았다. 북위는 고구려가 거짓말을 한다고 여겨 다른 왕족의 여인이라도 대신 보내라고 요구하였고, 장수왕은 북위가 예전의 허물을 용서한다면 응하겠다고 답하였으나, 그러는 사이 471년에 헌문제가 죽어서 혼인이 취소되었다고 한다. 이처럼 고구려는 중국의 분단 상황을 적절히 이용해 등거리외교로 국익을 도모하였고, 북위와 송은 고구려와 적대하지 않으려 노력하였다. 이 무렵 고구려의 외교정책은 중국의 북위·송에 대해 조공외교로서 우호교류하고, 동남쪽의 신라를 신하 국가로 삼아 우호적으로 관리하며, 서남쪽의 백제를 군사적으로 제압하는 것이었다. 그리고 백제 남쪽의 가야와 왜는 백제의 조종을 받는 무도한 도적집단으로 간주하였다.

고구려의 조공외교는 이후 북조의 북위·동위東魏·북제北齊·북주北周, 남조의 남제南齊·양梁·진陳, 그리고 통일왕조 수隋·당唐을 대상으로 멸망기까지 이어졌으며, 책봉册封을 통해 형식적 군신君臣관계를 맺고 확인하는 일이 반복되었다. 이는 중국의 역대 왕조가 주변의 이민족 국가를 관리하는 전통적인 방식이었으며, 동시에 고구려가 중화사상에 물든 중국대륙의 강적들을 관리하는 방식이기도 했다.

한강유역 장악과 상실

472년 봄에 고구려가 북위로 사신을 보내 조공하였다. 그리고 5개월 뒤 가을에도 또다시 북위에 조공하였는데, 이때부터 공물을 2배로 늘렸다고 한다. 이는 같은 해에 백제 개로왕이 북위에 조공하고 북위 군사를 백제로 보내주면 함께 무도한 고구려를 쳐서 징벌하겠다는 내용의 표表를 올린 데 대한 대응이었을 것이다. 백제 개로왕은 자신의 딸을 효문제孝文帝의 후궁으로 보내고 아들도 신하로 보내겠다고 제안하면서 하루바삐 고구려를 협동공격하자고 적극적으로 종용하였지만, 북위 효문제는 고구려가 최근 예절을 잘 지키고 특별히 잘못한 바도 없으니 공격하는 것은 마땅하지 않고 백제를 침공하지 말라고 엄준히 경고하겠다는 답장만 보낼 뿐, 북위 사신이 백제로 가는 길을 고구려가 가로막고 통과시켜주지 않는데도 군사적으로 대응하지 못하였다. 이에 실망한 백제는 북위와의 조공외교를 끊어버렸다.

아무런 소득 없이 끝난 백제와 북위 사이의 외교는 고구려를 자극하였다. 그리하여 475년 가을에 장수왕이 군사 3만 명을 이끌고 백제를 침략해 왕도 한성漢城을 함락시키고 개로왕과 그의 가족을 모두 죽였으며, 남녀 8천 명을 사로잡아갔다. 한성이 함락되기 직전 개로왕의 아우 문주文周가 신라로 가서 도움을 요청해 군사 1만 명과 함께 돌아왔으나 성이 함락되고 왕이 죽었으므로 즉위하고 웅진으로 천도했다고 한다.

그런데『삼국사기』와『일본서기』의 기록에 분명치 않은 부분이 있어서 이때부터 고구려가 한성지역을 장악하고 지배했다는 것인지 고구려군이 한성을 함락시키고 개로왕을 죽인 뒤 돌아갔다는 것인지를 두고 학계 의견이 분분하다. 통설은 고구려가 한성을 함락시킨 475년부터 백제·신라 연합군의 공격을 받고 물러난 551년까지 약 76년간 한강유역을 지배했다는 것이지만, 475년에 고구려가 백제 왕도 한성을 함락시킨 뒤 퇴각했으며 한강유역 또는 한강 남쪽 지역은 줄곧 백제영토였다는 견해, 백제가 고구려에게 한강유역을 빼앗긴 것은 475년이 아니라 성왕 때인 529년 무렵이라는 견해, 475년에 백제가 고구려에게 한강유역을 빼앗겼지만 동성왕 또는 무령왕 때 되찾았다는 견해도 있다.

그러나 서울 구의동과 아차산 일대에서 20여 개의 고구려 보루堡壘 유적이 발견되었고, 백제 왕도 한성의 일부였던 몽촌토성에서 5~6세기의 고구려 유적·유물이 발견되어 475년에 고구려가 한강유역을 직접 장악했을 개연성을 높여주었다. 더욱이 경기도 성남·용인·화성 등지에 고구려계 굴식 돌방무덤橫穴式石室墓이 분포하며 충북 충주·진천 및 세종·대전 등지에도 고구려가 쌓은 방어시설과 무덤들이 분포한다는 사실이 알려지면서 5세기 후엽부터 고구려가 한강유역을 경영했다는 통설이 더욱 유력

서울 아차산의 고구려보루(홍련봉1보루)

해졌다.

5세기에 고구려가 한강유역을 경영했다는 것을 입증하는 대표적인 사례는 「충주 고구려비忠州高句麗碑」이다. 비면 높이 144cm, 너비 55cm 크기의 4면비인데, 글자 마모가 심해 내용을 정확히 알 수 없으나, 고려태왕高麗太王·대사자大使者·발위사자拔位使者·대형大兄·주부主簿 등의 글자가 있어 고구려가 세운 비석임은 분명하다. 이 비석 앞면에는 '고려태왕 조왕祖王과 신라매금新羅寐錦이 대대로 형처럼 아우처럼 되어 위와 아래에서 서로 하늘의 도리를 잘 지키기 원한다'는 내용이 있는데, 이는 「광개토왕비」에서 신라를 속민屬民으로 표현한 것보다 신라의 처지를 한결 존중한 글이지만, 신라를 고구려에 복종하는 나라로 본다는 점에서는 같다. 고려태왕은 장수왕 또는 문자명왕, 신라매금은 눌지마립간(417~458) 또는 소지마립간(479~500)으로 추정한다. 비석을 세운 시기에 대해서는 비문 중 "12월23일갑인十二月廿三日甲寅"과 "신유년辛酉年"을 근거로 장수왕 9년(421; 辛酉), 장수왕 37년(449), 장수왕 69년(481; 辛酉) 등을 유추하는 것이 보통이지만, 449년에 장수왕이 태자 공共을 우벌성于伐城으로 보내서 신라 매금 눌지마립간에게 의복을 내려주는 의식을 치르게 했던 일을 손자인 문자명왕 때 비석을 세우면서 새겨 넣었다고 해석하기도 한다.

491년, 장수왕이 죽고 손자인 문자명왕文咨明王이 즉위하였는데, 그는 고추대가 조다助多의 아들로서 이름은 나운

충주 고구려비

羅雲(羅運)이다. 원년(492) 봄에 북위가 사신을 보내 문자명왕을 고구려왕으로 책봉하고 세자를 조공사절로 보내라고 요구했으나, 문자명왕은 병이 있다면서 거절하고 종숙을 보냈다고 한다. 494년에는 봄에 부여왕이 항복해왔으며, 가을에 신라와 살수薩水(충북 괴산) 들판에서 전쟁하였다. 이때 백제가 군사 3천 명을 보내 신라를 도왔다고 한다. 495년 가을에는 고구려군이 백제 치양성雉壤城을 포위하자 신라가 구원군을 보내 백제를 도왔다. 바야흐로 고구려에 대항하는 백제·신라의 연합작전이 시작된 것이다.

문자명왕 이후에는 아들 안장왕安臧王과 안원왕安原王이 차례로 즉위하였다. 그런데 『일본서기』에는 531년 3월에 "고려가 그 왕 안安을 시해하였다"는 기록이 있다. 『삼국사기』에는 안장왕의 이름이 흥안興安이며 재위 13년(531) 여름 5월에 죽었다는 기록이 있다. 『일본서기』에는 다음과 같은 기록도 있다.

① 이 해에 고려가 크게 어지러워 죽임을 당한 자가 많았다.[백제본기에 이르길 "12월 갑오에 고려국 세군과 추군이 궁궐 문에서 싸웠다. 북을 치며 싸웠는데, 세군이 지고 군사를 3일 동안 풀지 않자 세군의 자손을 모두 잡아 죽였다. 무술에 박국의 향강상왕이 죽었다"고 하였다.] 24

② 이 해에 고려가 크게 어지러워 무릇 싸우다 죽은 자가 2천여 명이다.[백제본기에 이르길 "고려가 정월 병오에 중부인 아들을 왕으로 세웠는데, 나이가 8세이다. 박왕은 3명의 부인이 있었다. 정부인은 아들이 없고, 중부인은 세자를 낳았는데, 외할아버지가 추군이다. 소부인도 아들을 낳았는데, 외할아버지가 세군이다. 박왕의 병이 심해지자 세군과 추군이 각자 그 부인의 아들을 세우려 하였다. 그래서 세군의 죽은 자가 2천여 명이다"라고 하였다.] 25

위의 기록에서 박국狛國은 '이리의 나라'라는 뜻으로서 백제가 고구려를 미워하여 부른 별명이다. 고구려가 백제를 백잔百殘이라고 부른 것과 같다. 향강상왕香岡上王은 안원왕(531~545)을 가리킨다. 그러므로 ①과 ②의 '이 해'는 안원왕이 죽은 545년을 가리킨다. 『삼국사기』에는 545년에 특별한 일 없이 안원왕의 맏아들인 양원왕陽原王(545~559)이 즉위한 것으로 적혀 있다. 그런데 양원왕은 이름이 평성平成으로서 안원왕 3년(533)에 이미 태자가 되었고 그로부터 12년 뒤인 545년에 즉위하였으므로 『일본서기』에서 말한 중부인의 아들이 즉위할 때의 나이 8세와는 전혀 들어맞지 않는 인물이다. 『일본서기』에 나오는 고구려의 왕위계승 다툼은 오히려 557년 여름에 양원왕이 왕자 양성陽成을 태자로 삼았고, 같은 해 겨울에 환도성 간干주리朱理가 반역했다가 죽임을 당했으며, 559년 봄에 양원왕이 죽자 태자(평원왕)가 즉위했다는 『삼국사기』 기록과 견줄 수 있다. 옛 수도인 환도성을 기반으로 한 외척세력과 현재 수도인 평양의 외척세력이 왕위계승을 둘러싸고 충돌하여 환도성의 외척세력이 패배했다는 것이다.

이처럼 내부정세가 어수선하던 시기에 고구려는 한강유역에서 백제·신라의 연합공격을 받았다. 551년 백제가 먼저 한강 하류지역을 공격하고 이어서 신라가 상류지역을 공격하였다. 이에 고구려는 하류지역의 6군을 백제에게 빼앗기고, 상류지역의 10군을 신라에게 빼앗겼다. 그 뒤 고구려의 국내정세가 안정을 되찾자 평원왕平原王(559~590)은 한강유역을 되찾으려 노력하였는데, 그 내용이 『삼국사기』의 온달溫達열전에 설화 형태로 실려 있다. 그러나 589년 남조의 진陳이 멸망하고 수隋가 중국대륙을 통일했다는 소식이 이듬해에 고구려로 전해지자 군사를 훈련하고 군량을 쌓아서 방어할 계책을 세우느라 고구려는 더 이상 한강유역에 신경 쓸 수 없게 되었다.

수隋와의 전쟁

고구려 평원왕은 586년에 도읍을 장안성長安城으로 옮겼다. 양원왕 8년(552)부터

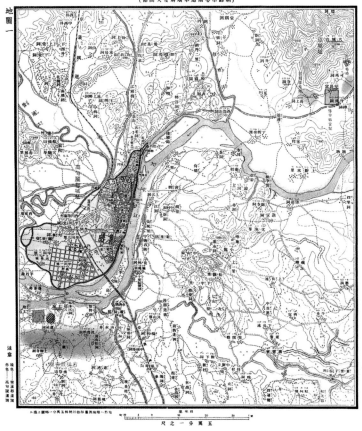

平壤附近樂浪郡及高句麗邊蹟圖
(朝鮮平安南道平壤附近及大同郡)

고구려 장안성

성을 쌓으며 준비하여 34년 만에 왕궁을 옮긴 것이다. 장안성은 북성·내성·중성·
외성으로 이루어진 자루주머니 모양의 석성石城으로서, 북성北城은 금수산의 정상
부인 모란봉과 을밀대의 가파른 경사면을 이용해 쌓은 후원後苑겸 방어성이고, 내
성內城은 왕궁이 있는 왕성구역, 중성中城은 중앙관청구역이며, 외성外城은 바둑판
식 도로에 맞춰 집家屋·절寺刹·저자市場 등이 분포한 일반 거주구역이었다. 장안성
동쪽과 남쪽 바깥으로는 대동강이 흐르고 서쪽에는 대동강 지류인 보통강이 흐르

는데, 보통강의 물길을 두 갈래로 나누고 한 갈래는 성벽 가까이로 끌어와 중성과 외성의 북쪽·서쪽 해자가 되도록 안배하였다. 그리고 장안성의 북쪽에 위치한 금수산은 자연 방어선 역할을 한다.

590년에 영양왕이 즉위하자 수隋는 사신을 고구려로 보내 영양왕을 상개부의동삼사上開府儀同三司 요동군공遼東郡公에 책봉하였다. 영양왕은 이듬해 봄에 수나라로 사신을 보내 고려왕高麗王 책봉을 요청하였고, 수는 허락하며 수레와 의복을 보내주었다. 그런데 598년 봄에 고구려 영양왕이 말갈 무리 1만여 명을 이끌고 요서를 침략하자, 수 문제文帝는 영양왕에게 준 작호를 취소하고 수군과 육군 30만 명을 보내 고구려를 치게 하였다. 그러나 여름에 출발한 군대가 고구려로 오는 동안 수군은 풍랑을 만나 표류하고 육군은 식량 부족과 전염병에 시달리다 결국 가을에 철군하였다. 이때 "죽은 자가 10명 중 8, 9명이었다"고 한다. 영양왕은 수나라로 사신을 보내 사죄하였고, 수 문제는 사죄했으니 용서하고 예전처럼 되돌리겠다고 답하였다.

604년, 수나라에서 문제가 죽고 양제煬帝가 즉위하였다. 양제는 607년에 북쪽 변경지역을 순시하면서 오르도스지역에 있는 동돌궐東突厥의 계민가한啓民可汗을 불러 만났는데, 이때 계민가한이 동돌궐로 찾아온 고구려 사신을 만나던 중이라고 말하여, 양제는 고구려에 대해 의혹을 품게 되었다. 그리하여 양제는 고구려로 사신을 보내 608년에는 동쪽으로 순시할 터이니 영양왕이 탁군涿郡(북경시 서남쪽)으로 와서 조회하라고 요구하였으나, 영양왕은 대답하지 않았다.

611년 봄에 수 양제는 고구려를 토벌하라고 지시하고 여름에 탁군으로 행차해 전쟁을 준비하였다. 그리고 612년 정월에 군사 1,133,800명을 이끌고 고구려 원정에 나섰는데, 군사를 200만이라고 일컬었으며 군량을 나르는 자는 2배였기에 발진하는 데에만 40일이 걸렸다고 한다. 북과 나팔 소리를 울리며 행진하는 깃발이 960리에 뻗칠 정도로 유례없이 성대한 모습으로 2월에 요하까지 왔으나 고구려군이 강을 막고 지키니 쉽사리 건너지 못하였다. 수나라 군대가 이윽고 어렵게 부교浮橋를 건설해 강을 건너고 요동성遼東城을 포위하였는데, 어느 덧 한여름이 되었다. 그 사이 고구려군 1만 명이 죽었으며 수나라 군사도 매우 많이 죽었다. 요동성은 한 달이 더 지나 양제가 도착할 때까지 함락되지 않았다.

한편, 수나라의 양자강유역 출신 수군들은 내호아來護兒의 지휘 아래 배로 바다를 건넌 뒤 대동강을 거슬러 올라가 평양 외곽에 닿았으며 처음 전투에서 승리하였다. 그러나 고구려군의 유인작전에 속아 수만 명이 장안성 안으로 들어갔다가 고구려군의 반격을 받아 겨우 수천 명만 살아나간 뒤 대동강 어귀로 후퇴해서 다른 군사와 함께 머물렀다. 양제는 전쟁이 예상과 다르게 전개되자 초조해져서 30만여 명의 별동부대를 편성해 평양으로 나아가게 하였다. 이에 좌익위대장군 우문술宇文述, 우익위대장군 우중문于仲文 등 9명의 장수가 각기 다른 길로 행군해 압록강 서쪽에서 집결하고 신속히 진군하였으나 압록강을 건너기도 전에 군량이 떨어지려 하였다. 고구려의 장군 을지문덕乙支文德은 수나라 군대에 식량이 부족하다는 것을 알아채고 매번 도망가며 싸웠다. 수나라 군대는 하루에 일곱 번 싸워 모두 이기자 의심 없이 진군해 살수薩水를 건너 마침내 평양성에서 30리 떨어진 곳에 도착하였다. 을지문덕이 거짓으로 "만약 군대를 돌리면 왕을 모시고 황제를 찾아뵙겠다"고 말하니 우문술 등은 수나라 군대가 쇠약해졌으나 평양성은 험하고 튼튼해서 함락시키기 어렵다고 보고 제안을 받아들여 철수하게 되었다. 돌아가는 수나라 군대를 고구려군이 쫓아가며 사방에서 습격하다가 수나라 군대 절반이 살수를 건넜을 때 뒤에서 후미를 공격하니 수나라 군대가 무너져 겨우 2,700명만 살아서 돌아갔으며 그 많던 군사용 기계는 모두 잃어버렸다. 수 양제는 크게 노하여 우문술 등을 쇠사슬에 묶고는 철수를 명령하였다. 대동강 어귀에서 머물고 있던 수나라 수군도 수나라로 돌아갔다.

수 양제는 613년 정월부터 전쟁을 준비하더니 초여름에 다시 고구려를 침략하였다. 양제는 요하를 건넌 뒤 우문술 등에게 평양으로 향하게 하고, 본진은 둘로 나눠 신성과 요동성을 공격하게 하였다. 성문을 내려다보며 공격할 수 있는 비루飛樓, 긴 통나무 끝에 쇠를 씌우고 수레에 달아 성문 등에 충격을 주는 동차橦車, 군사들이 성벽을 기어오를 때 쓰는 운제雲梯, 성벽을 한꺼번에 무너뜨리기 위해 성벽 밑에 설치하는 지도地道 등의 군사용 기계를 이용해 20일간 밤낮으로 2성을 공격하였으나 끝내 함락시키지 못하였다. 양제가 직접 방법을 바꿔 요동성을 공격하던 중 낙양에서 양현감楊玄感이 반란을 일으켰다는 소식을 듣고 밤에 몰래 장수들을 부른 뒤 군대를 이끌고 급히 퇴각하였다. 이때 평소 양현감과 친하였던 병부시랑 곡사정斛斯政이 고구려로 망명하였다. 고구려군은 처음에 속임수일까 염려해서 수나라 군대의 퇴각을 뒤쫓지 못하다가 이틀 뒤에야 비로소 추격하여 아직 요하를 건너지 못

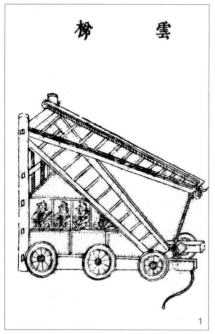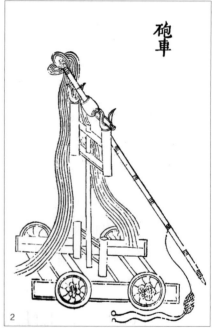

전투용기계 1. 운제 · 2. 포차 (삼재도회 기용편)

한 수천 명을 죽였다고 한다.

614년 봄에 수 양제는 다시 군사를 징발해 고구려를 치라고 명령하였다. 그러나 양제가 탁군을 거쳐 가을에 회원진懷遠鎭(요령성 조양시)에 도착할 때까지 군사를 다 징발하지 못했을 정도로 수나라 국내 사정이 어지러웠다. 이때 내호아가 수군을 이끌고 요동반도의 고구려 비사성卑奢城을 격파한 뒤 평양으로 향했는데, 영양왕이 사신을 보내 양제에게 항복하겠다면서 곡사정을 돌려보내니 양제가 크게 기뻐하면서 내호아를 소환하고 회원진에서 군대를 돌이켰다.

양제는 서경으로 되돌아간 뒤 겨울에 영양왕의 조회를 기다렸으나 영양왕이 끝내 응하지 않자 615년 네 번째 원정을 계획하였다. 그러나 전국에서 반란이 일어난 데다 북쪽에서 동돌권이 배반하여 실행하기 어려웠다. 또, 돌궐을 정벌하려면 고구려와의 관계를 개선해야 한다는 간언이 있었으므로 고구려 원정계획을 포기하였다. 이후 수나라는 고구려와의 전쟁 후유증에 시달렸는데, 원정 실패로 양제의 권위가 크게 추락하였으며 막대한 인구 손실 및 경제적 궁핍을 초래하여 민심이 흉흉해지고 반란이 끊이지 않았다. 결국, 617년에 양제의 이종사촌형인 이연李淵이 반란에 성공한 뒤 양제의 손자에게 양위하게 하였다. 양제는 태상황으로 물러나서 호화롭게 살다가 618년 봄 측근에게 암살되었으며, 같은 해 여름에 이연이 황제로 즉위하고 나라 이름을 당唐으로 바꾸었다. 가을에는 고구려 영양왕이 재위 29년에 죽었다.

당唐과의 전쟁

619년 봄, 고구려 영류왕榮留王이 당나라로 사신을 보내 조공하였다. 621년 가을과 622년에도 당나라로 사신을 보냈다. 이에 당나라 고조高祖는 수나라 말기에 많은 군사들이 고구려에 사로잡혔으니 돌려보내달라고 요구하였고, 고구려가 1만여 명을 돌려보내주자 매우 기뻐했다고 한다. 이후 고구려는 거의 해마다 당나라로 사신을 보냈다. 당나라도 624년에 영류왕을 상주국上柱國 요동군공遼東郡公 고려국왕 高麗國王에 책봉하고 도교의 천존상天尊像·도법道法과 함께 도사道士를 보내 노자老 子를 강의하게 하였으며, 625년에는 불교와 도교의 교법을 배워가게 해달라는 고구려의 요청을 들어주었다.

그러나 626년에 고조가 죽고 아들 태종太宗이 즉위한 뒤 약간의 긴장감이 조성되었다. 특히 631년 당나라 사신단이 고구려가 수나라 군사들의 해골을 묻은 곳에 와서 제사지내고 전쟁 승리를 기념해 세운 경관京觀을 허물어버렸는데, 이때부터 고구려는 부여성扶餘城에서부터 발해만의 비사성까지 1천여 리에 달하는 장성長城을 쌓기 시작했다. 이 공사는 16년 뒤에 완료되었다.

당 태종은 630년에 동돌궐을 공격해 항복시킨 뒤 서돌궐 세력권에 속하는 중앙아시아 국가들을 정복하는 데 전념하였다. 그리하여 640년 고창국高昌國이 항복하자 서역 경략을 마무리하였다. 641년, 전년 봄에 사신단을 이끌고 당나라에 갔던 고구려 태자가 귀국하게 되자 당나라는 지도地圖 등을 담당하는 직방낭중職方郞中 진대덕陳大德을 배송사신으로 딸려 보내 고구려의 지리와 내부사정을 염탐하였다. 진대덕은 당나라로 돌아간 뒤 『봉사고려기奉使高麗記』를 작성해 보고하였는데, 지금은 전하지 않으며 일부 내용이 『한원翰苑』과 『태평환우기太平寰宇記』 등에 인용되어 있다. 보고를 받은 당 태종은 "군사 수만 명을 보내 요동을 공격하면 저들은 필시 온 힘을 기울여 구하려 할 텐데, 따로 수군을 보내 동래에서 바닷길로 평양까지 가서 수군과 육군이 합세하면 얻는 것은 어렵지 않다. 다만, 산동의 주·현이 피폐하고 회복되지 않아 내가 수고롭게 하지 않으려는 것뿐이다"라고 말하였다.

642년, 장성 쌓는 일을 감독하던 서부西部 대인大人 연개소문이 군사를 이끌고 평양으로 들어가 영류왕과 반대세력을 모두 죽였다. 그리고 영류왕의 조카 장藏을 왕으로 세우고, 자신은 스스로 막리지가 되어 국정과 군사업무를 모두 장악하였다. 중국 낙양에서 발견된 연개소문의 아들 연남생의 묘지명에는 "증조할아버지는 자유子遊이고 할아버지는 태조太祚인데, 모두 막리지였으며, 아버지 개금蓋金은 태대대로太大對盧였다"고 적혀 있다. 무덤 안에 넣는 기록인 묘지墓誌는 과장이 심한 경우도 있으므로 단정할 수 없지만, 명문귀족 출신임은 분명하다. 『삼국사기』 열전에는 연개소문의 "아버지가 동부東部 대인 대대로였다가 죽었으니 개소문이 이어받아야 마땅하지만 나라 사람들이 그의 성격이 잔인하고 포악하므로 미워하여 오르지 못했다"는 기록이 있다.

연개소문은 막리지에 오른 뒤 독재정치를 시작하였다. 그는 643년 보장왕에게 "지금 유교와 불교는 모두 흥하였는데 도교는 아직 유행하지 않았으니 천하의 도술을 갖추었다고 할 수 없습니다. 엎드려 청하오니 사신을 당에 보내 도교를 구해 와서 나라 사람들을 가르치십시오"라고 말하였고, 이에 따라 당 태종이 도사 숙달叔達 등 8명과 노자 도덕경을 보내주니, 왕이 기뻐하여 불교사찰을 빼앗아 머물게 했다고 한다. 연개소문이 도교 진흥에 애쓴 이유를 불교계와 연계한 기존의 귀족세력을 억압하고 대내위기를 극복하려 했기 때문이라는 견해가 있고, 도교 수입을 통해 당과의 긴장을 해소하고 도사들의 지방파견 활동을 통해 반대파 귀족세력과의 정치사회적 통합을 도모했을 것이라는 견해도 있다.

644년 봄에는 당 태종이 상리현장相里玄獎을 사신으로 보내 신라를 공격하지 말 것을 요구하며 또 신라를 공격한다면 다음 해에 당이 고구려를 칠 것이라고 경고하였으나, 연개소문은 예전에 수나라가 고구려를 쳐들어왔을 때 신라가 땅 500리를 빼앗았으니 돌려주지 않는다면 전쟁을 그만둘 수 없다고 응답하였다. 그 말을 전해 들은 당 태종은 연개소문이 임금을 죽였으니 징벌해야 한다는 명분으로 고구려 침공을 결정하였다. 그리고 가을에 배 400척을 만들어 군량을 싣게 하고 유주幽州·영주營州의 도독이 거느리는 군사와 거란·해奚·말갈 군사를 합쳐 요동을 치게 하였다. 이에 연개소문은 백금을 당나라로 보내며 협상하려 했으나 당 태종은 거절하고 겨울에 낙양으로 거처를 옮기고 전쟁을 준비하였다. 그리하여 양자강유역 출신 수군 4만 명과 장안·낙양에서 모집한 군사 3천 명을 전함 500척에 태워 바다를 건너 평양으로 향하게 하고 보병·기병 6만 명과 서역에서 항복한 이민족들을 요동으로 가게 하였다.

645년, 봄 정월에 당나라 행군대총관 이세적李世勣이 이끄는 군대가 유주에 도착하였고, 3월에 태종이 정주定州(하북성 남부)에 이르렀다. 여름 4월에 이세적의 군대가 요하를 건너 개모성蓋牟城을 함락시키며 1만 명을 사로잡고 양곡 10만 석을 빼앗았다. 그리고 바다를 건너온 수군과 함께 비사성을 공격해 5월에 함락시켰는데, 그 과정에서 고구려사람 남녀 8천 명이 죽었다. 이윽고 이세적의 군대와 태종 일행이 만나 함께 요동성을 12일 밤낮으로 공격하였다. 고구려는 신성과 국내성에서 파견된 지원군까지 합세하여 버텼다. 그러나 당나라 군대는 큰 돌을 3백보 이상 날리는 포차砲車, 성가퀴를 부수는 충차衝車 등의 기계를 사용하며 끝내 요동성을 함락시켰다. 이때 고구려 사람은 죽은 자가 1만여 명, 사로잡힌 자는 군사 1만여

백암성 치성

명과 일반 남녀 4만 명이었으며, 양곡 50만 석을 빼앗겼다. 곧이어 6월에 백암성白巖城의 성주 손대음孫代音이 사람들 몰래 당나라와 내통하여 항복하니 성 안으로 모여든 남녀 1만여 명이 사로잡혔다.

당나라 군대는 안시성安市城을 공격하였다. 이에 고구려의 북부 욕살 고연수高延壽와 남부 욕살 고혜진高惠眞이 말갈군사까지 포함해 15만 명을 이끌고 구원하려 나섰으나 안시성 부근의 전투에서 크게 져서 3만여 명이 죽었으며, 고연수와 고혜진은 무리 36,800명을 이끌고 항복하였다. 당 태종은 그중 3,500명만 가려내 중국으로 옮기고 나머지는 모두 놓아주었으며, 말갈인 3,300명을 잡아서 모두 죽였다. 그리고 말 5만 필, 소 5만 마리, 갑옷 1만 벌을 노획하였다. 이러한 기록은 고구려군 15만 명의 상당수가 정예군사가 아니었음을 알려준다.

고연수 등의 항복에도 불구하고 안시성은 여전히 굳건하였는데, 하루에 6~7회씩 맞붙어 싸우며 포차와 충차로 성벽시설을 무너뜨리면 성안에서 재빨리 목책을 세워 무너진 곳을 막았다. 당군이 60일 동안 50만 명을 동원하며 안시성 옆에 흙으로 산을 만들었으나 오히려 고구려군 수백 명이 달려가 빼앗기까지 하였다. 그러는 사이 어느덧 추위가 찾아들기 시작해 풀이 마르고 물이 얼어 군사와 말이 오래 머물기 어렵게 되자, 당 태종은 군사를 되돌리라고 명령하였다. 당군은 요하를 건너며 늪과 진펄 때문에 고생하였고 폭풍과 눈을 맞아 많은 군사들이 얼어 죽어서 중국으로 살아 돌아간 자가 7만 명에 불과하였다.

647년 봄, 당나라는 조정회의에서 앞으로 작은 군대를 고구려로 자주 보내 고구려 사람들이 피곤해져서 농사짓지 못하고 인심이 나빠지게 만들기로 결정하였다. 이러한 지구전持久戰 원칙에 따라 여름에 정예 수군 1만여 명과 이세적이 거느리는 육군 3천 명이 영주도독부의 군사를 앞세우고 요하를 건너 남소성 등을 격파하고 돌아갔으며, 가을에 다시 국경을 침범해 1백여 차례나 싸웠다. 648년에는 봄에 수군 3만여 명이 바다를 건너 고구려를 공격하였고, 여름에도 역시 바다를 건너 공격하여 고구려군을 여러 차례 깨뜨렸으며, 가을에 새로 만든 큰 전함을 이용해 압록강까지 와서 진을 치고 박작성泊灼城 등을 공격하다가 돌아갔다. 태종은 30만 대군을 동원해 고구려를 다시 치려고 계획하고 준비 작업을 명령하였으나, 649년 여름에 죽으면서 요동 전쟁을 그만두라는 조서를 남겼다.

사회와 문화

고구려의 혼인 풍습이 중국과 달라서 남자가 여자 집에서 아이를 낳고 살다가 아이가 크면 아내와 함께 자기 부모가 있는 집으로 돌아가는 데릴사위가 많았으며, 형이 죽으면 아우가 형수와 함께 사는 형사취수제兄死娶嫂制가 있었음을 앞장에서 『삼국지』 기록을 통해 확인하였다. 그런데 『삼국사기』에는 고국천왕·산상왕 형제의 왕비였던 우씨于氏가 동천왕 8년(234)에 죽으면서 "내 행실이 바르지 못했으니 지하에서 무슨 면목으로 국양國壤(고국천왕)을 뵙겠는가? … 산상왕릉 곁에 묻어 달라"고 하였으며, 그런 뒤 무당의 꿈에 고국천왕이 나타나서 "어제 우씨가 산상에게 돌아가는 것을 보고 괴로움을 참지 못해 결국 싸우고 말았다. … 물건으로 나를 가려달라"고 하여 왕릉 앞에 소나무를 7겹으로 심었다는 기록이 있다. 이 설화는 고구려의 관습이 유교의 영향으로 바뀌고 있음을 상징하는 것으로 볼 수 있다. "소나무를 7겹으로 심었다"는 기록은 『삼국지』의 "돌을 쌓아 봉분을 만들고 소나무와 잣나무를 늘어 심는다"는 기록과 통한다.

장례 풍습과 관련해서는 248년 가을에 동천왕이 죽자 "시원柴原에 장사지내고 왕의 이름을 동천왕으로 하였다. 나라 사람들이 그 은덕을 생각하며 몹시 슬퍼하였으며, 가까운 신하는 자살하여 함께 묻히려는 자가 많았으나, 새 왕이 예절에 맞지 않는다며 못하게 하였다. 장례일이 되니 묘에 와서 스스로 죽은 자가 매우 많아서 나라 사람들이 땔나무를 베어 그 시체를 덮어주고 그곳 이름을 시원이라고 하였다"는 기록이 『삼국사기』에 있다. 이는 3세기 중엽에 고구려가 제도적으로 순장을

고구려 돌무지무덤

금지하였으나 풍습은 여전히 남아 있었음을 나타낸다.

　고구려 무덤은 크게 돌무지무덤積石塚과 흙무지무덤封土墳으로 나뉜다. 4세기 초까지는 돌무지무덤, 5세기 후반부터는 흙무지무덤이 주류를 이룬다. 4~5세기에는 두 가지 묘제가 공존하였다. 돌무지무덤의 형태는 무기단→기단→계단으로 바뀌었으며, 시신을 묻는 방법도 구덩식竪穴式 장법에서 굴식橫穴式 장법으로 바뀐다. 구덩식 무덤은 시신을 묻는 매장주체부가 대개 돌덧널石槨이며, 굴식 무덤은 돌방石室이다. 돌방무덤은 무덤 안을 방안처럼 만들어 여러 번 드나들며 부부, 가족 등을 함께 묻을 수 있게 한 것이 특징이다.

　고구려에서 돌방무덤은 3세기부터 만들어지는데, 돌방 벽과 천정에 벽화를 그리기도 했다. 돌무지돌방무덤에서도 벽화가 발견되지만 고구려 벽화는 주로 흙무지돌방무덤에서 발견된다. 지금까지 발견된 고구려 벽화무덤 가운데 다수는 평양의 대성산성 서쪽 지역부터 대동강 하구에 이르는 지역과 재령강유역의 안악安岳지방에 분포한다. 내부구조는 외방單室, 두방雙室, 여러방多室 등으로 나뉜다. 돌방의 한편

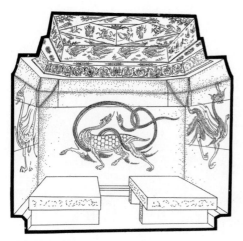

강서대묘 무덤칸 투시도

에 곁방側室, 감실龕室, 회랑回廊 등이 붙은 것도 있다. 무덤방은 지표 위에 만든 것이 많으나 집안시 오회분五盔墳 5호묘처럼 땅속 3~4m 깊이에 만든 것도 있다. 천장 구조는 평행고임식, 삼각고임식, 평행삼각고임식 등이 주류를 이룬다.

벽화 내용은 처음에 안악3호분·덕흥리벽화분·씨름무덤角抵塚처럼 무덤 주인 초상화와 생활풍속 장면이 중심이었다가 점차 상징성이 높은 장식무늬를 주제로 한 것, 도교 신선사상·천문신앙·4신神을 주제로 삼은 것 등 주제가 다양해진다. 장식무늬는 5세기 중엽에 많이 그려지는데, 대개 연꽃을 소재로 삼았으며, 순수 장식무늬만 있는 벽화무덤도 있다. 6~7세기의 벽화는 사신도四神圖 일색이다. 강서대묘江西大墓가 대표적이다.

고구려 사람들은 죽은 뒤 또 다른 삶이 시작된다고 보았다. 『수서』 고구려전에는 사람이 죽으면 집안에 빈소를 만들어 3년 동안 모셔두었다가 좋은 날을 택해 장사를 지냈는데, 부모와 지아비 상은 3년, 형제는 3개월 동안 상복을 입는다는 기록이 있다. 또, 초상이 나면 처음에는 눈물을 흘리며 소리 내어 울지만, 장례 때에는 풍악을 울리며 춤추고 노래하고, 장례가 끝나면 죽은 이가 살았을 때 쓰던 옷과 꾸미개, 수레, 말 등을 무덤 옆에 늘어두어 장례에 참석한 사람들이 가져가게 했다고 한다. 이러한 장례 풍속은 중국의 유교식 장례 풍속과는 크게 다른 것이다.

3) 백제의 성장과 변천

영토확장과 인력 확보

3세기 중·후엽까지 한강유역의 작은 나라에 불과했던 백제가 언제, 어떻게 넓은 영역을 소유한 고대국가로 성장했는지 알려주는 기록은 없다. 『진서晉書』「무제기武帝紀」에는 276년부터 290년까지 동쪽의 오랑캐東夷가 조공·귀화·내부來附했다는 기사가 무려 15회나 실려 있는데, 하나같이 나라 이름은 보이지 않고 '동이 8국', '동이 17국', '동이 3국', '동이 6국', '동이 9국', '동이 10국', '동이 20국', '동이 5국', '동이 29국', '동이 11국', '동이 2국', '동이 7국', '동이 11국', '멀리 떨어진 동이 30여 국', '동이 7국' 등으로 표기되었다. 여기의 '동이'는 마한을 비롯한 삼한의 작은 나라들을 가리킨다는 것이 학계의 정설이다. 그리고 그 나라들 속에 백제도 포함되었을 것으로 추정한다. 백제 초기의 중심지인 서울 풍납동토성·몽촌토성에서 3~5세기대 유약바른 도기施釉陶器가 꽤 많이 출토되었기 때문이다.

3세기 말까지 삼한의 작은 나라들이 단체로 중국과 교섭했다는 것은 아직 단독 교섭할 정도로 외교역량이 성장하지 못했다는 뜻이 된다. 만약 『삼국사기』 기록처럼 백제가 기원 전후에 이미 경기도지역까지 강역을 넓히고 마한을 병탄했다면 적어도 3세기 무렵에는 고구려처럼 중국과의 관계에서 뚜렷한 인상을 남겼을 것이다. 그러므로 백제국伯濟國은 4세기 이후에 비약적으로 발전하여 마침내 백제百濟가 되었다고 할 수 있다.

이처럼 한강유역에서 국가 성장이 늦어진 이유는 무엇보다 인접한 낙랑군과 대방군의 영향이 컸기 때문이다. 기원전 2세기 말에 전한前漢이 설치한 낙랑군은 기원 전후한 무렵 주변 토착사회에 대한 통제가 어려워지자 그동안의 고압적인 정벌론征伐論 대신 유화적인 기미책羈縻策으로 대외정책을 바꾸었다. 토착사회의 저항을 최소화하기 위해 낙랑군은 조공형태의 공무역公貿易뿐 아니라 상인 중심의 다양한 사무역私貿易을 전개함으로써 정치력을 성장시켰으며, 벼슬·옷·모자 등을 나눠 줌으로써 삼한사회를 회유하였다. 그리하여 동이 여러 나라들이 해마다 떼를 지어 조공하게 만든 것이다. 『진서』에 기록된 동이의 조공기사는 그 나라들이 직접 중국으로 찾아간 경우보다 낙랑군 또는 그 상위기관인 동이교위를 통해 접촉한 것일 개연성이 있다.

그런데 4세기 초에 낙랑군이 멸망하였다. 『삼국사기』에는 313년 겨울에 고구려 미천왕이 낙랑군을 침범해 남녀 2천여 명을 사로잡았다는 기록과 314년 가을에 남쪽으로 대방군을 침범했다는 기록이 있다. 이것이 『삼국사기』에서 낙랑군과 대방군에 관한 마지막 기록이므로 이때 2군이 멸망했다는 것이 학계의 정설이다. 마침 『자치통감』에는 313년경 요동사람 장통이 낙랑·대방군을 이끌고 고구려에 대적하다가 더 이상 견디지 못해 백성 1천여 가를 이끌고 요동의 모용외 휘하로 들어가 낙랑군 태수가 되었다[1]는 기록이 있다. 이때 모용외가 새로이 설치한 낙랑군은 지금의 요령성 조양朝陽시 부근에 있었으며, 나중에 서쪽으로 옮겨졌다가 556년경 북제北齊가 지방 행정조직을 정비할 때 소멸한 것으로 알려진다. 옛 낙랑군의 일부 주민이 요서지역으로 이주했지만 훨씬 더 많은 사람들은 옛 낙랑·대방지역에 그대로 남았고, 그중 일부는 한동안 나름의 세력을 유지하였다.

사실 대동강유역의 낙랑군과 낙랑군에서 파생된 대방군은 형식적으로는 중국에서 태수가 파견되는 일개 외군外郡에 불과했지만, '낙랑'이라는 이름이 낙랑군 멸망후에도 널리 사용될 정도로 독특한 지위를 갖고 있었다. 북위北魏의 문명태후 어머니와 북주北周의 사실상의 건국자인 우문태宇文泰의 어머니는 모두 낙랑 왕씨王氏였는데, 중국사회에서 낙랑은 자신을 다른 지역 출신과 구별하는 본향本鄕으로도 사

---

1   夏四月…遼東張統據樂浪帶方二郡 與高句麗王乙弗利相攻 連年不解 樂浪王遵說統 帥其民千餘家歸廆 廆爲之置樂浪郡 以統爲太守 遵參軍事.(『資治通鑑』 권88 「晉紀」 제10 孝愍帝 建興 원년)

용할 정도였으며, 나아가 넓게는 '조선朝鮮'을 의미하기도 하였다. 그것은 낙랑군이 고조선의 중심지였던 곳에서 4백년 이상 유지되는 사이 정치·문화적으로 정체성이 매우 모호해졌기 때문이다.

고구려는 낙랑군을 멸망시킨 뒤 343년에 고국원왕이 거처를 평양으로 옮겼는데, 이는 지난해에 전연의 공격을 받아 환도성이 함락되었기 때문이지만, 이 기회에 평양지역에 대한 지배력을 높이고 중국계 인력을 흡수해 전연과의 협상에 활용하려는 의도로 풀이된다. 그러나 고구려의 평양지역 개발은 옛 낙랑군·대방군 지역의 토착세력들을 위축시키고 이주하게 만드는 요인이 되었다. 이러한 사정은 4세기 중엽까지 황해도 신천군일대에서 낙랑식 벽돌무덤塼築墳이 꾸준히 조영된 사실을 통해 짐작할 수 있다. 『속일본기續日本記』에는 대방군 유민이 고구려와 백제 사이에서 갈피를 잡지 못하다가 일부가 일본열도로 향한 것처럼 쓰여진 기록도 있다.

낙랑·대방군 지역이 고구려의 영토에 포함되자 많은 유민이 남쪽으로 이주해 한강유역의 백제국 등에 정착하였다. 그들은 일차적으로 낙랑군의 유민이었지만, 시간을 거슬러 올라가면 고조선의 유민이라고 할 수도 있었기에 백제국에 쉽게 포섭되고 쉽게 융화되었을 것이다. 금석문에서 확인된 낙랑지역의 성씨로는 주周, 손孫, 이李, 정丁, 정鄭, 고高, 조趙, 왕王, 장張, 진眞, 전田, 번番, 양陽, 두杜, 형刑, 노盧, 오吳, 황黃, 상商, 단段, 봉奉, 정程, 귀貴, 양楊, 반半 등이 있는데, 이들이 모두 중국인이었다기보다 중국인 및 중국인화한 토착민이라고 할 수 있다. 백제의 외교관련 기록에는 고·왕·장·양楊·진陳 등의 중국식 성씨를 지닌 인물이 유독 많다. 그리고 백제는 고구려·신라에 비해 제도 및 문화면에서 중국 영향을 많이 받았던 것으로 평가되는데, 아마도 낙랑·대방군 출신 인물들이 대거 백제국에 흡수된 것과 관련 깊을 것이다. 한문에 익숙한 낙랑계 유민들은 백제국伯濟國이 백제百濟로 나라 이름을 바꾸는 데에도 영향을 미친 것으로 보인다.

372년, 백제 근초고왕이 봄 정월에 동진으로 사신을 보내 조공하였고 여름 6월에 동진으로부터 '진동장군鎭東將軍 영낙랑태수領樂浪太守' 벼슬을 받았다. 369년 가을에 백제를 침략한 고구려 군사 2만 명을 치양雉壤(황해도 배천)에서 격퇴하며 5천여 명을 사로잡고, 371년 겨울에 근초고왕이 3만 명의 군사를 이끌고 평양성을 공격해 고국원왕을 전사시킨 뒤의 일이다. 그러니까 355년에 고구려 고국원왕이 전연으로부터 낙랑공 작호를 받은 것에 비해 백제 근초고왕이 중국의 정통왕조를 자처하는 동진으로부터 받은 낙랑태수 작호는 낙랑·대방지역 유민들에게 매우 영향력이 큰 벼슬이름이었던 것이다. 백제는 377년 겨울에도 근구수왕이 몸소 군사 3만 명을 이끌고 평양성을 공격하였다. 당시 군사 3만 명은 백제가 동원할 수 있는 최대 규모였다. 이처럼 근초고왕·근구수왕 부자가 평양지역 확보에 적극적이었던 이유로서 인력과 사회기반시설이 풍부한 지역을 소유하려는 현실적 이익뿐 아니라 옛 낙랑군·대방군 지역을 탈환·회복하길 바라는 유민들의 열망에 부응함으로써 왕실의 권위와 정통성을 굳건히 하려는 정치적 의도에 주목하기도 한다.

한편, 백제가 남쪽으로 영토를 넓힌 과정에 대한 기록은 찾기 어렵다. 『삼국사기』에는 온조왕 13년(6BCE)에 "마침내 강역을 정하였는데, 북쪽으로는 패하浿河에 이르고, 남쪽은 웅천熊川을 한계로 삼고, 서쪽으로는 큰 바다까지 가고, 동쪽으로는 주양走壤에 이르렀다"는 기록이 있지만, 오늘날 이를 그대로 믿는 사람은 거의 없다. 패하는 지금의 대동강 또는 예성강, 웅천은 지금의 금강 또는 안성천, 주양은 지금의 춘천지역에 해당하므로 기원전에 이미 백제가 넓게는 경기도·황해도·충청도 전지역, 좁게는 경기도 전지역을 영토로 만들었다는 것이 되어 『삼국지』의 마한관련 기록과 전혀 들어맞지 않기 때문이다. 『삼국사기』에는 온조왕 27년(9CE)에 백제의 공격으로 "마한이 마침내 멸망하였다"는 믿지 못할 기록도 있다. 그런데 『일본서기』에는 백제의 남방 영토와 관련하여 매우 흥미로운 기록이 있다.

봄 3월에 아라타와케·카가와케를 장군으로 삼았다. 구저 등과 함께 군사를 정돈하고 바다를 건너가 탁순국에 이르러 장차 신라를 공격하려 하였다. 그때 누군가가 "군사의 수가 적어서 신라를 깨뜨릴 수 없다. 다시 사하쿠 카후로를 올려보내 군사를 늘려달라고 청하자"고 하였다. 곧 목라근자와 사사나코[이들 두 사람은 성을 알 수 없는 사람이다. 다만, 목라근자는 백제의 장수이다]에게 명령하여 정예군사를 이끌고 사하쿠 카후로와 함께 가게 하였다. 함께 탁순국에 모여서 신라를 공격하여 깨뜨렸다. 그리고 비자발·남가라·녹국·안라·다라·탁순·가라 7국을 평정하였다. 이에 군사를 옮겨 서쪽으로 돌아서 고해진에 이르러 남쪽 오랑캐인 침미다례를 무찌르고 백제에게 주었다. 이에 그 왕인 초고와 왕자 귀수가 또한 군사를 이끌고 와서 만났다. 이때 비리·벽중·포미·지반·고사읍이 스스로 항복하였다. 이리하여 백제왕 부자와 아라타와케·목라근자 등이 함께 의류촌[지금은 주류수기라고 부른다]에 모였는데, 서로 보고 기뻐하며 예를 두텁게 하여 보냈다. 다만, 치쿠마나가히코와 백제왕은 백제국에 이르러 벽지산에 올라 맹서하고, 다시 고사산에 올라 함께 반석 위에 앉았다. 이때, 백제왕이 맹세하기를 "만약 풀을 깔고 앉으면 불에 탈 염려가 있고, 또 나무에 앉으면 물에 쓸려갈 염려가 있다. 그러므로 반석 위에 앉아서 맹세하는 것은 영원히 썩지 않을 것임을 나타내는 것이다. 이로써 지금부터는 천추만세에 끊임없이 항상 서쪽 변방을 칭하며 해마다 조공할 것이다"라고 하였다. 그리고는 치쿠마나가히코를 데리고 도읍으로 가서 두터이 예우하였다. 또한 구저 등을 딸려서 보냈다. [26]

예전 정치논리가 역사학을 압도하던 시절에는 위의 내용을 글자 그대로 믿어 왜倭가 신라, 가야, 그리고 영산강유역을 정복하고 임나일본부任那日本府를 설치했다는 뜻이라는 주장도 있었으나, 지금은 이것이 『일본서기』 특유의 천황중심사관으로 사실을 왜곡·윤색한 기사라는 점을 모두 인정한다. 『일본서기』에는 백제가 주도한 역사적 사건을 마치 왜(일본)가 주도한 일인 양 왜곡한 부분이 적지 않은데, 위의 기사를 그에 해당하는 사례로 보기도 한다. 위의 글에서 군사 활동을 이끈 사람은 백제장군 목라근자이며, 침미다례를 획득한 나라도 백제이다. 근초고왕과 태자 근구수가 함께 출정한 상황은 북쪽 고구려와의 전쟁을 방불케 한다. 침미다례를 남쪽 오랑캐南蠻라고 표현한 것은 백제를 기준으로 한 방위관념이다. 그래서 군사 활동의 주체를 백제로 이해하고, 사건이 일어난 시기는 신공기 49년(249년)의 연대를 2주갑(120년) 조정하여 근초고왕 24년(369년)으로 보거나 3주갑(180년) 조정한 429년 또는 그보다 더 늦은 5세기 중엽 이후로 보기도 한다.

고고학적으로는 백제식 움무덤·흙무지무덤·돌방무덤과 금동관모金銅冠帽·금동신발, 고리자루큰칼環頭大刀, 중국제 자기磁器 등 백제문화를 상징하는 유물들이 발견된 지역을 따져 대체로 4세기 전반기까지는 경기지역, 4세기 중후반~5세기 전반기까지는 충청지역, 5세기 중엽부터 후엽 사이에는 전라 북부지역이 백제 영역으로 흡수되었다는 것이 통설이다. 금동관모와 금동신발을 비롯한 백제의 최고급 위세품은 전라남도 고흥지역과 일본의 규슈九州 중부지역에서도 출토되었다. 이에 백제가 5세기 후반 또는 말엽에는 섬진강 어귀까지 영토를 확장하고 일본열도로 세력을 넓혔다고 보기도 한다.

그러나 이러한 해석은 중국 남북조시대 양梁나라의 원제元帝(552~554)가 즉위하기 전 형주자사荊州刺史로 재임하던 시절(526~536)에 외국 사신들의 모습을 직접 그림으로 그리고 간략하게 해설한 두루마리 『양직공도梁職貢圖』의 기록과 들어맞지 않는다. 『양직공도』 '백제국사百濟國使'조에는 "주변의 작은 나라로서 반파叛波·탁卓·다라多羅·전라前羅·사라斯羅·지미止迷·마련麻連·상기문上己文·하침라下枕羅 등이 있어 의지한다"는 기록이 있다. 반파는 대가야로서 경북 고령, 탁은 탁순국으로서 경남 창원, 다라는 경남 합천, 전라는 아라가야로서 경남 함안, 사라는 신라로서 경북 경주 지역에 비정하는 것이 통설이다. 그리고 지미, 마련, 상기문, 하침라 등은 모두 지금의 전라지역에 비정한다. 대가야는 479년에 가라국加羅國이라는

왕회도의 삼국 사신도   양직공도의 백제국 사신

이름으로 남제에 사신을 보냈으며, 신라는 521년에 백제의 도움을 받아 신라新羅라
는 이름으로 양나라에 사신을 보낸 바 있다. 그런데 이처럼 백제를 따르는 나라가
9개라고 소개한 것이다. 그러므로『양직공도』에 따르면 지금의 전라지역은 6세기
전반기까지도 신라·가야처럼 백제와 다른 나라였던 셈이 된다. 이에 학계에는 마
한세력이 6세기 전반기까지 독자적으로 존립했다는 견해도 있다.

　이처럼 다양한 기록과 해석에도 불구하고 한국 역사학계의 통설은 백제가 근초
고왕 때 남해안 일대를 영역화했다는 것이다.『통전』의 "진晉나라 때 이후 여러 나
라를 병탄하여 마한의 옛 땅을 소유하였다"는 기록,『일본서기』에서 근초고왕 때
남해안까지 정복활동을 벌인 것으로 해석되는 기록,『삼국사기』에서 백제가 마한
을 병탄했다고 기록된 온조왕 27년(9)과『일본서기』에서 백제가 침미다례를 병합했
다고 한 근초고왕 24년(369)의 간지가 '기사己巳'로 일치하는 점, 414년에 세워진 고
구려 광개토왕비에 고구려·백제·신라·임나가라 이외의 나라 이름은 전혀 나오지
않는 점 등이 주요 근거이다. 다만, 땅보다 사람에 대한 지배가 더 큰 관심사였던

고대사회에는 국가가 지방관을 직접 파견하는 직접지배와 토착세력을 통하는 간접지배 등 지배방식이 다양하고 모호했으므로 영토·영역을 가리는 기준도 주관적인 요소가 많았음을 유념해야 한다. 그리고 5세기 후반기에 고구려의 공격으로 왕도 한성이 함락되고 백제왕실이 몰살됨으로써 국가멸망에 가까운 행정조직 붕괴시기가 있었으며, 그 뒤로도 한동안 혼란이 거듭되었다는 사실을 감안해야 한다. 『삼국사기』에는 498년에 동성왕이 공물과 조세를 바치지 않는 탐라를 정벌하려고 무진주까지 갔다가 탐라가 용서를 빌자 돌아왔다는 기록과 510년 무령왕이 중앙과 지방에서 놀고먹는 자들을 몰아 농사짓게 했다는 기록이 있고, 『일본서기』에는 509년 "봄 2월에 백제에 사신을 보내 임나의 일본현읍日本縣邑에 있는 백제 백성으로서 도망하여 호적이 끊긴지 3~4세대가 지난 자를 찾아내 모두 백제로 옮기어 호적에 편입시켰다"는 기록이 있는데, 이는 6세기 초엽까지도 백제의 지방행정체계와 호적관리가 완전히 복구되지 않았던 상황을 알려준다.

요서경략설遼西經略說

학계에는 4세기 중엽 근초고왕이 바다 건너 중국의 요서지역에도 군대를 보내 영토를 확보하고 지배했다는 견해가 있다. 중국사서 『송서』와 『양서』에 다음과 같은 기록이 있기 때문이다.

① 백제국은 본래 고려와 함께 요동의 동쪽 천여 리 밖에 있었다. 그후 고려가 요동을 공략해 차지하자, 백제는 요서를 차지하였다. 백제가 다스리는 곳을 진평군 진평현이라 한다. 의희 12년에 백제왕 여영을 '사지절 도독백제제군사 진동장군 백제왕'으로 삼았으며, (송)고조가 즉위해서는 작호를 '진동대장군'으

로 올려주었다.[2]

② 그 나라는 본래 구려와 함께 요동의 동쪽에 있었다. 진나라 때 (고)구려가 이
윽고 요동을 공략해 차지하자, 백제도 요서·진평 2군의 땅을 점거하고 스스
로 백제군을 설치하였다. 진나라의 태원(376~396)중에는 백제왕 수가, 의희
(405~418)중에는 백제왕 여영이, 송나라의 원가(424~453)중에는 백제왕 여비가
각각 사람을 바쳤다.[3]

『송서』와 『양서』 기록을 두고 조선 후기부터 논쟁이 일었다. 18세기 역사학자 신
경준은 백제가 바다 건너편에 영토를 경영한 일이 우리나라의 역사책에 빠졌다고
긍정론을 폈으나, 안정복과 정약용은 부여扶餘의 역사를 중국사람들이 백제 역사
로 착각한 것이라고 하였다. 19세기 역사학자 한진서는 사리에 맞지 않는 기록이
며 착오라고 부정론을 펼쳤다.

일제시기에 일본학자들은 대개 부정론을 견지하였다. 이에 신채호·정인보 등
민족주의 사학자들은 "고려와 백제는 전성시기에 강한 군사가 백만이어서 남쪽으
로 오吳·월越을 침범하고 북쪽으로 유주幽州와 연燕·제齊·노魯를 어지럽혔다"는
최치원의 편지글과 '백제의 침략을 받고 부여가 서쪽으로 이동했다가 전연에게 망
했다'는 『자치통감』의 기록을 증거로 제시하며 이른바 「요서경략설」을 주장하였다.
이러한 주장은 해방이후에 크게 받아들여져 1974년부터 중고등학교 국정 국사교과
서에서 「백제의 해외 진출」이 역사적 사실로 서술되기 시작했다. 대한민국 국민 모

---

2   百濟國 本與高驪俱在遼東之東千餘里 其後高驪略有遼東 百濟略有遼西 百濟所治 謂之晉平郡晉
平縣 義熙十二年 以百濟王餘映爲使持節都督百濟諸軍事鎭東將軍百濟王 高祖踐祚 進號鎭東大
將軍.(『宋書』 권97 「夷蠻傳」 百濟國)

3   其國本與句驪在遼東之東 晉世句驪旣略有遼東 百濟亦據有遼西晉平二郡地矣 自置百濟郡 晉太
元中王須 義熙中王餘映 宋元嘉中王餘毗 竝遣獻生口.(『梁書』 권54 「諸夷傳」 百濟)

두가 긍정론의 입장에 서게 된 것이다.

　논쟁은 1990년대 후반부터 불붙기 시작했다. 처음에는 단순히 긍정, 부정을 가르는 수준이었으나, 논쟁이 치열해지면서 부정론과 긍정론 모두 비로소 언제, 어디서, 어떻게, 왜 그런 기록이 생겨났는지 원인을 구체적으로 논증하기 시작했다. 그리하여 부정론은 313년 대동강유역의 낙랑군이 멸망하자 일부 세력이 요서지역으로 건너가 낙랑교군을 세운 것과 관련 있다는 견해, 후연後燕의 부여유민 여암餘巖이 385년 7월에 요서지역에서 독립한 반란사건을 중국 남조의 사관들이 착각했다는 견해 등 몇몇 대안을 제시하였다. 긍정론은 기존의 군사적 진출을 강조하는 해석뿐 아니라 4세기 중엽부터 5세기 초까지 요서지역에 백제 상업기지가 있었다는 견해, 385년 6월부터 11월까지 약 5개월간 백제가 요서의 여암과 연합하며 그 지역을 지배했다는 견해, 근초고왕 재위 후반기에 백제가 요서지역의 부여계 유민들과 연계하며 10여 년간 해상교역 주도권을 장악한 것을 그리 표현했다는 견해 등 해석이 더욱 다양해졌다. 그리하여 2009년 교육부의 교과서 집필기준에서는 '해석에 논란이 적지 않다는 점에 유의하며 설명하도록' 안내하게 되었다.

　요서경략설을 논증하려면 먼저 밝혀야 할 사항들이 있다는 사실이 논의과정에서 드러났다. 4세기 무렵 백제 인구와 군사는 몇 명이었는지, 당시 요서지역의 상황은 어떠했는지, 백제와 요서지역을 잇는 바다 교통로는 어땠으며 백제 선박에는 몇 명이나 탈 수 있었는지 등등. 이런 관점에서 보면 백제 군사가 대대적으로 요서지역에 진출해서 오랜 기간 그 지역을 통치했다는 증거를 찾기가 더욱 어려워진다. 대신 313년에 대동강유역의 낙랑군이 고구려 공격을 받고 멸망할 때 1천여 호가 요서지역으로 도피하자 전연前燕이 이들을 받아들여 낙랑군을 설치하였고 이 낙랑교군이 6세기까지 존속한 것으로 알려지는데, 근초고왕 때 백제가 황해도지역을 차지한 뒤 요서지역의 낙랑교군과 연계하며 함께 해상활동을 활발히 한 발자취가 『송서』와 『양직공도』 등에 여러 각도의 기록으로 남게 되었다는 해석이 힘을 얻고 있다.

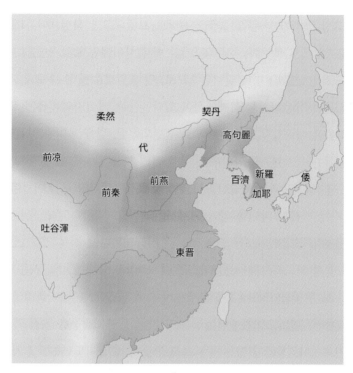

4세기 중후엽의 동북아시아

외교적 노력과 지배체제 정비

　4세기 중엽, 백제가 영토를 넓히고 유능한 인력을 확보하기 위해서는 북쪽의 강적인 고구려와 전쟁하지 않을 수 없었는데, 그것은 이제 막 성장하기 시작한 백제에게 큰 부담이었다. 그래서 백제는 고구려를 제외한 주변의 여러 나라들과는 우호관계를 맺어 군사적 부담을 줄이려 노력하였다. 『삼국사기』에는 366년 봄에 백제가 신라로 사신을 보내 예방했다는 기록이 있다. 368년에는 신라로 좋은 말 2필을 보냈으며, 373년 백제의 독산성주가 300명을 이끌고 신라로 망명하자 백제 근초고왕이 "두 나라가 화친을 맺어 형제가 되기로 약속했으니" 돌려보내달라고 요청했다가 신라 내물왕이 거절하자 다시 말하지 않았다는 기록도 있다.

기록은 그냥 백제가 좋은 말 2필을 신라로 보냈다고만 하였으나, 4세기 중엽의 고구려 고분벽화에서 보듯이 당시 고구려와 백제 사이에는 중장기병重裝騎兵 부대가 동원될 정도로 말갖춤馬具이 발달하였으므로, 말과 말갖춤을 함께 보내 백제의 무기 제작기술과 군사력을 과시했을 개연성이 있다. 신라·가야지역에서 출토된 초창기 승마용 말갖춤은 대략 4세기 중엽 이후로 편년되는데, 말에 올라타거나 안정적으로 앉아있도록 돕는 등자鐙子와 안장鞍裝, 말을 부릴 때 쓰는 재갈轡 등이 표지적 출토품이며, 고구려 말갖춤과는 기술문화적으로 직접 관련된다고 보기 어렵다.

같은 시기에 백제는 바다를 건너 교류하는 일에도 열중하였다. 『일본서기』에는 백제와 왜국倭國 사이의 외교가 근초고왕 때 시작되었다고 적혀 있다. 신공기 46년에 왜의 사신 시마노스쿠네斯摩宿禰가 탁순국卓淳國의 중재에 따라 시종 니하야爾波移를 백제로 보내니 초고왕肖古王이 환대하며 오색 비단 각 1필, 각궁 화살角弓箭, 덩이쇠鐵鋌 40매를 주었고, 이듬해에는 백제가 사신 구저久氐 등을 직접 왜로 보내 조공했다는 기록이다. 신공기 52년에는 초고왕이 왜에 칠지도七枝刀·칠자경七子鏡을 보내고 손자인 침류왕에게 귀국貴國과의 우호가 중요하므로 해마다 조공하라고 일러두었다는 기사도 있다. 712년에 편찬된 『고사기古事記』에는 백제 조고왕照古王이 아지길사阿知吉師를 보내 수말 1필과 암말 1필을 바치고, 백제국에 현명한 사람이 있으면 보내라는 명령에 따라 화이길사和邇吉師를 보내며 『논어』 10권과 『천자문』 1권을 바쳤다는 기록이 있는데,[4] 비슷한 내용이 『일본서기』에는 아직기阿直伎와 왕인王仁이라는 이름으로 적혀 있다. 두 사람의 활동 시기를 『고사기』는 근초고왕 때라고 한 반면, 『일본서기』는 아신왕(392~405)·전지왕(405~420) 때라고 한 점이 다르다.

근초고왕이 영토확장과 외교 분야에서만 두각을 나타낸 것은 아니다. 『삼국사

---

4   亦百濟國主照古王 以牡馬壹疋牝馬壹疋 付阿知吉師以貢上[此阿知吉師者阿直史等之祖] 亦貢上 横刀及大鏡 又科賜百濟國若有賢人者貢上 故受命以貢上人 名和邇吉師 即論語十卷千字文一卷 并十一卷 付是人即貢進[此和邇吉師者文首等祖].(『古事記』 中卷 應神)

기』「백제본기」근초고왕 30년(375)조에는 "옛 기록에 이르길 '백제는 나라를 연 이래 문자로 일을 기록한 적이 없는데 이때에 이르러 박사 고흥高興을 얻어 비로소 서기書記를 갖게 되었다'고 하였다. 그러나 고흥이 다른 책에 나온 적이 없어서 그가 어떤 사람인지 알 수 없다"는 기록이 있다. 서기書記는 '기록하는 일' 또는 '기록하는 사람'을 뜻하는 일반명사이므로 이때부터 문서행정이 시작되었다고 해석하는 견해도 있지만, 학계 통설은 이때 고흥이 『서기』라는 역사서를 편찬했다는 것이다. 고흥이 지닌 박사博士라는 직함은 중국에서 진秦나라 때부터 학문을 맡은 관직으로 설치되었으며 한漢나라 때에는 교육기관인 태학太學에 오경박사를 두어 오경五經을 가르치기도 하였다. 그러므로 박사 고흥은 당시 백제에 태학이 설치되었다는 증거로 해석되기도 한다. 또, 당시 고구려의 사회상에 견주어 백제에서 근초고왕 때 율령律令이 시행되었다고 보기도 한다.

이 무렵 백제에서는 도교의 사상·문화도 교육되었다. 『삼국사기』에 따르면 근구수왕이 태자이던 시절에 반걸양半乞壤(치양)에서 고구려군을 깨뜨리고 수곡성 서북쪽까지 쫓아가자 "장군 막고해莫古解가 간하여 말하길 '일찍이 도가道家의 말을 들으니 「만족할 줄 알면 욕을 당하지 않고 그칠 줄 알면 위태롭지 않다」고 하였습니다. 지금 얻은 바가 많은데 어찌하여 꼭 많은 것을 구하십니까?'라고 하니, 태자가 옳다고 여겨 멈추었다"고 한다. 막고해의 간언은 『노자老子』 44장에 나오는 구절 「만족할 줄 알면 욕을 당하지 않고 그칠 줄 알면 위태롭지 않아 오래갈 수 있다知足不辱 知止不殆 可以長久」를 인용한 것이어서 막고해가 평소 『노자』의 내용을 배웠음을 시사한다. 이는 7세기 초 고구려 장군 을지문덕이 전쟁 중 수나라 장군 우중문에게 보낸 시에도 반영되어 있으므로 고대의 장군들이 군사업무에 『노자』를 활용했다고 보기도 한다. 백제에서 도교문화가 널리 유행하게 된 데에는 낙랑유민들의 역할이 컸을 것이다.

384년 가을에 동진으로부터 불교승려 마라난타摩羅難陀가 백제에 왔다. 『삼국사기』에는 마라난타가 오랑캐 승려胡僧라고 적혀 있으므로 동진 사람이 아님을 알 수 있는데, 침류왕이 그를 맞이하여 궁궐 안으로 모시고 공경하였다고 했으니 동진의 불교승려 파견이 백제 쪽의 요청에 따라 이루어진 일임을 알 수 있다. 침류왕은 이 듬해 봄 한산漢山에 절을 세우고 10명이 승려가 되는 것을 허가했다고 한다. 불교를 공인함은 물론 승려 교육을 국가적으로 지원한 것이다.

백제의 제도 정비와 관련해서는 『삼국사기』에 다음과 같은 기록이 있다.

① 봄 정월에 내신좌평을 두어 왕의 명령을 알리고 보고하는 일을 맡겼다. 내두좌평은 창고와 재정에 관한 일을 맡고, 내법좌평은 예법과 의례에 관한 일을 맡고, 위사좌평은 왕과 궁궐을 지키는 군사업무를 맡고, 조정좌평은 형벌과 감옥에 관한 일을 맡고, 병관좌평은 대외 군사 업무를 맡았다. 또, 달솔·은솔·덕솔·한솔·나솔 및 장덕·시덕·고덕·계덕·대덕·문독·무독·좌군·진무·극우를 두었다. 6좌평은 모두 1품이고, 달솔은 2품, 은솔은 3품, 덕솔은 4품, 한솔은 5품, 나솔은 6품, 장덕은 7품, 시덕은 8품, 고덕은 9품, 계덕은 10품, 대덕은 11품, 문독은 12품, 무독은 13품, 좌군은 14품, 진무는 15품, 극우는 16품이다. 2월에 영을 내려 6품 이상은 자주색 옷을 입고 은꽃으로 관을 장식하며, 11품 이상은 다홍색 옷을 입고, 16품 이상은 푸른색 옷을 입게 하였다. 3월에 왕의 아우인 우수를 내신좌평으로 삼았다. 27

② 봄 정월 초하루에 왕이 자주색 소매가 큰 두루마기와 푸른색 비단 바지를 입고, 금꽃으로 장식한 검은 비단 관을 쓰고, 흰 가죽띠를 두르고, 검은 가죽신을 신고 남당에 앉아서 일을 처리하였다. 2월에 진가를 내두좌평으로 삼고, 우두를 내법좌평으로 삼고, 고수를 위사좌평으로 삼고, 곤노를 조정좌평으로 삼고, 유기를 병관좌평으로 삼았다. 28

③ 봄 정월에 영을 내려 무릇 관리로서 재물을 받거나 도둑질한 자는 장물의 3배를 징수하고 죽을 때까지 벼슬길에 못나오게 하였다. 29

고이왕 27년(260)에 6좌평 16관등 제도를 만들고 공복公服제도를 시행하였으며, 고이왕 29년(262)에 율령을 반포하였다는 내용이다. 임명된 사람 이름까지 구체적으로 제시해 사실감이 넘치지만, 내용을 하나씩 따져보면 관직제도인 6좌평제도를 16관등과 섞어 놓는 등 모순점이 발견된다. 가장 이상한 점은 글 내용이 6~7세기의 중국기록을 닮았다는 것이다. 『주서』와 『구당서』에 다음과 같은 기록이 있다.

벼슬에는 16품이 있다. 좌평 5명은 1품, 달솔 30명은 2품, 은솔은 3품, 덕솔은 4품, 한솔은 5품, 나솔은 6품이다. 6품 이상은 관을 은꽃으로 장식한다. 장덕은 7품으로 자줏빛 띠를 두르고, 시덕은 8품으로 검은 띠를 두른다. 고덕은 9품으로 붉은 띠를 두르고, 계덕은 10품으로 푸른 띠를 두른다. 대덕은 11품, 문독은 12품이며, 모두 누른 띠를 두른다. 무독은 13품, 좌군은 14품, 진무는 15품, 극우는 16품이다. 모두 흰 띠를 두른다. 은솔부터 아래로는 관원에 정해진 인원수가 없다. 30

내관을 두었는데, 내신좌평은 왕의 명령을 알리고 보고하는 일을 맡고, 내두좌평은 창고와 재정에 관한 일을 맡고, 내법좌평은 예법과 의례에 관한 일을 맡고, 위사좌평은 왕과 궁궐을 지키는 군사업무를 맡고, 조정좌평은 형벌과 감옥에 관한 일을 맡고, 병관좌평은 대외 군사업무를 맡는다. 31

백제의 관등

품	명칭	별명	옷	꾸미개 및 허리띠	비고
1	좌평佐平	좌평左平, 좌솔左率	자주색 옷	은꽃銀華 모자꾸미개	5명(『주서』), 6좌평(『당서』)
2	달솔達率		〃	〃	30명(『주서』), 방령方領
3	은솔恩率		〃	〃	정원 없음.(『주서』)
4	덕솔德率		〃	〃	군장郡將

5	한솔扞率	간솔杆率	〃	〃	정치·행정·군사분야 지휘관?
6	나솔奈率		〃	〃	〃
7	장덕將德		다홍색 옷	자주색 허리띠紫帶	외교·행정·기술분야 실무진?
8	시덕施德		〃	검은색 허리띠皁帶	〃
9	고덕固德	호덕護德	〃	붉은색 허리띠赤帶	〃
10	계덕季德	이덕李德	〃	푸른색 허리띠靑帶	〃
11	대덕對德		푸른색 옷	노란색 허리띠黃帶	〃
12	문독文督		〃	〃	
13	무독武督		〃	흰색 허리띠白帶	
14	좌군佐軍		〃	〃	
15	진무振武		〃	〃	
16	극우克虞		〃	〃	

이에 『삼국사기』 기록에 따라 백제는 3세기 중엽 고이왕 때 관등·관직제도를 정비하고 율령을 반포하는 등 고대국가로서의 기틀을 마련했다고 보는 학설이 있는가 하면 중국의 여러 기록을 참조하여 백제의 관등·관직제도는 3세기 무렵부터 하나씩 순차적으로 생겼으며 6세기 이후에야 16관등 및 6좌평으로 정비되었다고 보는 학설도 있다.

왕도 함락

4세기 후반기 근초고왕 때 북쪽으로 대동강유역 평양까지 진격하였던 백제는 4세기 말에 이르자 고구려의 공격을 받고 크게 위축되었다. 그리하여 386년 청목령 靑木嶺 부근에 국경을 방비하는 관문을 설치하였는데, 청목령은 지금의 개성지역에 위치한 고개 이름으로 보이므로, 불과 17년 전 치양(황해도 배천)을 비롯해 황해도 일원을 호령하던 상황에 비하면 영역이 남쪽으로 많이 후퇴한 것이다. 그리고 391년 또는 392년 가을에 고구려 광개토왕이 군사 4만 명을 이끌고 백제의 북방 영토를 침공해 10여 성을 빼앗고 겨울에는 바닷가의 요충인 관미성을 함락시켰다고 한다.

백제는 396년까지 고구려에게 58성 700촌을 빼앗겼으며, 마침내 고구려군이 한강을 건너 왕도 한성漢城을 위협하자 아신왕이 화해를 요청하며 아우와 대신 10명, 남녀 1천 명 및 고운 베細布 1천 필을 바쳐 무마한 것으로 알려진다. 이듬해인 397년 여름에 아신왕은 태자를 바다 건너 왜倭로 보냈다. 『삼국사기』는 이를 "태자 전지腆支를 볼모로 보냈다"고 표현하였는데, 왜에 군사지원을 요청하기 위한 방안이었다는 설, 고구려의 군사적 위협이 심각하므로 어린 태자를 보호하기 위한 조치였다는 설, 태자를 보내 왜 왕실의 여인 팔수八須부인과 혼인시킨 것이라는 설 등이 있다. 아신왕의 외교 노력은 일정한 성과를 거둬 백제가 고구려에게 빼앗긴 옛 대방지역을 왜가 404년에 공격하게 만들었고, 이로써 백제의 왕도가 위치한 한강 유역을 보호하고 전투지점을 북쪽으로 옮기는 효과를 거두었다. 그러나 5~6세기에 바다를 건너온 왜군 규모는 매번 500~1000명 정도에 불과했으므로 이미 군사 3~4만 명을 동원하는 고구려와 백제 사이의 전쟁에서 실질적인 강제력을 얻기는 어려웠을 것이다. 태자 전지는 405년 가을 아신왕이 죽은 뒤 귀국하였는데, 이때 왜왕이 군사 100명으로 호위하게 했다고 한다.

전지왕은 곧바로 즉위하지 못하였다. 태자의 귀국을 기다리며 대신 정사를 돌보던 아신왕의 둘째아우 훈해訓解를 막내아우 설례碟禮가 죽이고 스스로 왕이 되자, 태자 전지는 소식을 듣고 섬에서 한동안 머물렀으며 나라 사람들이 설례를 죽인 뒤에야 비로소 귀국해 왕위에 올랐다는 것이다. 전지왕은 즉위한 이듬해 가을에 자신에게 설례의 반역 소식을 전해준 한성사람 해충解忠을 달솔로 삼고 한성의 세금 1천 석을 상으로 주었으며, 407년 봄에는 아우 여신餘信과 친척 해수解須·해구解丘를 모두 좌평으로 삼았다. 408년 정월에는 상좌평上佐平을 새로 설치하여 여신을 임명하고 군사업무와 정사를 맡겼다고 한다. 409년에 왜국 사신이 야명주夜明珠를 가져오니 전지왕이 두텁게 예우했다는 기록, 416년에 동진이 사신을 보내 전지왕을 사지절 도독백제제군사 진동장군 백제왕使持節都督百濟諸軍事鎭東將軍百濟王에 책봉했다는 기록, 418년 여름에 왜국으로 사신을 보내 흰 무명 10필을 주었다는 기록이 『삼국사기』에 실려 있다. 이러한 외교 노력은 고구려의 군사적 압박에서 벗어나기 위한 방책의 하나로 해석된다.

427년에 즉위한 제20대 비유왕毗有王은 제18대 전지왕의 손자 또는 서자로 전하는 인물이다. 비유왕은 바다 건너 왜倭·송宋과의 우호를 돈독히 이어갈 뿐 아니라 바야흐로 세력이 급성장 중이던 신라와도 연대하는 방안을 모색하였다. 그리하여 433년 백제가 신라에 화친을 제안하고 신라가 받아들이게 되었는데, 이를 백제와 신라의 혼인동맹으로 해석하기도 한다. 누가 혼인했는지 기록은 없으나 화친和親이란 흔히 두 나라 사이의 왕실혼인을 가리키기 때문이다. 백제와 신라 사이의 왕실혼인은 493년 봄 동성왕東城王이 신라에 혼인을 요청해 이찬伊飡 비지比智의 딸을 왕비로 맞이하였다는 기록, 553년 성왕聖王의 딸이 신라로 시집가 진흥왕의 소비小妃가 되었다는 기록, 6세기 말 무왕武王이 즉위하기 전에 신라 진평왕의 딸 선화공주와 혼인했다는 설화 등이 있다.

『삼국사기』에는 백제가 신라로 434년 봄에 좋은 말 2필을 보내고 가을에 흰매를 보내니, 신라가 가을에 황금과 밝은 구슬을 보내 답례했다는 기록이 있다. 백제가 보낸 말과 매는 모두 사냥과 관련된 것이며 군사적인 뜻을 갖고 있다. 그리고 말과 함께 보내졌을 말갖춤馬具, 매를 다루는 인물 및 필수도구는 백제가 지닌 기술력을 상징한다. 비유왕의 외교노력이 마침내 효력을 발휘하였는지, 『삼국사기』에는 455년 겨울에 고구려가 백제를 침공하자 신라가 군사를 보내 도와주었다는 기록이 있다. 『일본서기』 웅략기 8년(464)조에는 신라에 와서 주둔하던 고구려 정예군사 100명을 신라 사람들이 기습해 모두 죽였다는 기록이 있는데, 사건이 일어난 시기에 대해 논란이 있지만, 5세기 중엽에 신라가 고구려와의 군사적 협력 관계를 끊고 백제와 연대하기 시작했음을 의미한다.

백제와 신라의 연대에도 불구하고 백제에 대한 고구려의 군사적 압박이 고조되었다. 고구려가 427년에 도읍을 평양으로 옮긴 뒤 두 나라 왕도王都 사이의 거리가 너무 가까워져 서로 불안감을 가진 탓이기도 했다. 백제 개로왕은 461년에 아우 곤지昆支를 왜로 보내 왕실간 화친을 맺고 군사지원을 요청하였으며, 472년에 중국 북위北魏로 사신을 보내 고구려왕의 무도함을 규탄하고 고구려를 공격할 테니 지원해달라고 요청하였다. 북위는 고구려와의 정면충돌을 원하지 않았으므로 '지금 고구려가 큰 허물이 있는 것은 아니니 섣불리 정벌할 수 없고 나중에 잘못한다면 징벌하겠다'면서 오히려 백제를 달래려 하였다. 이에 개로왕이 실망하여 북위에 대한 조공외교를 끊었다고 한다. 이로써 북위에 대한 백제의 외교적 노력은 물거품이 되었으며, 오히려 북위 사신이 백제에 오가면서 고구려를 자극하기만 하였다.

475년 가을, 고구려 장수왕이 군사 3만을 이끌고 백제를 침략하였다. 당시 백제 왕도 한성漢城은 북성北城과 남성南城 2개의 성으로 구성되어 있었는데, 고구려군이 7일 동안 밤낮으로 공격해 북성을 함락시키자 남성에 있던 개로왕이 성을 나와 달아나다 잡혀 아차산 아래로 끌려간 뒤 죽었으며, 그의 가족도 모두 죽임을 당

1. 몽촌토성 백제 주거지 및 수혈유구 전경·2. 풍납토성 성벽 발굴조사 현장

하였다. 『삼국사기』에는 한성이 함락되기 직전 개로왕의 명령으로 아우 문주文周가 신라로 가서 도움을 요청해 군사 1만과 함께 돌아왔으나 성이 함락되고 왕이 죽었으므로 즉위하고 웅진으로 천도했다고 적혀 있다. 백제 한성의 북성은 지금의 서울 풍납동토성, 남성은 몽촌토성에 비정된다.

백제의 한성 함락과 관련하여 『삼국사기』에는 개로왕이 고구려 첩자 도림道琳의 꾐에 빠져 성과 대규모 제방을 쌓고, 왕궁을 화려하게 다시 짓고, 무덤을 정비하는 등 대형 토목공사를 벌여 국고를 탕진하고 백성을 곤궁하게 만들었기 때문인 것처럼 적혀 있다. 그러나 이를 달리 보면 개로왕이 고구려의 공세에 밀리지 않으려 방비하면서 왕과 왕실의 권위를 세우려 노력한 흔적이라고 할 수도 있다. 특히 『송서』에는 458년에 개로왕이 송宋나라로 사신을 보내 신하 11명에게 작호를 내려달라고 요청하여 우현왕右賢王 여기餘紀를 관군장군冠軍將軍, 좌현왕左賢王 여곤餘昆과 여훈餘暈을 정로장군征虜將軍, 여도餘都와 여예餘乂를 보국장군輔國將軍, 목금沐衿과 여작餘爵을 용양장군龍驤將軍, 여류餘流와 미귀麋貴를 영삭장군寧朔將軍, 우서于西와 여루餘婁를 건무장군建武將軍으로 삼았다는 기록이 있는데, 이는 개로왕이 휘하에 3~4품의 장군을 거느리는 막부幕府의 수장이자 좌현왕·우현왕을 둔 대왕大王임을 과시한 것이다. 당시 백제는 중국의 북위와 송, 한반도의 가야와 신라, 일본열도의 왜 등과 연합 또는 동맹관계를 맺고 있었다. 세상의 중심을 자처한 중국 남북조 국가들에게는 조공외교를 통해 백제의 국제적 위상을 높이면서 선진문물을 흡수하였고, 신라·가라·왜 등 이웃나라들과는 화친을 맺거나 기술력을 자랑하고 제공함으로써 군사적 지원을 받으려 한 것이다.

다시 강한 나라가 되다更爲强國

476년 봄, 문주왕文周王이 도읍을 웅진熊津으로 옮겼다. 『삼국사기』에는 475년 겨울 10월에 도읍을 옮겼다고 적혀 있고, 『일본서기』에는 유라쿠雄略천황이 21년

(477) 봄 3월에 백제의 문주왕汶洲王에게 구마나리久麻那利를 주어 나라를 부흥케 했다고 적혀 있다. 그러나 『삼국사기』는 '가을 9월에 한성 함락, 겨울 10월에 천도'라는 기계적 서술에 불과하며, 『일본서기』는 천황중심사관으로 내용을 왜곡하던 중 웅략기雄略紀 20년을 21년으로 잘못 적어놓은 것이어서 수정해야 한다. 『삼국사기』에는 문주왕을 "성품이 부드럽고 결단력이 없었으나 백성들을 사랑했으므로 백성들도 그를 사랑했다"고 평가한 대목이 있다.

웅진에는 웅진성熊津城이 있었다. 지금의 충청남도 공주시에 위치한 공산성이다. 문주왕은 477년 봄 2월에 "궁실을 손질하여 고쳤다"고 하는데, 이미 있던 건물과 시설을 확장·수리한 것으로 보인다. 공산성은 고려·조선시대에도 성 안에 군영을 두는 등 백제 이후에도 계속 사용한 곳이므로 성벽 모습도 달라졌으나 백제 때의 성벽 둘레는 2,450m로 추정되며, 내부에서는 최근까지 발굴조사를 통해 70여 동의 고대 건물지가 발견되었다. 그리고 저장창고, 연못, 도로, 배수로 등 다양

공주 공산성

한 시설에서 기와, 막새, 벼루, 토기, 갑옷, 무기 등 많은 유물이 출토되었다.

477년 여름 4월에 문주왕은 왜로 건너갔다가 16년 만에 귀국한 아우 곤지昆支를 좌평으로 임명하고 맏아들 삼근三斤을 태자로 봉하는 등 왕실과 통치기반을 안정시키려 하였다. 그러나 곤지는 3개월 만에 갑자기 죽었으며, 가을 8월에는 좌평 해구解仇가 권세를 마음대로 휘두르며 임금마저 무시하더니 문주왕이 사냥하러 밖에 나가 묵을 때 도적을 시켜 죽였다고 한다. 이에 문주왕의 아들 삼근왕이 13세에 즉위해 군사와 정사를 모두 해구에게 맡겼는데, 이듬해인 478년 봄에 좌평 해구와 은솔 연신燕信이 대두성大豆城을 근거로 삼아 반란을 일으키자 좌평 진남眞男에게 군사 2천 명으로 공격하게 했다가 실패하고 덕솔 진로眞老에게 정예군사 500명으로 공격하게 해 진압했다고 한다. 이는 삼근왕이 귀족 진씨眞氏 세력에게 의존하고 있었음을 나타낸다.

479년 겨울 11월에 삼근왕이 죽자 왜국에서 살고 있던 곤지의 아들 모대牟大가 귀국해 즉위하였다. 제24대 동성왕東城王이다. 동성왕은 곤지가 왜 왕실의 여인과 혼인해 낳은 아들로 추정되는데, 10대 초반의 나이로서 갑자기 백제로 귀국하게 되자 왜왕(유라쿠雄略천황)이 군사 500명으로 호위하게 했다고 한다. 당시 백제에는 곤지의 또 다른 아들 사마斯麻(무령왕)가 이미 19세로서 장성해 있었는데, 그보다 나이 어린 동성왕을 모셔와 즉위시킨 이유에 대해서는 유력귀족인 진씨眞氏와 왕족들 사이의 세력 다툼 때문이라는 설과 왜국의 군사적 지원을 포함한 외교관계 때문이라는 설이 있다.

『삼국사기』에는 동성왕을 "담력이 남보다 뛰어나고 활을 잘 쏘아 백발백중이었다"고 평가한 대목이 있다. 그만큼 동성왕의 군사활동이 인상적이었기 때문일 것이다. 이에 483년 "봄에 왕이 사냥을 나가 한산성漢山城에 이르러 군사와 백성을 위문하고 열흘 만에 돌아왔다"는 기록, 488년 "위魏가 군사를 보내 쳐들어왔으나 우리에게 졌다"는 기록, 495년 가을 8월에 고구려가 치양성雉壤城을 포위해오자 신라의 도움을 얻어 물리쳤다는 기록, 499년 여름에 크게 가물었는데도 왕이 백성을 돕지 않자 한산사람 2천 명이 고구려로 도망갔다는 기록 등을 근거로 백제가 동성왕 때 한산이 위치한 한강유역을 수복했다고 보기도 한다. 그러나 학계의 통설은『삼국사기』기록에 착오가 있거나 옛 지명이 남쪽으로 옮겨졌으리라는 것이다. 이밖에 498년 8월 탐라耽羅가 공물과 조세를 바치지 않아 정벌하려 무진주武珍州까지 갔더니 탐라가 사신을 보내 용서를 빌었으므로 돌아왔다는 기록, 500년 봄에 임류각臨流閣을 왕궁 동쪽에 세웠으며 못을 파고 진기한 새를 기르니 간언하는 신하들이 반대하며 상소를 올렸으나 왕이 듣지 않고 왕궁 문을 닫아버렸다는 기록 등을 통해 동성왕의 강인한 면모와 왕권 강화 노력을 느낄 수 있다.

동성왕 때 백제가 바다를 건너 중국대륙으로도 영토를 확장시켰다는 견해도 있다. 『남제서』에는 490년에 동성왕이 중국 남제南齊로 보낸 표문表文이 실려 있는데, 영삭장군 면중왕面中王 저근姐瑾을 관군장군 도한왕都漢王으로, 건위장군建威將軍 팔중후八中侯 여고餘古를 영삭장군 아착왕阿錯王으로, 건위장군 여력餘歷을 용양장군 매로왕邁盧王으로, 광무장군廣武將軍 여고餘固를 건위장군 불사후弗斯侯로 임시 진급시켰으니 추인해달라고 요청하고, 사신으로 파견한 3인에 대해서도 행건위장군行建威將軍 광양태수廣陽太守 겸 장사長史 고달高達을 용양장군 대방태수帶方太守로, 행건위장군 조선태수朝鮮太守 겸 사마司馬 양무楊茂를 건위장군 광릉태수廣陵太守로, 행선위장군行宣威將軍 겸 참군參軍 회매會邁를 광무장군 청하태수淸河太守로 임명해달라고 요청한 기록이 실려 있다. 왕·후를 칭한 여고·여력·여고 등은 왕족 부여씨扶餘氏이며, 사신단은 중국계 성씨를 지녔다는 점이 주목된다. 백제 사신들의 중국식 관직명에 광양·대방·조선·광릉·청하 등의 중국 지명이 들어간 이유에 대해서는, 동성왕 때 바다를 건너 요서·산동지역을 경략해 소유했기 때문이라는 설, 백제로 건너온 중국출신 이주민들이 고향의 지명을 사용했기 때문이라는 설, 남제의 영토가 아닌 옛 지명이므로 형식에 불과하다는 설 등이 있다.

동성왕 때 한강유역을 수복했다거나 바다 건너 중국 땅 일부를 영유했다고 판단하기에는 아직 자료가 충분치 않다. 다만, 동성왕의 활발한 군사·외교활동에 힘입어 백제의 정세와 국력이 어느 정도 안정을 되찾았으며 왕과 왕실의 권위도 회복했다고 볼 수 있다. 『남제서』에는 479년에 가라왕加羅王 하지荷知가 남제로 사신을 보내 조공하니 보국장군輔國將軍 본국왕本國王에 책봉했다는 기록이 있는데, 백제국 기록에 이어 짧게 기재한 데다 작호도 '본국왕'이라고 하여 상투적으로 일괄 배분한 느낌을 준다. 그래서 가라가 백제의 도움을 받아 남제에 조공했다고 보는 것이 보통이다. 그러나 479년은 겨울에 삼근왕이 죽고 동성왕이 귀국하느라 백제 내부의 정세가 어수선했던 시기이므로 한창 국력이 성장하던 가라국이 독자적으로 중국 남제에 사신을 보냈을 개연성이 있다.

『삼국사기』에는 481년 3월에 고구려·말갈이 신라 북변을 쳐들어가자 백제·가야 구원군이 출동해 신라군과 함께 막아주었고, 484년 가을 7월에도 고구려가 신라를 공격하자 백제군이 신라군을 도와 고구려군을 격파했다는 기록이 있다. 493년에는 동성왕이 신라에 청혼해 이찬 비지의 딸과 혼인함으로써 두 나라의 유대를 더욱 강화하였고, 494년에 고구려군이 신라의 견아성을 포위하자 백제군이 구원해주고, 495년에 고구려가 백제를 공격해오자 신라가 도와주었다고 한다. 백제와 신라의 군사협력은 고구려의 남진을 효과적으로 저지하여 주요 전선을 충북 내륙지방에 묶어두었으나, 가야 여러 나라에 대한 백제의 영향력을 약화시켜 장차 신라가 가야지역을 병합하는 데 도움을 준 셈이 되었다.

501년, 동성왕이 갑자기 암살되고 동성왕의 배다른 형 사마斯麻가 40세에 즉위하였다. 제25대 무령왕武寧王이다. 『삼국사기』에는 동성왕이 501년 8월 사비지역에 가림성加林城을 쌓고 위사좌평 백가苩加에게 지키게 하였더니 불만을 품은 백가가 겨울 11월에 동성왕이 사비지역에서 사냥하다 마포촌馬浦村에서 묵을 때 사람을 시켜 죽였으므로 모대왕의 둘째 아들인 무령왕이 즉위하였으며, 이듬해 정월에 백가가 가림성에서 반란을 일으키자 무령왕이 몸소 진압하러 나섰고 항복한 백가의 목을 베어 백강에 던져버렸다고 기록되어 있다. 이에 백가를 비롯한 신진세력의 힘이 너무 커져서 동성왕이 견제하자 암살했다는 설, 동성왕이 22부사部司 중심으로 정치조직을 개편한 것이 불만의 원인이었다는 설, 백가의 근거지가 웅진지역이었으므로 천도추진을 저지한 것이라는 설 등이 제기되었다. 동성왕 암살관련 기록은 왜곡이 적지 않으며, 동성왕이 사비천도를 기획하고 측근인 백가로 하여금 추진토록 했는데 이에 반대하는 세력이 무령왕과 연대하여 동성왕을 시해하고 백가에게 뒤집어씌웠다고 보기도 한다.

무령왕은 즉위한 뒤 고구려를 적극적으로 공격하였다. 그래서 무령왕 때 백제가 한강유역을 일시적으로 수복했다고 보기도 한다. 『삼국사기』에는 510년 정월에 명령을 내려 제방을 손질하고 나라 안팎의 떠도는 사람들이 정착해서 농사짓게 했다는 기록이 있으며, 『일본서기』에는 509년경 백제가 가야지역으로 도망가 살고 있는

백제인들을 추쇄하여 백제 호적을 복구시켰다는 기록이 있다. 모두 무령왕이 인구 증가 및 농업생산성 증가에 힘썼음을 알려주는 기록이다.

무령왕은 중국 남조의 양梁나라에 여러 차례 조공하고 진동대장군鎭東大將軍, 영동대장군寧東大將軍 등의 벼슬을 받았다. 1971년 송산리고분군에서 무령왕릉이 발견되어 조사한 결과, 남북 420cm, 동서

공주 송산리고분군

무령왕릉 내부

272cm, 높이 293cm 크기의 벽돌로 쌓은 터널모양 무덤 안에서 묘지석墓誌石과 금관 꾸미개, 금·은·옥으로 만든 각종 꾸미개, 고리자루큰칼, 청동거울, 중국제 자기와 엽전, 석수石獸, 나무널木棺 등 매우 화려한 유물 4,600여 점이 출토되었다. 무덤 축조방식은 중국 남조문화계통이고 나무널은 일본열도에서 자란 것으로 추정되는 금송金松이어서 무덤이 만들어진 6세기 전반기에 국제교류가 활발했음을 전해준다. 묘지석에는 "영동대장군 백제 사마왕이 나이 62세로 계묘년(523) 5월 7일 붕어하시고 을사년(525) 8월 12일 대묘大墓에 안치되었다"고 기록되어 있다. 이로써 무령왕이 462년(개로왕 8)에 태어났으며, 죽은 뒤 3년상을 치렀음을 알 수 있다.

『양서』에는 "얼마 후 고구려에게 격파되어 쇠약해진지 여러 해이더니 남한 땅으로 도읍을 옮겼는데, 보통 2년(521)에 왕 여륭이 비로소 다시 사신을 보내 표문을 올려 「여러 차례 고구려를 격파하고 이제 비로소 우호를 통하게 되었다」고 말하니, 백제가 다시 강한 나라가 된 것이다"[5]라는 기록이 있다. 여륭餘隆은 무령왕의 중국식 이름 부여륭을 줄인 것이다. "다시 강한 나라가 되었다"는 『양서』기록은 백제가 비

---

5   尋爲高句驪所破 衰弱者累年 遷居南韓地 普通二年 王餘隆始復遣使奉表 稱累破句驪 今始與通
     好 而百濟更爲强國.(『梁書』 권54 「諸夷열전」 백제)

로소「한성 함락 및 왕실 몰살」(475년)의 충격에서 벗어나 예전의 국력을 회복했다고 국제적으로 공인받았다는 의미가 있다.

천도와 제도 정비

538년 봄, 백제는 왕도를 사비泗沘(충남 부여)로 옮기고 나라 이름을 남부여南扶餘라고 하였다. 천도는 성왕聖王 16년에 이루어졌지만, 계획은 이미 동성왕 때 세웠다는 것이 통설이다. 웅진지역의 도심이 좁아서 불편했기 때문에 들판이 넓고 교통도 편리한 사비지역으로 천도했다고 흔히 해석한다. 특히 사비는 웅진보다 금강 어귀에서 가깝기 때문에 바다를 이용하기 좋고 동성왕이 자란 왜국의 오사카·나라지역처럼 저습성 평지가 많은 곳이어서 동성왕의 관심을 끌었을 것이다.

동성왕이 사비지역을 자주 오가며 사냥한 기록은 있으나 무령왕이 사비지역을 오간 기록은 없다. 이에 무령왕은 사비지역 개발에 관심이 없었다고도 볼 수 있지만, 송산리 6호분과 무령왕릉에 쓰인 벽돌塼이 부여 정동리 가마터에서 구운 것이라는 연구결과에 따르면, 무령왕 때에도 사비지역에 왕실관련 가마를 설치·운영하는 등 지속적으로 관심을 쏟았다고 볼 수 있다. 그리고 동성왕은 10대 초반에 즉위해 30대 후반 나이에 죽었으므로 재위 내내 혈기 방장한 나이였고 무령왕은 40세에 즉위하여 노쇠한 상태였기에 사비 행차 및 사냥 기록이 없었다고 보기도 한다.

이처럼 동성왕·무령왕 때의 준비작업을 거쳐 성왕 16년 봄 마침내 사비로 천도한 것인데, 천도 이유에 대해서는 다양하게 해석한다. 기존의 웅진지역이 좁아서 충실해진 국력을 펼치기 어렵다는 점, 귀족들의 반란을 비롯한 내분이 잦아 국정 분위기를 개혁할 필요성이 있었다는 점, 왕도의 지리적 요소로서 군사방어력보다 농업생산력과 교통편리를 선호하게 되었다는 점, 풍수지리사상이 영향을 주었다는 점 등이 그동안 지적되었다. 그리고 고구려의 위협 및 신라의 가야지역 진출로 빚어진 국제정세 변화에 주목하는가 하면, 사沙씨·목木씨 등 유력 귀족들의 도움을 받아 신도시를 조영함으로써 국왕중심의 정치운영을 도모하려 했다고 보기도 한다.

『양서』에는 534년과 541년 "여러 차례 사신을 보내 지역특산물을 바치고 아울러 열반경 등의 경전과 뜻풀이 책, 모시박사 및 수공업 기술자와 그림 가르치는 사람 등을 요청하니 모두 주라고 조치하였다"[6]는 기록이 있고, 『진서陳書』에는 "육후는 어려서 최영은에게서 삼례의종을 배웠는데, 양나라 때 백제국이 표를 올려 강례박사를 구하니 육후에게 가라고 명하였다. 돌아와서 급사중·정양령에 제수되었다"[7]는 기록이 있다. 백제 성왕 때 중국 양나라에 모시박사毛詩博士·강례박사講禮博士를 초청해 유교식 예법을 배웠다는 것인데, 그 시기가 사비천도를 전후한 때이다. 그래서 성왕이 사비천도를 통해 나성羅城을 쌓고 사찰을 창건하고 5부部5항巷제를 시행하는 등 왕권 강화 및 예제禮制 기반의 계획도시를 추구했다는 견해도 있다. 그러나 백제가 사비로 천도한 6세기 전반기에는 중국에서 유교식 예법에 입각한 도성건설이 아직 자리 잡지 못하고 북조北朝에서만 시행되기 시작하였으므로 양나라 출신의 박사들로부터는 유교이념 및 관료제도에 관한 내용을 주로 학습하였을 것이다.

사비도읍기의 왕궁 위치에 대해서는 부소산성扶蘇山城 안에 있었다는 설과 부소산성 바깥에 있었다는 설이 있다. 부소산성은 성벽 둘레 2,495m로서 공산성과 닮은꼴이며 남쪽의 부여 들판을 둘러싼 나성羅城의 출발기준점이기도 하다. 산성 내부의 백제왕궁터로 추정했던 가장 높은 곳에서 조선시대 군대 창고유적이 발견되어 백제유적은 이미 조선시대에 훼손되었을 것으로 추정하는 가운데 산성 바깥의 부소산 남쪽 기슭에서 대형건물지, 각종 지하창고, 물 저장고, 연못, 도로 등이 발견되자(관북리유적) 이곳을 백제왕궁터로 추정하는 견해가 많아졌다. 그러나 관북리

---

6   中大通六年 大同七年 累遣使獻方物 幷請涅盤等經義毛詩博士 幷工匠畵師等 敕並給之.(『梁書』 권54 「諸夷열전」 백제)

7   陸詡 少習崔靈恩三禮義宗 梁世百濟國表求講禮博士 詔令詡行 還除給事中定陽令.(『陳書』 권33 「儒林열전」 鄭灼 附傳)

부여 부소산성과 관북리유적

유적에서는 아직 성벽 또는 담장시설이 발견되지 않았으며, 건축시설의 전체구조
도 정연하지 않아 6~7세기 백제 왕궁의 위상이라고는 말하기 어렵다.

　사비도읍기의 왕궁 구조는 오히려 익산 왕궁리유적에서 잘 나타난다. 백제가 익
산지역에 왕성 또는 왕궁을 지었다는 기록은 없다. 다만, 일본에서 발견된『관세음
응험기觀世音應驗記』에 "백제 무광왕이 지모밀 땅으로 도읍을 옮기고 정사를 새로
지었다"[8]는 기록이 있을 뿐이다. 무광왕은 흔히 제30대 무왕武王(600~641)을 가리키
는 것으로 본다. 이에 무왕 때 잠시 익산으로 천도했다가 사비로 돌아갔다는 견해,
별궁別宮 또는 이궁離宮을 만든 것이라는 견해, 도읍은 아니고 별부別部를 두었다는
견해, 미륵사彌勒寺·제석사帝釋寺를 비롯한 불교사찰을 중심으로 신도神都를 만든

8　百濟武廣王遷都枳慕蜜地 新營精舍.(『觀世音應驗記』)

것이라는 견해 등 다양한 해석이 제시되었다.

익산 왕궁리유적은 익산 평야의 독립구릉을 다듬고 동벽 492.8m, 서벽 490.3m, 남벽 234.1m, 북벽 241.4m 크기의 담장을 쌓아 남북으로 긴 장방형 궁성宮城을 만든 모습인데, 그 구조가 중국 북위北魏의 낙양성洛陽城 궁성, 동위東魏·북제北齊의 업남성鄴南城 궁성을 닮았다. 내부의 남쪽구역에는 대형건물지가 일정한 간격으로 배치되어 있었고, 북쪽에서는 연못이 있는 정원과 수공업 공장이 우물 및 대·소형 화장실과 함께 발견되었다. 그러므로 백제가 7세기에 중국 북조의 도성구조를 본떠 익산지역에 궁성을 먼저 만들고 각종 시설과 도시를 건설하려 했다가 무슨 이유에선지 천도계획을 실현하지 못한 것으로 볼 수 있다.

백제의 행정기구에 대한 기록은 자세하지 않거나 정확하지 않다. 『삼국사기』에는 중앙행정기구와 관련하여 고이왕 때인 260년에 이미 6좌평을 설치했다는 기록이 있으나 믿기 어려우며, 지방행정기구는 온조왕 31년(13) "봄 정월에 나라 안의 민가를 나누어 남부南部와 북부北部로 삼고" 온조왕 33년(15) "가을 8월에 동부東部와 서부西部를 더 두었다"고 하였으나 역시 믿기 어렵다. 후대의 기록을 이용해 백제 역사를 정리할 때 일부러 또는 실수로 연도를 잘못 정리했을 개연성이 있다. 백제의 행정기구에 대해 자세하고 신뢰할만한 기록이 처음 실린 것은 636년에 편찬된 『주서』이다. 557~581년 북주北周가 존립하던 시기의 백제관련 기록을 정리한 사서로서, 다음과 같은 대목이 있다.

백제는 그 선조가 아마도 마한에 속한 나라로서 부여의 별종인데, 구태라는 사람이 처음에 대방에서 나라를 세웠다. 그래서 그 땅은 경계가 동쪽으로 신라에 닿고, 북쪽으로 고구려와 접하고, 서쪽과 남쪽은 모두 큰 바다에까지 이르며, 동서 450리, 남북 9백여 리이다. 도읍은 고마성이며, 그 바깥에 다시 5방이 있으니 중방은 고사성, 동방은 득안성, 남방은 구지하성, 서방은 도선성, 북방은 웅진성이라고 한다.

왕의 성은 부여씨이며 어라하라고 부르고, 백성들은 건길지라고 부르는데, 중국말로 모두 왕이다. (왕의) 아내는 어륙이라고 부르니 중국말로 왕비이다. 벼슬에는 16품이 있다. 좌평 5명은 1품, 달솔 30명은 2품, 은솔은 3품, 덕솔은 4품, 한솔은 5품, 나솔은 6품이다. 6품 이상은 관을 은꽃으로 장식한다. 장덕은 7품으로 자줏빛 띠를 두르고, 시덕은 8품으로 검은 띠를 두른다. 고덕은 9품으로 붉은 띠를 두르고, 계덕은 10품으로 푸른 띠를 두른다. 대덕은 11품, 문독은 12품이며, 모두 누른 띠를 두른다. 무독은 13품, 좌군은 14품, 진무는 15품, 극우는 16품이다. 모두 흰 띠를 두른다. 은솔부터 아래로는 관원에 정해진 인원수가 없다.

각각 거느리는 관청이 있어서 여러 업무를 나누어 맡는데, 내관에는 전내부, 곡부, 육부, 내경부, 외경부, 마부, 도부, 공덕부, 약부, 목부, 법부, 후관부가 있다. 외관에는 사군부, 사도부, 사공부, 사구부, 점구부, 객부, 외사부, 주부, 일관부, 도시부가 있다.

도읍에 1만 가가 있어서 나누어 5부를 만들었으니 상부·전부·중부·하부·후부라고 하며 군사 500명을 거느린다. 5방에는 각각 방령을 1명씩 두는데, 달솔이 맡게 한다. 군장 3명은 덕솔이 맡게 한다. 방은 군사 1,200명 이하 700명 이상을 거느린다. 성 안팎의 백성과 여러 작은 성은 모두 나뉘어 예속한다. 32

위의 기록은 크게 보아 백제의 16관등, 중앙행정기구, 지방행정조직을 함께 간략히 소개한 것이다. 중앙행정기구는 왕실관련 업무를 맡은 내관內官 12부와 국가의 일반적인 정무를 맡은 외관外官 10부로 나뉘는데, 이를 합쳐 흔히 22부사部司라고 부른다. 내관 부서가 외관 부서보다 더 많은 이유는 왕실 위주로 국가를 운영했기 때문이라고 해석하기도 한다.

백제의 22부사部司

내관 (12)		외관 (10)	
전내부前內部	왕명 출납, 왕실 업무 총괄	사군부司軍部	각종 군사 관련 업무
곡부穀部	왕실에 곡물 조달	사도부司徒部	학문·교육·의례 관련 업무
육부肉部	〃 육류 조달	사공부司空部	토목·건축 관련 업무
내경부內椋部	왕실의 창고內倉 관리	사구부司寇部	형벌·사법 관련 업무
외경부外椋部	〃 外倉 관리	점구부點口部	호적관리 및 노동력 징발
마부馬部	왕실의 말·수레 관련 업무	객부客部	사신접대 및 외교 관련 업무
도부刀部	무기 제작 및 관리 업무	외사부外舍部	관료 인사 관련 업무
공덕부功德部	불교 관련 업무	주부綢部	직물제조 및 공물 관련 업무
약부藥部	약물 및 의료 관련 업무	일관부日官部	천문·기상·점술 관련 업무
목부木部	왕실 관련 토목·건축업무	도시부都市部	시장·교역 관련 업무
법부法部	의례·의장 관련 업무		
후궁부後宮部	왕실내 후궁 관련 업무		

『주서』 기록에서 주목되는 점은 1품 좌평左平은 5명, 2품 달솔達率은 30명으로 인원이 정해져 있으며, 3품 은솔恩率 이하는 정원이 없다는 것이다. 이로써 6세기 경까지 좌평은 관등 이름으로만 쓰였다는 사실을 알 수 있으며, 고이왕 때 관직 6좌평을 설치했다는 『삼국사기』 기록이 잘못된 것일 개연성이 더 높아졌다. 인원수로 보았을 때 내관(12)과 외관(10)의 장관은 대개 달솔이 맡았을 것으로 보인다. 『수서』 백제전에는 장관을 3년마다 교체한다고 적혀 있다.

6세기 후반 백제 왕도(사비)의 인구는 약 5만 명이며, 거주지가 상부上部·전부前部·중부中部·하부下部·후부後部 등 5개의 행정구역으로 나뉘어 있었다는 사실도 알 수 있다. 『수서』 백제전에는 "왕도에 5부가 있고, 부部에는 5항巷이 있어 일반인士人이 산다"는 기록이 있어 부部–항巷 행정체계가 있었음을 알 수 있다. 흔히 왕도

5부제라고 부르며, 실시 시기에 대해서는 사비도읍기에 처음 설치되었다는 설, 웅진도읍기에 5부제 기반이 마련되었다는 설 등이 있다. 5부에 각각 500명의 군사가 있다는 기록은 5부제가 행정 편제일 뿐 아니라 군관구軍管區 성격도 지녔다는 뜻이다. 『일본서기』의 백제관련 기록을 분석해보면 사비천도 이후에 진씨眞氏는 전부, 과야씨科野氏는 상부, 문씨汶氏는 하부, 목리씨木劦氏는 중부에 일정하게 거주한 것으로 추정된다. 고구려의 사례를 참조하면, 전부는 남부, 후부는 북부, 상부는 동부, 하부는 서부와 같은 뜻이었다.

지방행정조직은 방方－군郡－성城으로 편제되었음을 알 수 있다. 방은 지방의 군사·행정 거점으로서 5방이 있었는데, 중방 고사성古沙城은 지금의 전북 정읍 고부 또는 부안지역, 동방 득안성得安城은 충남 논산 은진지역, 남방 구지하성久知下城은 전북 남원 또는 전남 구례·장성·나주 등지, 서방 도선성刀先城은 충남 예산·홍성·서산 등지, 북방 웅진성熊津城은 충남 공주지역에 흔히 비정한다. 『수서』백제전에는 "5방에는 각각 방령 1인이 있고 방좌方佐가 도우며, 방에는 10군郡이 있고, 군에는 장수가 있다"는 기록이 있고, 『한원』에는 "모든 방은 군郡을 관할하는데, 많은 것은 10개, 적은 것은 6·7개이며, 군장은 모두 은솔이 맡는다. 군현郡縣은 도사道使를 두는데, 성주城主라고도 한다"는 기록이 있다. 이에 방의 책임자는 방령方領으로서 달솔이 맡아 군사 700~1,200명을 거느렸으며, 그 아래 군에는 군사책임자인 군장郡將과 행정책임자인 도사道使를 두었다고 해석한다. 또, 6세기까지는 군장의 관등이 4품 덕솔이었으나 나중에 3품 은솔로 조정되었다고 보기도 한다. 5방제는 사비도읍기 또는 웅진도읍기에 처음 생겼다는 것이 통설이다.

백제의 5방方

	크기(사방)			위치	비고
중방 고사성古沙城	150보	900척	약 828m	전북 정읍 고부	1리里=1,800척 1보步=6척 1척尺=23cm(漢)
				전북 부안	
동방 득안성得安城	1리	1,800척	약 1,650m	충남 논산 은진	
남방 구지하성久知下城	130보	780척	약 720m	전북 남원	
				전남 구례	
				전남 장성	
				전남 나주	
서방 도선성刀先城	200보	1,200척	약 1,104m	충남 예산	
				충남 홍성	
				충남 서산	
북방 웅진성熊津城	1.5리	2,700척	약 2,480m	충남 공주	

    한편, 『양직공도』와 『양서』에는 "치소가 있는 성을 고마라고 부르며, 읍을 담로라고 하는데, 중국말의 군현과 같다. 그 나라에는 22담로가 있으며, 모두 자제와 종족이 나누어 근거지로 삼고 있다"[9]는 기록이 있다. 그리고 『구당서』에는 "그 나라는 예전에 5부로 나누고 37군과 200성을 통솔하였다"[10]는 기록이 있다. 이에 6세기 초엽까지는 지방을 22담로로 나누었다가 6세기 중엽 이후 방-군-성으로 지방행정 조직을 개편했으며, 7세기 중엽에는 5방-37군-200성으로 편제되어 있었다는 것이 통설이다.

---

9   號所治城曰固麻 謂邑曰檐魯 如中國之言郡縣也 其國有二十二檐魯 皆以子弟宗族分據之.(『梁書』 권54 「諸夷열전」 백제)

10   其國舊分爲五部 統郡三十七 城二百.(『舊唐書 권199 「동이전」 백제국)

대외관계와 연합전선

앞의 제1절 〈왜의 5왕이 중국 남조로부터 받은 작호〉표에서 나타나듯이 5세기 중엽부터 6세기 초엽까지 왜의 여러 왕들은 중국의 남조로 사신을 보내 백제·신라·가야지역에서의 군사권을 요구하였다. 438년 왜왕 진珍이 송宋나라에「사지절 도독 왜·백제·신라·임나·진한·모한 6국 제군사 안동대장군 왜국왕使持節都督倭百濟新羅任那秦韓慕韓六國諸軍事安東大將軍倭國王」작호를 요청했다가「안동장군 왜국왕」만 받은 것이 처음이며, 451년 왜왕 제濟가 다시 송나라에「사지절 도독 왜·신라·임나·가라·진한·모한 6국 제군사 안동장군使持節都督倭新羅任那加羅秦韓慕韓六國諸軍事安東將軍」작호를 요청했다가 역시 인정받지 못하고「안동대장군」으로 승진하는 데 그쳤다. 처음에는 요청한 작호 속에 백제가 들어있었으나, 두 번째에는 백제를 빼고 '가라'를 넣은 점이 다르다. 그 뒤 왜왕 무武가 송나라에「사지절 도독 왜·백제·신라·임나·가라·진한·모한 7국 제군사 안동대장군 왜국왕使持節都督倭百濟新羅任那加羅秦韓慕韓七國諸軍事安東大將軍倭國王」작호를 요청하였고, 478년 마침내「사지절 도독 왜·신라·임나·가라·진한·모한 6국 제군사 안동대장군 왜왕使持節都督倭新羅任那加羅秦韓慕韓六國諸軍事安東大將軍倭王」작호를 받아내었다. 그리고 479년 왜왕 무가 다시 남제로부터「사지절 도독 왜·신라·임나·가라·진한·모한 6국 제군사 진동대장군 왜왕使持節都督倭新羅任那加羅秦韓慕韓六國諸軍事鎭東大將軍倭王」작호를 받았으며, 502년에는 양나라로부터도「사지절 도독 왜·신라·임나·가라·진한·모한 6국 제군사 정동장군使持節都督倭新羅任那伽羅秦韓慕韓六國諸軍事征東將軍」작호를 받아내었다. 일본학계에서는 대개 왜왕 진珍을 『일본서기』의 한제이反正천황, 제濟를 인교우允恭천황, 무武를 유라쿠雄略천황으로 추정한다.

중국 남조의 송宋·제齊·양梁이 한반도 남부지역을 실질적으로 통제하지 못했음은 자명한 사실이고, 왜倭가 백제·신라·가야를 지배하지 못한 것도 분명하다. 그러므로 위의 작호에 특별한 의미를 두기 어렵다. 그러나 일본학계의 일각에서는 왜가 한때 바다를 건너 한반도 남부지역을 지배했던 역사적 경험이 작호에 반영된 것이라면서 임나일본부설任那日本府說을 주장한다. 즉, 4세기 중엽부터 6세기 중엽까지 왜의 군대가 바다를 건너 한반도 남부지역을 지배한 사실이 『일본서기』와 『송서』·『남제서』·『양서』에 기록되었고, 이 때문에 왜가 고구려와 싸운 내용이 광개토왕비에 새겨졌다는 것이다. 438년경 중국왕조가 한반도 남부지역을 실제로 통제했는지 아닌지, 왜왕이 요청한 작호를 중국왕조가 인정했는지 아닌지가 중요한 것이 아니라 왜왕이 왜·백제·신라·임나·진한·모한 6국 제군사권을 요청했다는 사실이 무엇보다 중요하다는 것이다.

그런데 왜왕이 요청한 작호에서 진한秦韓·모한慕韓은 진한辰韓·마한馬韓을 달리 표현한 것이지 어느 한 나라의 이름이 아니다. 이미 진한은 신라에게, 마한은 백제에게 거의 흡수되었거나 복속된 상황에서 이를 하나의 나라 이름처럼 사용한 것은 왜왕의 위세를 최대한 부풀리려는 의도였을 것이다. 그러므로 이를 제외한 나라 이름은 5세기 전반기에 고구려에 대항하는 전선을 함께 구축한 나라들이라는 공통점이 있다.

4세기 말부터 백제는 고구려의 군사적 공세에 밀렸다. 특히 396년에는 백제 아신왕의 아우를 비롯해 대신 10인을 고구려에 인질로 보낼 수밖에 없을 정도로 국가적 위기를 겪었다. 이에 아신왕은 397년 태자 전지를 왜국倭國으로 보내 화친和親 외교를 벌였고, 왜병이 바다를 건너와 399~400년에는 신라·가야지역에서 고구려군과 싸우고, 404년에는 대방지역에서 고구려군과 싸우는 일이 벌어졌던 것이다. 이때 바다를 건너온 왜병은 1,000명 정도를 크게 웃돌지 않을 정도로 적은 수였으며, 이미 군사 5만 명 규모에 달하던 고구려군에게 번번이 격파되었음은 이미 앞에서 광개토왕비문을 통해 확인한 바 있다. 비문에서는 고구려 중심 천하관·세계관 때문에 백제·신라를 원래부터 고구려에 복속된 신하·백성臣民으로 여기느라 고구려의 전쟁 상대로도 취급하지 않았으며, 바다를 건너온 왜병조차 왜구倭寇라고 부르며 성가신 도적 무리인양 대하고 있다.

한편, 왜국倭國 입장에서는 백제군을 도와 동아시아의 강자로 떠오른 고구려군과 전쟁을 벌였다는 사실이 강렬한 기억으로 남았던 것 같다. 특히, 4세기 초 백제와 신라가 사실상 고구려에 굴복한 상태에서, 백제의 태자 전지가 왜국으로 건너와 왜 왕실의 여인과 혼인함으로써 특별한 인척관계를 형성한 뒤에는, 왜왕이야말로 강적 고구려에 대항할 수 있는 대표성을 띤다고 자부하게 되었다. 그리하여 백제 · 신라 · 임나(가야)지역에서 고구려에 대항해 전쟁을 벌였고, 앞으로도 전쟁을 벌일 예정이므로 제군사諸軍事 작호를 요구한 것이라고 볼 수 있다.

왜왕의 작호 요청은 지금껏 고구려에 맞서온 백제-가야-왜 연합세력의 대표로서 백제왕의 위신을 깎아내리는 것이지만, 고구려군의 압박이 심각한 상황에서 이를 백제왕이 정면으로 제지할 처지도 못되었다. 472년 백제 개로왕이 북위로 보낸 표문表文에서 드러난 애걸에 가까운 군사지원 요청은 당시 백제왕실의 다급함을 잘 나타낸다. 그리고 마침내 475년 가을 고구려군의 침입으로 왕도 한성이 함락되고 왕실이 몰살됨으로써 백제왕의 연합군 대표성은 완전히 사라졌다. 그것을 다시 되살린 것은 동성왕을 지나 무령왕 때에 이르러서이며, 성왕 때의 천도 및 체제정비를 통해 비로소 예전 연합세력의 대표로서의 위상을 회복하게 된 것이다.

성왕은 즉위한 지 1년 반 만인 525년 봄에 신라와 사신을 주고받았다. 이후 한동안 신라를 비롯한 주변 나라들과 교류한 기록이 전혀 보이지 않지만, 538년 사비로 천도한 뒤 축하사절이 오가는 등 사신 왕래가 있었을 개연성이 많다. 『삼국사기』에는 548년 봄 정월에 고구려가 독산성을 공격해오자 왕이 신라에 구원을 요청하니 신라군 3천 명이 와서 고구려군과 싸워 크게 이겼다는 기록이 있다. 또, 「백제본기」에 550년 봄 정월에 백제가 고구려 도살성을 빼앗고 3월에 고구려가 백제 금현성을 포위했다는 기록이 있는데, 「신라본기」에는 이에 덧붙여 두 나라 군사가 지친 틈을 타서 신라가 2성을 모두 빼앗고 증축했다는 기록이 더 있다.

551년, 백제와 신라 연합군이 한강유역의 고구려군을 공격하였다. 고구려는 안원왕(531~545)때의 내분 여파로 아직 정치가 불안정하였으므로 백제와 신라의 총공세에 제대로 대응하지 못했다. 이에 백제는 한강 중·하류지역에 주둔한 고구려군을 공격해 6군郡을 빼앗았고, 신라는 한강 상류지역 죽령竹嶺부터 고현高峴까지의 산악지대 10군을 차지하였다. 그런데 『삼국사기』「백제본기」에는 이에 관한 기록이 전혀 없다. 「신라본기」에는 진흥왕이 거칠부 등을 시켜 고구려를 쳐서 10개 군을 빼앗았다는 기록이 있다. 「고구려본기」에도 신라에 관한 기록만 있다. 『일본서기』에는 백제 성왕이 신라·임나 두 나라의 군사를 거느리고 고구려를 정벌해 한성을 차지하고 평양을 토벌해 6군을 회복했다는 기록이 있다.[11] 이는 백제·가야·신라 연합군의 고구려군 총공격을 백제가 제안하고 주도하였음을 나타낸 것이다.

553년, 신라군이 백제군을 공격해 한강 하류지역까지 손에 넣었다. 『삼국사기』에는 553년 "가을 7월에 신라가 백제 동북쪽 변경을 빼앗고 신주를 설치했다"는 간략한 기록이 있고, 『일본서기』에는 "백제가 한성과 평양을 버리니 신라가 한성으로 들어가 살았다"는 기록이 있다. 그럼에도 불구하고 사건이 일어나고 3개월 뒤인 553년 겨울 10월에 성왕의 딸이 신라 진흥왕에게 시집가서 작은 부인[小妃]이 되었다.[12] 국가간의 왕실 혼인이므로 예전에 이미 정해진 것일 터인데, 백제 성왕은 되돌리지 않은 것이다. 그러나 신라의 영토 양보는 없었다. 이로써 백제와 신라의 동맹관계는 끝났다.

554년 가을 7월에 백제 성왕과 태자가 가야·왜 군사까지 동원해 신라를 공격하였다. 당시 왜는 군사 1천 명, 말 1백 필, 배 40척을 보낸 것으로 알려진다. 가야군

---

11 是歲 百濟聖明王親率衆及二國兵[二國謂新羅任那也] 往伐高麗 獲漢城之地 又進軍討平壤 凡六郡之地 遂復故地.(『일본서기』 권19 欽明天皇 12년)

12 冬十月 王女歸于新羅.(『삼국사기』 권26 「백제본기」 성왕 31년)
    冬十月 娶百濟王女爲小妃.(『삼국사기』 권4 「신라본기」 진흥왕 14년)

의 규모에 대한 기록은 없지만, 상당한 인력이 동원되었을 것이다. 그러나 백제 연합군은 관산성管山城전투에서 성왕과 좌평 4명이 죽고 군사 29,600명이 몰살하는 큰 패배를 당하였다.[13] 관산성전투의 책임자였던 태자 창昌은 불교 승려가 되려 했다가 대신들의 만류를 거쳐 즉위해서 위덕왕이 되었다. 위덕왕은 군사력이 현저히 약해진 상태에서도 561년 가을 7월, 577년 겨울 10월에 신라 변경을 공격했으나 모두 실패하였다. 그 사이 백제를 도왔던 가야의 여러 나라들도 신라에 흡수되었다.

600년 여름 5월, 제30대 무왕武王이 즉위하였다. 『삼국유사』에는 무왕이 즉위하기 전 마를 캐다 팔아서 생활하던 서동薯童시절에 신라로 가서 꾀를 내어 진평왕의 셋째 딸 선화공주를 아내로 맞았으며, 이를 바탕으로 인심을 얻어 왕위에 오르고 왕비의 요청으로 미륵사彌勒寺를 창건했다는 이야기가 실려 있다. 그러나 『삼국사기』에는 그런 기록이 없을 뿐더러 무왕이 재위하는 동안 신라를 자주 공격한 기록만 있고 우호적으로 교류한 기록은 하나도 없다. 더욱이 2009년 미륵사지 서탑 사리공에서 발굴된 「금제사리봉안기金製舍利奉安記」에는 가람을 세우고 639년 정월에 사리를 봉안한 백제왕후가 좌평 사택적덕沙宅積德의 딸로 기재되어

익산 미륵사지 서탑 사리공 발굴현장

---

13   秋七月 王欲襲新羅 親帥步騎五十 夜至狗川 新羅伏兵發與戰 爲亂兵所害薨 諡曰聖.(『삼국사기』 권26 「백제본기」 성왕 32년); 秋七月 修築明活城 百濟王明禮與加良 來攻管山城 軍主角干于德 伊湌耽知等 逆戰失利 新州軍主金武力 以州兵赴之 及交戰 裨將三年山郡高于都刀 急擊殺百濟王 於是 諸軍乘勝大克之 斬佐平四人士卒二萬九千六百人 匹馬無反者.(『삼국사기』 권4 「신라본기」 진흥왕 15년)

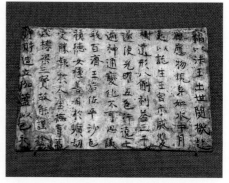

익산 미륵사지 서탑 사리공 내부모습
(금제사리호와 사리봉안기)

익산 미륵사지 서탑출토 금제사리봉안기(앞면)

있다. 이에 선화공주는 설화적 윤색에 의한 가공인물이라는 설, 백제가 멸망한 뒤 민심 통합을 위해 미륵신앙의 선화善化를 각색한 것이라는 설, 사택왕후가 정비이고 선화공주는 후비였다는 설, 무왕의 왕비가 여러 명이었으며 그중 선화공주도 있었다는 설 등이 제기되었지만 아직 분명한 것은 없다.

　신라를 향한 백제의 적대감은 641년에 즉위한 의자왕 때에도 계속되었다. 의자왕은 즉위한 다음 해 가을에 직접 군사를 거느리고 신라의 서쪽 변방 40여 개 성을 빼앗았는데, 이때 장군 윤충이 군사 1만 명을 이끌고 신라 대야성大耶城을 공격해 김춘추의 딸과 사위를 죽인 사건[14]은 신라 조정을 매우 긴장시켜 선덕여왕이 김춘추를 당나라로 보내 군사원조를 적극 요청하게 하는 계기가 되었다. 이때 김춘추와 당 태종은 두 나라가 함께 고구려와 백제를 멸망시킨 뒤 평양 남쪽의 땅을 신라가 소유하고 북쪽은 당나라가 통치하기로 약정했다고 한다. 643년, 백제 의자왕은 고구려와 화친하고 신라의 당항성을 공격해 신라의 당나라 조공길을 막으려 했

14　秋七月 王親帥兵侵新羅 下獼猴等四十餘城 八月 遣將軍允忠領兵一萬 攻新羅大耶城 城主品釋
　　與妻子出降 允忠盡殺之 斬其首傳之王都 生獲男女一萬餘人 分居國西州縣 留兵守其城 王賞允
　　忠功 馬二十匹 穀一千石.(『삼국사기』 권28 「백제본기」 의자왕 2년)

으나 신라가 당나라에 구원을 요청하자 공격을 멈췄다. 이후 백제와 신라의 군사적 다툼은 644년, 645년, 647년, 648년, 649년 해마다 계속되었다. 651년 당나라에 간 백제 사신은 신라의 입장에 공감하는 당 고종으로부터 빼앗은 신라 땅을 돌려주지 않으면 당이 신라를 도울 것이라는 위협의 말을 들어야 했다. 그리고 마침내 660년 가을에 신라·당 연합군의 공격을 받고 백제 도읍 사비성泗沘城이 함락되었으며, 의자왕을 비롯한 백제 지배층 88명과 백성 12,807명이 당나라로 압송되었던 것이다.

사회와 문화

『수서』「동이전」에는 "그 사람들(출신)이 복잡해서 신라·고려·왜 등이 있고, 중국 사람도 있다"[15]라는 기록이 있다. 다양한 지역에서 다양한 사람들이 모여들어 하나의 나라를 이루었으니 백제는 일종의 다문화多文化사회라고 할 수 있다. 그래도 왕실을 비롯한 지배계급과 주민 다수가 형성한 문화는 몇가지 나름의 특징을 나타내었는데, 그것을『주서』는 다음과 같이 기록하였다.

> 그 의복이 남자는 대략 고려와 같아서 조정에서 절할 때나 제사지낼 때에는 모자 양쪽 곁에 새 깃털을 달고 전쟁할 때에는 달지 않으며, 만나서 절하는 예절은 두 손으로 땅을 짚어 공경을 나타낸다. 부인은 도포를 입는데 소매가 조금 크며, 처녀는 머리카락을 묶어 머리 뒤에서 한 갈래로 늘어뜨려 꾸미고, 시집간 여자는 나누어 두 갈래로 만든다. 무기는 활과 화살, 칼과 창이 있다. 풍속에 말 타고 활 쏘는 일을 중요하게 여기고 아울러 옛날 책과 역사책을 좋아하며, 뛰어난 자는 자못 글을 읽거나 지을 줄 알고, 또 음양오행을 안다.
>
> 송나라 원가력을 쓰므로 인월(범의달; 호랑이달)을 해의 첫 달로 삼고 또한 의약과 점

---

15   其人雜有新羅高麗倭等 亦有中國人.(『隋書』 권81 「동이열전」 百濟)

괘, 점치는 기술을 잘 안다. 투호, 저포 등 여러 가지 놀이가 있지만 바둑을 더 좋아한다. 중과 비구니, 절과 탑이 매우 많지만, 도사는 없다. 부역과 세금은 베, 비단실, 삼베 및 쌀 등으로 내는데, 그 해가 풍년인지 흉년인지를 헤아려 차등을 두어 거둔다.

그 형벌은 반란을 일으키거나 전쟁에서 군대가 물러나게 한 자와 살인한 자는 목을 베어 죽이고, 도둑질한 자는 유배시키고 훔친 물건의 2배를 징수한다. 부인으로서 간통한 자는 몰수하여 남편 집의 노비로 삼는다. 시집가거나 장가가는 예절은 대략 중국의 풍속과 같다. 부모나 남편이 죽으면 3년간 상복을 입고 나머지 친척은 장례가 끝나자마자 벗는다. 토지와 밭은 지대가 낮고 습하며 기후가 따뜻하다. 오곡과 뭇 과일, 채소와 술, 반찬, 약품 따위는 대개 중국과 같다. 다만 낙타, 당나귀, 노새, 양, 거위, 오리 등은 없다.

그 왕은 4계절의 중간 달에 하늘과 5제의 신에게 제사지내고, 또한 해마다 네 번 시조 구태의 사당에 제사지낸다. **33**

백제 사람들의 옷이 고구려와 같다는 기록은 『수서』에도 있다. 『양직공도』와 『양서』에는 "언어와 복장이 대략 고구려와 같다"는 기록이 있다. 이는 백제의 기반문화가 고구려와 같았다는 뜻으로서, 한성도읍기의 왕실묘역으로 추정되는 석촌동고분군에서 고구려식 돌무지무덤積石塚이 중심 묘제인 점과 통하는 것이다. 특히 무덤과 장례풍습은 매우 보수적인 문화이므로 백제왕실의 무덤이 고구려왕실의 그것과 같다는 사실은 두 왕실의 종족성분과 기반문화가 같다는 뜻으로도 읽힌다.

백제의 무덤 형식은 매우 다양한 편이다. 특히 한성도읍기의 무덤은 돌무지무덤을 비롯해 움무덤土壙墓, 널무덤木棺墓, 독무덤甕棺墓, 흙무지무덤墳丘墓, 돌덧널무덤石槨墓, 돌방무덤石室墓 등 묘제가 다양하다는 점이 특징인데, 이는 백제가 다문화사회였다는 점을 나타내는 동시에 백제문화의 포용성을 나타내는 것이기도 하다.

왕실 및 지배계급의 무덤은 주로 돌무지무덤과 돌방무덤이었던 것으로 추정된다. 석촌동고분군의 돌무지무덤은 대략 3세기경부터 조영되었다는 것이 통설이며, 4세기 이후라는 견해도 있다. 돌방무덤은 5세기부터 나타나는데, 석

서울 석촌동고분군

촌동고분군 묘역에 들어있던 가락동 3호분을 백제무덤으로 보는 설은 한성도읍기에 왕실묘제가 돌방무덤으로 바뀌었다고 해석하고, 신라무덤으로 보는 설은 한성도읍기 내내 돌무지무덤이 왕실묘제였다고 해석한다.

몽촌토성에서 동쪽으로 약 3km지점, 석촌동고분군에서 약 5km 떨어진 곳에 위치한 하남 감일동고분군에서는 돌방무덤 52가 발견되었는데, 남한산에서 뻗어 내려온 낮은 구릉의 남쪽 경사면에 무리를 이루어 분포하며, 널방玄室은 긴벽이 불룩하게 휜 장방형 평면이고 널길羨道은 오른쪽에 있는 것이 특징이다. 무덤에서는 곧은입항아리直口短頸壺, 넓은입항아리廣口壺, 굽다리접시高杯, 사발碗, 부뚜막 모형토기, 청자 닭머리모양항아리鷄首壺, 청자 범머리모양항아리虎首壺, 금 구슬, 은 가랑비녀, 은 가락지, 유리구슬, 널못棺釘, 꺾쇠角鐵 등이 출토되었다. 이에 4세기 말엽 남쪽으로 내려온 낙랑·대방지역 출신 이주민들의 공동묘지라는 해석이 제기되었지만, 5세기 초 고구려가 평양으로 천도하자 남쪽으로 이주한 사람들의 무덤일 개연성이 있다.

백제 사람들이 해의 첫 달로 삼은 인월寅月은 지금의 음력 정월로서, 주周나라 때에는 자월子月을 정월로 삼았으나 한漢 무제 때부터 하夏나라 달력을 복원해 인월로 바꾼 것으로 알려진다. 투호投壺는 멀리 떨어진 곳에서 항아리에 화살을 던져

하남 감일동 고분군의 석실묘 발굴조사 현장설명회

넣는 놀이이고, 저포樗蒲는 나무 주사위를 던져서 놀이판의 말을 움직이는 놀이로서 윷놀이와 비슷한 것으로 알려져 있다. 모두 중국에서 주나라 때 이미 성행한 놀이이다. 바둑은 『삼국사기』에서 백제 개로왕이 바둑을 좋아한다는 소문을 듣고 고구려 장수왕이 바둑 잘 두는 불교승려 도림道琳을 첩자로 보내 개로왕의 환심을 사게 해서 나라 재정을 파탄시켰다는 설화 속에 반영되어 있다.

6세기 중엽에 불교 승려와 절·탑이 매우 많았음은 사비泗沘왕도에 지어진 절을 통해서도 알 수 있다. 지금까지 부여 나성 안팎에서는 정림사지, 부소산폐사지, 군수리사지, 동남리사지, 가탑리사지, 능산리사지, 용정리사지, 왕흥사지, 외리사지, 호암사지, 금강사지 등 규모가 큰 절터가 꽤 많이 발견되었다. 능사陵寺로도 불리는 부여 능산리사지를 위덕왕 때 창건한 일, 법왕이 599년에 살생금지령을 내리면서 민가의 고기잡고 사냥하는 도구를 불태운 일과 600년에 왕흥사를 창건하고 30명이 승려가 되는 것을 허락한 일, 634년 봄에 왕흥사가 낙성되자 무왕이 행차하여 예배한 일, 무왕이 미륵사를 창건한 일, 백제가 멸망한 뒤 주류성周留城의 부흥군을 승려 도침道琛이 지휘한 일 등은 불교가 6~7세기 백제사회의 국가종교였음을 상징적으로 나타낸다. 『일본서기』에는 555년경 왜국의 소아경蘇我卿이 백제왕자 혜惠에게 "원래 나라를 세운 신이란 하늘과 땅이 나뉘는 시대, 풀과 나무가 말하는 시대에 하늘에서 내려와 나라를 세운 신이거늘, 요즘 들으니 그대의 나라는 (신궁을) 치우고 제사를 지내지 않는다고 하던데, 이제 지난 잘못을 뉘우치고 신궁을 수리하고 신령을 받들어 제사지내면 나라가 창성할 수 있으니 그대는 잊지 마십시오"라고 말했다[16]는 기록이 있다. 6세기 중엽에 조상신을 모시는 신궁神宮조차 없앨 정도로 불교를 신봉했다는 것이다. 그리하여 육식을 금지한 사회분위기에 따라 채식이 널리 이루어져 "불을 쓰지 않는 음식이 많다"(『수서』)고 기록될 정도였으나, 채식 위주 식단은 군사들의 단백질 섭취를 제한하여 백제 군사력 저하에 영향을 주는 일이므로 오래 지속하기 어려웠을 것이다.

불교에 심취해서 "도사道士는 없다"고 하였는데, 이는 다소 의외이다. 634년, 백제 무왕이 "궁궐 남쪽에 연못을 파고 20여 리에서 물을 끌어들였으며, 가장자리에는 버드나무를 심고 물 가운데에는 섬을 만들어 방장선산方丈仙山에 비기었다"는 『삼국사기』 기록과 1993년 부여 능산리사지에서 출토된 금동대향로金銅大香爐, 부여 외리·쌍북리 등지에서 출토된 산경문전山景文塼, 부여 능산리 1호분東下塚의 사신도四神圖 등은 도교문화의 핵심인 신선사상을 투영한 것이기 때문이다. 백제 22부사 중 내관 12부에 속한 약부藥部를 도교의학과 관련짓고, 부여 사택지적비砂宅智積碑의 봉황문과 염세적 내용을 음양오행 및 도교와 관련짓기도 한다. 그러나 당시 중국에서 신선사상은 이미 널리 유행하였으므로, 이를 반드시 도사를 통해서만 배웠다고 할 수는 없다.

백제의 자연환경과 풍토에 대한 『주서』의 설명은 대체로 수긍할 수 있지만, '오리가 없다'는 대목은 단정하기 어렵다. 인근 가야·신라지역에서 오리모양 토기가 많이 출토되기 때문이다. 서울 풍납동토성과 몽촌토성에서 소·말·개·닭·염소·멧돼지·노루·사슴·곰 등의 동물 뼈, 그리고 상어·청어·농어·전갱이·준치·도미·복어·조기 등 다양한 물고기·조개류의 유체가 출토되었다. 원주 법천리 백제

---

16 蘇我卿曰 昔在天皇大泊瀬之世 汝國爲高麗所逼 危甚累卵 於是 天皇命神祇伯 敬受策於神祇 祝者迺託神語報曰 屈請建邦之神 往救將亡之主 必當國家謐靖 人物乂安 由是請神往救 所以社稷安寧 原夫建邦神者 天地割判之代 草木言語之時 自天降來 造立國家之神也 頃聞 汝國輟而不祀 方今悛悔前過 脩理神宮奉祭神靈 國可昌盛 汝當莫忘.(『日本書紀』 권19 欽明紀 16년 春2월)

무덤에서는 민어·상어·정어리·조기·돔·준치 등의 생선뼈가 출토되었다. 『삼국사기』에는 이밖에 꿩·참새·기러기 등에 관한 이야기가 실려 있다. 그래도 기록이 가장 많은 것은 쌀·보리·밀·콩 등의 곡물이므로 백제 사람들은 일반적으로 동물류보다 식물류 음식을 더 많이 섭취하였을 것이다. 3~4세기 무렵에 수량이 급증하는 깊은바리深鉢形土器, 계란모양토기長卵形土器, 시루 등은 죽과 찜 요리가 많아졌다는 뜻이며, 제철기술 발달로 쇠솥이 많이 만들어진 4~5세기에는 군사들을 중심으로 밥 짓는 일이 많아졌을 것이다. 굽다리접시高杯, 세발토기三足器 등이 급증하는 4세기 무렵에는 지배층을 중심으로 주식(밥)과 부식(반찬)을 구분하는 음식문화가 널리 퍼졌을 것이다.

4) 신라의 성장과 변천

고구려에의 예속과 독립

3세기 말부터 경주분지에서는 새로운 방식의 나무널무덤이 만들어지기 시작했다. 가늘고 긴 장방형 움을 파고 나무덧널을 설치할 때 칸막이를 만들어서 시신을 넣는 으뜸덧널主槨과 껴묻거리를 넣는 딸린덧널副槨로 구분하기 시작한 것이다. 껴묻거리에는 기존의 화로모양토기爐形土器·굽다리항아리臺附壺와 함께 작은 큰입긴목항아리廣口長頸壺, 컵모양토기, 그릇받침器臺 등 새로운 종류의 그릇들, 그리고 철제 갑옷·투구甲冑도 포함되었다. 꾸미개로는 기존의 수정으로 만든 곱은옥曲玉보다 옥돌로 만든 곱은옥과 금박유리옥이 많이 쓰였다. 이러한 무덤방식과 껴묻거리 구성은 인근 금관가야를 비롯한 가야문화와 구별되는 것인데, 3세기 말~4세기 초 포항·울산·양산·경산·대구·칠곡 등지에 영향을 미쳐 일정한 경향성을 만들어내었다. 이를 신라의 정치영역 확대로 볼 수 있다.

4세기 중엽에는 경주 월성 북쪽지역을 중심으로 대형 돌무지덧널무덤積石木槨墓이 만들어지고, 껴묻거리로서 화려한 금·은제 꾸미개와 유리용기, 귀한 교역물품들이 포함되었다. 돌무지덧널무덤의 기원에 대해서는 신라의 덧널무덤이 자체적으로 발전한 것이라는 설, 고구려 돌무지무덤과 한강유역 봉토분封土墳의 영향으로

화로모양토기(경주 황성동)

신라 덧널무덤이 변한 것이라는 설, 알타이지방의 파지리크Pazyryk를 비롯한 시베리아의 돌무지무덤 영향이라는 설 등 다양한 해석이 제기되었는데, 돌무지·금은제품·유리공예가 신라 바깥에서 들어온 외래문화요소라는 데에는 이견이 없다.

이 무렵 신라의 왕은 제17대 나물奈勿마립간이다. 『삼국사기』에 따르면, 그는 김씨로서 구도갈문왕仇道葛文王의 손자이고 말구末仇각간과 휴례부인休禮夫人의 아들이며, 미추왕의 사위이다. 『삼국사기』에는 381년에 위두衛頭를 전진前秦으로 보내 토산물을 바치니 부견符堅이 "경卿이 말하는 해동의 일이 옛날과 같지 않으니 어찌된 일인가?"하고 물었고, 위두가 "역시 중국처럼 시대가 바뀌고 이름이 바뀐 것이니 지금 어찌 같을 수 있겠습니까?"하고 대답했다는 기록이 있는데, 『태평어람』에는 "건원 18년(382)에 신라국왕 누한樓寒이 사신 위두를 보내 미녀를 바쳤다"고 한 뒤에 위의 문답이 적혀 있다. 이에 위두가 말한 '이름이 바뀌었다'는 대목에 대해, 나라 이름이 신라新羅로 바뀐 것을 가리킨다는 설과 왕을 부르는 이름이 이사금尼師今에서 마립간麻立干으로 바뀐 것을 가리킨다는 설 등이 있다.

그런데 신라가 377년과 382년 두 차례나 전진으로 사신을 보낼 수 있었던 것은 고구려가 전진으로 사신을 파견할 때 신라사신을 함께 데려갔기 때문이었다. 『삼국사기』에는 나물왕 37년(392) "봄 정월에 고구려가 사신을 보내왔다. 왕은 고구려가 강성하므로 이찬 대서지大西知의 아들 실성實聖을 볼모로 삼았다"는 기록이 있

다. 실성은 9년 뒤인 401년 가을에 신라로 돌아왔다. 그리고 이듬해 봄에 나물왕이 죽자 왕위에 올랐다. 나물왕의 아들이 아직 어렸으므로 나라 사람들이 실성을 세웠다는 것이다. 이때가 고구려 광개토왕의 영락 12년에 해당한다.

제18대 실성實聖은 『삼국사기』에 이사금, 『삼국유사』에 마립간으로 적혀 있는데, 흔히 실성마립간으로 부르지만, 실성왕이 나물왕 때의 마립간체계를 부정하고 예전의 이사금체계로 되돌아갔기 때문에 칭호 혼란이 생겼다고 보기도 한다. 『삼국사기』에는 실성이사금 원년(402) "3월에 왜국과 우호를 통하고 나물왕의 아들 미사흔未斯欣을 볼모로 삼았다"는 기록이 있다. 고구려에 볼모를 보낸 이야기는 없지만, 눌지마립간 즉위년 기록에 "실성이 돌아와 왕이 되자 나물이 자기를 외국에 볼모로 보낸 것을 원망해 그의 아들을 해쳐 원한을 갚고자 하였다. 사람을 보내 고구려에 있을 때 서로 알고 지내던 사람을 불러 몰래 이르길 「눌지를 보거든 죽이라」하고 마침내 눌지를 가라고 명령해서 도중에 만나게 하였는데, 고구려 사람이 눌지를 보니 외모와 정신이 맑고 우아하여 군자다운 모습이 있는지라 마침내 「그대의 국왕이 나에게 그대를 해치라 하였는데 지금 그대를 보니 차마 해칠 수 없다」고 말하고 돌아갔다. 눌지가 그것을 원망하더니 돌아와 왕을 죽이고 스스로 왕위에 올랐다"고 한 이야기가 실린 것을 보면 나물왕의 맏아들 눌지를 고구려에 볼모로 보냈을 개연성이 있다. 『삼국사기』에는 실성이사금이 412년에 나물왕의 둘째 아들 복호卜好를 고구려에 볼모로 보냈고, 눌지마립간이 즉위한 다음해인 418년에 나마奈麻 (박)제상堤上과 함께 돌아왔다고 적혀 있으나, 『삼국유사』에는 눌지왕 3년(419)에 고구려 장수왕이 눌지의 아우 보해寶海를 초청했다가 억류하자 삽라군 태수 김제상金堤上이 변장하고 가서 함께 도망쳐왔다고 적혀 있다. 이에 실성왕 때 처음에는 눌지를 고구려에 볼모로 보냈다가 나중에 복호로 교체했다고 보기도 한다.

한편, 1946년 경주 호우총壺杅塚(노서동140호분) 발굴조사에서 그릇 밑바닥에 '을묘년 국강상광개토지호태왕 호우십乙卯年國岡上廣開土地好太王壺杅十'이라는 글자가

새겨진 주발周鉢이 출토되었다. 을
묘년은 광개토왕이 죽고 3
년 뒤인 415년에 해당
하므로 호우壼杅는 광
개토왕을 기념해 만든 청

경주 호우총 출토 주발

동 그릇임을 알 수 있는데, 이것
이 금동관, 금귀고리, 금팔찌, 금·은반지, 유리구슬 목걸이, 은제 허리띠, 용 고리
자루큰칼, 말갖춤, 흑칠가면 등 최고급 유물들과 함께 출토되었으므로, 5세기 초
고구려에 볼모로 갔던 인물 또는 그 후손의 무덤으로 추정하기도 한다. 그러나 호
우총에서 출토된 토기는 6세기 초에 해당하여 호우 연대와 다르다는 것이 학계의
통설이다.

　『삼국사기』에는 433년 "가을 7월에 백제가 사신을 보내 화친하기를 요청하니 따
랐다"는 기록과 434년 "봄 2월에 백제왕이 좋은 말 2필을 보내고, 가을 9월에 또
흰매를 보내오니, 겨울 10월에 왕이 황금과 밝은 구슬로 백제에 보답하였다"는 기
록이 있다. 좋은 말 2필과 흰매는 모두 군사를 상징하는 것이므로, 427년 고구려
가 평양으로 천도하자, 위기를 느낀 백제·신라 두 나라가 433년에 동맹을 결성했
다고 보고 이를 나제동맹羅濟同盟으로 부르기도 한다. 그러나『삼국사기』에는 450
년 가을에 고구려의 변방 장수가 실직悉直(강원 삼척) 들판에서 사냥하다가 신라군사
의 공격을 받고 죽으니 고구려왕이 사신을 보내 "내가 대왕과 우호를 닦은 것을 매
우 기뻐하였는데 지금 군사를 내어 우리 변방 장수를 죽였으니 이것이 무슨 의리
인가?"하고 따지면서 서쪽 변경을 침입하니 눌지왕이 겸손한 말로 사과했다는 기
록이 있다. 이는 5세기 중엽에도 여전히 고구려와 신라가 우호적이었다는 뜻이 된
다. 더욱이『일본서기』에는 다음과 같은 기록이 있다.

천황이 즉위하고부터 이 해에 이르기까지 신라국이 배반하고 속이며 예물을 바치지 않은지가 이제 8년이나 되니까 중국의 심기가 매우 두려워져서 고려와 우호를 닦았다. 이 때문에 고려왕이 정예군사 1백 명을 보내 신라를 지키게 하였는데, 얼마 뒤 고려군사 한 사람이 잠시 귀국하게 되었다. 이때 신라 사람이 마부[마부는 우마카히라고 한다]가 되었는데, 돌아보며 말하길 "너희 나라가 우리나라에게 망할 날이 멀지 않았다"라고 하였다[한 책에서는 "너희 나라가 마침내 우리 땅이 될 날이 멀지 않았다"라고 하였다]. 마부가 이를 듣고 겉으로 배가 아프다 하고는 물러나 뒤에 있다가 마침내 달아나서 나라로 들어가 그 말을 얘기하였다. 이에 신라왕이 고려가 거짓으로 지키는 것을 알고 사신을 보내 나라 사람들에게 급히 말하길 "사람들은 집안에서 기르는 수탉을 죽이라"라고 하였다. 나라 사람들이 그 뜻을 알아채고 국내에 있는 고려인을 모두 죽였는데, 다만 살아남은 고려사람 한 명이 틈을 타 도망쳐서 그 나라로 들어가 모두 자세히 얘기하였다. 고려왕이 곧 군대를 일으켜 축족류성[어떤 책에서는 도구사기성이라고 하였다]에 진을 치고 마침내 노래하고 춤추며 흥겹게 하였다. 이에 신라왕이 밤에 고려군이 사방에서 노래하고 춤추는 것을 듣고 적이 모두 신라 땅에 들어온 것을 알아채고 사신을 임나왕에게 보내 말하길 "고려왕이 우리나라를 정벌하려 하니, 지금 상황이 장대 끝에 매어놓은 깃발과 같고 나라의 위태로움이 쌓아놓은 계란보다 심해 목숨의 길고 짧음을 심히 헤아릴 수 없습니다. 일본부 행군원수 등께서 구원해주시길 엎드려 청합니다"라고 하였다. 이에 임나왕이 카시하데노오미이카루가[膳臣斑鳩][반구는 이카루가라고 한다], 키비노오미우어나시[吉備臣小梨], 나니하노키시아카메코[難波吉士赤目子]에게 가서 신라를 구하도록 권하였다. 34

이 기록 역시 『일본서기』 특유의 천황중심사관(황국사관)으로 왜곡된 것이므로 글자 그대로 이해해서는 안된다. 이 기록에서 중국은 왜국(일본)을 가리킨다. 중국왕조의 천하관天下觀·화이관華夷觀을 본떠서 신라왕과 임나왕이 모두 왜국왕(일본천황)

의 신하라는 관점을 만들고 왜국(일본)이 임나일본부를 통해 신라·가야·백제를 통제하면서 북쪽의 고구려라는 공동의 적을 물리친다는 이야기를 만들어낸 것이다. 원래 신라·가야·백제 사이에서 일어난 일을 신라·임나(가야)·왜국 사이에서 일어난 일인 양 왜곡하면서 내용을 여러모로 비틀어 버렸으므로 사실을 알아내기 쉽지 않은 기록이지만, 한때 고구려 군사가 신라 땅에 주둔했다는 사실, 신라가 이웃 나라의 도움을 받아 고구려 세력을 몰아냈다는 사실 등이 반영된 것으로 보인다. 그런데 이런 일이 유라쿠雄略 8년(464)에 일어났다면, 앞서 살펴본 433년 백제와 신라 사이의 화친을 동맹이라고까지 표현하기는 어려워진다. 그러나 학계에서는 대체로 『일본서기』 기록의 편년이 부정확한 경우가 적지 않으므로 연대를 크게 의식하지 않거나 여러 해에 걸쳐 일어난 일을 한꺼번에 적어놓은 것으로 이해하는 경향이 있다. 그리하여 신라가 433년에 백제와 특별한 우호관계를 맺었으나 이후에도 한동안은 고구려의 강성한 군사력 때문에 적극적인 동맹활동을 벌이지 못한 것으로 해석한다.

고구려와 신라 사이의 전쟁기록은 454년부터 나타난다. 그해 가을 8월에 고구려가 신라의 북쪽 변경을 침범했다는 것이다. 이듬해인 455년 겨울 10월에는 고구려가 백제를 침입하자 신라가 군사를 보내 구원했다고 한다. 백제와 신라 사이의 군사연합이 본격 가동된 것이다. 455년 가을 9월에 백제에서 비유왕이 죽고 아들 개로왕이 즉위하였다. 신라에서는 458년 가을 8월에 눌지마립간이 죽고 자비마립간이 즉위하였다. 두 나라의 왕이 모두 바뀌었으나 군사연합은 계속되었다. 475년 겨울에 고구려 장수왕이 군사 3만 명을 이끌고 백제 왕도를 공격했을 때에는 백제의 요청에 따라 신라의 구원군 1만 명이 출동했으나 이미 한성이 함락된 뒤였다고 한다. 이듬해 봄 정월에 자비마립간은 거처를 명활성明活城으로 옮겼다. 고구려의 침입에 대비한 것이다. 『삼국사기』 「신라본기」에는 자비마립간 18년(475) "봄 정월에 왕이 명활성으로 옮겨 거처하였다"고 적혀 있지만, 백제의 한성 함락 뒤의 일이므로 자비마립간 19년(476)으로 고쳐야 한다. 479년 봄 2월 3일에 자비마립간이 죽고 소지마립간이 즉위하였으며 488년 봄 정월에 월성으로 거처를 옮겼다는 기록이 『삼국사기』에 있다. 장장 13년간이나 명활산성이 왕성으로 쓰였던 것이다. 이후 신라와 고구려 사이에서는 우호적인 교류 기록을 찾을 수 없다. 반면, 신라와 백제는 493년 봄 3월에 백제 동성왕의 왕실혼인 요청에 따라 신라가 이벌찬 비지의 딸을 시집보내, 신라출신 백제왕비가 탄생하였다.

집권체제 정비

435년 봄 2월에 신라는 역대 왕릉을 수리하였다. 당시 왕릉은 주로 월성 북쪽지역, 지금의 인왕동·황오동·황남동·노동동·노서동지역에 유력한 귀족들의 무덤과 함께 분포하였는데, 이때 겉모습이 고구려처럼 돌무지무덤이던 것을 흙을 덮어 봉분이 있는 무덤으로 변형시켰다고 보기도 한다. 이 지역에서 일제강점기까지 남아있던 155기의 고총高塚 대다수는 4세기 중엽~6세기 초엽에 만들어진 것으로 추정된다. 따라서 신라의 왕릉구역이 형산강 서쪽 서악동지역으로 옮겨지기 전에는 지금의 대릉원지구가 주요 왕릉구역이었음을 알 수 있다.

경주 대릉원지구의 고분군

금관총(노서동128호분), 식리총(노동동126호분), 금령총(노동동127호분), 서봉총(노서동129호분), 천마총(황남동155호분), 황남대총(황남동98호분) 등 최고급 유물이 출토된 대릉원지구의 고총 가운데 왕릉임이 분명한 것은 황남대총이다. 황남대총은 남·북 2개의 무덤을 합쳐놓은 표주박모양무덤瓢形墳인데, 남분과 북분의 밑지름은 각각 82m, 전체 밑지름은 114m이고, 봉분 높이는 22m안팎이다. 먼저 축조된 남분은 매장주체시설이 으뜸덧널主槨과 딸린덧널副槨로 나뉘는데, 으뜸덧널은 3중으로서 가장 바깥쪽 크기가 동서 길이 6.5m, 너비 4.1m, 높이 3.7m이다. 가장 안쪽 덧널의 주검칸에 60세 가량의 남성 인골이 있었으며, 주변에는 순장된 것으로 보이는 15세 가량의 여성 인골이 있었다. 남분의 으뜸덧널에서는 금동관, 금제 관 드리개, 금목걸이, 금귀고리, 금·은 허리띠와 드리개, 청동그릇, 유리그릇, 고리자루큰칼 10여 점 등 화려한 유물들이 출토되었고, 딸린덧널에서는 1,500여 점의 토기와 말갖춤 7벌, 철제무기 300여 점, 농기구 30여 점 등 다양한 유물이 출토되었다. 나중에 축조된 북분은 덧널이 하나로서 동서 길이 6.8m, 남북 너비 4.6m, 높이 4m크기였다. 내부를 칸막이로 구분해 주검칸을 만들고 나무널을 넣었는데, 안에서 금관, 금제 관 드리개 3쌍, 금·유리구슬 목걸이, 금 허리띠와 드리개, 금팔찌 11점, 금반지 12점 등이 출토되었다. 껴묻거리칸에서는 은잔, 유리그릇, 중국제 흑갈유 자기磁器, 청동 자루솥鐎斗, 쇠솥 등과 함께 '부인대夫人帶'라는 글자가 새겨진 은제 허리띠 끝장식이 출토되었다. 이로써 남분이 왕, 북분이 왕비의 무덤임을 알 수 있었는데, 남분의 덧널 바깥에서 출토된 금제 굵은귀고리太環耳飾 4쌍, 금제 가는귀고리細環耳飾 1쌍과 북분의 덧널 바깥에서 출토된 금제 굵은귀고리 5쌍과 금제 가는귀고리 3쌍을 순장자의 꾸미개로 판단해서 남분에 적어도 5명, 북분에 적어도 8명이 순장되었을 것으로 추정하기도 한다. 이는 『삼국사기』 지증마립간 3년(502)의 "봄 2월에 영슈을 내려 순장을 금지하였다. 전에는 국왕이 죽으면 남녀 각각 5명을 순장하였는데, 이때 금지시킨 것이다"라는 기록에 부합하는 현상이다. 고고학계에서는 황남대총 축조시기를 5세기 초~중엽으로 편년하여 나물奈勿·실성實聖·눌지訥祗마립간 등으로 추정한다.

『삼국사기』에 따르면, 자비마립간은 469년 봄 정월에 왕도의 방坊·리里 이름을

경주 황남대총 최초 발굴조사 모습

정하였다. 뒤를 이은 소지마립간은 487년 봄 2월에 시조가 처음 태어난 곳이라고 전하는 나을奈乙에 신궁神宮을 설치하였으며, 3월에는 사방에 우역郵驛을 설치하고 관리들이 다니는 길官道을 수리하라고 담당관청에 명령하였다. 489년에는 먹고 노는 백성들을 돌아가 농사짓게 하였으며, 490년에는 처음으로 왕도에 시장을 열어 사방의 재화를 유통시켰다고 한다. 5세기 후반기에 중앙과 지방의 행정구획, 행정집행체계, 호적 등을 정리하였다는 것이다. 고고학적으로는 토기에서 경주양식, 의성양식, 창녕양식 등 지역마다 독특하던 디자인이 5세기 중엽부터 경주양식으로 통일되는 현상이 나타나며, 무덤은 경주에서만 돌무지덧널무덤이 조영되는 가운데 지방에서는 겉모습만 비슷하고 내부는 덧널무덤, 돌덧널무덤, 앞트기식돌방무덤橫口式石室墓 등으로 각기 다른 무덤들이 조영되는 현상이 나타난다. 이는 신라의 중앙세력이 지방에서는 돌무지덧널무덤을 만들지 못하도록 규제했기 때문으로 추정된다.

500년 겨울 11월, 소지마립간이 재위 22년에 죽고, 6촌 형제인 지대로智大路가 왕위를 이어받았다. 지도로智度路·지철로智哲老로도 불린 제22대 지증마립간智證麻立干이다.『삼국사기』에는 소지왕에게 아들이 없으므로 재종아우인 지대로가 왕위를 이어받았다고 하였으나, 당시 그는 64세로서 오히려 소지마립간보다 나이가 많았던 것으로 알려진다. 503년에 세워진 것으로 추정되는「포항 냉수리 신라비」에는 '사탁(부) 지도로至都盧갈문왕'으로 적혀 있다. 이 비석은 절거리節居利라는 인물의 재산 상속문제를 판결한 일종의 공문서인데, 신라 국호를 사라斯羅라고 한 점, 지증왕을 마립간이 아닌 갈문왕으로 표기한 점, 지도로갈문왕이 탁부가 아닌 사탁부沙喙部인 점, 고위관리 7명을 7왕王이라고 표현한 점, 사람이름을 기재할 때 부部가 관등보다 중시된 점, 판결 뒤에는 소를 죽여 제사지낸 점 등이 내용상의 큰 특징이다. 지도로갈문왕이 왕위에 오른 뒤인데도 비석에 마립간으로 적혀 있지 않으므로, 비문의 '계미년癸未年 9월 25일'을 443년으로 보기도 하지만, 처음에는 정식으로 즉위하지 못하고 섭정 상태에 있다가 503년 겨울에 비로소 국왕으로 즉위하게 됐다는 해석이 있다.

지증마립간은 502년에 순장을 금지하고 농사를 권장하면서 "처음으로 소를 부려 밭갈이"하였다. 그리고 503년에 나라 이름을 신라新羅로 확정하고 마립간이라는 호칭 대신 국왕國王이라는 한자식 호칭을 쓰기 시작했다. 504년에는 상복喪服에 관한 법을 제정하고 시행했으며, 505년 봄 2월에 국내의 주州·군郡·현縣을 정하고, 겨울 11월에 얼음저장과 선박 이용에 관한 사항을 정리하였다. 후대의 일이지만, 당나라 율령에는 매년 12월에 둘레 3척, 두께 1.5척 크기 얼음 1천단을 저장하고, 중요한 나루터에는 배를 두어 건널 수 있게 한 대목이 있는데, 이와 비슷한 규정을 만들었다는 뜻으로 보인다. 509년 "봄 정월에 왕도京都에 동시東市를 설치하였고,

포항 냉수리 신라비

3월에 함정을 설치해 맹수 피해를 없앴다"는 『삼국사기』 기록도 왕도의 상공업 공간을 새로이 구획·통제하였으며 함정을 파서 맹수를 잡으면 상을 주는 법령을 만들었다는 뜻이다. 514년, 아시촌阿尸村(경북 의성)에 소경小京을 설치하였다. 이것이 신라 5소경제의 시작이다. 514년 가을에 왕이 죽으니 시호를 지증智證이라 하였으며, 이것이 신라 시호법諡號法의 시초라고 『삼국사기』에 기록되어 있다.

514년 가을 7월에 지증왕이 죽고 맏아들 원종原宗이 즉위하였다. 제23대 법흥왕法興王이다. 그는 517년 여름 4월에 처음으로 병부兵部를 설치하였고, 520년 봄 정월에 율령律令을 반포하고 모든 관리의 공복公服 색깔 질서를 정하였다. 이는 관등체계를 어느 정도 정리했다는 뜻이기도 하다. 신라의 관등제는 왕도에 사는 사람들에게 주었던 경위京位와 지방의 지배계층에게 주었던 외위外位로 나뉘는데, 경위는 17관등, 외위는 11관등으로 구성하였다. 6세기 초에 세워진 「포항 중성리신라비」와 「포항 냉수리신라비」에는 대사大舍 이하의 하위관등이 나오지 않지만, 그보다 20여 년 뒤에 세워진 「울진 봉평리신라비」와 「울주 천전리서석」에는 하위관등이 거의 모두 나오므로, 520년 법흥왕이 율령을 반포하고 공복 색깔을 정할 때 경위 17관등과 외위 11관등이 거의 모두 갖춰졌을 것으로 추정한다. 다만, 관등의 신분 제한 규정은 골품제가 정비된 7세기 중엽에 정비되었다.

신라의 관등과 공복

순위	관등명京位	별 명	자격	공복	외위外位
1	이벌찬伊伐飡	각간角干, 서발한舒發翰	진골	자주색紫色	
2	이찬伊飡	이척찬伊尺飡	〃	〃	
3	잡찬迊飡	소판蘇判, 잡판迊判	〃	〃	
4	파진찬波珍飡	해간海干, 파미간破彌干	〃	〃	
5	대아찬大阿飡		〃	〃	
6	아찬阿飡	아척간阿尺干, 아찬阿粲	육두품 이상	붉은색緋色	
7	일길찬一吉飡	을길간乙吉干	〃	〃	(1) 악간嶽干
8	사찬沙飡	살찬薩飡, 사돌간沙咄干	〃	〃	(2) 술간述干
9	급찬級飡	급벌찬級伐飡, 급벌간及伐干	〃	〃	(3) 고간高干
10	대나마大奈麻	대나말大奈末	오두품 이상	푸른색靑色	(4) 귀간貴干
11	나마奈麻	나말奈末	〃	누른색黃色	(5) 찬간撰干
12	대사大舍	한사韓舍	사두품 이상	〃	(6) 상간上干
13	소사小舍	사지舍知	〃	〃	(7) 간干
14	길사吉士	계지稽知, 길차당吉次, 幢	〃	〃	(8) 일벌一伐
15	대오大烏	대오지大烏知	〃	〃	(9) 일척一尺
16	소오小烏	소오지小烏知	〃	〃	(10) 피일彼日
17	조위造位	선저지先沮知	〃	〃	(11) 아척阿尺

신라는 521년에 처음으로 양나라에 사신을 보내 조공하였으며, 이로써 중국사서로서는 처음으로 『양서』에 신라전이 실렸다. 그 내용의 일부를 소개하면 다음과 같다.

그 나라는 백제의 동남쪽 5천여 리에 있다. 그곳은 동쪽이 큰 바다이고, 남쪽과 북쪽은 구려·백제와 접한다. 위나라 때에는 신로라고 부르고, 송나라 때에는 신라라고 하거나 사라라고 하였다. 그 나라는 작아서 혼자서는 사신을 통할 수 없다. 보통 2년(521)에 성이 모, 이름이 진인 왕이 처음 사신을 보냈는데, 사신이 백제를 따라와서 토산물을 바

> 쳤다.
>
> 그곳 풍속에 성을 건모라라고 부르는데, 그 마을이 안에 있는 것을 탁평이라고 하고, 밖에 있는 것을 읍륵이라고 하니, 또한 중국말로는 군현이다. 나라에 6탁평, 52읍륵이 있다. 땅이 거름지고 좋아서 오곡을 심기에 적당하며, 뽕나무와 삼이 많아 명주와 베를 만든다. 소를 부리고 말을 타며, 남자·여자 구별이 있다. 벼슬 이름으로는 자분한지, 제한지, 알한지, 일고지, 기패한지가 있다. ₃₅

신라를 설명할 때 백제를 기준으로 삼은 것과 "나라가 작아서 혼자서는 사신을 통할 수 없다"고 한 것은 521년 신라 사신을 데리고 간 백제사신의 일방적인 설명일 것이다. 신라왕의 성을 모募라고 한 것은 중국쪽의 오해이며, 모진募秦은 「울진 봉평리신라비」의 모즉지매금왕另卽知寐錦王, 「울주 천전리서석」 추명追銘의 모즉지태왕另卽知太王과 같은 인물로서 법흥왕을 가리킨다. 건모라健牟羅는 '큰 마을'을 한자로 표현한 것으로서 왕성王城 또는 왕도王都를 가리키며, 6탁평啄評은 6부部, 52읍륵邑勒은 52개의 주州·군郡을 가리킨다. 「울진 봉평리신라비」와 「남산신성비」에는 신라 중앙권력이 지방의 성성城·촌촌村에 도사道使를 파견해 직접 지배한 내용이 적혀 있는데, 52읍륵은 신라왕이 군주·도사 등의 지방관을 파견해 다스린 지역 수일 것이다. 자분한지子賁旱支는 이벌찬, 제한지齊旱支는 잡찬, 알한지謁旱支는 아찬, 일고지壹告支는 일길찬, 기패한지奇貝旱支는 급찬을 가리킨다.

528년, 처음으로 불교를 시행하였다. 눌지왕 때 이미 불교승려 묵호자墨胡子가 고구려에서 신라로 들어와 활동하였고 소지왕 때에도 아도阿道화상이 신라에서 활동하였으나, 그동안 귀족세력이 반대하여 왕실에서 불교행사를 벌이거나 불교를 국가적으로 지원하지는 못하다가 이때에 이르러 이차돈異次頓의 순교를 계기로 공인하게 되었다고 한다. 529년, 살생을 금지하는 영슈을 내렸다. 531년 여름 4월에는 상대등上大等 관직을 처음 두었는데, 나라의 일을 총괄하는 직책으로서 고려시대의 재상宰相과 같은 자리였다고 한다. 상대등은 귀족들의 대표로서 6부의 유력자들이 모여 국정을 논의하는 대등회의 大等會議의 의장 역할을 하였다. 그러므로 상대등 설치는 왕이 더 이상 대등회의에 참석하지 않아도 되는 초월적 존재로 위상이 높아졌음을 의미한다. 532년에 신라가 금관가야를 병합하였으며, 536년에는 처음으로 건원建元이라는 연호를 사용하였다. 이 무렵 법흥왕은 매금왕이 아니라 태왕太王으로 불리었다. 538년 봄 정월에 법흥왕은 지방관이 가족을 데리고 부임하는 것을 허락하였다.

남산신성비 제1비

540년 가을 7월 법흥왕이 죽었는데, 아들이 없어서 아우 입종立宗갈문왕의 아들

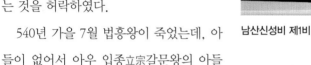

인 삼맥종彡麥宗이 대를 이었다. 이름이 심맥부深麥夫로도 알려져 있는 제24대 진흥왕眞興王이다. 진흥왕은 법흥왕의 딸 지소부인只召夫人의 아들이기도 하다. 당시 7세였으므로 한동안 지소부인이 왕태후로서 섭정하였다. 545년 가을 7월에 역사서가 필요하다는 이찬 이사부의 건의를 받아들여 대아찬 거칠부居柒夫 등에게『국사國史』를 편찬케 하였다. 551년 봄 정월에는 연호를 개국開國으로 바꾸었는데, 진흥왕이 20세가 된 해이므로 국정을 직접 관장하게 된 것을 기념한 이름으로 보인다.

이처럼 신라는 5세기 중엽~6세기 중엽에 중앙과 지방의 행정체계 정비, 율령 반포, 공복 제정, 불교 공인, 역사서 편찬 등 국가의 통치기반을 튼튼히 하였는데, 이는 앞서 고구려에 종속되었던 시기의 체제에서 완전히 벗어나 마침내 강력한 국가권력을 세웠다는 뜻이기도 하다. 그리고 흔히 대등大等회의, 화백和白회의라고 부르는 귀족들의 대표자 회의에서 나라의 주요사항을 판단하고 결정하는 방식에서 벗어나 왕을 정점으로 한 관료들이 상시적으로 법령法令에 따라 행정을 운영하는 방식으로 나아갔음을 의미한다. 이로써 상시행정권을 가진 왕의 위상은 더욱 높아지고 왕의 권한은 더욱 강해졌다.

영토확장과 군사조직

5세기 중엽, 신라가 고구려의 예속에서 벗어나는 과정은 영토를 확장하는 과정이기도 했다. 동해안의 삼척·강릉지역에서 고구려와 군사적으로 충돌하던 무렵, 470년에 충북 보은지역에서 삼년산성三年山城을 쌓았다. 성벽을 쌓는 데 3년이나 걸렸을 정도로 심혈을 기울여 거점을 마련한 것인데, 그동안 백제의 반발은 없었다. 이에 신라의 삼년산성 축조는 고구려와의 전쟁에 여념이 없던 백제가 신라의 군사지원을 기대하며 암묵적으로 동의하는 가운데 이루어졌다는 것이 학계의 통설이다. 신라는 486년 봄 정월에 삼년산성을 인근의 굴산성과 함께 고쳐쌓았다. 이때 일선군(경북 구미)의 장정 3천 명을 징발했다고 하니, 맨 처음 쌓을 때의 인력은 훨씬 더 많았을 것이다. 487년 3월에 우역郵驛을 설치하고 관리들이 다니는 길을 수리한 것은 이처럼 군대 병력과 노동력, 물자 등을 수송하는 일과 관련 깊었을 것이다.

505년 봄 2월에는 실직주悉直州(강원도 삼척)를 설치하고 이사부를 군주軍主로 삼았다. 이후 군주는 주州의 장관을 일컫는 이름이 되었는데, 주로 군사업무를 전담하였으며 행정업무는 휘하에 따로 파견된 도사道使가 담당한 것으로 보인다. 이때의 주는 넓은 지역을 포괄하는 행정구역명이 아니라 어느 한 거점 성·촌에 설치한 군사업무 위주의 지방행정조직이었다. 그래서 주를 어느 한 곳에 고정하지 않고 영토확장 등의 상황에 맞춰 설치·폐지·이동하는 경우가 많았다. 512년에 실직주를 폐지하고 대신 하슬라주何瑟羅州(강원도 강릉)를 둔 것이 그 사례이다. 주州가 여러 개의 성·촌을 감찰하고 지원하는 광역 행정단위 기능을 갖게 된 것은 6세기 중엽부터이다. 진흥왕이 한강유역까지 세력을 넓히던 무렵 지금의 경북 상주지역에 상주上州, 지금의 경남 창녕지역에 하주下州, 지금의 경기 하남지역에 신주新州를 차례차례 설치한 것이다. 주의 치소에는 정停이라는 지방군단을 두었다. 상주에는 상주정이 주둔하며 지금의 경상북도 서북부지역을 감찰·지원하였고, 하주에는 하주정이 지금의 경상남도 동남부지역을 감찰·지원하였다. 신주정은 한강유역을 담당하였다. 이들 광역의 주에는 행사대등行使大等이라고 불리는 중간계급의 관료가 2명씩 파견되어 감찰기능을 수행하였다. 신라가 삼국을 통일한 뒤인 7세기 말엽에는 주·군이 모두 감찰구역적 성격에서 벗어나 광역의 행정구역으로 바뀌게 된다. 이는 9주 5소경과 군·현으로 구성된 신라의 지방행정조직이 완비되기 전에는 성·촌이 지방지배의 기본단위이자 실질적인 군사행정단위로서 독립적 기능이 매우 높았음을 나타내준다.

512년 여름 6월, 우산국于山國(울릉도)이 신라에 항복하였다. 이후 우산국은 해마다 토산물을 바치며 신라의 간접지배를 받았다. 신라는 516년에 군사업무를 총괄하는 병부령兵部令을 임명하고 이듬해에 병부兵部를 설치하였다. 행정기구(관청)보다 행정책임자(관직)를 먼저 임명한 것은 기존의 귀족회의가 통합적으로 그 역할을 수행하였기 때문으로 풀이된다.

『삼국사기』에는 522년 봄 3월에 가야왕이 왕실혼인을 요청하자 이찬 비조부比助夫의 누이를 보냈으며, 524년 가을 9월에 법흥왕이 남쪽 변방의 새로 넓힌 지역을 돌아볼 때 가야국 왕이 찾아와 만났다는 기록이 있다. 522년 왕실혼인을 요청한 가야왕은 대가야 왕이라는 것이 학계의 통설이며, 524년에 법흥왕이 만난 가야국왕에 대해서는 금관가야왕이 자기 땅 근방에 온 신라왕을 만난 것이라는 설과 가야세력의 대표인 대가야왕이 신라왕과 함께 영토의 경계를 확인한 것이라는 설이 있다.

532년에는 금관가야의 구형왕仇衡王이 항복하고 신라의 귀족으로 편입되었다. 『삼국사기』에는 "금관국의 왕 김구해金仇亥가 왕비 및 세 아들, 맏이 노종奴宗, 둘째 무덕武德, 막내 무력武力과 함께 나라의 창고에 있던 보물을 가지고 와서 항복하니, 왕이 예를 갖춰 대접하고 상등上等의 직위의 주며 본국을 식읍으로 삼게 하였다. 아들 무력은 벼슬이 각간에 이르렀다"는 기록이 있어 마치 평화시의 자발적 항복인 것처럼 보이지만, 『삼국유사』에는 "신라의 제24대 임금 진흥왕이 군사를 일으켜 쳐들어오니 왕이 몸소 군졸을 부렸으나 저편은 많고 우리는 적어서 맞서 싸울 수 없었다. 이에 형제 탈지脫知이질금을 보내 나라에 남아있게 하고 왕자와 장손인 졸지공卒支公 등은 항복해 신라로 들어갔다"고 하여 전쟁에서 진 것처럼 적혀 있다. 『일본서기』에는 529년에 신라의 이질부례지간기伊叱夫禮智干岐가 군사 3천 명을 이끌고 와서 3개월간 대치하다가 금관金官·배벌背伐·안다安多·위타委陀 4촌을 약탈하고 사람과 물건을 모두 갖고 갔다는 내용이 황국사관으로 왜곡되어 적혀 있다. 또, 541년에 성왕이 임나 한기들에게 "남가라는 땅이 좁고 작아 갑작스러운 공격에 대비할 수 없고 의지할 바도 몰라서 멸망한 것이다"라고 말했다는 기록이 있다. 『삼국사기』 열전에는 이사부가 "지도로왕 때 바닷가 변방의 관리가 되어 거도居道의 꾀를 답습해서 말놀이한다고 가야국을 속이고 취하였다"는 기록이 있다. 따라서 이사부가 군대를 거느리고 오랫동안 금관가야를 압박해 항복을 받아낸 것으로 볼 수 있다.

548년 봄 2월에 고구려가 백제 독산성獨山城을 공격하자 백제가 구원해달라고 요청하니 진흥왕이 군사 3천 명을 보내 고구려군을 격퇴하였으며, 550년 봄 정월에 백제가 고구려 도살성道薩城을 빼앗고 3월에 고구려가 백제의 금현성錦峴城을 빼앗았는데, 두 나라 군사가 피로한 틈을 타서 신라가 두 성을 모두 빼앗고 군사 1천 명을 머물게 하였다. 이로써 충청지역의 적지 않은 땅이 신라 영역으로 바뀌었다.

551년에는 백제의 제안으로 백제-가야-신라 연합군이 한강유역의 고구려군을 일제히 공격해 격파하였다. 그리하여 한강 하류지역의 6군은 백제가 차지하고 상류지역의 10군은 신라가 차지하였는데, 2년 뒤인 553년에 백제 군이 지쳐있는 것을 보고 상류지역의 신라군이 밀고 내려와 하류지역마저 차지했다고 한다. 이를 두고 신라가 고구

하남 이성산성 동문지 부근의 성벽

려와 밀약한 뒤 백제를 기습 공격했다고 추정하는 견해도 있지만, 『일본서기』에는 오히려 전쟁에 지친 백제가 한성지역을 포기하자 신라가 들어가 살았다고 적혀 있다. 553년 가을 7월, 신라는 한강 하류지역에 신주新州를 설치하였다. 당시 신주의 치소는 지금의 하남시 이성산성에 있었던 것으로 추정된다. 이에 백제가 반발하여 554년 가을 7월에 백제-가야-왜 연합군으로 신라의 관산성(충북 옥천)을 공격했으나, 도리어 성왕을 비롯한 백제측 군사 29,600명이 몰살하였다. 이로써 신라는 백제에 대한 군사적 우위를 확립하였다. 이후 신라는 557년에 신주를 폐지하고 북한산주北漢山州를 설치하였는데, 이는 진흥왕이 555년에 북한산을 순행한 뒤에 나온 조치로서, 북쪽의 고구려에 대한 방비를 강화한 것이었다. 북한산주의 치소는 지금의 서울시 광진구에 위치한 아차산성에 있었던 것으로 추정된다.

신라의 한강유역 장악은 고구려와 백제 사이를 헤집고 들어간 셈이 되어 앞으로 두 나라의 공격을 감당해야하는 부담이 큰 영토정책이었다. 신라는 이러한 부담을 무릅쓰면서 바다 건너 정치·문화 대국인 중국과 직접 교류할 수 있는 천혜의 교통 요지를 확보한 것이다. 이후 신라는 다른 나라의 도움을 받지 않고 직접 중국 남조의 진陳, 북조의 북제北齊로 사신을 자주 보내 교섭하였다. 557년에는 왕도와 한강

서울 아차산성 성벽 발굴조사현장

유역을 잇는 교통로인 지금의 충주지역에 국원소경國原小京을 설치하였다. 그리고 이듬해 봄에 왕도의 귀족 자제와 6부의 부유한 백성들을 옮겨 살게 하였다.

562년 9월에 신라군이 대가야를 쳐들어가 멸망시켰다. 『삼국사기』에는 "9월에 가야가 반란을 일으켰으므로 왕이 이사부에게 명령해 토벌케 하였는데, 사다함斯多含이 부장이 되어 5천 명의 기병을 이끌고 앞서 달려 전단문栴檀門으로 들어가 흰 깃발을 세우니 성 안쪽이 두려워하며 어찌할 바를 모르다가 이사부가 군사를 이끌고 다다르자 일시에 모두 항복했다"는 기록이 있다. '(대)가야가 반란을 일으켰다'는 표현은 대가야가 백제와 협의하고 소통한 것을 못마땅하게 여긴 신라쪽의 일방적인 표현이지만, 551년 악사 우륵于勒이 대가야를 떠나 신라에 투항하였을 때 이미 대가야가 신라에 예속되었을 것으로 보기도 한다. 『일본서기』에는 "23년 봄 정월에 신라가 임나 관가를 쳐서 멸망시켰다.[어떤 책에서는 21년에 임나가 멸망했다고 하였다. 모두 합쳐 말하면 임나이고, 따로 말하면 가라국, 안라국, 사이기국, 다라국, 졸마국, 고차국, 자타국, 산반하국, 걸손국, 임례국으로서 모두 10국이다.]"[17]라는 기록이 있다. 이로써 대가야의 멸망이 곧 가야의 멸망으로 받아들여졌음을 알 수 있다.

---

17   廿三年 春正月 新羅打滅任那官家[一本云 廿一年任那滅焉 總言任那 別言加羅國安羅國斯二岐國多羅國卒麻國古嵯國子他國散半下國乞飡國稔禮國 合十國].(『日本書紀』 권19 欽明紀 23년)

568년에는 진흥왕이 새로이 확보한 영토를 돌아보고 행정구역을 재정비하였다. 이때 함경남도 함흥지역의 황초령과 그 동북쪽 이원군 운시산의 마운령에 각각 순수비巡狩碑를 세웠다. 556년 가을 7월 함경남도 안변지역에 비열홀주比列忽州를 설치한 데 이

신라 진흥왕의 북한산 순수비

은 동해안에서의 영토확장을 기념한 것이다. 진흥왕은 이미 555년 겨울 10월에 북한산을 방문해 순수비를 세우고, 561년에 대가야 왕도와 인접한 창녕지역에 척경비拓境碑를 세워 영토확장 의지를 천명한 바 있는데, 3개의 순수비는 진흥왕이 순행을 떠날 때 이미 비석 건립을 계획하고 비슷한 지점에 비슷한 모양의 비석을 세웠다는 점에서 진흥왕의 자신감과 염원을 상징한다고 할 수 있다.

진흥왕의 자신감과 영토확장을 뒷받침한 것은 신라의 군사조직이었다. 신라는 기존의 왕도 6부병을 재편하여 544년에 대당大幢을 설치하였고, 이후 지방에 상주정上州停, 한산정(漢山停=신주정), 비사벌정(比斯伐停=하주정), 우수정牛首停 등을 차례로 설치하였다. 정停의 지휘자(군주)는 왕도에서 파견되었고, 그가 거느린 부대는 성·촌의 지휘자(당주·나두)가 거느린 부대와 달랐기 때문에 아예 왕도에서부터 이끌고 갔을 개연성이 있다. 군관은 장군將軍, 대감大監, 제감弟監, 감사지監舍知, 소감少監, 군사당주軍師幢主 등이 소속되었다. 이밖에 왕도에 거주하는 이른바 왕경인王京人을 중심으로 모집한 부대인 삼천당三千幢이 544년에 설치되었으며, 귀당貴幢·법당法幢 등의 군사조직이 더 설치되었다.

신라의 6정

이름	옷깃 색깔		설치 및 변천
대당大幢	자주색, 흰색	紫白	544년 설치
상주정上州停	푸른색, 붉은색	靑赤	552년 설치 → 귀당(673)
한산정漢山停	누른색, 푸른색	黃靑	신주정(553?) → 남천정(568) → 한산정(604)
우수정牛首停	초록색, 흰색	綠白	비열홀정(556) → 우수정(673)
하서정河西停	초록색, 흰색	綠白	실직정(?) → 하서정(658)
완산정完山停	흰색, 자주색	白紫	하주정(?) → 완산정(685)

이러한 군사조직은 화랑도花郎徒라는 10대 후반 청소년 중심의 전사집단을 기반으로 하였다. 화랑도는 흔히 진골귀족 출신의 화랑 1명을 중심으로 승려낭도 1명과 수십, 수백, 수천 명의 낭도로 구성되었는데, 활쏘기, 말타기, 책읽기 등 군사능력 배양과 심신수양이 주요 목표였다. 『삼국유사』에는 6세기 말엽 원광법사圓光法師가 귀산貴山과 추항箒項에게 가르친 5가지 덕목이 세속오계世俗五戒라는 이름으로 실려 있다. ①임금에게 충성한다事君以忠, ②부모에게 효도한다事親以孝, ③벗에게 신의를 지킨다交友有信, ④전쟁에서 물러서지 않는다臨戰無退, ⑤함부로 죽이지 않는다殺生有擇 등으로서, 당시 사회와 화랑들이 추구한 이념을 알려준다.

골품제와 통치조직

『삼국사기』는 법흥왕·진흥왕이라는 이름이 시호라고 하였다. 그러나 「울주 천전리 서석」에는 법흥왕이 살아있을 때 이미 '성법흥대왕聖法興大王'으로 새겨진 부분이 있다. 진흥왕도 「북한산순수비」, 「황초령순수비」, 「마운령순수비」 등에 이미 '진흥태왕眞興太王'이라는 이름이 새겨져 있다. 중국사서 『북제서』에는 565년 2월에 "조서를 내려 신라국왕 김진흥을 사지절 동이교위 낙랑군공 신라왕으로 삼았다"는 기록이 있다. 법흥法興은 '부처의 가르침을 일으키다'라는 뜻이고, 진흥眞興은 '(부처의 가르침을) 진정으로 일으키다'라는 뜻이다. 진흥왕은 "말년에 머리를 깎고 승복을 입었으며 스스로 법운法雲이라고 부르다가 죽었다"는 기록이 있으며, 그의 아들 이름은 첫째가 동륜銅輪, 둘째가 사륜舍輪이었다. 사륜은 철륜鐵輪을 달리 표현한 것이다. 이러한 이름은 고대 인도신화에 나오는 이상적인 군주 전륜성왕轉輪聖王이 하늘로부터 받은 4개의 정의로운 수레바퀴에서 따온 것인데, 금 수레바퀴를 지닌 금륜왕은 수미산 4방의 4대륙을 모두 다스리고, 은 수레바퀴를 지닌 은륜왕은 3대륙, 동 수레바퀴를 지닌 동륜왕은 2대륙, 철 수레바퀴를 지닌 철륜왕은 1대륙을 정의로 다스린다고 한다. 이에 진흥왕이 큰아버지인 법흥왕을 금륜왕, 자신을 은륜왕, 두 아들을 동륜왕과 철륜왕에 비긴 것으로 보기도 한다.

진흥왕은 544년 봄 2월에 흥륜사興輪寺를 짓고 사람들이 출가해 불교 승려가 되는 것을 허락하였다. 549년 봄에는 양나라가 사신과 입학승 각덕覺德을 보내 부처 사리를 주니 왕이 모든 관리로 하여금 흥륜사 앞길에서 받들어 맞이하게 했다. 553년 봄 2월에는 월성 동쪽에 새 궁궐을 짓다가 황룡이 나타나자 계획을 바꿔 절로 만들고 황룡사皇龍寺라고 불렀다. 황룡사는 566년에 준공되었다. 565년 9월에는 진陳나라가 사신과 승려 명관明觀을 보내 예방하고 불교 경론 1,700여 권을 보내주었다. 566년 봄 2월에는 기원사祇園寺와 실제사實際寺를 세웠다. 572년 겨울 10월 20일에는 전쟁에서 죽은 군사들을 위해 절 바깥에서 팔관연회八關筵會를 열고 7일 만에 마쳤다. 팔관회는 보통 하루 동안 살생·도둑질·간음·거짓말·술·노래·식탐 등의 죄짓는 일을 하지 않고 계율에 따라 수행하는 행사인데, 이를 7일이나 연 것은 매우 이례적인 것이다. 574년 봄 3월에는 황룡사의 장륙상丈六像을 주조하였는데, 구리 무게가 35,007근이고 도금한 무게는 10,198푼이었다. 576년에는 안홍법사安弘法師가 수나라에서 불법을 배우고 외국승려 비마라毗摩羅 등 두 승려와 함께 돌아와 능가경稜伽經과 승만경勝鬘經, 그리고 부처 사리를 바쳤다. 이처럼 진흥왕은 불교를 숭상하였다. 특히 572년 봄 3월에 왕태자 동륜이 죽자, 같은 해 겨울 10월에 팔관회를 열어 전쟁으로 죽은 사람들의 영혼을 위로하였으며, 말년에는 머리 깎고 승복을 입었고, 왕비 사도부인思道夫人도 그것을 본받아 비구니가 되어 영흥사永興寺에서 머물다 죽었다고 한다.

576년 가을 8월에 진흥왕이 죽고, 제25대 진지왕眞智王이 즉위하였다. 동륜태자가 4년 전에 죽었으므로 둘째아들 사륜이 왕위를 이은 것인데, 『삼국유사』에는 나라가 어지럽고 왕이 음란한 짓을 많이 해서 나라 사람들이 폐위시켰다는 이야기가 실려 있다. 이에 동륜태자의 아들을 지지하는 정적들이 화백회의를 통해 진지왕을 폐위시키고 진평왕을 옹립했다는 견해도 있다. 그러나 『삼국사기』에는 그런 내용이 전혀 없고, 재위 4년째인 579년 가을 7월 17일에 왕이 죽어서 시호를 진지라고 하고 영경사永敬寺 북쪽에 장사지냈다고 한다.

제26대 진평왕眞平王은 동륜태자의 아들로서 이름은 백정白淨이다. 어머니는 입종갈문왕의 딸 만호부인萬呼夫人이며, 왕비는 복승福勝갈문왕의 딸 마야부인摩耶夫人이다. 그에게는 백반伯飯과 국반國飯이라는 아우가 있었다. 진평왕 3형제의 이름은 석가모니의 아버지 정반왕淨飯王(白淨)과 그의 형제들 이름을 그대로 가져다쓴 것이며, 왕비 이름은 석가모니의 어머니 이름과 같다. 모두 나중에 의도적으로 만든 이름이었을 것이다. 이름대로라면 진평왕과 마야부인 사이에서 태어난 아들은 석가모니釋迦牟尼인 셈인데, 두 사람은 아들 없이 딸만 둘을 낳았다. 큰딸 덕만德曼은 나중에 즉위하여 선덕여왕善德女王이 되었고, 둘째 천명부인天明夫人은 진지왕의 아들인 김용춘金龍春과 혼인해 김춘추金春秋를 낳았다.

『삼국사기』와 『삼국유사』에는 제27대 선덕왕善德王(선덕여왕)이 얼마나 지혜로운 여인이었는지가 자세히 기록되어 있다. 특히, 『삼국유사』에는 선덕왕이 공주이던 시절에 당나라에서 보내온 모란꽃 그림과 꽃씨를 보고 향기가 없는 꽃이라는 사실을 알아챈 이야기, 영묘사靈廟寺 옥문지玉門池에서 겨울철에 개구리가 우는 것을 보고 서쪽 교외 여근곡女根谷에 숨어있던 백제군대를 소탕한 이야기, 자신이 죽을 날과 훗날 사천왕사四天王寺가 지어질 것을 정확히 예감하고 낭산狼山 남쪽에 묻힌 이야기 등이 '선덕왕이 미리 알아낸 3가지 일善德王知幾三事'이라는 제목으로 실려 있다. 모두 선덕여왕이 왕으로서 자격이 충분하다는 점을 드러내는 이야기인데, 이는 643년에 당 태종이 신라 사신에게 "그대 나라는 여자를 임금으로 삼고 있어서 이웃 나라의 업신여김을 받게 되고 임금의 도리를 잃어 도둑을 불러들이고 있으니 해마다 편안할 때가 없다. 내가 왕족 중 한명을 보내 그대 나라의 왕으로 삼되 혼자서는 왕이라 할 수 없으니 마땅히 군사를 보내 호위하며 그대의 나라가 안정되기를 기다렸다가 그대들이 스스로 지키도록 맡기려 한다"고 제안한 일과 647년 봄 정월에 상대등 비담毗曇이 염종廉宗 등과 함께 "여자 임금은 나라를 잘 다스릴 수 없다"면서 반란을 일으킨 일에 대한 우회적 답변이라고 할 수 있다. 선덕왕의 뒤를 이어 즉위한 제28대 진덕왕眞德王은 진평왕의 막내아우 국반갈문왕의 딸로서, 선덕왕의 사촌자매이다. 이처럼 632년부터 654년까지 22년 사이에 여왕이 2명씩이나 즉위할 수 있었던 것은 진평왕 집안의 성골의식과 왜국倭國에서 592년 말에 여성인 스이코推古천황이 즉위하여 628년까지 무난하게 재위한 일이 영향을 미쳤기 때문이다. 『일본서기』에는 신라가 621년(진평왕 43년)에 나말奈末 이미매伊彌買, 623년(진평왕 45년)에 나말 지세이智洗爾를 사신으로 보내왔다는 기록이 있다.

진평왕의 어머니 만호부인은 진흥왕의 누이이다. 그러니까 동륜태자가 자신의 고모와 혼인해 진평왕 3형제를 낳은 것인데, 이는 법흥왕의 딸 지소부인이 자신의 삼촌 입종갈문왕과 혼인해 진흥왕 3남매를 낳은 것과 거의 같은 구성이다. 이처럼 극단적인 근친혼近親婚이 이루어진 것은 혈통의 순수성을 강조함으로써 신분을 더욱 존귀하게 만들려고 했기 때문이다.

『삼국사기』에는 "나라 사람들은 시조 혁거세부터 진덕까지 28왕을 성골聖骨이라고 하고 무열부터 마지막 왕까지를 진골眞骨이라고 하였다"는 기록이 있다. 이에 성골은 부모 양쪽이 모두 왕족이고 진골은 부모 중 한쪽만 왕족인 경우라는 설, 성골인 왕족도 3세대 또는 7세대가 지나 일정한 친족 범위를 벗어나면 진골로 한 계급 강등되었다는 설, 불교의 종교적 신성 개념에서 성골의식을 만들었다는 설, 여왕 즉위에 대한 반발을 억누르기 위해 성골 개념을 만들었다는 설, 중고기에 왕실의 혈연집단이 나뉘면서 성골·진골 구분이 생겼다는 설, 여왕통치를 정당화하기 위해 후대에 추존한 것일 뿐 실재하지 않았다는 설 등 다양한 해석이 제시되었다. 그런데 『신당서』에는 다음과 같은 기록이 있다.

> 그 나라 벼슬은 왕의 친척을 으뜸으로 여기며, 무리 이름을 제1골과 제2골로 스스로 구분한다. 형제의 딸, 고모·이모·사촌자매를 모두 아내로 맞이한다. 왕족은 제1골이며, 아내도 그 무리로서 아이를 낳으면 모두 제1골이 된다. 제2골 여자에게 장가들지 않으며, 장가든다 해도 언제나 잉첩으로 삼는다. 벼슬은 재상·시중·사농경·태부령 등 17등이 있는데, 제2골이 맡아서 한다. 일이 있으면 반드시 여러 사람이 의논하는데, 화백이라고 부르며, 한사람이 다르면 그만둔다. [36]

『신당서』의 제1골과 제2골이 무엇을 가리키는지에 대해 해석이 다양하다. 제1골은 진골이고 제2골은 6~4두품이라는 설, 제1골은 진골이고 제2골은 6두품이라는 설, 7세기에 진골 귀족이 제1골과 제2골로 나뉘어 다툰 결과 생긴 구분이라는 설, 제1골은 김씨 왕족이고 제2골은 박씨를 가리킨다는 설, 제1골은 왕족이고 제2골은 나머지 귀족을 가리킨다는 설 등이 있다. 가장 유력한 해석은 위의 기록이 8세기 무렵에 쓰인 것이므로 이미 성골이 없어진 시기인 만큼 제1골은 진골, 제2골은 6두품 또는 그 이하의 신분을 가리킨다는 것이다.

『삼국사기』를 비롯한 각종 기록에 따르면, 신라의 신분계급은 진골의 골骨과 육두품六頭品·오두품五頭品·사두품四頭品 등의 두품頭品으로 구성되어 있었다. 왕을 비롯해 정부의 각 부서 장관슈과 군대 지휘관이 될 수 있는 사람은 '골'족이며, '두품'족은 그들을 보좌하는 역할이었다. 논리적으로는 만약 부모의 신분이 다를 경우 자식은 둘 중 낮은 쪽 신분에 속하게 되지만, 왕을 비롯한 몇몇 특수한 인물의 경우를 제외한다면, 사회적 관념상 신분을 뛰어 넘는 혼인은 아예 인정되지 않았을 것이다. 육두품은 17관등 중 제6위인 아찬阿湌까지만 진급할 수 있었고, 오두품은 제10위 대나마大奈麻까지 진급할 수 있었다. 사두품은 제12위인 대사大舍까지 진급할 수 있었다. 이러한 진급 제한은 신라 하대에 사중아찬四重阿湌, 구중대나마九重大奈麻, 칠중나마七重奈麻 등 경제적 보수만 올려주는 방식의 중위제重位制를 시행하는 배경이 되었다. 6두품은 각 부서의 차관卿 이하 실무관리직에 머물렀고, 오두품은 주로 의학醫學 등의 기술직에 종사하였다. 사두품도 기술직이나 각 부서의 말단 실무를 담당하였다.

신라에서 골품제가 생기게 된 배경과 기준에 대해서도 해석이 다양하다. 골은 왕족을 중심으로 왕권을 옹호하기 위한 것이고, 두품은 왕도에 사는 사람王京人에게 준 지연중심 신분제라는 설이 있고, 6부 가운데 유력한 3부 소속 주민은 6~4두품, 나머지 3부 주민은 3~1두품으로 나누었다가 3개 두품만 남게 되었다는 설, 두품은 신라가 성장하면서 병합한 지방의 족장들을 세력 크기에 따라 편제한 것으로서 「간干」·「상간上干」층을 4두품, 대족장大族長급을 6두품으로 만들었다는 설, 박·석·김 3성씨가 연맹을 통해 골족이 되고 두품은 복속된 족장을 세력에 따라 구분해 골족지배체제에 편입시킨 것이라는 설, 사로부족을 형성한 씨족장 가족과 사로부족 팽창시 병합된 성읍국가의 지배자 및 신라에 흡수된 나라의 상급귀족, 그리고 진골에서 강등된 사람들이 6두품으로 편제되었다는 설, 골품제는 국가 초기부터 형성되기 시작해 520년에 법흥왕이 율령을 반포할 때 정비되었다는 설, 왕족 대상의 골과 왕도에 사는 일반귀족 대상의 두품을 법흥왕 때 하나의 체계로 통합한 것이라는 설, 원래 8등급이던 골품제가 성골이 소멸하고 3두품 이하의 구분이 점차 의미를 잃게 되면서 진골·6두품·5두품·4두품·평인平人 등 5등급으로 정리되었으며 삼국통일 이후 9세기경에는 4두품도 평인과 비슷하게 되었다는 설 등이 있다.

581년 봄 정월에 진평왕은 위화부位和府를 설치하였다. 관리의 인사 및 관등 관

신라 주요관부의 직원

관부 이름	직무	창설	정비	관원
집사부執事部	기밀, 왕명	565	685	중시(1), 전대등(2), 대사(2), 사지(2), 사(20)
병부兵部	군사	517	672	영(3), 대감(3), 제감(2), 노사지(1), 사(17), 노당(1)
창부倉部	재정	565	699	영(2), 경(3), 대사(2), 조사지(1), 사(30)
예부禮部	의례, 교육	586	685	영(2), 경(3), 대사(2), 사지(2), 사(11)
선부船府	선박	583	678	영(1), 경(3), 대사(2), 사지(1), 사(10)
조부調府	세금	584	685	영(2), 경(3), 대사(2), 사지(1), 사(10)
승부乘府	수레, 의장	584	685	영(2), 경(3), 대사(2), 사지(1), 사(11)
사정부司正府	감찰, 형법	544	659	영(1), 경(3), 좌佐(2), 대사(2), 사(1)
예작부例作府	건축, 수리		686	영(1), 경(2), 대사(4), 사지(2), 사(8)
위화부位和府	인사	581	682	금하신(3), 상당上堂(3), 대사(2), 사지(1), 사(8)
영객부領客府	사신접대	591	685	영(2), 경(3), 대사(2), 사지(1), 사(8)
좌리방부左理方府	형벌		651	영(2), 경(3), 좌(2), 대사(2), 사(10)
우리방부右理方府	형벌		667	영(2), 경(3), 좌(2), 대사(2), 사(10)

\# 영令: 관부의 장관으로서 업무관련 정책 결정 및 국왕·대등회의에 보고하고 승인받는 역할
  경卿: 영을 보좌하며 업무관련 정책을 입안하고 관리하는 역할
  대사大舍: 업무관련 정책을 실행하는 일선책임자, 중간관리자
  사지舍知: 업무 실행 관리책임자
  사史: 업무 실행자

련 업무를 관장하는 부서이다. 583년 봄 정월에는 선박관련 업무를 관장하는 선부船府를 설치하고 대감大監과 제감弟監을 1인씩 두었는데, 이때의 선부는 병부兵部에 부속된 관서이고, 독립관부로서 분리된 것은 문무왕 때인 678년이라고 한다. 584년 3월에는 조세업무를 관장하는 조부調府와 수레에 관한 업무를 관장하는 승부乘府를 설치하고 영令을 1인씩 임명하였다. 조부령은 종래 품주稟主가 맡아온 일 가운데 세금관련 업무만 따로 떼어내 담당하는 것이므로, 업무분화가 이루어졌음을 의미한다. 586년 봄 정월에는 예부禮部를 설치하고 영令 2인을 두었다. 예부는 외교·의례·교육 관련 업무를 관장하였으며, 종교·음악·제사 등을 담당하는 부서를 거느렸다. 591년 봄 2월에는 외국사신을 접대하는 영객부領客府를 설치하고 영 2인을 두었는데, 예전에 왜전倭典을 두어 왜국과 교섭·교역하던 수준을 크게 뛰어넘어 중국의 통일왕조에 대응하려는 의도로 보인다. 이 해에 중국에서는 수 문제가 즉위하였다. 622년 2월에는 내성內省을 설치하였는데, 이는 585년에 설치한 대궁大宮·양궁梁宮·사량궁沙梁宮의 사신私臣들을 통합해 한사람이 3궁을 관장하도록 조치한 것으로서, 왕실 재산 관리 및 왕명 출납이 주요 업무였다. 내성은 삼국통일 이후 병부兵部·사정부司正府와 함께 핵심권력기관이 되었다.

사회와 문화

『삼국사기』에는 삼국의 제도와 사회상을 소개한 부분이 있다. 제32권부터 제40권까지의 「잡지雜志」이다. 제사祭祀·음악樂·색복色服·거기車騎·기용器用·옥사屋舍·지리地理·직관職官 등 8개 항목으로 구성되었지만, 지리지가 4권, 직관지가 3권을 차지하여 나머지 항목은 매우 간략하다. 서술한 항목도 적고 분량도 간략하기 때문에 중국사서처럼 지志라고 하지 않고 굳이 '잡지'라고 이름붙인 것으로 보인다. 그중 「제사지」에 다음과 같은 기록이 있다.

신라의 종묘 제도를 살피건대, 제2대 남해왕 3년 봄에 처음으로 시조 혁거세의 사당을 세우고 4계절 제사지냈는데, 친누이동생 아로가 제사를 주관하게 하였다. 제22대 지증왕은 시조가 내려와 태어난 곳인 나을에 신궁을 세우고 제사지냈다. 제36대 혜공왕에 이르러 비로소 5묘를 정하였는데, 미추왕을 김 성 시조로 삼고, 태종대왕과 문무대왕은 백제와 고구려를 평정하여 큰 공덕이 있으니 둘 다 대대로 헐지 않는 기본으로 삼고, 직계 조상의 사당 둘을 아울러 5묘로 삼았다. 제37대 선덕왕에 이르러 사직단을 세웠다. 또한, 제사 규범에 나오는 것이 모두 경역 내의 산과 내이며 하늘과 땅에는 미치지 않았다. 이는 대개 (예기)왕제에 이르길 "천자는 7묘이고 제후는 5묘이니, 왼쪽의 둘(2소), 오른쪽의 둘(2목)과 태조의 묘까지 다섯이다"라고 하였고, 또 이르길 "천자는 하늘과 땅과 천하의 이름난 산과 큰 내에 제사지내고, 제후는 사직과 이름난 산과 큰 내 가운데 자기 땅에 있는 데에 제사지낸다"고 하였으니, 이 때문에 감히 예를 벗어나지 않고 행한 것이리라. 그러나 그 제단과 사당의 높고 낮음, 담과 문의 안팎, 신위 순서의 높고 낮음, 상차림과 올리고 내리는 절차, 술잔·제기·제물·축문의 예식은 추정할 수 없고 다만 그 대략을 대충 적어둘 뿐이다.

1년에 여섯 번 5묘에 제사지냈는데, 정월 2일과 5일, 5월 5일, 7월 상순, 8월 1일과 15일이다. 12월 인일에는 신성 북문에서 여덟 신에게 제사지냈는데, 풍년에는 대뢰를 쓰고 흉년에는 소뢰를 썼다. 입춘 후 해일에는 명활성 남쪽 웅살곡에서 선농에게 제사지내고, 입하 후 해일에는 신성 북문에서 중농에게 제사지내고, 입추 후 해일에는 역원에서 후농에게 제사지냈다. 입춘 후 축일에는 견수곡문에서 풍백에게 제사지내고, 입하 후 신일에는 탁저에서 우사에게 제사지내고, 입추 후 진일에는 본피유촌에서 영성에게 제사지냈다.[여러 예전을 검토해보니 단지 선농에게 제사지냈을 뿐이고 중농과 후농은 없었다.] 3산 5악 이하 명산대천을 나누어 대사·중사·소사로 삼았다. ³⁷

위의 기록에서 혜공왕 때 5묘廟를 처음 정했다고 했지만, 「신라본기」에는 이미 신문왕 7년(687)에 조묘朝廟에 제사지냈다는 기록이 있으므로 혜공왕 때의 5묘 제사는 내용을 개정한 것으로 보인다. 사직社稷은 땅의 신과 곡식의 신을 가리키며, 사직단은 그 신들에게 제사지내기 위해 만든 토단土壇을 가리킨다. 8세기 후반기 선덕왕宣德王 때 사직단을 세웠다는 것은 이제까지 중국의 황제와 마찬가지로 하늘 신과 땅 신 모두에게 제사지내는 방식을 버리고 중국의 제후처럼 땅 신에게만 제사지내는 방식으로 바꿨다는 뜻이다. 대뢰大牢는 제사상에 소·양·돼지의 날고기를 올리는 것이고, 소뢰小牢는 양·돼지의 날고기를 올리는 것이다. 선농先農은 중국에서 사람들에게 농사를 처음 가르쳤다고 전하는 신농씨神農氏를 가리킨다. 중농中農은 중국 제사 기록에 없는 이름인데, 중국에서 옷을 만든 신으로 모셔진 선잠先蠶을 가리킨다는 설과 5월에 씨를 뿌린 뒤 제사지낸 삼한사회의 고유한 제사풍습을 이어받은 것이라는 설이 있다. 후농後農도 중국에 없는 이름이다. 중국에서 밥 짓는 법을 가르친 신 선취先炊를 가리킨다는 설과 삼한사회에서 추수하기 전 지내던 제사풍습을 이어받은 것이라는 설이 있다. 풍백風伯은 바람을 관장하는 신이고, 우사雨師는 비를 관장하는 신이며, 영성靈星은 농업의 신으로 받들어지는 별의 이름이다.

중국사서에 실린 신라관련 기록은 대개 6세기 이후에 전해진 것이다. 가장 먼저 「신라전」을 편성한 『양서』는 "그 나라는 백제의 동남쪽 5천여 리에 있다"라고 해서 백제를 기준으로 신라를 설명했을 뿐 아니라 "그 나라는 작아서 혼자서는 사신을 통할 수 없다"고 하여 마치 백제에 복속된 나라인 것처럼 기록해 두었다. 『수서』에는 "그 왕은 본래 백제 사람인데, 바다로 도망쳐 신라로 들어가 마침내 그 나라 왕이 되었다"는 기록과 "그들의 선조는 백제에 예속되어 있었는데, 나중에 백제가 고려를 정벌하자 고려 사람이 군역을 견디지 못해 무리지어 귀화하니 마침내 강성해져 백제를 습격하고 가라국을 예속시켰다"는 기록이 있다. 『남사』와 『양서』에 서로 비슷한 기록이 실려 있고, 『북사』와 『수서』에도 서로 비슷한 기록이 실려 있다. 이러한 기록은 처음에 백제가 의도적으로 신라와의 관계를 부풀려서 중국 쪽에 전했기 때문이며, 신라를 직접 방문한 뒤 작성한 내용이 많은 『구당서』에는 신라의 사회 분위기가 다음과 같이 적혀 있다.

> 그 왕 김진평은 수 문제 때 '상개부 낙랑군공 신라왕'에 제수되었다. 무덕 4년(621)에 사신을 보내 조공하니, 고조가 친히 노고를 위로하고 통직산기시랑 유문소를 사신으로 보내 옥새를 찍은 문서와 그림병풍, 무늬비단 300단을 내려주었다. 이때부터 조공이 끊이지 않았다.
>
> 그 풍속·형법·의복은 고려·백제와 대략 같지만, 조회 의복은 흰색을 숭상한다. 산신에게 제사지내기를 좋아하며, 식기는 버드나무 그릇을 쓰고, 구리 및 흙으로 빚은 그릇도 쓴다. 나라 사람은 김·박 2성이 많고, 다른 성과는 혼인하지 않는다. 정월 초하루를 중시하여 서로 축하하고 잔치를 벌이며, 매년 그 날에는 해·달 신에게 절한다. 또, 8월 15일을 중시하여 악기를 연주하고 술을 마시며 신하들을 위로하고 마당에서 활쏘기를 한다. 부인들은 머리카락을 틀어 올리고 비단과 구슬로 꾸미는데, 머리카락이 매우 길고 아름답다. [38]

이러한 기록은 대체로 『신당서』에도 그대로 전해졌지만 조금씩 다르게 적힌 부분도 있다. 가령 성씨와 관련해서는 "왕의 성은 김金이고 귀한 사람의 성은 박朴이며, 백성은 성씨가 없고 이름만 있다"고 하였다. 『태평어람』에는 건원 18년(382)에 신라국왕 누한樓寒이 사신 위두衛頭를 보내 미녀를 바쳤다는 기록과 함께 "그곳 사람들은 머리카락이 아름다운 이가 많은데, 머리카락 길이가 1장丈 남짓이다"라는 기록도 있다.

한편, 6세기 중엽부터 신라에서 불교가 성행한 것은 앞에서 이미 간략히 소개한 바와 같지만, 같은 무렵 도교道敎를 신봉하고 배우는 사람도 적지 않았다. 『삼국사기』에는 진평왕 9년(587)에 이찬 동대冬臺의 아들 대세大世가 "나는 장차 뗏목을 타고 바다를 건너 오월吳越에 이르러 앞으로 스승을 찾아 이름난 산에서 도道를 배우려 한다. 만약 평범한 인간에서 벗어나 신선을 배울 수 있다

경주 월지(항공사진)

면 텅 빈 하늘을 바람타고 훨훨 날 터이니 이것이 천하의 기이한 놀이요 볼만한 경관이다"라고 말하고 구칠仇柒과 함께 남쪽 바다에서 배를 타고 가버렸다는 기록이 있다. 또, 같은 책 김후직金后稷열전에는 진평왕 때 병부령 김후직이 "지금 전하께서는 날마다 미친 사냥꾼과 함께 매와 개를 풀어 꿩·토끼를 쫓으며 산과 들을 달려 스스로 그치지 못하시는데, 노자에 이르길 「말달리며 사냥하는 것은 사람 마음을 미치게 한다」고 하였고, 서경에 이르길 「안으로 여색을 밝히는 것, 밖으로 사냥에 빠지는 것, 이 중에 하나만 있어도 망하지 않을 수 없다」고 하였습니다. 이로써 보면 안으로 마음을 방탕하게 하면 밖으로 나라를 망하게 하는 것이니 살피지 않을 수 없습니다. 전하께서는 유념하십시오"라고 간언하였으나 진평왕이 듣지 않았는데, 나중에 김후직이 병들어 죽을 때 유언으로 진평왕이 사냥 다니는 길가에 묻어달라 하였고, 그에 따라 마침내 진평왕이 종신토록 사냥을 하지 않게 되었다는 이야기가 실려 있다. 두 이야기는 진평왕 때 신선사상神仙思想과 노장사상老莊思想이

널리 알려졌음을 시사한다. 이에 월성 옆에 위치한 월지月池를 7세기 중엽 문무왕 때 각종 화초, 진기한 새와 짐승 등을 키우며 신선사상을 표현했던 연못으로 보기도 한다.

5) 가야의 성장과 변천

기술과 교역

가야 사람들이 스스로를 연맹이라고 표현한 기록은 없다. 가야 사람들이 남긴 역사 기록도 없다. 그런데도 가야연맹이라는 말이 일반적으로 쓰이는 이유는 『가락국기』 등의 후대 역사서에 5가야, 6가야 등의 명칭과 함께 시조始祖들이 형제였다는 설화가 있으며, 경상남·북도 지역에서 발견된 유적·유물의 특징이 비슷하기 때문이다. 그래서 덧널무덤木槨墓이 조영되는 2세기 후반부터 4세기까지를 금관가야 중심의 전기가야연맹, 그 이후 김해 대성동고분군에서 대형 고분들이 사라지고 대신 고령 지산동고분군에서 대형 돌덧널무덤石槨墓과 돌방무덤石室墓이 많이 조영된 5~6세기 중엽을 대가야 중심의 후기가야연맹으로 부르는 견해가 유력하다. 그러나 이른바 가야권역의 여러 나라들이 연대·연합했다는 증거는 분명치 않으므로, 금관가야와 대가야가 가야권역을 대표했다고 보기 어렵다는 지적이 꾸준하다. 두 나라가 이웃나라들보다 국력이 상대적으로 강하긴 했으나 대표성을 띠었는지는 알 수 없다는 것이다. 대표성을 띠지 않았다는 것을 증명하는 일은 더욱 어렵다.

그런데 4세기 중엽부터 낙동강 동쪽지역에서 규모가 큰 무덤들이 이곳저곳에서 만들어지고 비슷한 디자인의 토기와 위세품들이 껴묻거리로 쓰이는 현상이 나타난다. 그리고 5세기에 들어서면 그동안 나름의 지역색을 띠던 토기들이 경주양식으로 획일화하고, 무덤은 오히려 지방에서 경주양식 돌무지덧널무덤을 만들지 않는

신라와 가야의 굽다리접시

1. 신라의 굽다리접시(경주 월성로) · 2. 금관가야의 급다리접시(김해 대성동고분군) · 3. 아라가야의 굽다리접시
(함안 도항리) · 4. 아라가야의 굽다리접시(경남 함안) · 5. 대가야의 굽다리접시(5세기 초, 경북 고령) · 6. 대가야의
굽다리접시(6세기 중엽, 경북 고령) · 7. 대가야의 굽다리접시(6세기 초, 경북 고령) · 8. 대가야의 굽다리접시(6세기
말, 경북 고령)

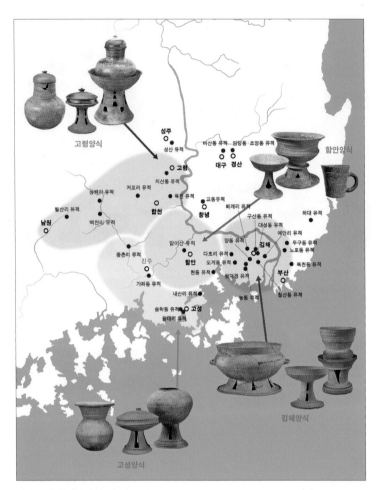

가야토기의 지역양식

현상이 나타난다. 그래서 5세기에는 신라가 낙동강 동쪽지역을 영토화하고 통제함
으로써 토기는 전문장인집단 제작품을 널리 유통시키고 무덤은 지방세력이 함부로
따라하지 못하도록 통제한 것으로 이해하는 것이다.

　낙동강 동쪽지역의 신라양식 굽다리접시高杯는 다리통이 대체로 넓고 직선이며
굽다리부분에 2~3층으로 뚫어놓은 구멍透窓이 서로 엇갈린 점이 특징이고, 낙동강

서쪽의 가야지역 굽다리접시는 다리통이 상대적으로 가늘고 곡선이며 굽다리의 위아래 구멍이 일렬로 줄지어 있는 것이 특징이다. 굽다리의 구멍도 신라양식은 네모난 것이 많은 데 비해, 대가야는 위아래로 긴 네모꼴이 많고, 아라가야는 불꽃모양이 많다. 이처럼 가야토기의 디자인은 지역마다 조금씩 다르지만, 1,000℃가 넘는 높은 온도에서 토기를 구웠기 때문에 토기가 매우 단단하며 색깔이 대개 회청색 또는 회흑색을 띤다는 공통점이 있다.

가야토기와 신라토기가 고구려·백제에 비해 경질토기硬質土器 위주인 이유는 환경적 요인과 사회문화적 요인 등 다양한 각도에서 분석해야 하지만, 그중 변한卞韓시대부터 철을 생산해온 산업전통이 토기생산에 영향을 미친 점은 비교적 분명하다. 가야권역에서 2~4세기 철생산과 유통 중심지는 김해·창원지역이었고, 5세기 이후에는 고령·합천·함안 등지에서 철생산이 더 활발했던 것으로 알려진다. 특히 대가야가 5세기 후반부터 섬진강유역으로 세력권을 넓히면서 전라북도 남원시에 위치한 운봉고원의 철산지를 장악한 뒤 철기생산이 더욱 활발해졌다고 보기도 한다. 대가야가 운봉고원을 장악하고 철을 생산한 증거로서 남원 월산리고분군과 두락리고분군에서 출토된 대가야계 철제 자루솥鐎斗, 고리자루큰칼, 말갖춤, 투구, 갑옷 등에 주목하기도 한다.

4~5세기 무렵 한반도 남부지역과 일본열도에서 철기제작이 매우 중요한 교역 매개체였음은 『일본서기』의 다음과 같은 기록을 통해서도 짐작할 수 있다.

봄 3월 을해 초하루에 시마노스쿠네를 탁순국으로 보냈다. 이때 탁순왕 말금한기가 시마노스쿠네에게 말하길 "갑자년 7월에 백제사람 구저, 미주류, 막고 3인이 우리 땅에 와서 말하길 '백제왕이 동쪽 지방에 일본이라는 귀한 나라가 있다고 들어서 저희를 보내 귀한 나라에 조공하라고 하였으므로 길을 물어 이곳에 이르렀습니다. 만약 저희들이 갈 수 있도록 길을 가르쳐주신다면 우리 왕은 반드시 군왕께 깊이 감사할 것입니다'라고 하였습니다. 그때 구저 등에게 말하길 '본래 동쪽에 귀한 나라가 있다고 들었으나 아직 오간 적이 없고 그 길도 모릅니다. 다만 바닷길이 멀고 파도가 심해 큰 배를 타야 겨우 오갈 수 있으니, 비록 길과 나루가 있다고 한들 어찌 갈 수 있겠습니까'라고 일러주었습니다. 이에 구저 등이 말하길 '그렇다면 지금 당장 갈 수는 없겠습니다. 다시 돌아가 배를 갖춘 뒤에 오는 것이 좋겠습니다'라고 하였습니다. 그리고 '만약 귀한 나라 사신이 오면 꼭 우리나라에 알려주십시오'라고 말하고는 돌아갔습니다"라고 하였다. 이에 시마노스쿠네가 시중꾼 니하야와 탁순인 과고 2인을 백제국으로 보내 그 왕을 위로하였다. 그때 백제 초고왕이 매우 기뻐하며 두텁게 대접하고 오색 비단 각 1필과 각궁 화살, 그리고 덩이쇠 40매를 니하야에게 주었다. 그리고 보물창고를 열어 진귀한 물건들을 보여주면서 말하길 "우리나라는 이런 진귀한 보물이 많아서 귀한 나라에 바치려 하는데 길을 몰라 뜻이 있어도 하지 못했지만, 이제 사신을 통해서 자주 공물을 바치겠습니다"라고 하였다. 이에 니하야가 일을 마치고 돌아가 시마노스쿠네에게 알렸다. 곧 탁순에서 돌아왔다. [39]

이른바 황국사관으로 왜곡된 부분이 있지만, 백제와 왜의 사신이 처음 오갈 때 탁순국을 거친 경험과 철제품이 중요한 교역물품이었다는 사실이 상징적으로 반영되어 있다. 4세기에는 고구려와 백제를 중심으로 3만여 명의 군대가 동원되는 전쟁이 자주 일어났으므로 철제 무기 생산이 더욱 중요해졌다. 그리고 400년에 고구려의 보병·기병 5만 명이 신라를 도와서 가라加羅의 종발성從拔城까지 진격해 항복시킨 뒤로는 가야지역에 각종 무기와 갑옷, 말갖춤 등의 철제군사용품에 대한 수요가 급증했을 것으로 보인다. 그런 점에서 가야지역의 경질토기는 철제무기 제작기술과 연계된 산업생산기술력을 과시하는 측면이 있으며, 이것이 백제 및 왜와 교역하는 데 매우 중요한 요소가 되었다고 할 수 있다.

김해·창원·부산지역에서 출토된 백제양식 짧은목항아리短頸壺, 시루, 접시, 금

박유리옥 등은 백제물품이 가야지역에 들어온 경우이고, 전남
나주, 충남 서산 등지의 무덤에서 출토된 가야계 덩이쇠는 가
야물품이 백제지역으로 들어간 경우이다. 고령·합천·함안·
진주·산청 등지에서는 백제계 금동관모·귀고리·고리
자루큰칼 등의 위세품이 출토되었다. 또, 김해 대성동
고분군에서 출토된 바람개비모양청동기巴形銅器, 원통
모양청동기筒形銅器, 가락바퀴모양의 돌紡錘車形石製品 등
은 일본열도에서 생산한 물품으로서 왜인倭人이 선물로
가져온 것일 개연성이 있으며, 일본 효고兵庫·나라奈良
지역 무덤에서 출토된 덩이쇠와 나라·오사카大阪·시
가滋賀·와카야마和歌山·야마나시山梨 등지의 무덤에서 출
토된 갑옷들도 가야와 왜의 교역·교류를 나타낸다.

대가야의 철제 갑옷과 투구
(고령 지산동 30호분)

전쟁과 대외관계

『남제서』에는 백제국전에 이어 가라국전加羅國傳이 짤막하게 실려 있는데, 그 내
용은 다음과 같다.

> 가라국은 삼한 종족이다. 건원 원년(479)에 국왕 하지가 사신을 보내 (토산물을) 바치
> 니, 황제가 말하길 "널리 헤아려 비로소 (천자에) 오르니 먼 곳의 오랑캐가 두루 감화되
> 는구나. 가라왕 하지가 멀리 동쪽 바다 바깥에서 폐백을 들고 찾아왔으니 '보국장군 본
> 국왕'에 제수할만하다"고 하였다. 40

479년은 중국 남조의 송나라에서 군인출신의 권신 소도성蕭道成이 황제 자리를
빼앗고 나라 이름을 제齊로 바꾼 해이다. 새로운 황제가 즉위한 뒤 먼 곳의 가라국

사신이 찾아왔으므로, 고제高帝가 기뻐하며 가라왕 하지荷知에게 '보국장군 본국왕 輔國將軍本國王' 벼슬을 주었다는 것이다. 이때 가라국 사신이 어떻게 남제까지 왔는지에 대해서는 기록이 없지만, 학계에서는 흔히 521년에 신라가 양나라로 사신을 보낼 때 백제의 도움을 받았다는 『양서』 기록을 참고해서 가라국 사신도 백제의 도움을 받았을 것으로 추정한다. 그러나 479년은 백제에서 15세의 삼근왕이 겨울 11월에 죽고 바다 건너 왜국에서 살고 있는 나이어린 동성왕을 데려와 즉위시킨 해이다. 478년에 그동안 국정을 농단하던 좌평 해구가 은솔 연신과 함께 반란을 일으켰다가 실패한 일이 있었으므로 후유증이 아직 진정되지 않았을 무렵이다. 같은 해에 백제가 사신을 보냈다는 기록도 없다. 그렇다면 그동안 백제와 교류하며 백제의 통제 아래 중국을 접촉해온 가라국(대가야)이 475년 말 백제가 멸망에 가까운 타격을 받은 뒤에는 독자적으로 중국과의 교섭에 나섰으며, 479년에 마침내 성공적으로 남제와 교섭했다고 할 수 있다.

『일본서기』에는 백제가 512년에 광양만·순천만 일대의 상다리上哆唎(전남 여수), 하다리下多唎(전남 여수), 사타娑陀(전남 순천), 모루牟婁(전남 광양) 등 4현을 차지하고, 이듬해에 섬진강 상류의 기문己汶(전북 남원)과 하류의 대사滯沙(경남 하동)를 장악하자, 514년에 반파伴跛(대가야)가 자탄子呑(경남 진주)과 대사에 성을 쌓고 만해滿奚(전남 광양)까지 봉수로 연결하며 전쟁에 대비하였다는 기록이 있다. 522년 대가야와 신라의 왕실 혼인에 대해서도, 왜가 가라왕의 강력한 요청에도 불구하고 다사진多沙津을 백제에게 주니 "가라加羅가 신라와 한패가 되어 일본을 원망하고 가라왕이 신라왕녀에게 장가들어 마침내 아이를 낳았다"고 하였다. 다만, 사건이 일어난 해를 529년이라고 해서 『삼국사기』의 혼인기사와는 연대 차이가 있다. 학계에는 『일본서기』의 반파와 대가야가 서로 다른 나라라는 견해도 있으나, 통설은 같은 나라라는 것이다. 『일본서기』에는 529년 3월에 다음과 같은 일이 일어났다고 적혀있다.

이 달에 오후미노케나노오미를 안라에 사신으로 보내 신라가 남가라와 탁기탄을 다시 세우도록 조칙으로 권하였는데, 백제는 장군 군윤귀, 마나갑배 마로 등을 보내 안라로 가서 조칙을 듣고 따르게 하였으나, 신라는 번국의 관가를 깨뜨린 것을 두려워하여 높은 사람을 보내지 않고 부지나마례와 해나마례 등을 보내 안라로 가서 듣고 따르게 하였다. 이에 안라가 새로 높은 건물을 세우고 칙사를 오르게 하고 왕이 뒤따라 계단을 올랐으며, 나라 안의 높은 사람도 한 두 사람이 건물로 올라갔으나, 백제 사신 장군 군 등은 건물 아래에 있었다. 무릇 여러 달 동안 두 번 세 번 건물에서 회의하였는데, 장군 군 등이 마당에 있는 것을 원망하였다. 41

'장군 군윤귀君尹貴…'는 '장군과 군君 윤귀…'일 수 있으며, 『일본서기』흠명기欽明 紀 4년 12월조에 나오는 백제 하좌평下佐平 목윤귀木尹貴와 같은 사람일 수도 있다. 532년에 멸망하게 될 남가라南加羅(금관가야)를 529년에 재건하겠다는 회의가 열렸다고 하는 등 기록에 앞뒤가 안맞는 구석이 많아 사실을 알아내기 어렵지만, 같은 책 흠명기欽明紀 2년 4월조에 실린 다음과 같은 기록과 견주어보면 대강을 짐작할 수 있다.

여름 4월에 안라의 차한기 이탄해·대불손·구취유리와 가라의 상수위 고전해, 졸마한기, 산반해한기의 자식, 다라의 하한기 이타, 사이기한기의 자식, 자타한기 등이 임나일본부 키비노오미[이름이 빠졌다]와 함께 백제로 가서 함께 조서를 들었다. 백제 성명왕이 임나한기들에게 말하길 "일본 천황이 조서를 내린 것은 모두 임나를 다시 세우라는 것인데, 지금 어떤 계책으로 임나를 세워 일으킬 것인지 어찌 각자 충성을 다해 성스러운 뜻을 받들어 펼치지 않겠는가?"라고 하였다. 임나한기 등이 대답하기를 "전에 두 세 차례 신라와 논의했으나 대답이 없었으니, 다시 신라에게 알려도 여전히 대답하지 않을 것입니다. 지금 함께 사신을 보내 천황에게 가서 아뢰어야 합니다. 무릇 임나를 세우는 것은 대왕의 뜻에 달려있으니, 삼가 교지를 받드는데 누가 감히 이간질하겠습니까? 그러나 임나의 국경이 신라와 접하므로 탁순 등의 화를 입을까 두렵습니다"라고 하였다.[등이라고 한 것은 탁기탄과 가라를 가리킨다. 탁순 등의 나라가 패망한 화를 말한다.]

성명왕이 말하길 "옛날 나의 선조 속고왕·귀수왕 때에 안라·가라·탁순의 한기 등이 처음 사신을 보내 서로 통하며 친밀한 우호를 두텁게 맺고 아들딸이 되어 항상 융성하기를 바랐는데, 지금 신라의 속임수에 당해 천황을 노엽게 하고 임나를 분하게 하고 원망하게 했으니 과인의 잘못이다. 나는 깊이 뉘우치고 후회하여 하부 중좌평 마로와 성방갑배 매노 등을 보내 가라로 가서 임나일본부에서 만나 서로 맹세하게 하였으며, 이후 늘 생각하여 임나를 세우는 계획을 아침저녁으로 잊지 않았는데, 지금 천황이 조서로 빨리 임나를 세우라고 하셨으니 이에 그대들과 함께 계획하여 임나국을 세우고자 한다. 마땅히 잘 계획해야 한다. 또, 임나 경계에서 신라를 불러 함께 할 것인지 아닌지를 묻고, 함께 사신을 천황에게 보내 아뢰고 삼가 교시를 받들 것이다. 만일 사신이 아직 돌아오지 않았을 때 신라가 틈을 엿보아 임나를 침략하면 내가 당연히 가서 구해줄 것이니 근심할 게 없지만, 잘 지키고 삼가 경계하는 것을 잊어서는 안된다. 특히 그대들이 말한 탁순 등의 화를 입을까 두렵다는 것은 신라가 스스로 강하다고 해서 할 수 있는 일이 아니다. 저 탁기탄은 가라와 신라 경계에 있어서 해마다 공격을 당하고 임나가 구원해주지 못했다. 그래서 망한 것이다. 저 남가라는 땅이 작아 갑작스런 공격을 대비할 수 없었고 부탁할 곳도 몰랐다. 그래서 망한 것이다. 저 탁순은 위아래가 둘로 나뉘고 왕이 스스로 복종하려고 신라와 내통하였다. 그래서 망한 것이다. 이렇게 보면 세 나라가 패망한 것은 다 이유가 있었다. 옛날 신라가 고려에게 구원을 요청하며 임나와 백제를 공격했으나 결국 이기지 못하였는데, 신라가 어찌 혼자서 임나를 멸망시키겠는가? 이제 과인이 그대들과 함께 힘과 마음을 합치고 천황에게 의지하면 임나는 반드시 일어날 것이다"라고 하였다. 그리고 물건을 각각 차등있게 주니, 기뻐하며 돌아갔다. 42

백제와 가야 연합국들의 대책회의 내용을 『일본서기』 특유의 황국사관으로 왜곡한 기록이지만, 중심 내용은 신라의 침공을 걱정하는 가야 여러 나라를 백제 성왕이 도와주겠다면서 안심시키는 것이라고 할 수 있다. 흠명기 2년은 541년으로서 백제 성왕 19년에 해당한다. 이를 앞서 안라安羅에서 개최한 대책회의와 연계해서 이해하면, 백제는 신라와 가야 여러 나라를 하나로 묶어 연합하려 하지만, 신라가 소극적으로 대하면서 가야지역을 공격하고 병합하는 일이 일어나고 있었다는 뜻이 된다. 이에 백제 성왕은 연합대책회의에서 자신이 신라가 가야를 공격하지 못하도록 협의할 것이며 유사시에는 가야 나라들을 도와줄 터이니 각자 방비를 잘 하라고 조언하고 설득하였던 것이다.

그러나 당시 백제가 신라의 공세를 대신 막아줄 정도로 군사력이 충분했는지는 의문이다. 당시 백제는 섬진강유역조차 완전히 장악하지 못할 정도였기 때문에 가야지역으로 장기간 군대를 보내거나 주둔시키기는 어려웠다. 지금까지 섬진강 서쪽 전라남도 동부지역의 고대유적을 발굴조사한 결과, 4세기 후엽~5세기 전반기에는 아라가야·금관가야계 유물, 5세기~6세기 전반기에는 소가야계 유물, 5세기 말~6세기 전반기에는 대가야계 유물이 생활유적에서 많이 출토되었으며, 특히 5세기 말, 6세기 전반기에는 무덤에서도 가야계 유물 비중이 높아지는 양상이 나타났다. 이는 6세기 초엽에 섬진강유역을 두고 백제와 대가야가 다투었다는 『일본서기』 기록에 부합하는 문화양상이다. 섬진강유역은 고령의 대가야가 서쪽 또는 남쪽 바다로 나가려면 반드시 필요한 교통로였다. 당시 낙동강유역은 신라가 완전히 장악한 상태였으므로, 대가야가 신라와 직접 충돌하지 않으면서 바다 건너 중국·왜와 교통하려면 반드시 섬진강유역을 확보해야 했다. 그래서 대가야는 강대국 백제와의 군사적 충돌조차 피하지 않았던 것이다.

그러나 대가야는 결국 백제와 연합하지 않을 수 없었다. 신라가 빠르게 서쪽으로 영토를 넓히고 있었기 때문이다. 신라에 대응하기 위해 대가야는 백제를 도왔다. 6세기 중엽부터 대가야에서 굴식돌방무덤과 불교문화 영향이 나타나고 백제토기를 비롯한 백제계통 유물이 다수 출토되는 것은 그 과정에서 일어난 문화교류의 흔적이다. 551년에 백제와 신라가 함께 고구려를 공격해 한강유역을 빼앗았을 때 가야 국가들도 백제를 따라 전쟁에 동원되었다. 그리고 554년 관산성전투에서도 백제를 도왔다. 그러나 백제 성왕이 신라 복병에게 살해되고 백제-가야 연합군 3만 명이 몰살당함으로써 전쟁에 참여한 대가야도 돌이킬 수 없는 타격을 입고 말았다. 그리하여 562년에 신라군의 공격을 받고 대가야의 왕도가 함락되었다. 기록은 없으나 비슷한 시기에 아라가야도 멸망하였다.

참고문헌

정구복외, 『역주 삼국사기』, 한국정신문화연구원, 1997.

연민수외, 『역주 일본서기』, 동북아역사재단, 2013.

이기백·이기동, 『한국사강좌-고대편-』, 일조각, 1982.

김기섭, 『주제별로 풀어쓴 한국사강의록』, 가람기획, 1998.

김기섭, 『백제와 근초고왕』, 학연문화사, 2000.

노태돈, 『한국고대사』, 경세원, 2014.

노태돈, 『고구려사 연구』, 사계절, 1999.

권덕영, 『한국의 역사 만들기, 그 허상과 실상』, 새문사, 2015.

임기환, 『고구려 정치사 연구』, 한나래, 2004.

이성제, 『고구려의 서방정책 연구』, 국학자료원, 2005.

이동훈, 『고구려 중·후기 지배체제 연구』, 서경문화사, 2019.

노중국, 『백제 정치사』, 일조각, 2018.

서정석, 『백제의 성곽』, 학연문화사, 2002.

양기석, 『백제의 국제관계』, 서경문화사, 2013.

정동준, 『동아시아 속의 백제 정치제도』, 일지사, 2013.

조경철, 『백제불교사연구』, 지식산업사, 2015.

남정호, 『백제 사비시대 후기의 정국변화』, 학연문화사, 2016.

장인성, 『한국 고대 도교』, 서경문화사, 2017.

이인철, 『신라정치제도사연구』, 일지사, 1993.

장창은, 『신라 상고기 정치변동과 고구려 관계』, 신서원, 2008.

경상북도, 『신라 천년의 역사와 문화02-신라의 건국과 성장-』, 경상북도문화재연구원, 2016.

경상북도, 『신라 천년의 역사와 문화03-신라의 체제정비와 영토확장-』, 경상북도문화
재연구원, 2016.

한국고대사학회, 『우리시대의 한국고대사1』, 주류성, 2017.

한국고대사학회, 『우리시대의 한국고대사2』, 주류성, 2017.

키토 히로시(최혜주·손병규 옮김), 『인구로 읽는 일본사』, 어문학사, 2009.

葛劍雄, 『中國人口史』제1권, 復旦大學出版社, 2002.

凍國棟, 『中國人口史』제2권, 復旦大學出版社, 2002.

통일신라의 성립과 변천

1) 신라의 삼국통일

백제의 멸망

600년 여름 5월에 즉위한 백제 무왕武王은 602년 가을 8월에 군사를 보내 신라 아막성阿莫城(남원 운봉)을 공격하였다. 그러나 신라의 정예기병 수천 명이 달려오는 바람에 실패하였다. 이에 다시 보병·기병 4만 명을 보내 신라가 새로 쌓은 소타성 小陀城·외석성畏石城·천산성泉山城·옹잠성甕岑城 등을 공격했다가 도리어 크게 져서 많은 군사를 잃었다. 611년 겨울 10월에는 신라 가잠성椵岑城을 함락시키고 성주를 죽였는데, 지금의 경기 안성지역으로 추정한다. 623년 가을에는 군사를 보내신라 늑노현勒弩縣을 공격하였으며, 624년 겨울 10월에는 신라의 속함성速含城·앵잠성櫻岑城·기잠성歧岑城·봉잠성烽岑城·기현성旗懸城·용책성冗柵城 등 6성을 빼앗았다. 속함성은 지금의 경남 함양, 앵잠성은 경남 함양 영동면 상백리일대, 기잠성은 경남 합천 대병면, 용책성은 경남 산청 단성면 지역으로 추정한다. 무왕은 42년을 재위하는 동안 신라를 자주 공격하였다. 이에 신라는 당나라에 자주 호소하며 중재를 요청하였는데, 627년 가을 8월에 무왕의 조카 복신福信이 당나라에 사신으로 갔을 때 당 태종은 다음과 같이 말하였다.

> 짐은 삼가 하늘의 명을 받들어 영토에 군림하고 바른 도리를 넓히려 하며, 백성을 사랑스레 기르고, 배와 수레가 통하는 곳과 바람과 비가 미치는 곳에는 성품에 따라 모두 어질고 평안하게 하려고 한다. 신라 왕 김진평은 짐의 번국(복종하는 오랑캐나라) 신하이며 왕의 이웃 나라인데, 매번 들으니 군사를 보내 공격을 그치지 않는다고 한다. 군사를 믿고 잔인하게 하는 것은 바라는 바와 매우 어긋난다. 짐은 이미 왕의 조카 복신과 고구려·신라의 사신을 만나 조서를 내려 화해하도록 해서 모두 화목하자고 받아들였다. 왕은 반드시 지난날의 원한을 잊고 짐의 본뜻을 알아서 이웃나라와의 정을 함께 돈독히

하며 곧 전쟁을 멈추라. 43

　당시 세계의 경찰을 자처하고 있던 당나라에게 '전쟁하지 않으려 하는데 고구려와 백제가 자꾸 쳐들어오며 괴롭힌다'는 신라 사신의 하소연은 황제의 위엄과 체면을 구기는 일이기도 했다. 그래서 고구려와 백제 사신이 당나라에 올 때마다 신라를 공격하지 말라며 엄포를 놓았지만, 두 나라의 사신들은 '신라가 먼저 빼앗아간 영토를 내놓아야 한다'고 주장할 뿐이었다. 신라가 빼앗아간 영토란 한강유역을 가리킨다. 그러나 당나라 입장에서 보았을 때, 신라에게 한강유역을 내놓으라는 것은 당나라에 조공하는 길을 내놓으라는 뜻이었으므로 동의할 수 없는 주장이었다.

　백제 무왕은 이후에도 줄곧 신라를 공격하였다. 628년 봄 2월, 632년 가을 7월, 633년 가을 8월, 636년 여름 5월에 백제가 신라를 공격했다고 『삼국사기』에 각각 기록되어 있는데, 큰 전투만 밝힌 것이고, 기록되지 않은 작은 싸움은 훨씬 더 많았을 것이다. 이 무렵 북쪽에서는 고구려가 신라를 공격하는 일이 잦아졌다.

　641년 봄 3월에 백제에서 무왕이 죽고 맏아들 의자왕義慈王이 즉위하였다. 의자왕은 즉위한 다음 해인 642년 가을 7월에 직접 군사를 거느리고 신라의 서쪽 변방 40여 성을 빼앗았다. 그리고 8월에 장군 윤충允忠에게 군사 1만 명을 이끌고 신라 대야성大耶城을 공격하게 했는데, 윤충은 신라의 대야성주 김품석金品釋이 가족과 함께 나와 항복하자 모두 죽이고 그 머리를 베어 백제 왕도로 보냈으며, 남녀 1만여 명을 사로잡았다. 김품석과 그의 아내 고타소랑古陀炤娘은 신라의 핵심 왕족이자 실권자인 김춘추金春秋의 사위와 딸이었으므로, 두 사람의 목을 베어 백제 왕도로 보낸 것은 554년에 신라군이 백제 성왕의 목을 베어 땅에 묻은 일에 대한 보복인 셈이었다. 『삼국사기』에는 이 소식을 들은 김춘추가 기둥에 기대어서서 하루 종일 눈도 깜박이지 않고 사람이나 물건이 앞을 지나가도 알아보지 못했으며, 백제를 멸망시키겠다고 다짐한 뒤 고구려에 사신으로 가서 군사지원을 요청했다고 적혀 있다. 김품석 부부의 해골은 647년에 김유신金庾信이 사로잡은 백제장군 8명과 교환함으로써 신라로 돌아왔다. 훗날 660년 가을 7월 13일에 백제의 사비도성이 함락되고 의자왕의 아들 부여융扶餘隆이 사로잡혀 신라 태자 김법민金法敏 앞에 끌려오자, 김법민이 그의 얼굴에 침을 뱉으며 "예전에 네 아비가 내 누이를 억울하게 죽이고 감옥에 묻어 20년간 내 마음을 아프게 하고 내 골치를 썩였는데 오늘 네 목숨이 내 손 안에 있구나"하고 말한 것으로 전해진다.

642년 겨울에 이찬 김춘추가 고구려에 사신으로 가서 백제를 함께 공격하자고 제의하였다. 그러나 고구려는 한강유역을 돌려주기 전에는 그럴 수 없다고 하며 오히려 한동안 김춘추를 억류하였다. 『삼국사기』에는 김춘추가 고구려왕에게 땅을 돌려주겠다고 거짓말을 하는 한편 김유신이 신라에서 김춘추를 구하기 위한 결사대 1만 명을 이끌고 한강유역까지 오니 고구려왕이 김춘추를 풀어주었다고 적혀 있으나, 마침 고구려에서 642년 겨울 10월에 연개소문이 영류왕을 살해하고 보장왕을 세우는 등 국정상황이 어수선했던 것이 더 주효하였을 것이다.

『일본서기』에는 647년에 "신라가 상신 대아찬 김춘추 등을 보내 박사 소덕 타카무쿠노쿠로마로와 소산중 나카토미노무라지오시쿠마를 보내주고 공작새 1마리와 앵무새 1마리를 바쳤다. 이에 춘추를 볼모로 삼았는데, 춘추는 얼굴이 아름답고 이야기를 잘하였다"[1]는 기록이 있다. 그러나 『삼국사기』 등의 다른 기록에는 이런 내용이 보이지 않으며, 김춘추의 관등을 대아찬大阿飡이라고 하는 등 착오가 있어 믿기 어렵다. 더욱이 647년은 신라에서 정월에 상대등 비담이 반란을 일으켰다가 진압되고 이에 연루되어 30명이 죽는 큰 사건이 일어난 데다, 같은 무렵 선덕여왕이 죽고 진덕여왕이 즉위하였으므로 정권의 핵심인 김춘추가 신라를 떠나 왜倭에 사

---

1   新羅遣上臣大阿飡金春秋等 送博士小德高向黑麻呂小山中中臣連押熊 來獻孔雀一隻 鸚鵡一隻
    仍以春秋爲質 春秋美姿顔善談咲.(『일본서기』 권25 孝德天皇 大化3년)

신으로 가기는 어려웠을 것이다. 다만, 김춘추가 아닌 대아찬 직위의 다른 사람이 왜에 사신으로 갔을 개연성은 있다.

김춘추는 진덕여왕의 즉위식이 순조롭게 마무리된 뒤인 648년에 직접 당나라로 건너가 당 태종과 면담하였다. 그리고 당 태종으로부터 백제를 공격하기 위한 군사 지원을 약속받았다. 643년 가을 9월에 당 태종이 신라사신에게 3가지 계책을 제시했으나 사신이 제대로 대답하지 못해 태종이 탄식했다는 기록에 견주어보면 이번에는 두 나라 실권자 사이의 담판이었다고 할 수 있다. 『삼국사기』에는 671년 가을 7월 26일 당나라 총관 설인귀薛仁貴가 보낸 편지에 대해 신라 문무왕이 답장하는 편지에서 "선왕께서 정관 22년(648)에 조회하러 가서 태종 문황제를 직접 뵙고 은혜로운 칙명을 받았는데 '짐이 지금 고려를 치려는 것은 다른 이유가 있어서가 아니라 너희 신라가 두 나라에 끼여서 매번 침략을 당해 편안한 해가 없는 것을 불쌍히 여기기 때문이다. 산과 내와 땅은 내가 탐내는 것이 아니고, 보석과 비단과 사람은 내가 갖고 있는 것이다. 내가 두 나라를 평정하면 평양 이남의 백제 땅은 모두 너희 신라에 주어 영원히 편안하게 하겠다'라고 하시며 계책을 알려주고 군사 날짜를 내려주셨습니다"라고 쓴 대목이 있다.

당나라에 머물 때 김춘추는 앞으로 신라가 중국의 공복公服제도를 따를 것, 왕자 또는 귀족 아들들을 당나라로 보내 머물게 하는 숙위宿衛외교를 시행할 것 등을 결정하였다. 김춘추가 신라로 돌아온 뒤 649년에 당나라에서 태종이 죽고 고종高宗이 즉위하였으나, 신라는 이 해 봄 정월부터 관료들이 중국 의관衣冠을 착용하는 등 약속을 이행하였다. 이에 따라 651년 백제 의자왕이 당나라에 사신을 보내 조공하였을 때 당나라 고종이 조서를 통해 '그동안 빼앗은 신라의 성을 모두 돌려주지 않으면 지난해(650)에 신라사신 김법민이 요청한 바를 받아들여 신라가 백제와 결전을 벌이도록 내맡길 것'이라고 백제를 압박하였다. 『자치통감』에는 황제가 "따르지 않는다면 내가 군사를 내어 너희를 칠 것"이라고 말했다는 기록이 있다.

654년 봄 3월에 진덕여왕이 죽자 김춘추가 왕위에 올랐다. 제29대 태종무열왕太宗武烈王이다. 태종무열왕이 즉위하자 당나라가 사신을 보내 「개부의동삼사開府儀同三司 신라왕新羅王」에 봉하였고, 신라도 사신단을 보내 감사를 표하였다. 이듬해인 655년 봄 정월에는 고구려가 백제·말갈과 연합해 신라의 북쪽 변경을 침략하고 33성을 빼앗아갔다. 이에 신라가 당나라에 사신을 보내 구원을 요청하니 당나라가 영주도독 정명진과 좌우위중랑장 소정방蘇定方을 보내 고구려를 쳐서 신라를 도왔다. 바야흐로 고구려와 백제의 연합, 당과 신라의 연합이 본격화한 것이다. 이 해에 당나라에서는 10월에 고종이 황후 왕씨를 쫓아내 서인으로 만들고 소의昭儀 무조武照를 황후로 책립하였으며, 이로써 새 황후인 이른바 측천무후則天武后를 중심으로 새로운 정치세력들이 급부상하였다. 656년 정월에 당 황태자 충忠이 폐위되고, 무후武后가 낳은 홍弘이 4세의 나이로 황태자에 책봉되었다. 『자치통감』에는 659년 8월조에 "이로부터 정치가 중궁에게 돌아갔다自是政歸中宮矣"는 대목이 있다. 중궁中宮은 측천무후를 가리킨다.

이 무렵 백제 의자왕은 국정에 충실하지 않고 음탕한 일과 탐욕에 빠졌으며, 술을 많이 마셨다고 한다. 젊었을 때 효성이 지극하고 형제들과 우애가 있어 '바다 동쪽의 증자曾子'로 불렸던 사람이 이렇게 변한 이유에 대해 오랫동안 병을 앓았기 때문이라고 분석한 견해도 있다. 중국에서 658년에 편찬된 시문집 『문관사림文館詞林』에는 645년 초에 당 태종이 백제 의자왕에게 보낸 편지 글이 실려 있는데, 전 해에 의자왕이 자신의 병 치료를 위해 장원창蔣元昌을 보내달라고 요청하였으나 그가 다른 곳에 가 있어 보낼 수 없다는 대목이 있는 것이다. 장원창은 위胃관련 질환을 잘 치료한 것으로 추정되는 당나라 초기의 의관醫官이다. 이후 의자왕의 병증이 어떻게 진행되었는지는 자세히 알 수 없지만, 655년경부터 부쩍 의자왕의 사치·탐락·방종 기록이 크게 늘고 『일본서기』와 「대당평백제국비」에 왕비 은고恩古가 국정을 농단했다는 대목이 실린 것을 보면, 이 무렵 의자왕은 심신이 나약해져 국정을 제대로 돌보지 못했다고 할 수 있다. 이에 왕비 은고가 백제 태자를 융隆에서 효孝로 바꾸었다고 보기도 한다.

한편, 왜에서는 645년 6월 12일에 왕실의 유력한 후계자 중 하나였던 나카노오오에中大兄 황자가 중급호족인 나카토미노카마타리中臣鎌足 및 당나라 유학생 출신 신진세력들과 함께 쿠데타를 일으켜 실권자인 소가노이루카蘇我入鹿를 살해하고 정권을 차지하였다. 이에 나카노오오에의 어머니인 고교쿠皇極천황이 물러나고, 그녀의 남동생 고토쿠孝德천황이 즉위하였으며 나카노오오에는 황태자가 되었다. 나카노오오에 등은 이듬해에 당나라의 제도를 본떠 호족의 토지 사유를 금지하고 모든 토지와 백성은 국가 소유임을 천명하는 이른바 대화개신大化改新을 공표하였다. 이에 따라 공지공민제公地公民制에 입각한 호적戶籍 편성, 새로운 세금제도 등을 시행하고 행정조직 및 교통·군사제도의 중앙집권화를 추진하였으며, 백제 일변도의 외교노선에서 벗어나 당·신라·고구려와도 교섭하는 등거리외교를 추구했다고 한다. 이러한 상황은 신라의 외교환경을 더욱 유리하게 만들었다.

659년 여름 4월에 신라는 당나라로 사신을 보내 군사를 요청하였다. 이때 나당연합군羅唐聯合軍의 백제 사비도성泗沘都城 공격을 구체적으로 제안한 것으로 보이는데, 『삼국사기』에 다음과 같은 기록이 있다.

겨울 10월에 왕이 조정에 앉아있었는데, 당나라에 군사를 요청하였으나 회답이 없어 얼굴이 근심하는 모습이었다. 홀연히 어떤 사람이 왕 앞에 나타났는데, 앞서 죽은 신하 장춘과 파랑 같았다. "신은 비록 백골이 되었지만 아직도 나라에 보답할 마음이 있어 어제 대당에 갔다가 황제가 대장군 소정방 등에게 군사를 이끌고 내년 5월에 백제를 와서 치라고 명령한 것을 알았습니다. 대왕께서 이처럼 근심하며 기다리시기에 이렇게 알려드립니다"라고 말하고 나서 사라졌다. 왕이 크게 놀라고 이상하여 두 집안 자손에게 두터이 상을 주고 담당 관부에 명령해 한산주 장의사를 세우고 명복을 빌게 하였다. ₄₄

장의사莊義寺에 세웠던 당간지주幢竿支柱가 서울시 종로구 신영동에 남아있어 그 터를 짐작할 수 있는데, 태종무열왕이 백제 멸망에 온 힘을 기울였으며, 그를 위해 사신단이 당나라를 오가는 외교활동에서 장의사가 어떤 역할을 한 것이 아닐까 짐작된다.

서울 장의사지 당간지주

660년 봄 3월에 당 고종이 명령을 내려 좌무위대장군 소정방을 신구도행군대총관神丘道行軍大摠管으로 삼고 신라왕자 김인문金仁問을 부대총관으로 삼아 수군·육군 13만 명을 거느리고 백제를 치게 하였다. 신라는 여름 5월 26일 태종무열왕이 김유신 등과 함께 군사를 이끌고 왕도를 나섰으며 6월 18일 남천정南川停에 이르렀다. 6월 21일 신라 태자 법민이 병선兵船 100척을 거느리고 덕물도德物島에서 소정방을 맞았는데, 소정방이 "나는 7월 10일 백제 남쪽에 이르러 대왕의 군대와 만나 의자義慈의 도성을 깨뜨리려 한다"고 말하였다. 태자의 보고를 받은 태종무열왕은 김유신 등에게 정예군사 5만 명을 이끌고 가서 당군과 함께 공격하라고 명령하였는데, 신라군은 7월 9일 황산黃山 벌판에서 계백階伯이 이끄는 백제의 5천 결사대를 만나 고전하다가 화랑 관창官昌의 희생을 계기로 겨우 이긴 뒤 소정방이 제시한 날짜보다 늦게 당나라 군대를 만났다. 결국 나당연합군의 사비도성 공격은 7월 12일에 이루어졌다.

660년 가을 7월 13일 밤에 백제 의자왕이 측근들과 함께 웅진성熊津城으로 도망가고, 의자왕의 아들 부여융이 대좌평 사택천복沙宅千福 등과 함께 항복하였다. 그리고 7월 18일에는 의자왕이 태자, 웅진방령熊津方領 등과 함께 웅진성을 나와 항복하였는데, 당 장안성長安城 부근의 무덤에서 발견된 예군禰軍·예식진禰寔進의 묘지명 내용을 분석해, 당시 웅진방령이던 예식진이 그의 형 예군과 함께 의자왕을 사로잡은 뒤 투항했다고 보기도 한다.

8월 2일 신라와 당은 주연을 크게 베풀고 장병을 위로하였다. 태종무열왕과 소정방 및 여러 장수들이 대청마루 위에 앉고 백제 의자왕과 부여융을 마루 아래에 앉혔다가 때때로 술을 따르게 하였는데, 이를 보고 백제의 여러 신하들이 목메어 울었다고 한다. 9월 3일, 소정방이 의자왕을 비롯해 백제의 왕족·귀족 및 백성 12,000여 명을 데리고 당나라로 돌아가고, 낭장 유인원劉仁願이 군사

백제유민 예식진묘지석 탁본(중국 낙양)

1만 명과 함께 사비성을 지켰다. 『삼국사기』에는 "백제왕 및 왕족·신료 93명과 백성 12,000명을 데려갔다"(『신라본기』)는 기록과 "왕과 태자 효孝, 왕자 태泰·융隆·연演 및 대신·장사 88명과 백성 12,807명을 데려갔다"(『백제본기』)는 기록이 있다. 『일본서기』에는 "장군 소정방이 백제왕 이하 태자 융 등 여러 왕자 13인, 대좌평 사택천복·국변성國辨成 이하 37인, 모두 50명을 잡아 조정에 바쳤다"는 기록과 "백제왕 의자, 그의 처 은고恩古, 그 아들 융 등과 신하 좌평 천복·국변성·손등孫登 등 50여 명이 가을 7월 13일 소장군에게 잡혀 당나라로 끌려갔다"는 기록이 있다. 「대당평백제국비」에는 "왕 부여의자 및 태자 융, 외왕 여효餘孝 등 13인과 대수령 대좌평

당유인원기공비(부여 부소산성)

사택천복·국변성國辯成 이하 7백여 인"이라는 대목이 있고, 「당유인원기공비唐劉仁願紀功碑」에는 "왕 부여의자와 태자 융 및 좌평·달솔 이하 7백여 인"이라는 대목이 있다. 백제 포로 인원수가 다른 것은 사람들을 신분별로 여러 차례에 걸쳐 끌고 갔기 때문인 듯하다. 『신당서』에는 "소정방이 의자와 융 및 소왕小王 효孝·연演과 추장 58인을 붙잡아 경사京師(수도)로 보내고 그 나라를 평정하였는데, 5부部, 37군郡, 200성城, 76만 호戸였다. 이에 웅진熊津·마한馬韓·동명東明·금련金漣·덕안德安 5도독부都督府를 나누어 설치하고 우두머리를 발탁해 다스리게 하였으며, 낭장 유인원에게 명하여 백제성을 지키게 하고 좌위낭장 왕문도王文度를 웅진도독으로 삼았다"라는 기록이 있다.

11월 1일, 의자왕 일행이 당나라 낙양성에 도착해 고종을 만났다. 그리고 며칠 뒤 의자왕이 병으로 죽자 오吳나라의 마지막 왕 손호孫皓, 진陳나라의 마지막 왕 진숙보陳叔寶 무덤 옆에 묻고 비석을 세웠다고 한다. 부여융에게는 종3품 사가경司稼卿을 제수하였다.

한편, 백제에서는 무왕의 조카로 알려진 귀실복신鬼室福信이 승려 도침道琛 등과 함께 임존성任存城에서 백제 재건 투쟁을 벌이기 시작했다. 얼마 뒤에는 근거지를 주류성周留城으로 옮기고 전열을 정비하니, 백제 사람들이 많이 호응하였다. 그리하여 661년 봄 2월에는 유인원이 주둔하고 있는 사비성을 백제부흥군이 포위하였다가 급히 파견된 당 지원군과 신라군의 공격을 받고 임존성으로 물러나기도 하였다. 661년 9월, 왜국에 볼모로 가있던 왕자 부여풍扶餘豊이 왜군 5천 명의 호위를 받으며 귀국해 주류성에서 왕위에 올랐다. 주류성의 위치에 대해서는 홍성 학성산성, 한산 건지산성, 연기 당산성, 부안 위금암산성 등 여러 학설이 제기되었는데, 부안설이 가장 유력하다.

왜국의 사이메이齊明천황은 귀실복신이 보낸 사신을 통해 백제 사비성이 함락되고 의자왕과 왕자·대신들이 당으로 끌려갔으며 복신 등이 망한 나라를 다시 일으키고 있다는 소식과 백제왕자 풍장豐璋(부여풍)을 보내달라는 요청을 받자 660년 겨울 12월에 오사카의 나니와노미야難波宮로 가서 무기를 준비하고 군사용 배를 만들게 하였다. 661년 가을 7월에 사이메이천황이 죽고 나카노오오에 황자가 덴치天智천황으로 즉위하였는데, 8월에 대규모 백제구원군을 파견하고 9월에는 풍장을 보내면서 5천 명으로 호위케 했다고 한다. 662년 봄 정월 27일에 화살 10만 척隻, 실 5백 근斤, 솜 1천 근, 베 1천 단端, 가죽 1천 장張, 벼 3천 곡斛을 백제 좌평 귀실복신에게 주고, 3월에 베 3백 단을 백제왕에게 주었다는 기록과 662년 5월 백제로 수군 170척艘을 보냈다는 기록이 있는데, 왜국이 백제로 보낸 물품과 수송 시점을 각각 나누어 적어놓은 것으로 추정한다. 663년 3월에는 왜국이 군사 27,000명을 백제로 보냈다고 한다. 왜국이 백제를 이처럼 적극적으로 도운 이유에 대해서는 백제가 번국이었기 때문이라는 설, 신라를 제압하고 지배하려 했다는 설, 당의 위협이 일본열도에 미치기 전에 저지하려 했다는 설, 왜국 내부의 모순과 위기를 벗어나기 위해서였다는 설, 백제라는 선진문물 수입처를 유지하기 위해서였다는 설, 백제왕족이 볼모로 왜국에 가 있었던 외교방식의 성과라는 설 등 다양한 견해가 제시되었다.

그런데 기세를 올리던 백제부흥군 내부에서 분란이 일어났다. 복신이 도침을 죽이고, 부여풍이 복신을 죽이는 정변이 일어난 것이다. 663년 6월경 부여풍이 복신을 잡아 처형하자, 문무왕이 몸소 나서는 등 나당연합군의 총공격이 개시되었다. 8월 중순에 신라군이 중심이 된 연합군이 주류성을 포위 공격하였으며, 8월 27일부터 백강白江 어귀에서 당의 수군 170척과 왜의 수군 1,000척이 맞붙어 싸우는 큰 전투가 벌어졌다. 이윽고 기계가 우세한 당 수군이 크게 이겨 왜군의 배 4백 척이 불타고 많은 군사가 물에 빠져 죽었으며, 이를 본 부여풍은 측근들과 함께 배를 타고 고구려로 도망갔다. 9월 7일에 주류성도 함락되었다. 이후 지수신遲受信 등이 임존성을 지키며 저항하였으나, 당에 항복한 백제장군 흑치상지黑齒常之와 사타상여沙吒相如가 이끄는 군대에게 격파되었다. 이 무렵 좌평 여자신余自信, 달솔 목소귀자木素貴子 등을 비롯한 많은 백제 유민들이 백강전투에서 살아남은 왜의 수군과 함께 일본열도로 건너갔다. 663년 말엽이었다.

고구려의 멸망

당나라는 647년 봄에 조정회의에서 '작은 군대로 고구려를 자주 공격해 지치게 만든다'는 지구전 원칙을 세운 바 있는데, 655년부터 본격적으로 시행하기 시작했다. 이 해 봄 2월에 당 고종이 영주도독營州都督 정명진程名振과 좌위중랑장 소정방을 보내 고구려를 공격하여 고구려군사 1천여 명을 죽이거나 사로잡고 마을에 불을 지른 뒤 돌아갔다. 658년 여름 6월에도 영주도독 겸 동이도호 정명진과 우령군중랑장 설인귀薛仁貴를 보내 고구려를 공격했다가 돌아갔으며, 659년 겨울 11월에는 횡산에서 고구려 온사문溫沙門이 이끄는 군대를 깨뜨리고 돌아갔다. 660년, 백제가 멸망한 직후인 겨울 12월에 당 고종이 좌효위대장군 글필하력契苾何力을 패강도浿江道 행군대총관으로 삼고, 좌무위대장군 소정방을 요동도 행군대총관, 좌효위장군 유백영을 평양도 행군대총관, 포주자사 정명진을 누방도鏤方道 총관으로 임명하고 길을 나누어 고구려를 공격하게 하였다. 이에 따라 661년 봄 정월에 하남·하북·회남지역에서 군사 44,000여 명을 모집해 평양으로 향하게 하였으며, 홍려경 소사업蕭嗣業을 부여도 행군총관으로 임명해 회흘回紇(위구르족) 등 여러 부의 군사를 거느리고 평양으로 나아가게 하였다. 여름 4월에는 임아상任雅相을 패강도 행군총관, 글필하력을 요동도 행군총관, 소정방을 평양도 행군총관으로 임명하고 소사업이 이끄는 이민족 군사들과 함께 35군이 수륙 여러 길로 나누어 전진하게 하였으며, 고종도 몸소 대군을 거느리려 했다가 여러 사람이 말려 그만두었다. 가을 8월에 소정방이 이끄는 군대가 신라 땅에서 출발해 고구려군을 패강浿江(예성강)에서 깨뜨리고 평양성을 포위하였다. 이에 신라는 662년 봄 정월에 김유신 등이 군대를 이끌고 수레 2천여 대에 쌀 4천 석과 곡식 22,000여 석을 싣고 가서 2월 초에 당군을 만나 식량을 전달하였으며, 소정방에게는 은 5,700푼分, 고운 베細布 30필匹, 머리카락 30량兩, 우황牛黃 19량兩 등을 선물로 주었다. 소정방은 군량을 받은 뒤 곧바로 군대를 돌려 후퇴하였고, 이 소식을 들은 신라군도 후퇴하다가 추격해온 고구려군과 싸워 1만 명을 죽이고 병기 1만여 개를 빼앗는 대승을 거두었다.『삼국사기』에는 이 무렵 당나라의 지구전 전략을 나타내는 다음과 같은 기록이 있다.

> 9월에 개소문이 아들 남생을 보내 정예 군사 수만 명으로 압록을 지키게 하니 여러 군대가 건너지 못하였는데, 글필하력이 오고 얼음이 크게 얼자 하력이 무리를 이끌고 얼음 위로 강을 건너 북을 치고 소리 지르며 나아가니 우리 군사가 무너져 달아났다. 하력이 수십 리를 뒤쫓아 3만 명을 죽였으며 나머지 무리는 모두 항복하였다. 남생은 겨우 목숨을 건졌는데, 마침 군사를 돌리라는 조서가 내려와 돌아갔다. [45]

이 전투에서 고구려 최고실권자인 연개소문의 맏아들 남생이 대패함으로써 후계자 능력을 의심받게 되었다고 추정하기도 한다. 고구려 최상위 지배층에 내분이 일어난다면, 그것이야말로 당나라의 소규모 지구전 원칙이 노리는 최대의 효과라고 할 수 있다. 662년 봄 정월에는 당 좌효위장군 방효태가 군사를 이끌고 고구려를 공격했다가 연개소문이 이끄는 군대에게 몰살당하는 일이 있었다.

『삼국사기』 열전에는 연개소문이 666년에 죽은 것으로 적혀 있다. 그러나 중국 낙양에서 발견된 남생의 묘지명에는 남생이 32세이던 665년에 태막리지太莫離支로서 군사와 국정을 총괄했으며 변방지역을 순행하러 나간 사이에 남건男建·남산男産 두 아우가 쿠데타를 일으켜 정권을 장악하니 평양으로 진격하기 위해 지방에서 군사를 모으다가 당나라에 망명한 것으로 적혀 있어 연개소문이 665년에 죽었음을 알 수 있다.『삼국사기』에 따르면 666년에 쿠데타가 일어나자 연남생은 국내성에서 머물면서 16세 아들 헌성獻誠을 조공사절로 당에 보내 구원해달라고 애걸했으며 여름 6월에 글필하력의 군대가 오자 그와 함께 당으로 달아났다고 한다.「천남생묘지명」에는 국내성 등 6성 10여만 호를 이끌고 간 것으로 적혀 있다. 가을 9월에 당 고종이 연남생을 요동도독 겸 평양도 안무대사에 임명하였다. 고구려의 내분을 더욱 조장하려는 계책이었다.

666년 가을 8월, 고구려에서 연남건이 막리지에 올라 중앙과 지방의 군사업무를 모두 관장하였다. 그러나 당나라로 망명한 연남생과 소통하는 사람들이 있고 당·신라에 투항하는 사람이 늘어나 점점 일사불란한 모습을 찾아볼 수 없게 되었다. 같은 해 겨울 12월에 당 고종이 이적李勣을 요동도 행군대총관 겸 안무대사, 안륙安陸과 학처준郝處俊을 부장, 방동선龐同善과 글필하력을 요동도 행군부대총관 겸 안무대사로 임명하고 모든 군사가 이적의 지휘를 받게 하였으며, 하북 여러 주에서 세금으로 거둔 곡식과 물품을 모두 요동으로 보내게 하였다. 이 무렵 연개소문의 아우 연정토淵淨土가 12성 763호 3,543명을 이끌고 신라에 투항하였다. 이때의 인원을 평균적으로 계산하면 1성에 약 64호, 약 295명 정도에 불과하다. 따라서 성에 속한 백성만 투항했거나, 고구려 동해안 남부지역의 작은 성 12개였을 개연성이 있다.

667년 가을, 당과 신라의 군대가 모두 평양성을 향해 나아가기 시작했다. 신라 문무왕은 8월에 김유신 등 장군 30명의 군대를 거느리고 왕경을 떠나 9월에 한성정漢城停에 도착해 당나라로부터의 연락을 기다렸다. 이윽고 겨울 10월 2일에 당나라 이적의 군대가 평양성 북쪽 200리쯤에 도착했다는 연락을 받고 날짜를 약속해

국경지역에 닿았다가 11월 11일 당나라 군대가 후퇴했다는 말을 듣고 신라군도 후퇴하였다. 당군은 고구려군의 강력한 반격을 맞아 잘 전진하지 못하다가 667년 가을 9월에 고구려의 요충인 신성新城과 주변 16성을 모두 함락시키고 고구려군 5만여 명을 죽였으며, 668년 봄 2월에는 부여성扶餘城을 함락시키고 부여주 40여 성의 항복을 받아냈다. 이에 고구려 연남건은 군사 5만 명을 보내 부여성을 구하려 하였으나, 도리어 군사 3만 명을 더 잃었다.

668년 6월, 당나라가 유인궤를 신라로 보내 평양성 공격 날짜를 약속하였다. 이에 신라는 여름 6월 21일에 김유신 이하 29명의 장군을 임명하고 총공격 진영을 갖추었는데, 이때 김유신은 풍병風病에 걸려 실제 전쟁에는 나서지 않은 것으로 알려진다. 이튿날 고구려의 대곡성大谷城과 한성漢城 등 2군 12성이 항복하였다. 가을 7월 16일에 문무왕이 군대를 이끌고 한성에 이른 뒤 군대를 평양으로 보내 당군과 만나게 하였다. 가을 9월 21일 마침내 신라군과 당군이 평양을 에워싸니, 보장왕이 연남산 등을 당군 이적의 진영으로 보내 항복하겠다는 뜻을 알린 뒤 수령 98명을 거느리고 흰 기를 들고 나가 항복하였다. 연남건은 마지막까지 항거하다가 부하인 승려 신성 등이 배신하여 사로잡혔다. 고구려 평양성이 함락된 이후의 상황에 대해 『삼국사기』에는 다음과 같은 기록이 있다.

12월에 황제가 함원전에서 포로를 받았는데, 왕은 정치를 자기가 한 것이 아니므로 용서하고 사평태상백 원외동정으로 삼았으며, 천남산을 사재소경으로 삼고, 승려 신성을 은청광록대부로 삼고, 천남생을 우위대장군으로 삼았다. 이적과 그 아래로는 관직과 상을 차등 있게 주고, 천남건은 검주로 귀양보냈다. 5부·176성·69만여 호를 나누어 9도독부·42주·100현으로 만들고 안동도호부를 평양에 설치해 통치하였는데, 우리 장수 가운데 공적이 있는 자를 뽑아 도독·자사·현령으로 삼아서 중국인과 함께 뒤섞여 다스리게 하고, 우위위대장군 설인귀를 검교안동도호로 삼아 군사 2만 명을 거느리고 다스

연남건이 귀양 간 검주黔州는 지금의 중국 중경시重慶市 동쪽에 위치한 팽수묘족토가족자치현彭水苗族土家族自治縣에 해당한다. 176성, 69만여 호는 1성에 3,920호가 해당하는 것이며, 1호를 5명으로 계산하면 1성에 약 19,600명이 소속된 셈이다. 앞서 연정토가 신라에 투항할 때 1성에 약 295명이었던 것과 너무 큰 차이를 보여 향후 검증이 필요하다. 69만여 호가 정확한 숫자라면 멸망 당시 고구려 인구는 약 345만여 명이었다고 할 수 있다.

669년 봄 2월, 고구려의 왕족 안승安勝이 4천여 호를 이끌고 신라에 투항하였다. 안승은 연정토의 아들이자 보장왕의 외손자이므로, 연정토와 보장왕의 딸(공주)이 혼인해서 낳은 아들로 추정한다. 보장왕의 서자라는 기록도 있다. 『삼국사기』와 『자치통감』에는 669년 여름 4월에 당 고종이 고구려 주민 38,300여 호를 중국 남쪽 지역의 빈 땅으로 옮겼다는 기록이 있고, 『구당서』에는 669년 5월에 고구려 주민 28,200호, 수레 1,080승乘, 소 3,300마리頭, 말 2,900필匹, 낙타 60마리를 당나라 땅으로 옮기려고 내주萊州와 영주營州에서 차례로 출발해 강회江淮 이남지역 및 산남山南과 양주涼州 서쪽 여러 주州의 빈 땅에 배치했다는 기록이 있다. 강회는 양자 강과 회수를 가리키고 산남은 지금의 호북성湖北省과 사천성四川省, 양주는 지금의 감숙성甘肅省에 위치하므로 중국 대륙의 서쪽과 남쪽 지역에 배치했다는 뜻이다. 38,300여 호는 약 19만여 명에 해당하며, 28,200호는 약 14만 명에 해당하는 대규모 인력이다.

한편, 평양성이 함락된 이후에도 한동안 항복하지 않은 고구려 사람들이 있었다. 『삼국사기』「지리지」에는 669년 2월에 이적이 당 고종에게 현지상황을 보고한 내용이 실려 있는데, 압록수 이북의 아직 항복하지 않은 11성鴨淥水以北未降十一城, 압록수 이북의 이미 항복한 11성鴨淥水以北已降城十一, 압록 이북의 도망한 7성鴨淥

以北逃城七, 압록 이북의 쳐서 얻은 3성鴨淥以北打得城三 등의 제목 아래 땅이름과 성이름이 적혀 있다. 아마도 고구려 백성들을 지역별로 어떻게 대우할지를 결정하기 위해 주민성분을 분류한 것일 텐데, 아직 항복하지 않았거나 도망한 사람들이 적지 않았음을 시사한다.

압록강 남쪽에서는 670년 여름 4월에 고구려사람 대형大兄 검모잠劍牟岑이 고구려 유민을 모아 고구려부흥군을 만들었다. 그는 이후 패강浿江(예성강) 남쪽에서 당나라 승려 법안法安과 당나라 관리를 죽였으며, 신라에 투항한 안승을 한성漢城으로 맞아들여 임금으로 세웠다. 이때의 한성은 지금의 황해도 재령지역으로서, 고구려가 6세기 중엽에 한강유역을 신라에게 빼앗긴 뒤부터 그렇게 부른 것으로 알려진다. 검모잠 등은 신라에 소형小兄 다식多式 등을 보내 "지금 신 등이 나라의 귀족 안승을 받들어 임금으로 삼았습니다. 바라건대 대국의 울타리가 되어 영원히 충성하겠습니다"라고 하였다. 이에 문무왕은 안승을 고구려왕으로 책봉하면서 "영원히 이웃나라가 되어 형제처럼 지내겠다"하고 멥쌀 2천석, 말갖춤한 말 1필, 무늬비단 5필, 비단과 고운 베 각 10필, 솜 15칭稱 등을 보냈다. 그러나 얼마 뒤 당군과 대치하던 고구려부흥군 내부에서 갈등이 생겨 안승이 검모잠을 죽이고 신라로 달아났다. 신라 문무왕은 안승 집단을 금마저金馬渚(전북 익산)에 살게 하고, 674년 안승을 보덕국왕報德國王으로 책봉했으며, 680년에는 자신의 조카딸과 혼인시켰다. 신문왕이 즉위해서는 683년 겨울 10월에 안승을 소판으로 삼고 왕실과 같은 김씨 성을 주어 왕경에 살게 하였다. 이후 684년 11월에 보덕국에서 안승의 친척을 비롯해 남은 사람들이 반란을 일으켰다가 진압된 뒤 다른 곳으로 옮겨 살게 되었으며, 보덕국은 금마군金馬郡으로 바뀌었다.

신라와 당의 전쟁

660년 7월에 백제가 멸망한 뒤 당나라는 백제 땅의 행정구역을 5도독부都督府,

37주州로 재편하였다. 5도독부의 이름은 웅진熊津·마한馬韓·동명東明·금련金漣·덕안德安 등이며, 37주의 이름은 따로 기록된 것이 없다. 그러나 백제의 지방행정 조직이 5방-37군-200성이었으므로, 5도독부-37주는 기존의 5방-37군을 이름 바꿔 재편한 것이라는 견해가 많다. 그리고 「당유인원기공비」에 백제가 멸망한 뒤 유인원을 도호都護로 삼았다는 대목 등을 근거로 5도독부를 총괄하는 백제도호부가 설치되었다가 금방 폐지되었다고 보는 설이 유력하다.

그런데 당이 설치한 5도독부 가운데 실제로 운영된 것은 웅진도독부뿐이다. 지방에서 백제부흥군의 기세가 셌기 때문이다. 의자왕 일행이 당나라로 끌려간 뒤 백제 땅 곳곳에서 백제부흥군이 일어나 마침내 661년 2월경에는 당 유인원의 군대가 주둔하는 사비성을 에워쌌으며, 이에 당에서 급파된 유인궤의 군대와 웅진도독 왕문도의 군대, 그리고 신라군이 구원해주었을 정도였다. 663년 겨울에 백제부흥군이 사실상 궤멸된 뒤에는 당이 1도독부-7주-57현으로 행정조직을 개편하고 부여융을 웅진도독으로 파견하였다. 같은 해 여름 4월 당이 일방적으로 신라를 계림대도독부鷄林大都督府로 삼고 문무왕을 계림주대도독鷄林州大都督에 임명한 뒤의 일이다. 이는 백제 땅을 병합해 더 큰 나라를 만들려는 신라의 기대와 달리 멸망한 국가(백제)의 처지에 맞춰 신라의 위상마저 낮추는 일이었다.

당은 664년 봄 2월에 부여융이 신라의 각간 김인문과 이찬 천존天存, 당나라 칙사 유인원 등과 함께 웅령熊嶺에서 맹약하게 했다. 약속 내용은 구체적으로 알려지지 않았으나 영토 범위를 확인하고 서로 침범하지 않겠다고 다짐하는 내용이었을 것이다. 그리고 665년 가을 8월에 신라 문무왕, 당 칙사 유인원, 웅진도독 부여융 등 3인이 웅진 취리산就利山에서 흰 말을 잡아 피를 마시며 앞으로 형제처럼 화목하게 지낼 것을 맹세하는 의식을 치렀다. 맹세문은 유인궤가 작성한 것이었다. 이후 유인원 등이 당으로 돌아가자 부여융은 무리가 떠나고 흩어질까 두려워하다가 당으로 돌아갔다고 한다. 이러한 흐름은 당의 적극적인 견제와 회유에도 불구하

고 옛 백제 땅에 대한 신라의 장
악 의지가 은근하면서도 강력했
음을 시사한다. 그것은 648년에
당 태종과 신라사신 김춘추가
약속한 바이기도 했다.

668년 9월 말 고구려가 멸망
하자 당은 백제 때와 똑같은 방
법, 절차를 진행하였다. 평양에
안동도호부安東都護府를 설치하

공주 정지산에서 바라본 취리산(앞쪽의 작은 야산)

고 그 아래 행정조직을 9도독부-42주-100현으로 재편한 것이다. 당은 전투 공적
이 많은 설인귀를 안동도호로 임명하고 평양에 남겨둔 군사 2만 명을 지휘하게 하
였다. 그리고 고구려 유민 중 당에 협조한 사람들을 지방관으로 임명하였다. 이로
써 당이 고구려·백제의 옛 땅과 사람들을 간접적 형식으로 직접지배하려는 이른바
기미책羈縻策이 분명해졌다. 이에 고구려 유민 검모잠 등이 신라의 지원을 받으며
평양 남쪽지역에서 고구려부흥운동을 벌이자 당은 670년 2월경 안동도호부 치소를
신성新城으로 옮겼다. 지금의 중국 요령성 무순시撫順市 부근이다.

신라는 671년 봄에 군사를 일으켜 옛 백제 땅으로 들어갔다. 그리하여 여름 6월
에 사비 근처 석성石城에서 마침내 당나라 군사와 맞붙어 53,000명을 죽이고 백제
장군 2명과 당 출신 부관 6명을 사로잡았다. 이에 가을 7월 26일 설인귀가 문무왕
에게 편지를 보내 백제 땅을 침범한 일과 안승의 고구려 부흥운동을 돕는 일을 문
제 삼고 당나라의 이름난 기병·수군 및 사나운 군사들이 달려올 수 있다고 위협하
였다. 문무왕은 답장을 보내 지난 648년에 당 태종이 백제·고구려를 멸망시키면
평양 이남은 신라에게 주겠다고 신라사신 김춘추에게 약속한 일을 상기시키고 백
제·고구려를 멸망시키는 데 신라군의 공적과 희생이 많았음을 강조하였다. 이후 9

월에 당나라에서 장군 고간高侃이 군사 4만 명을 이끌고 평양으로 와서 전쟁 준비에 돌입하였다. 신라는 겨울 10월 6일에 당나라의 물품을 실어 나르는 배 70여 척을 공격해 당나라 군사를 많이 죽이고 지휘관과 군사 100여 명을 사로잡았다.

672년, 신라군은 옛 백제 왕도 사비 주변지역과 옛 고구려 왕도 평양 주변지역에서 당나라 군대와 대치하였다. 가을 7월에 당나라 장수 고간이 이끄는 군사 1만 명, 말갈족 출신 이근행이 이끄는 군사 3만 명이 평양에 도착해 고구려 유민 출신 군사들을 포함하며 여러 곳에 진을 쳤다. 그리고 8월부터 주변지역을 공격하며 남쪽으로 전진하였다. 신라는 이에 대응해 곳곳에서 전투를 치렀으며, 한산주의 남한산에 주장성晝長城을 쌓았다. 주장성은 둘레가 4,360보에 이르는 큰 성으로서, 남한산성南漢山城의 전신이다. 9월에는 그동안 사로잡은 당나라 관료 및 군사 170명과 함께 사신을 보내 전쟁을 원하지 않는다는 뜻을 간절히 표현한 표表를 올리고 은 33,500푼, 구리 33,000푼, 침 400개, 우황 120푼, 금 120푼, 40승升베 6필, 30승베 60필 등을 바쳤다.

673년 가을 9월에 신라는 국원성國原城을 비롯해 8개의 성을 새로 쌓고 병선 100척을 서해로 보내 지키게 하였다. 그리고 말갈·거란 군사가 포함된 당의 군대와 임진강·조강祖江유역에서 싸워 수천 명을 죽이며 승리하였다. 그러나 겨울에는 황해도와 강원도일대의 성들을 당군에게 빼앗겼다.

674년 정월에는 신라 문무왕이 그동안 당나라에 맞서 싸운 고구려부흥군을 받아들인 데 대해 당 고종이 크게 화를 내어 문무왕에게 준 관작을 없애버리고 당에서 숙위로 있던 문무왕의 아우 김인문을 신라왕으로 삼은 뒤 유인궤, 이필, 이근행 등이 군대로 호위하며 귀국하게 하였다. 이 무렵 당 고종은 각종 지병에 시달려 태자에게 자리를 물려주려 할 정도였으며, 8월에 황제를 천황天皇으로, 황후를 천후天后로 바꿔 부르게 하고 문무관료의 복색을 새로 규정하는 등 측천무후가 정치 전면에 나서는 상황이었다. 그리하여 연말에는 아버지가 살아있더라도 어머니가 죽으면 똑같이 3년상을 치르도록 하는 조칙을 내리기도 하였다. 9월에 문무왕은 안승을 보덕국왕으로 책봉하였다.

675년 2월에 유인궤의 군대가 신라 칠중성七重城(경기 파주)을 함락시킨 뒤 당으로 돌아가고 이근행이 군대를 지휘하게 되었는데, 이때 문무왕이 사신

파주 칠중성 원경(파주시청)

을 보내 조공하며 사죄하니 당 고종이 듣고 용서하여 문무왕의 관작을 회복시켰다고 한다. 이에 중간에서 머물던 김인문은 당으로 돌아가고 관작도 원래의 임해군공臨海君公으로 되돌렸다. 가을 9월에는 설인귀가 서해안에서 가까운 천성泉城을 공격하였다가 군사 1,400명, 전마戰馬 1천 필, 병선 40척을 잃고 달아났다. 『삼국사기』에는 9월 29일 "이근행이 군사 20만 명을 이끌고 매초성買肖城에서 주둔하였는데, 우리 군사가 쳐서 쫓아내고 전마 30,380필을 얻었으며 그 밖의 병장기도 이만큼 되었다"는 기록이 있다. 매초성은 매소성으로 읽기도 하며, 흔히 양주 대모산성 또는 연천 대전리산성에 비정한다. 매초성 전투에서 신라군이 얻은 성과가 매우 크므로, 이를 통해 당나라 군대의 전투력이 크게 약화되었다고 보는 연구자가 많다. 그러나 대모산성과 대전리산성은 20만 명이 주둔할 수 있는 규모가 아니며 전투한

양주 대모산성 북문지주변 잔존성벽

것이 아니라 쫓아내었다는 것이므로 당군의 규모와 신라의 전투성과를 과장했다는 견해도 있다. 『신당서』와 『자치통감』에는 "조서를 내려 이근행을 안동진무대사로 삼고 매초성에 주둔시켰는데, 세 번 싸워서 오랑캐가 모두 졌다"라고 하여 다르게 적혀 있다. 그러나 이 무렵 임진강유역에서 치열한 전투가 여러 차례 벌어졌고 대개 신라의 성과가 컸으며, 그것이 나당전쟁羅唐戰爭의 추이에 큰 영향을 미친 것은 분명하다. 『삼국사기』에는 매초성전투 이후의 상황에 대해 "우리 군사가 당나라 군사와의 크고 작은 싸움 18회에서 모두 이겨서 6,047명을 목 베고 전마 200필을 얻었다"고 적혀 있다.

676년 가을 7월에 당나라 군사가 도림성道臨城을 함락시켰다. 겨울 11월에는 신라 수군이 금강 어귀 기벌포伎伐浦에서 설인귀가 이끄는 군대와 싸웠는데, 처음에는 크게 졌으나 다시 나아가 22회를 싸워 승리하였다. 이것이 마지막 전투였다. 이후 전쟁기록이 없고, 당과 교류한 기록도 없다. 당은 675년에 측천무후가 맏아들인 태자 홍을 독살하고 둘째아들 현賢을 황태자로 삼는 파란이 있은 데다 676년 여름 윤달에 토번吐蕃이 선주鄯州·하주河州 등 지금의 감숙성일대를 침략해 서역으로 통하는 교통로를 크게 위협하였으므로 이에 대한 대책에 부심하고 있었다. 『자치통감』에는 당이 676년 2월에 "안동도호부를 요동고성遼東故城으로 옮기면서 예전에 임명했던 당 출신 관리들을 모두 사직시켰으며, 웅진도독부를 건안고성建安故城으로 옮기고 백제 사람으로서 먼저 서주徐州·연주兗州 등으로 옮겨갔던 자들을 모두 건안에서 살게 하였다"는 기록이 있다. 요동고성은 지금의 중국 요령성 요양시遼陽市에 위치하며, 건안고성은 요동성에서 서남쪽으로 3백 리 떨어진 곳으로서 지금의 요령성 해성시海城市에 위치했던 것으로 보인다. 이듬해인 677년 2월에는 보장왕을 요동주도독 조선왕朝鮮王에 책봉해 고구려 유민을 통솔하게 하고, 부여융을 웅진도독 대방왕帶方王에 책봉해 백제 유민을 통솔하게 하면서 안동도호부 치소를 신성으로 다시 옮겼다. 그러나 보장왕이 반란을 꾸민다는 이야기가 돌자 소환한 뒤 지금의 사천성에 위치한 공주邛州로 보내 그곳에서 죽게 하고, 그에 연루된 유민들은 하남도河南道와 농우도隴右道의 여러 지역으로 이주시켰다. 당의 하남도는 지금의 산동지역, 농우도는 지금의 감숙성과 신강지역에 해당한다. 이 무렵 신라 영토는 북쪽으로 대동강과 원산만을 잇는 선으로 정해졌다. 648년 김춘추가 신라사신으로서 당나라에 갔을 때 당 태종과 협의해 정한 경계였다.

신라 문무왕은 679년 봄 2월에 궁궐을 매우 웅장하고 화려하게 수리하였으며, 가을 8월에 동궁東宮을 짓고 궁궐 안팎의 여러 문 이름을 처음으로 정하였다. 그리고 이듬해에 보덕왕 안승에게 조카딸을 시집보내 조카사위로 삼고 가야군에 금관소경金官小京을 설치해 대왕大王으로서의 위상을 강화하였다. 681년 가을 7월 1일, 문무왕이 죽고 맏아들 정명政明이 곧바로 즉위하였다. 제31대 신문왕神文王이다. 이에 당 고종이 사신을 보내 신문왕을 신라왕으로 책봉하였다.

삼국통일의 의의

1982년에 발간된 북한의 고등중학교 3학년 교과서 『조선력사』(상권)에는 다음과 같은 표현이 있다. "신라의 통치배들이 당나라 침략자들의 힘을 빌어 제놈들의 정치적 야욕을 실현해보려고 한 것은 아주 어리석고 옳지 못한 생각이었다."(70쪽) "신라의 나약성과 비굴한 사대 존중사상으로 인하여 이전 고구려 땅에서 당나라 침략자들을 완전히 몰아내기 위한 투쟁을 중도에서 포기하고 말았다."(72쪽)

신라에 대한 비판이 혐오감에 가까울 정도인데, 이유는 크게 2가지이다. 첫째, 신라가 외세를 끌어들여 동족 국가인 백제와 고구려를 멸망시켰으므로 반민족적이라는 것이다. 둘째, 고구려의 영토를 거의 다 잃어버렸다는 것이다. 그래서 북한에서는 한민족 최초의 통일 왕조를 고려高麗라고 교육한다.

북한의 역사 교육은 몇 가지 특징을 지닌다. ① 철저하게 현재적 관점에서 과거를 평가한다. 기준은 유물사관과 주체사상이다. 과거의 사실을 현재의 가치판단에 따라 선善 또는 악惡으로 규정하고 평가하는 경우가 많다. ② 피지배층을 중심으로 역사를 평가한다. "인민 대중은 사회 역사의 주체"이며 "사회역사적 운동은 인민 대중의 창조적 운동"이라는 관점으로 지배층의 행적을 비판하고 일반 서민과 천민의 활동에 대해서는 상당히 우호적이고 관심 깊은 태도를 나타낸다. ③ 전쟁 및 투쟁에 관한 내용이 많다. 다른 나라와의 전쟁은 대외투쟁, 국내 여러 세력 사이의 충돌은 계급투쟁이라는 관점에서 자세히 서술하였는데, 계급투쟁은 봉건통치배의 수탈과 이에 저항하는 인민 대중의 봉기로 해석한다. ④ 평양을 한국사의 중심지로 설명한다. '덕천인', '력포인', '승리산인', '만달인' 등의 구석기인 화석을 한민족의 기원과 연결한다든지 일제강점기 3·1운동이 평양지역에서 시작되었다고 서술한 것이 대표적인 사례이다. 평양지역에서 단군 무덤으로 전해지던 고구려식 돌방무덤을 '단군릉'으로 단정하고 성역화하기도 하였다. ⑤ 삼국시대를 고구려 중심으로 서술한다. 고구려의 후계 국가인 발해, 개성과 평양을 2도都체제로 운영한 고려 왕조에 대한 관심까지 더해져 고조선-고구려-발해-고려로 이어지는 왕조사를 한국사의 정통으로 인식한다. 이러한 특징들이 신라의 삼국통일에 대한 북한 역사학계의 부정적 인식으로 이어진 것이다.

그러나 이러한 부정적 인식은 객관적이지 않다. 먼저, 신라의 통일운동을 반민족적이라고 평가하려면 고구려·백제·신라 3국이 서로를 '같은 민족'으로 인식했어야 하는데, 앞의 제4장에서 보았듯이 고구려는 백제·신라를 속민屬民으로 표현하였고, 백제는 신라를 자신들이 지배하는 작은 나라附庸國라고 하였다. 삼국이 수백 년을 싸우는 동안 적과 우방은 수시로 바뀌었고 고구려와 백제, 백제와 신라는 서로를 조상과 가족의 원수로 여겼다. 지배자와 피지배자의 관계 속에서는 근대적 개념인 '민족'이 적용될 여지도 없었다. 오직 생존과 지배만이 삼국 공통의 목표였던 것이다.

한국의 삼국시대는 중국의 삼국시대처럼 하나였던 나라가 나뉘어 생긴 것이 아니다. 따라서 다시 하나로 만들어야 한다는 목표는 처음부터 존재하지 않았다. 고조선시대 이후 몇몇 나라가 끊임없이 이웃의 작은 세력들을 병합하면서 규모를 키운 결과, 고구려·백제·신라로 되었으며, 그 과정에서 부여·옥저·목지국·금관국·탁순·안라·대가야 등 많은 나라가 사라졌다. 그리고 마침내 신라가 백제와 고구려를 차례로 멸망시키고 그 유민들을 흡수해 같은 체제, 같은 문화 속에서 수백 년을 함께 살다보니 비로소 '한 나라'라는 개념이 생긴 것이다. 그러나 체제와 문화가 아무리 같아도 엄격한 신분질서와 지역차별은 동족同族·민족民族 개념은커녕 같은 나라 백성이라는 개념조차 잘 만들어내지 못했다. 신라가 삼국을 통일하고 200여 년이 지난 뒤에도 궁예弓裔가 고구려 재건을, 견훤甄萱이 백제 재건을 기치로 내걸었으며, 그것이 해당지역 사람들의 많은 공감을 얻었다는 사실이 이를 상징한다. 이것이 혈통을 중시한 골품제적 사고, 신분제적 사고의 한계이기도 하다.

고구려가 멸망한 뒤 평양 이북지역을 영토로 흡수하지 못했으므로 삼국통일이라고 말하기 어렵다는 지적도 성립하기 어렵다. 당시의 상황과 영토 관념을 무시하고 현재의 가치관과 판단기준을 앞세운 인식이기 때문이다. 이른바 시대정신을 인정한다면, 역사를 객관적으로 이해하기 위해, 먼저 당시의 영토의식, 국가개념을 정확히 이해해야 한다. 신라에게 만주지역은 애초부터 관심 밖이었다. 오직 왕실 보존과 국가의 안녕이 신라인의 최대 관심사였다. 그래서 백제를 멸망시켰고, 그래서 고구려를 멸망시켰던 것이다. 그 뒤 한반도의 중·서부지역에서 대제국 '당'의 군대를 몰아내는 일은 국운을 건 대결이었다.

고대인들에게 '나라'란 곧 왕조를 의미했다. 이때 왕조의 기준은 영토가 아니라 사람이다. 왕과 왕의 가족을 중심으로 구성한 왕실을 의미한다. 왕이 죽고, 왕실이 몰락했다면, 그것이 곧 나라의 멸망인 것이다. 중국에서 서기 8년에 한漢 왕실과 성姓이 다른 왕망이 즉위하여 신新을 세웠다가 죽고 25년에 옛 왕족의 일파인 유수劉秀가 한을 다시 세웠는데도 사람들은 그것을 후한後漢이라 하여 전한前漢과 구별하였다. 중국의 삼국시대에 체제·세력·지리적으로 중심이었던 왕조는 위魏나라이다. 그러나 많은 사람들은 단지 한나라 왕족의 일파인 유비가 세운 나라라는 이유만으로 촉한蜀漢을 정통왕조로 여기기도 했다. 모두 국가의 핵심이 왕실이라고 여겼기 때문이다. 그래서 신라는 비록 고구려 영토를 모두 병합하지 못하였으나 고구려 왕족인 안승과 고구려부흥군을 흡수하고 혼인관계를 맺음으로써 일통삼한一統三韓 개념을 탄생시킨 것이다. 그것은 발해가 지리·문화적으로 고구려를 계승한 국가라는 사실과는 다른 측면에서 큰 의미를 지닌다.

7세기 후반기부터의 신라가 과연 통일왕조인가를 따지기 전에 삼국의 끊임없는 전쟁과 대립이 불러온 피해를 생각해야 한다. 삼국의 경쟁이 정치·경제·사회·군사·문화적으로 발전을 부채질한 부분도 있으나, 영토가 맞닿은 뒤로는 서로 견제하고 공격하는 일이 적지 않았다. 더욱이 중국의 역대 왕조는 동북쪽에 큰 세력이 형성되는 것을 원치 않았으므로 삼국이 서로 견제하며 경쟁적으로 중국에 조공하고 부용하기를 바랐다. 서로 불평등한 가운데 평화롭기를 바랐던 것이다. 그리하여 장기간의 군사적 대치는 왕실의 탐욕·방종과 독재정권 탄생으로 이어졌다. 그리고 기강 해이와 내분의 원인이 되었다. 이러한 점을 생각하면 신라의 통일전쟁을 부정적으로 평가할 이유가 없다.

신라가 삼국을 통일함으로써 많은 부분이 달라졌다. 먼저, 이제껏 각기 다른 체제 속에서 다른 방식으로 살던 사람들이 하나의 체제 아래 국가공동체를 형성하였다. 그리하여 9세기 말 통일신라의 지배체제가 붕괴해 후삼국後三國으로 나뉜 뒤에도 모두 통일을 당연한 과제로 인식하게 되었다. 또, 정복전쟁이 일단락됨으로써 사회가 안정되고 국력이 커졌으며 국제사회에서의 역할도 더욱 많아졌다. 전쟁 때문에 사람이 죽거나 물건이 훼손되는 일이 사라졌으므로 정치·경제가 안정되고 문화·예술이 꽃피우는 평화시대를 연 것이다. 그동안 서로 다른 나라에 속해 경쟁하며 비슷하지만 제각기 다른 기술·문화를 가꾸던 사람들이 이제 한 나라에서 생활하며 기술을 교류해 더욱 세련되게 다듬고, 문화를 더욱 풍요롭게 할 수 있는 기회를 만들었다.

2) 통일신라의 정치와 사회

왕권강화와 관료화 추진

문무왕은 681년 가을 7월 1일에 죽었으며, 신하들이 유언에 따라 동쪽 바다 어귀의 큰 바위 위에 장사지냈다. 문무왕이 죽기 전에 미리 글로 정리해둔 유조遺詔가 『삼국사기』에 실려 있다.

> 과인은 운이 어지러워서 전쟁 시기를 맞는데, 서쪽을 정벌하고 북쪽을 토벌해 영토를 안정시켰고 배반한 자를 베어버리고 제휴할 것은 하여 마침내 안팎을 편안하게 하였으며, 위로는 조상들의 염려를 위로하고 아래로는 아버지와 아들의 오랜 원수를 갚았고, 살아남은 사람과 죽은 사람에게 두루 상을 주고 중앙과 지방에는 고르게 벼슬하게 하였으며, 무기를 녹여 농기구로 만들고 백성들을 어질고 오래 살게 하였다. 세금을 가볍게 하고 요역을 줄여주니 집안이 넉넉하고 사람들이 풍족하여 백성들이 편안해지고 나라 안에 걱정이 없어졌다. 곳간에는 산더미처럼 쌓이고 감옥에는 잡초가 무성하니 저승에 부끄럽지 않고 선비들의 기대를 저버리지도 않았다고 말할 수 있다.
>
> 스스로 힘든 일을 무릅쓰다가 마침내 고치기 어려운 병에 걸렸는데 정치와 교화에 근심하며 애쓰느라 병이 더욱 깊어졌다. 목숨은 가고 이름은 남는 것이 예나 지금이나 마찬가지이니 갑자기 긴 밤으로 돌아가더라도 무슨 한이 있겠는가. 태자는 일찍이 밝은 덕을 쌓고 두려운 자리에 오래 있었으니 위의 여러 재상부터 아래의 뭇 관리까지 죽은 이를 보내는 도리를 어기지 말고 산 이를 섬기는 예의를 빠뜨리지 말라. 종묘의 주인은

잠시도 비워둘 수 없으니 태자는 곧 관 앞에서 왕위를 잇도록 하라.

또, 산과 골짜기가 바뀌고 사람의 세대도 바뀌니 오나라 왕이 묻힌 북산의 무덤에서 어찌 금으로 만든 오리의 고운 빛깔을 보겠는가? 위나라 왕이 서릉에 묻히며 바란 것도 오직 동작이라는 이름만 들었을 뿐이다. 지난날 많은 일을 한 영웅도 끝내 한 무더기 흙이 되어 나무꾼과 목동이 그 위에서 노래 부르고 여우와 토끼가 그 옆에 굴을 파는 것이니, 헛되이 재물을 쓰고도 역사책에 꾸짖음만 남기고, 헛되이 사람들을 힘들게 하고도 죽은 이의 넋을 구제하지 못하는 것이다. 가만히 생각하면 한없이 슬프지만 이렇게 하는 것은 내가 좋아하는 바가 아니다. 죽은 지 10일 뒤에 곧 고문 바깥의 마당에서 서쪽 나라의 의식에 따라 불로 태워 장사지내라. 상복의 가볍고 무거움은 이미 정해진 규정이 있거니와 장례 제도는 검소하며 절약하도록 힘쓰라. 변방의 성·진 및 주·현의 세금 징수는 필요한 것이 아니면 모두 헤아려 폐지하고 율령과 격식에 불편한 것이 있으면 곧 고쳐서 펼치라. 멀고 가까운 곳에 널리 알려서 이 뜻을 알게 하고, 주관하는 이는 시행하라. 47

『월절서越絶書』에는 오나라 왕 합려闔閭의 무덤 아래에 6척 크기의 수은 연못이 있어서 옥으로 만든 오리가 떠다니고 주위에 검 3천 자루를 묻어놓았다는 이야기가 실려 있으며, 『업도고사鄴都故事』에는 위나라의 조조曹操가 도성 서북쪽 모서리에 동작대銅雀臺를 화려하게 짓고 나서 아들들에게 그곳에서 자신의 무덤을 바라보고 연주도 하게 하라고 유언했다는 이야기가 실려 있다. 문무왕은 무덤을 크게 만드는 것은 헛되이 재물을 쓰고 헛되이 사람들을 힘들게 하고도 역사의 꾸짖음만 받을 뿐 넋이 구제되는 것은 아니니 고문庫門 바깥의 마당에서 서쪽 나라 곧 인도印度의 불교식 장례법에 따라 화장火葬하라고 유언한 것이다. 이는 기존의 관습과 매우 다른 것으로서 앞으로 펼쳐질 새로운 질서를 예고하는 것이기도 했다.

『삼국유사』 만파식적萬波息笛조에는 문무왕의 맏아들 신문왕이 7월 7일에 즉위했다는 기록이 있다. 유언처럼 태자가 관棺 앞에서 왕위에 오른 것이다. 그런데 『삼국사기』에 따르면, 8월 8일에 소판 김흠돌金欽突, 파진찬 흥원興元, 대아찬 진공眞功 등이 반란을 꾀하다가 죽임을 당하였다. 8월 16일에 신문왕이 내린 교서에는 "역

신라 문무왕릉비(국립경주박물관)

적의 우두머리 흠돌·흥원·진공 등의 지위는 재능으로 오른 것이 아니고 관직은 실로 은혜를 입어 오른 것인데, 처음부터 끝까지 조심하며 부귀를 보전하지 못하고 어질지 않고 의롭지 않게 복을 만들고 위세를 만들며 관료를 업신여기고 위와 아래를 속였다"는 내용과 "왕궁의 내시들과 서로 결탁하여 화가 안팎으로 통하고 악한 무리들이 서로 도와 날짜를 정하고 시기를 정해 반역하려고 했다"는 내용이 들어 있다. 8월 26일에는 신문왕의 명령으로 이찬 김군관金軍官을 목 베었다. 신문왕은 다시 교서를 내렸는데, "병부령兵部令 이찬 군관은 반열의 순서에 따라 마침내 높은 지위에 올랐으나, 잃은 것을 줍고 빠진 것을 채우며 결백한 절개를 조정에서 드러낸다든지 목숨을 바치고 몸을 잊으며 사직에 붉은 충성을 드러낸다든지 하지 못했으며, 역적 흠돌 등과 사귀면서 반역하는 것을 알고도 일찍이 알리지 않았으니, 처음부터 나라를 걱정하는 마음이 없고 공적인 일에 몸 바칠 뜻도 없으면서 어찌하여 중요한 재상으로 있으며 규범을 함부로 흐리는가? 마땅히 무리와 함께 죽여 뒷사람들을 경계하게 하노라"는 내용이 들어 있다.

처형당한 김흠돌은 왕비 김씨의 아버지였다. 신문왕은 665년에 태자가 되었는데, 태자시절에 김흠돌의 딸을 아내로 맞이하였고 오래도록 아들이 없었다고 한다. 이에 왕비가 아들을 낳지 못해 왕궁에서 쫓겨나게 되자 김흠돌이 반란을 일으

킨 것이라는 설, 신문왕과 신진세력이 왕권을 강화하기 위해 모반 누명을 씌운 것이라는 설 등이 제기되었다. 그러나 가장 유력한 해석은 문무왕이 왕권을 강화하면서 소외된 진골귀족들이 반발한 사건이라는 것이다. 조금 더 구체적으로는 신라사회가 신분 위주로 관직을 운영하는 방식에서 재능 위주로 관료를 발탁하고 진급시키는 방식으로 바뀌게 되자 새로운 시대상황과 질서에 적응하지 못한 진골귀족이 결집한 것이라고 해석한다.

문무왕대에 크게 성장한 신진관료세력을 대표하는 인물로는 신문왕이 즉위한 뒤 곧바로 상대등에 임명된 서불한 진복眞福을 들 수 있다. 진복은 문무왕이 즉위하던 661년경에 흠돌·군관보다 관등과 직급이 2단계 이상 낮았으나 문무왕 재위 기간에 관등이 크게 높아져 신문왕이 즉위한 681년에는 흠돌보다 2단계 이상 높고 군관보다 1단계 이상 높은 직위에 올랐던 것이다. 특히 김군관은 문무왕 말년인 680년에 상대등에 올랐다가 신문왕이 즉위한 681년에 병부령으로 교체되었다. 그러므로 흠돌과 군관의 처형은 끈끈한 동류同類의식으로 연대하며 신분 및 연공서열에 따라 유지해온 신라 귀족사회를 국왕중심의 관료사회로 바꾸려는 신문왕의 의지를 나타낸 것이라고 할 수 있다.

682년, 봄 정월에 신문왕이 몸소 신궁에 제사지내고 죄수를 크게 사면하였다. 여름 4월에 위화부령位和府令 2인을 임명해 관리 선발에 관한 일을 맡겼으며, 6월에 국학國學을 세우고 경卿 1인을 두었다. 685년에는 지방행정조직을 9주州 5소경小京으로 정리하였다. 그리고 위화부령을 3인으로 조정하였는데, 특별히 금하신衿荷臣이라고 불렀고 관등이 이찬부터 대각간까지였으므로, 상대등이 겸임했을 것으로 보는 견해가 많다. 『삼국사기』 직관지職官志 기록에 따르면, 중앙 관부의 영令-경卿-대사大舍-사지舍知-사史의 5등급 관직체계는 신문왕대에 형성되었다. 이후 689년에 신문왕은 달구벌達句伐(대구)로 도읍을 옮기려 하였으나 이루지 못하였다. 서라벌徐羅伐(경북 경주)에 근거지가 있는 기존 진골귀족들의 반발 때문이라는 것이 학계의 통설이다.

신라의 9주州

* 바뀐 이름 및 군·현 숫자는 경덕왕 16년(757) 기준

원래 이름	바뀐 이름	현 위치	군郡	현縣	정停	소경小京
사벌주沙伐州	상주尙州	경북 상주	10	30	1	
삽량주歃良州	양주良州	경남 양산	12	34	1	금관경
청주菁州	강주康州	경남 진주	11	27	1	
한산주漢山州	한주漢州	서울·하남	27	46	2	중원경
우수주牛首州	삭주朔州	강원 춘천	11	27	1	북원경
하서주河西州	명주溟州	강원 강릉	9	25	1	
웅천주熊川州	웅주熊州	충남 공주	13	29	1	서원경
완산주完山州	전주全州	전북 전주	10	31	1	남원경
무진주武珍州	무주武州	전남 광주	14	44	1	

신라의 5소경小京

이 름	설치 시기	현 위치
중원경中原京	진흥왕 18년(557)	충북 충주
북원경北原京	문무왕 18년(678)	강원 원주
금관경金官京	문무왕 20년(680)	경남 김해
서원경西原京	신문왕 5년(685)	충북 청주
남원경南原京	신문왕 5년(685)	전북 남원

신문왕은 687년 여름 4월에 대신을 조묘祖廟로 보내 제사지낸 뒤 5월에 교서를 내려 문무 관료들에게 토지를 차등 있게 주었다. 그리고 689년 봄 정월에 중앙과 지방 관리들의 녹읍祿邑을 폐지하고 해마다 세금租으로 거둔 것을 차등 있게 내려 주도록 규정을 만들었다. 이에 687년에 관료전官僚田제도를 시행해 관료들이 관직 생활을 하는 동안 경제적 안정을 누릴 수 있도록 토지를 주었고 689년부터 녹봉을

지급했다는 설, 관료전과 녹읍을 같은 개념으로 보아 687년에 녹봉지급에서 관료전 지급으로 바뀌었다가 689년에 다시 녹봉지급으로 바뀐 것이라는 설, 687년에 관료들에게 준 토지는 봉급개념의 직전職田이 아니라 일종의 공로를 치하하는 사전賜田 또는 훈전勳田이며 녹읍과 녹봉 2가지만 관료들의 보수였다는 설 등이 있다.

녹읍은 관료가 관직을 수행하는 데 대한 보수로서 특별히 공적을 세운 사람에게 주는 식읍食邑과 다른 것이며, 대체로 6세기 전반기에 시행되었다는 것이 통설이다. 녹읍을 받은 사람은 일정한 지역에 사는 백성들로부터 세금을 거두어 가졌는데, 7세기 말엽의 녹읍 세금 범위에는 곡물 위주의 농산물 납부租와 노동력 징발力役(庸), 지역 특산물 납부貢賦(調) 등이 모두 포함되었다는 설, 농산물 납부만 해당되고 나머지는 국가가 거뒀다는 설, 노동력 제공과 특산물 납부만 해당되었다는 설 등이 있다. 어떤 경우이든 녹읍은 국가를 대신해 관료가 지방의 백성들로부터 일정한 세금을 거두는 과정에서 지배력을 행사할 수 있는데, 이는 국가의 권리 내지 권한을 잠식 내지 침해하는 일이기도 했다. 그러므로 689년 녹읍 폐지는 진골귀족 위주의 고위관료들이 지방에서 누리던 막강한 영향력과 사회경제적 이익을 왕을 정점으로 한 국가조직이 지방관을 통해 차단하고 통제하겠다는 뜻이었으며, 국가조직이 수취를 매개로 모든 백성들과 직접적인 지배관계를 맺겠다는 뜻이었다. 이에 대해 진골귀족은 지속적으로 반발하였고, 마침내 경덕왕景德王 16년(757)에 "여러 관리들에게 매달 주던 녹봉을 없애고 다시 녹읍을 주도록" 바뀌었다.

제도정비와 군사조직

692년 7월, 신문왕이 죽고, 맏아들 이홍理洪이 즉위하였다. 제32대 효소왕孝昭王이다. 그는 687년 봄 2월에 태어났으므로, 6세에 즉위한 셈이 된다. 어머니인 신목태후神穆太后가 섭정했다고 보는 것이 통설이다. 신목태후는 700년에 죽은 것으로 알려진다. 효소왕 9년(700) 여름 5월에 이찬 경영慶永이 반역을 도모하다가 죽임을

당하고 중시 순원順元이 연좌되어 파면당하는
일이 있었다. 이듬해인 701년에는 여름 5월에
영암군 태수인 일길찬 제일諸逸이 나랏일을 저
버리고 사사로이 행동하자 곤장 100대를 치고
섬으로 들여보냈다고 한다.

702년 가을 7월, 16세의 나이로 효소왕이
죽고, 그의 아우 흥광興光이 즉위하였다. 제33
대 성덕왕聖德王이다. 성덕왕은 704년 여름 5
월에 승부령乘府令 소판 김원태金元泰의 딸을
왕비로 맞았다. 경주 황복사지皇福寺址 3층석

경주 황복사지 삼층석탑

탑에서 발견된「금동사리함기金銅舍利函記」에
는 효소왕이 세운 석탑에 성덕왕이 706년 신
문왕·신목태후·효소왕을 위해 불사리佛舍利
4개, 순금 미타상彌陀像 1구,『무구정광다라니
경無垢淨光陀羅尼經』1권 등을 봉안했다고 적혀
있다. 715년 겨울 12월에 성덕왕은 왕자 중경
重慶을 태자로 봉하였다. 그러나 716년 봄에
왕비를 궁궐에서 내보냈으며, 강신공의 옛집
을 사서 주고 채색비단 500필, 밭 200결, 조租

경주 황복사지 출토 금동사리함

1만 석 등을 내려주었다. 태자 중경은 이듬해 여름에 죽었다. 성덕왕은 720년 봄 3
월에 이찬 순원의 딸을 왕비로 맞아들이고 6월에 왕후王后로 책봉하였다. 722년 가
을 8월에 "처음으로 백성들에게 정전丁田을 주었다"는 기록이 있다. 이에 균전제均
田制와 비슷한 제도를 시행한 것이라는 견해, 특정지역에서 일시적으로 토지를 나
누어준 것이라는 견해, 전부터 점유하던 토지 소유권을 인정해준 것이라는 견해 등

이 제기되었다.

737년 봄 2월에 성덕왕이 죽고, 둘째 아들 승경承慶이 즉위하였다. 제34대 효성왕孝成王인데, 739년 3월에 이찬 순원의 딸 혜명惠明을 왕비로 맞았으며, 여름 5월에 아우인 파진찬 헌영憲英을 태자로 책봉하였다. 이로써 효성왕은 김순원의 외손자이자 사위가 되었다. 742년 여름 5월에 효성왕이 죽자, 유언에 따라 화장하고 뼈를 동해에 뿌렸다.

742년에 즉위한 제35대 경덕왕景德王은 태자로서 즉위할 때 왕비 삼모부인三毛夫人이 있었으나 자식을 낳지 못했다는 이유로 쫓아내고 사량부인沙梁夫人에 봉했다는 기록이 『삼국유사』에 있다. 경덕왕은 743년 여름 4월에 서불한 김의충金義忠의 딸을 왕비로 맞아들였다. 754년 5월에 성덕왕비聖德王碑를 세웠으며, 755년 봄에 웅천주 사람 향덕向德의 효성을 칭찬하여 많은 물품을 주고 마을에 정문旌門을 세워 기념하게 하였다. 757년 3월에는 신문왕 때 도입한 녹봉제를 없애고 녹읍제를 시행하였으며, 겨울 12월에 지방통치조직인 주·군·현의 이름을 모두 중국 한자식으로 바꾸었다. 759년 봄 정월에는 중앙 관부와 관직의 이름도 모두 중국식으로 바꾸었다. 경덕왕은 765년 6월에 죽고, 8세이던 맏아들 건운乾運이 즉위하였다. 제36대 혜공왕惠恭王이다.

이처럼 신문왕 때 중앙관료조직과 지방행정조직을 정비한 뒤로는 왕의 위상이 더욱 높아져 나이보다 직계혈통을 더욱 중시하고 왕비도 왕이 책봉하는 중국식 전제군주專制君主의 모습이 두드러진다. 그리고 그 배경에는 9서당誓幢을 중심으로 왕권에 충성하는 군사조직이 있었다.

신라는 중고기에 흔히 법당군단法幢軍團이라고 부르는 군사조직을 운영하였다. 법당法幢이라는 이름이 붙은 군관이 소속된 부대를 가리키는데, 『삼국사기』 직관지에는 백관당百官幢, 경여갑당京餘甲幢, 소경여갑당小京餘甲幢, 외여갑당外餘甲幢, 노당弩幢, 운제당雲梯幢, 충당衝幢, 석투당石投幢 등의 이름이 실려 있다. 이밖에 군사당군師幢, 사자금당師子衿幢, 여갑당餘甲幢, 외법당外法幢 등을 더하기도 한다. 백관당·경여갑당·여갑당 등은 왕경에서 편성·주둔한 부대이고, 흔히 사설당四設幢으로 불리는 노당·운제당·충당·석투당은 특수병기를 만들고 다루는 부대였을 것으로 짐작한다. 법당의 지휘관인 당주幢主는 『삼국사기』에 모두 158명이라고 적혀 있는데, 지방 호족 출신이라는 설과 왕경의 6부 출신이라는 설이 있다. 당주 아래에는 보좌하는 역할의 법당감法幢監이 있고, 그 아래에 법당화척法幢火尺이라는 군관이 있었다. 법당감의 관등은 제13위 사지舍知(小舍)부터 제11위 나마奈麻까지였다. 이밖에 삼국통일 이후에 편성된 여갑당과 외법당의 군관은 법당두상法幢頭上과 법당벽주法幢辟主로 구성되어 있다. 법당군단의 군병은 각지의 농민 출신으로 추정된다.

　『삼국사기』 직관지에서 신라의 군사조직을 대표하는 군부대는 6정停, 9서당誓幢, 10정停 등이다. 6정은 진흥왕 때인 544년에 왕경 6부병을 모아 대당大幢을 편성한 것이 시초이며 영토를 확장함에 따라 상주정上州停·신주정新州停·하주정下州停·비열홀정比列忽停·실직정悉直停 등을 차례차례 설치한 것으로 알려진다. 그러나 6정은 7세기 후반 신문왕 때 군사제도를 개편하면서 최종적으로 만들어진 것이며 6세기 중엽의 대당 및 정제停制와는 다른 것이라는 견해도 있다.

　6~7세기에 신라의 주州 치소가 종종 이동하였으므로 보병군단인 6정의 군단 소재지도 이동하였다. 각 군단은 본부本部와 군사당軍師幢·대장척당大匠尺幢·보기당步騎幢·흑의장창말보당黑衣長槍末步幢 등의 지원부대로 구성되었는데, 군관은 모두 왕경 출신이었다. 군졸은 모두 왕경인이라는 견해, 본부와 보기당·흑의장창당의 군졸은 왕경인이고 군사당·대장척장의 군졸은 지방민이라는 견해, 모든 군졸은 부대가 편성된 지역(주)에서 징발된 지방민이라는 견해 등이 있다. 6정의 지휘관인 장군은 진골귀족만 취임할 수 있었는데, 상대등·중시·병부령 등 중앙의 고위 관직자와 군주軍主 등 지방관이 겸직할 수 있는 자리였다. 이러한 운영방식은 진골귀족의 연합적인 군사적 지배를 반영하는 것이지만, 유사시에 즉시 대응할 수 있고 특

정인물과 특정부대의 밀착을 견제할 수 있다는 장점 때문에 국왕입장에서도 용인할 수 있는 것이었다.

신라의 6정停

이름	첫 이름	창설연대	명칭변경	옷깃색깔		비고
대당大幢		544		자주색, 흰색	紫白	왕경인
귀당貴幢	상주정上州停	552	673	푸른색, 붉은색	靑赤	
한산정漢山停	신주정新州停	553	604	누른색, 푸른색	黃靑	
우수정牛首停	비열홀정比列忽停	556	673	녹색, 흰색	綠白	
하서정河西停	실직정悉直停	639	658	녹색, 흰색	綠白	
완산정完山停	하주정下州停	555	685	흰색, 자주색	白紫	

신라는 삼국을 통일한 뒤 6정을 폐지하고 새로이 여러 부대를 창설하였다. 대표적인 부대로서 구서당九誓幢, 오주서五州誓, 구주만보당九州萬步幢, 경오종당京五種幢, 이절말당二節末幢, 비금당緋衿幢, 신삼천당新三千幢, 사자금당師子衿幢, 삼변수당三邊守幢, 이계당二罽幢 등이 있고, 삼국통일 전부터 계속 이어진 부대로서 시위부侍衛府, 계금당罽衿幢, 십정十停, 삼천당三千幢, 법당군단法幢軍團 등이 있다. 구서당과 시위부는 왕경에 배치된 중앙군단으로서, 구서당에는 6정의 지원부대에 속했던 인물들과 신라에 병합된 백제·고구려출신 포로들이 재편성되었고, 시위부는 궁성 숙위 및 국왕 경호를 수행하였던 만큼 군졸의 관등도 제17위 선저지先沮知(造位)부터 제12위 대사大舍까지로 4두품 이상의 신분이었다. 지휘관인 장군은 모두 2명 이상 복수로 임명되었다. 구서당과 시위부의 지원부대로는 삼무당, 경오종당, 이절말당, 계금당 등이 있었다.

신라의 9서당誓幢

이름	창설연대	옷깃 색깔		부대원 및 명칭변천
녹금서당綠衿誓幢	583	녹색, 자주색	綠紫	서당(583)→녹금서당(613)
자금서당紫衿誓幢	625	자주색, 녹색	紫綠	낭당郎幢(625)→자금서당(677)
백금서당白衿誓幢	672	흰색, 푸른색	白靑	백제출신 백성
비금서당緋衿誓幢	672	?		장창당長槍幢(672)→비금서당(693)
황금서당黃衿誓幢	683	누른색, 붉은색	黃赤	고구려출신 백성
흑금서당黑衿誓幢	683	검은색, 붉은색	黑赤	말갈국 백성
벽금서당碧衿誓幢	686	옥색, 누른색	碧黃	보덕성報德城 백성
적금서당赤衿誓幢	686	붉은색, 검은색	赤黑	보덕성 백성
청금서당靑衿誓幢	687	푸른색, 흰색	靑白	백제의 나머지 백성

10정은 왕경인으로 편성한 기병군단이며, 삼천당은 10정을 지원하는 불교승려들의 보병전투부대로 추정된다. 『삼국사기』에는 10정이 진흥왕 5년(544)에 창설되었다고 적혀 있는데, 이를 믿지 않고 신문왕 때 완성되었다고 추정하는 견해도 있다. 10정은 대대감隊大監−소감少監−화척火尺 순으로 계급이 조직되었으며, 대대감의 관등은 제11위 나마奈麻부터 제6위 아찬阿湌까지였다. 삼천당은 당주幢主−감監−졸卒 순으로 조직되었으며, 당주의 관등은 제13위 소사小舍부터 제8위 사찬沙湌까지였다.

『삼국사기』 직관지에는 오주서五州誓가 문무왕 12년(672)에 모두 설치되었다고 적혀 있다. 그러나 이때 설치된 것은 한산주서漢山州誓·하서주서河西州誓뿐이며, 우수주서牛首州誓는 문무왕 13년, 청주서菁州誓·완산주서完山州誓는 신문왕 5년(685)에 창설되었다는 것이 통설이다. 지휘관인 대대감은 1명으로서 제11위 나마부터 제6위 아찬까지 해당하며 기병을 지휘하였고, 그 아래에 보병을 지휘하는 소감少監 9

명과 기병을 지휘하는 소감 3명이 소속되었다. 소감 아래에는 기병을 지휘하는 화척火尺 2명이 소속되었다. 소감과 화척의 관등은 제17위 조위부터 제12위 대사까지였다.

세금과 경제생활

중국 당나라는 호적戶籍을 대개 3년마다 다시 만들었는데, 소띠丑, 용띠辰, 양띠未, 개띠戌 해가 기준이었다. 그해 정월 또는 3월에 지방의 현縣이 호적 1식 3부를 작성해서 1부는 상서성尚書省의 호부戶部에 보내고, 1부는 주州에 보내고, 1부는 현에 남겨두는 것이 보통이었다. 호주가 신고한 가족 수, 나이, 재산 등을 적어두는 계장計帳은 매년 작성하였고, 이를 근거로 세금을 거두었다. 재산에는 논밭과 곡물 생산량, 집, 땅과 나무, 가축, 노비 등이 포함된다. 신라는 경덕왕 때인 757년에 지방의 행정구역 이름을 모두 중국식으로 바꾸고, 759년에는 중앙 관부와 관직의 이름마저 모두 중국식으로 바꿀 정도로 당나라 제도를 모방하였던 만큼 호적제도도 당나라처럼 운영했을 개연성이 높다.

『구당서』 식화지食貨志에는 624년에 반포한 율령의 연령 기준이 실려 있는데, "남녀가 처음 낳은 아이는 황黃, 4세부터는 소소, 16세부터는 중中, 21세부터는 정丁, 60세부터는 노老"라고 하였다. 이러한 기준은 일본에도 영향을 주어 757년에 반포한 양로령養老令에서는 "남녀 3세 이하는 황黃, 16세 이하는 소少, 20세 이하는 중中, 남자 21세부터는 정丁, 61세부터는 노老, 66세부터는 기耆, 남편이 없는 사람은 과처첩寡妻妾"으로 구분하였다. 당시 일본에서는 호적을 6년에 1회 작성하는 것이 기준이었다.

당나라 율령은 삼국시대에 고구려·백제·신라에도 전해져 영향을 미쳤다. 부여 궁남지와 나주 복암리에서 출토된 7세기 백제 목간 중에는 정丁·중구中口·소구小口라는 명칭과 숫자가 함께 적힌 것이 있어 당나라에서의 연령 표시법이 백제

에서도 그대로 통용되었음을 알
수 있다. 부여 궁남지 목간에는
"매라성 법리원의 논 5형邁羅城法
利源畓五形"이라는 글이 함께 적
혀 있고, 나주 복암리 목간 중
에는 "물 흐르는 밭 2형에서 72
석을 얻음涇水田二形得七十二石",
"밭 1형에서 62석을 얻음白田一形
得六十二石", "개간한 보리밭 1형반

함안 성산산성 출토 목간

을 얻음得耕麥田一形半" 등의 글이 적힌 것도 있다. 신라에서는 6세기 중엽에 세워진
「단양 신라적성비」에 소녀小女, 소자小子, 대인大人, 소인小人 등의 명칭이 있고, 역
시 비슷한 시기의 함안 성산산성 출토 짐꼬리표荷札 목간들에 지역이름 구리벌仇利
伐, 곡물이름 피稗·보리麥, 그리고 노奴·노인奴人·정丁·부負 등의 글자가 쓰여 있
어 중고기 지방사회의 세금납부와 유통 등을 짐작할 수 있다.

고대의 세금은 처음에 사람에게 부과하는 인두세人頭稅 기준이다가 점차 행정력
의 범위가 넓고 깊어지면서 토지와 재산에 부과하는 재산세財産稅를 중시하는 방향
으로 나아가게 된다. 『수서』에는 고구려의 세금과 관련하여 "사람들은 세금으로 베
5필, 곡물 5석을 낸다. 유인은 3년에 한번 세금을 내는데, 10인이 함께 고운 베 1필
을 내고 곡물납부는 1호에 1석이고, 다음은 7두이고, 다음은 5두"[2]라는 기록이 있
다. 유인遊人에 대해서는 극빈자라는 설, 품팔이 노동자라는 설, 농사지을 땅이 없
어 떠돌아다니는 사람이라는 설 등이 있으나, 말갈·거란처럼 집단으로 종속된 다

2　人稅布五匹 穀五石 遊人則三年一稅 十人共細布一匹 租戸一石 次七斗 下五斗.(『隋書』 권81 「동
　이열전」 高麗)

른 종족 사람들이라는 설이 유력하다. 이들을 제외하고 일반 백성들에게 1인당 베 5필과 곡물 5석을 내게 했다는 것은 인두세가 기준이었다는 뜻이며, 따로 집집마다 호조戶租를 내는데 상호上戶 1석, 차호次戶 7두, 하호下戶 5두 등 3등호제를 시행했 다는 뜻으로 해석된다. 이는 인두세를 호주戶主 책임으로 부과했다는 뜻이기도 해 서『삼국사기』와『삼국유사』에 "기근으로 굶주려 자식을 팔았다"거나 "서로 잡아먹 었다"는 기록이 적지 않은 이유를 짐작할 수 있다. 『주서』에는 "도둑에게는 장물의 10여배를 징수하는데 만약 가난해서 갚지 못하거나 관청 및 개인에게 빚을 지고 있 다면 모두 관청이 그 자녀를 평가해 노비로 삼아서 갚는다"[3]라는 기록이 있다.

삼국시대의 세금행정체계는 통일신라기에 더욱 세밀해졌다. 이를 알려주는 대 표적인 자료가 바로 1933년 10월 일본 정창원正倉院에서 발견된 2매의 신라촌락문 서新羅村落文書이다. 흔히 신라장적新羅帳籍, 신라민정문서新羅民政文書 등으로도 불 리는데, 가로 58cm, 세로 29.6cm 크기의 닥종이에 한문 해서체로 쓴 기록문서로 서 서원소경西原小京 소속 마을村 1곳과 주변지역 현縣에 소속된 마을村 3곳의 인구 및 재산 상황을 적어 놓은 것이다. 내용은 ①마을 이름, ②마을 범위, ③공연孔烟 합계, ④계연計烟 비율, ⑤호 戶의 등급 구성, ⑥인구 구 성, ⑦말馬 합계, ⑧소牛 합 계, ⑨논畓 합계, ⑩밭田 합 계, ⑪삼밭麻田 합계, ⑫나무 합계, ⑬감소된 인구·가축· 나무의 수 등을 순서대로 기

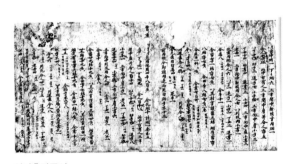
신라촌락문서

---

3   盜者 十餘倍徵贓 若貧不能備 及負公私債者 皆聽評其子女為奴婢以償之.(『周書』권49「異域列 傳」高麗)

록하였으며, 한문에 이두吏讀가 섞여 있고, 글씨체는 모두 같아서 한 사람이 쓴 것으로 보인다. 작성연대에 대해서는 서원경이 설치된 685년 이후를 기준으로 문서에 적힌 을미년乙未年에 주목해 695년, 755년, 756년, 757년, 758년, 815년, 816년, 875년, 876년 등으로 학설이 다양한데, 촌락문서가 『화엄경론華嚴經論』 제7질帙 표지를 만드는 데 재사용되었다는 점과 종이 질 및 서체 등을 감안할 때 늦어도 7~8세기가 유력하다.

보통 편의상 A촌으로 불리는 당현當縣 사해점촌沙害漸村은 공연 합계 11, 인구 147명이고, B촌으로 불리는 당현 살하지촌薩下知村은 공연 합계 15, 인구 125명이며, C촌으로 불리는 이름이 지워진 곳은 공연 합계 8, 인구 72명이고, D촌으로 불리는 서원경 △초자촌△椒子村은 공연 합계 10, 인구 118명으로 적혀 있다. 연烟은 고구려 「광개토왕비」에서 '무덤을 지키는 사람들守墓人'을 나타낼 때 국연國烟·간연看烟이라는 이름으로도 쓰인 말로서, 호戶와 같은 뜻이며 집마다 아궁이와 굴뚝을 둔 것을 상징하는 글자인 듯하다. 그러므로 촌락문서의 공연은 1호당 평균 8~14명이 해당하는 셈이 된다. 이에 공연은 자연적으로 형성된 가구 곧 자연호自然戶라는 설과 몇 개의 자연호를 인위적으로 편제한 편호編戶라는 설이 각각 제기되었다. 자연호설은 하나의 가족에 종속가족이 붙는다든지 노비가 덧붙여진다든지 하여 다양하게 구성되므로 인구수가 같을 수 없다는 입장이고, 편호설은 다시 문서에 중하연仲下烟, 하상연下上烟, 하중연下仲烟, 하하연下下烟 등으로 기재된 등급 기준에 따라 편성했다는 설, 등급연은 편호이고 등급에 들지 않는 등외연等外烟은 자연호라는 설로 나뉜다. 어느 쪽이든 공연孔烟이 세금을 걷기 위해 국가가 편제한 단위라는 점에서는 의견이 같다.

신라촌락문서에는 들어있지 않지만, 공연 등급에는 상상上上·상중上仲·상하上下·중상仲上·중중仲仲도 있었을 것이므로, 당나라식 9등호제가 시행되었다고 할 수 있다. 당에서는 상상호부터 중상호까지를 지배층으로 간주하였다. 등급은 인정

人丁의 많고 적음이 기준이었다는 설과 재산이 기준이었다는 설로 나뉜다. 당나라의 『대당육전大唐六典』에는 "무릇 천하의 호戶는 그 자산資産을 따져 9개 등급으로 정한다"는 대목이 있는데, 신라에서도 그랬는지는 알 수 없다. 계연計烟은 계산한 연이라는 뜻이며, 노동력징발力役의 수를 계산해 둔 것이라는 설이 유력하지만 분명하지 않다. 이밖에 문서에는 삼년간중수좌내연三年間中收坐內烟, 회거연廻去烟 등의 명칭이 있는데, '3년 사이에 거두어 앉힌 집'(이사 온 집)과 '돌아간 집'(이사 간 집)의 이두식 표현으로 보인다.

신라촌락문서에서 사람은 크게 양인과 노비로 나누고, 양인 남자는 정丁·조자助子·추자追子·소자小子·제공除公·노공老公, 양인 여자는 정녀丁女·조녀자助女子·추녀자追女子·소녀자小女子·제모除母·노모老母 등으로 기록하였다. 노비는 연령별 명칭이 따로 없고, 양인의 연령층에 맞춰 남자는 노奴, 여자는 비婢로 기재하였다. 정과 정녀는 20~59세, 조자와 조녀자는 15~19세, 추자와 추녀자는 10~14세, 소자와 소녀자는 1~9세, 제공과 제모는 60~69세, 노공과 노모는 70세 이상으로 추정하는데, 당나라보다 더 잘게 나눈 점이 특징이다. 사람에 대한 설명으로서 고유인古有人은 '예전부터 있는 사람', 삼년간중산병합인수三年間中産幷合人數는 '3년 사이에 낳은 이를 아울러서 합한 사람 수', 삼년간중가수합인수三年間中加收合人數는 '3년 사이에 더하여 거두어서 합한 사람 수' 등으로 해석한다.

A촌은 말 25마리와 소 22마리, B촌은 말 18마리와 소 12마리, C촌은 말 8마리와 소 11마리, D촌은 말 10마리와 소 8마리가 합계 숫자로 적혀 있다. 설명하는 용어인 무거인백마无去因白馬는 '없어진 것이 확실한 연유로 보고하옵는 말', 회연마廻烟馬는 '돌아간 집의 말'(이사 간 집의 말), 사백우死白牛는 '죽었다고 보고하옵는 소'로 해석한다. 개·돼지·닭·염소 등의 가축은 기재되지 않았다.

토지는 A촌이 논畓 102결結 2부負 4속束, 밭田 62결 10부 5속, 삼밭麻田 1결 9부이고, B촌이 논 63결 64부 9속, 밭 109결 5부 8속, 삼밭 1결, C촌이 논 71결 67부,

밭 58결 7부 1속, 삼밭 1결, D촌이 논 29결 19부, 밭 77결 19부, 삼밭 1결 8부 등으로 적혀 있다. 설명 용어인 관모전官謨田·관모답官謨畓은 '관청이 계획(설치)한 밭·논'으로 해석하고 내시령답內視令畓은 내시령의 녹읍으로 보거나 내시령이 관리하는 논으로 보기도 한다.

나무는 A촌이 뽕나무桑 1,004그루, 잣나무栢子木 120그루, 가래나무秋子木 112그루, B촌이 뽕나무 1,280그루, 잣나무 69그루, 가래나무 71그루, C촌이 뽕나무 730그루, 잣나무 42그루, 가래나무 107그루, D촌이 뽕나무 1,245그루, 잣나무 68그루, 가래나무 48그루 등으로 적혀 있다. 설명 용어의 식내植內는 '심은 것', 식내시이사植內是而死는 '심은 것이지만 죽어서'로 해석한다.

사상과 문화

신문왕은 반란수괴 김흠돌의 딸이라는 이유로 왕비를 쫓아냈다. 그리고 1년 반이 지난 683년 봄에 새 왕비를 결정하고 여름 5월 7일에 성대한 혼인식을 거행하였다. 이때 거행한 왕실의 혼인절차가 『삼국사기』에 다음과 같이 실려 있다.

일길찬 김흠운의 작은 딸을 맞아들여 부인으로 삼았다. 먼저 이찬 문영과 파진찬 삼광을 보내 기일을 정하고, 대아찬 지상을 보내 납채하였는데, 예물 비단 15수레, 쌀·술·기름·꿀·간장·메주·포·식초 135수레, 곡물 150수레였다. 여름 4월에 평지에 눈이 1척이나 내렸다. 5월 7일에 이찬 문영과 개원을 그 집으로 보내 부인으로 책봉하였다. 그날 묘시에 파진찬 대상·손문, 아찬 좌야·길숙 등을 보내 각각 아내 및 양부·사량부의 여인 각 30인과 함께 부인을 맞아오게 하였는데, (부인이) 탄 수레 좌우에 모시는 관인과 여인들이 매우 많았다. (부인은) 왕궁 북문에 이르러 수레에서 내려 안으로 들어갔다. 48

납채納采는 혼인할 때 신랑집이 신부집으로 보내는 예물을 가리키며, 묘시卯時는 오전 5시부터 7시까지를 가리킨다. 조선시대의 혼례婚禮에서는 신랑집이 신부집에 신랑의 사주와 청혼서를 보내는 것을 납채, 그 뒤 신부집이 정한 기일에 맞춰 예물을 보내는 것을 납폐納幣로 구분하였다. 조선시대 왕실의 국혼國婚의례는 대개 다음과 같은 단계로 진행하였다. ①납비納妃선포: 좋은 날을 택해 종묘·사직에 고하고 문무백관이 모인 자리에서 △△를 왕비로 삼는다는 교서를 내린다. ②납채納采: 왕비가 될 사람이 거처하는 곳에 교서를 전달하고 기러기 조각상을 받는다. ③납징納徵: 왕비 집에 청혼서와 예물을 전달한다. ④고기告期: 왕비를 맞이하는 날짜가 적힌 교서를 전해준다. ⑤책비册妃: 사람을 보내 왕비로 책봉한다. ⑥친영親迎: 정사正使일행이 왕비를 모시고 궁궐로 들어온다. ⑦동뢰同牢: 왕과 왕비가 서로 마주 앉아 3회 술잔을 받는다. 이러한 절차와 비교하면 신문왕이 유교식 혼례 절차를 따랐다고 할 수 있다.

왕비의 아버지인 김흠운은 잡찬 달복達福의 아들이자 태종무열왕의 사위로서 화랑 문노文奴의 낭도였으며, 백제와의 전투에 낭당郎幢 대감으로 출전해 뒤로 물러서지 않고 목숨을 바친 일로 일길찬에 추증된 인물이다. 『삼국사기』 열전에는 그가 죽은 일화가 소개되어 있으며 김대문이 화랑을 예찬한 글과 "흠운 같은 자는 또한 낭도郎徒로서 능히 왕을 위한 일에 목숨을 바쳤으니 그 이름을 욕보이지 않은 자라고 할 수 있다"고 평가한 사론史論이 실려 있다.

신라에서 충절忠節이 화랑과 유교를 통해서만 발현된 것은 아니다. 불교도 호국護國을 강조하였다. 대표적인 사례가 불국사佛國寺와 석굴암石窟庵이다. 두 곳 모두 경덕왕 때 크게 지은 불교 사찰인데, 『삼국유사』에는 모량리牟梁里의 가난한 집 아들인 대성大城이 흥륜사興輪寺에 시주하고 죽은 뒤 재상 김문량金文亮의 집에 다시 태어났으며 장성해서 현생의 부모를 위해서는 불국사를 세우고 전생의 부모를 위해서는 석불사石佛寺를 세웠다는 이야기가 실려 있다. 그리고 다음과 같은 글이 덧붙여져 있다.

옛 향전에 기재된 것은 이와 같으나 절 안에 있는 기록은 "경덕왕 때 대상 대성이 천보 10년(751) 신묘년에 처음으로 불국사를 세우다가 혜공왕 때를 지나 대력 9년(774) 갑인년 12월 2일에 대성이 죽자 국가가 완성하였으며, 처음에는 유가종의 대덕인 항마를 초청해 이 절에서 살게 하고 계승하여 지금에 이르렀다"고 하여 옛 말과 같지 않으니, 어느 쪽이 옳은지 모르겠다. 49

그런데 불국사 대웅전에 봉안된 불상의 복장기腹藏記에는 불상이 신문왕 원년(681) 4월 8일에 낙성되었다고 적혀 있으며, 조선 후기에 편찬된 필사본『불국사고금창기佛國寺古今創記』에는 불국사를 법흥왕 때 창건하고 진흥왕 때 중창하였으며 문무왕 때 강당을 지었다고 하여『삼국유사』기록과 다른 내용이 들어있다.『불국

경주 불국사

사고금창기』의 사료적 가치는 높지 않은 것으로 추정한다. 『삼국사기』에는 경덕왕 9년(750) "봄 정월에 시중 대정大正이 관직에서 물러났다"는 기록이 있는데, 여기의 대정과『삼국유사』의 김대성金大城이 같은 사람이라는 것이 학계의 정설이다. 이에 시중이던 김대정(김대성)이 불국사·석불사 두 사찰의 창건에 처음부터 깊이 관여하고 20여 년간 건축공사를 지휘·감독하다가 죽었기 때문에 마치 개인의 사찰인양 현생·전생 부모 이야기가 덧붙여졌다고 흔히 추정한다. 두 사찰이 경덕왕 때 창건된 왕실사찰, 국가사찰이라는 점에 주목하면 왕실·국가의 안녕과 결부시켜 이해할 수 있다. 경덕왕은 자신의 시신을 화장한 뒤 유골을 동해에 뿌려달라고 유언한 효성왕의 아우이자 동해 어귀의 대왕석大王石에서 장사지내진 뒤 용이 되었다고 전하는 문무왕의 증손자이기 때문이다.

토함산의 동쪽 산마루에 위치한 석굴암은 인도나 중국에서처럼 자연 암벽을 뚫어서 석굴을 만드는 방법을 쓰지 않고 거대한 암반 위에 평탄한 터를 닦은 뒤 각종 석재를 쌓아올려서 만든 인공 석굴이다. 구조는 앞방前室과 뒷방後室으로 나뉘며, 앞방의 평면은 방형이고 뒷방의 평면은 원형이다. 뒷방의 한가운데에는 높이

경주 석굴암

약 1.6m의 연꽃모양 돌 대좌臺座가 놓여 있고 그 위에 높이 약 2.72m의 본존本尊 석불상石佛像이 책상다리자세結跏趺坐로 동남쪽 바다를 향해 앉아 있다. 본존불 바로 뒤 중앙에는 벽체를 이루는 판석에 십일면관음보살十一面觀音菩薩 입상立像이 부조浮彫로 조각되어 있으며, 그 좌우에 10대 제자羅漢 입상

이 각각 5체씩, 그리고 문수보살文殊菩薩·보현보살普賢菩薩, 제석천帝釋天·범천梵天이 각각 양쪽으로 나뉘어 부조로 조각되어 있다. 앞방과 뒷방을 연결하는 통로扉道에는 사천왕상四天王像, 앞방에는 금강역사金剛力士 2체와 팔부신장八部神將의 부조 조각이 있다.

석굴암의 본존불상은 예술성이 탁월한 걸작으로 꼽히는데, 그 품격을 두고 석가모니불釋迦牟尼佛이라는 설과 아미타불阿彌陀佛이라는 설이 대립하고 있다. 석가모니불이라는 설은 항마촉지인降魔觸地印을 취하고 있는 점, 10대 제자가 둘러싸고 있는 점, 신체 각 부분의 크기가 중국 마하보리사摩訶菩提寺의 본존불과 똑같은 점 등에 주목한다. 아미타불이라는 설은 석굴암이 불국사와 연계된 사찰인 점, 본존불이 서쪽에서 동쪽을 향하고 있는 점, 본존불 바로 뒤에 현세에서 중생 구제를 실현하는 관음보살상이 부조되어 있는 점, 신라에서 7~8세기에 아미타신앙이 크게 유행한 점 등에 주목한다.

만약 아미타불이라면 서쪽의 극락정토極樂淨土를 주재하는 부처가 동쪽 바다, 특히 동동남쪽의 대왕암이 위치한 곳을 향해 앉았다는 사실이 주목된다. 그렇다면 석굴암은 재상 김대성이 전생의 부모를 위해 만든 것이 아니라 경덕왕의 시중이던 김대정이 5년 만에 사직한 뒤 20여 년간 신라의 호국신護國神이 되고자 했던 전왕 2인의 명복과 나라의 평안을 빌기 위해 만든 사찰일 개연성이 크다.

한편, 불국사는 신라 사람들이 생각하던 부처님의 세계를 가람伽藍 배치에 상징적으

경주 대왕암

경주 불국사 3층석탑(석가탑)

로 구현했다고 평가되는데, 대웅전大雄殿을 중심으로 한 제1곽은 석가모니불의 사바세계를 상징하고, 극락전極樂殿을 중심으로 한 제2곽은 『무량수경無量壽經』에 근거한 아미타불의 극락세계를 상징하며, 비로전毘盧殿을 중심으로 한 제3곽은 『화엄경華嚴經』에 근거한 비로자나불毘盧遮那佛의 연화장세계蓮華藏世界를 상징한다는 것이다. 이밖에 관음전觀音殿이 있는 공간은 자비의 화신인 관세음보살觀世音菩薩을 통해 중생을 이롭게 한다는 뜻을 상징한다. 대웅전 앞마당 서쪽에 위치한 삼층석탑은 속칭 석가탑釋迦塔으로서 신라 3층석탑의 가장 완성된 모습이라고 평가되는데, 석탑의 2층 탑신석 사리공에서 751년경 목판 인쇄한 것으로 보이는 『무구정광대다라니경無垢淨光大陀羅尼經』과 각종 사리장엄구가 출토되었다.

불상佛像의 수인手印과 부처의 품격

  불상은 그 역할과 위상에 따라 보통 석가모니釋迦牟尼·비로자나毘盧遮那·아
미타阿彌陀·약사藥師·미륵彌勒 등으로 나뉜다. 불佛은 산스크리트어梵語의 붓다
Buddha(佛陀)를 한자로 나타낸 것으로서 '진리를 깨달은 사람'을 뜻하며 한국어로는
'부처'라고 읽는다. 다른 표현으로는 여래如來라고 한다. 처음에는 석가여래라고도
하는 석가모니불만 있었다가 차차 부처의 품격과 역할이 나뉘게 되었는데, 부처마
다 자신의 깨달음과 바람을 손과 손가락 모양으로 나타내어 대중에게 알렸다. 이를
수인手印이라고 한다. 대표적인 수인은 다음과 같다.

① **여원인與願印**: 중생의 소원을 모두 이루어지게 한다는 뜻으로서, 시원인施願印 또
   는 여인與印이라고도 한다. 손바닥을 내보이며 다섯 손가락을 가지런히 펴서 손
   끝이 땅바닥을 향하게 하는 모습이 보통이지만, 넷째손가락藥指과 새끼손가락小
   指을 살짝 구부린 것도 있다. 신라 불상 중에는 오른손으로 다른 수인을 나타내
   고, 왼손으로 여원인을 나타낸 불상이 많다.
② **시무외인施無畏印**: 중생들이 두려움을 모두 떨쳐버리게 한다는 뜻으로서, 손바닥
   을 내보이며 다섯 손가락을 가지런히 펴서 위로 어깨 높이까지 올린 모습이다.
   오른손 수인으로 나타내는 경우가 많다.
③ **선정인禪定印**: 아무런 잡념이 없는 참선參禪에 들어갔다는 뜻으로서, 책상다리자
   세結跏趺坐에서 왼손과 오른손의 손바닥을 위로 향하게 하여 배꼽 부근에서 손가
   락을 살짝 겹쳐놓은 모습이다.
④ **항마촉지인降魔觸地印**: 석가모니가 고행 끝에 악마의 온갖 훼방을 물리치고 진리
   를 깨닫게 되는 순간을 표현한 것으로서, 살짝 말아 쥔 오른손의 검지만 펴서 땅
   에 댄 모습이다. 항마촉지인은 석가모니불의 독특한 수인으로 알려져 있다.

⑤ **전법륜인**轉法輪印: 부처가 설법할 때의 모습을 나타낸 것으로서, 양손을 모두 편 상태에서 엄지와 검지의 끝을 서로 맞댄 뒤 가슴 가까이까지 들어 올려 오른손 바닥은 밖을 향하게 하고, 왼손 바닥은 위를 향하게 한 모습이다.

⑥ **지권인**智拳印: 모든 번뇌에서 벗어나 부처의 지혜를 얻는다는 뜻으로서, 주먹 쥔 왼손을 검지만 곧게 편 채 가슴까지 들어 올려 세운 뒤 오른손을 왼손 위에 올려 왼손의 검지를 살짝 감싸 쥔 모습이다. 지권인은 비로자나불의 대표적 수인으로 알려져 있다.

⑦ **아미타정인**阿彌陀定印: 서방정토西方淨土, 곧 서쪽 극락세계를 주재하는 아미타불 이 사람들에게 그의 행실과 업을 알려준다는 뜻으로서, 선정인에서 엄지와 검지 또는 엄지와 중지의 손끝을 맞대어 동그랗게 만든 모습이다. 이때 양손의 검지 또는 중지의 등이 서로 닿게 된다.

위의 수인 가운데 ①·②·③·④·⑤는 보통 석가모니불상이 흔히 나타내는 것 이다. 석가모니불상(석가여래상)은 불교의 창시자인 석가모니를 형상화한 것으로서, 가장 기본적이고 일반적인 불상이다. 석가모니불이 있는 법당을 보통 대웅전大雄 殿이라고 하며, 석가모니불의 양옆에 문수보살文殊菩薩과 보현보살普賢菩薩 또는 관 음보살觀音菩薩과 미륵보살彌勒菩薩을 둔 예가 많다. 보살은 아직 부처가 되지 못하 였으나, 깨달음을 추구하는 동시에 자비를 베푸는 일에도 열심인 일종의 수행자를 가리킨다. 보살은 귀하고 자비로운 성격 때문에 화려한 모자冠를 쓰고 몸에 장식을 한 여성으로 표현되는 게 보통이다. 부처는 원래 인간 세상에 나타나지 않는 법이 므로 인간을 접촉할 때에는 대개 보살을 통한다고 한다.

비로자나불(비로자나여래)은 부처가 설법한 진리가 우주에 가득 차는 것을 형상화 한 것으로서, 진리 그 자체를 상징하는 법신불法身佛이다. 대일여래大日如來라고도 하며, 통일신라시대에 크게 유행하였다. 비로자나불상은 보통 지권인을 취하지만,

선정인을 한 것도 있다. 보통은 단독으로 봉안되며, 협시보살을 두는 경우에는 문수·보현보살을 대동한다. 비로자나불상이 있는 법당을 흔히 대적광전大寂光殿 혹은 비로전毘盧殿이라고 한다.

아미타불은 모든 중생을 구제하여 서방정토에서 다시 태어나게 하는 부처를 가리키며, 무량광불無量光佛 또는 무량수불無量壽佛이라고도 한다. 아미타불상은 대개 서쪽에서 동쪽을 바라보도록 배치하는데, 삼국시대와 통일신라시대의 아미타불상은 시무외인과 여원인을 한 예가 많아서 석가모니불상과 구별하기 어려우며, 협시보살을 두는 경우에는 관음보살과 대세지大勢至보살을 대동한다. 아미타불이 이른바 아미타정인을 취하게 된 것은 고려시대 이후이다. 아미타불이 있는 법당을 흔히 무량수전無量壽殿 또는 극락전極樂殿이라고 부른다.

약사불은 모든 질병과 무지無知까지 고쳐주는 부처로서, 대의왕불大醫王佛이라고도 한다. 흔히 손에 둥근 약단지나 약병을 들고 있는데, 통일신라시대의 약사불은 항마촉지인을 한 것이 특징이다. 약사불이 있는 법당을 약사전藥師殿이라고 부른다.

미륵불은 현재 도솔천兜率天에서 보살로 있지만, 56억7천만 년 뒤 이 세상에 나타나 구제되지 못한 중생을 다 구제한다는 미래의 부처이다. 삼국시대 말기부터 유행한 이른바 반가사유상半跏思惟像은 보통 미륵보살로 간주되며, 미륵보살이 있는 법당을 미륵전彌勒殿이라고 부른다.

이밖에 부처의 자비를 상징하는 보살 가운데 관음보살상의 경우에도 단독으로 봉안되어 사람들의 예배를 받은 예가 적지 않다. 관음보살은 중생들이 바라는 대로 여러 가지 모습으로 나타나 구제하는데, 처음에는 큰 구슬을 든 모습으로 표현되었으나, 삼국시대 말기부터는 흔히 부처의 얼굴을 새긴 보관을 쓰고 정병淨瓶을 든 모습으로 표현되었다. 석가모니불이나 아미타불의 협시보살로도 등장하지만, 혼자서 하나의 불전을 차지한 경우도 많다. 이를 관음전觀音殿 또는 원통전圓通殿이라고 한다.

7~9세기에 동아시아 세계의 구심점 역할을 한 당나라에서는 도교道敎가 크게 유행하였다. 노자老子를 이李씨 황실의 시조로 받들면서 도교를 적극 지원하였기 때문인데, 『자치통감』에는 674년 12월에 당시 국정을 전횡하던 측천무후의 뜻에 따라 "왕공王公이하는 모두 『노자』를 배우게 하고, 매년 명경과明經科는 『효경』과 『논어』를 기준으로 시험보게 하라"는 조서를 내렸다는 기록이 있다. 이 무렵 도교는 불교 사상의 영향을 받으면서 각종 이론이 더욱 체계적으로 정리되었다. 그리하여 늙지 않고 오래 살기不老長生위해 단약丹藥에 의존하기보다 몸 안의 내단內丹을 키워야 한다는 내단 수련법이 성행하였다. 당시에 유행한 도교의 특징은 3가지로 정리할 수 있다. ① 도道를 세상 모든 것이 창조되고 유지되는 근원적인 힘이라고 믿는다. ② 여러 층으로 이루어진 천天에 수많은 신령들이 거주하고 있다고 믿는다. ③ 기氣로 이루어진 인간은 수련과 양생을 통해 도道와 하나가 됨으로써 신선神仙이 될 수 있다고 믿는다.

신선이 되기 위해서는 양생술養生術과 방술方術을 익혀야 하는데, 양생술은 음식물섭취, 기氣운용, 방중술房中術, 약물복용 등을 통하는 방법이며, 방술은 주문·부적·도록道籙, 도사道士가 신神에게 제사지내는 재초齋醮, 도사가 재앙을 물리치고 복을 빌기 위해 행하는 과의科儀 등 귀신을 부리는 방법이다. 양생술은 점차 도교의학으로 발전하였고, 방술은 귀신을 다루는 각종 의식으로 자리 잡았다. 이밖에 신선이 되려면 도덕적이고 윤리적이어야 하며 나쁜 일을 하지 말아야 한다는 믿음도 있었다.

그런데 『삼국유사』 김유신열전에는 김유신이 17세 때 중악中嶽 석굴에서 재계齋戒하고 하늘에 맹세 기도하였더니 4일 만에 거친 털옷을 입은 노인이 나타나 방술方術을 가르쳐 주었으며 이듬해에 열박산咽薄山 깊은 골짜기에서 향을 피우고 맹세 기도하였더니 3일 째 되는 밤에 별 빛이 내려왔다는 내용이 있다. 비담의 난을 진압할 때 불붙인 허수아비를 연에 실어 날리고 '어제 떨어진 별이 다시 올라갔다'는 소문을 퍼트린 뒤 흰말을 잡아 별이 떨어진 곳에서 제사지내면서 "하늘의 이치天道는 양陽이 굳세고 음陰이 부드러우며, 사람의 도리人道는 임금이 높고 신하가 낮은데 … 생각건대 하늘의 위엄은 사람의 바람에 따르는 것이니 착한 이에게 잘 해주고 나쁜 이를 미워하여 신에게 부끄럽지 않게 하소서"라고 말했다는 대목, 661년경 고구려군과 말갈군이 북한산성을 포위했다는 소식을 듣고 김유신이 "사람의 힘을 다하였으니 신령의 도움을 받아야겠다"고 말한 뒤 절에 가서 단壇을 만들고 기도를 하였더니 하늘의 변괴가 있었다는 대목도 있다. 또, 김유신의 후손인 김암金巖은 "본성이 총민하고 방술 배우기를 좋아하였다. 젊어서 이찬이 되어 당에 들어가 숙위하며 틈틈이 스승을 찾아가서 음양가陰陽家의 술법을 배웠는데, 한 가지를 들으면 세 가지를 미루어 알았다. 스스로 둔갑입성지법遁甲入成之法을 지어 스승에게 드리니 스승이 놀라며 '그대의 밝음이 여기에 이를 줄은 몰랐다'고 말하고 이후 감히 제자로 대하지 않았다"는 대목, 김암이 패강진 두상頭上이 되었을 때 누리(메뚜기)가 들판을 덮자 김암이 산마루에 올라가 분향하고 하늘에 기도하니 갑자기 비바람이 크게 일어 누리가 다 죽었다는 대목 등이 있다. 모두 도교와 연관된 내용이다.

1987년 중국 섬서성 서안시의 종남산終南山 자오곡子午谷에서 발견된 김가기金可記의 마애비磨崖碑에는 신라인 김가기가 당 선종宣宗(847~859) 때 빈공과 진사에 급제한 뒤 종남산 자오곡에서 은거하며 도교를 수련하였고 신라에 귀국했다가 다시 돌아와 수양하던 중 대중 11년(857) 12월에 옥황상제의 조서를 받들어 영문대시랑英文臺侍郎이 되었으며 이듬해인 858년 2월에 하늘로 올라갔다는 내용이 적혀 있다. 그리고 이와 비슷하면서도 더 자세한 내용이 남당南唐의 심분沈汾이 편찬한『속선전續仙傳』에 실려 있는데, 김가기는 수양을 하고 음덕을 쌓아 마침내 승천해서 신선이 되었다고 한다.

최치원崔致遠은 김가기가 죽기 한 해 전인 857년에 신라 사량부沙梁部의 육두품인 최견일崔肩逸의 아들로 태어났다. 12세이던 868년에 당나라로 건너가 공부하여

874년 빈공과賓貢科에 합격하고 20세에 강남의 선주宣州 율수현위溧水縣尉로 임명되었으며 23세에 제도행영병마도통諸道行營兵馬都統 고병高駢의 종사관從事官이 되어 4년간 「황소를 토벌하는 편지討黃巢檄」를 비롯해 많은 글을 지었다. 당시 고병은 3대째 금군禁軍에 종사해온 가문 출신으로서 회남淮南지역을 군사기반으로 삼아 도교 방사方士 여용지呂用之를 중용하며 막강한 세력을 구축하였다가 884년 황소의 난이 진압된 뒤 권력을 잃고 저택에 세운 도원道院에서 재齋를 지내며 신선 추구에 몰두했다고 한다. 이러한 고병을 위해 최치원은 도교의 재초의례 때 사용하는 글인 재사齋詞를 여러 차례 작성하였고, 그중 15편이 최치원이 886년에 편찬한 『계원필경桂苑筆耕』 제15권에 실려 있다.

최치원은 28세이던 885년에 신라로 돌아와 시독겸한림학사侍讀兼翰林學士 수병부시랑守兵部侍郎 지서서감사知瑞書監事에 임명되었다. 시독은 임금에게 글을 가르치는 자리이고 한림학사는 임금을 위해 글을 짓는 자리이다. 수守는 위계가 낮은데 관직이 높을 때 덧붙이는 것이고 병부시랑은 병부의 차관에 해당한다. 서서감은 왕실도서를 관장하는 곳이다. 최치원은 그 뒤 태산군太山郡(전북 정주)·부성군富城郡(충남 서산) 등의 태수로 지내다가 893년에 사신으로 당나라에 다녀왔으며 그 이듬해인 894년 진성여왕에게 '지금 힘써야 할 일時務' 10여조를 지어 올리니, 왕이 흔쾌히 받아들이고 아찬 관등을 주었다. 그러나 그의 건의가 실행되지 못하고 국정을 비방하는 벽서가 나돌며 반란과 농민 봉기가 일어나는 등 사회가 혼란해지자 42세이던 898년에 가족을 이끌고 합천 가야산 해인사로 들어가 살면서 친형인 승려 현준賢俊 및 정현사定玄師와 어울려 지냈다고 한다. 그런데 최치원이 48세이던 904년에 지은 「법장화상전法藏和尚傳」에는 도교보다 불교를 더 심오하고 효험 있는 종교로 여긴 듯한 내용이 있으며, 이는 지증화상비智證和尚碑·낭혜화상탑비朗慧和尚塔碑를 비롯한 여러 글에서 드러난 사상과 맥락이 같다.

김가기·최치원처럼 당나라에서는 도교활동이 뚜렷했던 인물이 신라에서는 별

다른 행적을 보이지 않은 이유에 대해 도교를 좌도左道·사도邪道로 여기며 도사를 비판한 불교가 성행한 사회였기 때문으로 추정한다. 특히 최치원은 하늘로 올라가 오랫동안 죽지 않고 사는長生不死 신선이 되기보다 혼란한 현실사회에서 세상과 백성을 구제하는濟世救民 일이 더 중요하다고 여겨서 유儒·불佛·도道 3교를 융합한 선仙관념을 새로운 윤리사상으로 내세웠다고 보기도 한다.

3) 통일신라의 대외관계

당과의 관계

676년 말에 이르자, 671년 여름부터 약 6년 가까이 지속된 신라와 당 사이의 전쟁이 흐지부지 끝났다. 이 무렵 당은 측천무후가 자신의 권력을 위협하는 황태자를 독살하고 새로 황태자를 세운 지 1년여가 지난 무렵이었다. 당의 서쪽 티베트고원에서 성장한 토번吐蕃이 토욕혼土谷渾을 복속시킨 뒤 당에 화친을 요청했다가 거절당하자 676년에 선주鄯州 등 지금의 중국 청해성·감숙성 지역을 공격해 관리를 죽이고 말·소 1만여 마리를 약탈했을 뿐 아니라 당의 토벌군을 격파하는 일이 생겼다. 이에 당 고종이 토번을 막을 계책을 논의하는 자리에서 "짐은 일찍이 갑옷을 입고 군대를 이끈 적이 없는데 지난번 고려와 백제를 멸망시키고서는 해마다 군사를 동원해 중국이 시끄러우니 짐이 아직도 후회한다"[4]고 말하기도 하였다. 678년 9월에 당이 18만 명에 달하는 대군을 보내 토번을 공격하였다가 대패하였고, 680년에는 토번의 군대 3만 명이 지금의 청해성일대를 공격해 당군을 격파하였다. 이때

---

4   帝曰 朕未始擐甲履軍 往者滅高麗百濟 比歲用師 中國騷然 朕至今悔之.(『新唐書』 권230 「吐蕃열전」上)

당의 주력군이 위험에 빠지자 백제 출신 흑치상지가 정예병 3천 명을 이끌고 토번 군대를 밤에 습격해 구원했다고 한다. 토번의 군사적 움직임은 북쪽의 돌궐突厥에 도 영향을 미쳐서 당의 지배력이 약해지고 서돌궐, 동돌궐 모두 추장들이 반발하는 경우가 생겨났다. 특히 657년 당나라에게 멸망당했던 동돌궐은 아사나 골돌록阿史 那骨咄祿이 682년에 부흥운동을 일으켜 성공함으로써 여러 부족을 통합하고 돌궐을 재건하였다. 이를 후돌궐이라고 부르는데, 696년에 거란인 이진충李盡忠의 난이 일 어났을 때 잠시 당과 화해하였으나, 이후 화친외교가 잘 진행되지 않자 다시 적대 하며 당의 북쪽 영역을 자주 공격해 당 측천무후 정권의 최대 난적이 되었다. 그러 므로 5년에 걸친 당과의 전쟁 중에도 사신을 파견해 시종일관 약속이행 및 군대철 수만 주장하며 명분을 쌓은 신라에 대해 당나라는 더 이상 무력을 사용하기 어려웠 을 것이다. 토번과 당의 대립은 한동안 계속되다가 710년에 중종의 양녀인 금성金 城공주가 토번의 4대 첸포贊普인 티데축첸棄隸蹜贊에게 시집감으로써 화친 및 조공 외교가 시작되었다.

681년 10월, 문무왕이 죽고 신문왕이 즉위한 데 대하여, 당이 사신을 보내 신문 왕을 신라왕으로 책봉하고 문무왕의 관작을 이어받게 하였다. 당에서는 683년 12 월말에 고종이 죽고 측천무후의 셋째 아들 현顯이 태자로서 즉위하였으니, 중종中 宗이다. 중종은 이듬해 봄 2월에 황후의 아버지인 위현정韋玄貞을 문하시중으로 임 명하려다가 측천무후의 노여움을 사서 폐위되어 여릉왕廬陵王으로 강등되고, 곧 측 천무후의 막내아들 단旦이 즉위하였다. 예종睿宗이다. 그러나 예종은 즉위식도 없 이 궁중에 갇혀 지냈으며, 정무는 자진전紫辰殿에서 측천무후가 처리하였다. 이에 남쪽지역에서 이경업李敬業 등이 군사를 일으켜 반발하였으나 측천무후가 파견한 30만 대군에게 곧 진압되었고, 688년에 황족 일부가 일으킨 반발도 진압되고 무자 비한 처벌이 이어졌다. 이후 측천무후는 밀고를 장려하여 자신을 반대하는 움직임 을 철저히 감시하면서 혹리酷吏를 통해 탄압하는 방법을 사용했으며, 690년 9월 9

일 마침내 직접 황제로 즉위하였다. 이때 그의 나이는 60세가 조금 지난 시점이었다. 예종은 황태자로 강등되었다.

이처럼 측천무후가 즉위하기 전 10여 년 동안 당나라는 내부의 정치적 변동이 워낙 크고 강렬해서인지 주변국들과 거의 마찰을 빚지 않았다. 『구당서』 열전에는 686년에 신문왕이 사신을 보내 "표를 올려 당례唐禮 1부와 여러 문장文章을 요청하니, 측천무후가 담당관청에 명령하여 길흉요례吉凶要禮를 베끼고 문관사림文館詞林에서 규범으로 삼을만한 글을 골라 50권으로 만들어서 주었다"는 기록이 있으며, 거의 같은 내용이 『신당서』와 『삼국사기』에도 있다. 또, 692년에 신문왕이 죽자 측천무후는 애도하고 조문사절을 보내 제사지낸 뒤 효소왕을 신라왕으로 책봉하였다. 한편, 『삼국사기』에는 692년 봄에 당 중종이 사신을 보내 '김춘추가 태종太宗과 같은 묘호廟號를 쓰는 것은 분수 넘치는 일이니 빨리 칭호를 고치라'고 요구했으며, 신문왕이 신하들과 논의한 뒤 '우연히 시호가 겹친 것이며 특별히 의도한 바 없다'는 내용으로 답하였는데, 그 후 당으로부터 별다른 말이 없었다는 내용이 실려 있다. 이는 정작 중국 기록에는 없는 내용인데, 『삼국유사』에는 당 중종이 아니라 고종이 사신을 보낸 것으로 되어 있다. 이에 681년 문무왕이 죽고 신문왕이 즉위하였을 때 당 고종이 보낸 책봉사절이 태종무열왕의 묘호를 고치라고 요구했던 일을 잘못 기록한 것으로 이해하는 이가 많다.

8세기에 들어설 무렵, 당과 신라를 비롯한 동아시아 전역이 정치적으로 안정되었다. 비록 만주지역에서 고구려유민들을 중심으로 새로운 국가 발해渤海가 세워지고 그 영역과 위상을 인정받는 과정에서 한동안 크고 작은 분쟁이 일어났지만, 곧 외교를 통해 무마되었다. 특히 신라는 702년에 즉위한 성덕왕이 36년을 재위하는 동안 매년 1회 이상 당나라에 조공사신을 보낼 정도로 우호적인 교류가 활발히 이루어졌다. 그래서 자연스럽게 많은 사람과 물자가 바다를 건너 신라와 당을 오가게 되었다. 『삼국유사』에는 "개원開元 21년(733) 계유에 당나라 사람들이 북쪽 오랑캐를 치려고 신라에 군사를 요청하려 사신 604명이 왔다가 나라로 돌아갔다"는 기록이 있다. 다만, 733년이라면 성덕왕 32년에 해당하는데, 『삼국유사』에는 효성왕 때라고 적혀 있다. 신라는 737년 봄에 성덕왕이 죽고 효성왕이 즉위한 뒤 그 해 겨울 12월에야 당나라로 사신을 보내 왕이 바뀐 사실을 알렸는데, 이듬해 봄 2월에 당 현종玄宗이 그 소식을 듣고 슬퍼하며 신라로 조문사절을 보내면서 사신에게 "신라는 군자君子의 나라로 불리며 자못 글을 알아 중국과 비슷함이 있다. 경卿은 성실한 선비이므로 외교사절로서 가는 것이니 마땅히 경전의 뜻을 강연하여 그들이 대국의 유교儒教가 왕성함을 알게 하라"고 말했다는 기록이 『삼국사기』와 『구당서』 등에 실려 있다. 또, 786년에는 신라 원성왕이 보낸 사신 김원전金元全에게 당 덕종德宗이 "신라왕 김경신에게 조칙을 내린다. 김원전이 가지고 온 표문과 바치는 물건을 살펴보니 모두 잘 갖추었다. 경卿의 나라 풍속은 믿음과 의리가 두텁고 뜻을 곧고 순수하게 지켜서 일찍부터 중국을 받들고 천자의 가르침을 잘 따르며 나라를 잘 어루만져 따르게 하고 모두 유교의 풍습을 지켜서 예법이 널리 퍼지고 나라가 평온하다"라고 쓴 조서를 주기도 하였다.

이처럼 8세기에 동아시아에서 국제교류가 활기를 띠게 된 데에는 당나라의 개방적인 문화외교정책이 큰 영향을 미쳤다. 당은 군사·문화적 자긍심에 기초한 이민족 포용정책을 적극적으로 펼쳐 중국은 물론 동아시아 왕조 역사상 가장 개방적이고 국제적인 나라를 만들었으며, 그것을 기반으로 한 평화적이고 안정적인 국제교류가 9세기까지도 어느 정도 유지되었다. 이에 주변지역의 나라들로부터 외교사절, 상인, 유학생, 구법승求法僧, 망명객 등 다양한 사람들이 몰려들었고, 그들 중일부는 아예 당나라에 정착하는 일도 있었다.

신라는 당과 가장 활발하게 교류한 나라 중 하나였으므로, 당나라를 오가던 많은 사람들 중 일부가 산동반도와 회수淮水·양자강 어귀 등 황해 연안에 자리 잡아 마을을 이루기도 하였다. 마침 이들 지역에는 당나라가 집단적으로 이주시킨 고구려·백제 유민이 거주하는 지역이 있었고, 그곳을 신라인들이 중간 기착지로 이용하면서 신라방新羅坊, 신라촌新羅村을 만든 것으로 추정하는 견해가 있다. 9세기 중엽 당의 장안에서 천태종天台宗을 공부하고 일본으로 귀국한 엔닌圓仁의 일기 『입당구법순례행기入唐求法巡禮行記』에 따르면, 845년경 회수 하류지역인 초주楚州와 그 인근 사주泗州에는 각각 신라방이 있어서 신라로 귀국하는 사람들의 편의를 돌봤다

고대 한반도 주변의 바닷길

고 한다. 이밖에 등주登州를 비롯한 산동지역과 양자강 남쪽 절강지역에는 신라관新羅館, 신라원新羅院, 신라소新羅所가 곳곳에 설치되어 신라사람의 교통과 거주·활동을 관리하였다. 신라관은 주로 신라사신단이 묵는 숙소이고, 신라원은 신라사람들이 세운 불교사찰이며, 신라소는 당에 거주하는 신라인을 통제하기 위해 세운 행정기구이다.

신라 출신으로서 당나라에서 살게 된 사람들 중 많은 수는 가난, 특히 굶주림饑饉을 피하려는 사람들이었다. 신라의 태평성대로 묘사되기도 하는 성덕왕聖德王 때 705년부터 707년까지 3년 동안 흉년이 들어 사람들이 굶어죽는 일이 발생하였고, 경덕왕 때인 747년 및 754~755년에도 역시 기근이 극심해 아들이 다리 살을 베어 병든 아버지에게 먹였다는 이야기가 『삼국사기』와 『삼국유사』에 기록될 정도였다. 원성왕 때인 786~789년의 기근 발생, 헌덕왕 때인 814~821년의 기근 및 도적 발

생 등도 특별히 기록될 정도로 신라사회에 굶주림과 백성들의 동요가 극심했던 사례이다. 특히 816년에는 흉년으로 인한 굶주림 때문에 백성들이 당 "절동浙東지역까지 가서 먹을 것을 구하는 사람이 170명이나 되었다"는 기록이 『삼국사기』, 『구당서』, 『당회요唐會要』 등에 실려 있다. 그리고 같은 무렵에 일본으로는 수백 명이 건너간 것으로 알려진다. 당나라로 이주한 신라사람 중에는 정치적인 이유로 도망한 사람들과 해적들에게 끌려가 노비로 팔린 사람들도 있었다. 노비로 팔린 사람들 중에는 신라가 당으로 보낸 사신遣唐使이 문제를 제기하여 양민으로 풀려난 뒤 황해 연안을 떠돌아다닌 사람들도 있었다. 이처럼 당에서 살게 된 신라사람들의 신분은 크게 두 부류로 나뉘는데, 하나는 당에 귀화해 당나라 백성이 된 사람들이고, 다른 하나는 귀화하지 않은 사람들이었다. 귀화한 사람들은 다른 당나라 백성들과 의무와 권리가 같았지만, 귀화하지 않은 신라 남자는 토지와 노비를 소유하지 못하고 중국여인과 혼인할 수 없으며, 설령 허락을 받아 혼인했다고 하더라도 신라로 귀국할 때에는 처자식을 데리고 돌아가지 못하는 제약이 따랐다. 당에 거주하던 신라사람 중 상당수는 왕씨王氏 성을 사용했다고 한다.

당나라를 통해 인도까지 다녀온 신라사람도 있었다. 혜초慧超는 8세기 초 어린 나이에 당에서 인도승려 금강지金剛智로부터 밀교密敎를 배운 뒤 20대 초반에 여러 해 동안 인도의 불교유적을 순례하고 카슈미르·파키스탄·아프가니스탄·중앙아시아 등지를 여행하였다. 당으로 돌아와 733년부터 장안의 천복사薦福寺에서 금강지와 함께 밀교 경전 『대승유가금강성해만수실리천비천발대교왕경大乘瑜伽金剛性海曼殊室利千臂千鉢大敎王經』을 연구하였고, 740년부터 번역작업에 착수했으나 이듬해에 금강지가 죽자 중단하였다가 금강지의 또 다른 제자인 인도출신 승려 불공삼장不空三藏으로부터 강의를 들은 뒤 번역작업을 다시 시작하였다. 노년에는 당 오대산 건원보리사乾元菩提寺에서 불경을 번역하다가 787년에 죽었는데, 그가 쓴 인도여행기 『왕오천축국전往五天竺國傳』이 1908년에 중국 감숙성의 둔황燉煌 막고굴莫高

窟에서 발견되어 그의 행적이 알려지게 되었다. 혜초는 신라에 귀국하지 않았던 것으로 알려진다. 혜초에 앞서 7세기 중엽에 신라승려 혜업惠業이 당을 통해 인도로 가서 나란타사那爛陀寺에 오래 머물다 죽었으며, 현각玄恪도 비슷한 시기에 다른 승려들과 함께 파미르고원을 넘어 인도에 이르러 대각사大覺寺에서 머물다 병에 걸려 죽은 것으로 알려진다. 이밖에 현태玄太, 혜륜慧輪, 대범大梵, 원표元表 등 불교승려로서 당나라를 거쳐 인도를 여행한 신라사람들이 적지 않았다.

발해渤海와의 관계

698년에 고구려유민들이 대조영大祚榮을 중심으로 옛 고구려지역에서 발해를 건국하였다 고구려가 멸망한 지 30년 뒤의 일이다. 대조영은 스스로를 진국왕振國王(震國王)으로 부르면서 돌궐에 사신을 보냈다고 한다. 당에서는 705년 봄에 측천무후가 병석에 누운 틈을 타고 재상 장간지張柬之 등이 군사를 이끌고 궁궐로 들어가 측천무후의 측근들을 살해한 뒤 측천무후를 물러나게 하였다. 그리고 황태자이던 중종을 맞아들여 다시 즉위시키고 나라 이름도 당唐으로 되돌렸다. 당 중종은 시어사侍御史 장행급張行岌을 대조영에게 사신으로 보내 당나라에 다녀가도록 달래었고, 이에 대조영이 아들 대문예大門藝를 당에 숙위宿衛로 파견하였다. 당은 중종이 대조영을 책봉하는 의례를 기획하였으나 때마침 해마다 거란과 돌궐이 변경을 침입하는 일이 생겨 그 뜻을 잘 전달하지 못하였으며, 현종玄宗이 즉위한 이듬해인 713년에야 마침내 사신을 보내 발해 고왕高王 대조영을 '좌효위원외대장군左驍衛員外大將軍 발해군왕渤海郡王'으로 책봉하고 홀한주도독忽汗州都督직을 더하였다고 『구당서』 등에 기록되어 있다.

그런데 『동문선』에는 9세기 말엽에 최치원이 효공왕孝恭王을 위해 작성한 「북쪽나라가 윗자리에 앉는 것을 허락하지 않음에 감사하는 表謝不許北國居上表」가 다음과 같은 내용으로 실려 있다.

신하 아무개가 말씀드립니다. 신이 맡은 나라 숙위원의 장보를 보니, 지난 건녕 4년 (897) 7월 중에 발해 하정사인 왕자 대봉예가 장을 올려 발해를 신라의 윗자리에 앉도록 허락해달라고 요청하였는데, 삼가 받드는 조서로 "나라 이름의 앞·뒤는 강한지 약한지를 따져서 부르는 게 아니다. 조회 때의 등급과 위엄을 지금 어찌 성쇠로 고치겠는가. 마땅히 옛 관례대로 할 것이니 이 가르침을 따르라"라고 하였습니다. 큰 조칙을 내려주셔서 두루 서열을 잡아주시니 섶을 쌓는 시름과 탄식은 이미 사라졌으나 나무를 모으는 근심과 두려움은 절실해지고 있습니다. 생각건대 하늘은 마음을 비추겠지만 어느 곳에 몸을 두어야 할지 참으로 황송하고 두려워서 머리 조아립니다. 중간인사 생략[中謝]

신이 듣건대 『예기』에서 그 근본을 잊지 않음을 귀하게 여긴 것은 마음이 들뜨고 허황되는 것을 경계함이며, 『서경』에서 그 꾀를 잘 삼간다고 한 것은 오직 분수에 넘치는 것을 막으려는 것인데, 진실로 그 분수를 따르지 않으면 스스로 뉘우칠 허물을 선택하는 것입니다.

신이 삼가 발해의 원류를 살피건대, 구려가 아직 멸망하지 않았을 때 본래 사마귀처럼 쓸모없는 부락으로서 말갈 족속이었는데, 이들이 번성하여 무리를 이루니 이것이 속말이라고 하는 작은 나라입니다. 일찍이 구려를 따라 (중국)안쪽으로 옮겨졌는데, 그 수령 걸사우와 대조영 등이 무후께서 다스리실 때 영주에서 반란이 일어나자 도망하여 문득 거친 언덕에 의지하고 비로소 진국이라고 칭하였습니다. 그때 구려의 남은 무리와 물길의 잡다한 부류들이 있어서 올빼미 소리는 백산(사람)을 불러 모으고 올빼미의 사나움은 흑수를 두려움에 떨게 하였는데, 처음에는 거란과 나쁜 짓을 하더니 돌궐과 함께 일을 꾸미는 데까지 가서는 만리가 평온한 세상에서 요하를 건너는 수레를 자주 막았으며, 10년이 지나서야 뒤늦게 한에 항복하는 깃발을 펼쳤습니다.

처음에 거처하는 마을을 세우고 와서 도움을 요청하므로 그 추장 대조영에게 신의 나라 제5품 대아찬 벼슬을 주었는데, 나중에 선천 2년(713)에 이르러 바야흐로 큰 조정의 은혜로운 명을 받아 발해군왕에 봉해졌습니다. 이후 점차 분에 넘치는 은혜를 입어 갑자기 신의 나라와 예를 마주하게 되었다고 들었는데, 강후·관영과 같은 반열에 선 것은 차마 말할 수 없는 바이며, 염파·인상여의 화합을 옛 사람이 남긴 훈계로 삼았습니다. 그러나 발해는 걸러낸 모래자갈로서 (신라와는) 구름과 진흙의 구분이 있는데, 삼가 본분을 지키지 않고 오직 위를 해치고자 꾀하며, 소꼬리가 되는 것을 부끄러워하고 용머리가 되기를 바라기에 망령되이 말을 늘어놓고 두려워하거나 꺼리는 게 없으니, 어찌 자리를 떨어져 앉는 의례 때문이겠습니까. 이는 계단을 내려가는 예의를 모르기 때문입니다.

엎드려 생각건대 폐하는 높은 곳에서 신중하시어 멀리까지 훤히 보시니, 신의 나라의 천리마가 혹시 야위었어도 말할 만하고 소가 비록 야위어도 겁낼 게 아니라고 여기셨으며, 저 오랑캐 매가 배부르면서도 높이 날고 쥐가 몸집이 있으면서도 방자하게 욕심내는 것을 살피시어, 함께 산 넘고 물 건너 모시는 것을 길이 허락하시되 갓과 신발을 거꾸로 두지는 못하게 하셨으니, 노나라 관청이 옛것을 그대로 쓴다는 말을 듣는 것이 주나라 천명이 새로워졌음을 증명하는 일인 것과 같습니다.

또한 이름과 위상이 같지 않으면 등급이 있는 것이어서 신의 나라는 중국 벼슬의 가장 높은 품을 받았고 저 오랑캐나라는 『주례』의 하경을 임시로 받았다가 가까운 선조에 이르러 갑자기 두터운 은총을 입었는데도 오랑캐가 만족하지 못하니 요임금과 순임금도 오히려 골치를 앓았을 것입니다. 마침내 등나라가 (큰나라와) 다투는 것에 매달려 스스로 갈왕의 꾸짖음을 취하였으니, 황제폐하께서 지혜로운 생각으로 혼자서 결단하고 뛰어난 글씨로 거부하지 않으셨다면 반드시 무궁화가 많은 곳(신라)의 염치와 겸양은 스스로 가라앉고 싸리나무화살 나라(발해)의 독기가 더욱 성했을 것입니다. 이제 멀리 남월을 편안케 하신 한 문제의 깊은 뜻이 봄처럼 무르녹고, 동조를 없애라는 요청에 대한 위 태조의 아름다운 말씀과 똑같은 깨우침을 주셨으니, 이제부터 팔방의 먼 곳에 조급히 구하는 희망을 끊어버리고 모든 나라에서 망령되게 움직이는 무리가 없어질 것이며, 성립된 규정을 확실히 지키고 어지러운 경쟁은 조용히 사라질 것입니다. 신은 삼가 바다 변방에서 군사를 통솔하는 몸이어서 천자의 조정으로 달려가 배알하지 못합니다. 50

이 표문에는 8세기 초에 신라가 발해를 신하국가로 간주해 발해 고왕에게 제5품 대아찬 관등을 내려줄 정도였으나 9세기 후반에는 어느덧 발해의 국력이 신라보다 강성해졌음을 인정하게 된 정세변화와 발해에 대한 신라인의 미움이 담겨 있다. 그 미움은 단순히 897년에 발해왕자 대봉예大封裔가 당나라 조정에서 외국 사신들이 줄을 설 때 신라 사신보다 발해 사신이 앞줄에 서야 한다고 주장했기 때문이라기보다 오랫동안 경쟁하며 쌓인 불신 때문에 생긴 것이라고 할 수 있다. 그리고 그것은 발해가 고구려를 계승했다고 자처한 것과도 관련이 있을 것이다.

그런데 대조영이 신라의 제5품 대아찬 관등을 받아갔다는 기록은 오직 이 표문에만 있다. 『삼국사기』에는 이 기사뿐 아니라 발해가 건국했다는 기사도 없다. 그럼에도 불구하고 조선 후기에 쓰인 안정복의 『동사강목東史綱目』, 정약용의 『아방강역고我邦疆域考』 「발해속고渤海續考」 등에는 대아찬 관등수수 사건이 언급되어 있으며, 특히 안정복은 효소왕 9년(700)에 일어난 것으로 추정하였다. 역사학계에는 이 무렵 당이 거란을 공격하자 위기감을 느낀 발해 대조영이 신라에 사신을 파견했을 가능성에 대해 긍정적으로 보는 견해가 비교적 많다.

신라와 발해의 직접적인 접촉 내지 관계를 나타내는 기록으로는 733년 가을 7월, 발해가 바다를 건너 당의 등주登州를 공격하자, 당 현종이 성덕왕을 「개부의동삼사 영해군사寧海軍使」로 책봉하고 발해의 남쪽 변방을 치게 했는데, 때마침 큰 눈이 내려 신라군사 중 절반이 넘게 죽었으므로 아무런 전공 없이 돌아왔다는 『삼국사기』 기록이 유일하다. 『구당서』에는 732년에 대무예大武藝(무왕)가 그의 장수 장문휴張文休를 보내 등주를 공격하자 당이 숙위로 와있던 대문예를 파견해 유주幽州 군사를 이끌고 대응하게 하는 한편 신라를 시켜 발해를 치게 했으나 마침 산이 험하고 날씨가 추운 데다 눈이 한길이나 내려 병사의 태반이 얼어 죽었다고 적혀 있다. 신라는 734년에 당에 숙위로 가있던 김충신金忠信을 통해 "말갈을 쳐서 없애겠다"는 뜻을 표문으로 알렸으며, 이에 화답하여 당은 735년 정월에 당나라에 하정사賀

正使로서 갔던 김의충金義忠이 돌아올 때 패강泪江 이남의 땅을 신라에게 준다는 조칙을 발표하였다. 그러나 이후 실제로 신라와 발해가 군사적으로 충돌하는 일은 발생하지 않았다. 다만, 이런 일이 있기 전, 신라가 721년 가을 7월에 하슬라何瑟羅 지역의 장정 2천 명을 징발해서 북쪽 국경에 장성長城을 쌓았다는 『삼국사기』 기록에 비추어보면, 한동안 신라와 발해는 군사적 긴장관계였을 개연성이 있다. 하슬라주 북쪽의 장성은 지금의 원산만 북쪽 함경남도 영흥군과 정평군 경계지점에 위치했던 옛 장성으로 추정된다. 『삼국사기』 지리지에는 경덕왕이 천정군을 정천군으로 이름을 고치고 탄항관문炭項關門을 쌓았다는 기록이 있다. 탄항관문은 지금의 함경남도 문천군 덕원면에 위치했던 것으로 추정하며, 관문을 설치한 시기를 신라에서 지명개정이 시행된 757년경으로 보기도 한다.

『삼국사기』 지리지에는 당나라 사람 가탐賈耽이 8세기 말엽에 편찬한 『고금군국지古今郡國志』를 인용하여 "발해국의 남해南海·압록鴨綠·부여扶餘·책성柵城 4부府는 모두 고구려의 옛 땅이다. 신라 천정군泉井郡에서부터 책성부까지 무릇 39역驛이다"라고 적은 대목이 있다. 신라 천정군은 지금의 함경남도 원산지역에 해당하므로 동해안의 신라 북방 경계지역이라고 할 수 있으며, 책성부는 그 치소가 지금의 중국 길림성 혼춘琿春지역에 있었던 것으로 추정한다. 그러니까 지금의 함경남도 최남단과 함경북도 최북단을 잇는 발해 영역 안의 교통로에 39개의 역참驛站이 있었다는 것인데, 이는 동해안을 따라 신라와 발해 사이를 오가는 사람과 물자가 적지 않았음을 암시한다.

그런데 이른바 39개의 역이 설치된 지금의 함경남도-함경북도를 잇는 교통로는 발해의 남경南京 남해부南海府 관할지역이다. 남경은 지금의 함흥이라는 설과 북청이라는 설이 있는데, 둘 다 39역이 지나는 길목일 개연성이 있다. 마침 『신당서』 발해전에는 "용원(부)의 동남쪽 바닷가는 일본도日本道이고 남해(부)는 신라도新羅道이다"라는 기록이 있어, 남경 남해부가 신라로 통하는 교통로의 발해 거점도시였음을 알 수 있다. 그리고 동해안의 육로를 통해 신라와 발해가 교류·교역했음을 알 수 있다.

일본과의 관계

『삼국사기』에는 670년 12월 "왜국이 이름을 일본으로 바꾸었는데, 스스로 말하길 '해가 뜨는 곳에서 가까우므로 이름으로 삼았다'고 한다"는 기록이 있다. 이는 『신당서』 동이전(일본)의 "함형 원년(670)에 사신을 보내 고려를 평정한 것을 축하하였으며, 나중에 점차 중국어를 배우더니 왜라는 이름을 싫어해 일본으로 이름을 바꾸었다. 사신이 스스로 말하길 '나라가 해가 뜨는 곳에서 가까우므로 이름으로 삼았다'고 한다. 어떤 이는 말하길 '일본은 작은 나라인데 왜가 병합하였으므로 그 이름을 가져다쓰게 되었다'고 하는데, 사신이 사정을 쓰지 않았으므로 의심스럽다"는 기록에서 따 온 것으로 보인다. 그런데 '나라가 해가 뜨는 곳에서 가깝다'라는 표현은 607년 왜국 사신이 수나라에 조공할 때 "그 국서國書에서 '해 뜨는 곳의 천자가 해 지는 곳의 천자에게 편지를 보냅니다. 건강하십니까'운운하니 황제가 읽고 불쾌하여 홍려경鴻臚卿에게 말하길 '남쪽 오랑캐의 글이 무례하니 다시는 (이런 말을) 듣게 하지 말라'고 했다"는 『수서』 기록을 연상시킨다. 그러나 『수서』에 나라 이름을 바꾸었다는 기록은 없다. 『구당서』 동이전에는 왜국전과 일본국전이 함께 실려 있는데, 왜국은 옛 왜노국倭奴國으로서 신라 동남쪽 큰 바다에 있다고 하였고, 일본국은 왜국倭國의 별종으로서 해(태양) 가까이에 있어 일본이라고 했다는 내용이 실려 있다. 일본학계에서는 일본이라는 이름을 텐무天武천황 때(673~686)부터 사용했다는 설과 대보大寶율령을 반포한 701년경부터라는 설이 있다.

『삼국사기』에는 효소왕 때인 698년 3월에 "일본국 사신이 오니 왕이 숭례전崇禮殿에서 만났다"는 기록, 성덕왕 때인 703년에 "일본국 사신이 왔는데 모두 204명이었다"는 기록, 722년 겨울에 "모벌군성毛伐郡城을 쌓아 일본 도적들이 다니는 길을 막았다"는 기록, 731년 여름에 "일본국 병선 3백 척이 바다를 건너 우리 동쪽 변경을 습격하니 왕이 장군에게 명령해 군사를 내어 크게 깨뜨렸다"는 기록, 경덕왕이 즉위한 742년 겨울 10월에 "일본국 사신이 왔는데 받아들이지 않았다"는 기록, 753년 가을 8월에 "일본국 사신이 왔는데, 오만하고 무례하여 왕이 만나지 않자 돌아갔다"는 기록, 애장왕 때인 802년 겨울 12월에 "균정均貞에게 대아찬을 주고 거짓 왕자로 삼아서 왜국에 볼모로 보내려 했으나 균정이 사양하였다"는 기록, 803년 가을 7월에 "일본국과 서로 사신을 보내며 우호를 맺었다"는 기록, 804년 여름 5월에 "일본국이 사신을 보내 황금 300량을 바쳤다"는 기록, 806년 봄 3월에 "일본국 사신이 오니 조원전朝元殿에서 만났다"는 기록, 808년 봄 2월에 "일본국 사신이 오니 왕이 두터운 예로써 대우했다"는 기록, 경문왕 때인 864년 여름 4월에 "일본국 사신이 왔다"는 기록, 헌강왕 때인 878년 8월에 "일본국 사신이 오니 왕이 조원전에서 만났다"는 기록, 882년 여름 4월에 "일본국 왕이 사신을 보내 황금 300량과 밝은 구슬 10개를 바쳤다"는 기록 등이 있다.

나라 이름을 일본으로 바꾸기 전, 왜倭는 664년에 대마도對馬島(쓰시마), 일기도壹岐島(이키노시마), 축자국筑紫國(츠쿠시노쿠니) 등에 군사와 봉화를 배치하고 축자국에 미즈키水城이라는 큰 제방을 쌓았다. 백제부흥군이 항복하고 백강전투에서 살아남은 왜의 수군과 백제유민들이 일본열도로 건너온 직후이므로 나당연합군이 쳐들어올지도 몰라 대비한 것이라고 흔히 해석한다. 665년에는 백제 유민들을 왕도 근처에 정착시키는 한편 일부를 축자국으로도 보내 오오노죠大野城와 키죠椽城를 쌓게 하였다. 그리고 가을 9월에 당唐의 사신단이 왜를 방문하자 왜는 겨울 10월에 왕도에서 가까운 곳에서 군대 사열을 크게 벌였다. 당 사신단은 12월에 돌아갔는데, 이때 왜의 사신단도 따라갔다. 668년 가을 9월에는 신라의 급찬級飡 김동엄金東嚴을 비롯한 사신단이 오자 대각간 김유신에게 선물하는 배 1척과 신라왕에게 공물을 실어 보내는 배 1척을 주었는데, 공물 내용은 비단 50필, 솜 500근, 가죽 100매였다. 신라 사신단은 겨울 11월에 돌아갔다. 이때의 사신단 임무에 대해서는 왜국이 고구려를 지원하지 못하도록 견제하기 위해서라는 설과 신라가 당에 대항하기 위해 왜국과의 긴장을 해소하고 협력을 얻으려는 의도였다는 설이 있다. 669년 9월에는 신라의 사찬沙飡 독유督儒 등이 특산물調을 바쳤으며, 671년 겨울 10월에는 사찬 김만물金萬物 등이 특산물을 바치니 11월 29일 신라왕에게 비단絹 50필, 거친 비단絁 50필, 솜 1,000근, 가죽 100매를 주었다고 한다. 이러한 기록은 모두 『일본서기』에 실린 것이다. 이 무렵 당나라도 왜국의 사신이 돌아가는 길에 곽무종郭務悰을 비롯한 사신단 6백여 명과 송사送使 사택손등沙宅孫登을 비롯한 1,400명 등 2천여 명을 배 47척에 태워 보냈는데, 여기에는 전쟁포로들이 많이 포함되었을 것으로 추정한다. 곽무종은 웅진도독부 소속으로서 664년 5월에도 왜국에 파견된 적이 있는 인물이기 때문이다. 곽무종 일행이 왜국에 머물 때 텐지天智천황이 죽었는데, 뒤를 이어 즉위한 텐무천황은 672년 여름 5월에 곽무종 일행이 돌아갈 때 거친 비단 1,673필, 베 2,852단, 솜 666근 등을 주었다. 이로써 국제전쟁이 일어날 가능성은 매우 낮아졌다. 신라 사신의 관등이 제8위인 사찬 또는 제9위 급찬으로서 비교적 낮다는 점이 주목된다.

『속일본기』에는 몬무文武천황 때인 697년 겨울 10월 28일에 "신라 사신 일길찬 김필덕金弼德과 부사 나마 김임상金任想 등이 와서 조공했다"는 기록, 11월 11일에 여러 대신들을 육로와 해로로 보내 신라사신을 츠쿠시筑紫에서 맞았으며, 이듬해 정월 초하루에 천황이 대극전大極殿에서 문무백관과 신라 조공사를 조회하고 3일에 신라사신이 특산물을 바쳤다는 기록, 정월 17일에 "신라의 공물을 여러 신사에 바쳤다"는 기록, 19일에 "직광삼直廣參 하지스쿠네우마테土師宿禰馬手를 보내 신라의 공물을 대내산릉大內山陵(텐무천황릉)에 바쳤다"는 기록, 2월 3일에 "김필덕 등이 자기 나라로 돌아갔다"는 기록 등이 일지처럼 기록되어 있다. 직광삼은 일본의 48품계 중 제14위에 해당하는 관위이다. 또, 700년 5월 13일에는 "직광사直廣肆 사에키스쿠네마로佐伯宿禰麻呂를 신라로 보내는 대사로 임명하고" 그 밖의 소사小使와 관리들을 임명했다는 기록, 겨울 10월 19일에 사신단이 "신라로부터 돌아와서 공작새와 진귀한 물건을 바쳤다"는 기록, 11월 8일에 "신라사신 살찬 김소모金所毛가 와서 모왕母王(효소왕의 어머니)이 돌아가셨다고 알렸다"는 기록, 701년 정월 14일에 "신라대사 살찬 김소모가 죽으니 거친 비단 150필, 솜 932근, 베 100단을 주고, 소사小使 급찬 김순경金順慶과 노잡이 이상에게 녹봉을 차등 있게 주었다"는 기록, 703년 정월 9일에 "신라국이 살한薩韓 김복호金福護, 급한級韓 김효원金孝元 등을 보내 국왕이 돌아가셨다고 알려왔다"는 기록, 윤4월 1일에 난파관難波館에서 신라사신을 위해 잔치를 벌이고 천황이 신라사신 김복호 등에게 베와 비단을 선물로 주었다는 기록, 5월 3일에 "조난당한 신라인을 복호 등에게 딸려 고향으로 가게 했다"는 기록, 9월22일에 "종5위하 하타노아소미히로타리波多朝臣廣足를 신라로 보내는 대사로 임명했다"는 기록, 겨울 10월 25일에 신라로 가는 사신단에게 옷을 내려주고 "신라왕에게 무늬비단 2필, 거친 비단 40필을 주었다"는 기록, 704년 8월 3일에 신라에 갔던 사신단이 돌아왔다는 기록 등이 있다. 이후 705년 10월에 일길찬 김유길金儒吉, 709년 3월에 김신복金信福, 714년 11월에 중아찬重阿湌 김원정金元靜, 719년 5월에 급찬 김장언金長言, 721년 12월에 일길찬 김건안金乾安, 723년 8월에 한나미韓奈麻 김정숙金貞宿, 726년 5월에 살찬 김조근金造近, 732년 정월에 한나마 김장손金長孫, 734년 12월에 급벌찬 김상정金相貞 등이 신라 대사로서 일본을 방문한 기록이 『속일본기』에 실려 있다.

그런데 735년 2월 27일에 신라사 김상정 일행이 일본 조정에 들어갔을 때 나라 이름을 갑자기 왕성국王城國으로 바꿨다고 해서 되돌려 보내는 일이 발생했다. 그리고 737년 2월에 신라로 떠났던 일본사신단이 2월에 돌아와서 "신라국이 늘 해오던 예법을 잃고 사신의 뜻을 받지 않았습니다"고 아뢰니 5위 이상과 6위 이하의 관인 총 45인을 내리內裏로 불러 의견을 말하게 했다고 한다. 738년에는 정월에 신라

사신 급찬 김상순金想純 등 147명이 다자이후太宰府에 왔다는 보고가 있었는데, 6월에 사신을 다자이후로 보내 잔치를 베풀고 곧 돌려보냈다. 이어서 일본이 740년 4월에 신라로 사신단을 보냈는데, 9월에 배가 나가토노쿠니長門國에 정박해 있음을 알고 물건을 그곳에 보관하라는 명령을 내렸다고 한다. 이는 사신단이 신라로 가져간 예물을 주지 못하고 돌아왔다는 뜻으로 볼 수 있다. 사신단의 귀국 보고는 10월에 이루어졌다. 742년 2월 3일에는 다자이후가 신라사신 사찬 김흠영金欽英 등 187명이 왔다고 보고하였는데, 2월 5일에 새로 짓는 궁궐이 아직 완성되지 않았다는 이유로 태재부에서 잔치를 베푼 뒤 돌려보냈다. 743년 3월 6일에는 신라사신 살찬 김서정金序貞 등이 왔는데, "조調를 토모土毛라고 개칭하고 서書에는 물건 숫자만 기록하였는데, 옛 사례를 살펴보니 늘 해오던 예법과 크게 다른 것"이라는 보고가 있자 곧 되돌려 보내라고 하였다. 모두 『속일본기』에 실린 내용이다.

752년 윤3월 22일 다자이후가 신라왕자 한아찬韓阿湌 김태렴金泰廉, 공물을 바치는 사신 김훤金暄, 왕자를 보필하는 사신 김필언金弼言 등 7백여 명이 7척의 배를 타고 와서 머물고 있다고 일본조정에 알렸다. 이후 6월 14일에 신라왕자 김태렴이 코우켄孝謙천황을 만나 방물을 바쳤으며, 17일에 조당朝堂에서 연회를 베풀며 코우켄천황이 "이제부터는 국왕이 직접 오도록 하고 만일 다른 사람이 온다면 반드시 표문表文을 가지고 오도록 하라"고 말했다고 한다. 이 기록을 통해 그동안 일본이 주장한 '늘 해오던 예법'이란 신라가 당나라에게 조공외교할 때의 형식을 가리킨다는 것을 알 수 있다.

754년 정월 30일에 당나라에 갔던 일본사신 오오토모코마로大伴古麻呂가 코우켄천황에게 "대당 천보 12년(753) 계사년 정월 초하루 계묘에 모든 신하와 여러 오랑캐나라가 새해를 축하하는데, 천자가 봉래궁 함원전에서 조회를 받았습니다. 이날 우리는 서반 두 번째로서 토번 아래였고 신라사신은 동반 첫 번째로서 대식국 위였는데, 코마로가 따져 말하길 '옛부터 지금까지 신라가 대일본국에 조공한지 오래되

없는데 지금 동반 위에 서있고 우리는 거꾸로 그 아래에 있으니 이치에 맞지 않다'고 하였습니다. 이때 장군 오회실이 코마로가 수긍하지 않는 기색을 보고 신라사신을 서반의 두 번째인 토번 아래로 데려가고 일본사신을 동반 첫 번째인 대식국 위에 두었습니다"고 아뢰었다고 한다.[5] 753년은 8월에 일본사신이 신라에 왔는데 오만하고 무례하다고 경덕왕이 만나지 않았다는 해이다.

일본 규슈의 다자이후太宰府유적

신라와 일본의 외교 갈등은 군사적 충돌로 이어질 수도 있었다. 일본에서는 흔히 신라정벌계획이라고 불렀다. 759년 6월 18일에 일본 준닌淳仁 천황이 "다자이후太宰府에 행군식行軍式을 만들라고 명령하였는데, 장차 신라를 치려고 했기 때문"이라고 한다. 8월 6일에는 후쿠오카지역에 위치한 신사 카시이뵤香椎廟에 신라를 공격하려는 상황을 아뢰었으며, 9월 19일에는 "배 5백 척을 만들게 하였는데 북륙도北陸道의 나라들 89척, 산음도山陰道의 나라들 145척, 산양도山陽道의 나라들 161척, 남해도南海道의 나라들 105척이며, 모두 한가한 달에 만들고 3년 안에 공사를 마치도록 하였다. 신라를 정벌하기 위해서였다"는 기록이 있다. 760년 9월 16일에 신라의 사신 급찬 김정권金貞卷 등이 일본 풍속과 언어를 배울 학어學語 2명을 데리고 왔는

---

5   丙寅 副使大伴宿祢古麻呂自唐国至 古麻呂奏曰 大唐天宝十二載 歳在癸巳正月朔癸卯 百官諸蕃朝賀 天子於蓬莱宮含元殿受朝 是日 以我次西畔第二吐蕃下 以新羅使次東畔第一大食国上 古麻呂論曰 自古至今 新羅之朝貢大日本国久矣 而今列東畔上 我反在其下 義不合得 時将軍呉懐実見知古麻呂不肯色 即引新羅使次西畔第二吐蕃下 以日本使次東畔第一大食国上.(『續日本紀』권19 天平勝寶 6년)

데, 사람을 보내 이유를 물은 뒤 "사신의 지위가 낮아 손님으로 대접할 수 없으니, 마땅히 바로 돌아가 너희 본국에 알려서 단독으로 결정할 수 있는 사람, 충실하고 믿음직한 예의, 예전과 같은 특산물, 분명하고 믿을 수 있는 말 등 4가지를 갖춘 뒤 와서 조공하라"고 하였다. 761년 정월 9일에는 "미노美濃·무사시武藏 2국의 소년에게 명하여 나라마다 20명씩 신라어를 배우게 하였는데, 신라를 정벌하기 위해서였다"고 한다. 그리고 762년 11월 16일에 "카시이뵤에 제물을 바치고 신라를 정벌하기 위해 군사를 훈련시켰다"고 한다. 763년 2월 10일에는 신라로부터 사신 급찬 김체신金體信 등 211명이 와서 예전의 사신들과 마찬가지로 "국왕의 지시敎를 받들어 오직 특산물調을 바칠 뿐 나머지 일에 대해서는 알지 못하오"라고 말하였는데, "건정관乾政官의 처분으로 이번 사신은 경도京都로 불러들여 늘 하던 대로 대우하겠으나" "이제부터는 왕자가 아니면 집정대부執政大夫 등이 오게 하라"고 하였다. 764년 7월 19일, 신라사신 대나마 김재백金才伯 등 91명이 하카타노츠博多津에 이르러 신라에 머물고 있는 당나라 사신 한조채韓朝彩의 말을 전하였는데, 이때 마중하던 키노우시카이紀牛養 등이 "요새 그쪽 나라에서 귀화한 백성들이 말하길 '본국이 군사를 보내 경비하고 있는데, 이는 일본국이 와서 죄를 물을까봐서입니다'라고 하니, 그것이 사실인가"라고 물었고, 김재백 등이 "당나라가 어지럽고 해적이 빈번해서 군사를 징발해 변방을 지키는데, 이는 국가의 대비이며 거짓은 아니오"라고 대답하였다. 『삼국사기』에는 762년 "여름 5월에 오곡五谷·휴암鵂巖·한성漢城·장새獐塞·지성池城·덕곡德谷 6성을 쌓고 각각 태수를 두었다"는 기록이 있는데, 이러한 일을 가리킨 말일 수도 있다. 신라가 6성을 쌓은 지역은 모두 지금의 황해도지역으로서 발해와의 접경지역에 해당한다. 그러나 이후 일본의 신라침공계획에 대한 기록은 보이지 않는다. 이에 신라가 삼국통일을 추진하던 시기와 나당전쟁시기에 일본과의 관계를 우호적으로 만들려고 낮은 자세로 외교하였다가 정국이 안정된 8세기 중엽에 정상적인 외교관계로 되돌리려는 과정에서 외교적 갈등이 발생했다는 견해가 있으며, 일본의 신라침공계획도 실행하려는 의도보다 위협하려는 의도가 더 컸다고 해석하는 견해도 있다.

한편, 일본에서 신라침공계획을 세우고 준비하던 시기에 상당수의 신라사람들이 일본열도로 건너갔다는 점이 주목된다. 대체로 8세기 중엽에 일어났던 극심한 기근의 여파로 추정되는데, 758년 8월 24일에 "귀화한 신라승 32인, 비구니 2인, 남자 19인, 여자 21인을 무사시武藏국의 노는 땅으로 옮겼으며, 이에 비로소 신라군을 두었다"는 기록과 759년 9월 4일 "다자이후에 조서를 내려 근래 신라에서 귀화하는 배가 끊이지 않는데, 부역의 고통을 피해서 (조상)무덤이 있는 고향에서 멀리 달아났으니 그 뜻을 생각하면 어찌 뒤돌아보고 바뀌는 게 없겠는가. 마땅히 두 번, 세 번 물어보아 돌아가길 원하는 자는 식량을 주고 돌려보내라고 하였다"는 『속일본기』 기록이 이를 시사한다.

4) 신라 하대의 혼란과 국가멸망

골품제의 붕괴

780년은 신라 제36대 혜공왕이 왕위에 오른 지 16년이 되던 때이다. 당시 그의 나이는 23세였는데, "음악과 여자에게 빠져 나돌아 다니며 절도가 없어서 기강이 문란해지고 재난과 이변이 자주 나타났으며 인심이 등을 돌려 나라가 위태로웠다"고 한다. 이에 "이찬 김지정金志貞이 반란을 일으켜 무리를 모아서 궁궐을 에워싸고 침범하였는데, 여름 4월에 상대등 김양상金良相과 이찬 경신敬信이 군사를 일으켜 지정 등을 죽였으나 왕과 왕비는 반란군에게 살해되었다"는 기록이 『삼국사기』에 있다. 그러나 『삼국유사』에는 "어린 왕小帝은 이미 여자였다가 남자가 되었으므로 돌날부터 왕위에 오를 때까지 늘 여자들이 하는 놀이를 하고 비단주머니를 차고 다니기를 좋아하며 도류道流와 어울려 놀았다. 그래서 나라가 크게 어지러웠으며 끝내 선덕(왕)과 김양상(김경신을 잘못 적은 것)에게 죽임을 당하였다"는 기록이 있다. 이에 혜공왕을 따르는 김지정이 군사를 일으켜 당시 실권자이던 김양상·김경신에게 대항했다가 실패하였다고 보는 견해가 유력하다.

제37대 선덕왕宣德王은 즉위하자마자 이찬 김경신을 상대등에 임명하였다. 이에 선덕왕 때의 정국을 귀족 연합으로 보기도 한다. 선덕왕은 785년 봄 정월에 병으로 죽었는데, "죽은 뒤에는 불교 규칙에 따라 불태워서 뼈를 동쪽 바다에 뿌리라"고 유언하였다. 왕위는 상대등이던 김경신이 이어받았다. 『삼국사기』와 『삼국유사』에는 선덕왕에게 아들이 없었으므로 조카인 김주원金周元을 여러 신하들이 추대했는데, 왕경에서 북쪽으로 20리 떨어진 곳에 살던 김주원이 때마침 내린 비 때문에 알천閼川을 넘지 못하자, 여러 사람들이 하늘의 뜻은 상대등 김경신에게 있다면서 갑자기 추대하였고, 즉위한 뒤 비가 그쳤다는 기록이 있다. 이를 신라의 왕위계승에서 무력이 혈통을 압도한 것이라고 해석하기도 한다.

제38대 원성왕元聖王은 즉위하자마자 아버지부터 고조할아버지까지 4대를 모두 대왕으로 추봉하고, 시조대왕, 태종대왕, 문무대왕, 그리고 할아버지와 아버지를 5묘廟로 삼았다. 788년에는 처음으로 독서삼품과讀書三品科를 제정하였는데, "춘추좌씨전春秋左氏傳 및 예기禮記 및 문선文選을 읽어서 그 뜻에 능통하고 『논어論語』·『효경孝經』에 밝은 자를 상품上으로 하고, 『곡례曲禮』·『논어』·『효경』을 읽은 자를 중中으로 하고, 『곡례』·『효경』을 읽은 자를 하下로 하는데, 만약 5경經·3사史·제자백가서諸子百家書에 두루 통하는 자는 등급을 뛰어넘어 등용하였다. 전에는 단지 활쏘기로 사람을 뽑았는데, 이때에 이르러 고친 것이다"라고 『삼국사기』에 적혀 있다. 원성왕은 798년 12월 29일에 죽었으며, 유언에 따라 봉덕사奉德寺 남쪽에서 널을 불태웠다고 한다.

원성왕의 손자 김준옹金俊邕이 뒤를 이어 즉위하였으나 2년째에 갑자기 죽어 시호를 소성昭聖으로 하였으며, 그 뒤를 이어 800년 6월 소성왕의 태자 청명淸明이 13세에 즉위하였다. 제40대 애장왕哀莊王이다. 애장왕은 801년에 "태종대왕과 문무대왕의 사당을 따로 세우고, 시조대왕과 왕의 고조부 명덕대왕, 증조부 원성대왕, 할아버지 혜충대왕, 아버지 소성대왕으로 5묘를 삼았다. 재위 10년째인 809년 가을 7월에 왕의 숙부 김언승金彦昇과 김제옹金悌邕이 군사를 거느리고 궁궐로 들어가 왕과 그의 아우를 죽였다. 그리고 김언승이 왕위에 오르니, 제41대 헌덕왕憲德王이다.

822년 3월에는 "웅천주 도독 헌창憲昌이 그의 아버지 주원이 왕이 되지 못한 것을 이유로 반란을 일으켜 나라 이름을 장안長安이라 하고 연호를 만들어 경운慶雲 원년이라고 하였으며, 무진주·완산주·청주·사벌주 4주의 도독과 국원경·서원경·금관경의 벼슬아치 및 여러 군현의 수령들을 위협해 자기에게 속하게 하였다. 청주 도독 향영이 몸을 빼서 추화군으로 달아나고 한산주·우두주·삽량주·패강진·북원경 등은 헌창의 역모를 미리 알고 군사를 일으켜 스스로 지켰다"고 한다. 이에 헌덕왕은 장수 8명을 뽑아 왕도를 8방으로 지키게 하고 군사를 출동시켜 김헌창의 군대를 격파하고 반란을 진압하였다. 825년 봄 정월에는 김헌창의 아들 범문梵文이 고달산高達山에서 도적 100여 명과 함께 반란을 일으켜 평양에 도읍을 세우고자 북한산주를 공격하였다가 붙잡혀 죽었다. 826년 겨울 10월에 헌덕왕이 죽고, 아우 김수종金秀宗이 즉위하였다. 제42대 흥덕왕興德王이다.

828년 여름 4월에 당나라에서 돌아온 궁복弓福이 흥덕왕으로부터 군사 1만 명을 받아 청해진淸海鎭을 만들고 청해대사淸海大使가 되었다. 궁복은 궁파弓巴로도 적혀 있으며, 중국·일본의 사료에는 흔히 장보고張保皐 또는 장보고張寶高로 적혀 있다. 청해진을 통해 궁복(장보고)은 당시 성행하던 해적을 소탕하고 해상무역을 장악함으로써 큰 세력을 이루었다. 『삼국사기』에는 이 해에 "당에 갔다가 돌아온 사신 김대렴이 차茶나무 씨앗을 가져오니 왕이 지리산에 심게 하였다. 차는 선덕왕善德王 때부터 있었으나 이때에 이르러 성행하였다"는 기록이 있다.

836년 12월에 흥덕왕이 재위 11년 만에 죽고 김제륭金悌隆이 즉위하였다. 제43대 희강왕僖康王이다. "흥덕왕이 죽자 사촌아우 균정과 (다른)사촌아우의 아들 제륭이 모두 임금이 되고자 하였다. 이에 시중 김명金明과 아찬 이홍利弘·배훤백焙萱伯 등은 제륭을 받들고 아찬 우징은 조카 예징禮徵 및 김양과 함께 아버지 균정을 받들었는데, 한꺼번에 궁궐로 들어가 서로 싸우다가 김양이 화살에 맞아 우징 등과 함께 도주하고 균정은 살해되었다. 그런 뒤에 제륭이 즉위할 수 있었다"고 한다. 희강왕은 837년 봄 정월에 시중 김명을 상대등으로 삼았다. 이에 김우징은 처자식과 함께 청해진으로 가서 궁복(장보고)에게 의탁하였고, 균정의 매부인 아찬 예징과 아찬 양순良順도 김우징에게 갔다. 838년에는 "봄 정월에 상대등 김명과 시중 이홍 등이 군사를 일으켜 반란하여 왕의 측근을 죽이니 왕이 자신이 온전할 수 없음을 알고 궁궐 안에서 목매어 죽었다"고 한다. 이에 김명이 즉위하였으나, 곧 김우징과 김양, 그리고 청해진 대사 궁복으로부터 군사 5천 명을 나누어 받은 정년鄭年의 군대에게 대패하고, 이듬해인 839년 봄 정월에 잡혀 죽었다. 이에 여러 신하들이 예를 갖추어 장사지내고, 시호를 민애閔哀라고 하였다.

김우징이 왕위에 올랐으나 반년 뒤인 7월 23일에 병으로 죽으니, 시호를 신무神武라고 하였다. 신무왕의 아들 경응慶膺이 즉위하였다. 제46대 문성왕文聖王인데, 즉위한 뒤 8월에 청해진대사 궁복을 진해鎭海장군으로 삼았으며, 이듬해 봄 정월에는 예징을 상대등으로 삼았다. 그리고 845년 봄 3월에 청해진대사 궁복의 딸을 아내로 맞아 둘째 왕비로 삼으려 했으나, 조정의 신하들이 섬사람의 딸이 왕실의 배필이 될 수는 없다면서 반대해 무산되었다. 그러자 846년 봄에 궁복이 청해진에서 반란을 일으켰는데, 문성왕이 자객 염장閻長을 보내 궁복을 죽이고 반란을 진압하였다. 851년 봄 2월에는 청해진을 폐지하고 사람들을 벽골군으로 옮겼다.

이처럼 8세기 후엽부터 9세기 전반기까지 왕위계승 다툼이 빈번하게 일어났다. 혈통보다 정치력과 무력이 우선되는 경향이 있었는데, 그것은 혈통을 무엇보다 중시해온 신라 사회의 오랜 전통과 질서의 기반을 뿌리째 뒤흔드는 혼란을 야기시켰다. 귀족들이 개인적으로 군사를 거느리며 치열하게 다투는 동안 골품제의 모순은 저절로 불거졌다.

골품제의 최대 수혜자인 골족骨族들이 내분을 일으키며 골품제의 원칙을 일부분이나마 스스로 무시하게 되자, 골품제의 제약에 묶여있던 두품족頭品族들의 불만도 불거지기 시작했다. 그들은 이미 골족들의 다툼에 이리저리 동원되면서 골품제의 한계와 모순을 크게 느꼈을 터인데, 당대 최고의 지식층을 형성한 육두품의 고민과 불만은 더욱 컸을 것이다. 육두품은 아무리 큰 공을 세워도 제5위 대아찬大阿湌이 될 수 없었다. 중아찬重阿湌, 삼중아찬三重阿湌, 사중아찬四重阿湌으로 진급될 뿐이었다. 오두품의 진급 상한선인 제10위 대나마大奈麻는 구중대나마九重大奈麻까지 있었고, 제11위 나마奈麻는 칠중나마七重奈麻까지 덧붙여졌다.

육두품은 정부의 각 부서에서 차관卿 이상의 지위로는 오를 수 없었던 반면, 각종 행정과 군사를 직접 관리하는 일이 많았다. 궁복(장보고)이 대표적인 사례이다. 육두품 중에는 당나라에 유학하며 신분제가 상대적으로 개방적인 문화에 익숙해진 사람들이 적지 않았고, 무열왕계와 김유신계의 일부처럼 진골에서 강등한 육두품도 있었다. 이들 중 상당수가 신라의 신분제에 실망해 은둔하거나 반발하였는데, 이름 높은 문장가 최치원은 가족과 함께 가야산 해인사로 은거하였고, 893년에 당나라 빈공과에서 급제하였던 최승우崔承祐는 귀국한 뒤 후백제를 세운 견훤甄萱의 신하가 되었으며, 885년 18세에 당나라로 건너가 공부하고 빈공과에 급제한 뒤 42세에 귀국한 최언위崔彦撝는 신라에서 집사시랑執事侍郎 등을 역임하다가 고려 왕건王建의 신하가 되었다. 하위 귀족층의 한 축인 육두품들의 신라 왕조에 대한 불만과 반항은 신라의 신분질서를 밑바닥부터 흔드는 것이 되었고, 그것은 결국 골품제의 붕괴를 재촉하였다. 그동안 신라사회를 유지하는 데 절대적 기준이 되었던 신분질서 골품제의 붕괴는 곧 고대국가 신라의 멸망을 의미하는 것이기도 하다.

경제질서의 문란

신라의 골품제는 자식이 부모의 지위를 그대로 이어받는 것이 기본이었다. 이러한 신분질서는 근거지를 지방에 둔 유력자들에게 더욱 유리한 세습체계를 제공하였다. 중앙에서의 치열한 경쟁과는 별개로 적어도 일정지역에서는 주민들에 대한 우월적 지위를 대대로 누릴 수 있었기 때문이다. 진골귀족 중에는 식읍食邑 또는 녹읍祿邑을 통해 지방에서 세금을 거두고 주민들의 노동력을 이용하며 우월적 지위를 누린 사람이 적지 않았다. 그리하여 왕권이 강해진 신문왕 때(689년) 녹읍제를 폐지함으로써 국가지배력을 강화하였으나, 경제기반이 흔들리게 된 귀족들의 꾸준한 반발로 경덕왕 때(757년)에 다시 녹읍제를 부활시켰다.

귀족들의 식읍과 녹읍은 왕권이 강하고 정국이 안정되었을 때에는 크게 문제되지 않았다. 그러나 왕권과 공권력이 약해져 귀족세력을 통제하기 어려워지자, 귀족들이 국가로부터 받은 녹읍을 사유화하거나 대규모 전장田莊을 경영하기 시작했다. 귀족들이 사유화한 튼튼한 경제기반은 대규모 사병私兵을 거느리는 데까지 이어졌다. 그리고 그것이 반란과 정권 쟁탈의 근거가 되었다.

지방의 유력자들은 국가로부터 받은 땅을 관리하는 일에 그치지 않고 자신의 통제 아래 생활하는 사람들을 이용해 새로이 간척사업을 벌임으로써 전장·농장을 확대하는가 하면 권력을 이용해 일반 농민의 토지를 강제로 빼앗거나 고리대금업에 나서는 경우도 있었다. 한편으로는 중앙정부의 통제력이 약해진 곳에서 세금을 납부하지 않아 국가재정이 빈곤해지는 원인을 제공하였다.

불교 사찰의 대토지 소유도 신라의 국가재정을 빈곤하게 만드는 원인이 되었다. 불교를 신봉한 신라의 왕실과 귀족들은 종종 자신들의 재산을 사찰에 희사함으로써 복을 구하였는데, 이를 통해 대토지를 소유하고 많은 노비를 거느리는 대규모 사찰이 곳곳에서 생겨났다. 이에 문무왕이 664년 가을에 "사람들이 마음대로 재화와 토지를 절에 시주하는 것을 금지"시켰으며, 애장왕도 806년에 "불교 사찰을 새

감은사지 동서삼층석탑   해인사(경북 합천)

로 짓는 것을 금지하고, 수리하는 것만 허락한다. 수놓은 비단을 불교 행사에 쓰는 것과 금·은으로 만든 그릇을 쓰는 것을 금지하니, 마땅히 담당 관청이 널리 알려 시행하라"고 지시하였다. 세금 면제 혜택을 받는 사찰이 필요 이상으로 비대해지는 것을 경계한 조치로 보인다. 그러나 이 명령은 제대로 지켜질 수 없었다. 왕부터 어겼기 때문이다. 『삼국유사』에는 감은사感恩寺에 전하는 기록을 인용하여 "문무왕이 왜병을 진압하고자 해서 이 절을 지었는데, 끝마치지 못하고 돌아가서서 바다의 용이 되니, 그 아들 신문이 즉위하여 개요 2년(682)에 마쳤다"고 적힌 대목이 있다. 애장왕도 사찰 창건 금지 명령을 내리기 4년 전 802년에 이미 해인사海印寺를 짓기 시작하였던 것이다. 『삼국사기』에는 애장왕 3년 8월 "가야산에 해인사를 창건하였다"라고만 적혀 있지만, 『동문선』에 실린 최치원의 「해인사선안주원벽기海印寺善安住院壁記」에 따르면 해인사는 당나라에서 교敎와 선禪을 익히고 온 승려 순응順應이 성목왕태후聖穆王太后의 도움을 받아 창건하였고 이후 승려 이정利貞이 작업을 계승하였다. 성목왕태후는 소성왕의 어머니이자 애장왕의 할머니이다. 이처럼 거대한 절들은 막대한 재산을 지키기 위해 승려들로 구성된 군대를 거느렸으며 귀족들의 다툼에 동원되기도 하였다.

지방세력의 대두와 백성 봉기

9세기에 사회 혼란이 계속되자 신라의 중앙세력과는 특별한 연계 없이 지방에서 나름대로 영향력을 행사하며 독립세력을 형성한 사람들이 나타났다. 그 중에는 한때 중앙에서 활동하다가 몰락한 뒤 지방으로 내려온 귀족 출신들도 있었지만, 군태수 또는 현령縣令으로 재직하던 중 중앙의 힘이 약해지자 아예 그 지방에 뿌리를 내리고 독립한 지방관, 그리고 토박이세력가土豪도 적지 않았다. 토박이세력가는 비록 관직이 없지만, 군·현의 행정질서 속에서 크고 작은 자연촌락을 통제하는 역할을 대대로 해왔기에 촌주村主라고 불리기도 했다.

중앙에서 왕위 다툼으로 공권력이 크게 약해지자 지방의 세력가들은 점차 독립하여 사병을 거느리고 해당지역에 대한 소유권을 주장하기에 이르렀다. 그들은 근처에 위치한 성城을 수리하거나 새로 성을 쌓은 뒤 스스로 △△성주城主 또는 △△장군將軍이라 칭하면서 중앙정부의 명령에 공공연히 저항하였다. 일부는 중앙정부의 조직을 흉내 내어 독자적인 행정조직을 갖추기도 하였는데, 상대등을 연상시키는 당대등堂大等을 비롯해 대등大等, 병부兵部, 창부倉部 등의 관직 및 부서 이름을 사용하기도 하였다. 신라 영토 속에 작지만 독립적인 또 하나의 국가를 세운 것이다. 이러한 현상은 9세기 후반부터 급격히 늘어났다.

바다에서는 해상활동을 기반으로 세력을 넓히며 중앙정부에 공공연히 도전하는 사람들도 생겨났다. 9세기 전반기에 지금의 완도에 설치된 청해진에서 막강한 세력을 형성했던 궁복(장보고)이 대표적인 인물이다. 그는 자신의 도움을 받고 즉위한 신무왕의 아들 문성왕에게 자신의 딸을 둘째 왕비로 시집보내려 했다가 조정 관료들의 반대로 무산되자 846년에 반란을 일으켰으며 자객에게 암살되었다. 이 사건은 이제 중앙정부가 반란을 진압할 때 군대가 아닌 자객을 쓸 정도로 공권력이 약해졌음을 단적으로 드러낸 것이었다. 9세기 후반기에는 경기만 일대에서 지금의 개성지역을 근거로 삼아 작제건作帝建과 그의 아들 용건龍建이 상당한 해상세력을 형성하였고, 그것을 나중에 왕건王建이 물려받았다.

10세기 초 지금의 진주지역에서 독립세력을 유지한 왕봉규王逢規도 해상세력으로 분류된다. 왕봉규는 원래 지금의 의령지역을 근거지로 세력을 키운 인물인데, 중국의 『신오대사新五代史』 후당後唐본기에는 924년 봄 정월 11일에 "신라국왕 김박영金樸英과 그곳 천주절도사泉州節度使 왕봉규王逢規가 모두 사신을 보내왔다"는 기록이 있다. 『삼국사기』에도 경명왕 8년(924) 봄 정월에 "사신을 후당으로 들여보내 조공하였는데, 천주절도사 왕봉규도 사신을 보내 특산물을 바쳤다"는 기록이 있다. 이에 신라 중앙정부가 왕봉규의 도움을 받아 사신을 후당에 보낸 것으로 해석하기도 한다. 『삼국사기』에는 경애왕景哀王 때인 927년 3월에 "후당의 명종明宗이 권지강주사權知康州事 왕봉규를 회화대장군懷化大將軍으로 삼았다"는 기록과 여름 4월에 "지강주사知康州事 왕봉규가 사신 임언을 후당에 들여보내 조공하니 명종이 중흥전中興殿으로 불러 대접하고 물품을 내려주었다"는 기록이 있다.

이렇듯 해상세력이 득세할 수 있었던 데에는 당시 신라의 발달한 조선술造船術과 활발한 대외무역이 기반으로 작용하였을 것이다. 그러나 국경 수비를 담당하고 해적으로부터 신라인을 보호하려고 설치한 군진軍鎭이 본래의 기능을 잃고 마비되거나 사병화하면서 더 큰 문제를 일으켰다. 658년경 삼척지역에 설치된 북진北鎭은 나중에 기능을 잃은 뒤 궁예弓裔세력에게 흡수되었고, 782년경 황해도지역에 설치한 패강진浿江鎭의 군사들은 나중에 대체로 왕건의 휘하로 들어갔다. 828년에 설치된 완도의 청해진, 829년에 설치된 경기 화성지역의 당성진唐城鎭, 846년에 설치된 강화도 혈구진穴口鎭 등도 모두 정쟁에 휘말려 폐지되거나 기능이 마비된 채 사병으로 전락하였다.

이처럼 지방에서 각종 세력이 반란을 일으키거나 독립하게 되자, 신라의 왕실과 중앙정부는 공민公民 감소, 세금수입 감소라는 막대한 인적·물적 손실을 입게 되었다. 신라 왕실과 중앙 귀족들은 재정적 어려움을 해소하기 위해 통제를 받고 있던 일반 농민들에게 더 많은 부담을 요구하고, 그로 인해 고향을 떠나 유랑하거나 도적으로 나서는 사람, 그리고 세력가 및 사찰의 노비 등으로 자진해서 들어가는 사람들이 늘어났다. 세력가들 사이의 전쟁과 전투는 농민들에게 큰 상처를 남기는 일이기도 하였다.

부자는 더욱 부유해지고富益富 가난한 사람은 더욱 가난해지는貧益貧 세상이라고 느낀 사람들이 살던 곳을 떠나 도적이 되는 경우가 많았는데, 889년경 상주지방에서 원종元宗과 애노哀奴가 주도한 반란이 대표적인 사례이다. 이 반란은 곧 진압되었지만, 원주·강릉 등지에서 양길梁吉과 궁예弓裔, 이천·안성지역에서 기훤箕萱, 전주·광주지역에서 견훤甄萱 등이 각각 도적이 된 무리를 이끌고 군사활동을 하는 계기를 마련해 주었다.

사상·종교와 혹세무민

불교는 그 신앙과 전도 방식에 따라 경전·교리를 중시하는 교종教宗과 참선을 중시하는 선종禪宗으로 나뉜다. 종래 신라에서는 왕실과 귀족들의 비호 속에서 교종, 특히 화엄종華嚴宗이 장기간 교세를 떨쳤는데, 화엄종의 교리 속에 왕즉불王卽佛사상·윤회전생輪廻轉生사상 등 왕과 귀족들의 입지를 강화시켜주는 요소가 있었기 때문으로 보기도 한다. 왕즉불사상은 '왕이 곧 부처'라는 입장이기에 왕권 강화에 매우 큰 도움을 주며, 윤회전생사상은 '전생의 업보에 따라 태어난다因果應報'는 입장이기에 낮은 신분으로 태어난 사람들이 현재의 악조건을 자신의 숙명으로 받아들여 불이익을 감수하는 효과를 발휘한다는 것이다.

그런데 7세기경 신라에 전래된 선종이 처음에는 별다른 호응을 얻지 못하다가 하대에 들어와서 왕권이 약해지고 사회의 불안 요소가 늘어나자 지방세력을 중심으로 유행하기 시작했다. 다분히 개인주의적 성향이 강한 선종의 요점은 불립문자不立文字와 견성오도見性悟道로 정리할 수 있는데, 불립문자는 '문자에 얽매이지 않는다'는 뜻으로서 복잡한 교리를 무시 또는 부정하는 말이며, 견성오도는 '자기의 본마음을 찾아 부처의 도리를 깨우친다'는 뜻으로서 인간의 평등성을 암시하는 말이다. 이는 이론에 치우치는 교종을 정면으로 부정하는 신앙방식, 그리고 골품제적 사회질서를 부인하는 혁명적 논리로 쓰이기 시작했다. 기존 질서를 부인하는 혁명적 성격 때문에 선종은 특히 지방 호족들의 지원을 받으며 그들에게 자립 내지 독립의 당위성을 사상적으로 제공하는 역할을 한 것으로 알려진다.

선종 9산山과 후원세력

산문 이름	중심지	위치	개조開祖	후원세력
가지산迦智山	보림사寶林寺	전남 장흥군 유치면 가지산	도의道義	
실상산實相山	실상사實相寺	전북 남원시 산내면 입석리 지리산	홍척洪陟	
동리산桐裏山	태안사泰安寺	전남 곡성군 죽곡면	혜철惠哲	
봉림산鳳林山	봉림사鳳林寺	경남 창원시 상남면 봉림리	현욱玄昱	김율희金律熙(김해호족)
사자산師子山	흥녕사興寧寺	강원도 영월군 수주면	도윤道允	
사굴산闍堀山	굴산사堀山寺	강원도 강릉시 구정면 학산리 오대산	범일梵日	김주원金周元계, 김순식金順式
성주산聖住山	성주사聖住寺	충남 보령군 미산면 성주리	무염無染	김흔金昕
희양산曦陽山	봉암사鳳巖寺	경북 문경시 가은면 원북리	도헌道憲	심충沈忠·아질미阿叱彌·희필熙弼
수미산須彌山	광조사廣照寺	황해도 해주군 수양산	이엄利嚴	왕건王建

신라 말에 유행한 풍수지리설風水地理說도 중앙세력에 맞서는 지방 호족들의 입지를 강화시켜주었다. 풍수지리설은 땅의 형세를 살펴 순리에 맞는 곳에 집을 짓거나 무덤을 쓰면 당사자와 후손이 복을 받는다는 믿음에서 출발한 것으로서, 백제에서는 6세기경 무령왕릉 등의 무덤을 조영할 때 이미 적용되었고, 신라에서도 7세

보령 성주사지

기경에는 이미 무덤을 만들 때 적용된 사상논리이다. 풍수지리설에서 말하는 명당
은 무덤, 집, 도시 등에 모두 적용되는데, 특히 도시는 국가의 흥망성쇠에까지 연
결되는 것이었다.

　신라 말기에 풍수지리설을 크게 선양한 사람은 불교승려 도선道詵이다. 그는 선
종 9산 중 동리산문桐裏山門에서 수도한 뒤 전국을 돌며 땅 기운地勢의 흥망을 논했
다고 하는데, 특히 개성지역 왕건 가계의 흥성과 고려왕조의 건국을 예언한 것으로
전해진다. 『고려사』에는 도선이 송악松嶽의 용건에게 찾아와 새로 집의 위치를 잡
아주고 앞으로 태어날 아이의 이름을 왕건王建으로 하라고 일러주었으며, 왕건이
17세일 때 다시 찾아와 왕건에게 용병술과 지리에 관한 지식을 가르쳐주었다는 설
화가 실려 있다. 그러나 도선과 왕건의 만남이 실제로 이루어졌는지는 알 수 없다.
다만, 왕건이 고려를 건국하고 새 왕실을 안정시키는 과정에 도선과 풍수지리설은
왕건에게 유리한 정당화·합리화 논리가 되었으며, 신라가 멸망하리라는 예언을 민
간에 유포함으로써 왕건세력이 민심을 얻게 해준 측면이 있다.

고려 건국과 신라 멸망

『삼국사기』「신라본기」에는 진성여왕 때인 891년 겨울 10월에 "북원北原의 도적 우두머리 양길이 그의 부하 궁예를 보내 100여 명의 기병을 이끌고 북원 동쪽 부락 및 명주溟州 관내의 주천酒泉 등 10여 군현을 습격하였다"는 기록이 있다. 그런데 『삼국사기』「궁예열전」에는 신라 헌안왕의 아들로서 버려져 불교승려가 된 궁예가 장성한 뒤 891년에 죽주의 도적 기훤 휘하에 들어갔다가 이듬해에 북원의 도적 양길에게 의탁한 것으로 적혀 있다. 궁예는 894년경 하슬라주何瑟羅州를 점거하고 장군을 자칭했으며, 이후 896년까지 강원지역 대부분과 경기 북부지역을 장악하였다. 이 무렵 송악군의 호족인 용건도 아들 왕건과 함께 궁예의 휘하로 들어갔다. 『고려사』에 따르면, 용건은 궁예에게 요청하여 당시 20세이던 왕건을 개성에 새로 쌓은 발어참성勃禦塹城의 성주로 임명케 하였다. 궁예는 898년경 양길을 몰아냄으로써 한강을 포함하여 경기·강원·황해·충북지역에 큰 세력권을 형성하였다. 그리고 898년 7월에 근거지를 철원성에서 송악군으로 옮겼는데, 이때부터를 국가로 보는 시각도 있다.

『삼국유사』에는 901년에 궁예가 나라 이름을 고려高麗라고 했다는 기록이 있다. 『삼국사기』와 『고려사』에는 그런 내용이 없다. 궁예는 이후 나라 이름을 904년에 마진摩震으로 바꾸고 연호를 무태武泰라고 하였다. 905년에는 연호를 성책聖册으로 바꾸고 도읍을 철원으로 옮겼다. 911년에는 나라 이름을 태봉泰封, 연호를 수덕만세水德萬歲로 바꾸었다. 그리고 914년에 다시 연호를 정개政開로 바꾸었다.

궁예의 휘하에서 왕건은 해상활동을 통해 공적을 쌓았다. 903년에 후백제의 후방지역인 금성군錦城郡을 비롯해 10여 군현을 공격해 점령한 뒤 금성을 나주羅州로 개칭하였다. 909년에는 왕건이 한찬韓粲 해군대장군으로서 나주를 진압하고 염해현鹽海縣에서 견훤의 오월사절선吳越使節船을 나포하였으며, 진도군과 고이도를 빼앗은 뒤 후백제 함대와 싸워 대승을 거두었다는 기록이 『고려사』에 실려 있다. 913

년에는 왕건이 태봉국에서 파진찬波珍粲 시중侍中에 올랐다. 그리고 918년 6월에 홍유洪儒·배현경裵玄慶·신숭겸申崇謙·복지겸卜智謙 등의 추대를 받아 궁예를 몰아내고 왕위에 올랐다. 왕건은 943년까지 재위했으며, 나중에 태조太祖라는 시호를 얻었다.

태조 왕건은 즉위한 뒤 국호를 고려高麗, 연호를 천수天授로 바꾸었다. 그리고 이듬해인 919년에는 도읍을 자신의 근거지인 개성으로 옮겨 세력기반을 튼튼히 하였다. 920년에 강주康州(진주) 장군 윤웅閏雄이 고려에 귀부하였다. 신라도 고려에 의지하기 시작했다. 견훤이 대야성大耶城을 빼앗고 진례성進禮城에 이르렀을 때 신라가 고려에 구원을 요청하자 견훤이 철수했다고 한다.『삼국사기』「견훤전」에는 견훤이 겉으로는 태조(왕건)와 화친하나 속으로는 상극이었다고 적혀 있으며,『고려사』에는 920년에 고려의 신라 구원이 있은 뒤부터 태조와 견훤 사이에 비로소 틈이 생겼다고 적혀 있다. 922년과 923년에 원봉元逢·순식順式·홍술洪述·성달城達·양문良文 등 낙동강유역 각 지방의 장군들이 고려에 투항하였다.『고려사』와『고려사절요』에는 고려 태조의 서경西京 행차 등 고구려의 옛 도읍인 평양에 관한 그의 관심이 자주 나타난다.

924년에 경명왕이 죽자, 고려는 사신을 보냈으나 후백제는 보내지 않았다. 925년 겨울 10월에는 신라의 "고울부高鬱府(영천) 장군 능문能文이 태조에게 투항하니 위로하고 타일러 돌려보냈는데, 그 성이 신라 왕도와 가깝기 때문이다"라는 기록이『삼국사기』에 있다. 이 무렵 고려 태조는 백제를 본격적으로 공격하였다.『삼국사기』「신라본기」에는 925년 11월에 "후백제 임금 견훤이 조카 진호眞虎를 고려에 볼모로 보냈다"는 기록이 있고,『고려사』와『고려사절요』에는 태조와 견훤의 군대가 조물군曹物郡에서 싸울 때 유금필庾黔弼의 구원군이 태조의 군대와 합세하자 견훤이 두려워하여 진호를 인질로 보내며 화친할 것을 청하니 태조도 사촌아우 왕신王信을 볼모로 보내면서 견훤을 상보尙父로 칭했다는 기록이 있다. 그러나『삼국사기」「견훤전」에는 불리함을 느낀 태조가 권도로써 화친하여 왕신을 볼모로 보내니 견훤도 진호를 볼모로 보냈다고 되어 있다.

927년 가을 9월에 견훤이 고울부에서 신라 군사를 공격하자 신라가 고려 태조에게 구원을 요청하였다. 이에 고려 태조는 군사 1만 명을 보내 구원하게 했는데, 군사가 이르기 전 겨울 11월에 갑자기 견훤이 신라 왕도로 쳐들어가 경애왕을 자살하게 하였다. 그리고 왕비를 욕보였으며, 군사를 풀어 궁녀들을 욕보이고 사람들을 죽이고 재물을 약탈한 뒤 경애왕의 이종형제인 김부金傅를 왕으로 세우고 철수하였다. 철수하던 견훤 군대는 고려 태조가 거느린 정예 기병 5천 명과 공산公山 동수桐藪에서 결전하였는데, 이 전투에서 태조는 혼자 도주할 정도로 대패하였다. 이후 군사적 우위를 확인한 견훤은 928년에 강주를 복속시키고 오어곡성烏於谷城을 격파하여 지키던 병사 1천여 명을 죽이는 등 혁혁한 전과를 올렸다. 929년에도 견훤은 여전히 군사적 우위를 점하며 의성부義城府와 순주順州를 공격하여 승리하였다. 『고려사절요』에는 929년 12월에 태조와 견훤의 군대가 고창군古昌郡(안동)에서 맞붙었을 때 태조가 사전에 질 경우 도망할 길부터 구상하고 의논하는 대목이 있다. 당시 고려군의 사기가 형편없이 저하되어 있었음을 알려주는 기록이지만, 이 전투에서 태조가 후백제의 주력부대를 격파하고 8천여 명을 참획하는 대승을 거둬 상황을 반전시켰다. 이에 인근 30여 군현과 동쪽 바다 가까운 지역들이 모두 태조에게 항복하였다. 931년 봄 2월에는 "태조가 50여 명의 기병을 이끌고 경기京畿에 이르러 뵙기를 청하니, (경순)왕이 모든 관료와 함께 교외에서 맞이하고 궁궐로 들어가서 서로 마주하였는데, 정성과 예의를 곡진하게 하였다"고 『삼국사기』에 적혀 있다. 이때 경순왕이 나라가 망하게 되었다며 울어서 태조의 위로를 받았고, 태조는 수십 일을 머물다가 돌아갔는데, 태조 휘하의 군사가 정숙하고 공정하므로 도읍사람들이 견훤의 군대와 비교하며 서로 축하하였다고 한다.

932년경 견훤은 수군水軍을 통해 열세를 만회하려 하였다. 예성강에 침입해 고려 선박 100척을 불사르고 기르던 말 300필을 탈취하는 등 이 무렵 후백제에 관한 기사는 온통 수군에 관한 것이다. 그러나 태조는 934년 운주運州(홍성)전투에서 후백제 병사 3천여 명을 죽이고 웅진 이북 30여 성을 아우르는 대승을 거두었다.

935년 봄 3월, 후백제에 내분이 일어나 견훤의 맏아들 신검神劍이 측근들과 함께 견훤을 금산사에 가두고 넷째아들 금강金剛을 죽인 뒤 대왕이라고 칭하였다. 이에 견훤이 막내아들·딸 등과 함께 금성으로 도주해 고려로 귀순하였고, 같은 해 11월에 신라 경순왕도 관료들을 거느리고 고려에 귀부하였다. 이에 대한 기록은 『삼국사기』·『고려사』·『고려사절요』가 거의 비슷하다. 다만, 『고려사』와 『고려사절요』에는 경순왕이 태조에게 신하의 예를 올리려 하였으나 태조가 굳이 사양하는 바람에 일단 무산되었다가 한 달 후에야 비로소 신하들의 간청으로 신라왕의 귀부가 이루어졌다는 내용이 상당히 장황하게 서술되어, 비교적 간략하게 신라의 멸망과 선양을 기록한 『삼국사기』와 대조를 이룬다. 특히 『삼국사기』의 "태조가 매우 기뻐하였다"는 대목은 선양을 극구 사양하였다는 『고려사』·『고려사절요』의 기록과 어조가 크게 다르다.

936년 9월, 마침내 고려 태조가 견훤과 함께 군사 87,500명을 이끌고 총공세를 펼쳐 신검이 이끄는 후백제 군대와 일리천一利川(구미)에서 맞붙었는데, 싸우기도 전에 후백제 쪽에서는 항복하는 자가 많았으며, 결국 5,700명이 죽고 3,200명이 사로잡혔다고 한다. 이로써 후삼국시대도 끝났다.

참고문헌

정구복외, 『역주 삼국사기』, 한국정신문화연구원, 1997.

연민수외, 『역주 일본서기』, 동북아역사재단, 2013.

최근영외, 『일본육국사 한국관계기사 역주』, (재)가락국사적개발연구원, 1994.

장원섭, 『신라 삼국통일 연구』, 학연문화사, 2018.

김영관, 『백제부흥운동연구』, 서경, 2005.

노중국, 『백제부흥운동 이야기』, 주류성, 2005.

노중국, 『백제 정치사』, 일조각, 2018.

김기흥, 『삼국 및 통일신라 세제의 연구』, 역사비평사, 1991.

이인철, 『신라정치제도사연구』, 일지사, 1993.

이인철, 『신라촌락사회사연구』, 일지사, 1996.

이문기, 『신라병제사연구』, 일조각, 1997.

박명호, 『7세기 신라 정치사의 이해』, 경인문화사, 2016.

장인성, 『한국 고대 도교』, 서경문화사, 2017.

권덕영, 『재당 신라인사회 연구』, 일조각, 2005.

6 발해의 성립과 변천

1) 건국과 발전
- 건국과정 · 군사활동과 영토확장
- 통치조직 · 도성과 5경京

2) 사회와 문화
- 주민구성 · 경제와 교역 · 사상과 종교 · 문화

3) 대외관계와 멸망
- 대외관계 · 멸망 과정과 원인

1) 건국과 발전

건국과정

668년 가을 9월 21일에 고구려가 멸망한 뒤 당唐은 평양에 안동도호부를 설치하였다. 그리고 십만 명이 훨씬 넘는 고구려 사람을 끌고 가서 중국 대륙 이곳저곳에 살게 하였는데, 주로 서북부지역과 남부지역의 외진 곳으로 이주시켰다. 많은 사람을 마을 단위로 집단 이주시키는 방식이었으므로 이동할 때 시간이 많이 걸렸다. 당나라 안에서의 집단 출발지는 산동반도의 내주萊州와 요하 서쪽의 영주營州였다. 내주는 지금의 중국 산동성 내주시萊州市, 영주는 지금의 중국 요령성 조양시朝陽市에 해당한다.

당은 안동도호부 치소를 670년 2월경에 신성新城으로 옮겼다가 676년 2월에는 요동성遼東城으로 옮겼다. 그리고 인근의 건안성建安城으로는 웅진도독부 치소를 옮기고 웅진도독 대방왕 부여융과 백제 유민들을 이주시켰다. 677년 2월에는 당으로 끌려갔던 보장왕을 요동주도독 조선왕으로 책봉해 보내면서 안동도호부 치소를 다시 신성으로 옮겼다. 그러나 보장왕이 반란을 꾸민다는 말이 나돌자 그를 지금의 사천성지역으로 유배보내고 관련된 유민들도 이주시켰다. 그 사이 상당수의 주민들이 고향을 벗어나 신라·일본·돌궐·연해주 일대로 이주하였고, 신성을 비롯한 옛 고구려의 주요 도시들은 급격히 쇠락하였다. 당은 698년에 안동도호부를 안동도독부로 조정하고, 699년에 보장왕의 아들 고덕무高德武를 안동도독으로 파견하였다. 704년경에는 안동도독부를 다시 안동도호부로 승격시켰으며, 714년에 치소를 평주平州로 옮겼다가 743년에 요동군으로 옮기는 등 이전이 잦았는데, 처음에는 고구려유민을 감시하는 것이 주요 임무였으나 차츰 말갈족을 감시·견제하는 역할로 바뀐 듯하다. 안동도호부는 758년경 폐지되었다.

이처럼 만주지역이 혼란스러운 가운데 당의 도읍 장안과 안동도호부를 연결하는 주요 교통로에 위치한 영주營州는 일종의 관문 역할을 하였다. 그래서 거란契丹·해奚·실위室韋·말갈靺鞨 등 다양한 종족이 거주하였는데, 이와 같은 종족 이름은 모두 역대 중국왕조에서 붙인 것이므로 구별 기준이 분명치 않은 부분이 있으며, 이들과 고구려 국가 사이의 관계도 불분명하다. 특히 말갈은 송화강松花江 인근, 곧 지금의 중국 흑룡강성과 길림성의 북부지역에서부터 백두산 인근지역에 걸쳐 거주하던 사람들을 가리키던 부족 명칭으로서, 거주지역의 위치에 따라 대략 속말부粟末部·백돌부伯咄部·안거골부安車骨部·불열부拂涅部·호실부號室部·흑수부黑水部·백산부白山部 등으로 구분하였는데, 흑수부가 가장 강했다고 한다. 이들 중 불열부와 흑수부를 제외한 나머지 부족은 모두 고구려의 영역에 포함되었기 때문에 고구려가 멸망하기 전에는 말갈족도 고구려의 구성원이었던 것으로 알려진다. 특히 이들은 매우 용맹하고 사냥을 잘해서 고구려의 전위부대로서 이름을 떨쳤다고 한다. 따라서 고구려가 멸망하자 대다수의 말갈족은 큰 타격을 입었고, 일부는 강제 이주 대상에 포함되었다.

거란은 서요하西遼河 상류, 곧 지금의 중국 내몽고자치구에 있는 시라무렌강西拉木倫河 인근지역에서 유목생활을 하던 종족이다. 이들 역시 말갈족처럼 여러 부족으로 나뉘어 살고 있었는데, 고구려의 광개토왕·장수왕 때 일부가 정복되어 고구려에 예속되기도 하였다. 그리고 당나라의 세력 팽창에 대항하다가 실패함으로써 당나라의 직·간접적인 지배를 받게 되었으며, 일부는 영주 등지로 끌려가 생활하게 되었던 것이다. 실위는 선비족의 일파로서 중원문화에 흡수된 탁발부拓跋部와 같은 계통으로 추정되며, 해奚는 동호東胡의 후예로서 유목생활을 하며 거란과 돌궐 사이에서 주로 활동한 것으로 알려진다.

이런 가운데 696년 5월에 영주에서 거란족의 이진충李盡忠과 손만영孫萬榮이 폭정으로 이름 높던 영주도독 조문홰趙文翽를 죽이고 당나라에 맞서는 상황이 발생하였다. 처음에 무리를 이끌던 추장 이진충이 9월에 죽은 뒤로는 그의 처남인 손만영

동모산 및 성산자산성(중국 길림성 돈화시)

이 거란 군대를 이끌고 지금의 북경北京 근처까지 진격할 정도로 기세등등하였으나 당나라와 결탁한 돌궐突厥이 배후의 근거지를 공격해 함락시킴으로써 이듬해 6월경 그 세력이 완전히 궤멸되었다. 이러한 거란족의 독립투쟁을 당나라에서는 '이진충의 난'이라고 불렀다. 697년에 난이 평정된 뒤에도 일부는 당에 대항하는 군사 활동을 포기하지 않았다. 특히, 이진충이 군사를 일으킬 때 영주로 끌려와 생활하던 다른 종족들도 일부 난에 참여하거나 당의 통제를 벗어났는데, 그중 하나가 바로 걸사비우乞四比羽와 걸걸중상乞乞仲象이 이끄는 무리였다. 이들은 혼란을 틈타 자신들의 본거지였던 동쪽으로 이동하였으며, 요동지역에서 각각 정착하였다.

이때 당은 측천무후則天武后가 나라 이름을 주周로 바꾼 상태였다. 측천무후는 걸사비우에게 허국공許國公, 걸걸중상에게 진국공震國公이라는 작호를 주며 회유하였으나 걸사비우가 거절하자, 이진충의 부하였다가 항복한 거란의 장군 이해고李楷固 등을 시켜 공격하게 하였다. 이해고의 군대는 먼저 걸사비우가 이끄는 무리를 격파한 뒤 걸걸중상의 무리를 뒤쫓았다. 이때 걸걸중상은 이미 병으로 죽고 그의 아들 대조영大祚榮이 무리를 이끌고 있었다고 한다. 『구당서』·『신당서』·『오대회요五代會要』 등의 중국측 기록에 따르면, 대조영의 무리가 천문령天門嶺을 넘어 피신하자 이해고의 군대가 뒤쫓아가 공격하였는데, 이 싸움에서 이해고는 간신히 빠져나올 정도로 대패하였다. 천문령의 위치에 대해서는 대개 길림성의 혼하渾河와 휘발하輝發河 사이에 놓인 지금의 합달령哈達嶺일 것으로 추정한다.

이해고의 군대를 물리친 대조영은 걸사비우의 휘하에 있던 무리까지 한데 모은 다음 698년에 동모산東牟山에서 나라를 세우고 스스로 진국振國의 왕이라고 칭하며 천통天統이라는 연호를 사용하였다. 신라의 최치원이 9세기 말엽에 쓴 표문表文과 『구당서』에는 나라 이름이 진국振國으로 적혀 있고, 『신당서』에는 진국震國, 『삼국유사』에 인용된 『통전通典』에는 진단震旦으로 적혀 있다. 동모산은 대개 지금의 중국 길림성 돈화시敦化市 현유향賢儒鄕의 대석하大石河 남쪽 연안에 위치한 야산으로 추정한다. 이곳에는 해발 600m 정상부와 산 중턱에 흙과 돌을 섞어 성벽을 쌓은 둘레 약 2km 크기의 성산자산성城山子山城이 남아 있다.

그러나 대조영이 이곳에서 오래 머물지 않고 곧 주변의 평지로 내려와 도시를 건설했다는 견해가 많다. 그 도시의 위치로는 성산자산성에서 동쪽으로 목단강牧丹江을 건너 약 5km쯤 간 곳에 위치한 영승永勝유적에 주목하거나 그 북쪽 약 10km 거리에 있는 평지의 오동성敖東城에 주목한다. 영승유적은 남북 1,000여m, 동서 700여m 규모의 도시유적으로서 대형 건축지가 5곳 이상 발견되었으나, 왕궁시설로 볼 수 있는 담장이나 성벽이 발견되지 않았고 2002년 건축지 발굴조사에서 요遼·금金 시절의 유물이 많이 출토된 점을 근거로 12세기 금나라 때의 대규모 도시유적으로 보기도 한다. 오동성은 목단강 북쪽 연안에 직사각형으로 쌓은 둘레 약 1,200m 크기의 평지토성으로서 내성과 외성이 회回자 모양을 이룬 점이 특징인데, 2003년에 이루어진 성벽발굴조사에서 금나라 때의 유물이 많이 출토되었다면서 12~13세기에 쌓은 성으로 보기도 한다. 이처럼 불확실한 점이 적지 않지만, 오동성과 영승유적 사이에 발해 초기의 무덤으로 알려진 육정산고분군六頂山古墳群이 분포하고 두 유적에 대한 발굴조사가 일부 지점에 한정되었으므로 아직 단정하기는 어렵다. 이러한 유적들이 분포한 지역을 발해 사람들은 나중에 구국舊國이라고 불렀다. '옛 나라' 또는 '옛 도읍'이라는 뜻이다.

대조영은 구국에서 주변의 여러 집단을 흡수하며 세력을 키우는 한편, 서북쪽의 돌궐, 남쪽의 신라와 교류하였다. 그리고 705년에 당의 측천무후가 죽고 중종中宗

이 집권한 뒤 당나라와의 관계가 호전되자, 713년에 당으로부터 발해군왕渤海郡王 홀한주도독忽汗州都督에 책봉되었다. '발해'라는 국호가 국제적으로 통용되기 시작한 것도 이때부터이다. 그 이전에는 당과 신라 등이 발해를 '말갈'이라고 부르는 경우가 많았다. 719년에 대조영이 죽으니 시호를 고왕高王이라고 하였다.

군사활동과 영토확장

발해 고왕이 21년간 왕위에 있으면서 영토를 언제, 어디까지, 어떻게 넓혀갔는지에 대해서는 자세한 기록이 없다. 다만, 『신당서』에는 당 중종이 705년에 발해로 사신 장행급張行岌을 보냈다는 기록에 앞서 "땅은 사방 5천 리이고, 호戶는 10여만이며, 정예군사는 수만 명이다. 자못 글과 문서를 안다. 부여扶餘·옥저沃沮·변한弁韓·조선朝鮮과 바다 북쪽의 여러 나라를 다 차지하였다"고 기록하였는데, 이것이 고왕 때의 상황을 가리킨 것이라면 빠른 속도로 꽤 넓은 영토를 차지했다고 볼수 있다. 여기의 부여란 부여부扶餘府로서 대개 지금의 중국 길림성 농안현農安縣에 위치한 농안고성農安古城이라고 추정하며, 옥저는 지금의 두만강일대와 함경북도 지역에 해당한다는 것이 통설이다. 발해의 초기 중심지를 기준으로 방향을 표시하면 부여는 서북쪽, 옥저는 동남쪽에 해당한다. 그렇다면 변한과 조선은 아마도 남쪽과 서남쪽을 가리켰을 개연성이 있는데, 정확한 위치는 알 수 없다. 다만, 변한은 당나라가 요동의 건안고성으로 이주시킨 백제유민 및 웅진도독부를 가리킬 수도 있으며, 조선에 대해서는 대동강유역으로 보는 설과 요동지역으로 보는 설이 있다. 바다 북쪽의 여러 나라란 지금의 연해주지역과 북쪽의 말갈거주지역을 가리키는 것으로 추정한다.

719년에 고왕 대조영의 아들 대무예大武藝가 즉위하였다. 그는 737년까지 18년간 통치하고 죽었으며, 시호를 무왕武王이라고 하였다. 『구당서』에는 "개원 7년(719)에 조영이 죽으니 현종이 사신을 보내 죽음을 슬퍼하는 제사弔祭를 지내고 그의 적자인 계루군왕桂婁郡王 대무예가 아버지의 뒤를 잇도록 책봉하여 좌효위대장군左驍衛大將軍 발해군왕 홀한주도독으로 삼았다"라는 기록이 있다. 이를 통해 대무예가 즉위하기 전에 이미 당으로부터 계루군왕에 책봉된 적이 있음을 알 수 있는데, 713년 대조영이 책봉될 때 함께 책봉되었을 것으로 보기도 한다.

『신당서』 발해전에는 "아들 무예가 즉위하여 영토를 크게 개척하니 동북쪽의 여러 오랑캐들이 두려워하여 그의 신하가 되었으며 사사로이 연호를 인안仁安으로 고쳤다"는 기록이 있다. 이로써 무왕이 그의 시호에 걸맞게 활발한 군사활동으로 영토를 많이 넓혔음을 알 수 있다.

그런데 726년에 흑수말갈黑水靺鞨이 당으로 사신을 보내 조공하고 당의 흑수주黑水州로 편입되는 일이 발생하였다. 이에 무왕이 신하들에게 "흑수가 우리 땅을 지나서 처음으로 당과 서로 통하였다. 예전에 돌궐의 토둔吐屯을 요청할 때에도 모두 먼저 우리에게 알리고 함께 갔는데, 이제는 만나는 것을 의논하지 않고 한나라 벼슬을 요청하였으니, 이는 반드시 당과 몰래 공모하여 앞뒤로 우리를 치려는 것이다"라고 말했다고『구당서』에 적혀 있다. 그래서 발해 무왕은 흑수말갈을 공격하기로 결정하고 아우 대문예大門藝 등에게 군사를 징발해 출격하라고 명령하였으나, 앞서 수년 동안 당에 숙위宿衛로 가 있었던 대문예는 "당나라는 사람이 많고 군사가 강해서 우리의 1만 배인데, 하루아침에 원수를 맺으면 단지 스스로 멸망할 뿐입니다. 옛날 고려가 전성기에 강한 군사 30여만 명으로 당나라에 맞서며 복종하지 않았다가 당의 군사가 한번 덮치니 땅을 쓸 듯 모두 죽었습니다. 오늘날 발해의 인구는 고려보다 몇 배나 적은데 당나라를 어기고 등지려 하니, 이 일은 결단코 옳지 못합니다"라며 적극 반대했다고 한다. 무왕이 듣지 않고 군대를 파견했는데, 군사를 이끌던 대문예가 국경에 이르렀을 때 또 반대하는 글을 올리니, 무왕이 화를 내며 사촌형 대일하大壹夏를 보내 군사를 통솔하게 하고 대문예를 소환해 죽이려 하였다. 이에 대문예는 군대에서 빠져나와 당으로 도망갔으며, 당 현종은 그를 좌효위장군에 제수하였다. 대문예의 망명 이유는 표면적으로 무왕과의 의견 차이이지만, 내부적으로는 왕위계승을 둘러싼 갈등 때문이라는 견해도 있다.

무왕은 사신을 당에 보내 조공하며 대문예가 죄를 지었으니 죽여달라고 요청하였다. 그러나 당 현종은 대문예를 몰래 안서安西지역으로 보내놓고 "문예가 먼 곳에서 귀순해 왔으므로 의리상 죽일 수는 없소. 이제 영남嶺南으로 가라고 유배했는데, 이미 보내버렸소"라고 거짓으로 대답하였다. 그러나 당나라에서 비밀을 누설한 자가 있어서 곧 거짓말임을 알게 된 무왕이 다시 글을 올려 "큰 나라는 남에게 믿음을 보여야 하는데, 어찌 거짓말로 속이는 일이 있습니까? 이제 들으니 문예는 영남으로 가지 않았다고 하는데, 엎드려 청하건대 앞서 요청한대로 죽이시기 바랍니다"라고 하였다. 그러자 당 현종은 기밀을 누설한 자들을 좌천시키고 대문예를 잠시 영남으로 보낸 뒤 그 결과를 무왕에게 통보하였다.

732년 9월 5일경, 발해의 장군 장문휴張文休가 이끄는 수군들이 당의 등주登州를 공격하여 등주자사 위준韋俊을 죽이고 돌아갔다. 등주는 지금의 중국 산동성 봉래시蓬萊市이다. 이에 당 현종은 대문예를 유주로 보내 군사를 일으켜 발해를 공격하게 하였다. 그리고 태복원외경太僕員外卿 김사란金思蘭을 신라로 보내 신라군사로 하여금 발해의 남쪽 땅을 공격하게 하였다. 그러나 산이 험하고 날씨가 추운데다 눈이 한길이나 내려 병사의 태반이 얼어 죽으니 전공을 거두지 못했다는 기록이 『구당서』와 『삼국사기』에 있다. 『구당서』의 발해말갈열전에는 "무예가 원망하는 마음을 버리지 않고 몰래 사신을 동도東都로 보내 자객을 빌어 천진교 남쪽에서 문예를 찌르게 하였으나 문예가 물리쳐서 죽지 않았다. (현종이) 하남부에 조서를 내려 그 도적을 잡아서 모두 죽였다"는 기록이 있고, 『신당서』의 오승체烏承玼열전에는 "무예가 사람을 보내 동도에서 문예를 찔러 죽이려 하였으며, 군사를 이끌고 마도산馬都山에 이르러 성읍을 도륙하였다"는 기록이 있다. 마도산은 지금의 중국 북경시 동쪽 난하灤河유역에 위치한 곳으로서 흔히 유관도산榆關都山으로 기록되어 있다. 733년 윤3월 6일경 거란 장수 가돌우可突于가 거란·돌궐 군사를 이끌고 유관榆關의 마도산 아래에서 당의 정예기병 1만 명을 섬멸하는 대승을 거두었는데, 그 직후 발해 군사가 도착하여 진격하려 했으나, 당의 평로선봉平盧先鋒인 오승체가 주요 교통로를 막고 4백 리에 걸쳐 큰 돌담을 쌓아 진격을 막았다고 한다. 그렇다면 이 무렵 발해가 요동지역을 군사적으로 장악했을 개연성이 있다.

이처럼 8세기 전반기에 거란·돌궐과 연대하며 세력을 넓힌 발해의 영토가 어느 정도였는지는 정확히 알 수 없다. 다만, 728년 정월 17일에 발해인 고제덕高齊德이 일본의 쇼무聖武 천황에게 건넨 교서教書에서 무왕이 "무예가 분수에 넘치게도 여러 나라를 맡아 여러 오랑캐나라를 총괄하며 고려의 옛 땅을 되찾고 부여의 습속을 지니게 되었습니다"라고 하여, 발해가 중국 동북방의 맹주로 부각하였음을 은근한 어조로 자랑한 대목이 주목된다. 이는 물론 조금 과장된 표현이겠지만, 건국한지 30년 만에 빠른 속도로 옛 고구려의 땅을 대부분 회복한 데에서 나온 자신감이 표출된 것으로 볼 수 있다.

737년에 무왕이 병으로 죽고, 아들 대흠무大欽茂가 즉위하였다. 제3대 문왕文王이다. 당 현종은 사신을 보내 발해군왕에 책봉하고 좌효위대장군 홀한주도독을 이어받게 하였다. 문왕은 연호를 대흥大興으로 바꾸었다. 그리고 740년대 초반경에 현주顯州로 도읍을 옮긴 것으로 추정된다. 그 이전 무왕 때 이미 현주로 도읍을 옮겼다는 견해도 있다. 현주는 나중에 발해 5경京제도가 정비될 때부터 중경中京이라는 이름으로 불리게 되었는데, 치소는 지금의 중국 길림성 화룡시和龍市 서고성西古城이라는 것이 통설이다.

이 무렵 불열부拂涅部·철리부鐵利部·월희부越喜部 등의 말갈부족이 당에 사신을 보내고 있었다. 『책부원구』에는 철리부가 714년부터 740년까지 14차례 조공한 기록이 있고, 불열부와 월희부는 714년부터 741년까지 각각 18차례와 11차례 조공한 기록이 있다. 그리고 한동안 중단되었다가 월희부가 802년, 철리부와 불열부가

서고성지(중국 길림성 화룡시)

841년에 한차례씩 당에 조공하였다. 그리하여 741년을 마지막으로 한동안 당에 대한 조공이 중단된 이유를 이때부터 이들 말갈부락이 발해에 종속되어 독립성을 잃어버렸기 때문으로 보기도 한다. 마침『구당서』에는 당 현종이 741년 가을 7월 7일에 유주절도부사幽州節度副使 안록산安祿山에게

압양번발해흑수사부경략사押兩蕃渤海黑水四府經略使를 겸임시켰다는 기록이 있는데, 이때의 양번兩蕃은 거란과 해奚를 가리키는 것이어서 당이 거란·해·발해·흑수말갈을 4부府라는 이름으로 별도 관리하고 있었음을 알 수 있다. 그러므로 나머지 말갈부족은 이 무렵 발해에 종속되었을 개연성이 있다. 흑수말갈의 조공외교도 752년 12월이 마지막이며, 767년 9월부터 777년 12월까지 9차례는 말갈이라는 이름으로 발해와 함께 당에 들어간 것으로 되어 있다. 그리고『당회요唐會要』에는 발해 사신에 대해 792년 윤12월에 "발해압말갈사渤海押靺鞨使 양길복楊吉福 등 35인이 와서 조공하였다"라는 기록, 795년 12월에 "말갈도독靺鞨都督 밀아고密阿古 등 22인을 나란히 중랑장中郞將에 임명하고 오랑캐나라(발해)로 돌아가게 하였다"는 기록 등이 있다. 모두 말갈이 발해의 통제를 받고 있었음을 나타낸다.

통치조직

1949년에 돈화 육정산고분군에서 발견된 정혜공주貞惠公主의 묘지명과 1980년 화룡 용두산龍頭山고분군에서 발견된 정효공주貞孝公主의 묘지명에서는 문왕을 대

흥보력효감성법대왕大興寶曆孝感聖法大王 또는 황상皇上으로 표현하였다. 정혜공주
는 문왕의 둘째딸로서 보력 4년(777) 4월 14일 나이 40세로 죽어 보력 7년(780) 11월
24일 진릉珍陵의 서쪽 들西原에 배장陪葬하였고, 정효공주는 문왕의 넷째딸로서 대
흥 56년(792) 여름 6월 9일 나이 36세로 죽어 그해 겨울 11월 28일 염곡染谷의 서쪽
들西原에 배장했다고 적혀 있다. 정혜·정효는 시호이다. 그런데 두 공주의 묘지 내
용이 이름과 나이, 그리고 장사지낸 날짜만 다를 뿐 나머지는 문장이 거의 똑같다.
이는 어떤 정해진 형식에 따라 묘지를 만들었다는 뜻이므로 발해에서 아직 한문을
자유롭게 쓸 정도가 아니었음을 나타낸다고 해석하기도 한다.

『신당서』 발해전에는 다음과 같은 기록이 있다.

사람들은 왕을 가리켜 가독부라고 하거나 성왕이라고 하거나 기하라고 한다. 명령은
교라고 한다. 왕의 아버지를 노왕, 어머니를 태비, 아내를 귀비라고 부른다. 맏아들을 부
왕이라고 하며, 여러 아들을 왕자라고 한다.

벼슬은 선조성에 좌상·좌평장사·시중·좌상시·간의가 있고, 중대성에 우상·우평장
사·내사·조고사인이 있고, 정당성에 대내상 1인이 좌·우상 위에 있고 좌·우사정 각 1인
이 좌·우평장사 아래에 있는데 복야와 비슷하다. 좌·우윤은 2승과 비슷하다.

좌 6사인 충·인·의부에 각각 1경이 사정 아래에 있고, 지사인 작·창·선부는 부에
낭중과 원외가 있다. 우 6사는 지·예·신부이고 지사는 융·계·수부인데 경·낭은 좌(6
사)에 준하니, 6관과 비슷하다.

중정대는 대중정이 1인으로 어사대부와 비슷하며 사정 아래에 있다. 소정은 1인이다.
또, 전중시와 종속시를 두었는데, 대령이 있고, 문적원에는 감을 둔다. 영·감은 모두 소
(영·감)를 둔다. 태상·사빈·대농시는 시에 경을 둔다. 사장·사선시는 시에 영·승을 둔
다. 주자감은 감과 장을 둔다. 항백국에는 상시 등의 관리를 둔다.

무관으로는 좌·우 맹분·웅위·비위와 남좌·우위, 북좌·우위를 각각 대장군 1, 장군

1씩 둔다. 대체로 중국제도를 이처럼 본떴다.

품을 질이라고 하는데, 3질 이상은 자주색 옷을 입고 상아홀과 금물고기를 쓰며, 5질 이상은 붉은 옷을 입고 상아홀과 은물고기를 쓴다. 6질과 7질은 옅은 붉은색 옷이고, 8질은 녹색 옷이며, 모두 나무홀이다. [51]

발해의 주요 관부

관부	관원	직무
선조성宣詔省	좌상左相, 좌평장사左平章事, 시중侍中, 좌상시左常侍, 간의諫議	정책심의
중대성中臺省	우상右相, 우평장사右平章事, 내사內史, 조고사인詔誥舍人	정책수립
정당성政堂省	대내상大內相, 좌사정左司政, 우사정右司政, 좌윤左尹, 우윤右尹	정책시행
좌左 6사司	경卿, 낭중郎中, 원외員外	인사·재정·의례·교육
우右 6사司	경卿, 낭중郎中, 원외員外	군사·형벌·건설
중정대中正臺	대중정大中正, 소정少正	감찰
전중시殿中寺	대령大令, 소령少令	궁중생활관리
종속시宗屬寺	대령大令, 소령少令	왕실 친인척 관리
문적원文籍院	감監, 소감少監	도서관리·문서작성
태상시太常寺	경卿	의례·제사
사빈시司賓寺	경卿	사신접대
대농시大農寺	경卿	창고·곡식관리
사장시司藏寺	영令, 승丞	재물보관·무역
사선시司膳寺	영令, 승丞	궁중음식·잔치
주자감冑子監	감監, 장長	교육
항백국巷伯局	상시常侍	후궁시중·호위

선조성은 당의 문하성門下省을 본뜬 것이고, 중대성은 당의 중서성中書省, 정당성은 당의 상서성尚書省을 본뜬 것으로 추정한다. 당에서 문하성은 정책을 심의하고 황제에게 자문·충고하는 일을 하였고, 중서성은 황제의 조칙을 입안·기초하는 일을 하였다. 조칙을 시행하는 상서성에는 6부部가 소속되었는데, 이吏·호戶·예禮·병兵·형刑·공工이다. 발해는 이를 본떠 충부忠部·인부仁部·의부義部·지부智部·예부禮部·신부信部를 둔 것이며, 당나라처럼 각각 3개 부서씩 좌사左司와 우사右司로 나눈 것이다. 좌사로서 관리임명·심사를 담당한 충부는 작부爵部를 부속관서支司로 거느렸고, 호구·토지조사 및 세금·녹봉 등의 재정업무를 담당한 인부는 창부倉部를 거느렸다. 국가의례 및 제사, 과거시험, 사신 접대 및 관리 등을 맡은 의부는 선부膳部를 거느렸다. 우사로 분류되는 지부는 군사업무를 담당하며 융부戎部를 부속관서로 거느렸고, 예부는 법률·형벌을 담당하며 계부計部를 거느렸다. 신부는 건설·토목 및 강·저수지 관리를 담당하며 수부水部를 거느렸다.

중정대는 당의 어사대御史臺와 비슷한 관서로서 관리들의 잘못을 조사·감독하는 일을 하였고, 전중시는 당의 전중성殿中省처럼 발해왕의 음식·옷·잠자리·행차 등을 관리한 것으로 보인다. 종속시는 당의 종정시宗正寺처럼 왕족을 관리하고, 문적원은 당의 비서성秘書省처럼 왕궁도서를 관리하고 비문碑文·축문祝文·제문祭文을 작성하였을 것이다. 사빈시司賓寺는 당의 홍려시鴻臚寺처럼 외국 사신을 접대·관리하는 일, 대농시는 당의 사농시司農寺처럼 전국의 창고와 곡식을 관리하는 일, 사장시는 당의 태부시太府寺처럼 외국 무역품을 비롯한 재화를 저장하는 일, 사선시는 당의 광록시光祿寺처럼 궁중음식을 관리하는 일, 주자감은 당의 국자감國子監처럼 귀족들의 자제를 교육하는 일, 항백국은 당의 내시성內侍省처럼 후궁의 시중을 들고 호위하는 일 등을 맡았을 것으로 추정한다.

지방행정조직과 관련해서는 『신당서』에 다음과 같은 기록이 있다.

그곳에 5경京·15부府·62주州가 있다. 숙신의 옛 땅을 상경으로 삼고 용천부라고 부르며 용·호·발 3주를 거느린다. 그 남쪽을 중경으로 삼고 현덕부라고 부르며 노·현·철·탕·영·흥 6주를 거느린다. 예맥의 옛 땅을 동경으로 삼고 용원부라고 하며 또 책성부라고도 하는데 경·염·목·하 4주를 거느린다. 옥저의 옛 땅을 남경으로 삼고 남해부라고 하며 옥·정·초 3주를 거느린다. 고려의 옛 땅을 서경으로 삼고 압록부라고 하며 신·환·풍·정 4주를 거느린다. 장령부라고 부르며 하·하 2주를 거느린다. 부여의 옛 땅을 부여부로 삼고 늘 강한 군사를 주둔시켜 거란을 막는데, 부·선 2주를 거느린다. 막힐부는 막·고 2주를 거느린다. 읍루의 옛 땅을 정리부로 삼았으며 정·반 2주를 거느린다. 안변부는 안·경 2주를 거느린다. 솔빈의 옛 땅을 솔빈부로 삼았으며 화·익·건 3주를 거느린다. 불열의 옛 땅을 동평부로 삼았으며 이·몽·타·흑·비 5주를 거느린다. 철리의 옛 땅을 철리부로 삼았으며 광·분·포·해·의·귀 6주를 거느린다. 월희의 옛 땅을 회원부로 삼았으며 달·월·회·기·부·미·복·야·지 9주를 거느린다. 안원부는 영·미·모·상 4주를 거느린다. 또, 영·동·속 3주를 직접 아뢰는 주(독주주)로 삼았는데, 속주는 속말강에서 가까워서 이른바 속말수인 듯하다. 용원(부)의 동남쪽 해안은 일본도이다. 남해(부)는 신라도이다. 압록(부)은 조공도이다. 장령(부)은 영주도이다. 부여(부)는 거란도이다. [52]

『신당서』는 62주州라고 하였는데, 막상 열거한 것은 60주이다. 15부의 장관은 도독都督, 62주의 장관은 자사刺史, 그리고 62주 아래에 100여 개에 달하는 현의 장관은 현승縣丞이라고 하였다. 15부 가운데 5부는 외국과 교통하는 길목에 해당하였는데, 동경 용원부는 일본으로 통하는 길을 관할하고, 남경 남해부는 신라와 교통하는 길을 관할하고, 서경 압록부는 당으로 가는 뱃길을 관할하고, 장령부는 당으로 가는 육로를 관할하고, 부여부는 거란과 교통하는 길을 관할하였다. 『삼국사기』에 인용된 가탐의 『고금군국지』에 "신라 천정군泉井郡에서부터 책성부까지 무릇 39역

발해의 지방행정조직

5경	15부	62주州	지역
상경上京	용천부龍泉府	용龍 · 호湖 · 발渤	숙신의 옛 땅
중경中京	현덕부顯德府	노盧 · 현顯 · 철鐵 · 탕湯 · 영榮 · 흥興	
동경東京	용원부龍原府	경慶 · 염鹽 · 목穆 · 하賀	예맥의 옛 땅
남경南京	남해부南海府	옥沃 · 정晴 · 초椒	옥저의 옛 땅
서경西京	압록부鴨淥府	신神 · 환桓 · 풍豊 · 정正	고려의 옛 땅
	장령부長嶺府	하瑕 · 하河	
	부여부扶餘府	부扶 · 선仙	부여의 옛 땅
	막힐부鄚頡府	막鄚 · 고高	
	정리부定理府	정定 · 반潘	읍루의 옛 땅
	안변부安邊府	안安 · 경瓊	
	솔빈부率賓府	화華 · 익益 · 건建	
	동평부東平府	이伊 · 몽蒙 · 타沱 · 흑黑 · 비比	불열의 옛 땅
	철리부鐵利府	광廣 · 분汾 · 포蒲 · 해海 · 의義 · 귀歸	철리의 옛 땅
	회원부懷遠府	달達 · 월越 · 회懷 · 기紀 · 부富 · 미美 · 복福 · 야邪 · 지芝	
	안원부安遠府	영寧 · 미郿 · 모慕 · 상常	
	독주주獨奏州	영郢 · 동銅 · 속涑	중앙직속

驛이다"라는 대목을 참조하면, 5개의 주요 교통로에는 역참이 설치되었다고 볼 수
있다.

도성과 5경京

발해는 698년에 건국해서 926년 초 거란에게 멸망되기까지 도합 228년의 역사에서 4차례 도읍을 옮긴 것으로 알려진다. 순서는 구국舊國→중경中京→상경上京→동경東京→상경上京이며, 옮긴 시기에 대해서는 해석이 다른 경우가 몇 가지 있다. 우선, 구국에서 중경으로 옮긴 시점이『신당서』지리지에는 당 천보天寶(742~756)중으로 적혀 있고, 11세기에 편찬된 군사기술서『무경총요武經總要』에는 "당 천보 이전에 발해국이 도읍한 곳 현주"라는 대목이 있다. 그래서 제3대 문왕(737~793) 때 중경으로 도읍을 옮겼다는 해석과 문왕이 즉위하기 전 무왕 때 이미 현주로 도읍을 옮겼다는 해석으로 나뉘는데, 통설은 문왕 때 옮겼다는 쪽이다.

『신당서』에는 "천보 말에 흠무가 상경으로 옮겼는데, 바로 옛 도읍舊國에서 3백 리 떨어진 홀한하忽汗河의 동쪽이다"라는 기록이 있다. 이에 천보 말을 755년 또는 756년으로 보는 것이 보통이며, 상경의 위치는 지금의 중국 흑룡강성 영안시寧安市 발해진渤海鎭에 위치한 상경성上京城이라는 데 의견이 일치한다. 사료에는 홀한성忽汗城으로도 나오며, 일제강점기에는 동경성東京城으로 불리기도 했다.『신당서』에는 "정원貞元(785~793) 때 동남쪽 동경東京으로 옮겼다"는 기록도 있다. 동경은 지금의 중국 길림성 혼춘시琿春市에 위치한 팔련성八連城으로 보는 것이 통설이다. 이에 문왕이 말년에 바닷가 근처 동경으로 도읍을 옮겼다고 흔히 해석한다.

문왕은 793년 3월에 동경에서 죽었다. 이에『신당서』에는 "아들 굉림宏臨이 일찍 죽었으므로 아우뻘 친척인 원의元義가 1년간 왕위에 올랐으나 의심이 많고 포학하여 나라 사람들이 그를 죽이고 굉림의 아들 화여華璵를 왕으로 삼았다. (화여가) 다시 상경으로 돌아오고 연호를 중흥中興으로 고쳤다"는 기록이 있다. 대원의大元義의 시호는 전하지 않아서 임의로 폐왕廢王이라고 부르기도 하는데, 정상적인 즉위라기보다 쿠데타를 통한 일시적 집권으로 해석하는 것이 보통이다. 그런데 대원의가 문왕이 죽은 동경에서 즉위했다는 것인지, 문왕이 떠나고 없는 상경에서 즉위했다는 것인지 자세한 기록이 없다. 만약 문왕이 동경에서 죽었을 때 상경에 있던 대원의가 쿠데타를 일으켜 즉위하였다가 동경에 머물고 있는 문왕의 어린 손자 대화여大華璵를 지지하는 사람들에게 살해된 것이라면 해석이 복잡해질 수 있다. 문왕이 동경으로 거처를 옮긴 것을 천도로 해석하지 않을 수도 있기 때문이다.

대화여는 즉위한 이듬해인 795년에 죽어 시호를 성왕成王이라고 하였으며, 그 뒤를 대숭린大崇璘이 이었는데, 『구당서』·『신당서』·『자치통감』에는 "흠무(문왕)의 아들" 또는 "작은 아들"로 적혀 있고, 『유취국사類聚國史』에는 문왕의 "손자孤孫"로 적혀 있다. 제6대 강왕康王이다. 이후 강왕의 아들 정왕定王(809~813), 정왕의 아우 희왕僖王(813~817), 그 아우 간왕簡王(817~818)이 차례로 즉위하였다가 죽었고, 818년에 대조영의 아우 대야발大野勃의 4대손인 대인수大仁秀가 즉위하였다. 제10대 선왕宣王이다. 830년에 선왕이 죽고, 손자 대이진大彝震(830~857)이 즉위하였고, 그 뒤를 아우 대건황大虔晃(857~871)이 이었다. 그 다음은 대현석大玄錫이 즉위하였는데, 대건황의 아들이라는 설과 손자라는 설이 있다. 대현석이 사망한 해도 분명치 않다. 다만, 『당회요』에는 895년 10월에 당의 한림원翰林院이 발해왕 대위해大瑋瑎에게 관직을 더해주는加官 문제를 논의한 대목이 있어, 적어도 895년에는 발해왕이 바뀌었음을 알 수 있다. 그리고 『오대회요五代會要』에는 907년 5월에 발해왕 대인선大諲譔이 왕자 대소순大昭順을 후량後梁으로 보내 특산물을 바쳤으며 이듬해에 전중殿中 소령少令 최예광崔禮光, 909년 3월에 상相 대성악大誠諤, 912년 5월에 왕자 대광찬大光贊을 보냈다는 등의 기록이 있고, 924년 정월에 왕자 대우모大禹謨를 후당後唐으로 보내 조공하였으며 같은 해 5월에 왕자 대원양大元讓, 8월에 학당친위學堂親衛 대원겸大元謙, 925년 2월에 사신 배구裵璆 등을 보냈다는 기록이 있다. 그러므로 제15대 대인선이 마지막 왕임을 알 수 있는데, 제11대부터 제15대까지는 시호에 대한 기록이 남아 있지 않다. 제6대 강왕부터 제15대 대인선까지는 모두 상경에서 즉위하고 생활한 것으로 보인다.

역사에서는 시간을 거슬러 올라갈수록 도읍의 위상과 역할이 점점 더 커지는 경향이 있다. 그래서 도읍이 국가 자체를 의미하기도 한다. 그런 점에서 보면 발해의 잦은 천도는 그리 자연스럽지 않다. 천도는 단순한 정치적 사건이나 행위가 아니라 매우 종합적이고 계획적인 국가의 큰일大事인데, 도읍을 자주 옮긴다는 것은 국가 지배방식이 안정적이지 않거나 유목 습관을 여전히 나타낸 것으로 볼 수 있기 때문이다. 더욱이 그 모든 천도가 대부분 문왕이 거처를 옮긴 것을 기준으로 당이 기록한 것이라면 자세한 내용을 오해한 것일 수도 있다. 그래서 문왕이 거처를 옮긴 것을 천도가 아니라 5경京제도를 시행하기 위한 준비과정으로 보기도 한다.

기록에 나온 도읍에는 발해 때의 성벽 유적이 남아있다. 중경의 유적으로 비정되는 곳은 중국 길림성 화룡시和龍市 서성향西城鄉의 두도頭道평원에 위치한 서고성西古城이다. 내성과 외성으로 구성된 장방형의 토성이며, 외성의 크기는 남북 약 720m, 동서 약 630m이다. 내성은 남북 약 370m, 동서 약 190m 크기이다. 내부에서는 궁전으로 추정되는 건물지들이 발견되었고, 문양이 있는 각종 기와·벽돌 등이 출토되었다. 동경의 유적으로 비정되는 중국 길림성 혼춘시의 팔련성八連城은 내성과 외성으로 구성된 방형의 토성으로서, 외성은 북벽 712m, 동벽 746m, 서벽 735m, 남벽 701m, 전체둘레 2,894m라고 한다. 내성은 남성南城·중성中城·북성北城으로 이루어져 있으며, 북성은 둘레 1,072m로서 남벽·북벽 각각 218m, 동벽·서벽 각각 318m이고, 중성은 둘레 723m, 남성은 둘레 504m 크기이다. 내부에서 각종 와당과 건축자재 등

팔련성지(중국 길림성 혼춘시)

이 출토되었다.

상경성은 중경·동경과 차원이 다른 도시이다. 규모가 압도적으로 클 뿐 아니라, 성 안의 구조가 당의 장안성을 연상시킬 정도로 짜임새 있다. 상경성은 북쪽으로 흐르던 목단강이 갑자기 동쪽으로 꺾이며 강 남쪽에 형성해놓은 넓

상경성의 평면약도

은 강변 평야에 위치한다. 그래서 목단강은 자연스레 상경성의 서쪽과 북쪽에서 해자 역할을 하는데, 이곳의 해발고도는 280m를 웃돈다.

상경성은 궁성宮城·내성內城(皇城)·외성外城(郭城)으로 구성되어 있다. 둘레 약 2.6km인 평면 장방형의 궁성을 둘레 약 4.8km의 장방형 내성이 둘러싸고, 그 바깥을 둘레 약 16km 크기의 외성이 감싼 형태이다. 주로 현무암을 다듬어 쌓은 궁성 안에서는 궁전 유구를 다수 확인하였다. 내성은 흙과 돌을 섞어서 성벽을 쌓았는데, 동벽 1,347m, 서벽 1,394m, 남벽 1,045m, 북벽 1,096m로 추산된다. 안에는 궁성의 동벽 바깥에 연못과 인공산을 만들어놓은 금원禁苑이 있고, 궁성 남쪽에는 넓은 도로 건너편에 관청구역으로 보이는 대규모 공간이 자리잡고

복원중인 상경성 정전

있다. 성벽으로 둘러싸인 관청구역을 보통 황성皇城이라고 부르는데, 동쪽구역과 서쪽구역을 가르는 남북방향의 광장형 도로는 너비가 200m를 넘는다. 외성은 내성의 동·서·남쪽에 조성된 도시와 각종 시설을 포함하는데, 지금까지 적어도 9개소의 불교 사찰과 바둑판 형태의 정연한 도로 흔적이 확인되었다. 성벽은 돌담을 흙으로 덮은 이른바 석심토축石心土築으로 쌓았으며, 동벽 3,358m, 서벽 3,398m, 남벽 4,586m, 북벽 4,946m이다. 다만, 북벽의 경우, 1,300m 정도는 내성의 성벽을 공유하고 있다. 성벽 바깥에는 사방에 해자垓字가 설치되어 있다. 외성의 성문은 서로 대칭을 이루고 있으며 지금까지 모두 11개가 발견되었다. 이러한 성의 평면형태와 구조는 당의 장안성과 닮은꼴이어서 방리坊里의 구획이 비교적 충실히 적용되었을 것으로 추정한다.

발해의 5경

8세기 중엽, 문왕이 구국을 떠나 중경으로 거처를 옮길 때 이미 상경을 건설하기 시작했을 것으로 보기도 한다. 상경을 건설하는 동안 문왕이 중경에 머문 것을 당에서는 천도라고 표현했다는 것이다. 그렇다면 이를 발해에서 신라처럼 소경小京제도 또는 5경제도를 기획하고 시행한 첫발이라고 할 수도 있다. 문왕이 지방지배체제를 정비하기 위해 일부러 한동안 중경에 머물렀고, 말년에도 동경에 머물렀다는 것이다. 그러나 학계에서의 통설은 구국→중경→상경→동경→상경 순으로 천도했다는 것이다.

2) 사회와 문화

주민구성

발해사를 연구할 때 자주 이용하는 역사서는 중국의 『구당서』·『신당서』·『오대회요』·『책부원구』, 일본의 『속일본기』·『유취국사』, 그리고 『삼국유사』 등이다. 그런데 이들 역사서는 모두 발해 역사의 일부분만 전할뿐 아니라 서로 다르게 기록한 부분도 적지 않다. 대표적인 예가 고왕 대조영의 출신에 관한 기록이다.

10세기 중엽에 편찬된 『구당서』는 발해의 건국에 대해 다음과 같이 기록하였다.

발해말갈의 대조영은 본래 고려의 별종이다. 고려가 멸망하고 나서 조영은 집안사람들을 이끌고 영주로 옮겨가 살았는데, 만세통천(696~697) 중에 거란의 이진충이 반란을 일으키니, 조영이 말갈의 걸사비우와 함께 각각 (무리를) 이끌고 망명하여 동쪽으로 달아나 험한 곳을 차지하고 스스로 지켰다. 진충이 죽고 나서 측천이 우옥금위대장군 이해고에게 군사를 이끌고 그 남은 무리를 토벌하라고 명령하니, 먼저 걸사비우를 깨뜨려서 베어죽이고, 천문령을 넘어 조영을 바짝 뒤쫓았다. 조영이 고려·말갈의 무리를 합쳐 해고에게 맞서 싸우니 왕의 군대가 크게 지고 해고는 탈출해서 돌아왔다. 속했던 거란과 해가 모두 돌궐에게 항복하니 도로가 막히고 끊겨서 측천이 토벌할 수 없었다. 조영이 마침내 그 무리를 이끌고 동쪽으로 가서 계루의 옛 땅을 차지하고 동모산을 근거로 삼아 성을 쌓고 살았다. 조영이 날래고 용감하며 군사를 잘 부리니 말갈 무리와 고려의 남은 무리가 점점 돌아왔다. 성력(698~699) 중에 스스로 즉위해서 진국왕이 되고 사신을 돌궐에 보내 교통하였다. [53]

961년경 송宋의 왕부王溥가 편찬한 『오대회요』에는 다음과 같은 기록이 있다.

발해말갈은 본래 고려의 종족이다. 당나라 총장(668~670) 중에 고종이 고려를 평정하고 그 사람들을 옮겨 중국에 나뉘어 살게 하였으며, 요하 바깥에 주와 현을 설치하고 평양성에는 안동도호부를 두어 다스리게 하였다. 만세통천 중에 이르러 거란의 이만영이 반란을 일으켜 영부를 공격해 함락시키자, 고려 별종인 대사리 걸걸중상[대는 성이고 사리는 벼슬이며 걸걸중상은 이름이다]이라는 사람이 있어 말갈 반란자 걸사비우와 함께 달아나 요동을 차지하고 고려의 옛 땅을 나누어 왕위에 올랐다. 측천이 걸사비우를 허국공, 대사리 걸걸중상을 진국공에 봉하였는데, 걸사비우가 명령을 받지 않으니, 측천이 장군 이해고에게 명령하여 군대를 움직여서 베어죽였다. 이때 걸걸중상은 이미 죽고, 그의 아들인 대조영이 왕위를 잇고 걸사비우의 무리를 아우르니, 정예군사를 배출한 집이 4천여 호였다. 읍루의 옛 땅을 차지하고 근거로 삼았으며, 성력 중에 이르러 신하를 칭하며 조공하였다. [54]

11세기 중엽에 편찬된 『신당서』에는 다음과 같은 기록이 있다.

발해는 본래 속말말갈로서 고려에 부속되어 있었으며, 성은 대씨이다. 고려가 멸망하자, 무리를 이끌고 읍루의 동모산을 차지하였는데, 땅이 바로 영주 동쪽 2천 리에 있다. 남북으로는 신라와 이하를 경계로 삼고, 동쪽은 바다에 닿으며, 서쪽은 거란이다. 성곽을 쌓고 사니, 고려의 남은 무리들이 점점 모여들었다. 만세통천 중에 거란의 진충이 영주도독 조홰를 죽이고 반란을 일으키니, 사리 걸걸중상이라는 자가 말갈 추장 걸사비우 및 고려의 남은 무리와 함께 동쪽으로 도망가 요수를 건너 태백산 동북쪽을 차지하고 오루하에 의지하여 성벽을 쌓고 스스로 지켰다. 무후가 걸사비우를 책봉해 허국공으로 삼고 걸걸중상을 진국공으로 삼으며 그 죄를 용서하였는데, 비우가 명령을 받아들이지 않으니, 후가 옥금위대장군 이해고와 중랑장 삭구에게 조서를 내려서 공격해 베어 죽였다. 이때 걸걸중상은 이미 죽고 그 아들 대조영이 남은 무리를 이끌고 도망하였는데, 이해고가 끝까지 쫓아 천문령을 넘자, 대조영이 고려·말갈 군사로 이해고의 군대를 물리치니, 이해고가 져서 돌아왔다. 이에 거란이 돌궐에게 붙어 왕의 군대의 길이 끊겨 토벌할 수 없게 되었다. 대조영은 곧 비우의 무리를 합치고 (지역이) 거칠며 멀다는 것을 믿고 나라를 세워 스스로 진국왕이라 부르며 사신을 보내 돌궐과 교류하였다. 55

『삼국유사』에는 다음과 같은 기록이 있다.

『통전』에 이르길 "발해는 본래 속말말갈로서, 그 추장인 조영에 이르러 나라를 세우고 스스로 진단이라고 불렀다. 선천(712~713) 중에 비로소 말갈 이름을 버리고 오로지 발해라고 부르기 시작하였다. 개원 7년(719)에 조영이 죽으니 시호를 고왕이라고 하고 세자가 왕위를 잇자, 명황이 조칙을 내려 책봉하고 왕을 잇게 하였는데, 사사로이 연호를 고치고 마침내 바다 동쪽의 번성한 나라가 되었다. 그곳에 5경·15부·62주가 있었는데, 후당 천성(926~930) 초기에 거란이 공격해 깨뜨렸으며, 그 뒤로는 거란이 통제하게 되었다"라고 하였다.[『삼국사』에 이르길 "의봉 3년 고종의 무인년(678)에 고려의 남은 무리가 모여 북쪽 태백산 아래에 의지하여 나라 이름을 발해라고 했다. 개원 20년(732)에 명황이 장군을 보내 토벌하였고, 또 성덕왕 32년(733) 현종 갑술년(734)에 발해말갈이 바다를 건너 당의 등주를 침략하니 현종이 토벌하였다"고 하였다. 또, 신라고기에 이르길 "고려의 옛 장군인 조영의 성은 대씨인데, 남은 군사를 모아 태백산 남쪽에서 나라를 세우고 나라 이름을 발해라고 했다"고 하였다. 위의 여러 글을 살펴보면, 발해는 말갈의 별종으로서, 단지 열고 합한 것이 같지 않을 뿐이다. 『지장도』를 살펴보면 발해는 장성의 동북쪽 모서리 바깥에 있었다.] 56

이처럼 대조영의 출신 성분에 대한 기록은 둘로 나뉜다. 『구당서』·『오대회요』·신라고기처럼 고려(고구려)의 별종 내지 옛 장군이라고 한 것과 『신당서』·『통전』처럼 속말말갈이라고 한 것이다. 이 가운데 고려의 별종이라고 한 것은 대조영이 보통의 고구려 사람과는 다른 어떤 특징을 지녔기 때문으로 볼 수 있다. 고구려 사람이기는 하지만, 왕실이라든지 중앙귀족 출신이 아니라 지방출신이거나 고구려 5부에도 들지 못했던 집단 출신을 가리킨다는 것이다. 대표적인 사례로는 말갈·옥저·동예 출신, 그리고 나중에 병합된 부여 출신을 들 수 있다.

대조영의 아버지 걸걸중상乞乞仲象은 말갈인 걸사비우乞四比羽와 이름이 비슷하다. 그래서 『구당서』의 "발해말갈의 대조영은 본래 고려의 별종"이라는 대목은 『신당서』의 "발해는 본래 속말말갈로서 고려에 부속되어 있었으며, 성은 대大씨"라고 한 대목과 서로 통하는 면이 있다. 그렇다면 '고려의 별종'은 '고려에 부속되어 있던 속말말갈'의 또 다른 표현일 수 있다. 바로 이런 점이 『구당서』와 『오대회요』에서 발해를 '발해말갈'로 부르는 이유가 되었을 것이다.

그런데 대조영을 '고려 별종' 내지 '고려의 옛 장군'이라고 표현한 것은 그의 생물학적 계통과 달리 관념 내지 의식은 '고구려사람'을 자처하고 있었다는 뜻이 된다. 걸사비우를 '말갈사람' 또는 '말갈 추장'으로 표현한 것과 달리 걸걸중상에 대해서는 『신당서』조차 그런 표현을 적용하지 않았다. 그리고 '고려의 남은 무리'를 이끄는 사람으로만 묘사하고 있는 것이다. 아버지 걸걸중상과 비교하면, 대조영이라는 이름은 훨씬 더 고구려화 또는 중국화한 이름인데, 이것 역시 말갈사람보다 고려사람을 자처하였던 그의 귀속의식을 나타낸 것이라고 할 수 있다.

대조영과 그 후손들이 지녔던 고구려 지향성은 일본과의 외교 과정에서 매우 뚜렷하게 드러났다. 『속일본기』에는 759년 정월 초하루에 대극전大極殿에서 열린 조회에 참석한 발해사신을 고려번객高麗蕃客이라고 부르는가 하면 정월 3일 발해사신 양승경揚承慶 등이 일본 준닌천황에게 전해준 발해 문왕의 국서는 "고려국왕高麗國

王 대흠무大欽茂가 말씀드립니다"로 시작한다. 2월 1일에 준닌천황이 발해사신에게 건넨 답장도 "천황이 고려국왕께 삼가 문안드립니다"로 시작한다. 이밖에도 『속일본기』에는 발해를 가리켜 고려라고 부른 사례가 매우 많다. 이에 비해 신라는 오히려 최치원이 지은 표문에서 발해를 "구려가 아직 멸망하지 않았을 때 본래 사마귀처럼 쓸모없는 부락으로서 말갈 족속"이며, "구려의 남은 무리와 물길의 잡다한 부류들이" 모여서 "처음에는 거란과 나쁜 짓을 하더니 돌궐과 함께 일을 꾸미는" 세력이 되었다고 폄훼하고 있다. 서로 대치하며 경쟁하는 관계였기 때문에 의도적으로 깎아내린 것으로 보인다.

대조영과 그의 후손들이 고구려 지향성을 띠게 된 데에는 과거 고구려의 핵심 지배층이던 사람들이 발해의 건국과정에 깊이 참여하고 이후 정계에서 활발히 활동하였기 때문일 것이다. 고구려 왕실의 성씨였던 고高씨는 발해에서 대大씨 다음의 큰 성씨로 성장하였는데, 특히 발해왕실이 안정된 8세기 중엽 이후 대외사절단의 대사大使 또는 부사副使로 자주 임명되는 등 고위 관료를 많이 배출하였다. 이 무렵 발해왕실이 고구려왕실의 천손天孫의식을 계승했다고 보기도 한다.

남송南宋 때 홍호洪皓가 편찬한 『송막기문松漠紀聞』에는 발해의 사회분위기에 대해 다음과 같은 기록이 있다.

발해국은 연경과 여진이 도읍한 곳에서 모두 1,500리 떨어져 있다. 돌로 성의 기초를 쌓으며, 동쪽은 모두 바다이다. 그 왕은 옛날부터 대를 성으로 삼았으며, 세력 있는 성은 고·장·양·두·오·이로서 몇 개에 지나지 않는다. 부곡과 노비로서 성이 없는 자는 모두 그 주인을 따른다. 부인은 모두 사납고 투기하는데, 대씨가 다른 성과 함께 서로 뭉쳐 10자매를 이루며, 번갈아 그 남편을 살펴서 측실 및 다른 유녀를 용납하지 않는다. 소문이 나면 반드시 그 사랑하는 사람을 독살하려고 꾀한다. 한 남편이 저질렀는데 아내가 알지 못하면 9인이 무리지어 모여서 꾸짖는다. 시기·질투를 다투고 서로 자랑하므로 거란·여진의 여러 나라는 모두 창녀가 있고 그 양인은 모두 작은 부인과 여자몸종이 있지만, 오직 발해에는 그런 것이 없다. 남자는 지혜와 꾀가 많으며, 날래고 용감함이 다른 나라보다 뛰어나서 발해사람 셋이면 범 한 마리를 당해낸다는 말이 있을 정도이다. 57

경제와 교역

『신당서』 발해전에는 다음과 같은 기록이 있다.

풍속에 귀하게 여기는 것은 태백산 토끼, 남해(부)의 다시마, 책성(부)의 된장, 부여(부)의 사슴, 막힐(부)의 돼지, 솔빈(부)의 말, 현주의 베, 옥주의 솜, 용주의 명주, 위성의 철, 노성의 벼, 미타호의 붕어라고 한다. 과일은 구도의 자두, 낙유의 배가 있다. 나머지 풍속은 고려·거란과 대체로 비슷하다. 58

위의 기록에서 구도九都는 환도丸都를 잘못 쓴 것으로 보이며, 낙유樂遊를 낙랑으로 추정하는 이도 있지만 분명하지 않다. 남해부의 다시마, 책성부의 된장, 부여부의 사슴, 막힐부의 돼지, 솔빈부의 말 등 지명과 연결된 특산물은 세금으로 거둬들이는 지역특산물調일 것이다.

발해 영토를 기준으로 지역별 생산물품의 역사를 살펴보면, 고조선시대에는 반점가죽文皮과 털옷이 특산품이었고, 부여는 오곡이 자라기 좋았으며 이름난 말, 여우·살쾡이·원숭이·담비 가죽, 붉은 옥과 아름다운 구슬 등이 특산품이었다. 옥저지역은 생선·소금·해산물을 고구려에 조세로 바쳤고, 동예는 나무활과 무늬표범·바다표범 가죽이 특산이었으며, 읍루는 돼지와 돼지기름, 화살과 화살촉, 붉은 옥과 좋은 담비 등이 특산이었다. 말갈은 범·표범·담비 등을 사냥하는 데 재주가 있었다고 한다. 수백 년의 시간이 흐르는 동안 지역의 산업 전통과 관습에 변화가 생겼을 수도 있지만, 지리환경에 큰 변화가 없었다면 대체로 특산물은 비슷했을 것이므로, 위의 물품들이 발해시대에도 생산되었을 개연성이 있다. 그리고 적어도 기록상으로는 보리·조·기장·콩·수수 등의 곡물과 개·소·말 등의 가축이 발해 영토내 대부분의 지역에서 생산되었다고 볼 수 있다.

『속일본기』에 따르면, 728년 봄 정월 17일에 발해사신 고제덕高齊德 등이 일본 쇼무천황에게 전한 발해 무왕의 선물은 담비가죽 300장張이었다. 그리고 4월 16일에 일본 쇼무천황으로부터 채색비단綵帛 10필, 무늬비단綾 10필, 거친 비단絁 20필, 실 100구絇, 솜 200둔屯을 받았다. 738년 12월 5일에 발해 사신 기진몽己珎蒙 등이 일본 쇼무천황에게 전한 발해 문왕의 선물은 호랑이大虫 가죽과 곰 가죽 각각 7장, 표범가죽 6장, 인삼 30근, 꿀 3곡斛 등이었다. 그리고 740년 봄 정월 7일에 일본 쇼무천황으로부터 거친비단 30필, 비단 30필, 실 150구, 솜 300둔 등을 받았다. 이때 기진몽은 따로 거친 비단 20필, 비단 10필, 실 50구, 솜 200둔을 받았으며, 다른 사람들도 차등 있게 받았다고 한다. 777년 5월 23일, 일본 코닌光仁천황이 발해국왕에게 보내는 물품을 발해사신 사도몽史都蒙 등에게 알려주었는데, 비단 50필, 거친 비단 50필, 실 200구, 솜 300둔 등과 사도몽이 요청한 황금 작은小 100냥, 수은水銀 큰大 100냥, 금칠金漆 1솥缶, 칠漆 1솥, 동백나무기름海石榴油 1솥, 수정염주水精念珠 4꿰미貫, 빈랑부채檳榔扇 10개枝 등이었다. 발해국왕이 일본에 보낸 물품은 발해에서 많이 생산되는 특산물, 일본천황이 발해로 보낸 물품은 발해에서 잘 생산되지 않는 물품으로 이해할 수 있다.

발해의 상경 용천부, 신안성터, 오래미절골유적지, 코르사코프카Korsakovstoye 건축유적지, 니콜라예프카Nikolayevskoye 성터, 콘스탄티노프카Konstantinovskoye 건축유적지 등에서는 쇠로 만든 보습이 출토되었으며, 이밖에 괭이, 삽, 낫, 도끼, 작두 등이 북청의 청해토성靑海土城을 비롯한 여러 발해 유적지에서 출토되었다. 모두 농경생활과 관련된 유물들이다. 니콜라예프카유적에서는 조와 수수의 흔적이

발해 정효공주묘 안내판(중국 길림성 화룡시 용두산고분군)

발견되었으며, 요양遼陽 삼도호三道壕유적에서도 붉은 수수 흔적이 발견되었다.

베布는 고대사회의 기본 생산물품 중 하나였다. 그러므로 특별히 '현주顯州의 베'라고 지정한 것은 그곳이 베의 재료인 삼麻을 재배하기 적당한 지역이거나 베를 짜는 기구와 기술자와 많은 지역이었기 때문일 것이다. 돈화의 육정산고분군, 화룡의 북대北大고분군과 용두산고분군 등에서 은백색의 광택이 남아 있는 베가 유물로 출토되기도 하였다. '옥주沃州 솜'은 발해에서 상대적으로 따뜻한 지역인 남경 부근이 뽕나무와 누에를 많이 기르는 곳이었으며, 이를 솜으로 만드는 인력도 많이 사는 곳이었음을 일러준다. '용주龍州의 명주紬'도 마찬가지이다. 용주는 수도인 상경 용천부에 속하는 곳이므로 사람이 많이 살고, 특히 지배층이 밀집 거주하는 곳이어서 비단과 같은 고급직물의 수요가 높았을 것이다. 화룡 용두산의 정효공주묘에 그려진 벽화에는 무사·시위·내시·악사 등 모두 12명의 인물이 있는데, 내시가 입은 붉은색 옷을 명주옷으로 추정한다.

'위성位城의 철鐵'은 중경 현덕부 소속 철주鐵州 관할의 위성位城이 유명한 철 생산지였음을 알려준다. 중경이 위치한 두만강 북쪽지역에서는 길림성 용정龍井의 천보산天寶山 철광산, 남쪽지역에서는 함경북도 무산茂山의 철광산이 유명하다. 지금까지 발해에서는 제철유적이 5곳, 단야유적이 2곳에서 발견되었으며, 연해주 크라스키노Kraskinskoye 성터유적에서는 쇠를 가공할 때 쓰던 단야로鍛冶爐가 발견되었다. 고대의 제철·제련은 나무 땔감을 많이 쓰는 작업이었으므로 산림이 우거진지역에서 성행하였다.

발해에서 화폐를 발행했다고 보기도 한다. 당에서는 621년에 개원통보開元通寶라는 동전을 발행하였고, 이를 본떠 일본에서도 708년 8월에 화동개진和同開珍이라는 동전을 발행했는데, 1938년에 일본화폐 화동개진이 발해 상경성에서 출토된 바있다. 이에 발해도 자체적으로 화폐를 제작해 사용했을 것이라는 주장이 제기되었으나, 아직 분명한 증거는 발견되지 않았다. 당나라 화폐가 발해에서 통용되었을 것으로 보기도 한다.

사상과 종교

발해에서는 불교가 성행하였다. 제3대 문왕의 존호尊號 대흥보력효감금륜성법대왕大興寶曆孝感金輪聖法大王에서 대흥과 보력은 연호이며, 금륜과 성법은 불교 용어이다. 문왕의 넷째딸 정효공주의 무덤은 횡혈식 벽돌무덤塼室墓인데, 그 위에 불교식 탑을 세워 놓았던 것으로 추정한다. 발해의 불교승려로는 인정仁貞, 정소貞素, 살다라薩多羅, 재웅載雄 등이 알려져 있다. 모두 9세기 이후의 인물이며, 그들의 사상은 자세히 알 수 없다.

인정은 『일본후기日本後紀』에 인진仁眞으로도 적혀있으며, 814년에 발해 대사 왕효렴王孝廉이 일본으로 건너갈 때 녹사錄事로서 사신단에 포함되었다. 그래서 815년 봄 정월 7일에 일본 사가嵯峨천황으로부터 종5위하從五位下 관위와 녹을 받았으며, 정월 22일에 귀국길에 올랐으나 풍랑을 만나 표류하다가 5월 18일에 일본으로 되돌아갔는데, 이때 배의 노가 부러져있는 등 파손이 심했다고 한다. 이에 일본이 큰 배를 골라 주도록 안배하였으나, 출발하기도 전에 6월 1일 대사 왕효렴이 죽었으며, 이후 사신단에 대한 기록도 끊겼다. 인정도 귀국하지 못하고 일본에서 죽은 것으로 알려진다.

정소는 9세기 초에 당에서 불법을 공부하였으며, 824년에 발해사신과 함께 일본으로 건너갔다가 일본 준나淳和천황의 부탁을 받고 825년에 당의 오대산에서 머물고 있던 일본승려 료센靈仙에게 백금 100냥과 편지를 전해주었다. 이때 료센이 일본의 준나천황에게 불사리佛舍利 1만개와 새로 번역한 경전 2부, 조칙造勅 5통 등을 전해달라고 부탁하자, 발해로 돌아온 뒤 826년 5월 발해사신 고승조高承祖 등이 일본을 방문할 때 동행하여 전해주었다. 이에 준나천황이 매우 기뻐하며 다시 금 100냥을 료센에게 전해달라고 부탁하였는데, 828년 4월 7일에 정소가 오대산 영경사靈境寺에 도착하니 료센이 죽은 뒤였다. 료센은 지난번 불사리 등을 보낸 일로 독살되었다고 전한다. 정소는 귀국하던 중 바다에서 폭풍을 만나 물에 빠져 죽었다고 전하며, 이에 관한 일이 『유취국사』와 엔닌圓仁의 『입당구법순례행기』에 간략히 적혀 있다.

발해지역에서는 40여 곳 이상의 절터가 조사되었다. 구국에서 1곳, 중경일대에서 13곳, 동경에서 9곳, 상경일대에서 10여 곳이 확인되었는데, 특히 상경성 내부에서 최소한 8곳 이상의 대형 절터가 확인되었다. 가람배치는 금당의 양쪽 옆에 별도의 건물을 두고 회랑을 돌리는 방식이었으며, 1975년 상경성의 한 절터에서 발견된 사리함은 정교한 조각으로 화려하게 장식한 은합銀盒과 칠갑漆匣 등으로 사리 5과顆가 든 유리병을 7겹이나 감싼 것이었다. 또 다른 절터에서는 용암으로 만든 6m 높이의 거대한 석등石燈이 발견되기도 하였다.

발해 불상은 지금까지 1천 개 가까이 발견되었다고 하는데, 재료에 따라 석불石佛·철불鐵佛·금동불金銅佛·도불陶佛·

발해 석등(상경성 제2절터)

소조불塑造佛·칠불漆佛 등으로 나뉜다. 그중 이
불泥佛 또는 전불塼佛이라고도 하는 도불은 흙으
로 빚은 뒤 불에 구워 만든 불상으로서, 상경과
동경에서 많이 출토되었다. 이러한 도불은 중국
과 일본에서도 만들어졌으나, 발해 도불은 납작
한 판이 아니라 둥글고 입체적이라는 점이 특징
이다. 또, 동경과 서경지역에서는 2개의 불상을
나란히 붙여놓은 독특한 형태의 쌍둥이 불상이
많이 발견되었다. 대개 나란히 결가부좌한 상태
에서 왼편 부처의 오른손을 오른편 부처의 왼손
위에 올려놓은 모습인데, 하나의 커다란 광배光
背를 공유하는 이러한 쌍둥이 불상을 보통 이불

발해 **이불병좌상**(중국 길림성 팔련성 출토)

병좌상二佛竝坐像이라고 한다. 이불병좌상은 보통 석가모니불과 다보불多寶佛로 구
성되었으며, 법화사상法華思想을 표현한 것이라는 해석이 일반적이다. 양옆에 협시
보살을 둔 것도 있다.

발해에서는 도교도 상당히 유행한 것으로 알려진다. 777년에 죽은 문왕의 둘째
딸 정혜공주와 792년에 죽은 문왕의 넷째딸 정효공주의 묘지명에서는 "공주는 무
악에서 영험한 기운을 받고 낙수에서 신선에게 감응되어 심궁에서 태어났다公主稟
靈氣於巫峀 感神仙於洛川 生於深宮"라고 하거나 "곤륜산 봉우리의 한조각 옥처럼 온화
하다溫如崑峯之片玉"고 한 대목에서 도교적 인식이 나타난다. 문왕은 777년에 일본
의 코닌천황으로부터 수은 100냥을 받았는데, 이는 문왕이 도교의 선약仙藥을 만들
때 많이 쓰이는 수은을 일본에 요청하였기 때문이다. 그해 여름 4월 14일에 정혜공
주가 40세로 죽었다는 점을 참고할 수 있다.

특히 10세기에는 발해인 이광현李光玄이 20세에 출가하여 도교수련법을 익히다가 숭고산嵩高山에서 도인道人 현수선생玄壽先生을 만나 원하던 바를 얻었으며, 가르침에 따라 중국대륙의 여러 곳을 떠돌며 금단金丹을 만들고 자신이 체험한 바를 기록했다고 하는데, 그가 남긴 저작 『금액환단백문결金液還丹百問訣』, 『해객론海客論』, 『금액환단내편金液還丹内篇』 등이 도교 경전인 『도장道藏』에 수록되어 있다.

문화

중국의 길림성 돈화시 일대와 화룡현 일대, 그리고 흑룡강성 영안시 일대에는 발해무덤이 많이 분포한다. 북한의 함경도 일대에서도 발해 때의 무덤이 약 1,000여 기 이상 조사되었다고 하는데, 대체로 한때 도읍이었던 곳이거나 5경京·15부府·62주州의 행정중심지에서 가까운 곳이다. 발해무덤은 크게 보아 움무덤土壙墓·돌방무덤石室墓·벽돌무덤塼室墓으로 나뉘며, 흙무지무덤墳丘墓·돌널무덤石棺墓·돌덧널무덤石槨墓도 있다.

대표적인 발해 움무덤 유적은 러시아 블라디보스토크지역에 위치한 체르나치노고분군이다. 약 80여 기를 조사하였는데, 움을 파고 널棺을 넣은 뒤 흙으로 덮은 단순 움무덤, 움을 파고 바닥에 잔돌을 깔고 널을 넣은 뒤 흙으로 덮은 부석식敷石式 움무덤, 움 주위로 돌을 두른 위석식圍石式 움무덤 등 형태가 다양하였다. 그중 가장 많은 것은 단순 움무덤으로서, 움과 널의 길이는 1.5m에 불과하였으며, 시신은 대개 몸을 굽힌 모습屈葬이거나 화장火葬한 뒤 뼈만 추려낸 2차장이었다. 대개 말갈계통 무덤으로 추정한다.

돌방무덤은 상경성 부근에 위치한 삼령둔三靈屯고분군, 돈화 육정산고분군의 정혜공주묘, 화룡의 북대고분군 등이 대표적이다. 삼령둔고분군은 1기만 조사되었는데, 반지하로 땅을 판 다음 현무암으로 길이 3.9m, 너비 2.1m, 높이 2.4m 크기의 널방玄室을 만들고, 그 남쪽 중앙부에 길이 4m의 널길羨道을 만든 모습이다. 천정은 큰 판석으로 모줄임방식을 사용해서 단면이 6각형을 이루도록 하였으며, 벽에는 회를 바른 흔적이 있다. 봉분 위에는 주춧돌 4개가 놓여 있었으며, 주변에서 발해 기와가 출토되었고, 무덤 주변으로는 동서 길이 123m, 남북 길이 121m, 현존높이 1m의 흙담이 설치되어 있었다.

발해 **정혜공주묘**(중국 길림성 돈화시 육정산고분군)

정혜공주묘는 1949년에 발굴되었는데, 편평한 대지의 일부를 골라 얕게 판 다음 현무암 판석과 장대석을 이용해 반지하의 횡혈식 석실을 만들고 흙으로 덮은 모습이다. 널방의 규모는 대략 남북 2.9m, 동서 2.7m 안팎이며, 말각조정식 천정의 높이는 중앙부가 2.6m 정도이다. 널길은 남벽 중앙에 설치되었는데, 길이 약 1.7m, 너비 1.1m, 높이 1.4m 크기이며 천정에는 판석을 덮었다. 그리고 널길 바깥으로는 돌과 벽돌을 깐 무덤길墓道이 약 11m로 길게 조성되어 있다. 무덤 안에서는 묘지墓誌 1점과 돌사자 암·수 1쌍, 널 조각 등이 발견되었다. 묘지는 높이 90cm, 너비 40cm, 두께 20cm 크기로서 한자 725자와 풀문양이 새겨져 있었는데, 명문을 통해 묻힌 이가 문왕의 둘째 딸인 정혜공주이며, 보력 4년(777) 여름 4월 14일 40세로 사망하여 보력 7년(780) 겨울 11월 24일 진릉珍陵의 서쪽에 배장陪葬되었음을 알 수 있다. 진릉은 보통 정혜공주의 할아버지인 무왕의 무덤을 가리킨 것으로 해석한다.

발해의 돌무지무덤은 마치 고구려의 돌무지무덤처럼 매장주체부와 그 주변을 크고 작은 돌로 덮은 것이 특징인데, 겉면을 흙으로 덮은 것도 있다. 무덤에 시신을 넣는 방식은 구덩식竪穴式보다 굴식橫穴式 또는 옆트기식橫口式 구조라는 점에서 돌방무덤과 크게 다르지 않다. 돈화와 화룡 중간지점에 위치한 동청動聽고분군이 대표적인 사례로 꼽힌다. 이밖에 규모가 작은 돌널무덤과 돌덧널무덤도 있다. 상경성에서 가까운 흑룡강성 해림시海林市 산저자山咀子고분군에서 많이 발견되었으며,

육정산 12호분도 돌덧널무덤이다.

1980년에는 중경의 치소(서고성) 가까이에 위치한 용두산고분군에서 정효공주의 무덤이 발견되었다. 땅을 4m 깊이까지 깊게 판 다음 바닥과 4벽을 모두 벽돌로 쌓아올린 벽돌무덤인데, 천장은 판석으로 편평하게 조성하였다. 널방의 크기는 남북 3.1m, 동서 2.1m, 높이 1.9m 안팎이며, 널방의 남쪽 벽 중앙부에 길이 1.9m 크기의 널길이 있고, 그 바깥으로 다시 7.1m 정도로 길게 조성한 계단식 무덤길이 있다. 널방 안에서는 부부로 보이는 남녀 1쌍의 뼈가 수습되었으며, 벽에서는 모두 12명의 인물을 그린 벽화가 확인되었다. 인물들은 대개 살이 쪄서 둥글고 하얀 얼굴에 작은 눈, 가는 눈썹, 작고 붉은 입술 등 당나라의 인물 표현방식과 비슷하며, 주인공의 초상화는 없었다. 널방 위의 천정 바깥으로는 벽돌로 탑을 세웠으나, 일찌감치 파괴된 탓에 원래의 형태는 정확히 알 수 없다. 무덤 앞에는 조그마한 건물터가 있고, 산 아래에는 고분군과 관련된 듯한 절터가 있다고 한다. 연도에는 화강암을 높이 105cm, 너비 58cm, 두께 26cm 크기로 잘라 만든 묘지墓誌가 서 있었는데, 해서체의 한자 728자가 새겨진 것이었다. 이를 통해 묻힌 이가 문왕의 넷째 딸 정효공주이며, 남편이 먼저 죽은 뒤 혼자 살다가 대흥 56년(792) 여름 6월 9일에 36세로 죽어서 그해 11월 28일에 염곡染谷의 서쪽 대지에 배장되었음을 알 수 있었다. 무덤 안에서는 흙으로 만든 인형陶俑 조각과 금동 꾸미개 조각 등이 발견되었다.

발해는 왕조가 유지된 228년 동안 많은 성城을 쌓았다. 그 성은 위치한 곳의 지형에 따라 평지성과 산성으로 나눌 수 있는데, 상경을 비롯한 5경과 주요 행정중심지는 평지성이고, 그 주변은 산성으로 이루어진 경우가 많다. 발해가 처음 성립한 구국舊國시기의 방어체계를 보면, 영승유적과 성산자산성 주변에 석호고성石湖古城·흑석고성黑石古城·마권자고성馬圈子古城·통구령산성通溝嶺山城 등이 위치하여 마치 호위하는 형국이다. 중경의 서고성 주변에는 장항고성獐項古城·용천고성龍

泉古城·홍성고성紅星古城·하남둔고성河南屯古城 등이 분포해 방어망을 구축하였다. 상경 주변에도 많은 방어용 성들이 건설되었다. 모두 강 또는 호수에서 가까우며 교통로 옆이거나 교통로를 굽어본다는 특징이 있다.

3) 대외관계와 멸망

대외관계

발해는 당의 안동도호부 관할지역에서 건국하였으므로 발해와 당의 군사적 충돌은 필연적이었다. 발해 역사를 자체적으로 정리한 기록이 전하지 않으므로, 건국 무렵 발해의 내부 사정은 전혀 알 수 없다. 이에 발해 인근지역에서 일어난 당의 정치·행정적 변화에 주목해보면, 당은 698년 6월에 안동도호부를 안동도독부로 낮추었으며, 698년 9월에 측천무후가 설눌薛訥을 좌위장군左衛將軍으로 임명하고 안동도경략사安東道經略使로 삼았다. 이 무렵 등주登州를 통해 군량을 수송했다고 하니 전쟁이 계속되었다고 볼 수 있다. 당은 698년에 옛 고구려 보장왕의 손자 고보원高寶元을 좌응양위대장군左鷹揚衛大將軍 충성국왕忠誠國王에 책봉하고 안동지역으로 보내려 하였으나 실행되지 않았다. 아마도 이미 발해가 건국하여 당으로서는 효과를 얻기 어려워졌기 때문일 것이다.

699년에는 당이 보장왕의 아들 고덕무高德武를 안동도독으로 임명하였다. 아마도 고구려유민들이 발해로 흡수되는 것을 막기 위한 대응책이었을 것이다. 705년 2월에는 안동도호부를 다시 설치하였는데, 안동도호는 유주幽州와 영주營州의 도독을 겸하였다. 위치를 요서지역으로 옮긴 것이다. 714년에는 안동도호부의 치소를 평주로 옮겼으며 743년에는 다시 요서군으로 옮겼다가 10여 년 뒤에 폐지하였다. 당은 요서지역에 안동도호부를 다시 설치할 때부터 발해에 사신을 보내는 등 유화적인 태도를 보였는데, 거란과 돌궐을 견제하기 위해서였다.

이후 713년에 당이 대조영을 발해군왕에 책봉하였고, 719년에 무왕 대무예가 즉위해 대조영의 시호를 고왕高王, 연호를 인안仁安으로 정하였다. 726년에 당이 흑수말갈을 기미주羈縻州로 만들고 무왕의 아우 대문예가 당으로 망명하자 당과 발해 사이에 갈등이 생겨 732년 발해가 당의 등주를 공격하고 거란의 당 침입을 돕는 등 충돌이 격화되었으나, 737년 문왕이 즉위한 뒤 평화롭게 조정되었음은 앞에서 설명한 바와 같다.

발해는 무왕 후반기를 제외하면 당으로부터 책봉을 받고 조공외교사절을 보내는 등 당 중심의 세계질서를 인정하고 그 속에 적극적으로 편입되었다. 그러면서도 9세기 후반기까지 대흥大興·보력寶曆·중흥中興·정력正曆·영덕永德·주작朱雀·태시太始·건흥建興·함화咸和 등의 연호를 계속 사용하였다. 그리고 황상皇上·조詔 등 중국의 황제들에게 적용하는 용어를 사용함으로써 중국의 예법을 의도적으로 무시하였다. 선조성宣詔省·중대성中臺省과 같은 관청 이름도 당의 최고관청 이름을 본뜬 것이다.

이와 같은 발해의 대對당 외교는 고구려 때의 외교방식 및 세계관과 비슷한 측면이 있는데, 지리적으로 당과 멀리 떨어져 있어서 당의 직접적 견제가 크지 않았을 뿐 아니라 정치·경제·문화적 의존도가 그리 높지 않았기 때문일 것이다. 더욱이 발해는 주변의 말갈부족 등을 통제하는 위치에 있었으므로 복속국을 거느린 중심국이라는 왕실의 자부심이 당을 대하는 태도에도 영향을 준 듯하다.

그런데 9세기 초엽에 당이 외국인을 대상으로 하는 과거시험인 빈공진사과賓貢進士科를 실시하면서 당 중심의 세계질서가 더욱 뚜렷해졌다. 흔히 빈공과라고 불리는 과거시험을 통해 외국인들이 당의 하급관리로 임명되는 길이 열리자 신라와 발해의 귀족출신 유학생들이 급증하였으며, 발해와 신라는 빈공과 급제 인원과 순위를 두고 경쟁하기까지 하였다. 그러는 사이에 당 중심의 세계관 및 예법이 널리 받아들여지며 더욱 위력을 갖게 되었던 것이다. 신라는 821년에 김운경金雲卿이 처음으로 빈공과에 급제한 이후 멸망할 때까지 90명 가까이 급제하였으며, 9세기 중엽부터 참가한 발해는 10명 가까운 인원이 급제한 것으로 알려진다.

발해는 바다 건너 일본과도 활발히 교류하였다. 지금까지 기록으로 확인된 발해 사신의 일본방문은 727년부터 919년까지 192년간 34차례이고, 일본사신의 발해방문은 728년부터 810년까지 82년간 14차례이다. 대개 사신을 먼저 보낸 쪽은 발해였고, 일본은 답방 형식으로 사신을 보냈다. 다만, 758년부터 761년 사이에는 일본이 3차례나 먼저 사신을 발해에 파견하며 적극적으로 외교활동을 펼쳤는데, 외교 내용은 일본의 신라정벌계획에 발해를 끌어들이려는 것이었다.

『속일본기』에 따르면, 일본과 신라는 735년경부터 외교 예법 및 의전 문제로 갈등을 빚어 서로 사신단을 되돌려보내는 일이 여러 차례 발생하였고, 급기야 759년부터는 일본이 신라를 침공하기 위해 구체적인 군사계획 수립에 착수하는 등 전쟁위험이 급증하였다. 특히 753년 8월에 신라를 방문한 사신의 태도가 오만무례하다고 해서 경덕왕이 만나주지 않았다는 일본사신 오노노타모리小野田守가 758년에는 발해에 갔다가 9월 18일 발해사신단과 함께 일본으로 돌아온 뒤 12월 10일에 준닌 천황을 만나 당나라에서 755년 11월 9일에 안록산安祿山이 반란을 일으켰으며 이 때문에 최근 당과 발해 사이에 군사지원 문제를 두고 협의가 있었다는 내용을 상세히 보고하였다는 기록이 있다. 이를 두고 신라가 오노노타모리를 홀대한 것에 대해 보복하려고 일본이 신라정벌을 계획하였고, 그 군사계획에 발해를 동참시키기 위해 오노노타모리를 발해에 사신으로 보냈다고 해석하기도 한다. 이와 달리 일본으로 망명해 귀화한 고구려·백제 유민들이 신라침공을 부추겼다는 해석도 있다. 여하튼 기록에 따르면, 일본은 759년에 군사들을 태우고 갈 배를 건조하도록 여러 지역에 명령하고 761년에는 신라를 침공할 때 통역할 소년 40명에게 신라어를 배우게 하였으며, 762년에는 군사훈련을 시키기도 하였다. 그러나 이후 이 계획은 흐

크라스키노 평지성 원경

지부지 사라지고 전혀 언급조차 되지 않았다.

이에 당시 일본의 태정관太政官이던 후지와라노나카마로藤原仲麻呂가 758년 8월에 코우켄孝謙천황을 하야시키고 자신과 결탁한 쥰닌淳仁천황을 즉위시킨 뒤 반대파들의 불만을 잠재우기 위해 신라 침공계획을 세웠던 것이므로 실질적일 수 없었다는 설, 신라정벌계획을 사실상 주도했던 후지와라노나카마로가 764년 코우켄 상황上皇세력에게 밀려 참살되자 계획 실행을 포기하게 되었다는 설, 759년까지는 발해사신이 장군 또는 대장군이었는데 760년부터 문관文官으로 바뀌는 등 신라침공에 발해가 소극적인 태도를 취하자 일본도 포기했다는 설 등이 제기되었다. 당이 안록산·사사명史思明의 반란에 발해가 연계되는 것을 막기 위해 762년 발해를 국가로 인정하고 문왕을 발해국왕으로 책봉하게 되자 발해도 신라공격을 실행하기가 어려워졌다고 보기도 한다.

일본으로 가는 발해사신은 보통 동경 용원부 소속의 염주鹽州 또는 남경 남해부의 토호포吐號浦에서 배를 타고 바다를 건넜는데, 염주의 행정중심지는 지금의 러시아 연해주 블라디보스토크의 남쪽 두만강 인근에 위치한 하산스키 군의 크라스키노 토성이었던 것으로 추정되고, 남해부의 행정중심지는 함경남도 북청의 청해토성靑海土城이었던 것으로 추정된다. 염주의 경우, 크라스키노 토성 인근의 포시에트posyet만에서 배를 타고 동해를 건넜으며, 대개 가을부터 봄까지 서북풍이 불 때 출발하였다. 항해 목적지는 일단 일본의 외교관련 행정창구인 다자이후太宰府가 위치한 츠쿠시筑紫 곧 지금의 규슈 후쿠오카福岡지역이었다. 이곳의 장관은 다자이

노소치大宰帥라고 불리는 종3위의 고위관리였으며, 일본천황의 아들인 친왕親王이 형식상 임명되는 경우도 많았다.

발해사신단이 동해를 건너 츠쿠시로 가는 길은 험난하였다. 가장 안전한 한반도 연안항로는 신라의 견제 때문에 거의 이용하지 못했을 것으로 보이고, 지금의 일본 홋카이도北海道 연안을 거치는 길은 아직 독립 세력을 유지하고 있던 에미시蝦夷의 공격을 받을 수 있는 위험한 길이었다. 실제로 727년 9월 21일에 발해사신단이 데와노쿠니出羽國에 도착했다는 소식이 일본조정에 전해진 뒤 12월 20일에 그들이 수도인 헤이조교平城京에 도착해서 12월 29일과 이듬해인 728년 1월 3일에 사신 고제덕이 일본조정에서 밝힌 바에 따르면, 원래 발해에서 낭장郞將 고인의高仁義 등 24인이 무왕의 국서와 담비가죽 300장을 가지고 출발했으나 에미시의 경계에 도착하는 바람에 고인의를 비롯한 16인이 살해되고 8인만 겨우 죽음을 면했다고 한다. 739년 가을에는 발해사신단의 배가 풍랑을 만나 대사 서요덕胥要德 등 40인이 물에 빠져죽고 일부만 데와노쿠니에 도착했으며, 776년 겨울에는 발해사신 사도몽史都蒙 등 187인이 남해부 토호포를 출발했다가 일본해안에서 풍랑을 만나 표류하며 사람들이 많이 죽고 사도몽을 비롯해 46인만 살아남아 12월 22일 에치젠노쿠니越前國에 도착했다고 한다. 데와노쿠니는 지금의 아키타秋田현과 야마가타山形현 부근으로서 에미시의 영향권이라고 할 수 있고, 에치젠노쿠니는 지금의 후쿠이福井현 부근 지역이다. 786년 9월 18일에는 발해국의 대사 이원태李元泰를 비롯한 65인이 탄 배가 표류하다가 에미시에게 12인이 살해되었다는 보고가 데와노쿠니로부터 있었으며, 이원태 일행은 결국 수도인 나가오카교長岡京로 가지 못하고 이듬해 2월에 지금의 니가타新潟지역에 해당하는 에치코노쿠니越後國로부터 배 1척과 키잡이 선원 등을 도움 받아 되돌아갈 수 있었다. 이처럼 발해와 일본을 오간 사신단이 중도에 조난사고를 당한 경우는 기록에 나타난 것만 13건에 달하므로 발해의 일본도日本道는 사고 확률 27%의 위험한 교통로였다고 할 수 있다.

발해와 신라 사이에는 육지 교통로가 있었다. 발해의 남경 남해부가 관할하는 신라도新羅道인데, 신라의 동북쪽 경계지역 거점인 천정군泉井郡과 교통한 것으로 알려진다. 그런데 이 길로 발해와 신라가 교통한 기록은 전혀 없다. 오히려 721년에 신라가 "하슬라도何瑟羅道의 장정 2천 명을 징발해서 북쪽 경계에 장성을 쌓았다"는 기록만 있을 뿐이다. 이때 쌓은 장성은 지금의 함경남도 영흥지역에 위치한 것으로 추정되는데, 장정 2천 명을 징발한 지역을 하슬라주(강릉)라고 하지 않고 하슬라도라고 한 것은 하슬라주가 관할하는 북방교통로를 가리킨 것으로 볼 수 있다. 이를 통해 서로 오갈 수 있는 동해안 교통로는 있지만, 잘 사용하지 않고 경계에 치중했음을 알 수 있다.

732년 9월 발해가 당의 등주를 공격한 뒤에는 발해와 신라 사이의 군사적 긴장도 덩달아 높아졌다. 당 현종은 733년 가을 7월에 김사란을 신라로 귀국시켜 성덕왕에게 관작을 더해 주어 개국의동삼사開國儀同三司 영해군사寧海軍使로 삼고 발해의 남쪽 변방을 치게 하였는데, 때마침 큰 눈이 내려 산길이 막히고 신라군사 중 절반이 넘게 죽었으므로 아무런 전공 없이 돌아왔다고 한다. 또, 발해가 일본의 신라정벌계획에 호응하며 왕래하던 시기인 762년에 신라가 지금의 황해도지역에 오곡성五谷城 등 6성을 쌓고 태수를 두었다는 기록도 있다. 8세기와 9세기에 당나라에 조공사절로 간 일본과 발해의 사신들은 저마다 신라보다 자기 나라가 더 높은 지위上席에 있어야 한다고 주장하였고, 임시로 받아들여지기도 하였다.

멸망 과정과 원인

9세기 후엽, 당나라의 세력이 크게 약해지자 북쪽의 거란족 사회에도 변화가 일어났다. 그중 질랄부迭剌部의 야율耶律씨족이 유력하였는데, 10세기에 들어서면서 부족장인 야율아보기耶律阿保機가 거란족을 통합하고 907년 2월에 거란 8부部를 대표하는 가한可汗이 되었다. 이후 야율아보기는 인근의 오환烏丸과 토혼吐渾을 비롯해 북쪽의 실위室韋, 서북쪽의 우궐于厥, 서남쪽의 해奚 등을 모두 복속시킨 뒤 거란 7부의 족장들을 죽이고 916년 3월 스스로 황제로 즉위하며 나라 이름을 거란契丹이라고 하였다. 그리고 같은 해 7월 군사를 이끌고 서쪽으로 진격해 돌궐突厥·토혼吐渾·당항黨項·소번小蕃·사타沙陀 등을 평정하였으며, 곧바로 군사를 남쪽으로 돌려 삭주朔州·울주蔚州·신주新州·무주武州·위주媯州·유주儒州 등 지금의 북경 부근지역을 함락시키고 돌아갔다. 917년에 유주幽州를 공격해 대승을 거두었고, 918년에는 임황臨潢을 도읍으로 삼았다. 임황은 지금의 중국 내몽고자치구의 적봉시赤峰市소속 파림좌기巴林左旗현으로서, 나중에 상경上京 임황부臨潢府로 불리었다. 이처럼 거란의 기세가 급속히 팽창하자 달단達旦·진쯥晉·오월吳越·발해渤海·고려高麗·회골回鶻·조복阻蔔·당항黨項, 그리고 유주幽州·진주鎭州·정주定州·위주魏州·노주潞州 등 거란 주위의 세력들이 앞 다투어 사신을 보냈다고 한다.

919년 2월에 거란은 요양성遼陽城을 수리하고 중국·발해 출신들을 살게 하였으며, 나중에 이곳을 동경東京 요양부遼陽府로 삼았는데, 『요사遼史』와 『거란국지契丹國志』에는 "동경은 옛 발해의 땅으로서 태조(야율아보기)가 20여 년을 힘써 싸워서 얻었다"고 기록되어 있다. 그리고 『요동행부지遼東行部志』에는 심주瀋州 곧 지금의 심양瀋陽을 "당나라 때 고려가 침입해 차지하였고, 당 말기에 멀어서 살피지 못하니 대씨大氏의 소유가 되어 10여 세대를 내려왔는데, 오대五代에 와서 거란과 발해가 수십년간 혈전血戰을 벌이더니 마침내 그 나라를 멸망시키고 요동의 땅이 모두 요遼에게 들어갔다"고 설명한 대목이 있다.

이 무렵 거란은 화북지역에서 세력을 키우던 진왕晉王 이존욱李存勖과 치열하게 다투고 있었는데, 이존욱이 923년에 황제를 칭하며 후당後唐을 세운 뒤 후량後梁을 멸망시키자, 야율아보기는 이존욱과 화의를 맺고 군사적 충돌을 피하였으며, 925년 이존욱이 죽자 야율아보기가 깊이 애도하며 3일이나 조회를 하지 않았다고 한다. 이처럼 거란과 후당이 우호적이었던 이유를 거란이 먼저 서쪽의 토혼·당항과 동쪽의 발해를 정벌하려 했기 때문으로 흔히 해석한다.

924년 초, 발해가 요주遼州를 공격해 거란의 자사刺史를 죽이고 백성을 끌고 가는 일이 발생하였다. 이에 야율아보기는 924년 6월 18일에 황태자 등을 불러서 일단 서쪽을 정벌한 후 발해를 정벌하겠다고 공언한 뒤 토혼·당항 공격에 나섰다. 야율아보기는 이듬해 9월 3일 서방 정벌을 끝내고 도읍으로 돌아왔으며, 10월 8일에 후당 사신, 10월 21일에 일본국 사신, 10월 22일에 고려국 사신, 11월 20일에 신라국 사신 등을 맞았다. 발해 사신에 대한 기록은 없다.

925년 12월 16일, 야율아보기는 "이른바 두 가지 일 중에 한 가지 일을 마쳤는데, 발해와 대대로 맺은 복수는 아직 갚지 못했으니 어찌 편안히 지내겠는가?"라고 말하며 직접 군사를 이끌고 출정하였다. 『요사』 본기에 실린 발해 원정 일정을 간략히 요약하면 다음과 같다.

윤 12월   4일   목엽산木葉山에서 제사지냄

           14일   오산烏山에서 푸른소와 흰말로 하늘과 땅에 제사지냄

           29일   밤에 부여부扶餘府를 에워쌈

    1월   3일   부여성扶餘城 빼앗고 그곳을 지키던 장군을 죽임

        9일   기병 1만을 보내 발해의 노상老相이 이끄는 군대를 격파함. 황태자와 대원수大元帥 요골堯骨 등이 이끄는 군대가 홀한성忽汗城을 에워쌈

       12일   발해왕 대인선大諲譔이 항복을 알려옴

       13일   홀한성 남쪽에 군사를 주둔시킴

       14일   대인선이 흰옷을 입고 새끼줄로 양을 끌며 관료 300여 명을 이끌고 나와 항복함

       17일   발해의 군현에 조칙을 내림

19일　근시近待 강말달康末怛 등 13명이 성안에서 무기를 수색하다가 공

　　　격당함

20일　대인선이 다시 반란을 일으키니 성을 공격해 격파함. 태조가 수레

　　　를 타고 성안으로 들어가니 인선이 말 앞에서 죄를 청함. 군사들로

　　　지키게 하고 하늘과 땅에 제사지냄

2월　3일　안변安邊·막힐鄚頡·남해南海·정리定理 등의 부府와 여러 도道의

　　　　절도節度·자사刺史가 와서 조회함. 빼앗은 그릇·돈과 물건을 군사

　　　　들에게 나눠줌

　　5일　푸른소와 흰말로 하늘과 땅에 제사지냄. 발해 평정을 알리는 사신

　　　　을 후당으로 보냄

　　7일　홀한성으로 가서 부府의 창고를 검열하고 물건을 신하들에게 나눠

　　　　줌.

19일　발해국 이름을 동단東丹으로 바꾸고, 황태자 배배倍를 인황왕人皇王

　　　으로 책봉하고 다스리게 함. 아우 질랄迭剌을 좌대상左大相, 발해의

　　　노상을 우대상右大相으로 삼고, 발해의 사도司徒 대소현大素賢을 좌

　　　차상左次相, 야율우지耶律羽之를 우차상右次相으로 삼음

20일　고려·예맥濊貊·철려鐵驪·말갈이 와서 조공함

3월　2일　군사를 보내 장령부長嶺府를 공격함

13일　안변·막힐·정리 3부가 반란을 일으키니 토벌함

21일　3부를 평정함

26일　안변부의 반란 우두머리 2명을 베어죽임

27일　동단국의 신료들에게 연회를 베풀고 상금을 나눠줌

29일　군사를 이끌고 도읍으로 돌아옴. 대인선이 일족을 이끌고 뒤따름

4월　5일　인황왕人皇王이 동단국의 신료들을 이끌고 돌아감

5월 6일 남해·정리 2부가 다시 반란을 일으키니 대원수 요골이 토벌함

6월 12일 2부를 평정함

7월 17일 대인선을 황도皇都 서쪽에 새로 쌓은 성에서 살게 함

　거란 군대가 출정한지 8일 만에 포위한 부여부는 발해에서 이른바 거란도契丹道를 관할하는 곳으로서 『신당서』에 "항상 날랜 군사가 주둔하며 거란을 막는" 요충으로 소개되어 있다. 지금의 길림성 농안현에 위치한 농안고성이 치소였던 것으로 추정되는데, 거란군은 부여성을 3일 만에 함락시켰다. 그리고 기병 1만 명을 먼저 홀한성(상경성)으로 보냈다. 이때 발해의 노상老相이 이끄는 3만군이 길목을 지켰지만 거란의 선발대 기병 5백 명에게 무너졌다는 기록도 있다. 거란 군대는 부여성을 빼앗은지 6일 만에 발해의 도성인 상경성에 닿았다. 약 400km에 가까운 거리인데, 거란 군대가 3개 부대로 나뉘어 각기 다른 길로 전진했다고 보기도 하고 두 갈래 길로 전진했다고 보기도 한다. 거란 군대가 상경성을 에워싼지 3일 만에 발해왕 대인선이 항복을 선언하였다. 그리고 이틀간 상황을 정리하며 의전을 준비한 뒤 926년 1월 14일에 항복의례를 거행하였다. 거란 군대가 발해 영토에 들어선지 불과 16일만의 일이었다.

　발해가 이처럼 맥없이 무너진 이유에 대해서는 여러 가지 해석이 있다. 발해 지배층 내부에 정치적 분열이 발생해 통치능력이 쇠약해졌기 때문이라는 설, 그동안 중앙정부의 통제를 받던 지방의 토착부락장(수령)들이 중앙통제력이 약해진 틈을 타서 점차 제각기 활동하게 되었기 때문이라는 설, 발해의 수도 상경이 중국 등과 너무 멀어서 정치·경제·문화적으로 점차 쇠락할 수밖에 없었다는 설, 동아시아 책봉체계冊封體系의 중심이던 당이 멸망하면서 주변세력의 균형이 깨지자 국제무역에 의존해온 발해의 지배체제도 흔들리게 되었다는 설, 백두산의 화산이 폭발해 상경 주변이 황폐해진 뒤 거란이 침략한 것이라는 설, 토목공사와 노동력 징발

에 따른 체제불안 및 지배층과 피지배층 사이의 갈등이 영향을 미쳤다는 설, 흑수말갈을 비롯한 주변세력과의 관계 악화 및 제도문란과 기강해이 등의 영향이 컸다는 설, 거란의 군사력이 너무 강해서 갑자기 무너졌다는 설 등이 있다.

발해가 거란이라는 강력한 외부세력의 도전 및 충격을 견디지 못하고 멸망한 이유로서, 방어체계의 문제점과 중앙세력의 무기력을 꼽기도 한다. 무엇보다 거란군이 쳐들어올 때 발해의 방어군 총사령관으로서 최고위 재상인 노상老相을 보낸 것은 전투보다 정치적으로 해결하려는 의도였다고 볼 수 있으며, 실제 전투가 벌어진 흔적도 없다는 것이다. 발해가 항복한 뒤 야율아보기가 노상을 우대상으로 임명한 것도 노상이 순순히 항복했기 때문으로 보기도 한다. 그런 점에서 동단국의 우차상이었던 야율우지가 요遼의 태종이 즉위할 때 올린 표문에서 "발해는 예부터 남조南朝를 두려워하여 험한 지형에 의지해 스스로 지키며 홀한성에서 살았습니다. 지금은 상경上京에서 거리가 멀어 쓸모가 없지만, 또한 지키지 않을 수도 없으니 과연 어찌 하시겠습니까. 돌아가신 황제께서는 저들의 마음이 흩어지자 틈을 타 움직였으므로 싸우지 않고 이겼습니다"라고 한 것은 의미심장한 면이 있다.

『고려사高麗史』에는 925년 9월부터 12월까지 발해의 장군 신덕申德, 예부경禮部卿 대화균大和鈞, 사정司政 대원균大元鈞, 공부경工部卿 대복모大福謨, 좌우위장군左右衛將軍 대심리大審理, 좌수위소장左首衛小將 모두간冒豆干, 검교檢校 개국남開國男·박어朴漁 등 상당수의 관료가 백성을 이끌고 고려로 망명했다는 기록이 있다. 발해의 문무고관 상당수가 나라를 버리고 고려로 망명했다는 것은 아주 큰 내분이 있었음을 의미하는 것이기도 하다. 이러한 분위기는 외교 전략에도 영향을 미쳤는데, 충분한 대비책도 없이 924년에 강적 거란의 요주를 공격한 것을 대표적인 사례로 꼽는다. 이는 발해 지배층이 8~9세기에 추구했던 유연한 실리외교노선을 버리고 경직된 외교노선을 채택했기 때문이라는 것이다.

참고문헌

동북아역사재단편, 『발해의 역사와 문화』, 동북아역사재단, 2007.

국사편찬위원회, 『한국사10-발해』, 1996.

한규철, 『발해의 대외관계사』, 신서원, 1994.

송기호, 『발해정치사연구』, 일조각, 1995.

임상선, 『발해의 지배세력연구』, 신서원, 1999.

김진광, 『발해 문왕대의 지배체제 연구』, 박문사, 2012.

김종복, 『발해정치외교사』, 일지사, 2009.

방학봉, 『발해사연구』, 정음사, 1989.

방학봉, 『발해경제연구』, 흑룡강조선민족출판사, 2001.

王承禮(송기호역), 『발해의 역사』, 한림대학교출판부, 1988.

사회과학원 력사연구소, 『조선전사』5, 과학·백과사전출판사, 1979.

제1장 한국고대사 연구법

1   臣某言 古之列國 亦各置史官以記事 故孟子曰 晉之乘楚之檮杌魯之春秋一也 惟此海東三國 歷年
     長久 宜其事實 著在方策 乃命老臣 俾之編集 自顧缺爾 不知所爲 中謝 伏惟聖上陛下 性唐堯之文
     思 體夏禹之勤儉 宵旰餘閑 博覽前古 以謂今之學士大夫 其於五經諸子之書秦漢歷代之史 或有淹
     通而詳說之者 至於吾邦之事 却茫然不知其始末 甚可嘆也 況惟新羅氏高句麗氏百濟氏開基鼎峙 能
     以禮通於中國 故范曄漢書宋祁唐書 皆有列傳 而詳內略外 不以具載 又其古記文字蕪拙事迹闕亡
     是以君后之善惡臣子之忠邪邦業之安危人民之理亂 皆不得發露以垂勸戒 宜得三長之才 克成一家
     之史 貽之萬世 炳若日星 如臣者本非長才 又無奧識 洎至遲暮 日益昏蒙 讀書雖勤 淹卷卽忘 操筆
     無力 臨紙難下 臣之學術塞淺如此 而前言往事幽昧如彼 是故疲精竭力僅得成編 訖無可觀 祗自媿
     耳 伏望聖上陛下諒狂簡之裁 赦妄作之罪 雖不足藏之名山 庶無使覆之醬瓿 區區妄意 天日照臨.(『東
     文選』권44 「表箋」進三國史記表金富軾)

제3장 고대국가의 형성

2   魏書云 乃往二千載有壇君王儉 立都阿斯達 開國號朝鮮 與高同時 古記云 昔有桓因庶子桓雄 數意天
     下 貪求人世 父知子意 下視三危太伯 可以弘益人間 乃授天符印三箇 遣往理之 雄率徒三千 降於太伯
     山頂神壇樹下 謂之神市 是謂桓雄天王也 將風伯雨師雲師 而主穀主命主病主刑主善惡 凡主人間三百
     六十餘事 在世理化 時有一熊一虎 同穴而居 常祈于神雄願化爲人 時神遺靈艾一炷蒜二十枚曰 爾輩
     食之 不見日光百日 便得人形 熊虎得而食之 忌三七日 熊得女身 虎不能忌 而不得人身 熊女者無與爲
     婚 故每於壇樹下 呪願有孕 雄乃假化而婚之 孕生子 號曰壇君王儉 以唐高卽位五十年庚寅 都平壤城
     始稱朝鮮 又移都於白岳山阿斯達 又名弓忽山 又今彌達 御國一千五百年 周虎王卽位己卯 封箕子於
     朝鮮 壇君乃移於藏唐京 後還隱於阿斯達爲山神 壽一千九百八歲.(『三國遺事』권1 「紀異」古朝鮮)

3   桓公問管子曰 吾聞海內玉幣有七筴 可得而聞乎 管子對曰 陰山之礝碈 一筴也 燕之紫山白金 一筴
     也 發朝鮮之文皮 一筴也 汝漢水之右衢黃金 一筴也 江陽之珠 一筴也 秦明山之曾靑 一筴也 禺氏邊
     山之玉 一筴也 此謂以寡爲多 以狹爲廣 天下之數 盡于輕重矣.(『管子』권23 「揆度」78 管子輕重11)

4   桓公曰 四夷不服 恐其逆政游于天下而傷寡人 寡人之行爲此有道乎 管子對曰 吳越不朝 珠象而以爲
     幣乎 發朝鮮不朝 請文皮毤服而以爲幣乎 禺氏不朝 請以白璧爲幣乎 崑崙之虛不朝 請以璆琳琅玕
     爲幣乎 故夫握而不見于手 含而不見于口 而闊千金者 珠也 然後八千里之吳越可得而朝也 一豹之皮

容金而金也 然後八千里之發朝鮮可得而朝也 懷而不見于抱 挾而不見於披 而闞千金者 白璧也 然後八千里之禺氏可得而朝也 簪珥而闞千金者 珠琳琅玕也 然後八千里之崑崙之虛可得而朝也 故物無主 事無接 遠近無以相因 則四夷不得而朝矣.(『管子』권23「輕重甲」80 管子輕重13)

5 昔箕子之後朝鮮侯 見周衰 燕自尊爲王 欲東略地 朝鮮侯亦自稱爲王 欲興兵逆擊燕以尊周室 其大夫禮諫之 乃止 使禮西說燕 燕止之 不攻 後子孫稍驕虐 燕乃遣將秦開攻其西方 取地二千餘裏 至滿番汗爲界 朝鮮遂弱 及秦幷天下 使蒙恬築長城 到遼東 時朝鮮王否立 畏秦襲之 略服屬秦 不肯朝會 否死 其子準立 二十餘年而陳項起 天下亂 燕齊趙民愁苦 稍稍亡往準 準乃置之於西方 及漢以盧綰爲燕王 朝鮮與燕界於浿水 及綰反入匈奴 燕人衛滿亡命 爲胡服 東度浿水 詣準降 說準求居西界 收中國亡命爲朝鮮藩屏 準信寵之 拜爲博士 賜以圭 封之百裏 令守西邊 滿誘亡黨 衆稍多 乃詐遣人告準 言漢兵十道至 求入宿衛 遂還攻準 準與滿戰 不敵也.(『삼국지』권30「동이전」韓)

6 其民土著 有宮室倉庫牢獄 多山陵廣澤 於東夷之域最平敞 土地宜五穀 不生五果 其人麤大 性彊勇謹厚 不寇鈔 國有君王 皆以六畜名官 有馬加牛加豬加狗加大使大使者使者 邑落有豪民 名下戶皆爲奴僕 諸加別主四出道 大者主數千家 小者數百家 食飲皆用俎豆 會同拜爵洗爵 揖讓升降 以殷正月祭天 國中大會 連日飲食歌舞 名曰迎鼓 於是時斷刑獄 解囚徒 在國衣尚白 白布大袂袍袴 履革鞜 出國則尚繒繡錦罽 大人加狐狸狖白黑貂之裘 以金銀飾帽 譯人傳辭 皆跪 手據地竊語 用刑嚴急 殺人者死 沒其家人爲奴婢 竊盜一責十二 男女淫 婦人妒 皆殺之 尤憎妒 已殺 尸之國南山上 至腐爛 女家欲得 輸牛馬乃與之 兄死妻嫂 與匈奴同俗 其國善養牲 出名馬赤玉貂狖美珠 珠大者如酸棗 以弓矢刀矛爲兵 家家自有鎧仗 國之耆老自說古之亡人 作城柵皆員 有似牢獄 行道晝夜無老幼皆歌 通日聲不絕 有軍事亦祭天 殺牛觀蹄以占吉凶 蹄解者爲凶 合者爲吉 有敵 諸加自戰 下戶俱擔糧飲食之 其死 夏月皆用冰 殺人徇葬 多者百數 厚葬 有槨無棺.(『삼국지』권30「동이전」夫餘)

7 東夷舊語以爲夫餘別種 言語諸事 多與夫餘同 其性氣衣服有異 本有五族 有涓奴部絕奴部順奴部灌奴部桂婁部 本涓奴部爲王 稍微弱 今桂婁部代之 漢時賜鼓吹技人 常從玄菟郡受朝服衣幘 高句麗令主其名籍 後稍驕恣 不復詣郡 于東界築小城 置朝服衣幘其中 歲時來取之 今胡猶名此城爲幘溝漊 溝漊者 句麗名城也 其置官 有對盧則不置沛者 有沛者則不置對盧 王之宗族 其大加皆稱古雛加 涓奴部本國主 今雖不爲王 適統大人得稱古雛加 亦得立宗廟 祠靈星社稷 絕奴部世與王婚 加古雛之號 諸大加亦自置使者皁衣先人 名皆達於王 如卿大夫之家臣 會同坐起 不得與王家使者皁衣先人同列 其國中大家不佃作 坐食者萬餘口 下戶遠擔米糧魚鹽供給之 其民喜歌舞 國中邑落 暮夜男女羣聚 相就歌戲 無大倉庫 家家自有小倉 名之爲桴京 其人絜清自喜 善藏釀 跪拜申一脚 與夫餘異 行步皆走 以十月祭天 國中大會 名曰東盟 其公會 衣服皆錦繡 金銀以自飾 大加主簿頭著幘 如幘而無餘 其小加著折風 形如弁 其國東有大穴 名隧穴 十月國中大會 迎隧神還于國東上祭之 置木隧于神坐 無牢獄 有罪諸加評議 便殺之 沒入妻子爲奴婢 其俗作婚姻 言語已定 女家作小屋於大屋後 名壻屋 壻暮至女家戶外 自名跪拜 乞得就女宿 如是者再三 女父母乃聽使就小屋中宿 傍頓錢帛 至生子已長大

乃將婦歸家 其俗淫 男女已嫁娶 便稍作送終之衣 厚葬 金銀財幣 盡於送死 積石爲封 列種松柏 其馬皆小 便登山 國人有氣力 習戰鬪 沃沮東濊皆屬焉 又有小水貊 句麗作國 依大水而居 西安平縣北有小水 南流入海 句麗別種依小水作國 因名之爲小水貊 出好弓 所謂貊弓是也..(『삼국지』권30 「동이전」 高句麗)

---

8 始祖東明聖王 姓高氏 諱朱蒙 先是 扶餘王解夫婁老無子 祭山川求嗣 其所御馬至鯤淵 見大石 相對流淚 王怪之 使人轉其石 有小兒 金色蛙形 王喜曰 此乃天賚我令胤乎 乃收而養之 名曰金蛙 及其長立爲太子 後其相阿蘭弗曰 日者天降我曰 將使吾子孫立國於此 汝其避之 東海之濱有地 號曰迦葉原土壤膏腴宜五穀 可都也 阿蘭弗遂勸王 移都於彼 國號東扶餘 其舊都有人 不知所從來 自稱天帝子解慕漱 來都焉 及解夫婁薨 金蛙嗣位 於是時 得女子於太白山南優渤水 問之 曰我是河伯之女 名柳花 與諸弟出遊 時有一男子 自言天帝子解慕漱 誘我於熊心山下鴨綠邊室中私之 卽往不返 父母責我無媒而從人 遂謫居優渤水 金蛙異之 幽閉於室中 爲日所炤 引身避之 日影又逐而炤之 因而有孕 生一卵 大如五升許 王棄之與犬豕 皆不食 又棄之路中 牛馬避之 後棄之野 鳥覆翼之 王欲剖之 不能破 遂還其母 其母以物裹之 置於暖處 有一男兒 破殼而出 骨表英奇 年甫七歲 嶷然異常 自作弓矢射之 百發百中 扶餘俗語 善射爲朱蒙 故以名云 金蛙有七子 常與朱蒙遊戲 其伎能皆不及朱蒙 其長子帶素言於王曰 朱蒙非人所生 其爲人也勇 若不早圖 恐有後患 請除之 王不聽 使之養馬 朱蒙知其駿者 而减食令瘦 駑者善養令肥 王以肥者自乘 瘦者給朱蒙 後獵于野 以朱蒙善射 與其矢少 而朱蒙殪獸甚多 王子及諸臣又謀殺之 朱蒙母陰知之 告曰 國人將害汝 以汝才略 何往而不可 與其遲留而受辱 不若遠適以有爲 朱蒙乃與烏伊摩離陜父等三人爲友 行至淹㴲水 欲渡無梁 恐爲追兵所迫 告水曰我是天帝子 河伯外孫 今日逃走 追者垂及如何 於是 魚鼈浮出成橋 朱蒙得渡 魚鼈乃解 追騎不得渡朱蒙行至毛屯谷 遇三人 其一人着麻衣 一人着衲衣 一人着水藻衣 朱蒙問曰 子等何許人也 何姓何名乎 麻衣者曰 名再思 衲衣者曰 名武骨 水藻衣者曰 名黙居 而不言姓 朱蒙賜再思姓克氏 武骨仲室氏 黙居少室氏 乃告於衆曰 我方承景命 欲啓元基 而適遇此三賢 豈非天賜乎 遂揆其能 各任以事 與之俱至卒本川 觀其土壤肥美 山河險固 遂欲都焉 而未皇作宮室 但結廬於沸流水上居之 國號高句麗因以高爲氏 時朱蒙年二十二歲 是漢孝元帝建昭二年 新羅始祖赫居世二十一年甲申歲也 四方聞之來附者衆 其地連靺鞨部落 恐侵盜爲害 遂攘斥之 靺鞨畏服 不敢犯焉.(『삼국사기』권13 「고구려본기」 東明聖王 즉위년)

---

9 韓在帶方之南 東西以海爲限 南與倭接 方可四千里 有三種 一曰馬韓 二曰辰韓 三曰弁韓 辰韓者 古之辰國也 馬韓在西 其民土著 種植 知蠶桑 作綿布 各有長帥 大者自名爲臣智 其次爲邑借 散在山海間 無城郭 有爰襄國牟水國桑外國小石索國大石索國優休牟涿國臣濆沾國伯濟國速盧不斯國日華國古誕者國古離國怒藍國月支國咨離牟盧國素謂乾國古爰國莫盧國卑離國占卑離國臣釁國支侵國狗盧國卑彌國監奚卑離國古蒲國致利鞠國冉路國兒林國駟盧國內卑離國感奚國萬盧國辟卑離國臼斯烏旦國一離國不彌國支半狗素國捷盧國牟盧卑離國臣蘇塗國莫盧國古臘國臨素半國臣雲新國如來卑離國楚山塗卑離國一難國狗奚國不雲國不斯濆邪國爰池國乾馬國楚離國 凡五十餘國 大國萬餘家 小國

數千家 總十餘萬戶 辰王治月支國.(『삼국지』권30 「동이전」韓)

10　弁辰亦十二國 又有諸小別邑 各有渠帥 大者名臣智 其次有險側 次有樊濊 次有殺奚 次有邑借 有已柢
國不斯國弁辰彌離彌凍國弁辰接塗國勤耆國難彌離彌凍國弁辰古資彌凍國弁辰古淳是國冉奚國弁辰
半路國弁辰樂奴國軍彌國弁辰彌烏邪馬國如湛國弁辰甘路國戶路國州鮮國馬延國弁辰狗邪國弁辰走
漕馬國弁辰安邪國弁辰瀆盧國斯盧國優由國　弁辰韓合二十四國　大國四五千家　小國六七百家　總四五
萬戶 其十二國屬辰王 辰王常用馬韓人作之 世世相繼 辰王不得自立爲王.(『삼국지』권30 「동이전」韓)

11　其俗少綱紀 國邑雖有主帥 邑落雜居 不能善相制御 無跪拜之禮 居處作草屋土室 形如冢 其戶在上
擧家共在中 無長幼男女之別 其葬有棺無槨 不知乘牛馬 牛馬盡於送死 以瓔珠爲財寶 或以綴衣爲飾
或以縣頸垂耳 不以金銀錦繡爲珍 其人性彊勇 魁頭露紒 如炅兵 衣布袍 足履革蹻蹋 其國中有所爲
及官家使築城郭 諸年少勇健者 皆鑿脊皮 以大繩貫之 又以丈許木鍤之 通日嚾呼作力 不以爲痛 旣
以勸作 且以爲健 常以五月下種訖 祭鬼神 群聚歌舞飲酒 晝夜無休 其舞 數十人俱起相隨 踏地低昂
手足相應 節奏有似鐸舞 十月農功畢 亦復如之 信鬼神 國邑各立一人主祭天神 名之天君 又諸國各
有別邑 名之爲蘇塗 立大木 縣鈴鼓 事鬼神 諸亡逃至其中 皆不還之 好作賊 其立蘇塗之義 有似浮屠
而所行善惡有異 其北方近郡諸國差曉禮俗 其遠處直如囚徒奴婢相聚 無他珍寶 禽獸草木略與中國
同 出大栗 大如梨 又出細尾雞 其尾皆長五尺餘 其男子時時有文身 又有州胡在馬韓之西海中大島上
其人差短小 言語不與韓同 皆髡頭如鮮卑 但衣韋 好養牛及猪 其衣有上無下 略如裸勢 乘船往來 市
買韓中.(『삼국지』권30 「동이전」韓)

12　百濟始祖溫祚王 其父鄒牟 或云朱蒙 自北扶餘逃難 至卒本扶餘 扶餘王無子 只有三女子 見朱蒙 知
非常人 以第二女妻之 未幾扶餘王薨 朱蒙嗣位 生二子 長曰沸流 次曰溫祚 及朱蒙在北扶餘所生子
來爲太子 沸流溫祚 恐爲太子所不容 遂與烏干馬黎等十臣南行 百姓從之者多 遂至漢山 登負兒嶽
望可居之地 沸流欲居於海濱 十臣諫曰 惟此河南之地 北帶漢水 東據高岳 南望沃澤 西阻大海 其天
險地利 難得之勢 作都於斯 不亦宜乎 沸流不聽 分其民 歸彌鄒忽以居之 溫祚都河南慰禮城 以十臣
爲輔翼 國號十濟 是前漢成帝鴻嘉三年也 沸流以彌鄒土濕水鹹 不得安居 歸見慰禮 都邑鼎定 人民
安泰 遂慙悔而死 其臣民皆歸於慰禮 後以來時百姓樂從 改號百濟 其世系與高句麗同出扶餘 故以扶
餘爲氏.(『삼국사기』권23 「백제본기」온조왕 즉위년)

13　辰韓 耆老自言秦之亡人 避苦役 適韓國 馬韓割東界地與之 其名國爲邦 弓爲弧 賊爲寇 行酒爲行觴
相呼爲徒 有似秦語 故或名之爲秦韓 有城柵屋室 諸小別邑 各有渠帥 大者名臣智 次有儉側 次有樊
秖 次有殺奚 次有邑借 土地肥美 宜五穀 知蠶桑 作縑布 乘駕牛馬 嫁娶以禮 行者讓路 國出鐵 濊倭
馬韓並從市之 凡諸貿易 皆以鐵爲貨 俗憙歌舞飲酒鼓瑟 兒生欲令其頭扁 皆押之以石.(『後漢書』권
85 「동이전」韓)

14   始祖 姓朴氏 諱赫居世 前漢孝宣帝五鳳元年甲子 四月丙辰 卽位 號居西干 時年十三 國號徐那伐 先是 朝鮮遺民 分居山谷之間爲六村 一曰閼川楊山村 二曰突山高墟村 三曰觜山珍支村 四曰茂山大樹村 五曰金山加利村 六曰明活山高耶村 是爲辰韓六部 高墟村長蘇伐公 望楊山麓 蘿井傍林間 有馬跪而嘶 則往觀之 忽不見馬 只有大卵 剖之 有嬰兒出焉 則收而養之 及年十餘歲 岐嶷然夙成 六部人以其生神異 推尊之 至是 立爲君焉 辰人謂瓠爲朴 以初大卵如瓠 故以朴爲姓 居西干辰言王.(『삼국사기』 권1 「신라본기」 혁거세거서간 즉위년)

---

15   春三月 王夜聞 金城西始林樹間 有鷄鳴聲 遲明遣瓠公視之 有金色小櫝掛樹枝 白鷄鳴於其下 瓠公還告 王使人取櫝開之 有小男兒在其中 姿容奇偉 上喜謂左右曰 此豈非天遺我以令胤乎 乃收養之 及長聰明多智略 乃名閼智 以其出於金櫝姓金氏 改始林名鷄林 因以爲國號.(『삼국사기』 권1 「신라본기」 탈해이사금 9년)

---

16   脫解本多婆那國所生也 其國在倭國東北一千里 初其國王娶女國王女爲妻 有娠七年 乃生大卵 王曰 人而生卵不祥也 宜棄之 其女不忍 以帛裹卵並寶物置於櫝中 浮於海 任其所往 初至金官國海邊 金官人怪之不取 又至辰韓阿珍浦口 是始祖赫居世在位三十九年也 時海邊老母 以繩引繫海岸 開櫝見之 有一小兒在焉 其母取養之 及壯身長九尺 風神秀朗 智識過人 或曰 此兒不知姓氏 初櫝來時 有一鵲飛鳴而隨之 宜省鵲字 以昔爲氏 又解韞櫝而出 宜名脫解 脫解始以漁釣爲業 供養其母 未嘗有懈色 母謂曰 汝非常人 骨相殊異 宜從學以立功名 於是 專精學問 兼知地理 望楊山下瓠公宅 以爲吉地 設詭計 以取而居之 其地後爲月城 至南解王五年 聞其賢 以其女妻之 至七年 登庸爲大輔 委以政事 儒理將死曰 先王顧命曰 吾死後 無論子壻 以年長且賢者繼位 是以 寡人先立 今宜傳其位焉.(『삼국사기』 권1 「신라본기」 탈해이사금 즉위년)

---

17   弁辰與辰韓雜居 亦有城郭 衣服居處與辰韓同 言語法俗相似 祠祭鬼神有異 施竈皆在戶西 其瀆盧國與倭接界 十二國亦有王 其人形皆大 衣服絜淸 長髮 亦作廣幅細布 法俗特嚴峻.(『삼국지』 권30 「동이전」 韓)

---

18   東沃沮在高句麗蓋馬大山之東 濱大海而居 其地形東北狹西南長 可千里 北與挹婁夫餘 南與濊貊接 戶五千 無大君王 世世邑落 各有長帥 其言語與句麗大同 時時小異 漢初 燕亡人衛滿王朝鮮 時沃沮皆屬焉 漢武帝元封二年 伐朝鮮 殺滿孫右渠 分其地爲四郡 以沃沮城爲玄菟郡 後爲夷貊所侵 徙郡句麗西北 今所謂玄菟故府是也 沃沮還屬樂浪 漢以土地廣遠在單單大領之東 分置東部都尉 治不耐城 別主領東七縣 時沃沮亦皆爲縣 漢建武六年 省邊郡 都尉由此罷 其後皆以其縣中渠帥爲縣侯 不耐華麗沃沮諸縣皆爲侯國 夷狄更相攻伐 唯不耐濊侯至今猶置功曹主簿諸曹 皆濊民作之 沃沮諸邑落渠帥 皆自稱三老 則故縣國之制也 國小迫於大國之間 遂臣屬句麗 句麗復置其中大人爲使者 使相主領 又使大加統責其租稅貊布魚鹽海中食物 千里擔負致之 又送其美女以爲婢妾 遇之如奴僕 其土地肥美 背山向海 宜五穀 善田種 人性質直彊勇 少牛馬 便持矛步戰 食飲居處衣服禮節有似句麗 其葬作大木槨 長十餘丈 開一頭作戶 新死者皆假埋之 才使覆形 皮肉盡 乃取骨置槨中 擧家皆共一槨

刻木如生形 隨死者爲數 又有瓦鑼 置米其中 編縣之於槨戸邊.(『삼국지』 권30 「동이전」 東沃沮)

19   無大君長 自漢已來 其官有侯邑君三老 統主下戸 其耆老舊自謂與句麗同種 其人性愿愨 少嗜欲 有
廉恥 不請匄 言語法俗大抵與句麗同 衣服有異 男女衣皆著曲領 男子繫銀花廣數寸以爲飾 自單單
大山領以西屬樂浪 自領以東七縣 都尉主之 皆以濊爲民 後省都尉 封其渠帥爲侯 今不耐濊皆其種也
漢末更屬句麗 其俗重山川 山川各有部分 不得妄相涉入 同姓不婚 多忌諱 疾病死亡 輒損棄舊宅 更
作新居 有麻布 蠶桑作綿 曉候星宿 豫知年歲豐約 不以珠玉爲寶 常用十月節祭天 晝夜飲酒歌舞 名
之爲舞天 又祭虎以爲神 其邑落相侵犯 輒相罰責生口牛馬 名之爲責禍 殺人者償死 少寇盜 作矛長
三丈 或數人共持之 能步戰 樂浪檀弓出其地 其海出班魚皮 土地饒文豹 又出果下馬 漢桓時獻之.(『삼
국지』 권30 「동이전」 濊)

20   挹婁在夫餘東北千餘里 濱大海 南與北沃沮接 未知其北所極 其土地多山險 其人形似夫餘 言語不與
夫餘句麗同 有五穀牛馬麻布 人多勇力 無大君長 邑落各有大人 處山林之間 常穴居 大家深九梯 以
多爲好 土氣寒 劇於夫餘 其俗好養豬 食其肉 衣其皮 冬以豬膏塗身 厚數分 以禦風寒 夏則裸袒 以
尺布隱其前後 以蔽形體 其人不絜 作溷在中央 人圍其表居 其弓長四尺 力如弩 矢用楛 長尺八寸 青
石爲鏃 古之肅愼氏之國也 善射 射人皆入目 矢施毒 人中皆死 出赤玉好貂 今所謂挹婁貂是也 自漢
已來 臣屬夫餘 夫餘責其租賦重 以黃初中叛之 夫餘數伐之 其人衆雖少 所在山險 鄰國人畏其弓矢
卒不能服也 其國便乘船寇盜 鄰國患之 東夷飮食類皆用俎豆 唯挹婁不 法俗最無綱紀也.(『삼국지』 권
30 「동이전」 挹婁)

21   勿吉國在高句麗北 舊肅愼國也 邑落各自有長 不相總一 其人勁悍 於東夷最強 言語獨異 常輕豆莫
婁等國 諸國亦患之 去洛五千里 自和龍北二百餘里有善玉山 山北行十三日至祁黎山 又北行七日至
如洛瑰水 水廣里餘 又北行十五日至太魯水 又東北行十八日到其國 國有大水 闊三里餘 名速末水
其地下濕 築城穴居 屋形似塚 開口於上 以梯出入 其國無牛有車馬 佃則偶耕 車則步推 有粟及麥穄
菜則有葵 水氣鹹凝 鹽生樹上 亦有鹽池 多豬無羊 嚼米醞酒 飮能至醉 婦人則布裙 男子豬犬皮裘 初
婚之夕 男就女家執女乳而罷 便以爲定 仍爲夫婦 俗以人溺洗手面 頭插虎豹尾 善射獵 弓長三尺 箭
長尺二寸 以石爲鏃 其父母春夏死 立埋之 塚上作屋 不令雨濕 若秋冬 以其屍捕貂 貂食其肉 多得之
常七八月造毒傅箭鏃 射禽獸 中者便死 煮藥毒氣亦能殺人.(『魏書』 권100 「열전」 勿吉國)

제4장 고대국가의 성장과 변천

22   倭人在帶方東南大海之中 依山島爲國邑 舊百餘國 漢時有朝見者 今使譯所通三十國 從郡至倭 循海
岸水行 歷韓國 乍南乍東 到其北岸狗邪韓國七千餘里 始度一海 千餘里至對馬國 其大官曰卑狗 副
曰卑奴母離 所居絶島 方可四百餘里 土地山險 多深林 道路如禽鹿徑 有千餘戸 無良田 食海物自活

乘船南北市糴 又南渡一海千餘里 名曰瀚海 至一大國 官亦曰卑狗 副曰卑奴母離 方可三百里 多竹
木叢林 有三千許家 差有田地 耕田猶不足食 亦南北市糴 又渡一海 千餘里至末盧國 有四千餘戸 濱
山海居 草木茂盛 行不見前人 好捕魚鰒 水無深淺 皆沈沒取之 東南陸行五百里 到伊都國 官曰爾支
副曰泄謨觚柄渠觚 有千餘戸 世有王 皆統屬女王國 郡使往來常所駐 東南至奴國百里 官曰兕馬觚
副曰卑奴母離 有二萬餘戸 東行至不彌國百里 官曰多模 副曰卑奴母離 有千餘家 南至投馬國 水行
二十 官曰彌彌 副曰彌彌那利 可五萬餘戸 南至邪馬臺國 女王之所都 水行十日 陸行一月 官有伊
支馬 次曰彌馬升 次曰彌馬獲支 次曰奴佳鞮 可七萬餘戸 … 男子無大小皆黥面文身 自古以來 其使
詣中國 皆自稱大夫 夏后少康之子封於會稽 斷髮文身以避蛟龍之害 今倭水人好沈沒捕魚蛤 文身亦
以厭大魚水禽 後稍以爲飾 諸國文身各異 或左或右 或大或小 尊卑有差 計其道里 當在會稽東冶之
東 其風俗不淫 男子皆露紒 以木綿招頭 其衣橫幅 但結束相連 略無縫 婦人被髮屈紒 作衣如單被 穿
其中央 貫頭衣之 種禾稻紵麻 蠶桑緝績 出細紵縑綿 其地無牛馬虎豹羊鵲 兵用矛楯木弓 木弓短下
長上 竹箭或鐵鏃或骨鏃 …見大人所敬 但搏手以當跪拜 其人壽考 或百年 或八九十年 其俗 國大人
皆四五婦 下戸或二三婦 婦人不淫 不妒忌 不盜竊 少諍訟 其犯法 輕者沒其妻子 重者滅其門戸及宗
族 尊卑各有差序 足相臣服 收租賦 有邸閣 國國有市 交易有無 使大倭監之 自女王國以北 特置一大
率 檢察諸國 諸國畏憚之 常治伊都國 於國中有如刺史 王遣使詣京都帶方郡諸韓國 及郡使倭國 皆
臨津搜露 傳送文書賜遺之物詣女王 不得差錯 下戸與大人相逢道路 逡巡入草 傳辭說事 或蹲或跪
兩手據地 爲之恭敬 對應聲曰噫 比如然諾 其國本亦以男子爲王 住七八十年 倭國亂 相攻伐歷年 乃
共立一女子爲王 名曰卑彌呼 事鬼道 能惑衆 年已長大 無夫婿 有男弟佐治國 自爲王以來 少有見者
以婢千人自侍 唯有男子一人給飲食 傳辭出入 居處宮室樓觀 城柵嚴設 常有人持兵守衛.(『삼국지』 권
30「동이전」倭人)

23　至殤安之間 句麗王宮數寇遼東 更屬玄菟 遼東太守蔡風玄菟太守姚光以宮爲二郡害 興師伐之 宮詐
降請和 二郡不進 宮密遣軍攻玄菟 焚燒候城 入遼隧 殺吏民 後宮復犯遼東 蔡風輕將吏士追討之 軍
敗沒 宮死 子伯固立 順桓之間 復犯遼東 寇新安居鄕 又攻西安平 於道上殺帶方令 略得樂浪太守妻
子 靈帝建寧二年 玄菟太守耿臨討之 斬首虜數百級 伯固降屬遼東 熹平中 伯固乞屬玄菟 公孫度之
雄海東也 伯固遣大加優居主簿然人等助攻富山賊破之 伯固死 有二子 長子拔奇 小子伊夷模 拔奇
不肖 國人便共立伊夷模爲王 自伯固時 數寇遼東 又受亡胡五百餘家 建安中 公孫康出軍擊之 破其
國 焚燒邑落 拔奇怨爲兄而不得立 與涓奴加各將下戸三萬餘口詣康降 還住沸流水 降胡亦叛伊夷模
伊夷模更作新國 今日所在是也 拔奇遂往遼東 有子留句麗國 今古雛加駁位居是也 其後復擊玄菟 玄
菟與遼東合擊 大破之 伊夷模無子 淫灌奴部 生子名位宮 伊夷模死 立以爲王 今句麗王宮是也 其曾
祖名宮 生能開目視 其國人惡之 及長大 果凶虐 數寇鈔 國見殘破 今王生墮地 亦能開目視人 句麗呼
相似爲位 似其祖 故名之爲位宮 位宮有力勇 便鞍馬 善獵射 景初二年 太尉司馬宣王率衆討公孫淵
宮遣主簿大加將數千人助軍 正始三年 宮寇西安平 其五年 爲幽州刺史毌丘儉所破 語在儉傳.(『삼국
지』 권30「동이전」고구려)

24 是歲 高麗大亂 被誅殺者衆[百濟本記云 十二月甲午 高麗國細群與麤群戰于宮門 伐鼓戰鬪 細群敗
不解兵三日 盡捕誅細群子孫 戊戌 狛國香岡上王薨也].(『日本書紀』 권19 欽明紀 6년)

25 是歲 高麗大亂 凡鬪死者二千餘[百濟本記云 高麗以正月丙午 立中夫人子爲王 年八歲 狛王有三夫
人 正夫人無子 中夫人生世子 其舅氏麤群也 小夫人生子 其舅氏細群也 及狛王疾篤 細群麤群各欲
立其夫人之子 故細群死者二千餘人也].(『日本書紀』 권19 欽明紀 7년)

26 卌九年春三月 以荒田別鹿我別爲將軍 則與久氐等 共勒兵而度之 至卓淳國 將襲新羅 時或曰 兵衆
少之 不可破新羅 更復 奉上沙白蓋盧 請增軍士 卽命木羅斤資 沙沙奴跪[是二人 不知其姓也 但木
羅斤資者 百濟將也] 領精兵與沙白蓋盧共遣之 俱集于卓淳 擊新羅而破之 因以 平定比自㶱南加羅
喙國安羅多羅卓淳加羅七國 仍移兵 西廻至古奚津 屠南蠻忱彌多禮 以賜百濟 於是 其王肖古及王子
貴須 亦領軍來會 時比利辟中布彌支半古四邑 自然降服 是以 百濟王父子及荒田別木羅斤資等 共會
意流村[今云 州流須祇] 相見欣感 厚禮送遣之 唯千熊長彦與百濟王 至于百濟國 登辟支山盟之 復登
古沙山 共居磐石上 時百濟王盟之曰 若敷草爲坐 恐見火燒 且取木爲坐 恐爲水流 故居磐石而盟者
示長遠之不朽者也 是以 自今以後 千秋萬歲 無絶無窮 常稱西蕃 春秋朝貢 則將千熊長彦 至都下厚
加禮遇 亦副久氐等而送之.(『日本書紀』 권9 神功皇后 攝政49년)

27 春正月 置內臣佐平掌宣納事 內頭佐平掌庫藏事 內法佐平掌禮儀事 衛士佐平掌宿衛兵事 朝廷佐平
掌刑獄事 兵官佐平掌外兵馬事 又置達率恩率扞率奈率及將德施德固德季德對德文督武督佐軍
振武克虞 六佐平竝一品 達率二品 恩率三品 德率四品 扞率五品 奈率六品 將德七品 施德八品 固德
九品 季德十品 對德十一品 文督十二品 武督十三品 佐軍十四品 振武十五品 克虞十六品 二月 下令
六品已上服紫 以銀花飾冠 十一品已上服緋 十六品已上服靑 三月 以王弟優壽爲內臣佐平.(『삼국사
기』 권24 「백제본기」 고이왕 27년)

28 春正月初吉 王服紫大袖袍靑錦袴 金花飾烏羅冠 素皮帶烏韋履 坐南堂聽事 二月 拜眞可爲內頭佐平
優豆爲內法佐平 高壽爲衛士佐平 昆奴爲朝廷佐平 惟己爲兵官佐平.(『삼국사기』 권24 「백제본기」 고
이왕 28년)

29 春正月 下令 凡官人受財及盜者 三倍徵贓 禁錮終身.(『삼국사기』 권24 「백제본기」 고이왕 29년)

30 官有十六品 左平五人一品 達率三十人二品 恩率三品 德率四品 扞率五品 奈率六品 六品以上冠飾
銀華 將德七品紫帶 施德八品皂帶 固德九品赤帶 季德十品靑帶 對德十一品 文督十二品 皆黃帶 武
督十三品 佐軍十四品 振武十五品 克虞十六品 皆白帶 自恩率以下官無常員.(『周書』 권49 「異域列傳
(상)」 백제)

31 所置内官曰 内臣佐平掌宣納事 内頭佐平掌庫藏事 内法佐平掌禮儀事 衛士佐平掌宿衛兵事 朝廷佐平掌刑獄事 兵官佐平掌在外兵馬事.(『舊唐書』 권199상 「동이전」 백제)

32 百濟者 其先蓋馬韓之屬國 夫餘之別種 有仇台者 始國於帶方 故其地界東極新羅 北接高句麗 西南俱限大海 東西四百五十里 南北九百餘里 治固麻城 其外更有五方 中方曰古沙城 東方曰得安城 南方曰久知下城 西方曰刀先城 北方曰熊津城 王姓夫餘氏 號於羅瑕 民呼為鞬吉支 夏言竝王也 妻號於陸 夏言妃也 官有十六品 左平五人一品 達率三十人二品 恩率三品 德率四品 扞率五品 柰率六品 六品已上 冠飾銀華 將德七品紫帶 施德八品皂帶 固德九品赤帶 季德十品青帶 對德十一品 文督十二品 皆黃帶 武督十三品 佐軍十四品 振武十五品 克虞十六品 皆白帶 自恩率以下 官無常員 各有部司 分掌衆務 内官有前内部穀部肉部内掠部外掠部馬部刀部功德部藥部木部法部後官部 外官有司軍部司徒部司空部司寇部點口部客部外舍部綢部日官部都市部 都下有萬家 分為五部 曰上部前部中部下部後部 統兵五百人 五方各有方領一人 以達率為之 郡將三人 以德率為之 方統兵一千二百人以下 七百人以上 城之内外民庶及餘小城 咸分隸焉.(『周書』 권49 「異域열전」 上 백제)

33 其衣服 男子略同於高麗 若朝拜祭祀 其冠兩廂加翅 戎事則不 拜謁之禮 以兩手據地為敬 婦人衣以袍 而袖微大 在室者 編髮盤於首後垂一道為飾 出嫁者 乃分為兩道焉 兵有弓箭刀矟 俗重騎射 兼愛墳史 其秀異者 頗解屬文 又解陰陽五行 用宋元嘉曆 以建寅月為歲首 亦解醫藥卜筮占相之術 有投壺樗蒲等雜戲 然尤尚奕棋 僧尼寺塔甚多 而無道士 賦稅以布絹絲麻及米等 量歲豐儉 差等輸之 其刑罰 反叛退軍及殺人者斬 盜者流 其贓兩倍徵之 婦人犯姦者 沒入夫家為婢 婚娶之禮 略同華俗 父母及夫死者 三年治服 餘親則葬訖除之 土田下濕 氣候溫暖 五穀雜果菜蔬及酒醴餚饌藥品之屬 多同於内地 唯無駝驢騾羊鵝鴨等 其王 以四仲之月 祭天及五帝之神 又每歲四祠其始祖仇台之廟.(『周書』 권49「異域열전(상)」 백제)

34 自天皇卽位至于是歲 新羅國背誕 苞苴不入 於今八年 而大懼中國之心 脩好於高麗 由是 高麗王遣精兵一百人守新羅 有頃 高麗軍士一人取假歸國 時以新羅人爲典馬[典馬 此云于麻柯比] 而顧謂之曰 汝國爲吾國所破非久矣[一本云 汝國果成吾土非久矣] 其典馬聞之 陽患其腹 退而在後 遂逃入國 說其所語 於是 新羅王乃知高麗僞守 遣使馳告國人曰 人殺家内所養鷄之雄者 國人知意 盡殺國内所有高麗人 惟有遣高麗一人 乘間得脫逃入其國 皆具爲說之 高麗王卽發軍兵 屯聚筑足流城[或本云 都久斯岐城] 遂歌儛興樂 於是 新羅王夜聞高麗軍四面歌儛 知賊盡入新羅地 乃使人於任那曰 高麗王征伐我國 當此之時若綴旒然 國之危殆過於累卵 命之脩短 太所不計 伏請救於日本府行軍元帥等 由是 任那王勸膳臣斑鳩[斑鳩 此云伊柯屢俄]吉備臣小梨難波吉士赤目子 往救新羅.(『日本書紀』 권14 雄略紀 8년 春2월)

35 其國在百濟東南五千餘里 其地東濱大海 南北與句驪百濟接 魏時曰新盧 宋時曰新羅 或曰斯羅 其國小 不能自通使聘 普通二年 王姓募名秦始使 使隨百濟奉獻方物 其俗呼城曰健牟羅 其邑在内曰啄評

在外曰邑勒 亦中國之言郡縣也 國有六啄評 五十二邑勒 土地肥美 宜植五穀 多桑麻 作縑布 服牛乘馬 男女有別 其官名有子賁旱支齊旱支謁旱支壹告支奇貝旱支.(『梁書』권54「諸夷列傳」東夷之國 신라)

36 其建官 以親屬爲上 其族名第一骨第二骨以自別 兄弟女姑姨從姉妹 皆聘爲妻 王族爲第一骨 妻亦其 族 生子皆爲第一骨 不娶第二骨女 雖娶常爲妾媵 官有宰相,侍中,司農卿,太府令 凡十有七等 第二骨 得爲之 事必與眾議 號和白 一人異則罷.(『唐書』권220「동이열전」新羅)

37 按新羅宗廟之制 第二代南解王三年春 始立始祖赫居世廟 四時祭之 以親妹阿老主祭 第二十二代智 證王 於始祖誕降之地奈乙 創立神宮 以享之 至第三十六代惠恭王 始定五廟 以味鄒王爲金姓始祖 以太宗大王文武大王 平百濟高句麗 有大功德 竝爲世世不毁之宗 兼親廟二爲五廟 至第三十七代宣 德王 立社稷壇 又見於祀典 皆境內山川 而不及天地者 蓋以王制曰 天子七廟 諸侯五廟 二昭二穆與 太祖之廟而五 又曰 天子祭天地天下名山大川 諸侯祭社稷名山大川之在其地者 是故 不敢越禮而行 之者歟 然其壇堂之高下 壝壇之內外 次位之尊卑 陳設登降之節 尊爵籩豆牲牢冊祝之禮 不可得而推 也 但粗記其大略云爾 一年六祭五廟 謂正月二日五日五月五日七月上旬八月一日十五日 十二月寅 日 新城北門祭八褚 豊年用大牢 凶年用小牢 立春後亥日 明活城南熊殺谷祭先農 立夏後亥日 新城 北門祭中農 立秋後亥日 蒜園祭後農 立春後丑日 犬首谷門祭風伯 立夏後申日 卓渚祭雨師 立秋後 辰日 本彼遊村祭靈星[檢諸禮典 只祭先農 無中農 後農] 三山五岳已下名山大川 分爲大中小祀.(『삼 국사기』권32「雜志」祭祀)

38 其王金眞平 隋文帝時授上開府樂浪郡公新羅王 武德四年 遣使朝貢 高祖親勞問之 遣通直散騎侍郎 庾文素往使焉 賜以璽書及畫屏風錦綵三百段 自此朝貢不絕 其風俗刑法衣服 與高麗百濟略同 而朝 服尙白 好祭山神 其食器用柳桮 亦以銅及瓦 國人多金朴兩姓 異姓不爲婚 重元日 相慶賀燕饗 每以 其日拜日月神 又重八月十五日 設樂飲宴 賚羣臣 射其庭 婦人髮繞頭 以綵及珠爲飾 髮甚長美.(『舊 唐書』권199上「동이열전」新羅國)

39 春三月乙亥朔 遣斯摩宿禰于卓淳国[斯麻宿禰者 不知何姓人也] 於是 卓淳王末錦旱岐告斯摩宿禰 曰 甲子年七月中 百済人久氐彌州流莫古三人 到於我土曰 百濟王聞東方有日本貴国 而遣臣等 令朝 其貴国 故求道路以至于斯土 若能教臣等 令通道路 則我王必深德君王 時謂久氐等曰 本聞東有貴国 然未曾有通 不知其道 唯海遠浪嶮 則乘大船 僅可得通 若雖有路津 何以得達耶 於是 久氐等曰 然卽 今當不得通也 不若 更還之備船舶 而後通矣 仍曰 若有貴国使人來 必應告吾国 如此乃還 爰斯摩宿 禰卽以傔人爾波移与卓淳人過古二人 遣于百濟国 慰勞其王 時百濟肖古王 深之歡喜 而厚遇焉 仍以 五色綵絹各一疋 及角弓箭 幷鐵鋌卌枚 幣爾波移 便復開寶藏 以示諸珍異曰 吾國多有是珍寶 欲貢 貴國 不知道路 有志無從 然猶今付使者 尋貢獻耳 於是 爾波移奉事而還 告志摩宿禰 便自卓淳還之 也.(『日本書紀』권9 神功皇后 攝政46년)

40 加羅國 三韓種也 建元元年 國王荷知使來獻 詔曰 量廣始登 遠夷洽化 加羅王荷知款關海外 奉贄東
    遷 可授輔國將軍本國王.(『南齊書』 권58 「열전」 가라국)

41 是月 遣近江毛野臣使于安羅 勅勸新羅更建南加羅喙己呑 百濟遣將軍君尹貴麻那甲背麻鹵等 往赴
    安羅 式聽詔勅 新羅恐破蕃國官家 不遣大人 而遣夫智奈麻禮 奚奈麻禮等 往赴安羅 式聽詔勅 於是
    安羅新起高堂 引昇勅使 國主隨後昇階 國內大人預昇堂者一二 百濟使將軍君等在於堂下 凡數月 再
    三謨謀乎堂上 將軍君等恨在庭焉.(『일본서기』 권17 「繼體紀」 23년 是月)

42 夏四月 安羅次旱岐夷呑奚大不孫久取柔利 加羅上首位古殿奚 卒麻旱岐 散半奚旱岐兒 多羅下旱岐
    夷他 斯二岐旱岐兒 子他旱岐等 與任那日本府吉備臣[闕名字] 往赴百濟 俱聽詔書 百濟聖明王謂任
    那旱岐等言 日本天皇所詔者 全以復建任那 今用何策 起建任那 盍各盡忠 奉展聖懷 任那旱岐等對
    曰 前再三廻 與新羅議 而無答報 所圖之旨 更告新羅 尚無所報 今宜俱遣使 往奏天皇 夫建任那者
    爰在大王之意 祇承敎旨 誰敢間言 然任那境接新羅 恐致卓淳等禍[等謂喙己呑加羅 言卓淳之屬 有敗
    亡之禍] 聖明王曰 昔我先祖速古王貴首王之世 安羅加羅卓淳旱岐等 初遣使相通 厚結親好 以爲子弟
    冀可恒隆 而今被誑新羅 使天皇忿怒 而任那憤恨 寡人之過也 我深懲悔 而遣下部中佐平麻鹵城方甲
    背昧奴等 赴加羅會于任那日本府相盟 以後繫念相續 圖建任那 旦夕無忘 今天皇詔稱 速建任那 由
    是欲共爾曹謨計 樹立任那國 宜善圖之 又於任那境 徵召新羅 問聽與不 乃俱遣使奏聞天皇 恭承示
    敎 儻如使人未還之際 新羅候隙侵逼任那 我當救之 不足爲憂 然善守備 謹警無忘 別汝所湛 恐致卓
    淳等禍 非新羅自强故所能爲也 其喙己呑 居加羅與新羅境際 而被連年攻敗 任那無能救援 由是見亡
    其南加羅 蕞爾狹小 不能卒備 不知所託 由是見亡 其卓淳 上下携貳 主欲自附 內應新羅 由是見亡
    因斯而觀 三國之敗 良有以也 昔新羅請援於高麗 而攻擊任那與百濟 尚不剋之 新羅安獨滅任那乎
    今寡人 與汝戮力幷心 翳賴天皇 任那必起 因贈物各有差 忻忻而還.(『일본서기』 권19 「欽明紀」 2년)

제5장 통일신라의 성립과 변천

43 朕祇承寵命 君臨區宇 思弘正道 愛育黎元 舟車所通 風雨所及 期之遂性 咸使乂安 新羅王金眞平 朕
    之蕃臣 王之鄰國 每聞遣師征討不息 阻兵安忍 殊乖所望 朕已對王姪福信及高句麗新羅使人 具勅通
    和 咸許輯睦 王必須忘彼前怨 識朕本懷 共篤鄰情 卽停兵革.(『삼국사기』 권27 「백제본기」 무왕 28년)

44 冬十月 王坐朝 以請兵於唐不報 憂形於色 忽有人於王前 若先臣長春罷郎者 言曰 臣雖枯骨 猶有報
    國之心 昨到大唐 認得 皇帝命大將軍蘇定方等 領兵以來年五月 來伐百濟 以大王勤佇如此 故玆控
    告 言畢而滅 王大驚異之 厚賞兩家子孫 仍命所司 創漢山州莊義寺 以資冥福.(『삼국사기』 권5 태종무
    열왕 6년)

45 九月 蓋蘇文遣其子男生 以精兵數萬守鴨涤 諸軍不得渡 契苾何力至 值氷大合 何力引衆乘氷度水
鼓噪而進 我軍潰奔 何力追數十里 殺三萬人 餘衆悉降 男生僅以身免 會 有詔班師 乃還.(『삼국사기』
권22 「고구려본기」 보장왕 20년)

46 十二月 帝受俘于含元殿 以王政非己出 赦以爲司平太常伯員外同正 以泉男産爲司宰少卿 僧信誠爲
銀青光祿大夫 泉男生爲右衛大將軍 李勣已下封賞有差 泉男建流黔州 分五部百七十六城六十九萬
餘戶 爲九都督府四十二州百縣 置安東都護府於平壤以統之 擢我將帥有功者 爲都督刺史縣令 與華
人叅理 以右威衛大將軍薛仁貴檢校安東都護 摠兵二萬人以鎭撫之 是高宗總章元年戊辰歲也.(『삼국
사기』 권22 「고구려본기」 보장왕 27년)

47 遺詔曰 寡人運屬紛紜 時當爭戰 西征北討 克定彊封 伐叛招携 聿寧遐邇 上慰宗祧之遺顧 下報父子
之宿寃 追賞遍於存亡 疏爵均於内外 鑄兵戈爲農器 驅黎元於仁壽 薄賦省徭 家給人足 民間安堵 域
内無虞 倉廩積於丘山 囹圄成於茂草 可謂無愧於幽顯 無負於士人 自犯冒風霜 遂成痼疾 憂勞政敎
更結沈痾 運往名存 古今一揆 奄歸大夜 何有恨焉 太子早蘊離輝 久居震位 上從群宰 下至庶寮 送往
之義勿違 事居之禮莫闕 宗廟之主 不可暫空 太子卽於柩前 嗣立王位 且山谷遷貿 人代椎移 吳王北
山之墳 詎見金鳧之彩 魏主西陵之望 唯聞銅雀之名 昔日萬機之英 終成一封之土 樵牧歌其上 狐兎
穴其旁 徒費資財 貽譏簡牘 空勞人力 莫濟幽魂 靜而思之 傷痛無已 如此之類 非所樂焉 屬纊之後十
日 便於庫門外庭 依西國之式 以火燒葬 服輕重 自有常科 喪制度 務從儉約 其邊城鎭遏及州縣課稅
於事非要者 並宜量廢 律令格式 有不便者 卽便改張 布告遠近 令知此意 主者施行.(『삼국사기』 권7
「신라본기」 문무왕 21년)

48 納一吉湌金欽運少女爲夫人 先差伊湌文穎波珍湌三光定期 以大阿湌智常納采 幣帛十五轝 米酒油
蜜醬豉脯醢一百三十五轝 租一百五十車 夏四月 平地雪一尺 五月七日 遣伊湌文穎愷元抵其宅 册爲
夫人 其日卯時 遣波珍湌大常孫文 阿湌坐耶吉叔等 各與妻娘及梁沙梁二部嫗各三十人迎來夫人 乘
車左右侍從官人及娘嫗甚盛 至王宮北門 下車入内.(『삼국사기』 권8 「신라본기」 신문왕 3년)

49 古鄕傳所載如上 而寺中有記云 景德王代 大相大城以天寶十年辛卯 始創佛國寺 歷惠恭世 以大歷九
年甲寅十二月二日大城卒 國家乃畢成之 初請瑜伽大德降魔住此寺 繼之至于今 與古傳不同 未詳孰
是.(『삼국유사』 권5 「孝善」 大城孝二世父母 神文代)

50 臣某言 臣得當蕃宿衛院狀報 去乾寧四年七月内 渤海賀正王子大封裔 進狀請許渤海居新羅之上 伏
奉勅旨 國名先後 比不因强弱而稱 朝制等威 今豈以盛衰而改 宜仍舊貫 準此宣示者 綸飛漢詔 繩擧
周班 積薪之愁歇旣銷 集木之憂兢轉切 惟天照臨 何地容身 中謝 臣聞禮賁不忘其本 是誠浮虛 書稱
克愼厥猷 唯防僭越 苟不循其涯分 乃自掇其悔尤 臣謹按渤海之源流也 句驪未滅之時 本爲疣贅部落
靺鞨之屬 寔繁有徒 是名栗末小蕃 嘗逐句驪内徙 其首領乞四羽及大祚榮等 至武后臨朝之際 自營州

作孽而逃 輒據荒丘 始稱振國 時有句驪遺燼 勿吉雜流 梟音則嘯聚白山 鴟義則喧張黑水 始與契丹
濟惡 旋於突厥通謀 萬里耨苗 累拒渡遼之轍 十年食 晚陳降漢之旗 初建邑居 來憑隣援 其酋長大祚
榮 始授臣藩第五品大阿餐之秩 後至先天二年 方受大朝寵命 封爲渤海郡王 邇來漸見辜恩 遽聞抗禮
臣蕃 絳灌同列 所不忍言 廉藺用和 以爲前誠 而渤海汰之沙礫 區以雲泥 莫慎守中 唯圖犯上 恥爲牛
後 覬作龍頭 妄有陳論 初無畏忌 豈拘儀於隔座 寔昧禮於降階 伏惟陛下 居高劼毖 視遠孔昭 念臣蕃
之驥 惑羸而可稱 牛雖瘠而非怯 察彼虜之鷹 飽腹而高颺 鼠有體而恣貪 永許同事梯航 不令倒置冠
屨 聞魯府之仍舊 驗周命之惟新 抑且名位不同 等衰斯在 臣國受秦官極品 彼蕃假剕禮夏卿 而乃近
至先朝 驟霑優寵 戎狄不可厭也 堯舜其猶病諸 遂攀滕國之爭 自取葛王之誚 向非皇帝陛下 英襟獨
斷 神筆橫批 則必檻花鄕廉讓自沈 楛矢國毒痛愈盛 今者遠綏南越 漢文之深意融春 罷省東曹 魏祖
之嘉言同曉 自此八裔絕躁求之望 萬邦無妄動之徒 確守成規 靜銷紛競 臣伏限統戎海徼 不獲奔詣天
朝.(『東文選』권33 謝不許北國居上表 崔致遠)

제6장 발해의 성립과 변천

51 俗謂王曰可毒夫 曰聖王 曰基下 其命爲敎 王之父曰老王 母太妃 妻貴妃 長子曰副王 諸子曰王子 官
有宣詔省 左相左平章事侍中左常侍諫議居之 中臺省 右相右平章事内史詔誥舍人居之 政堂省 大内
相一人 居左右相上 左右司政各一 居左右平章事之下 以比僕射 左右允比二丞 左六司忠仁義部 各
一卿居司政下 支司爵倉膳部 部有郎中員外 右六司智禮信部 支司戎計水部 卿郎准左 以比六官 中
正臺大中正一 比御史大夫 居司政下 少正一 又有殿中寺宗屬寺 有大令 文籍院有監 令監皆有少 太
常司賓大農寺 寺有卿 司藏司膳寺 寺有令丞 胄子監有監長 巷伯局有常侍等官 其武員有左右猛賁熊
衛羆衛 南左右衛 北左右衛 各大將軍一將軍一 大抵憲象中國制度如此 以品爲秩 三秩以上服紫牙笏
金魚 五秩以上服緋牙笏銀魚 六秩七秩淺緋衣 八秩綠衣 皆木笏.(『신당서』권219 「北狄列傳」 渤海)

52 地有五京十五府六十二州 以肅愼故地爲上京 曰龍泉府 領龍湖渤三州 其南爲中京 曰顯德府 領盧顯
鐵湯榮興六州 ??貊故地爲東京 曰龍原府 亦曰柵城府 領慶鹽穆賀四州 沃沮故地爲南京 曰南海府
領沃睛椒三州 高麗故地爲西京 曰鴨淥府 領神桓豐正四州 曰長嶺府 領瑕河二州 扶餘故地爲扶餘府
常屯勁兵扞契丹 領扶仙二州 鄚頡府領鄚高二州 挹婁故地爲定理府 領定潘二州 安邊府領安瓊二州
率賓故地爲率賓府 領華益建三州 拂涅故地爲東平府 領伊蒙沱黑比五州 鐵利故地爲鐵利府 領廣汾
蒲海義歸六州 越喜故地爲懷遠府 領達越懷紀富美福邪芝九州 安遠府領寧郿慕常四州 又郢銅涑三
州爲獨奏州 涑州以其近涑沫江 蓋所謂粟末水也 龍原東南瀕海日本道也 南海新羅道也 鴨淥朝貢道
也 長嶺營州道也 扶餘契丹道也.(『신당서』권219 「北狄列傳」 渤海)

53 渤海靺鞨大祚榮者 本高麗別種也 高麗旣滅 祚榮率家屬徙居營州 萬歲通天年 契丹李盡忠反叛 祚
榮與靺鞨乞四比羽各領亡命東奔 保阻以自固 盡忠旣死 則天命右玉鈐衛大將軍李楷固率兵討其餘黨

先破斬乞四比羽 又度天門嶺以迫祚榮 祚榮合高麗靺鞨之衆以拒楷固 王師大敗 楷固脫身而還 屬契丹及奚盡降突厥 道路阻絕 則天不能討 祚榮遂率其衆東保桂婁之故地 據東牟山 築城以居之 祚榮驍勇善用兵 靺鞨之衆及高麗餘燼 稍稍歸之 聖曆中 自立爲振國王 遣使通於突厥.(『구당서』권199하「北狄列傳」渤海靺鞨)

---

54 渤海靺鞨 本高麗種 唐總章中高宗平高麗 徙其人散居中國 置州縣于遼外 就平壤城置安東都護府以統之 至萬歲通天中 契丹李萬榮反攻陷營府 有高麗別種大舍利乞乞仲象 與靺鞨反人乞四比羽走保遼東分王高麗故地 則天封乞四比羽許國公大舍利乞乞仲象震國公 乞四比羽不受命 則天命將軍李楷固臨陣斬之 時乞乞仲象已死 其子大祚榮繼立併有比羽之衆 勝兵下戶四千餘 保據挹婁故地 至聖曆中 稱臣朝貢.(『五代會要』권30 渤海)

---

55 渤海 本粟末靺鞨附高麗者 姓大氏 高麗滅 率衆保挹婁之東牟山 地直營州東二千里 南北新羅 以泥河爲境 東窮海 西契丹 築城郭以居 高麗逋殘稍歸之 萬歲通天中 契丹盡忠殺營州都督趙翽反 有舍利乞乞仲象者 與靺鞨酋乞四比羽及高麗餘種東走 度遼水 保太白山之東北 阻奧婁河 樹壁自固 武后封乞四比羽爲許國公 乞乞仲象爲震國公 赦其罪 比羽不受命 后詔玉鈐衛大將軍李楷固中郎將索仇擊斬之 是時仲象已死 其子祚榮引殘痍遁去 楷固窮躡 度天門嶺 祚榮因高麗靺鞨兵拒楷固 楷固敗還 於是契丹附突厥 王師道絕 不克討 祚榮即并比羽之衆 恃荒遠 乃建國自號震國王 遣使交突厥.(『신당서』권219「北狄列傳」渤海)

---

56 通典云 渤海本粟末靺鞨 至其酋祚榮立國 自號震旦 先天中 始去靺鞨號 專稱渤海 開元七年 祚榮死 諡爲高王 世子襲位 明皇賜典册襲王 私改年號 遂爲海東盛國 地有五京十五府六十二州 後唐天成初 契丹攻破之 其後爲丹所制 [三國史云 儀鳳三年 高宗戊寅 高麗殘蘗類聚 北依太伯山下 國號渤海 開元二十年間 明皇遣將討之 又聖德王三十二年 玄宗甲戌 渤海靺鞨 越海侵唐之登州 玄宗討之 又新羅古記云 高麗舊將祚榮姓大氏 聚殘兵 立國於太伯山南 國號渤海 按上諸文 渤海乃靺鞨之別種 但開合不同而已 按指掌圖 渤海在長城東北角外].(『三國遺事』권1「紀異」제2)

---

57 渤海國 去燕京女眞所都皆千五百里 以石累城足 東並海 其王舊以大爲姓 右姓曰高張楊竇烏李 不過數種 部曲奴婢無姓者皆從其主 婦人皆悍妬 大氏與他姓相結爲十姊妹 迭幾察其夫 不容側室及他游 聞則必謀寘毒死其所愛 一夫有所犯而妻不之覺者 九人則羣聚而詬之 爭以忌嫉相夸 故契丹女眞諸國皆有女倡 而其良人皆有小婦侍婢 唯渤海無之 男子多智謀 驍勇出他國右 至有三人渤海當一虎之語.(『松漠紀聞』; 金毓黻編, 『渤海國志長編』권1 總略 上)

---

58 俗所貴者 曰太白山之菟 南海之昆布 柵城之豉 扶餘之鹿 鄚頡之豕 率賓之馬 顯州之布 沃州之綿 龍州之紬 位城之鐵 盧城之稻 湄沱湖之鯽 果有九都之李 樂遊之梨 餘俗與高麗契丹略等.(『신당서』권219「北狄列傳」渤海)

ㄱ